アカデミーと建築オーダー

土居 義岳

中央公論美術出版

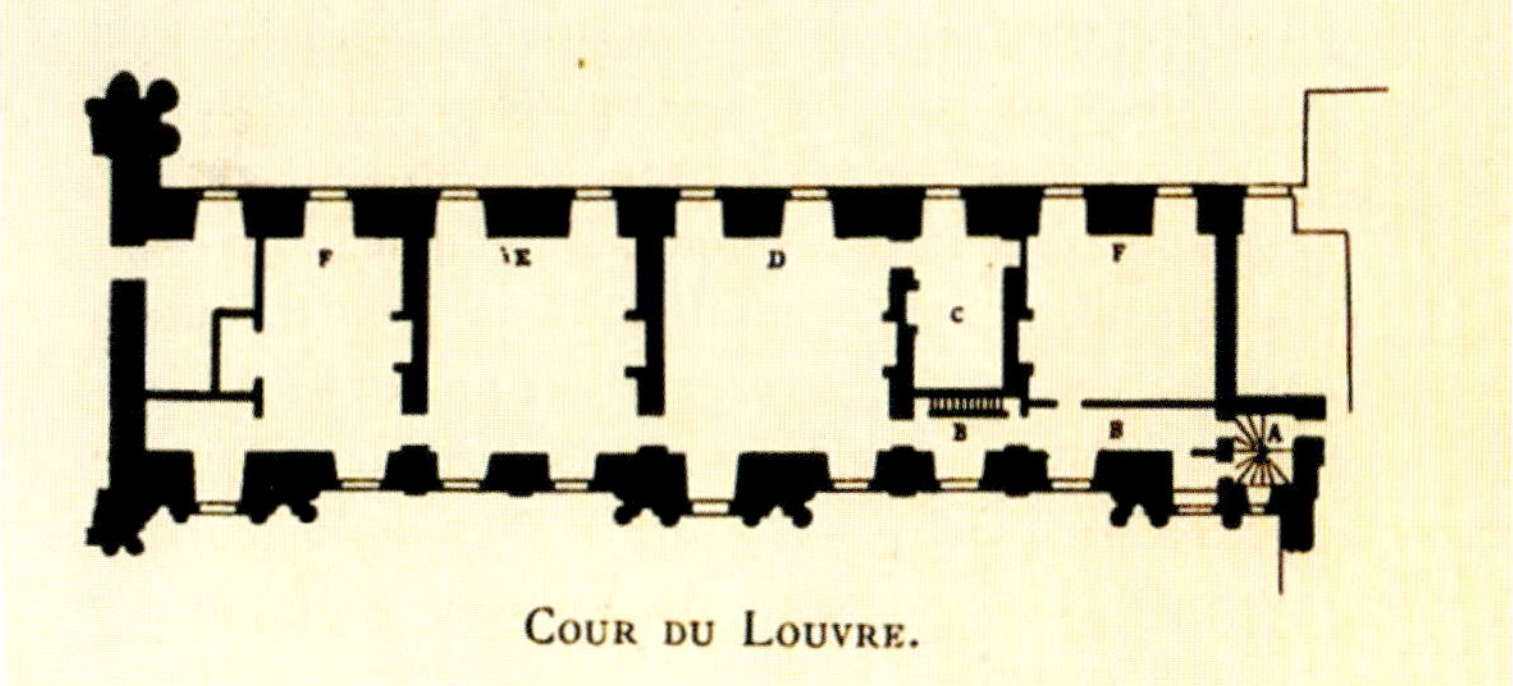

(上) ルーヴル宮方形中庭。アカデミーは現在のポン・デ・ザールにむかう門とピエール・レスコが 16 世紀に建設した部分の間にあった。すなわち方形中庭の南側の一辺の、西半分。写真では左隅よりも手前の部分。
(下) アカデミーの平面図。A ＝アカデミーへの階段。B ＝通路。C ＝アカデミー会員の控室。中二階がある。D ＝ラ・イールが建築を教授した部屋。E ＝アカデミーが会合を開催した部屋。F ＝模型室。

フランス学士院。現在、その図書館や古文書室にアカデミー関連の資料が所蔵されている。

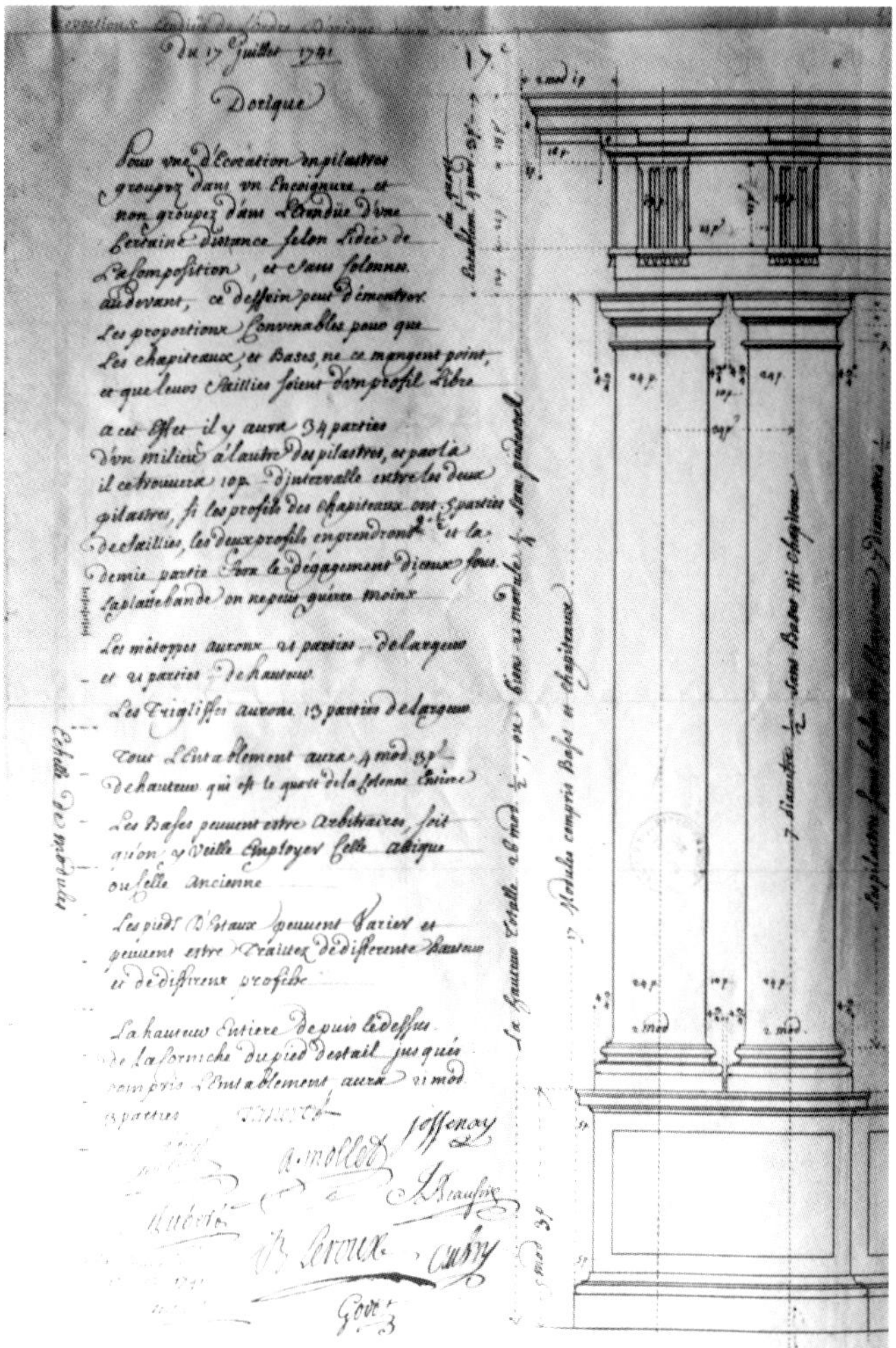

対のオーダーの比例を討議するためにタヌヴォが作成した図面。アカデミーの決定案となったもの。1741 年 7 月 17 日の日付が上に、会員たちのサインが下に記されている。ドリス式のカップルド・コラムにかんする章を参照。フランス学士院図書館　Ms.1026, pl.32.

サン=ジェルヴェ教会西側ファサード。フランス古典主義建築における、カップルド・コラム、層オーダー使用の好例としてアカデミーによりなんども参照された。

アカデミーと建築オーダー

本書は、独立行政法人日本学術振興会平成十六年度科学研究費補助金（研究成果公開促進費）の交付を受けた出版である。

目次

〔凡例〕

A.I.：フランス学士院古文書室

B.I.：フランス学士院図書館

議事録：Henry Lemonnier (1842-1936), *Procès-Verbaux de l'Académie Royale d'Architecture 1671-1793*, t.1-10, 1911-1929

（アンリ・ルモニエ編『王立建築アカデミー議事録』全一〇巻、一九一一～一九二九）

partie：部、liv.：書、ch.：章

第一部　建築アカデミーの歴史的な構図

第一章　前史的風景

一―一　アカデミーの原像

一七世紀から一八世紀のフランス王立建築アカデミーを歴史的な文脈のなかで論じるために、古代ギリシアのアカデメイアと、一六世紀イタリアの美術アカデミーにまずふれたい。

アカデメイアというのはアルカディア人の英雄ヘカデモスの名にちなんでつけられた、アテナイ市の北西約一・五キロの郊外、ケピソン川のほとりにある縦四五〇メートル、横三〇〇メートルほどの壁囲いをもつ方形状の土地で、いくつかの神殿や体育場のある一種の公園であった。紀元前三八七年、プラトンはおそらくこの公園に隣接するところに地所を求め、私邸を設け、これらの施設をすべてとりこみ利用するかたちで学園を創設し、そして弟子たちと語り、彼の哲学や数学的諸学を教え、また研究した。そののちアテナイの市民はこのプラトン学徒の集まりをアカデミーと呼ぶようになり、またこの言葉は後世、哲学史の領域で広義のプラトン学派をあらわすようにもなった。

このようにアカデミーなる語の起源はプラトンに結びついている。周知のようにプラトンを中心として形成された哲学、とくに美学や数論などがルネサンスの建築理論に強い影響を与えが、それをたたき台として、一七世紀以降のフランス建築アカデミーにおいて、建築理論確立のために大いなる努力が傾けられた。それゆえこの古典哲学のうちのこの部分が詳述されねばならない。

まず、ピタゴラスは音楽における比例調和の原理を数論にもとづいて確立した。彼は二本の弦の音はある調和的な響きをもたらすことを発見し、この調和比例を、一：二（弦の長さの比）はオクターブ、二：三は五度などと定めた（そのほか三：四は四度、一：三は一二度、一：四は二オクターブ、のちに四：五は長三度、五：六は短三度が加えられた）。

ここに出てきた四つの数一、二、三、四を加えるとピタゴラスのいう完全なる数一〇になり、またこの四つの数には属性として点、線、平面、立体が対応している。一般に、ピタゴラス＝プラトン流の数論においては、数は近代における計量的な数とは異なり、むしろすべての実在に共通する本性であった。数一般は万物の原理であり、特定の数はそれぞれの違いをもちつつ、実在界の個々の存在を成立させている諸原理であった。四つの数一、二、三、四は「テトラクテュス」と呼ばれ、宇宙と生命を構成するすべての元素のなかにはこのテトラクテュスが普遍的に臨在する。四大元素、人生の四つの年代、四季、四玄徳などである。「テトラクテュスはすべてを含む。それは万物を創り、秩序づける原因である」。かくて大宇宙である天体と小宇宙である人間は数により支配されているのであり、それらが調和的比例を保つとき、そこから音楽的美が生じる。

こうしたピラゴラスの理論はプラトン哲学の機構そのもののなかに編みこまれており、それはひとつの宇宙創造説である『ティマイオス』において顕著である。この作品は創造主であるデミウルゴス（制作者、組成者、神などの意味）が数学的で幾何学的な理性にもとづいて、宇宙の体、宇宙の魂、人間の魂と体、をこの順で製作するという物語である。まず宇宙の体は、火と土と、両者の比例中項である水と空気の計四つの元素から組織される。比例中項とは平面数（a,b）においては［$a^2 : ab = ab : b^2$］を満たす数abであり、立体数［a^3, b^3］においては［$a^3 : a^2b = a^2b : ab^2 = ab^2 : b^3$］を満たす二数$a^2b, ab^2$であるが、万物を構成する元素は平面的ではなく立体的でなければならないので、二元素（火、土）から立体数の比例中項の原理によって水と空気を産出し、これらに同じ比例を与え、「火：空気＝空気：水＝水：土」としたのであった。ふたつのものはその中間にあって両者を結ぶ第三のものがなければ美しく組成されないという比例中項の考え方は『ティマイオス』の随所にみられる。宇宙の魂の創造にかんしては、つぎのような一を初項とするふたつの等比級数が出てくる。一、二、四、八…という二倍系列と、一、三、九、二七…という三倍系列である。デミウルゴスはここで算術中項［$(a+b)/2$］と調和中項［2ab／（a+b）］で、これらふたつの系列のあいだを満たし、［1, 4/3, 3/2, 2, 8/3, 6/2, 4,…］そして［1, 3/2, 4/2, 3, 9/2, 12/2, 9,…］としさらに一と二のあいだを9/8と256/243という二種類の公比によりうめて［1, 9/8, 81/64, 4/3, 3/2, 27/16, 243/128, 2］という、近似的な等比数列をうちたてた。この数の操作においても音楽的調和の原理がみられる。第一の系列はピタゴラスのテトラクテュス（一、二、三、四）を含み、したがってピタゴラスの発見した調和比例を含み、さらにあらたに全音（八：九）を加えるものである（またこの七つの数は完全数の原理を満たしており、一＋二＋三＋四＋八＋九＝二七となる）。さらに第二の系列の隣接二項の比としては三：四（四度）と八：九（全音）の二種類が、第三の系列では二：三（五度）と三：四（四度）の二種類があることがわかるし、この系列も八：九（全音）を生みだすための操作であることは明らかである。こうした数で満たされた宇宙は音楽的な調和を体現するものであった。

また『ティマイオス』では純粋形態についても述べられている。あらゆる物質を構成する四元素には立体の形が与えられているが、これらの立体はさらに二種類の三角形により構成されていた。すなわち二等辺直角三角形と、不等三角形（正三角形の半分）である。前者は三つの内角の比が一：一：二であり、後者は一：二：三であって、このふたつの三角形は調和比例を満たし、最も美しい三角形である。前者は四つ集まって正方形となり、これがさらに六つ集まって正六面体を形成し、この形態が元素、土に与えられる。後者はふたつで正三角形となり、これが四個、八個、二〇個集まってそれぞれ正四面体、正八面体、正二〇面体を形成し、これらの形態がそれぞれ火、空気、水という元素に与えられた。また正面体としてはほかに正一二面体があるが、プラトンはこれを「神が生物の形で宇宙を設計するのにもちいた」立体であるとした。これらの五つの正多面体は「プラトンの五立体」と呼ばれている。さらに円と球は最も完全な形態であるとされた。

人間の魂と体もこのようにな理性によってつくられる。プラトンは人間を天に根を張る樹木にたとえたが、この樹木の健康は魂が宇宙の調和と回転を学んで自己の運動を正し、かつ体が体育によって自己を自然的に治療し浄化することにより可能となる。自己浄化という人間の行為は宇宙と自然の本来的な運動にその基礎をもつのである。

ゆえにプラトンが学園の場所として体育場のあるアカデメイアを選んだのは単なる偶然ではないだろうし、学園における教育や研究も修辞学などよりむしろ数学（算数学、平面幾何学、立体幾何学）、天文学、和声学などの数学系の学問が中心であった。プラトンはとくに音楽の教育的効果を強調した。音楽的調和は激情を鎮静し、魂に品性を与えるものであるから、それは教育のみならず、公衆の道徳的性格を強化することで国家の秩序にとっても重要なものであった。すなわちエトス論である。また古代ギリシアでは詩の韻律法や作詩法が言語学や詩の領域に属さないで音楽の学問の一部であり、詩人音楽家たちの仕事であったように、プラトンも哲学と同じ表現手段をもちいる詩、また音楽とある形式で結びつく詩にたいして多大な関心をいだいた。

またプラトンは『フィレボス』において美を定義しようとした。絶対的な美は幾何学的形態、純粋な色彩、純粋な音のみにみいだされるのであり、たとえば立体のなかでは五つの正多面体が最も美しい。すなわち、プラトンにとっては世界創造の本質、つまりイデアに近いほど絶対美に近いのである。かくて美のひとつであるシンメトリアはよき比例を満たすことであり、人体の美は体の各部分の比例にある。また自然が美しいのもそれがイデアに近いからである。ところで『ティマイオス』においても明らかなように、創造とは原型（イデア）にもとづく制作者（デミウルゴス）の創造であって、それはむしろイデアの模倣である。プラトンは絵画の美を相対的であるとして重要視しなかったが、それは、たとえば寝台を製作する職人は寝台のイデアを模倣するが、しかし寝台を描く画家は寝台の仮像を模倣するのであって、イデアではなく偶像を模倣するのであるから、そこからは不完全な美しか生れないからである。否定的であるとはいえ、プラトンはこうして模倣芸術としての芸術を定式化した。

このような諸理念はけっして独占的にプラトンに帰されるべきではなく、その背景を古代ギリシア文明全体のなかに求めなければならない。たとえばギリシア音楽における音組織は四音音階（テトラコード）と呼ばれる四音のグループに分けられていたが、このことはピタゴラス流の四数テトラクテュスの概念が提出された背景を物語っている。

とはいえ一五世紀のフィレンツェを舞台としてプラトン哲学が復興されたとき、これらの諸理念はプラトンの名のもとに受け入れられた。一四三八年から四三年にかけてフェラーラとフィレンツェで東西教会の公会議が開かれ、それにともない多くのビザンチンの学者がイタリアを訪れ、プラトン哲学を伝えたが、そのなかのひとりプレトン（Plethon, 本名 Georgios Gemistos, 1360?-1450）はコジモ・デ・メディチ（Cosimo de'Medici, 1389-1646）にプラトン哲学研究のためのアカデミー設立を説いた。一四六二年、コジモはフィチーノ（Marsilio Ficino, 1433-1499）にフィレンツェ郊外カレッジの別荘を提供し、プラトンとヘルメス文書の翻訳を依頼した。ヘルメス文書は一四六三年に翻訳が完成し、プラトンの作品も翻訳は一四六八年ごろ完結し、一四八四年に出版された。また彼自身の主著『プラトン神学』も一四八二年に出版されている。

フィチーノもプラトンのように、それぞれ四つの原質もしくは等級の分類段階よりなる両宇宙、すなわち天体を含む大宇宙（マクロコスモス）と、人間という小宇宙（ミクロコスモス）という構造を描いた。彼の思想はプラトンの思想を中心としているものの、ヘルメス文書に代表されるような異教的神秘主義の影響が強い。これがフィチーノを中心とする新プラトン主義の特徴である。

新プラトン主義にはさまざまな思想が流入し、渾然一体をなしていた。フィチーノにしてもその知的背景はプラトン哲学だけではない。彼は若いころにラテン文法と弁論術を修得し、大学ではアリストテレス派の自然学と医学を聴講し、また占星学に興味を示すなど、その関心は多岐にわたっていた。また司祭職を得るなどキリスト教にたいする強い信仰をいだいていたが、けっして異教を否定することなく、むしろすべての啓示は基本的にはひとつのものであるとして、異教的要素を積極的にとり入れた。こうしたフィチーノにとってプラトンは「古代アテネのギリシア語を話すモーゼ」であり、オルフェウス、ゾロアスター、三重に偉大なるヘルメス、それに古代エジプトの賢人たちの後継者でもあった。

カレッジの別荘ではフィチーノを中心としてポリツィアーノ（Angelo Poliziano, 1454-1494）、ピーコ・デッラ・ミランドラ（Pico della Mirandola, 1463-1494）らがロレンツォ・イル・マニフィコのパトロネージのものにサークルを形成し、後世の歴史家によりアカデミーア・プラトニカと呼ばれるものとなった。これはのちの整然と組織化されたアカデミーとは違い、自由で非公式な会合であり、新しい社交的なかたちの議論がなされた。その内容もフィチーノの知的関心の広さが示すとおり、特定の分野にこだわらず、あらゆる領域の学問や芸術に及んだ。こうした多様性や非規則性はルネサンス期の特定である。

ところでルネサンスにおいて芸術理論が練りあげられたのはこうしたフィチーノを中心とする新プラトン主義の流れにおいてであると思われる。彼は絵画や彫刻には興味は示さなかったが、音楽には関心を示し、音楽理論にもくわしく、『ティマイオス』の注釈のなかで算術中項、幾何中項［$a : b = b : c \quad \therefore b = \sqrt{ab}$］、調和中項の三種の比例中項についてくわしく論じており、それが当時の芸術理論家に影響を及ぼしたとしても不思議ではない。一四八〇年に出版されたある文献はフィチーノとアルベルティ（L. B. Alberti, 1433-1499）のあいだの議論（瞑想的生活と活動的生活について）を含んでおり、両者の関係の深さを物語っている。またパラディオのパトロンであったトリッシーノはアカデミーア・プラトニカの伝統をくむオルティ・オリチェッラリ（Orti Oricellari）のグループの会合に積極的に参加し、また自身一五三〇年代にヴィチェンツァ近郊のクリコリに別荘を建設して学問のアカデミーを創設した。これはのちにアッカデミア・トリッシニアーナと呼ばれた。この建物のある扉の上には「閑暇と音楽」と書かれていたが、これもまたプラトン的理念を暗示している。パラディオはそこで建築をトリッシーノに学んだのである。

新プラトン主義の影響はヨーロッパ全土に及んだ。フランスもその例外ではない。さらに諸学を区別せずに論じあうという理念もフランスに伝えられた。

一六世紀のフランスはユマニスムの時代である。一五四九年、詩人デュ・ベレ（Joachim Du Bellay, 1522-1560）は『フランス語の擁護と顕揚』を発表、そのなかで現代詩はラテン語ではなくフランス語で書かれるべきこと、しかしこのフランス詩は古代詩人の模倣、古代詩の詩形体や技巧を学ぶことで古代詩に匹敵するものにされねばならないと主張した。この運動はプレイヤード詩派の名に結びつけられている。プレイヤード派の重要メンバーとしては彼のほか、ロンサール（Pierre de Ronsard, 1524-1585）、ドラ（Jean Dorat, 1527-1588）、バイーフ（Jean-Antoine de Baïf, 1532-89）ら七名である。ロンサールはデュ・ベレの理念にしたがってフランス詩形体を創設し、宮廷詩人の第一人者となった。ドラはロンサールやバイーフの先生であり、コクレ学寮において彼らにギリシア文学などを教えた。そしてバイーフはフィレンツェの上記のような理念を継承して、一五七〇年に「詩と音楽のアカデミー Académie de poésie et de musique」を設立した。

バイーフとフィレンツェを結びつける事実は多い。まず、アカデミーア・プラトニカのピーコ・デッラ・ミランドラは一四八五年から八六年にパリ大学を訪れ、フランスに新プラトン主義思想を教えた。さらにバイーフの父ラザール（Lazare de Baïf, 1496-1547）は一六世紀初期にヴェネツィア大使であったが、当地でギリシア哲学を中心としたアッカデミア・ディ・フィッレレーニ（Accademia dei Filleleni）の運動に参加した。そのメンバーであったエニャーツィノ（Battista Egnazio, 1473-1553）はアカデミーア・プラトニカのポリツィーノの弟子にあたる人物であるし、ピオ（Alberto Pio）はピーコの従兄弟であることなどから、このヴェネツィアのアカデミーがフィレンツェの新プラトン主義を受け継いだものであるようだ。またヴェネツィアでは一五二五年にピーコの弟子フランチェスコ・ジョルジがプラトン的な宇宙の調和比例の理念にもとづいて『世界の調和』（後述、この書は一五七九年にパリで仏訳されるなど、当時のフランス知識人の知的バックボーンとなった）を出版した。父バイーフはこうした新プラトン主義をフランスに、とくに子バイーフに伝えたし、またその会員であった枢機卿アレアンドロ（Girolamo Aleandro, 1480-1542）がパリでギリシア哲学を教えたのも、父バイーフの存在があったからであると思われる。

こうしたことから（子）バイーフが音楽の重要性を認識していたとしても不思議ではない。彼は音楽により野蛮な人の心を鎮め、その魂に品性を与えることで、フランス人の精神を古代人のごとく高貴なものにできると信じた。彼は古代の音楽をまねて長短の音綴を交置した音楽のうえに、フランス語でアクセントが置かれる音節は長い音綴に、そうでない音節は短い音綴に置くという形式による詩句（vers mesuré）を確立し、そして自邸に開いたサークルで詩を読み音楽をかなでた。このサークルの評判は高まり、やがてシャルル九世の目にとまるところとなり、一五七〇年に特許状が与えられ、規則が定められた。この規則はバイーフのアカデミーの内実をよく物語っている。「……音楽家たちは毎日曜二時間、聴講者のために調整された詩句と音楽（vers et musique mesurés）を歌い暗唱する義務がある。『アカデミーの書』があるべきで、そこには運営に関係する人びとの名前と地位、また彼らが負担を同意した金額、その音楽家の名前、また彼らが指名された条件、が記されねばならない。音楽家は一定の時間に集って、『各自が別々に学んだ部分を演奏』することを認めねばならず、また音楽については、ふたりの主事（バイーフ、クルヴィーユ）に従わねばならない。音楽家はアカデミーの音楽の写しを許可されていない人には譲ってはならない。もし音楽家が病気で倒れたら、彼は健康が回復するまで看病される。『アカデミー会員にたいして定められた図案』をあらわすメダルが作成されねばならず、その保持者が亡くなれば相続人はただちにアカデミーに返却せねばならない。……音楽が演奏されるあいだ聴講者は話しをしたり、物音をたててはならない。音楽の演奏中に入室することは許されず、それが終わるまで外で待たねばならない。聴講者は音楽家のために用意された休息所に近づいてはならない。聴講者は半年に一度ずつ寄附金を納めねばならない。それにもし聴講者や音楽家のあいだで争いがあっても、集会の建物の一〇〇フィート以内では言葉や行為によりたがいに攻撃してはならない。」

音楽は単なる娯楽ではなく、宇宙論的な意味をもつものであるから、音楽はすべての知識や学問に通じるものと考えられた。バイーフのアカデミーに出席して感銘をうけたアンリ三世はロンサール、バイーフ、宮廷詩人デポルト（Philippe Desportes, 1546-1606）やそのほかの学者や知識人を集め宮廷にアカデミーを設立（一五七六）したが、ここでも非区分化の原理は顕著である。そこではバイーフ流に詩句が音楽にのせて歌われたほか、さまざまな主題についての議論が王の前でなされた。たとえばロンサールとデポルトは活動的生活と瞑想的生活について議論した（このテーマはフィチーノとアルベルティの議論のテーマと同一である）。また詩人ラ・ボドリ（La Boderie,1541-1590）はその著作のなかで、プラトン的思想にもとづき、古代からフランスのバイーフのアカデミーにいたるまでの詩と音楽の歴史を述べながら、それと並行して建築についても古代から当時のフランスまでを描きつつ、当時の建築家、セルリオ、フィランデル、レスコ、ジャン・マルタン、ドロルム、クザンについて言及している。

こうした非区分化の傾向はフランスでは一七世紀の初期まで続く。ミニム会修道士のメルセンヌ神父（Marin Mersenne, 1588-1648）を中心とするサークルは一六一〇年代のヨーロッパの知的中心であり、そのなかにはガリレオやデカルトもいるが、彼もまた上記のような理念をいだいていた。その著作『世界の調和 *Harmonie universelle*』（一六三六）で、彼は「世界のすべてのものは音で表現できる、なぜならすべてのものは重さ、数、寸法よりなっていて、音はこれらの三つの特性を表現するから、音により人が望むすべてのことを表現できる」としている。これは新プラトン主義的バイーフ的な考えであることは明らかである。実際、彼はバイーフのアカデミーの特許状や規則を読んでいたばかりか、その音楽家モデュイ（Jacques Mauduit, 1557-1627）にそれについて問いただしている。彼はその著作『天地創造の研究 *Questiones in Genesim...*』（一六二三）のなかでバイーフのそれについて言及し、その音楽的意図を絶賛している。「彼ら（バイーフ、クルヴィーユら）はすべての種類の自然科学にきわめてたけた人びとをアカデミーに指名し、教頭と呼ばれるべき長官職を設立した。そのほかにも、精神の善を助ける、科学、言語専門、音楽、地理学、数学の諸分野、絵画の教師がいて、また軍事訓練、身体の善に有益なすべてのことを教える軍事長官もいた。また、衣服、庭園、食物、金銭などの家事について担当するよう指名された者もいた。……これらの計画は……ある人物のねたみにより不完全なものに終った」。メルセンヌのサークルはアカデミーという称号が与えられなかったが、諸学の非区分化という理念を共有していたようだ。

またこれは地方ではあるが、一六〇七年、サール（St. François de Sales, 1567-1622）はアンシーにアカデミー・フロリモンターヌ（Académie florimontane d'Annecy）を開設した。そこではメンバーは記章を選び、定期会合で講演せねばならなかったが、主題についての制限はなく、算術、幾何学、宇宙形状誌、哲学、修辞学、神学、政治学、言語学などについて講演がなされた。

さらにリボー（David de Flurance Rivault, 1571-1616）のアカデミー計画が言及されねばならない。彼は一六〇三年に宮廷内のある役職に指名され、一六一一年には数学の本を若き王ルイ一三世に読んで聞かせる仕事をまかされ、一六一二年は王の主任教師となり、王室の教育に大きな役目を果すこととなった。彼はバイーフのアカデミーにいた音楽家の友人であり、またローマのアカデミー・デッリ・ウモリスティ（Accademia degli Umoristi）のメンバーでもあった。彼は『美装術 *L'art d'embellir*』（一六〇八）のなかで、魂にとって知恵とは顔にたいする化粧であり、そして知恵は知識の一部にあるのではなく全体にあるとした。また彼は『アカデミーとその宮廷への導入の計画 *Le dessin d'une Académie et de l'introduction d'icelle en la Cour*』（一六一二）を発表した。その計画によれば、主事、秘書、会計係、それに印刷係や出版係などそのほかの事務員がいるべきである。メンバーは討論のために決められた日に集まる。討論の内容は直接神学にかかわることだけは避けるべきだが、哲学、人文学、詩、技芸、歴史、古今の作家の文章の解釈説明、古代の研究、異民族との戦争の方法、政治、国家の格言、倫理などは論じられる。討論のあとで、もし歌をつくったメンバーがいればそれは演奏されてもよい。そして討論を発表する人は、その議論の写しを秘書にわたし、秘書はその写しに名前と日付を記し、出版の準備をする、というものである。この計画は実現寸前までこぎつけたらしい。一六一二年五月六日、まだ正式のものとはなっていないアカデミーの会合で、リボーはそれがローマの教えとアテネの教えを結合し、すべての職業とすべての学問が含まれるであろう、と語った。「人間は小宇宙にたとえられる。なぜなら彼のなかには大宇宙中にあるものがすべて縮図となって発見しうるからである。そして、この私たちのアカデミーに見い出せないものがこの世にどこにあろうか」とも語った。しかし史実はその設立を物語っていない。

そしてアカデミー・フランセーズ（Académie française）も当初はこうした一六世紀からの流れを汲むものであった。この組織もメンバーの自邸で会合を開く私的な文学サークルから出発しており、コンラール（Valentin Conrart, 1603-1675）が一六二九年ごろ親類のゴドー（Antoine Godeau, 1605-1672）による詩の朗読を聞くために、サロンを開催したのがきっかけである。ゴドーはメルセンヌのグループの一員であり、またコンラールも聖詩を音楽にのせて歌うことに関心を示し、バイーフのアカデミーの特許状と規則の手稿を持っていた記録のあることなどから、このグループの性格がうかがわれる。しかし一六三五年、リシュリューがこのグループに介入し、保護を与え、特許状と規則が与えられると、非区分化と多様の統一という初期の理念は忘れられた。リシュリューによりアカデミー・フランセーズに与えられた母国語の美化と顕揚という任務はデュ・ベレ以来のものだが、ここでは文法の体系化と語彙の整備だけがその仕事となった。そして一六七二年に王の保護が与えられ、場所もルーヴル宮内に定められた。

こうした権力の介入と並行して、コルベールとともにすべての学問や芸術の区分化が進行しつつあった。一七世紀に設立された多くのアカデミーはこのことを物語っている。王立絵画彫刻アカデミーは一六四八年に設立され、一六五六年に王の保護が与えられ、ルーヴル宮内に場所が与えられた。ダンス・アカデミーは一六六一年設立。碑文純文学アカデミーは、最初は碑銘、記章、象徴的図案などの研究のために集められたアカデミー・フランセーズの一分科会であり（小アカデミー Petite Académie と呼ばれた）四人のメンバーがコルベールの図書館で会合を開いていたが、一六六三年に特許状が与えられ、しだいに考古学や歴史学の問題がとりあげられるようになり、一七〇一年に定められた規約で、その目的は「王家所蔵の古今の勲章、大メダル、石碑そのほかの貴重品」および「フランスの古物や記念碑」の研究と明記された。科学アカデミーは一六四〇年代、デカルト、パスカル、ガッサンディらの私的サークルにコルベールが注目し、資金が実験道具や材料の購入、会員の手当などに使われるように計った。一六六六年に特許状が与えられ、一六九九年にルーヴル宮に施設が与えられ、法規が導入された。一六六九年には音楽アカデミーが、一六七一年には王立建築アカデミーが設立された。これらはもはや一六世紀的な自由な集団ではなく、重商主義、絶対主義という国家的な目的のもとで、明確に定められた任務のために活動する近代的な組織となった。

　ところで、これらのうちの芸術関係のアカデミーは、イタリアに由来する、芸術についての新たな理念を反映しているので、話をふたたびイタリアのルネサンスに戻さなければならない。新たな理念とは、芸術の学芸化と芸術家の社会的地位の向上にかんするものである。レオナルドはその『絵画の書』のなかで、絵画は素描（ディセーニョ）の術であり、この素描なしには、とくに彼がその名に値すると思う科学、すなわち数学的証明によって進み、それなくては正確さが与えられないような実験にもとづく科学は存在しえないがゆえに、絵画芸術を「貴重かつ無比の」もの、「神の血縁」と称えた。絵画などの芸術は、中世では、頭の仕事である学芸（liberal arts）ではなく、単なる手の術である技芸（mechanical arts）に属するものとされ、だから芸術家はただの職人に等しい存在であるとされていた。だから、こうした芸術の学問化の要求は、芸術家をギルドといった中世的制度の束縛から開放するなどしてその社会的地位を向上させよという主張につながる。こうした動きはミケランジェロにおいて著しい。彼は自分を誰にも拘束されない独立人であると考え、また「彫刻家」という称号さえ嫌った。パウロ三世は一五三九年三月と一五四〇年四月のふたつの教書で「彫刻家、学究者、科学者かつ聖なる原則によって自然を模する王国の画家は、石や大理石を刻む人たちの法的義務から永久に自由に開放されること」を命じ、その唯一の理由として「私たちの時代に全世界の彫刻家のあいだに第一の地位を占めた、私たちの愛する息子ミケランジェロの唯一の心の天性と有名な生まれつきの徳性」をあげた。

　このような主張は必然的に芸術教育にかんする新しい考え方を伴う。レオナルドは中世的な徒弟奉公による芸術教育を非科学的であるとし、「科学なしに実践を好む人は、舵か羅針盤なしに船に乗りこむ船乗りのようだ」と非難した。彼によればまず遠近法と比例理論、つぎにその実践が学ばれるべきで、つづいて教師の素描からの素描、浮彫からの素描、自然物の素描へと進み、それから自己の美術制作がなされればならない。そこでは実践よりも理論や知識が重要視されている。

レオナルドが生み出したこの理論がアカデミー教育を求めていることは明らかである。ペヴスナーの『美術アカデミーの歴史』によれば、ACCADEMIA LEONARDI VINCI の銘がある二点の版画が残っていて、レオナルドを中心とする美術アカデミーが存在したようである（図1）。一五世紀末にミラノのレドニコ・イル・モロの宮廷にあったようだが、証明されたわけではない。しかし、それらが美術学校を意味するかどうかは疑わしい。一四九〇年代に彫刻家ベルトルド（Bertoldo di Giovanni, 1420-1491）がロレンツォ・デ・メディチの援助のもとでサン・マルコの庭園に彫刻家の学校を開いた。ヴァザーリは『列伝』第二版でこの学校に言及し、それが「素描術を追求するすべての者」のための「学校やアカデミーのようなもの」であったと書かれているところから、その性格がうかがわれるが、初版についてはそれがみられないことから、一五五〇年ごろまでは美術学校をアカデミーと呼ぶ習慣はなかったものと思われる。また、バンディネリ（Baccio Bandinelli, 1466-1560）を中心とするアカデミーが一五三〇年ごろのローマと一五五〇年ごろのフィレンツェに存在したことを示す二点の版画（図2）があるが、これも美術教育機関といえるものではなく、社交的雰囲気のなかで相手の目前でデッサンし、美術の理論と実技について論じあうための非公式の会合であったらしい。レオナルドのアカデミーもそういった類のものであったと思われる。

ところで、イタリアでは一五三〇年代にアカデミーの性格が一変する。非組織的グループであったものが規制された事業に姿を変え、また国の研究機関ともなり、同時に細かい規則が与えられた。文学関係のものも自由な討論のために非公式の会合であることをやめ、文法の整備などの明確な目的をもつものとなった。これは外在的な形式や権威への服従という反宗教革命の精神のあらわれであるが、それが芸術上に反映されるとマニエリスムという芸術上の専制主義の形態をとった。一六世紀中葉には、画家はたんに宮廷および権力をもつパトロンに奉仕するばかりでなく、至高の中部イタリアの古典にも服従し、ローマ、フィレンツェの芸術的典範は論議のない権威をもつようになった。巨匠の影響は教義的性格を帯び、ミケランジェロのそれはあきらかに独裁的なものになった。そして個々の作家が傑作を産みだすことよりも芸術品の質の、統一された一定の基準を保つことが重要視された。マニエリスムの中心となる概念

図１　レオナルド・ダ・ヴィンチのアカデミーの存在を暗示する２点の版画。
（左）には“ACADEMIA LEONARDI VIN（CI）”,
（右）には“ACH（ADEMI）A LE（ONARDI） VI（NCI）”と書かれている。

図２　Baccio Bandinelli のアカデミーの存在を示す２点の版画。
（上）A.Veneziano の作（1531）。
（下）Enea Vico の作（1531）。

はまさに手法（マニエラ）であるが、ヴァザーリはそれに至上の地位を与えた。『列伝』第二版第三部序論によると、ディセーニョが自然のなかの最も美しいものを再現することであるのにたいし、マニエラはその最も美しいものから出発して最も美しい作品を仕上げることであり、「神のごときミケランジェロ」がただひとり、古代人にも自然にもうち勝ちえたのは、そのマニエラの導きによるものとした。そしてそうであるから、ルネサンス人のごとく自然に美を求めるよりは、巨匠のマニエラに固執したほうがより完璧に近づける。

一五六三年フィレンツェにおいて、ヴァザーリの提案にもとづいてコジモ・デ・メディチによりアッカデミア・デル・ディセーニョ（Accademia del Disegno）が設立された背景はこのようなものである。この組織はつぎの二点で重要である。ひとつは芸術家の社会的地位についてであり、大公の保護下にフィレンツェの主要な美術家の協会をギルドとはまったく無関係に確立し、「素描（ディセーニョ）」という共通の関心によりのみ結びつけられたものとすること。もうひとつは初心者教育である。一五六三年一月の規約では、毎年三人の大家が検査官（Visitatori）として選ばれ、アカデミーまたはその仕事場で選抜された少年たちに「ディセーニョ」を教える義務を課す、とある。しかしこの素描教育では仕事場の教育をアカデミーでの訓練で置きかえることは意図されず、前者にたいする付足しほどに考えられていたようである。また理論教育については冬期に幾何学と解剖学が計画された。しかし教育については、ほとんどなにも実施されなかったようで、これに不満をいだいたツッカリ（Frederico Zuccari, 1542-1609）はアカデミーの研究的基盤の回復を主張し、教育面での改革案として、人体デッサンのためのスタジオ設置、理論の講座と最優等生にたいする賞の設定を提案したが、これもまたついに実現されなかった。

一五九五年、フェデリゴ枢機卿とツッカリによりローマで設立されたアッカデミア・ディ・サン・ルカ（Accademia di St. Luca）は、この点では前述の例よりいくぶん前進している。会長ツッカリは理論の講義と討論の重要性を強調した。この組織では毎日、昼食ののちの一時間が理論討論にあてられた。二週間に一度は全体会議がもたれ、絵画と彫刻の比較論、素描の定義、人体の運動、装飾、構成などが論じられた。講義には学生だけでなく、会員の申込みをした若干の愛好家、貴族、学者もまじっていた。しかしこれらの講義はツッカリの個人的な努力に負うところが大きく、彼がいなくなるとあまり開かれなくなった。素描教育はもっと充実していたらしい。ふたりの会員からなる教授陣が組織され、石膏デッサン、人体デッサンが完全におこなわれ、優秀な学生には賞が与えられた。

このふたつのイタリアのアカデミーは確立された規則を学生に教えるという、マニエリスム的な理念を反映しているが、それは完全にはなされなかった。これらを模範としつつ、近代的な美術学校としてのアカデミーを確立したのはむしろフランスである。パリでは一六四八年のド・シャルモア（M. de Charmois）の請願書より、芸術家の社会的地位にかんするあの理念に支えられた、ギルドとの数年間にわたる戦いのすえ、一六五六年、絵画彫刻アカデミーに特権的地位が与えられた。規則によると、その組織はつぎのとおりである。普通、建築総監を兼任する保護会長がその最高職であり、その下が副保護会長、さらに主事である。つぎにその下位に学区長（四人）、教授（一二人）、顧問官（六人、のちに八人）がいて、さらに会員（数は無制限、普通会員 agréé と学生 élève の区別があった）がいた。のちに学区長と教授に副学区長（二人）と助教授（八人）が追加された。各役員の任務だが、学区長は運営一般を担当し、教授は教育面を担当する。彼らはモデルを決定し、入門者が模写すべき素描を与えた学生の作品を直さねばならなかった。教授は交代制であり、ひとりで一カ月ずつ担当した。教育については、このアカデミーは美術家教育のためのすべてを用意したわけではなかった。素描と講義はそこでなされたが、そのほかは師匠の工房でなされた。会員はそれぞれ六人の生徒を教えることが許された。生徒は、師匠からの免許証がなければ、アカデミーの学生とはなれなかった。アカデミーのコースは下級クラスと上級クラスに分けられた。下級クラスでは、学生は教授のデッサンを模写し、上級クラスでは実物から模写した。素描の素描、石膏像の素描、人体素描という順序はその教科課程の基本となった。講義は遠近法、幾何学、解剖学についてなされた。また定期集会では、首席画家らが学生や会員をまえに講演した。これらの教育がめざしたのは、若い美術家たちに「絶対律」とでもいうべき明確な規則を示すことであった。それはマニエリスム的な巨匠の手法（マニエラ）にたいする固執への要求とはやや異なり、明晰に数学的に証明できる規則、一貫した論理による分析にたいする確固たる信頼にもとづくものである。建築理論家フレアール・ド・シャンブレもこうした理念をいだいていたので、たとえ彩色が好ましくとも、幾何学にも遠近法にも解剖学にももとづかない恣意的な絵画を非難したのであった。

しかし明確な規則とはなにを意味しているのだろうか。当時の書物やアカデミーの講義において美術作品の正しい評価のために普通とられた方法は、作品をいくつかの範疇にしたがって分析することであった。フレアールは絵画を考察、均衡、色彩、表現、構成の各カテゴリーで分析した。画家ロジェ・ド・ピール（Roger de Piles, 1635-1709）は『画家の比較』において、有名な絵を構成、表現、デッサン、色彩によって分析し、〇点から八〇点までの評価を与えた。こうした精神はまさに、アカデミーを領域ごとに区分したあの精神と等しいものである。人体を小宇宙にたとえ、宇宙に調和的な音楽の響きを感じていた時代はいく世紀も過去のことであるようだ。すべての超越的な存在を否定した近代的理性があらゆる神話を中性化して単なる物語に変えたとき、制度も学もまったく異質のものに転化した。

一—二　ルネサンスにおける建築理論の形成

一五世紀にウィトルウィウスの建築書が再発見されてから、イタリアでは人文主義的な空気のもとで新たな建築理論が形成され、建築家や理論家たちはその理念を建築書のかたちで発表した。これらの理論はフランスに移入され、再解釈され強化され、あるいはフランス独自の建築観と融合し、ルネサンス期のフランスの建築理論として成長し、一六世紀後半にその一応の成果を見た。一七世紀末に成立した建築アカデミーにおいて建築の絶対律形成のためのたたき台となったのは、こうした理論や建築言語であり、またイタリア人のテキストも直接検討の対象となったので、一五世紀末のイタリアから一六世紀末のフランスまでの建築理論の形成過程を追体験しなければならない。

ウィトルウィウス

ウィトルウィウス建築書は中世でも忘れられてはいなかったが、その手稿がルネサンス精神のもとで再発見されたのは、一四一四年、サン・ゴール修道院で、ルスティチ（Cencio Rustici）と人文主義者ブラチィオリーニ（Poggio Braciolini）によってである。この書は一五世紀末から一六世紀初めにかけてラテン語のまま出版された。まず一四八六年、ローマでジャン・スルピティウス（Jean Sulpitius）が『カエサル・アウグストスに献げられたウィトルウィウス・ポリオの建築術にかんする卓越した書、ヨアン・スルピティウス・ウェルラヌス *Vitruvii Pollionis ad Caesarem Augustum de architectura liber primus ex rec. Jean. Sulpitii Verulani*』というタイトルのもとに出版した。これは

図4　J・モークレルクの書の口絵。

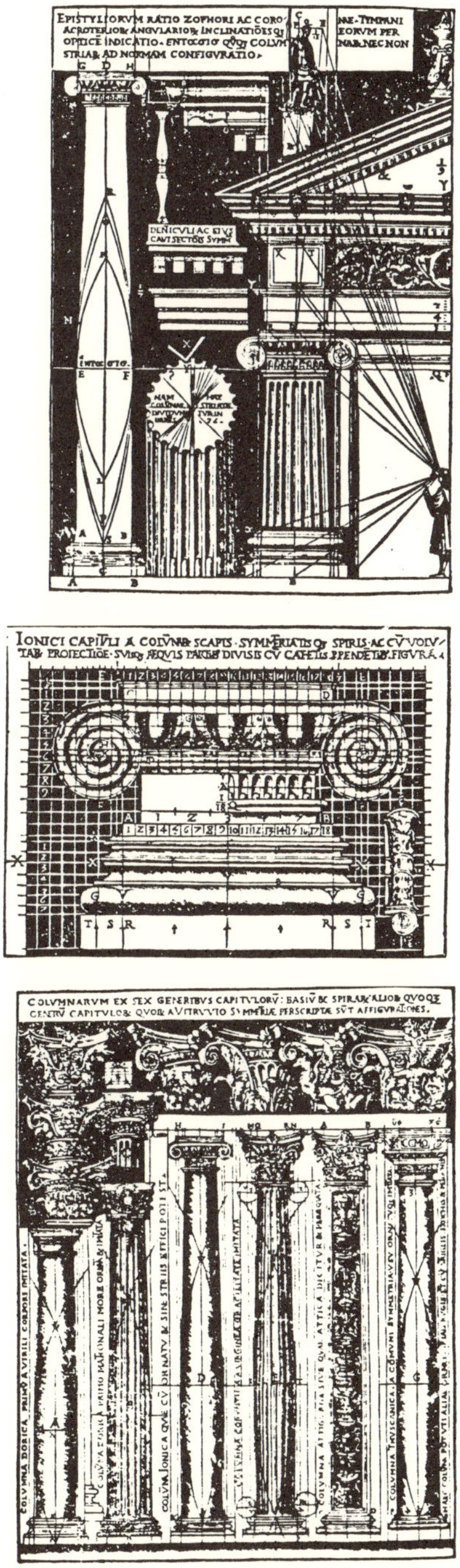

図3　ウィトルウィウス建築書。1521年版。

もとの手稿にまったく手を加えずに出されたものであった。つづいて一四九六年、フィレンツェでアントニオ・ディ・フランチェスコ（Antonio di Francesco）の版が、一四九七年にヴェネツィアでシモン・ベヴィラクア（Simon Bevilacqua）の版（これは一四九六年版を写したもの）、一五〇六年にはペルージャで別の版がでた。これらの版には図版が少なく、一四八六年、九六年、九七年の版にはそれぞれ一、五、七点しかなかった。

イタリアの建築家フラ・ジョコンド（Fra Giocondo, 1433-1515）は、フランス国王の要請により一四九六年から一四九九年までフランスに滞在し、パリでノートル=ダム橋上の建物を設計するとともに、ウィトルウィウスについて講義をし、口頭とデッサンにより注釈した。イタリアに戻ると、一五一一年、ヴェネツィアで『現在できるだけ収集し理解される図や表を載せ、誤った箇所を修正し矯正するのを常とするジョコンドによるM・ウィトルウィウスの書 *M. Vitruvii per Jocundum solito castigatior factus cum figures et tabula ut jam legi et intelligi posit*』を出版した。手稿の欄外にあった図などをもとにした図版を多数含まれていた。その縮小版が一五一三年、二二年、三三年に出版された。

イタリア語に翻訳されたのは一五二一年のコモ版からである。タイトルは『ラテン語から俗語に翻訳され、図版が与えられ、注釈がつけられ、名声を高めた驚くべきオーダーについて述べられているルシオ・ヴィトルヴィオ・ポリローネの建築十書 *Di Lucio Vitoruvio Pollione de Architectura libri decem traducti de latino in vulgare, affigurati, commentati e con mirando ordine insigniti...*』、発行者はアゴスティーノ・ガッロ（Agostino Gallo, 1499-1570）。注釈と図版は建築家チェザリアーノ（Cesare Cesariano, 1483-1546）らが担当した（再発行一五五二）。そしてこれより、多くの翻訳が出された。

スペイン語版は、ディエゴ・デ・サグレド（Diego de Sagredo, ?-?）が一五二六年にスペインで出した『メディダス・デル・ロマーノ *Medidas del Romano*』である。フランスへの影響は大きい。フランス語訳『古代建築の比例、すなわち建物を楽しみとしている人びとのために新たにスペイン語からフランス語に訳されたウィトルウィウスやそのほかの古代の建築家の抜粋 *Raison d'architecture antique, exraite de Vitruxe et autres anciens architects nouvellement traduit d'espaignol en français à l'utilité de ceux qui se délectent en édifices*』が一五四二年、五五年に出版された。またこのパリでは一五四〇年に、一二世紀のポール・ディアクル版ウィトルウィウスが出版されている。

一六世紀初頭、多くのイタリア人がウィトルウィウス翻訳にとりくんだが、そのテキストの翻訳はきわめて困難であったようだ。クラウディオ・トロメイ（Claudio Tolomei, 1492-1555）はローマでウィトルウィウスの翻訳家や注釈家のためのアカデミー（Accademia delle

Virtù）を設立した。ウィトルウィウス・アカデミーと呼ばれた。その秘書が若きヴィニョーラであり、フィランデル（Philander, 1505-63）もその一員であった。フィランデルは手稿にあった多くの誤りを正し、不明とされていた言葉に正確な訳語を与えてテキストに純粋さをとりもどした。彼の注釈の入ったものは一五四三年にストラスブールで、一五四五年パリで、一五五〇年ふたたびストラスブールで、一五五二年リヨンで、一五五七年ヴェネツィアで、一五八六年ふたたびリヨンで出版された。

そのほかにも翻訳は多い。一五四七年、前述のトロメイが『ウィトルウィウスの書を説明するために達成せねばならない方法を、そのなかで作者が示している七つの手紙 *Sette letter in cui l'autore dimostra quell via deverebbesi tenere per illustrare I libri di Vitruvio*』を出版した。一五四七年には、パリで、ジャン・マルタン（Jean Martin）とジャン・グジョン（Jean Goujon）による翻訳が出た。一五四三年のストラスブールでのフィランデル版の発行者であるヴァルター・リフ（Walter Riff）は一五四七年に『ウィトルウィウスの教えの正しい理解のための教示 *Unterrichtung zu rechten Verstand der Lehr Vitruvii*』と題する、五つのオーダーにかんする論文を発表、また一五四八年に『ドイツ語版ウィトルウィウス *Teutsch Vitruvius*』を発行した。一五五六年にはヴェネツィアでバルバロ（Barbaro）が『M・ウィトルウィウスの建築十書 *Dieci libri dell'architettura di M. Vitruvio*』を発行した（一五六七、八四、八七、再発行）。またこの一五五六年に、トゥールーズで『（ウィトルウィウスの）要約 *Epitome*』がジャン・ガルデ（Jean Gardet）とドミニク・ベルタン（Dominique Bertin）により刊行された。ベルタンはフィリベール・ドロルムの兄ジャンのもとで働いていた建築家であり、現代の建築がシンメトリーにもとづいておらず、質の悪いことを、この書で指摘している（一五六五、六七、再版）。またこのほかにも一五五八年、七七年、九〇年にイタリア語版やドイツ語版が出ている。

さて、ウィトルウィウスの建築書はフランス人になにを与えたであろうか。ラテン語の教養のないフランスの建築家は図版を見て幻想をかきたてるのみであったが、フラ・ジョコンドがパリで講義してから、そしてフランス語の翻訳が出版されると、彼らは理論の重要性にめざめた。実際、ウィトルウィウスの建築書は建築的決定のための多くの指針を含んでおり、実用的であり有用であったに違いない。しかしウィトルウィウスが第一級の権威をもった理由はそれだけではない。それはこの建築書が、当時ヨーロッパで流行していた新プラトン主義の諸理念と共振するものを多く含んでいたからにほかならない。ウィトルウィウスは、建築家は多くの学問（文音の学、描画の知識、幾何学、光学、算術、歴史、哲学、音楽、医学、法律、天文学……）を修めねばならないとした。また彼はピタゴラス流の音楽理論をあきらかに知っていたし、オーダーが人体の模倣であることを明らかにした。そしてなによりも比例を重視した。これらの諸概念が新プラトン主義的な非区分化の精神と調和比例の原理に一致することは確かである。ウィトルウィウスは中世においても完全に忘れられていたわけではないが、一四一四年の再発見に特別な意味があるのは、中世におけるウィトルウィウス理解が実用本位のいわば形而下的なものであるのにたいし、ルネサンスにおけるそれが新プラトン主義的コスモロジーに結びついた、いわば形而上学的なものとなったからである。

アルベルティ

このウィトルウィウスと新プラトン主義との結合はアルベルティ（Leon Battista Alberti, 1404-1472）において明らかである。彼に芸術への興味をめざめさせた芸術家たち――ブルネレスキ、ドナテッロ、ギベルティ――がいた都市フィレンツェにはアカデミーア・プラトニカがあったし、実際、アルベルティはフィチーノと交際があった。また自己の建築理論形成において、いかに多くをウィトルウィウスに負っていたかは、彼自身も認めている。彼はフィレンツェで一四四九年から一四五二年のあいだに『建築論 *De re aedificatoria*』を書いた。この建築書は、最初の手稿はラテン語で書かれたが、一四八五年にフィレンツェで発行されたときはイタリア語になっていた。

一五一二年、ジョフロワ・トーリ（Geoffroy Tory）はパリでこの建築書を出版した。建築関係の要人に献じられた。評価は高く一五五三年に再版された。

翻訳としては、イタリア語では一五四六年にピエトロ・ラウロ（Pietro Lauro）版が、一五五〇年にはフィレンツェでコシモ・バルトーリ（Cosimo Bartoli）版が出された。また、一五五三年にはジャン・マルタンによるフランス語版が出版された。

アルベルティは「建築はすべて lineamentum と構造により建てられる」といって理論と実践を区別し、前者をより重要視した。彼の建築理論にとって lineamentum（線、輪郭）の概念は重要である。彼は lineamentum の働きを「建物と建物の部分とに的確な位置、特定の数値、権威に満ちた調子、および快い秩序感を、あらかじめ決定すること」、あるいは「平面配置と立面の細部の正確な配置をし、また形而上学的な数の概念を導入し、オーダーの種類を選び、立面図で主要輪郭線の比例を検討し、最後に出てくる作品の調子を権威にふさわしくなるように図面を決定する」ことととしたが、これはウィトルウィウスのシンメトリアの概念に近い。また彼はオーダーの比例が人体比例に由来していることについても述べている。

彼はまた建築美がcollocatio, finitio, numerusの三つの要素からなるとした。collocatioとは配置や敷地などを決定する建築家の行為であり、finitioは線と線、縦、横、高さのあいだの対応であり、これは空間中に限定された形態、たとえば幾何学的な純粋形態を表わしている。そしてnumerusは量と量との関係、すなわち比例を表わしている。アルベルティにおいても数の神秘主義は顕著であり、惑星の数である七、天球の数である九、完全数一〇を特別な数とした。彼はまたピタゴラス＝プラトン以来の伝統にしたがって、三種類の比例中項、算術中項［$m = (a + b) / 2$］、幾何中項［$m = \sqrt{ab}$］、調和中項［$m = 2ab / (a+b)$］について述べ、この数の操作でできた数を組み合わせてオクターブ（一：二）、五度（二：三）、四度（三：四）などの音楽比例が得られることを示した。また比例中項は二数からほかの一数を決める操作であり、こうして得られた三数を建物の部屋の縦、横、高さに応用できるとした。建築は音楽と同じく、それを構成する数が調和的あるいは協和的な比例を満たすとき、理性的な美がもたらされる。比例に由来する絶対美という、建築アカデミー成立当時の検証のための中心課題はアルベルティにおいてすでに登場している。

フラ・フランチェスコ・コロンナ

フラ・フランチェスコ・コロンナ（Fra Francesco Colonna, 1433-1527）においても形態や数のシンボリズムは明らかである。彼の『ポリフィルスの夢 *Hypnerotomachia Poliphili*』は一四六七年ごろ書かれ、一四九九年にヴェネツィアで出版され、一五四五年に再出版された。ジョン・マルタンによるフランス語訳は一五四六年と一五八一年に出ている。

この書は、恋人が、夢のなかで愛する女との完全な結びつきを求めて、見知らぬ土地を彷徨し、数奇な体験を重ね、いくつもの古代の建物に巡り会うという物語である。J・サマーソンは『天上の館』のなかで、ローマの古代遺跡を合理的に研究したアルベルティにたいし、コロンナの古代建築にたいする態度は「ロマンチックで、亡霊がつきまとう、内省的な」ものだと指摘しているが、両者はさほど対照的であるとは思えない。コロンナの建築についての記述は工匠的な実際的な側面はないが、建築の形態を決定するにはじゅうぶんである。彼は建築家ではなかったが、ウィトルウィウスやアルベルティをとおして建築についての知識を得ていた。事実、この著作に含まれている多くの装飾的モチーフ、グロテスク、象の上のオベリスク、あるいは幾何学的な形態操作による平面の決定などは一六世紀のフランスの建築家に影響を及ぼした。

彼において理性と神秘、科学と魔術とは一体であり、近代的な合理と非合理の対概念では捉えられない。このことは比例理論を説いたルカ・パチョーリとフランチェスコ・ジョルジについてもあてはまる。

ルカ・パチョーリ

ルカ・パチョーリ（Luca Pacioli, ca.1445-ca.1517）は修道士であり、一四七〇年から七六年のあいだにフランシスコ会に入っている。また数学教師であり、ヴェネツィアで富商の子息を教えたこともあり、一四九六年に同市で『算術、幾何、比及比例全書 *Summa et arithmetia, geometria, poroportioni et proportionalità*』を刊行している。彼はまたレオナルド、アルベルティ、ピエロ・デッラ・フランチェスカからの友人であり、そこから建築の知識を得たと思われる。宗教、数学、建築にわたるその経歴は一五〇三年に刊行された彼の主著『哲学、透視図法、絵画、彫刻、建築、音楽や、そのほかの数学にかんする、最も快い、鋭敏で驚くべき教義の熱心な研究のそれぞれが、秘密的な科学の諸問題でもってもたらし、そして満たすところの、すべての鋭敏な理解と必要な好奇心による神聖比例 *Divina proportione, opera a tutti gl'ingegni perspicari e curiosi necesseria, que ciascun studioso di philosophia, prospective, pictura, sculptura, architectura, musica e altre mathematice suavissima sottile e admirable doctrina consequira e delectarassi con varie questione di secretissima scientia*』によくあらわれている。そのなかでパチョーリはまずプラトンの純粋立体に言及し、レオナルドの才能をたたえた。それから彼はウィトルウィウスの教えのとおり、建築が諸学の女王になるためには数学的原理が必要であるとした。すべてのものは重さ、数、寸法からなるからである。彼はピタゴラス、あるいはプラトンの『ティマイオス』に言及した。さらに大宇宙と小宇宙の相似にかんする教義を守り、古代人がそのモニュメントに適用したのは人体比例であるとし、オーダーについて語り、また完全な形態である球に言及した。パチョーリが「神聖な」と形容した比例は黄金比のことである。

フランチェスコ・ジョルジ

フランシスコ会修道士フランチェスコ・ジョルジ（Francesco Giorgi, 1466-ca.1540）はアルベルティの影響をうけて『世界の調和について *De harmonia mundi*』（ヴェネツィア、一五二五）を書いた。この書のなかには中世的伝統、プラトン的理念、ヘブライ神秘主義、占星術、数学、音楽などが混然一体となっている。アンソニー・ブラントは、この書は一五四五年にフランスで出版されたと述べている。

彼にとって、すべてのものはたがいに呼応しており、聖なる原型は自然や人間にみいだせるもののモデルでありえた。世界を創造した神はひとつの統一体であり、「協和音」の数によってすべてのものに降りてきている。神がそれ自身であった一日、神が世界を創造した六日、そして神が休息した一日の計八日は完全な作業の八段階であるが、それはオクタープの完全さゆえにである。彼は、世界は、神が数の原理で創造したものであるとし、数の神秘学をなんども繰り返した。さらに彼は「一、二、四、八、…」と「一、三、九、二七、…」というプラトンに由来する数の系列、あるいは算術、幾何、調和中項を研究し、音楽の間隔であり魂の性質である調和比例から、世界の秩序、天空の分割、人体のシンメトリーと完全な寸法、あるいは建物とその部分が持つべき比などを抽出した。彼は一五三一年の手紙のなかで、サン・フランチェスコ・デッラ・ヴィーニャ教会に適応するつもりである比例について、すべての比率は三位一体をあらわす三の平方数である九と、三×九＝二七の二数にもとづくべきである、というのは九、一八、二七という系列は九：一八＝一：二（オクターブ）と一八：二七＝二：三（五度）を、それゆえ九：二七＝一：三（一二度）をもたらすからである、と述べている。そして世界の調和が達せられるのは、そこに含まれるすべてのものがギリシア的な意味における類似（アナロジー）、すなわち比例の関係においてあらわれるからである、と結論づけている。

ジョルジの理論は、ヴェネツィア大使であった父バイーフによりフランスに移入され、また一五七九年にパリでルフェーブル・ドゥ・ラ・ボドリによる翻訳が出版されたことはすでに述べたとおりである。

セバスティアーノ・セルリオ

ボローニャ出身の建築家セルリオ（Sebastiano Serlio, 1475-1554）は、一五一〇年代から二〇年代にかけて、ローマでペルッツィ（Baldassare Peruzzi, 1481-1536）のもとで仕事をし、その影響を受けた。ペルッツィはすでにローマでは有名な建築家であり、透視図法、占星術、数学に興味をもち、ローマの古代建築について調べ、ウィトルウィウスの注釈にも着手していた。またセルリオは三〇年代にはヴェネツィアにいたが、そこでフィランデルと知り合った。セルリオはフィランデルに建築を教えた。逆にフィランデルは、人文主義的教養がなかったセルリオに、ラテン語のウィトルウィウスについての知識を与えた。これを契機にセルリオは著作にとりくむようになり、一五三七年ヴェネツィアで彼による建築書の第四書にあたる『大部分はウィトルウィウスの教義と一致するところの、古代の模範ともなった建築の五つの方法、すなわち、トスカナ式、ドリス式、イオニア式、コリント式、コンポジット式にかんするセバスティアーノ・セルリオの建築一般的規則　*Regole generali di architettura di Sebastiano Serlio Bolognese sopra le cinque maniere degli edifici cioe Thoscano, Dorico, Ionico, Corinthio e composito, con gli essempi della antiquité, che per la major parte concordano con la dottrina di Vitruvio*』を刊行した（再版一五四〇、四四、五一）。この書は一五四五年にフランス語に訳された。また、一五四〇年には同じくヴェネツィアで、ローマを含むイタリアの古代建築とブラマンテ、ラファエロの作品を載せた第三書を刊行した。この書は一五五一年にヴェネツィアで再版、また一五五〇年にフランス語に訳された。セルリオは第四書を枢機卿ジョルジ・ダルマニャック（Georges d'Armagnac, 1501-1585）を介してフランソワ一世に贈り、また第三書の序文ではフランソワ一世への賛辞を述べている。彼は一五四一年にフランスに招かれたが、そこでも著作活動を続けた。フォンテーヌブロー城の仕事にあたっていたが、そこではほとんど重要な役目が与えられなかったことから、建築家としてよりも理論家、あるいは著作家として招かれたようだ。パリでは一五四五年に第一書『いとも尊きルノンクール枢機卿の秘書ジャン・マルタンによりフランス語に訳されたボローニャ人セバスティアーノ・セルリオの第一書　*Le Premier livre de Sebastiano Serlio Bolognais, mis en langue française par Jean Martin, Secrétaire de Monseigneur révérendissime cardinal de Lenoncourt*』と、第二書『セバスティアーノ・セルリオの透視図法第二書　*Le second livre de perspective de Sebastien Serlio*』が刊行されている。この二書は幾何学と透視図法をあつかったものである（イタリアでは第一～五書が一五五一年にヴェネツィアで出ている）。第五書は一五四七年にまずパリで発行された。タイトルは『古代の慣習やキリスト教の慣習に従った神聖な時代の種々の形態をとり扱った、ボローニャ人セバスティアーノ・セルリオの建築書第五巻……（中略）……ジャン・マルタンにより仏訳され、ミシェル・バスコザンにより出版さる　*Quinto libro di architettura di Sebastiano Serlio Bolognese nel quale se tratte de diverse forme de tem pj sacri secondo il costume cristiano ed al modo antico. Alla Serenissima Regina di Navarra, traduit en français par Jehan Martin, ...à l'imprimerie de Michel de Vascosan*』である。この一五四七年にフランソワ一世が没すると、セルリオはフォンテーヌブローを去ってリヨンに移り、当地で一五五一年に『異なる様式をもちいた混合のルスティカ様式の作品である三〇の門と、二〇の異なった種類の優美な作品がすべてを述べている文章をともなった、建築家セバスティアーノ・セルリオの建築書の特別増補　*Extraodinario libro di architettura di Sebastiano Serlio architetto nel quale si dimostrano trenta porte di opera rustica mista, con diversi ordini e venti di opera dilicata di diverse spcii colla scrittura davanti che narra il tutto*』を出版した。この書はフランス語の訳もつけられていた。このほかセルリオの建築書としては第六書、第七書、第八書がある。第六書は宮殿建築について、第七書は不規則な敷地のためのプランなどといった、種々雑多な問題について、第八書は軍事建築についてであるが、これらは没後発行された。

セルリオの建築書は一六世紀と一七世紀の建築家に大きな影響を及ぼした。彼は、建築の原理と古代人の建築を尊重した。ローマ人の建築は現代の建築家のモデルとなるべきものだが、さらに「現在は失われてしまったギリシアの建築をもし見ることができたなら、それは疑いなくローマのそれよりもすばらしいだろう」ともつけ加えた。古代建築を実測したが、それがウィトルウィウスの理論と一致しないときは、実例のほうを信用した。また現代の建築家のなかではペルッツィの師ドナト・ブラマンテを権威とした。

オーダーについては、彼はまずコラムの半径を一モデュールとする。トスカナ式のコラムの高さは一二モデュールである。ドリス式は一四で、一が柱基、一二が柱身、一が柱頭である。イオニア式は一六、コリント式は一八、コンポジット式は二〇モデュールである。またバロック的な装飾が施されたエンタブラチュアの例を示した。また各オーダーの性格に言及し、その性格にしたがって適用されるべき建物を定めた。ドリス式はイエス・キリスト、聖パウロなどの頑強な聖人に捧げられた教会に、イオニア式は頑強さと優雅さの中間の性格をもった聖人に捧げられた教会に、コリント式は聖母マリアに捧げられた教会、修道院、高貴で清廉な人が住む住宅に適している。すなわち古代のオーダー理論をキリスト教社会の建築に適応させたのが、その功績である。

その理論はそれほど厳密なものではない。彼自身、オーダーについても「コラムの比例はその場所におうじて変化できる。間隔が大きければ太くあるべきだし、実際に重要を支えているピラスターへの付柱であれば細くあるべきだ」と述べている。オーダーの図版をみても、そこにはほとんど寸法は記入されていない。結局、フランス人にとって有益であったのは、彼の理論よりも、そのおびただしい例と図版であった。セルリアーナ、凱旋門、ルスティカ、円や楕円や多角形などの平面を採用した教会堂、バロック的な装飾、構造、住宅プラン、階段、窓、煙突などの多くのモチーフが収められていたこの書は、フランスの建築家にとって、一種の重宝なパターン・ブックであった。フランス人たちはセルリオを絶賛した。ドロルムによれば、彼はフランスに古代建築の知識をもたらした最初の人物であった。ジャン・グジョンによれば、彼はフランスにウィトルウィウスの教義に図版をつけて伝えた人であった。そしてフィランデルは、セルリオの弟子だと自称した。

化した。

ヴィニョーラ

ヴィニョーラ（Giacomo Barozzi da Vignola, 1507-1573）は、アルベルティやセルリオにおいて不十分であったオーダー理論を精密化し体系化した。

彼はボローニャで画家と透視図法家としての訓練をうけ、一五四〇年から一五四三年までフォンテーヌブローにおいてプリマティッチオのもとで仕事をし、そののちローマに戻り、ウィトルウィウス・アカデミーの秘書としてウィトルウィウス研究に参加した。彼自身は三〇年代ごろからウィトルウィウスや古代建築の研究に着手していたという。そしてこれらの成果が一五六二年に出版された『建築の五つのオーダーの規則　*Regole delli cinque ordini d'architectura*』である。

ヴィニョーラはコラムの半径を一モデュールとし、コラムの高さをトスカナ式は一四モデュール、ドリス式は一六、イオニア式は一八、コリント式とコンポジット式は二〇と定めた。さらに、以下はセルリオにみられなかったことだが、エンタブラチュアとペデスタルの高さをそれぞれコラムの四分の一、三分の一と定め、列柱、ペデスタルなしロッジア、ペデスタル付きロッジアの三つの場合ごとに柱間寸法を定めた。またさらに細部の寸法を決定するための下位の単位である「パルテ parte」を定め、トスカナ・ドリス式では一モデュールは一二パルテ、イオニア、コリント、コンポジット式では一モデュールは一八パルテとした。こうしたヴィニョーラのオーダー論は、セルリオのそれに比べればはるかに明確で体系的であり、実用的であった。

フランス古典主義の前提となるべきイタリア・ルネサンスの建築理論はこのようなものであった。パラディオの『建築四書』（ヴェネツィア、一五七〇）はフランスにはさほど影響を与えなかったようである。しかし、そこにはふたつの大きな流れがある。ひとつはパチョーリとジョルジに代表される新プラトン主義的な調和比例の概念であり、ひとつはセルリオやヴィニョーラにみられるオーダーの比例の概念であるが、両者はまだ一体のものとしては考えられていない。パチョーリもジョルジも宇宙論的な音楽比例を説くが、それを建築に応用することまでは考えついても、オーダーについてはまったく無知であるし、またセルリオやヴィニョーラはオーダーの比例をウィトルウィウスや古代建築、あるいは自己のいくぶん恣意的な操作により定めようとはするが、それを神の天地創造にまで結びつけようとする発想はなかったようだ。アルベルティにおいては、ふたつの要素はともに言及されてはいるが、人体比例を媒介としているので、やはり縁遠くなっている。ここから古代人の考案した建築のオーダーを、神の比例によって検証するという課題が生じるが、フランスの建築家がそれに気づくのにはすこし時間が必要であったし、なにより彼らは、こうした建築的ロゴスをイタリア人から学びとり、それを自分の血肉とする過程をまず経ねばならなかった。フランスの一六世紀はそうした受容の時代である。

ジョフロワ・トーリ

ジョフロワ・トーリ（Geoffroy Tory, 1480-1533）によるアルベルティ『建築論』の出版（一五一二）はすでに述べた。彼は建築における法則の必要性を説き、それが欠如しているフランスの伝統的な建築を非難した。一五二五年に出された自著のなかで、彼は「つねに手からコンパスと物差をはなさない」完全なイタリアの建築家、ドナテッロ、レオナルド、ラファエル、ミケランジェロを褒めたたえ、人体比例の利用に言及した。彼自身は独創的な理論家ではなかったが、ウィトルウィウスやアルベルティの理論に人びとの注意を向けさせた。

ジャン・マルタン

同じくジャン・マルタン（Jean Martin, 1500-1553）は翻訳活動をとおして、イタリアの理念を、母国語しか読めなかったフランスの建築家に伝えた。彼はもともとユマニストであり、一五三〇年にルノンクールの枢機卿の秘書となったが、この聖職者の建設工事に関与したことから、建築を考察するようになった。コロンナの翻訳（一五四六）、セルリオの第一書、第二書（一五四五）と第五書（一五四七）、アルベルティ（一五五三）の翻訳についてはすでに述べた。ジャン・ビュラン（後述）はこれらの作業にたいして賞賛を惜しまなかった。ウィトルウィウスの翻訳（一五四七）のタイトルは『古代ローマの建築家マルクス・ウィトルウィウス・ポリオの建築すなわちよき建設の術 *L'Architecture ou art de bien bastir de Marc Vitruve Pollion, auteur romain antique*』というもので、約一五〇点の版画が掲載された（図5〜9）。そのうちの約三分の二は外国の版のもので、四点はセルリオの第二書のもので、四〇点はウィトルウィウスの共訳者であるジャン・グジョンの制作である。

ジャン・グジョン

一五四七年版のウィトルウィウスの序文は建築家にして彫刻家ジャン・グジョン（Jean Goujon, ca.1510-1564/1569）が書いている。そのなかで彼は、建築家に幾何学と透視画法の知識を要求し、これらを知らない工匠を非難した。また建物の主屋平面における縦と横の比は三：五と二：三のあいだ（このなかには黄金比一・六一八…も含まれる）にあるべきだとした。またウィトルウィウスに準拠しつつ、オーダーの比例は人体比例に由来することを主張しながらも、セルリオをまねてオーダーの検討をはじめた。彼はイオニア式の柱頭の渦巻きが円であるべきか楕円であるべきか自問し、円であるべきだと結論した。またウィトルウィウスによればコリント式の柱頭は幅よりも高さが大きいが、現代の建築家は反対にアバクスの存在を認めないので幅と高さが等しくなること、同じくコンポジット式についてもウィトルウィウスと現代の建築家（ここではイタリアの建築家のこと）では意見が異なっている、と指摘した。あきらかに彼はイタリアに滞在したことがあり、そこで学習した知識をもとに、セルリオのやり方をまねてウィトルウィウスと古代の例を照合して、検証しようとした。

ルフェーブル兄弟

東洋学者にして詩人ギュイ・ルフェーブル・ド・ラ・ボドリ（Guy Le Fèvre de la Boderie, 1541-1590）はフランチェスコ・ジョルジの『世界の調和について』の翻訳によりフランスに新プラトン主義的理念を伝えた。この書は建築家よりむしろユマニストたちの精神的支柱となった。また一五七八年に『ラ・ガリアッド、すなわち芸術と科学の革命について』を刊行し、数の神秘学を展開しつつ、聖書のなかに建築的啓示を読みとろうとした。世界は七つの天球と七つの惑星からなっていて、各惑星には、火星（ミ）、太陽（ファ）、金星（ソ）というふうに各音が対応しており、八番目の天球はオクターブを形成するから最も完全な天球である。各惑星の間隔は音階の間隔に対応しており、かくて世界は音楽的調和に満ちたものになる。四季は四音音階（テトラコード）を表現している。建築家はこれらの比と幾何学、絵画における透視画法、そしてすべてのシンメトリーを知らねばならない。そして彼は建築の専門用語の知識を誇示しては、それをこの数の神秘学に結びつけた。

同じくニコラはジョルジの翻訳の序文において天上の世界と地上の世界の対応を主張した。「地上の神殿は天上の神殿にしたがって

ジャン・マルタン訳『ウィトルウィウス建築書』

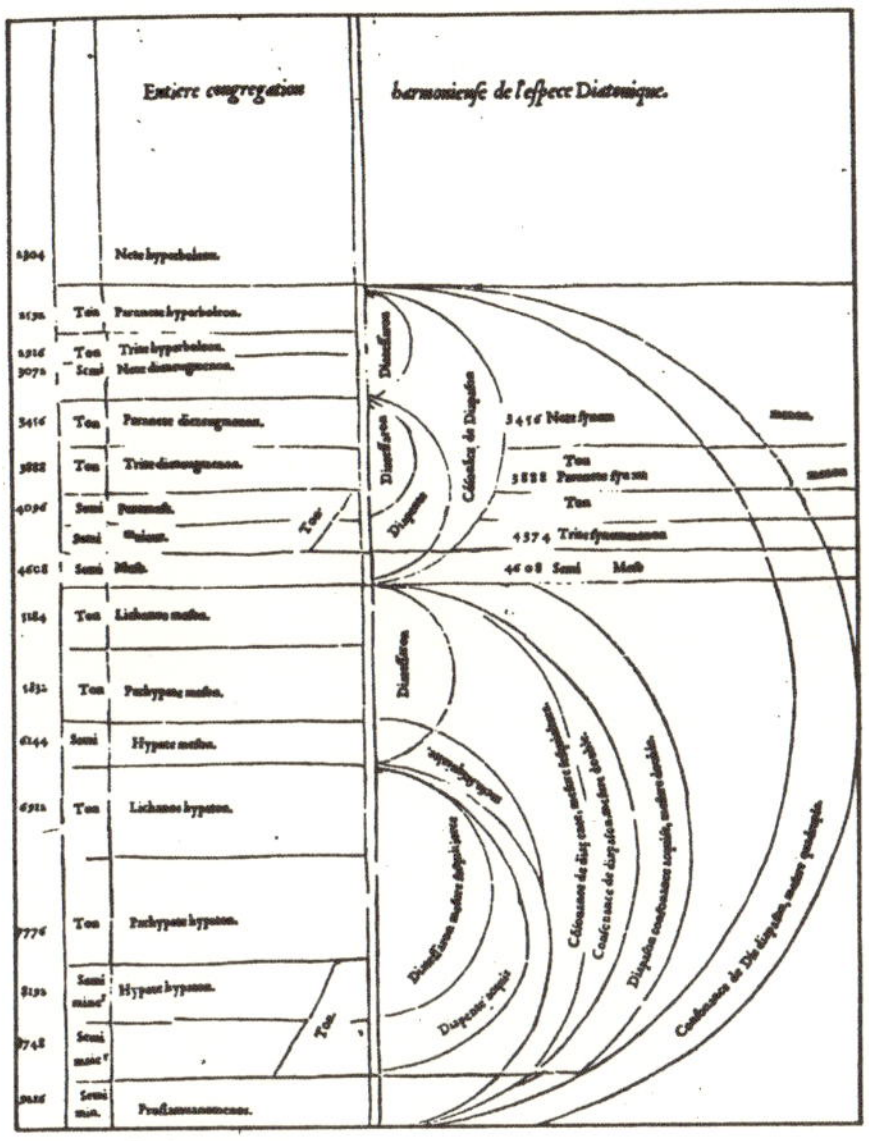

図８　音楽と比例。

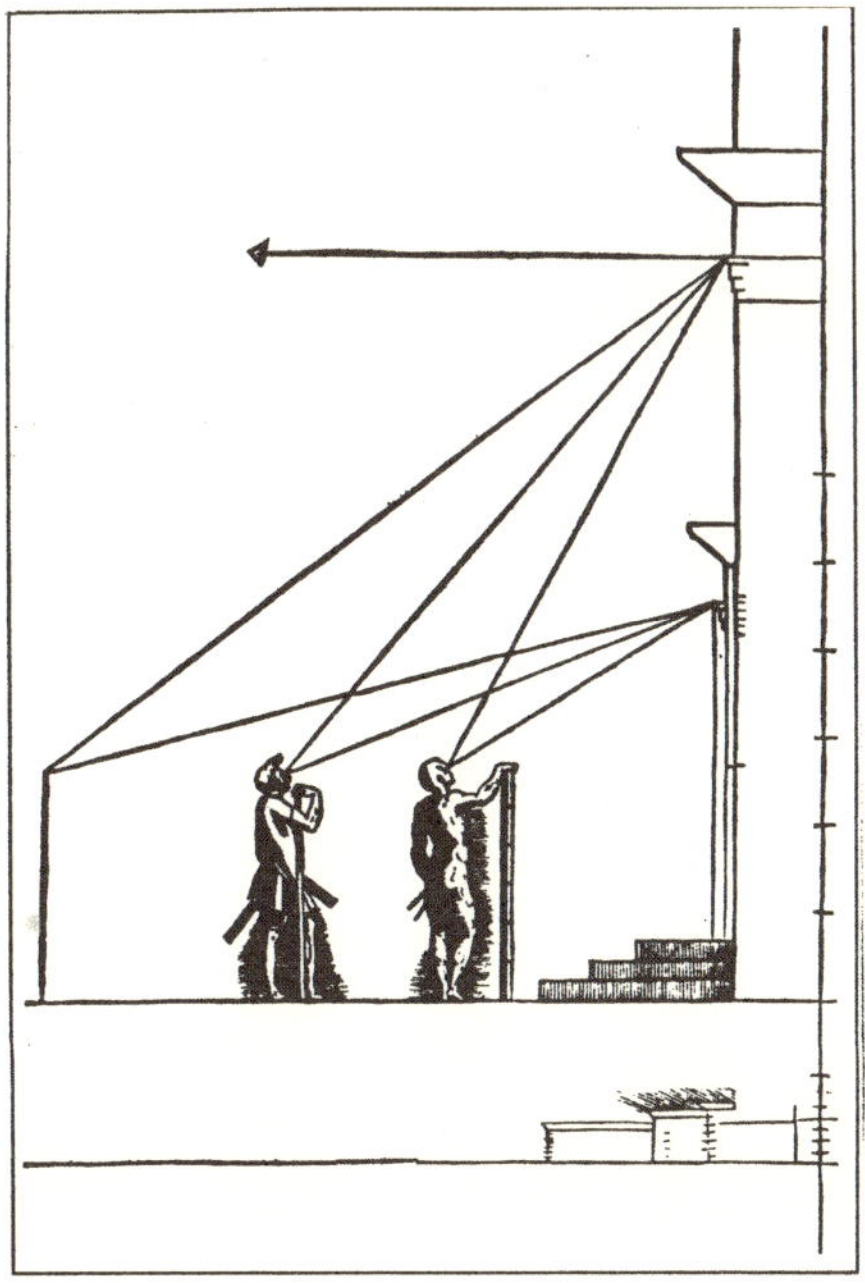

図９　視覚補正理論。

図５　初源の小屋。自然模倣としての建築。

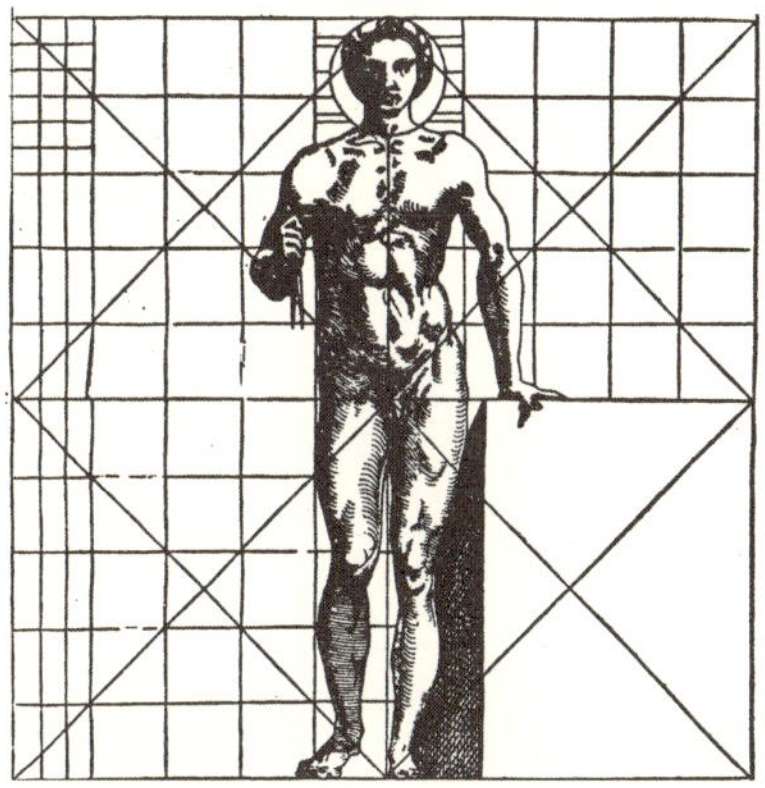

図６　人体比例。

図７　機械。

組織される」。神は天球を丸くつくり、旧約聖書の天幕は（丸い）テントの形でつくられた。聖書は建築家に形態と比例を示し、音楽家には協和音とメロディーを示すべきである。ニコラはこのような長い寓話のすえ、建築家に比例中項の使用を要求した。

　こうしてフランスに移入されたイタリアの古典主義建築理論あるいは新プラトン主義思想をもとにして、フランスの建築家も自己の建築理論を築きはじめた。

ジャン・ビュラン

石工棟梁の一家に生まれエクーアン城建設にかかわったジャン・ビュラン（Jean Bullant, 1515-1578）はどんな教育を受けたかは明らかでないが、おそらく一五三〇年代にイタリアを旅行し、古代建築を研究した。またラテン語は読めなかったがバルバロ版ウィトルウィウス（ヴェネツィア、一五五六）とジャン・マルタン版アルベルティ（一五五三）は知っていた。

　著作活動は活発で『日時計の作図、製造、使用を含む立面図集　*Recueil de orlogiographie, contenant la description, fabrication et usage des horloges solaires*』（一五六一）、『実際的な幾何学と立面図小論　*Petit traité de géométrie et orlogiographie pratique*』（一五六二）、『コラムの五つの手法、つまりトスカナ式、ドリス式、イオニア式、コリント式、コンポジット式についての、またウィトルウィウスの法則と教義にしたがったほかのいくつかの古代の例を載せた、コンパスと定規で仕事をするすべての職人に有用な建築の一般的規則　*Reigle générale d'architecture des cinq manières de colonnes, à sçavoir toscane, dorique, ionique, corinthe et composite et enrichi de plusieurs autres à l'exemple de l'antique suivant les reigles et doctrines de Vitruve, au profit de tous ouvriers besognans au compass et à l'esquerre*』（一五六四）がある。

　これらタイトルから実用性を重視したものだけにルネサンス的建築観をそのまま導入するものでもあったことが想像できる。ビュランはウィトルウィウスにならって人体比例で建築の比例を定めようとした。人体の横幅は身長の六分の一であり、厚さはその一〇分の一である。聖書のなかに出てくるノアの箱舟はこの人体比例にもとづいて作られており、その柱の高さはあるものは幅の六倍、あるものは一〇倍である。彼はしかしこの寸法が極端であると考え、両者の平均をとってイオニア式の比例［(10＋6)／2＝8］とし、またこの操作を繰り返してドリス式［(8＋6)／2＝7］とコリント式［(10＋8)／2＝9］の比例を定めた。

ジュリアン・モクレール

ポワチエの小貴族ジュリアン・モクレール（Julien Mauclerc, 1513-1577）は建築については素人であり、どんな経路で建築理論を知ったかは不明であるが、その著作のタイトルは『トスカナ式、ドリス式、イオニア式、コリント式、コンポジット式の五つのオーダーが論じられ、そのそれぞれの比例を伝えるために七章に分けられているウィトルウィウスにしたがった建築書　*Traité de l'architecture, suivant Vitruve, où il est traitté des cinq orders de colomnes, sçavoir toscan, dorique, ionique, corinthien et composite, divisées en sept chapitres qui enseignent leurs différentes proportions*』である。一五六六年ごろ書かれ、一六四八年に出版された。その口絵には、数の神秘学（九人のミューズ、七自由学芸、三人のパルカ）や純粋形態（プラトンの五立体）など、新プラトン主義の影響が明らかである（図4）。彼はウィトルウィウスを「彼が書き図示したことは、最初の建築家が述べたことを忠実に示したのみである」と評価した。オーダーについては、その各要素の寸法を定めた。トスカナ式を九単位で構成、そのうち二単位をペデスタルに与え、さらにそれを六分割し、ひとつを上の刳形、ひとつを下の刳形、残りの四つを直線の部分に与えた。ドリス式は八単位でそのうち二単位がペデスタル、イオニア式、コリント式、コンポジット式はそれぞれ七、八、一三単位でそのうち三単位がペデスタルに与えられた。

一般にフランスの古典主義建築理論の形成にとって、一五五〇年前後はひとつ転換点であったようだ。ルネサンスのイタリアの建築書の翻訳、あるいはフランス人自身の建築書はほとんどがこの時期に登場しているのであり、この蓄積により、そののちの約一世紀をフランス建築はさほど革新的な進展なしにやりすごすことができた。ところでフランスの建築家が学んだのは建築書だけではなく、ローマなどの古代建築も彼らの研究の対象となった。プリマティッチオ、ジャン・グジョン、ジャン・ビュランの訪伊はすでに述べたが、一六世紀前半、とくに一五三〇年代、フランス人建築家はしばしば古代建築（あるいはイタリアの現代建築も）調査のためのイタリアを旅行した。多くの建築書が一五五〇年前後に出版され、この旅行の必要性が小さくなるまで、多くのフランスの芸術家たちがイタリアに渡った。

ラブレー

フランス・ルネサンスを代表する人文学者ラブレーもなんどかローマを訪れ、古代ローマにかんする文献を出版する計画があったが、版画家マルリアーニ（Marliani）の手引きが出たので、その計画はもはや不用と考えて、一五三四年リヨンでそれを再版するにとどまった。彼は、ローマでのユマニストたちとの交際から人文主義を学んだ。パチョリ風の黄金比、音楽との関連における数学、ウィトルウィウスのシンメトリーの概念を知っていたし、またコロンナを読み、アルベルティの光学を展開させた。

デュ・セルソ

デュ・セルソ（Jacques 1er Androuet Du Cerceau, 1510-1586?）は一五三〇年から一五三三年までローマに滞在、古代建築を実測調査し、一五五〇年より、「建築の好事家にモデルを」与えるために古代建築などを題材とした多くの版画集を出版した。その版画はかならずしも実物に忠実ではなく、かなり操作されており、またほかの版画家のもののコピーや彼自身による創作も多いので、歴史的記録としての価値は疑わしいが、のちの建築家に多くの建築的モチーフを提供し影響を与えたという点では重要である。

彼はオルレアンで一五五〇年に『通常の神殿　*Moyens temples*』と『グロテスク　*Grotesque*』、一五五一年に『光学による見方　*Vues d'optique*』、『ローマの踏査と古代　*Prospectiva et Antichità di Roma*』、『建築の構成　*Compostion d'architecture*』を出版した。ローマの古代建築などが収められた『五〇の建物のプランと図面を含む建築第一書　*Premier livre d'architecture contenant les plans et desseings de cinquante bastimens*』（一五五九）、『ローマのプラン　*Plan de Rome*』（一五六一）、煙突、戸口、天窓、噴水、パビリオン、墓碑などの版画が収められた『建築第二書　*Second livre d'architecture*』（一五六一）、『グロテスクの書　*Livres des Grotesques*』（一五六六）を出版した。一五六九年には、王の機械製作家ジャック・ベソン（Jacques Besson, 1540?-1573）の『数学と力学の道具の書　*Livres des instruments mathématiques et mécaniques*』のための図版を制作した。さらに『田園に建設しようと思っている領主、貴族、そのほかのために建物の平面や立面のさまざまな配置が含まれている建築第三書　*Troisième livre d'architecture auquel sont contenus diverses ordonnances de plan et élévation de bastimens pour seigneurs, gentilshommes et autres qui voudraient bâtir aux champs*』（パリ、一五六九、再版一五八二、一六一五、四八）、『パースペクティブの書　*Livre de perspective*』（一五七六）、『一五の建物とその内容のプランが記されているフランスで最も優れた建物　*Plus exellences bastimens de France auquel sont désignés les plans de quinze bastimens et de leur contenu...*』（一五七六）、『コラムの五つのオーダーにかんする小論　*Le petit traité des cinq orders des colonnes*』（一五八三）、『ローマがその最盛期の時代にあった最もめざま

しい主要な建物の配置とデッサンを含むローマ古代建築の書『*Livre des édifices antiques romains contenant les ordonnances et dessings des plus signalés et principaux bastimens qui se trouvaient à Rome du temps qu'elle était en sa plus grande fleur...*』を出版した。

彼は理論家たちと同じく古代建築を模範としたが、それを正確に描写する意図はまったくなかったようで、かなり恣意的な操作を加えたので、どこまで実物に忠実であるかどうかは疑わしい。彼はむしろイタリアのルネサンス建築、とくにブラマンテを賞賛した。デュ・セルソにブラマンテを伝えたのは、ブラマンテの図案家であったペルッツィから図面を譲り受けたセルリオであるらしい。

デュ・セルソの版画に共通するのはインスピレーションの自由さ、多様性である。グロテスクの版画に代表されるように、彼は建築の法則性よりも装飾における幻想性に夢中になった。これはフランス・バロックの先駆けであり、これよりフランスではウィトルウィウスに由来する規則の理念と、バロック的な放縦の精神というふたつのメンタリティーが共存するようになった。この時代のフランス建築はけっして一元的に理解されるものではなく、ウィトルウィウス的理念とバロック的精神のほかにも、中世的工匠的な伝統、新プラトン主義的な調和比例の概念、古代崇拝などのさまざまな要素が混在している。そして、いっぽうで時代の趨勢としては建築の主知主義化、アルベルティ流にいうなら制作に先立つ理論的思考の重要性の強調があったが、この概念もまたオールマイティなものではないことはデュ・セルソの例からわかる。こうした状況は、前節のアカデミーの性格づけの例にしたがって、建築における非区分化の状態とでも呼びうるのであり、これは最後に述べる建築家ドロルムにおいて象徴的にあらわれている。

フィリベール・ドロルム

フィリベール・ドロルム（Philibert Delorme, ca.1515-1570）が石工棟梁の息子として生まれたリヨンは、当時のフランスの知的中心のひとつであり、人文主義的な知識を彼にもたらした。彼はあきらかにフィチーノを知っており、またユークリッド数学も学んだ。一五三三年から一五三六年までイタリアを旅行したあいだ、おもにローマに滞在し、そこで古代建築を実測し、いくつかの発掘作業を実施した。同時ローマには枢機卿にして外交官であり、考古学にも興味を持つ人文主義者ジャン・デュ・ベレ（Jean Du Bellay, ca.1493-1560）がいた。ドロルムは彼とそのサークルと接触し、また前述のラブレーの発掘活動にも参加した。一五三六年、帰国の途中、フィレンツェ、ヴェネツィア、ミラノなどにも滞在した。とくにヴェネツィアではセルリオやフィランデル、あるいはジョルジ・ダルマニャックに会った可能性がある。

ドロルムはアネ城館など王室関係の仕事をしたのち、一五五九年のアンリ二世没後の不遇な一時期に、著作活動を展開した。『費用わずかにしてうまく建てるための新発明 *Nouvelles Inventions pour bien bastir et à petits Fraiz*』（一五六一）と『建築第一巻 *Le premier tome de l'Architecture*』（一五六七）である。後者の評判は高く、一六二六年と一六四八年にも再版されたが、この最後のふたつの版には、前者の『新発明』が第一〇書と第一一書として加えられている。建築史家ブロムフィールド卿は『建築工匠史』のなかで、この書を評して「彼の著作は単なる技術の書物に止まっていない。随所に彼独特の批判や、自叙伝的な片鱗、幾分無理な考え方などが窺はれ、彼の熱心さ、悪く云えば風変わりな個性が見られる。そしてどの頁にも何か個人的な不平の因があって、ややもすれば抑へ切れない熱情のほとばしるままに章の終に至っている。そこにはよい建築家のことも、また悪い建築家即ち腕も目もない、盲で馬鹿で、つむじ曲がりで、無能な者のことも書かれている」と述べているが、これはドロルムが建築書を書いた背景をよく物語っている。おそらく不遇の時代に満足な仕事が与えられなかった不満と、自分のかわりに王室の建築に登用された建築家にたいする嫉妬が、その独特のトーンを生じさせたに違いない。しかもそうした自己弁護と他者非難のうちに、彼はあるべき建築家の姿と、その建築家に必要な学の理念を確立した。ドロルムは建築家には建築家としての熟練にくわえて、石工たちに自分の意のままに指示するためには幾何学、数学、製図、透視図法、歴史、自然誌、音楽などの科学を知らねばならない（医学、法律、修辞学は必要ではない）とした。その著作はフランス・ルネサンス建築の集大成であり、一七世紀前半までの建築的風土を決定づけた。

この書は実際に建物が建てられる順に、すなわち敷地の選択にはじまり平面と基礎、主構造、最後には屋根という順序で論じられている。第一書は、パトロンと建築家はどうあるべきか、彼らの関係はどうあるべきかである。まずパトロンは資金を検討し、自分の地位を考慮しなければならず、そうしなければ建設の途中で挫折したり、身分不相応に立派な家を建てて他人の嫉妬を招いてしまう。つぎに建築家を呼んでプランを練ってもらう。そのさい、ひとり以上の建築家に相談してさまざまな案を比較してもよいが、この予備段階にこだわっているといつまでたっても建物はできないので、最終的には（石工でも彫刻家でも画家でもない）ひとりの建築家を選ばねばならない。建築家もまたパトロンの選択には注意しなければならない。ドロルムは最初、建築家は王や王子や君主のためだけに建てるべきだとしたが、のちに考え直して建築によき理解を示すならさほど身分の高くない人びとのために建ててもよいと述べている（図10、

フィリベール・ドロルム『建築第一巻』

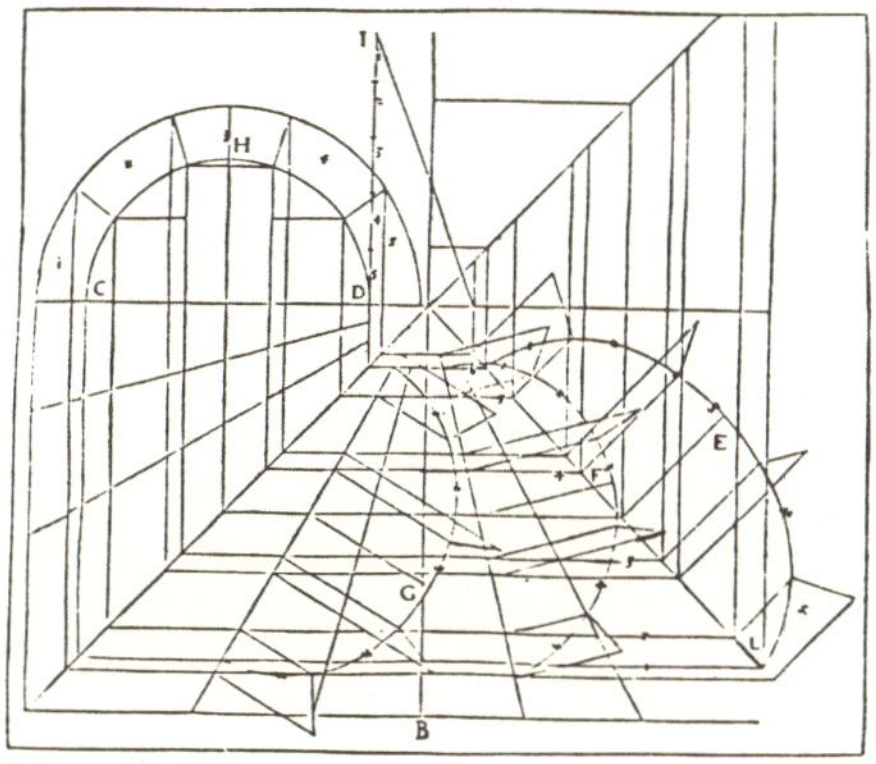

図 12　截石学。

図 13　フランス式オーダー。

図 10　悪い建築家。

図 11　良い建築家。

11)。

建築家と施主がたがいに決まったら、敷地を選ばねばならない。敷地は気候が穏やかで、土壌が良好で、乾いてはいるが肥沃な土地にあり、行きやすく、あまり風にさらされておらず、良質の水に近く、できるならば輸送の便のため河に近く、建築材料の供給のために森に近くなければならない。だから風や地理にかんする知識が不可欠である。敷地が決まれば全体計画を用意しなければならない。既存の建物との接続という問題はできるだけ避けるべきである。建築家は全体の詳細な平面と、できるなら模型も用意して施主に示すべきで、それにより施主は全体の外観とコストを判断できる。つぎに建築家は建設資材を確保できる見通しをたてねばならない。この文脈でドロルムは、フランスの気候には適合せず、フランスでは多産とはいえず、外国、とくにイタリアから輸入せねばならない高価な大理石の乱用を、悪しき外国崇拝の例として戒めている。これらの予備段階では建築家はパトロンの主張によく耳を傾けねばならないが、ひとたび建設が始まれば、建築家はほかからの干渉からできるだけ自由でなければならない。さもなくばパトロン、その妻、家族、召使いまでがうるさく口をはさむだろうし、それに嫌気がさした建築家が現場を長期間離れてしまえば、無知な工匠が失敗を犯すであろう。また優れた仕事をなした建築家はほかの建築家からの妬みに注意しなければならない。こうした警句はドロルムの建築家としての苦い経験に由来しているが、彼はまた建築家に食いものにされないようパトロンにも注意を与えている。

第二書は、石工のために書かれている。石工はパトロンと建築家ほど重要な存在ではないが、あるていどの教育は必要で、とくに算術と幾何学は知らねばならない。さもなくば建築家が用意したプランやスケッチにしたがって基礎の線を引いたり、ヴォールトの石を切ることはできない。それゆえ第一章では、直角、正三角形の角（六〇度）を引くための方法、つづいて基礎を掘って作る方法、が教授されている（図12）。

第三書は地下室とそれに到る階段の構造について、また斜めの壁や曲面の壁にとりつけられる戸口、すなわち截石法について述べられている。ドロルムはここで中世的で工匠的な構造と、一六世紀の幾何学を結合させた。なかでも圧巻は螺旋階段に架けられた円筒ヴォールトの屋根で、ドロルムはブラマンテの例を批判しながら、自分の方法を対置している。

第五書、第六書、第七書ではオーダーについて論じている。第五書はトスカナ式、ドリス式、イオニア式の各オーダー、第六書はコリント式に、第七書はコンポジット式とドロルム考案のフランス式について論じている（図13）。彼はウィトルウィウスとローマでの古代建築の実測調査をもとにオーダー論を展開しているが、そこには彼の装飾志向がみられる。とくにイオニア式、コリント式、コンポジット式のコーニスや柱頭では、装飾的な豊穣さが追求されている。またコンポジット式柱身として、枝を切り取った木の幹の型を考案したが、古代神殿はもともと木で支えられており、コラムは木の幹に由来しているという古代の著作家の意見、あるいはブラマンテによる実例がヒントになっているようだ。

第七書には、ドロルムが考案したフランス式オーダーが掲載されている。古代の偉大な国家が独自のオーダーを考案したのだから、現代の偉大な国家であるフランスも自己の必要におうじたオーダーを発明してもよいと正当化している。また材料という実用上の理由も指摘している。ギリシア建築を知らず、ローマの例にならって、古代のコラムは一体の大理石でできていると信じていたドロルムによれば、フランスは大理石に乏しく、またほかの石材で一体の柱身をつくるとエンタブラチュアの荷重に耐えられないので、コラムは石のドラムをいくつか積み上げて一本のものとせねばならず、また継目を隠すために帯状の装飾が必要なのであった。この装飾はその土地柄や建物のパトロンに適合したものでなければならないとも指摘した。こうしてできたフランス式オーダーは新たな第六番目のオーダーというよりは、古典的オーダーのフランス式改作であった。

第七書の最後の五章と第八書はオーダーの配置についてである。配置は、まず平面でその位置を定め、つぎに立面では均等グリッドを描き、その上にファサードの諸要素（基台、コラム、エンタブラチュア、アーチ、戸口など）がのるようにそれらの位置と寸法が定められるという方法でなされる。

第九書では煙突についてである。各オーダーにおうじた暖炉のデザインと、煙道、組合わせ煙突の構造が示されている。ここでも彼の関心は古典的形態のみならず、煙を導くという技術的な問題にも注がれている。

第一〇書と第一一書は屋根構造である。第一〇書は、外屋根を支える木造梁についてであり、木材の少ないフランスで小さな材を組み合わせて大スパンの屋根を架ける方法が示されている。第一一書は、ギャラリーの木造天井の建設方法についてである。

また別のテーマについての出版計画にも言及している。戸口のデザイン、透視図法、ウィトルウィウスの曖昧さを矯正するための注釈書、そしてとくに『建築第二巻』である。続編であるこの『第二巻』は二部からなる。第一部ではドロルムの重要な建物が図示され、第二部では彼の神聖比例についての理論が示される予定であった。しかし第一巻が完成しつつあった時点で、余命がさほど長くはなく、しかもカトリーヌ・ド・メディシスのための建設活動に忙殺されていたため、時間的な余裕はないと考え、もともと第二部の神聖比例のために書かれたものを、第一巻のいくつかの章としてそれに加えた。

その比例論は、旧約聖書に書かれていることを根拠として展開されている。神は、ノアの箱舟、聖約の箱舟、ソロモンの神殿と住宅、予言者エゼキエルが啓示された神殿、といった建造物の建設をユダヤ人に指示している。これら建物に適応された比例は、それ自体神の神殿である人体の比例と一致するはずであった。

彼は第一巻の二カ所で比例論にかんする一般的意図を説明している。まずドリス式オーダーの比例についての箇所では「第二巻の神聖比例にかんする著作（神が許せば私はそれを出版したい）では、コーニスの形を決める方法や新しい考案のみならず、全人体の寸法によって、望む建物のあらゆる種類の立面や平面のすべての比例が、聖書にみいだされる寸法と比例に対応するのをみるだろう」と、神聖比例と人体比例が一致することを指摘している。

また読者への言葉（一六四八年の版では省略されている）では、

「同じく七学芸と熟練ゆえに建築は完全であり、建築家は賞賛される。しかし、ああ！それらを認識し理解できるために十分な神の恩恵と寵愛を受けている建築家は少ない。ゆえに神の作品や比例の与えられた寸法、といっても私は建築についてだけではなく、神が最初の創造である寸法、重さ、数のもとに秩序づけたすべてのほかのものも言及しているのだが、それらにかんする認識を彼らに与えるために、彼らのそれぞれに観点と理解を与えておくことは喜ばしい。私たちはより完全にこの巻と神聖比例の著作においていつの日かそれを示そう。あるいは私たちは良きそして正しき原因のゆえに神聖と呼ばれ、その結果、古代建築であれ現代建築であれ、人間により書かれ発明されなされたことよりも追随するに値する寸法と比例を模倣するよう各自に勧めよう。またそれらはいたるところにみられる。なぜなら神は、人間精神がその助けとインスピレーションがなければそれらを理解できず、建築と人体の組織、（ここで私は――医者が考えるような――精神的な、湿潤な、堅牢な各部分の構成ではなく、その内的そして外的な四肢や部分のあいだに存在する偉大な調和やつねに賞賛されるべき比例やシンメトリーについて語っているのだが）それらを示すことができないほど偉大な秩序、

フィリベール・ドロルム『建築第一巻』

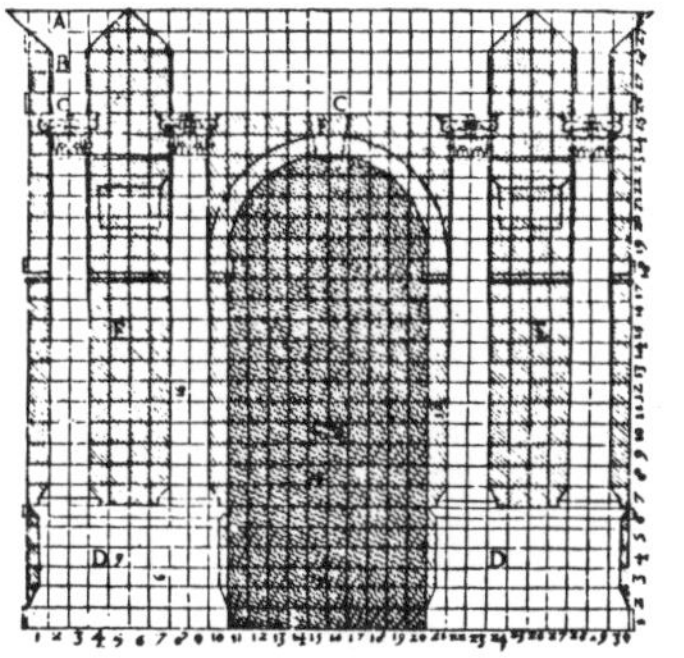

図 15　ローマの古代遺物。神聖比例使用後。

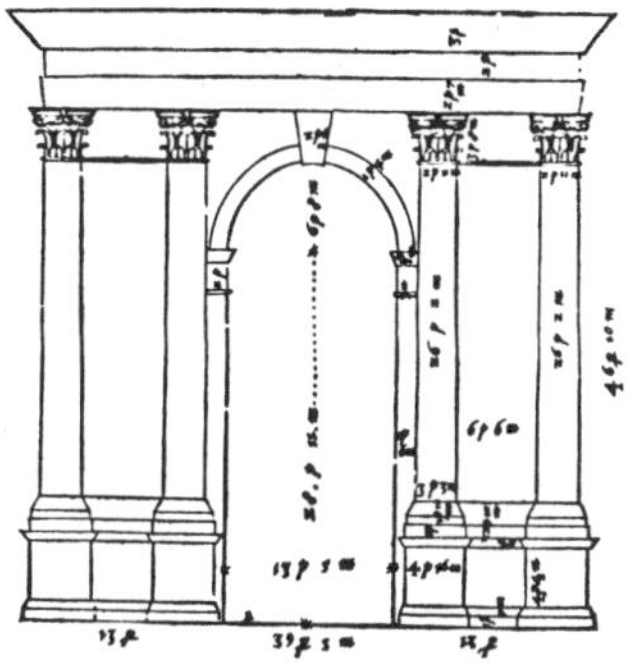

図 14　ローマの古代遺物。神聖比例使用前。

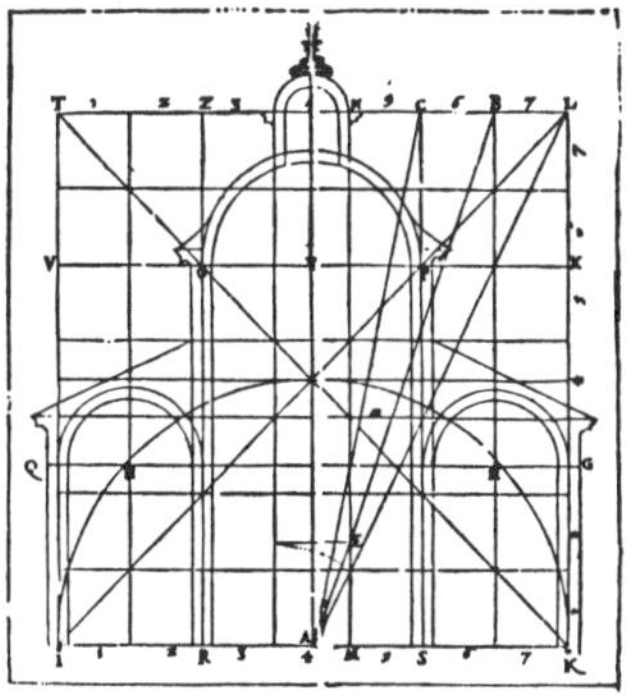

図 17　教会断面の比例。

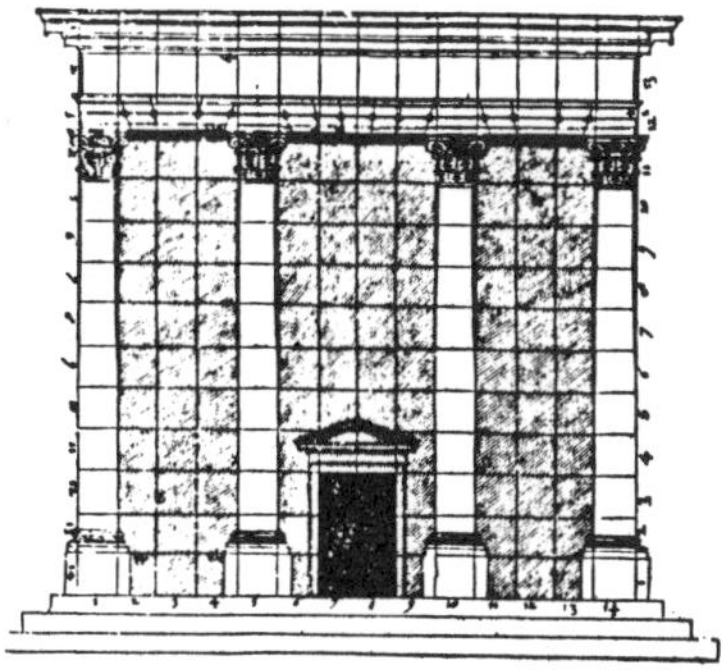

図 16　凱旋門の比例。

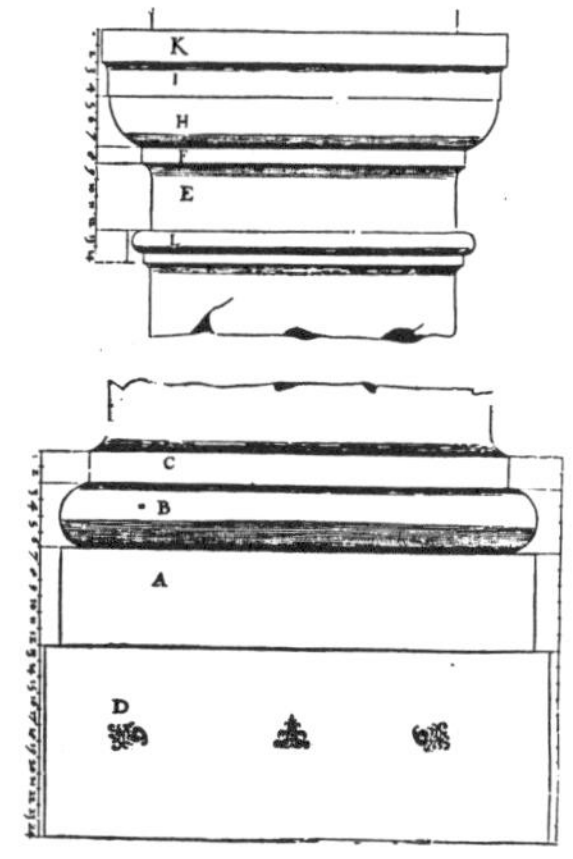

図 19　トスカナ式の柱頭と柱基の比例。
(上) 柱頭。2：4：1：3：2：2
(下) 柱基。12：6：4：2

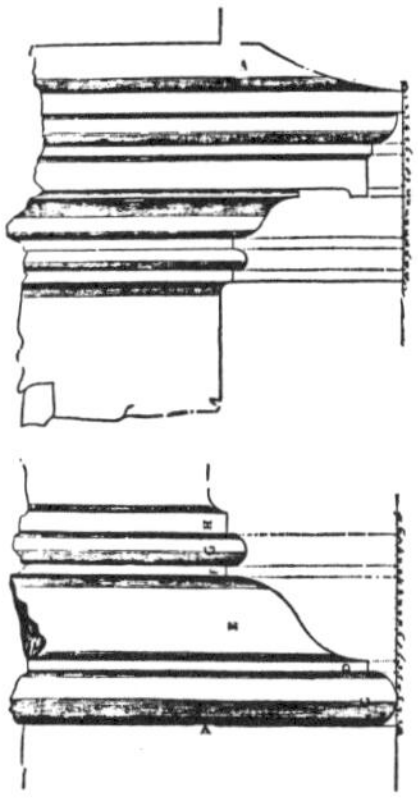

図 18　イオニア式のコーニスと柱基の比例。
(上) コーニス。1：2：1：4：1：3：1：3：2
(下) 柱基。　　5：1：8：1：3：2

偉大な寸法、賞賛すべき比例でもって、天界であれ元素や地上界であれ世界の全機構をその一言で秩序づけ創造した唯一の、偉大な賞賛されるべき建築家であるのだから。通常の、また慣習的な比例に由来するもののほかにさらに、神聖な優雅さをもって企画される建築にそれをもたらすために、博学で腕のたつ建築家はそれについて思索するし、またそうせねばならない。私たちはそれを内容で示し、（中略）旧約聖書において神が、ノアにたいしては大異変と大洪水にそなえて箱舟をつくるために、モーゼにたいしていは仮神殿のために、ソロモンにたいしては神殿と二棟の住宅のために指示した神聖な寸法と比例について語ろう。（中略）私は聖書にあるほかの例も引合いに出せるが、冗長になるだけである。じつはこのような比例は神聖であり賞賛すべきであって、それらを読み、ふたたび読み、考えただけでは私の精神は満足せず、それらを与え命じた者の偉大さと神聖さのために私は声に出して読み、崇めなければならない。人間にたいする神の優しさのなんと偉大で素晴らしいことか。この偉大で超自然的な建築家は建築に名誉を与え、建築家に恩恵を与えようとし、またそれを空の高みに持ち上げ、その聖なる口から、旧約聖書の聖人のそれに近づくものをつくるためではなく、帝国、王、君主の建築家たちが今日までなしてきたものよりも優れた多くのものをなすために、それを利用すべき真なる寸法と比例を示そうとした。たしかに神聖な寸法と比例の多くは古代人また現代人により観察され実行されなかったとしても私は驚かない。私としては、今日まで私の配置法により建て、そして神の恩恵により人間に評価されてきた宮殿、城館、教会、住宅は、天に由来する神聖な比例や人体のそれと比較すればまったく価値のないものに見える。その結果、もし前述の建物が再築されるなら、私は今日人間がそこに見るもの以外の優雅さと威厳を与えよう。結論を申せば、建築の尊厳、起源、卓越は長い講義もなしに神と天上に由来するように、あなたがたは、この小論を読めば、私をダイダロス（最初の木造小屋、住宅の創造者、考案者であると言われている）にたとえる必要はないし、自然がその同類の保存のために、それぞれの種や性格にしたがって巣や住まいをたくみに建設することができる技術を与えたところの鳥、蜜バチ、かたつむり、かめなどの大小の動物を尊敬しなくてもよいのである。」

旧約聖書に書かれた建物の比例は数一、二、三、五、七を基礎にしている。たとえばノアの箱舟は縦、横、高さが三〇〇キュビット（腕尺＝四六～五六cm：以下単位略）：五〇：三〇（ゆえに三〇：五：三の比）、また聖約の船は五：三：三の比である。モーゼの仮神殿とその部分も一、二、三、五の数にもとづいている。ソロモンの神殿は六〇：二〇：二〇だから三：一：一の比であり、至聖所は二〇：二〇：二〇だから一：一：一の比、ソロモンの住宅は一〇〇：五〇：三〇だから一〇：五：三の比である。エゼキエルの神殿もこれらの数に還元できる。

しかしドロルムが『建築第一巻』で示した比例はこれとはやや異なっている。第五書の第三〇章ではすべてのものは数三、六、七、とその平方、あるいはその二、三、六倍にもとづくと述べている。ところで第八書の第五章では二、三、六、七、一〇を基本数としている。聖書の基本数とは五がない点と倍数の指示がある点で異なっているが、第八書の基本数は聖書の基本数、一、二、三、五、七から演繹できる[6 = 2 × 3, 10 = 5 × 2]。

この神聖比例はオーダーに適用されていて、第五書の第八章から第一〇章まではトスカナ式オーダーの比例にあてられていて、それによればペデスタル、コラム、エンタブラチュアの比は四：一二：五であり、柱基の高さは柱身底部の直径に等しく、柱頭の高さは直径の二分の一に等しい。柱基と柱頭の刳形（図19）の比例も定められていて、前者は一二：六：四：二、後者は二：四：一：三：二：二である。また、イオニア式の柱基（図18）は五：一：八：一：三：二、イオニア式のコーニスは一：二：一：四：一：三：一：三：二と定めた。

またドロルムは立体構成と教会の断面（図17）にもこの比例を適用した。

神聖比例論は、ほかの部分に収められている、ウィトルウィウスやローマで実測調査した古代建築にしたがったオーダー論とはまったく体系を異にしている（図14〜16）。おそらく執筆途中の段階で神聖比例論があらたにドロルムの興味の対象となり、前述の理由で一貫性のなさに気づきながらも、あとから神聖比例論の記述をつけ加えたものと思われる。ところでこの比例論においてはジョルジの影響は明らかであると思われる。『世界の調和』は一五二五年ヴェネツィアで、一五四五年にフランスで出版されているし（翻訳は一五七九）、またドロルムは一五三六年にローマからの帰国の途中、ヴェネツィアに滞在しているから、そこでジョルジ本人に直接会った可能性もある。そしてジョルジはピーコの弟子であるから、ここでもアカデミーア・プラトニカがつながる。

とはいえドロルムは多面的でもある。彼は石工長の息子らしく実際面や実用面を大切にしたし、ユマニストとしては科学や知識を重要視した。古代建築も制限つきながら尊重したし、バロック的精神の持主として装飾的ファンタジーを求めた。それは当時の建築の多様性のひとつの証左であると思われる。ただ、建築の主知主義化という時代のオリエンテーションはあったわけで、つぎの時代の記述との関連からも、この観点からこの時代の主な理念を最後にまとめて解題する必要がある。

一六世紀の人びとは実際の建設行為に先立つ思考や思索の重要性を強調したが、その思考の対象はなんであったか。一般的には、古典主義美学においては全体を部分の総和としてみることが大前提であり、プラトン、アリストテレス、ウィトルウィウス、アルベルティ、それに一六世紀の理論家のほとんどは、全体と諸部分の調和から建築の美が生じるとした。それゆえ美を得るための諸部分の良き構成、またその良き構成を得るための良き法則を求めなければならない。そしてこの法則を、一六世紀の人びとは、神の被造物であり、よき秩序を反映している宇宙（cosmos）のなかに読みとろうとした。哲学者は創造主が自然に与えた秩序を発見し、芸術家はそれを作品中に表現する。ここにおいて新プラトン主義思想のインパクトは明白であり、一六世紀の古典主義芸術は世界の神秘主義的把握との関係が強い。それゆえ主知主義とはいっても、それは人間の理性によるものではなく、あくまで神の理性によるものであるし、（理性が人間に結びつけて考えられるようになったのはたかだか一八世紀以降である）円や正多角形が尊重されたのは、形態としてそれ自体純粋であるからというより、あくまでそれがコスモスを反映するからである。シンボリズムは一六世紀古典主義の一特徴である。こうした精神的風土のなかで、ドリス式を男性にシンボライズするといったウィトルウィウスの思想が受け入れられた。

古典主義的な意味での「シンメトリア」は建物の全部分に共通する一定の尺度の存在を前提としている。共通の尺度を有するふたつの部分の比較により「比」が生じ、またさらにふたつの「比」を結合して「比例 proportion」が生じる［比a／b、比例a／b＝c／d］。この比例もまた創造主の理性に結びつけられる。アルベルティ、パチョーリ、ジョルジらは宇宙の音楽的原理に注目して音楽比例（オクターブ、四度、五度など）から建築比例をひきだした。また比例中項の理年は比例［a／b＝c／d］において、b＝cとし、［a／b＝b／d］とすることでaとdを関係づける第三の数、$b=\sqrt{ad}$ を導く操作に由来している。これは幾何中項と呼ばれ、このほかに算術中項［(a＋b)／2］と調和中項［2ab／(a＋b)］が考え出された。またビュラン、ドロルムらは比例を聖書における記述から導こうとしたが、これはトリエント公会議（一五四五〜四六）に代表されるような反宗教改革の精神が反映した結果であろう。

また本節ではほとんどふれることができなかったが、いわゆる視覚補正理論も、まさにそれがものの見方あるいは見え方であるので重要である。この理論によれば、視覚はつねに誤りをおこすから、建築の部分はあらかじめそれだけ寸法を調整しなければならない。

それはウィトルウィウス、アルベルティ、デューラーにより言及されている。物体の見かけの大きさは視角すなわち視線のなす角度の大きさで決まるのであり、だから同じ大きさのものでも高いところにあるものは低いところにあるものよりも小さく見えるから、高いところにあるものはあらかじめ大きくつくるか、あるいは視点にむかってすこし倒しておく必要がある、というのがその主張である。

一六世紀の人びとも古代を崇拝し、実測に出かけ、また多くのスケッチをもたらした。しかし彼らの古代崇拝は絶対というわけではなく、建築の原理の導出のためにはやはり創造主の摂理のほうがはるかに高い地位を与えられていた。だから、古代にオーダーなどの古典主義的建築言語を学ぶのと同じように、彼らはそこにみられるさまざまな装飾的モチーフを記録した。

一—三　建築家の社会的地位

石工や大工など職人たちが同職組合に属していた中世には知的な仕事と手による仕事の区別はまだ判然としておらず、親方も職人といっしょに石を切った。しかし天賦の才能を自認するルネサンスの知識人や芸術家は知的な仕事を重要視し、手仕事を軽蔑した。この考え方は一六世紀において一般的なものとなった。たとえばパリ高等法院は一五三〇年、職人は市長や役人などになれないと宣言した。

ウィトルウィウスやアルベルティに精通し、建築理論を学んだ素人、貴族、石工棟梁は自分たちを職人から区別したが、ユマニストである彼らは古典のなかに建築家なる称号をも発見した。

建築家は、古代ギリシアではαρχιεητωνと、古代ローマではarchitectusと呼ばれた。中世ではarchitectus, architector, architecteurとは、自分が出資している建物の現場を視察する領主、修道院長、高位聖職者らであった。一五世紀になると、フランスで雇われているイタリアの芸術家にたいしてもちいられた。フラ・ジョコンドは「建物の図面作成者 deviseur de bastiments」と呼ばれていたが、イタリア語やラテン語の資料では architetto、あるいは architectus となっている。シャンボール城を設計したドメニコ・ダ・コルトナも architecteur という称号をもっていたし、セルリオも一五四一年に「フォンテヌブロー地方の建物の画家にして建築家 peintre et architecteur ordinaire en faict desdits édiffices et bastimens au lieu de Fontainebleau」となった。フランス人建築家は、一六世紀においてもなお、「石工長 maître maçon」などの中世的な名称で呼ばれていたが、この世紀も中葉になると architecteur、さらに architecte という称号が与えられるようになる。ロベール・エチエンヌ（Robert Estienne, 1503-1559：出版業）の『羅仏辞典』（一五三八）と『仏羅辞典』（一五四九）にこの名前が登場したのは象徴的なできごとであった。しかし、これらの段階では知識人としての建築家という理念はまだ生まれていない。エチエンヌの辞典によれば architectonicus は「木工長にかんする形容詞」であり、architectus は「建物の図面作成に精通している人、石工長あるいは木工長 qui s'entend à deviser édifices, maistre maçon ou chapentier」とある。結局、一六世紀前半は建物の図面作成者が建築家と呼ばれたようである。

一五四〇年代にウィトルウィウスがフランス人に読まれるようになり、知的性格が建築に求められるようになった。ウィトルウィウスにならってドロルムもジャン・グジョンも建築家には百科全書的学識があるべきだと強調した。それより今日にいたるまで、この概念は一般的になった。

またドロルムは建築家の実務について明確に規定しようとした。石工長が石の仕事だけを監督し、木工長が木の仕事だけを監督するのとは違って、建築家は建物の全工程を監督できなければならない。建築家は土地を選び、地盤を固め、方角を考え、平面図や立面図を作成し、装飾を考案し、見積り書を作成しなければならない。また建築家は自身で金を扱わないほうがよいのであり、自身で契約を結ぶことなく、それを監視する。建築家は専門科であるべきであって、法律上の問題も石工長や役人にまかせるべきである。こうした考えは、請負者とは区別された意味での建築家、という近代的な理念に近いものも含んでいるが、フランスでは一九世紀になってもなお、この両者は判然とは区別されていなかった。

建築家の社会的地位を考える場合、王室の建設制度と、職人などの労働者組織についての分析は不可欠である。王室建設制度については、一五世紀以前は王自身が実際の工事を指示することもあったが、一六世紀になると王室建築の制度が整備されはじめる。まず建築総監（Surintendant des Bâtiments）は「建設の仕事にかんする王の特任官 commissaire du roi sur le fait de ses bastimens et édifices」として発足した。この特任官は王の側近から選ばれ、その任務は、名簿や受取証にサインし、工事の段取りを定め、そのほかのあらゆる事がらを監視することであった。総監のもとには労働者を監督し、工事が契約どおりおこなわれているかどうかをチェックする検査官（contôleur）と、資金を調達し経費を支出する会計官（comptable, payeur）がいて、総監を補佐した。当初これらの役職は王室のひとつひとつの建物ごとに定められた特定の臨時のものであったが、しだいにいくつかの建物を同時に担当するとともに、長期的で固定的なものになった。一五三八年、フランソワ一世はブルデジェール卿フィリベール・バブー（Philibert Babou, ?-?）を登用し、ひとつの建物ではなくいくつかの建物を担当させ、またそれまでの月ごとの手当金とは違って年ごとの手当金を与えた。彼に与えられた建築総監の称号は、これより一般的になる。この段階では、建築家は実質的にはなにも意味しない。フランソワ一世によりフォンテーヌブローの建築家に任命されたセルリオもプロジェクトを提出はするが、そのほかのどの任務もまかせてもらえなかった。

アンリ二世は建築家を建築総監と検査官に登用することで、それに実質的な意味を与えた。フィリベール・ドロルムは建築総監に任命され、一五五〇年より「王の建築家にして、建築業務にかんする任命され派遣された特任官 architecte du roi et commissaire ordonné et député sur le fait de ses bastimens」という称号を得ることとなった。

ドロルム以降の歴代「建築総監」はつぎのとおりである。

フィリベール・ドロルム（Philibert Delorme）	一五五〇〜一五五九	（王の建築家）
プリマティッチオ（Primaticcio）	一五五九〜一五七〇	（　〃　）
ジャン・ビュラン（Jean Bullant）	一五七一〜一五七八	（　〃　）
バティスト・アンドルエ・デュ・セルソ（B. Androuet Du Cerceau）	一五七八〜一五九〇	
フランソワ・ドー（François d'O）	一五九〇〜一五九四	（財務総監兼任）
ニコラ・ド・アルレ（Nicoras de Harlay）	一五九四〜一六〇〇	（　〃　）
シュリ（Sully）	一六〇〇〜一六〇七	（　〃　）
ジャン・ド・フルシ（Jean de Fourcy）	一六〇七〜一六二四	

シュブレ・ド・ノワ (Sublet de Noyes)　一六二四〜一六四三
ル・カミュ (Etienne Le Camus)　一六四三〜一六五六
ラタボン (M. de Ratabon)　一六五六〜一六六二
コルベール (Colbert)　一六六二〜一六八三
ルーヴォワ (Louvois)　一六八三〜一六九一
コルベール・ド・ヴィラセール (Colbert de Villacerf)　一六九一〜一六九九
マンサール (J-H. Mansart)　一六九九〜一七〇八 (王室首席建築家)

一七〇八年以降は「建築長官 Directeur (général) des Bâtiments」
ダンタン公　一七〇八〜一七三六
フィリベール・オリ　一七三六〜一七四五
ルノルマン・トゥルネム　一七四五〜一七五一
マリニー侯　一七五一〜一七七三
ダンジヴィレ公　一七七四〜一七九一

ドロルムはもはやバブーのような単なる官吏ではなく、自身で設計やデザインも担当する建築家にして総監となった。プリマティッチオ、ジャン・ビュラン、バティスト・アンドルエ・デュ・セルソらは実務よりも芸術への志向が強く、建築財政に権力を持ちながら金に糸目をつけなかったので、王室の財政は逼迫した。

アンリ四世は建築総監の任務であった設計と契約締結や支払命令をはっきり区別しようと考え、財務総監が建築総監を兼任することを決定した。フランソワ・ドー、ニコラ・ド・アルレ、そしてシュリである。しかし彼らはさほどこの任務には身を入れなかった。実質的にこの任にあたっていたのがジャン・ド・フルシである。彼は一五九四年に建築監督官 (Intendent des Bâtiments) となったが、そのあいだも総監と等しい待遇を受け、一六〇七年には辞職したシュリを継いで建築総監となり、一六二四年までこの任にあたった。総監のもとには建築総務 (Contrôleur général des Bâtiments)、庭園総務 (Contrôleur général des Jardins)、建築財務 (Trésorier des Bâtiments) がいて総監を補佐した。

こうしてアンリ四世は建築家を王室財政から閉め出した。ド・フルシはさらに王の建築家の特権を制限しようとした。J・A・デュ・セルソはルーヴルの建築家であったが、ド・フルシは一五九四年にルイ・メトゾ（Louis Métezeau）を別の王室の城館の建築家に指名した。デュ・セルソは抗議した。王は一五九九年、よきアドバイスのために若干名の建築家を欲していることを明らかにしたが、同時に、支払命令官（ordonateur）の資格を得ること、建築総監の任務である領分に干渉することを彼らに禁じた。また請負業者による入札制度を定めた一六〇八年の法令では、建築家はこの法令の規則にしたがって工事が遂行されるのを保証せねばならないとした。しかしそれにもかかわらず混乱は収まることなく、たとえばルイ・メトゾはしばしば「王の建築の建築家にして支払命令官」と呼ばれた。

王の建築家と呼ばれる人は通常複数人いたが、そのなかのひとりはつねに特権的な立場にいた。サロモン・ド・ブロス（Salomon de Brosse, ca.1571-1626）は「王と王妃の建築の首席建築家　Architecte général des Bastimens du Roy」と一六一五年に自称しているし、ジャック・クレマン・メトゾ（Jacques Clément Métezeau, 1581-1652）も一六五二年の死亡証明書によれば「王の首席建築家　Premier architecte du Roy」となっている。

王の建築家と、王の建物や住居の建築家とは、意味が異なる。王の建物の建築家（あるいは画家や彫刻家）はひとつの、あるいはいくつかの王室の建築の建設、管理、装飾を担当し、それで収入を得ている。王の建築家（画家、彫刻家、版画家）には俸給はあるが、決まった職業はない。その給金も年代によって変化し、財政が逼迫すれば引き下げられた。また王の建築家が死亡すると、その未亡人や息子は恩給の恵みを受けることができた。結局、王の建築家という称号は、王室内の公職をなんら意味するものではなく、長いキャリアの末の最後の名誉職といったものであった。建築家が財政機構から閉め出されてから、この傾向はますますはっきりしてきた。

彼らは王室関係の仕事により完全に拘束されてはいなかった。そのほかに邸宅、城館、教会などを建設し、王室以外の個人からも収入を得ることができた。ときにはプランを設計し工事を監督するだけでは飽き足らず、みずから材料を供給し（J・A・デュ・セルソはムードンに石切り場を所有していた）、請負業者のようなこともしていた。もともと石工長たちは、建築家と請負業者とを兼任しているようなものので、建築家として職人たちを監視するとともに、請負業者として彼らを指揮した。これはアンシャン・レジームの全期間をとおして、むしろ常態であった。この混乱が不都合をもたらす。建築家と施主とが衝突する。たとえばサロモン・ド・ブロスはルクサンブール宮の欠陥工事により告発された。一六一七年のパリ高等法院の判決により、建築家の請負が禁止された。こうした悪弊は同業組合の特権にも相反するように思われたのである。しかし王自身はこの判決には拘束されないと思ったのか、彼がルーヴル宮に保護した職人たちを同業組合の拘束から解放したように、自分の選んだ建築家に工事の請負もまかせていた。

職人の組織についてだが、中世における最初の労働者組織は、同職の親方と職人を集めた宗教団体のようなものであった。一般的にはギルドと呼ばれるものだが、そこでは職業上の利害調整と相互扶助の原則が貫かれていた。しかし一四世紀末、本来はキリスト教団体であったものが内部の社会的軋轢や新しい階級精神によって分裂した。中世末の交易の発達により富を得た親方は、企業家として生産上の支配権を握るようになり、その資本の力をもって経営規模を拡大し、独立の親方となりえない職人階級を、その支配下に置くようになった。それにともない一四世紀から一五世紀ごろには、労働者的職人はもはや昔のように親方のそばでは暮らさなくなった。そのうえ作業親方も、自分の手で作業をすることさえなくなった。職人が親方になるのは困難となり、ふたつの階級はますます分裂していった。

それゆえ親方の組織と、職人の団体とを厳密に区別しなければならない。親方の（そして親方のもとの職人であるという意味で職人の）組織は中世においては職業組合（Communauté de métiers）と呼ばれ、そののち同業組合（Corporation）となった。職人の団体は中世においては信徒会（Confrérie）と呼ばれ、そののち同職組合（Compagnonnage）と呼ばれるものになった。

職業組合は、そこに入会するのに宣誓しなければならない「宣誓都市」（たとえばパリ）と、自由に入れる「自由都市」（たとえばリヨン）があった。この一種の雇主組合は一二世紀ころから存在していたが、パリ市長エチエンヌ・ボワロは一二六八年の『職業規範 *Livre des Métiers*』により大工、石工、左官などの職業の規約を制定した。宣誓職業組合は組合の規律を確保し、労働や製造の規定が厳密に実施されるよう監視し、また、その団体全体やそのメンバーたる宣誓親方となるいくつかの法律上の特典を持つと同時に、半公共的な機関として一般治安維持（消防や警邏業務）に協力し、また厄介な税務上の役割も果たす。こうして職業組合＝同業組合は自治体ないし市の行政の枠組を構成し、有力な親方は半民半官的な存在となった。同業組合はまた国家的管理の対象となった。中世が崩壊し、町人が力をつけるようになると、町人階級にたいする国家の統制はますます重く的確になった。一四三一年に設立された有名なパリの六団体（six corps）は、国王公認の特権組合中の特権組合であるが、その職業（ラシャ商、食料品屋、毛皮商、小間物屋、金銀雑貨商、洋品雑貨商）は純然たる商売であって、彼らは職人にたいして厳しい規制を与え、その社会的状態を悪化させた。王権によるこの宣誓同業組合制度の普遍化は一五八一年にアンリ三世によって、一五九七年にアンリ四世により企てられた。親方はますます官吏化し、親方になるのが困難となった職人たちはサラリーマン化あるいはプロレタリアート化していった。

こうした条件のなかで同職組合（Compagnonnage）の結成は、政府当局や商業寡頭政治に支配されている同業組合（Corporation）にたいする職人＝労働者の当然の反応であった。職人の団体は中世においては同職の職人たちの宗教的な集いである信徒会（Confrérie）として存在した。一五世紀になると職業上の利害も論じあう場となると同時に、権力や同業組合の規制の対象となった。一五二四年のサンスの宗教会議では、騒動の源となったこと、リヨンの印刷屋のストライキをひきおこしたことで同職組合は告発された。一五三九年の王令は、職人は組合を形成してはならないし、職業上の知識を交換してはならないとして、全フランスの同職組合を禁止した。同職組合を禁止する王令は一五六六年、七一年、七九年にも出されたが、ほとんど効果はなかった。

ところで、この同職組合のみが建築という基礎技術に支えられていた。同業組合はもともと石切工、大工、指物師、錠前工を集めていて、そののち、ほかの建築関係の職業も加えられた。同業組合では生産的な労働ではなく、交換商業や金融業に重点が置かれていたのにたいし、同職組合は建築技術の優秀さ、みずから城や宮殿を建てられる富裕な王侯たちに属している「王者の技術」であったので、同業組合からは独立し、フランス巡歴という当時の画期的な組合の基本要素をもつという、自立的な団体でありえた。

こうした階級分化は近代的な使用者＝労働者関係の萌芽とみなすことができる。ところで建築家は石工長から派生したものであるのは明らかであるから、この石工長の階級的位置づけがこんどは問題となる。石工長は中世末期には自分の手で作業をすることをやめ、もっぱらプランの作成と工事の監督をおこなうようになっていたし、一五世紀と一六世紀には職人の職業の区分化や細分化が厳密になるいっぽう、請負契約制度の発達とともに石工長は請負業者化していった。だから石工長の社会的地位は、同業組合の親方に近いものであったと思われる。想像するに、石工長の社会的地位が高かったからこそ、石工長の息子ドロルムも貴族や人文主義者と親交を持ちえたのではなかったか。そうであれば建築家の発生は、上記の親方／職人の階級分化を前提としているし、手による技術の軽視ということは、こうした階級的差別視にも裏打ちされているのかもしれない。こうして成立した親方＝請負業者のうちで、王室の保護を受け、同業組合的な束縛から解放された特権的部分が「建築家」になったということになる。

建築家と請負業者の区別化にはほかの根拠もあった。一六世紀にもなると請負業者と施主のあいだで金銭などにかんするトラブルが数多く発生した。アンリ二世は一五五四年の王令により、各裁判所に宣誓した測量士（arpenteur）と計量係（mesureur）の事務所を設置した。アンリ三世は一五七五年と七七年の王令によりこの鑑定人の数を増やし、その世襲を認めた。この宣誓した鑑定人の意見は不公平であるとの非難が高まったので、高等法院と王は同法令により、訴訟事件の一方が、宣誓した鑑定人でない市民鑑定人（expert bourgeois）の決定に訴える許可を与えた。この鑑定人は同業組合の親方ではなく、建築家のなかから選ばれた。こうして同業組合に属する石工長＝請負業者と、王の建築家としての建築家の区別はより明確になった。

もっとも実際は建築家と請負業者の混合はつねにみられるが、少なくとも理念型としての建築家像はこの時期に成立した。

第二章　王立建築アカデミー

二―一　成立とその組織

一六六四年、建築総監でもあった宰相コルベールは、ルーヴル宮東ファサードの建設のために、ル・ヴォー、ル・ブラン、フランソワ・マンサールのちにクロード・ペロー（Claude Perrault, 1613-1688）の三人からなる建築諮問会議を召集した。これは当時のフランスの国家的プロジェクトであり、イタリアの大建築家ベルニーニを招いて担当させても、フランスの建築家の反対や陰謀などもあって、決定案が出なかったという経緯があった。このプロジェクトには結局ペローの案が採用されるが、これを機会としてコルベールは国家的な建築を管理させるために建築総監を補佐する委員会が必要だと感じ、それまでに設立されたほかの組織にならって、一六七一年に王立建築アカデミー（Académie Royale d'Architecture）を設立した。最初の会員は、王の名のもとに指名された。フランソワ・ブロンデル（Fr. Blondel, 1618-1686. 主事兼教授、科学アカデミー会員）、リベラル・ブリュアン（Libéral Bruand, 1635-1697）、ダニエル・ジタール（Daniel Gittard, 1625-1686）、アントワーヌ・ル・ポートル（Antoine Le Pautre, 1621-1691）、フランソワ・ル・ヴォー（Fr. Le Vau, 1613-1676）、ピエール・ミニャール（Pierre Mignard, 1640-1725）、フランソワ・II・ドルベ（Fr. II d'Orbay, 1634-1697）、アンドレ・フェリビアン（André Félibien, 1619-1695. 秘書。

没後、息子ジャン=フランソワが後任となる）らがそうである。のちの建築総監マンサール（Jules-Hardouin Mansart, 1646-1708）は一六七五年に参加、また科学アカデミー会員のペローは会合には参加したが正式なメンバーではなかった。会員は会合ごとに一一リーブルの出席手当が支給された。

一六七一年一二月三一日、主事ブロンデルは開会の演説をおこない、組織の理念を説いた。アカデミーは建築に古代の威信を回復し、また王の栄光に奉仕しなければならない。そのために、週一回の会合を開いて建築の教義を確立し、それを王国に普及させ、つぎにそれを若い学生に教育しなければならない。ブロンデルは学生への賞の授与、ローマ留学に言及し、また学生が学ぶ科目として建築理論、幾何学、算術、力学、築城術、透視画法、截石学をあげた。これらは従来の親方の仕事場での徒弟制的な教育ではなく、学校の講義で教えうるシステマチックで理論的な教育を意味しており、事実、アカデミーの学校（アカデミーに経済的に依存しており、一六九四年に戦争のために国庫が負債を負ったときは会員みずからが出資せねばならなかった）では理論的な教育のみがなされた。しかし中世的な教育がまったく忘れられたわけではない。学生数は極端に制限されており、学生はまさに会員の親密なる弟子であって、彼らを自分の事務所で雇うことができた。ブロンデルは学生に、自分の講義を聞くまえにデッサンを学ぶこと、また現場で職人が働くのを見学するだけでなく、みずから石を切り、装置を動かし、石工事、木工事の指示をしてみることを要求した。こうして彼は理論と実際の両方を求めたが、後者は長い期間のうちには忘れられる傾向にあった。

それはまた一種の建築諮問会議でもあった。コルベールはルーヴル宮、ベルサイユ宮のプロジェクトを検討するよう委ねた。会員が自分のプロジェクトを相談にくることもあった。ジタールはそのサン=シュルピス計画を持ちこんだ。地方都市や団体もその担当建築家によるデッサンを送り、助言を求めた。レンヌ市の教会参事会は大聖堂の塔の建て方について、ブロワの聖バンサン教会の担当者は教会の祭壇について相談した。アカデミーはまた、検査事務所の役目を果したのであり、たとえば建設局が送りつけた見積り書を検査し、石工長の計算書を吟味した。またそれは技術にかんする委任もうけた。コルベールはアカデミーに、イル=ド=フランスとノルマンディーの石切り場を視察すること、また地方の建築を視察し、石の質とその使用方法について意見を与えた。また構造における鉄の使用、基礎を安定させ、セメントと石を結合させ、橋を建設する方法も研究された。建築上の訴訟の調停もおこなわれた。こうして建築アカデミーは、フランスの建築のあらゆる事項を管理することで、コルベールの絶対主義的な中央集権政策の一翼を担った。

こうした機構における建築家は、一般の石工長＝請負者とはまったく異なったものとなるはずである。アカデミーによれば、建築家という称号は、建築の原理を研究し、必要とされるすべての才能をもってそれを修める者に与えられるのであった。原理の研究は独占的になされていたので、会員がすなわち建築家であった。一六七六年三月七日の会合で、臨席していた王は「石工長、請負者、そのほかの建築に関係する人間のうちのある者は、より信用を得るために、なんの権利もなく王の建築家という称号を名のり、その称号のもとで設計し、あらゆる種類の建物を建てる……が、その大部分はいわゆる石工長や請負者の能力不足のために欠陥建築である」と指摘した。その結果、王の建築家という称号はアカデミー会員に限定されること、王の建築家は請負をする権利がもはやないことが決定された。これより建築家と請負者は明確に区別されるようになった。

組織は段階的に整備されていった。一七八七年にはアカデミー主事（Directeur de l'Académie）のポストが正式に設けられ、実質上の主事ブロンデルにかわってロベール・ド・コット（Robert de Cotte, 1656-1735）が任命された。一七九九年にＪ－Ｈ・マンサールが建築総監に指名されると、彼は会員を第一部会（七名）と第二部会（七名）に分けた。そのほかに一名の教授、一名の秘書、数名の事務官がいることとなった。この段階では正規の規定ではなかったが、一七一七年一月一七日にダンタン候の努力により特許状が与えられ、その年の六月には、その特許状を高等法院が認可し、それからは正式に王室の保護のもとに置かれることとなった。

一七一七年の特許状によれば、ふたつの部会よりなる。第一部会は一〇名の建築家と一名の教授と一名の秘書からなり、第二部会は一二名の建築家からなる。なお会員数は一七二八年に第二部会が二〇名に増やされた。しかしこの人数は第一部会のそれを上回るので、長い躊躇のすえ、一七五六年に第一部会は一四名の建築家、一名の教授、二名の秘書の計一六名、第二部会は同数の一六名の建築家で構成されることが決められた。

第一部会の建築家は請負活動やそのほかの「建築家の資格に違反する」建築活動はいっさいしてはならなかった。第二部会の建築家は、請負はしてもよかったが、それは王室関係の仕事のみに限定された。職能の原理がふたたび確認された。アカデミーは、メンバーに欠員が生じれば、王に三名の候補を推薦できた。王はそのなかの一名を新会員として選ばねばならなかった。候補者の条件は二五歳以上で、建築活動にかなりの実績のある者でなければならなかった。その活動は、総監、メンバー、会合に出席を許可されたほかの人間が提出した計算書、見積り書、模型、そのほかの諸問題を検討すること、建築にかんする問題を研究すること、パリ、地方、国外にある建築、あるいは古代遺跡についてのさまざまな見識者と連絡をとること、重要な著作、アカデミー会員が建築について出版しようとする文献について報告すること、あらたに発見された建築について研究すること、などと定められた。会合ではこれらのテーマについて討議された。理論などの建築の一般的な問題であれば、会員全員が討議で意見を述べることができるが、王室建築については第一部会の会員のみが投票を許された。つまり第二部会の会員は王室建築の請負を許されているので、工事の契約者と審判者に同時になることはできない。このようにアカデミーは専門家の集団であるだけでなく、一般建築の顧問会議とでも称すべきものであり、王室建築の長官（intendant）や検査官（contrôleur）が会合に出席できた。王の首席建築家がアカデミーの主事でもあったのはそうした理由による。

海外の特派員の制度はすぐには設立されなかった。一七五八年になってやっと設立が決定され、一七六〇年六月一六日の規則でその数が一二名と定められ、一七六九年七月一七日の規則でその権利と義務が定められた。特派員は自分のプロジェクトをアカデミーに報告し、また住んでいる地方にある優秀な建築や古代遺跡の図面、あるいはそれらの構造、材料についての報告書を作成し送らねばならなかった。特派員はおもに外国で働いているフランス人建築家のなかから選ばれたが、例外としてイギリス人ウイリアム・チェンバーズ、スイス人リッターらがいた。前者はジャック＝フランソワ・ブロンデルの生徒であったので、その関係で選ばれたものだと思われる。

一七一七年の特許状には教育にかんする規定もあった。一学年は一一月から翌年九月までである。教育は一名の教授が担当し、彼による授業が週二回、それぞれ二時間ずつ開催される。一時間目では応用幾何学が教えられ、二時間目には「建築のさまざまな基礎知識、法則、そして実践」が教えられることで、「建築の原理と、最も必要性の高い知識についての講義」が形成されるはずであった。この講義は二、三年、あるいはそれ以上の期間にわたって聴講されねばならなかった。授業は公開であったが、学生（élève）の称号はごく少数の聴講生に限定された。学生は一六歳以上で、あるていどの学識があることの証明が必要であった。また学生はアカデミーの学生であるまえに、会員の学生であらねばならなかった。このことは中世的要素が残っていたことを意味しているとともに、のちの一九世紀のエコール・デ・ボザールにおけるアトリエ制を予告している。教授は六名、両部会の会員は一名の学生を加入させることができた。

外国人留学生も受け入れていた。とくにフランス・アカデミーと親交のあったロシアのサンクト・ペテルブルグのアカデミーからの派遣留学生は目立っていた。しかしこれは一八世紀後半になってのことである。

アカデミー教授によってなされた講義は教授自身の資質や興味の方向により、教授ごとに、すこしずつ違ったものになっている。当初はすべての主題についてひとりの教授により講義がなされていた。しかし学の専門分化にともない教授の数も増加する傾向にあった。

アカデミーの教授たち

初代教授**フランソワ・ブロンデル**（François Blondel, 1618-1686）は、一六七一年から一六八六年までの在任である。もともと軍事技師であって、「王の技術者団 Corps des Ingénieurs du Roi」の上級メンバーとしていくつかの築城の工事を監督した。数学の才能に恵まれ、コレージュ・ド・フランスの教授であり、一六六九年には科学アカデミーの会員に、一六七三年には皇太子の個人教授となった。建築アカデミーにおいてはその創設より、教授にして主事であった。開会の演説のなかで幾何学、算術、力学、軍事建築（築城術）、透視図法、截石学を学ぶことが必要であると指摘したが、その講義はさほど広範囲には及んでいなく、オーダー論を中心とする建築理論にかんするものであった。

彼は建築について二冊の著作を残している。『建築の主要な四つの問題の解決 *Résolution des quatre principeaux problèmes d'architecture*』（一六七三）は、エンタシスの作図法など、数学者としての知識を建築に応用したものだが、建築全般を扱っているとはいいがたい。講義録『王立建築アカデミーで教授された建築教程 *Cours d'architecture enseigné dans l'Académie Royale d'Architecture*』は第一部が一六七五年に、第二部以降が一六八三年に出版されている。いずれもオーダーについての記述が大部分であり、膨大な諸例が比較検討されている。フレアール・ド・シャンブレがはじめて試みた諸例の比較という方法論が、ここではきわめて大がかりにかつ体系的に試みられている。

ところで第一部と第二部以降とではいくつか相違点がある。第一部ではまず五種類のオーダーごとに章が割りふられ、そのなかでブロンデル、ヴィニョーラ、パラディオ、スカモッツィらの比例が順番に記述されている。第二部以降から、柱頭、エンタブラチュア、コラムなどといったテーマごとの章構成となっており、そのなかで古代建築やイタリア・ルネサンス建築の膨大な例が比較検討されている。また、第一部ではローマの古代建築はほとんど言及されていないが、第二部からではたいへん頻繁に参照されている。これはデゴデの『ローマの古代建築』が参照され始めたことを示唆している。ブロンデル個人の建築理論そのものも変化している。たとえば柱基なしのギリシア・ドリス式オーダーについては、第一部においては肯定的であるが、一六八三年の版では一転して否定的になっている。柱基なしのドリス式オーダーは一六八三年の会合で否定されているから、アカデミーの決定がブロンデルに影響を及ぼしたことが考えられる。

二代目教授**フィリップ・ド・ラ・イール**（Philippe de La Hire, 1640-1718）は一七八七年から一七一八年まで教授であった。ブロンデルのように、数学者であり科学アカデミー会員であったが、建築アカデミーにおいてはブロンデルほどの信頼はなかった。截石学を中心に力学、光学、幾何学、建築の原理、流体静力学、透視図法について講義した。後述するデザルグの著作から強い影響を受け、とくに円錐曲線について研究した。

一六九八年一〇月二〇日の議事録には、ラ・イールがアカデミーの公開授業の写しをもとにしてブロンデルにならって講義録を作成したことが記されている。ところで手稿『科学アカデミー会員にして王室建築教授ラ・イール氏による市民建築 *Architecture Civile Par Mr de La Hire de l'Académie des Sciences et professeur Royale d'Architecture*』が王立英国建築協会の図書館に残されており、タイトルは異なっているが、議事録の記述とこの文献の内容はまったく一致しており、同一物である。この手稿はしたがって一六九八年以前に書かれたものであろう。その建築理論はそれほど独創的なものではないが、逆に組織の理念をよく反映しているものとして、資料的な価値はある。

つぎの**ガブリエル＝フィリップ・ド・ラ・イール**（Gabriel-Philippe de La Hire, 1677-1719）は一七一八年から一九年までの在任である。前任者の息子であり、截石学、見積り法を教えたが、すぐに死去した。

かわって**アントワーヌ・デゴデ**（Antoine Desgodets, 1653-1728）が指名され、一七一九年から二八年まで教授であった。彼は生粋のアカデミー人間である。もともとアカデミーの学生であった。一六七四年、古代建築を実測調査するためにコルベールの命で、王の給費生としてローマに派遣された。途中、リヨンで盗賊の捕虜となるアクシデントがあって、到着は一六七六年となった。ローマには一六七八年まで滞在し、多くの建物を実測調査した。これらの図面は『建築家アントワーヌ・デゴデによってきわめて正確に実測され描かれたローマの古代建築 *Les Edifices Antiques de Rome dessinés et mesurés très exactement par Antoine Desgodets architecte*』として一六八二年に出版された。そして一六九八年に会員となり、一七一七年に教授となった。その講義は学生ピナールの手稿『王の建築家にして王立アカデミー教授であるデゴデ氏の建築オーダー書 *Traité des Ordres de l'Architecture de Monsieur Desgodets Architecte du Roy, et Professeur de l'Académie Royale*』として残されているが、刊行はされなかった。フランス国立図書館の版画分室の目録にも発行時期は記されていない。もっともこの文献を建築書として過大評価すべきではなく、一種の製図教本であって、けっして理論書ではない。しかし組織の決定を忠実に反映しているという点で、その資料的価値は高い。そのほか一七四八年に『建築法規 *Les Lois du Bâtiment*』を出版しているが、これは都市住居にかんする慣習法をまとめたものでもあり、これもまた会合での議論を反映している。

デゴデは教授であるといえ、指導的立場にあったかどうかは疑わしい。しばしばアカデミーの方針にもとづく図版の作成を命じられており、この仕事におけるその立場は、いわば専属の図面作成者であった。議事録とその講義録を読みあわせると、彼が組織の決定に忠実に従っていたことがわかる。このことから、彼はアカデミーの決定のいわば広報係のような立場でもあったことが想像される。

フランソワ・ブリュアン（François Bruant, 1679-1732）は一七二八年から三〇年まで教授であった。平面計画とオーダー理論を教えた。

一七三〇年代からは、オーダーや配置といった狭義の建築の科目と、数学系の科目の分化が始まる。教授は二名となり、一名が前者を、一名が後者を担当するのが普通となった。

ジャン・ド・クールトンヌ（Jean de Courtonne, 1671-1739）は一七三〇年から一七三九年まで教授であった。建築理論、透視図法、平面構成を教えた。一七三三年一一月二三日の議事録によれば、『建築新論 *Nouveaux essais d'Architecture*』を刊行する計画があったそうだが、この書は現存しない。

ドニ・ジョスネ（Denis Jossenay, 1680-1748）の在任は一七三九年から四八年までであった。オーダー論、趣味、構造について講義した。

ルイ＝アダム・ロリオ（Louis-Adam Loriot, ?-1767）は一七四八年から一七六二年まで教授。建築オーダー、截石学、木構造を教えた。彼はまた後述のタヌヴォァとともに、会合でしばしばオーダーの図面を提出した。

ジャック＝フランソワ・ブロンデル（Jacques-François Blondel, 1705-1774）は一七六二年から七四年まで教授であった。彼は入会する以前の一七四二年、すでに私設の建築学校を設立していた。この学校は即座にアカデミーによって承認された。一七五五年に会員となった。アカデミーの学校におけるその講義録『建築教程 *Cours d'Architecture*』（一七七一〜）にはオーダーにかんする記述が多く含まれているが、それらはさほど独創的なものではない。このブロンデルもまた、ヴィニョーラ、パラディオ、スカモッツィらのオーダーを記述したが、それはそこから一般的法則を導くための比較ではなく、単なる並列で終っている。カップルド・コラム（coupled column フランス語ではコロンヌ・クップレ colonnes couplées、対にしたコラム、いわゆる「ペア・コラム」は和製英語）などにかんするいくつかの論考は、すでになされた議論を反映したものとして重要であろう。ただこの時期は会合でオーダーが議論されることはほとんどなく、あったとしても会合とブロンデルの講義録のあいだの顕著な関係は認められない。だから『建築教程』はむしろ、アカデミーの理念の影響や伝播を知るために研究されるべきであろう。

ジュリアン＝ダヴィッド・ルロワ（Julien-David Leroy, 1724-1803）は一七七四年から一七九三年まで教授であった。ギリシア建築を研究した最初の教授であり、またはじめて建築史を講義した。

数学関係の科目は**カミュ**（Charles-Étienne-Louis Camus, 1699-1768）が一七三〇年から一七六八年まで教授として担当した。幾何学、機械測量法、静力学、数学、応用幾何学、力学について講義した。また彼はフェリビアンをついで秘書にもなった（在任一七三三～六八）。後任の**モデュイ**（Antoine Remy Mauduit, ?-?）は一七六八年から一八一五まで教授であり、幾何学理論と応用幾何学を教えた。

彼らは無形容の「教授 professeur」であるが、そのほかにも特定の主題について教授が指名された。水力学教授（professeur d'hydaulique）にはボシュ（Bossut）神父が一七七六年に指名され、のちにエコール・ポリテクニクの教授となった**ガスパール・モンジュ**（Gaspard Monge, 1746-1818）は一七八〇年に「ボシュ神父の助教授 professeur adjoint de l'abbé Bossut」となった。一七八六年、ボシュ神父にかわって、シャルル（Jacques-Alex.-César Charles）が指名された。截石学にかんする実習を指導する製図教授（professeur de trait）には、ルシュ（Louchet）とリユ（Rieux）が指名された。この講座は遅くとも一七九〇年代に設立されたものと思われる。リユは一八〇六年まで截石学を教えていた。これらの講座は一八世紀後半の科学技術の進歩と、建築の専門分化の状況を如実に反映しているといえよう。

またそのほかに教授の代理となるべき代理教授（professeur intérimaire）が指名されることがあった。一七三〇年二月に教授のブリュアンがダンタン侯の許可により欠席したとき、アカデミーは**ルルー**（Jean-Baptiste Leroux, 1670-1746）を代理教授に指名し、講義の代行を命じた。また一七四八年に教授ジョスネが死亡したときも**ルボン**（Pierre-Éienne Le Bon, 1700-1754）が一時代行を命じられた。一七六二年にJ－Fr・ブロンデルが教授に指名されたとき、ルロワは助教授（professeur adjoint）となり、教授を補佐し、ときには代行をすることもある助教授のポストが常設された。**ベリカール**（Charles Bellicard, 1726-1786. コシャンらとヘルクラネウムの古代遺跡を研究）は一七八一年に、**シェルピテル**（Marthurin Cherpitel, 1736-1809）は一七八六年に、それぞれルロワの助教授となった。この助教授のポストは代理教授のそれを固定化したものと思われる。

これら教授以外にもつぎの二名の建築家も重要である。

前述の**クロード・ペロー**（Claude Perrault, 1613-1688）は、もともとは医者であり、一六六六年に科学アカデミーの会員となった。一六六七年、コルベールはルーヴル宮東ファサードを検討するための委員会のメンバーとして彼を指名した。また医学をとおしてギリシア語の知識があったので、ウィトルウィウスの翻訳をも命じられた。この翻訳は一六七三年に出版された。また一六八三年には建築理論書『古代人の手法にもとづくコラムの五つのオーダーのオルドナンス *Ordonnance des cinq espèces de colonnes selon la méthode des Anciens*』も刊行している。そこでは「明白な美」と「恣意的な美」を区別し、ルネサンス以来の比例理論を否定し、また比例を光学理論にしたがって変化させてはならないとした。これは反アカデミー的な見解であり、ブロンデルは『建築教程』においてペローに反論している。しかしペローが提案した具体的な比例のいくつかは、アカデミーも採用した。

ミシェル・タヌヴォ（Michel Tanevot, ?-1762）は一七一八年に第二部会員となり、一七四一年には第一部会員となった。いわば専属製図係であって、一七三〇年代と四〇年代に、アカデミーの指示にしたがい多くのオーダーの図面を作成した。とくに層オーダーと対のコラムにかんするものが多い。現在これらの図面はフランス学士院の図書館と古文書室に収められている。一八世紀中葉は教授たちは講義録を残していないので、タヌヴォの図面の資料的価値は大きい。

ローマ賞

つぎに学生にたいする賞の授与と、それに関連してローマのアカデミー・ド・フランス（Académie de France à Rome　以下「ローマ・アカデミー」と記す）について記さねばならない。一六六四年の新法典のなかの計画にしたがってコルベールにより一六六六年二月一一日に設立された。コルベールは画家プッサンを初代主事に任命するつもりであったが、プッサンはそのまえに世を去ったので、結局発送されなかったコルベールのプサン宛の手紙の草稿が残されており、そのなかにこの機関の目的が明確に記されている。数人の若い芸術家（コルベールは学生の定員を一二名と定めた）はアカデミーに居住し、彼らの研究を導き、彼らに昔の人びとがもっていたよい趣味と流儀とを与えてくれるすぐれた師匠の指導のもとに学ぶ。これらの王室給費生は経済的な問題から解放されるとともに、国王のために役立つべきであり、またローマの最も貴重な美術品をすべて模写してパリに送ることにより、コルベールの重商主義政策の一環を担うべきであった。

優秀な学生をこのローマ・アカデミーに派遣する制度は、絵画彫刻アカデミーにおいて漸進的に形成された。学生への賞という理念そのものはサン・ルカ・アカデミーに由来している。当初、賞といってもただ授業料の減額か免除であったのが、のちにメダルが小賞（petit prix）として年四回配布され、大賞が年一回授与されるという形式が一六六四年には確立された。ところで、賞を争えるのは少数の選ばれた学生だけの特権であった。まず予備選考が、会員の面前でおこなわれるデッサンをもとにおこなわれ、この試験の合格者が所定の主題（普通は聖書の）を説明するスケッチの提出が許された。そのスケッチにより最終試験の受験者が選ばれた。その試験は構内の施錠された個室にこもり、そのスケッチにもとづいて絵画や浮彫りを製作することであった。こうして製作された作品の公開展が開かれ、批評が求められ、そして委員会が大賞に価する学生を選出した。こうした煩わしく複雑な手続きは建築部門においても一九世紀に確立される。大賞受賞者がかならずローマに派遣されたというわけではないが、しだいにそれは慣例となった。

一六七一年に建築アカデミーが確立されたとき、このローマ賞のことが考えられないはずがなく、ブロンデルは開会の演説のなかで、王は建築家のためにも同じような賞を設立する用意があることを述べている。しかしこの制度は長いこと建築では確立されなかった。一六八四年、建築総監ルーボワは建築の学生に、ペローによりデザインされたが未完成である凱旋門を設計させ、その才能の優劣を見極めることを提案したが、ローマ派遣については言及されなかった。一七〇一年には「教会の入口と平面」という課題でコンペが開かれ、ジャック（Jacquet）が大賞を、ルルー（Jean-Baptiste Le Roux）が小賞を獲得したが、ローマには派遣されなかった。大賞のコンペが毎年開かれるようになるのは一七二〇年からであり、それまでは前記の二例があるのみである。理由は明確である。すなわち王の保護は、絵画彫刻には一六五六年に与えられたが、建築は一七一七年からである。一七二〇年からの大賞コンペは一七一七年の特許状における規定にもとづいて開催された。

しかし大賞のコンペがより初期に確立されていたとしても、それは順調に機能しなかったであろう。当時の絵画彫刻アカデミーにおけるコンクールの状況を検討すればよくわかる。一七〇一年のコンクールの首席であるオールデュボワと次席のグルタンはローマ留学を許可されなかった。翌年のコンクールにはふたりの参加者しかなく、その翌年のコンクールの主席アントワーヌ・パンスと次席ジュネもローマに行けなかった。一七〇六年、一七〇七年、一七〇八年には賞はなく、一七〇九年の主席グリソンと次席アントワーヌ・ヴァトーも行けなかった。一七一〇年の主席ジャン・ジラールはローマに留学できたが、一七一四年、一七一八年、一七一九年、一七二〇年はふたたび応募者がなかった。

この混乱の原因はいくつか考えられる。まず、ローマ留学生（絵画、彫刻、建築のすべての分野）の選定は建築総監の権限であり、大賞受賞者であっても総監の気に入らない学者はローマ留学を許可されなかったという事実。アンシャン・レジームの全期間をとおして、ローマ留学には建築総監の許可が必要であった。そもそも大賞とローマ留学は発生的には別個の制度であって、年代を経るにしたがって段階的に統合されていったものと考えるべきであろう。そうでなければ、一七一七年の特許状以前にコンクールを通過しないでローマに留学できるわけはないが、オプノール（G. M. Oppenord, 1672-1742）、カルトー（J. S. Cartaud, 1675-1758）、アルドゥアン（J. M. A Hardouin, 1680-1737. J－H・マンサールの甥）、ベニエ（Besnier）、ヴィルヌーヴ（Pierre Villeneuve）、レモン（Jean Raymond）、ソサール（A. Saussard）、レーネ（Lainé 在ローマ一七〇六）らは大賞制度のできていない時代にローマに留学した建築家である。個人的な好みが大きく作用するのは制度が未成熟な証拠である。一七一六年のソサールとレモンは、建築総務ダンタン候に特別気に入られていたようで、当時のローマ・アカデミーの主事ペルソンは両者の滞在延長を認めている。一七二〇年の入学者は不評だったらしい。ジャック・デリアン（建築）、ガン（絵画）、デュピュイ（絵画）、ゴチィエ（絵画）の振舞についてよほど不満であったのか、ペルソンは本国のアカデミーに書状を送り、すみやかに新しいメンバーを派遣するように要請している。その結果、絵画のドロベル、ナトワール、彫刻のブシャルドン、シジベール・アダムがローマに派遣された。

つぎに経済的な困窮という理由が考えられる。一六九〇年代の戦争により国庫はたいへん貧窮した。一六九四年四月二四日、突然、絵画彫刻アカデミーは補助金をうち切られた。建築アカデミーも同年のおそらく同じ日に補助金をうち切られた。両者は無給で指導を続けた教授たちの熱意でかろうじて救われた。一六九〇年代後半になるといくぶん改善されたが、やはり苦しい状況であった。こうした不安な時代におけるローマ・アカデミーの進展も、これとよく似ていた。遠近法と解剖学の授業は一六九四年に中絶し、一七〇〇年まで再開されなかった。当時の主事ラ・テリエール（在任一六八四〜九九）は、自身は美術家ではなかったが、この困難を乗り切ろうと全力を尽くした。彼はパリからの定額の送金に頼らず、しばしば自費で補充しなければならなかった。建物の設備は立派どころか、ときには危険なほど不安定な状態にいたった。

主事ペルソン（在任一七〇四〜二五）は一七〇七年、建築総監J－H・マンサール宛の手紙のなかで、経済的困窮に言及しながら、ローマ・アカデミーの全廃を提案したが、つぎのようにも語っている。今やローマには大した建築家はいない。フランスはJ－H・マンサールの建てた建物のなかで、学生が学ぶに値するものを学ぶ最良の機会を与えている。当時、ローマのフレスコ画は悪条件下にあり、そのうえ長いことフランスの学生が近づけなかった。こうした議論はパリのみならず、ローマにも影響を与えた趣味の変化を物語っている。荘厳なルイ一四世様式の時代は去り、軽快で優美なレジャンス様式やルイ一五世様式の時代であった。前述の留学生オプノール、ワトーらはルイ一五世様式の代表的な作家である。ペルソンは別の手紙で、学生がヴェネツィアやロンバルディアの絵画から学ぶために、北イタリアを訪れる必要があるとした。このような提唱はその設立の本来の意図を無視するものだから、その全廃が提案されても不思議ではない。マンサールを継いで建築長官となったダンタン侯は、この提案にきっぱりと反対し、ときには個人的にその費用を賄ってやらねばならなかったが、彼自身、一七一四年にはその定員を六人に引き下げている。

一六九〇年代から一七一〇年代までは危機の時代であったが、ローマ・アカデミーはなんとかこれを切り抜けた。一七二〇年より毎年、建築アカデミーでは大賞コンクールが開かれた。しかし二〇年代の一等受賞者でローマに留学できたのは、一七二二年、二三年、二四年、二七年の受賞者だけである。一七三〇年から一等受賞者は、ほぼ毎年ローマに留学できた。例外的に一七六七年から七二年までの一等受賞者は、ローマへ行けなかった。一七六七年、当時の建築長官マリニー侯は建築家ド・ヴァイ（一七五二年大賞）を第一部会のメンバーに任命した。ド・ヴァイは第二部会のメンバーではなく、アカデミーの推薦もなかったから、これはあきらかに規則違反である。憤慨したアカデミーが王に抗議すると、マリニーは会員を罷免し、組織を廃止してしまった。総理大臣と王室顧問会議長官が介入して罷免された会員の地位を回復し、組織を再設立させたが、それからマリニーはアカデミーにたいする憎悪から、一七七三年に建築総務の職を退くまで、大賞受賞者のローマ留学を認めなかった。しかしそれからは、一七九三年にローマ・アカデミーが暴徒に略奪されるまで、順調にローマ留学はおこなわれた。

ローマ・アカデミーの定員は一七三八年に当時の主事ド・トロワ（在任一七三八〜五一）によって一二名（建築四名、絵画四名、彫刻四名）

に拡大された。一七四六年にはこれがふたたび確認された。一七五四年には定員は同じままで、構成が変えられた（建築三名、絵画六名、彫刻三名）。建築家の滞在期間は通常三年（時期により三年から五年と変化したが、一七六三年からは三年）で、そのあいだ彼らは古代やルネサンスの古典的建築をスケッチし、あるいは実測し、それをパリのアカデミーに送った。

アカデミーの建築教育は一六七一年の設立より、それぞれの時代の影響をうけながらも二〇世紀にいたるまで漸進的かつ段階的に展開していった。フランス革命において、この王立組織は廃止され、その学校はエコール・デ・ボザールの建築部門となったが、それは実質的には名称だけの変更である。フランス革命はアカデミー的な建築教育の節目ではあっても不連続点ではない。実際、一九世紀と二〇世紀のエコール・デ・ボザールにおける多くの要素は、アンシャン・レジーム期におけるアカデミーの学校にその萌芽をみることができる。

大賞コンクールの仕組みがそうである。このコンクールの課題は建築学校の教育スタッフではなく、会員によって用意された。応募者は課題を受けとると、短時間のうちに、自分の解答をラフな平面、立面、断面に仕上げた簡単なエスキスを提出することを要求された。最終図面はこのエスキスを添えて提出しなければならず、そうしなければ落選とみなされた。エスキスは最初、会員の目前で製作され、のちには担当教授の立会いのもとでなされた。しかし一七四四年からエスキスと最終図面は小部屋（loge）で仕上げられることになった。すなわち、応募者は小さな部屋にこもってひとりでエスキスと最終図面を用意することとなった。エスキスにみられる概念と最終的な作品が彼自身によるものであることを確かめるためである。この手続きはあきらかに絵画彫刻アカデミーのそれを模倣しているが、エスキスを第一選考とすることはなかった。おそらく学生数が少なかったからであろう。一七三九年にアカデミーは、このエスキスを独立して審査の対象とし、それにもとづいて大賞コンクールの応募者を八人にしぼることが建議されたが、これは実現せず、革命までは前述の手続きのままであった。コンクールにおいて提出が求められたのは図面だけで、模型は要求されなかった。図面も平面、立面、断面だけであり、透視図は一七八六年と一七八七年に特例として禁じられたのみであったが、提出されたコンクールは三回しかなく、それらも平面図などに添付したもので、独立のものではなかった。

コンクール制度が整備され、その重要性が高まるにつれ、「パトロン　patron」と呼ばれる教師の役割も大きくなった。革命まで、王立建築アカデミーのメンバーはアカデミーの学生のひとりパトロンになることができた。大賞コンクールに関連して応募者のパトロンの名前が議事録にしばしば引用されるようになった。その最初の例は一七四五年である。大賞受賞者のパトロンの名前は一七五八年にはじめて引用された。こうした例は六〇年代にはますます多くなり、一七七〇年代中葉には、そのパトロンの名前を記すことは一種の慣例となっていた。今やパトロンの名声は、そのアトリエで仕事をし自分から建築を学んでいる学生がアカデミーで成功するかどうかに、ますます依存するようになった。パトロンは自分のアトリエで数人の若者を集め、課題を与えてコンクールを開き、そのなかからひとりを選んで自分の学生とし、アカデミーの学生として登録した。学生の技能や知識はそのパトロンのアトリエでの訓練に大きく依存していたので、学校での学生の好成績は、パトロンの栄光につながった。その結果、大賞コンクールは学生というより、パトロンのあいだで争われた。会員である各パトロンは同時に、コンクールの審査会のメンバーでもあったから、まったく当然のことながら、彼らは自分の学生の作品を支持するようになり、審査会は策略と政治の交錯する場となった。これは大賞コンクールの批判されるべき側面である。

この大賞コンクールに加えて、一七六三年には奨励賞（prix de d'émulation）のための月例コンクールが設立された。それより、この月例コンクールにとりくむ学生と、年に一度の大賞コンクールに専念する者に階層分化していった。これも一九世紀のエコール・デ・ボザールを先取りする現象である。

このように建築教育はしだいに整備されていった。一九世紀後半がその完成とすれば、王立の時代はまだその途上である。しかし基本的骨子はすでに固まっていた。このプロセスは初代主事ブロンデルが開会の演説で述べたことを実現し、制度化し、体系化していくプロセスであった。学生はアカデミーの学校で受講する。またコンクールがおこなわれ、優秀な学生はローマに派遣される。ところで教育が成立するためには教えられるべき知識と教養が確立していなければならないが、成立から約二〇年はこの教養確立の試みのために費やされた。これが次節のテーマである。

二—二　学の体系化と新旧論争

ブロンデルを代表とする会員たちがめざしたものを本論で「学としての建築」と表現するとしても、この学にはさまざまな部門が含まれている。だからそれは単層的ではない。歴史上のある時点において、それぞれのまとまりをもった部分系としての学の諸分野からいくつか選択され、そして序列化し体系化され、新たなひとつの学が形成されるのだが、この体系化は、かならずしもその学そのものに内在する論理によってなされるのではない。学の構成はつねに、意識的にしろ無意識的にしろ、学にとっては外在的な要因により支配されており、その構図はときに政治的である。

とりあえずここでは一七世紀における学の水準を明らかにしなければならない。ブロンデルが一六七一年に、学生が学ぶべき科目として列挙したもののうち、まず建築理論がある。これは当時ではオーダー論と言い換えられるが、アカデミーの中心的な課題であった。一六七〇年代から九〇年代の新旧論争において、それがまったく異質のものに転換する。幾何学、算術、力学については、どのような内容が学生に教授されたかは不明である。それらの学そのものの水準はむしろ科学史の領域において明らかにされるであろうし、またこれらの科目は建築に固有のものではなく、むしろ一般的なものであるから、ここでは論考する必要はないだろう。同じく築城術は特殊な問題であるから省略できるであろう。透視図法と截石法はたがいに関連が深く、建築技術にとっては基本的な事項であるので論じねばならない。この二科目は一七世紀前半において、ルネサンス的なそれから近代的なそれへ転換するのであって、アカデミー成立時にはすでに完成されていたものであるが、その転換の内容がやはりアカデミーに受け入られたということと関係があるので、重要である。一七一七年の特許状によると、学生は一時間目に応用幾何学を、二時間目には法則と原理などについて学ばねばならないことになっているが、前者を透視図法と截石法に、後者を建築理論に対応させれば、このピック・アップはそれほど的はずれではないと思われる。

一世紀にわたる期間の知的風土にさぐることは容易ではないが、一七世紀に出版された文献を書誌学風に整理することから全体的イメージを描くことはできよう。

　まずウィトルウィウスが重要なテキストであった。一六一八年のジャン・ド・トゥールヌ（Jean de Tournes）版、一六一九年のサロモン・ド・ブロス版、一六三二年のピエール・ル・ミュエ版、一六四二年のフィルマン・ド・コット（Firmin de Cotte）版、一六八四年のペロー版、一六九一年のアレクサンドル・ル・ブロン（Alexandre Le Blond）版、ピエール・ミュレ（Pierre Mullet）版、シャルル・ダヴィレ（Charles Daviler）版があった。ちなみに一八世紀からは一七五二年のエチエンヌ・ブリズ（Etienne Briseux）版、一七七一年のJ-Fr・ブロンデル版がある。これらは機械的な翻訳ではなく、注釈というテキストの解釈にかかわる重要な作業である。これらはフランス人自身による版であるが、イタリア人によるものもフランス人に読まれた。ルスコニ（Rusconi）の『ウィトルウィウスの規則の建築第二書 *Della architettura secondo i precetti di Vitruvio*』（ヴェネツィア、一五九〇）、バルド・ベルナルディノ（Baldo Bernardino）の『スカミリ・イムパレスを新しい意味で解釈した、合理的に説明されたウィトルウィウスの言葉 *De verborum vitruvianorum significatione ansi que ses Scamilli impares Vitruviani nova ratione explicati*』（アウグスブルグ、一六一二）、著者不明だが『ウィトルウィウスの光学論ドイツ版 *Marcii Vitruvii optica teutsch*』（アウグスブルグ、一六一六）らがそうである。

　イタリア人の著作も読まれた。ヴィニョーラはたびたび再版された。『建築の五つのオーダーの規則』は一六三二年にル・ミュエにより翻訳され、『透視図法の規則 *Due regole della prospettiva*』は一五八三年に出版され、一六〇二年、〇九年、四二年に再版された。パラディオの『建築四書』は一五七五年、八一年、一六〇一年、一六年、四二年に再版された。ローマのサン・ルカ・アカデミーで有名なフェデリゴ・ツッカリの『彫刻、絵画、建築のイデア』（一六〇七）のタイトルは新プラトン主義的教養の残存を物語っている。スカモッツィの『普遍的建築のイデア』（ヴェネツィア、一六一五）もそうである。

　一六世紀のフランス人による著作もくりかえし読まれた。ドロルムの文献は一六二六年と一六四八年に再版された。デュ・セルソの『フランスで最も優れた建築』（一五七六）の第三版である『建築書』は一六四八年に出版された。サロモン・ド・ブロスはジャン・ビュランの『一般的規則』（一五六四）を校正し再版した。建築家の書斎はこうした本で満ちていたに違いない。一六一四年に没したジャン・マンサール（Jean Mansart）はアルベルティのラテン語のテキスト、コロンナの『ポリフィルスの夢』、ドロルムとデュ・セルソの著作、ローマ建築のデッサンを所有していた。

一七世紀初頭のフランス人による著作は基本的にはドロルムの枠組のなかで書かれた。フランドル伯爵の建築家サロモン・ド・コー（Salomon de Caus）は『影と鏡の理にもとづく透視図法』（一六一二）で王に印象づけた。彼はユグノー派の芸術家で、ロンドンやハイデルベルグで庭園関係の仕事をした。彼はフランクフルトで『二部構成の調和の確立、第一部では調和的間隔の比例が示され、第二部ではその構成が示される』（一六一三）と『有用であり愉快であるさまざまな機械に働く力の道理、グロットや泉のいくつかのデッサン付』（一六一五）というフランス語文献を出版した。前者は一六世紀の調和比例の伝統をひきついでいる。一六一九年の『宮殿の庭園』には、グロットや渦巻き模様などの多くのバロック的要素が含まれている。一六二四年には『日時計の実際、使用法』が出版された。その没後、甥イサク（Issac de Caus, ?-ca.1656）は『水をその源からより高い所にあげる新しい方法』（一六四四）を出版した。サロモン・ド・コーはなによりまず知識人であり、水力学、音響学、光学に興味をいだいていたが、透視図法的な効果、運動への偏愛は当時の建築の傾向を示している。しかしこうしたバロック的な科学指向はアカデミーで強調された意味での科学とは意味が違う。

透視図法といえば、ブルネレスキ、アルベルティに始まり、デューラー、ヴィニョーラ、セルリオらが論じている。一六世紀のフランスではジャン・クザンらが言及している。ルネサンス、バロック期の透視図法理論は、天井画や演劇の舞台背景などのだまし絵的効果を求めるために発達してきたのであり、一七世紀初頭もその延長であった。サロモン・ド・コーの著作はすでにふれた。人文主義者にして建築家ピエトロ・アコルティ（Pietro Accolti, 1579?-1642）は『実用透視図法 目の錯覚応用 *Lo inganno degli occhi; Prospettiva pratica*』（フィレンツェ、一六二五）で多焦点の透視図法、デューラーのようなグリッドのはいった視覚フレームの理論を展開した。ミニム修道会の数学教師ニセロン神父（Jean-François Nicéron, 1613-1646）は『興味ぶかい透視図法 *Perspettiva curieuse*』（パリ、一六三八）で、メルセンヌ神父は『光学 *Optique*』で、透視図法の建築への応用例を示し、ジャン・クザン、A・デュ・セルソ、サロモン・ド・コーらに言及した。

このころ透視画法にかんする新しい方法が提出され、それについて論争が起こった。王の技師アローム（Jacques Aleaume）は『理論的かつ実際的な透視図法 *Perspective spéculative et pratique*』（執筆は一六三〇年以前、出版は一六四三）で、ヴォレザール（J.-L. Vaulézard, ?-?）は『模倣による透視図法要約 *L'abrégé ou raccoucy de la perspective par l'imitation*』（一六三三、そのほか）で、イエズス会士デュ・ブリュイ（Jean Du Breuil, 1602-1670）は『画家、版画家、彫刻家、建築家、……そのほかデッサンにとりくむ者すべてに必要な実用透視図法 *Perspective pratique nécessaire à tous peintres, graveur, sculpteurs, architects... et autres qui se meslent de dessiner*』（一六四二）のなかで、新しい方法を非難した。

その新しい方法とはジラール・デザルグ（Girard Desargues, 1591-1661）が論じた、今日でいう射影幾何学の基礎理論であった。また彼は無限遠の概念を導入し、円錐曲線を研究した。『離れた場所や対象の領域外にあるなどといういかなる性質の第三の点も使用しない透視図法の実際にかんするリヨン出身ジラール・デザルグ氏による普遍的手法の一例 *Example de l'une des manières universelles du S.G.D.L., touchant la pratique de la perspective sans employer aucun tiers point, de distance ny d'autre nature, qui soit hors du champ de l'ouvrage*』（パリ、一六三六）である。デザルグはミニム修道院のメルセンヌ神父のサークルに参加し、そこから光学の知識を学んだ。メルセンヌやデカルトと書簡のなかで煙突の吸いこみ、すなわち気体の運動について論じたりしている。彼がそこで会ったパスカル（Étienne Pascal, 1588-1651）は、デザルグからその原理を学び、一六四〇年に『円錐曲線試論 *Essay sur les conique*』を出版した。

デザルグの功績は透視図法を截石法に応用したことである。彼は構造の方面にも関心をもっていて、とくに慣習ではなく射影幾何学に由来する方法を石切職人に与えようとした。デザルグの截石学の方法は文献としては残されていないが、彼の協力者であり絵画アカデミー会員であった版画家アブラアム・ボス（Abraham Bosse, 1606-1676）の『日時計の軸などを設定するためのデザルグ氏の一般的手法 *La Manière universelle de M. Desargues,... pour poser l'essieu et placer les heures et autres choses aux cadrans au soleil*』（パリ、一六四三）や『建築における截石法のための、リヨン出身デザルグ氏の研究による製図法の実際 *La Pratique du trait à preuves, de M. Desargues, ... pour la coupe des pierres en l'architecture*』（一六四三）にうかがうことができる。そのほかにドラン神父（Derand）の『ヴォールトの建築、すなわちヴォールトの製図法と截石法 *Architecture des voûtes ou l'art des traits et coupes des voûtes*』（一六四三）があるが、これはデザルグのような科学的なものではない。

建築理論においても、一七世紀前半は一六世紀の延長である。

ピエール・ル・ミュエ（Pierre Le Muet, 1591-1669）の理論書も一六世紀的なもので、前アカデミー的である。彼はディジョンに生まれ、若くしてパリに移り、王の建築家となりサロモン・ド・ブロスのもとで働いた。『いろんな種類の人のための良き建設方法』（一六二三、再版一六四五〜四七）は当時の配置形式や様式の流行を物語っている。増補版『ル・ミュエ氏の指図とデッサンにより建てられたフランスの新しい建物増補』は一六六三年、八一年に出版された。彼はオーダー論についての著作も残している。『改訂され、増補されそして縮小版にされたヴィニョーラの五つのオーダーの規則 *Regeles des cinq ordres d'architecture de Vignole, revues, augmentées et réduites du grand au petit octavo*』（一六三二）と『パラディオから翻訳し、よき建設方法のための新しい工夫を増補した、古代人が活用した建築の五つのオーダー

論 *Traité des cinq ordres d'architecture dont se sont servis les anciens, traduit du Palladio augmenté de nouvelles inventions pour l'art du bien bâtir*』（一六四五）である。

一七世紀前半の建築家たちは一六世紀の建築理論、すなわち新プラトン主義的な調和比例の原理にもとづくオーダー論、を中心に学んで成長した。フランス古典主義建築を確立したフランソワ・マンサール（François Mansart, 1598-1666）は、死後財産目録によると、ウィトルウィウス、アルベルティ、セルリオ、スカモッツィ、モンタノ（Montano）、パラディオ、ヴィラグランディ（Villagrandi）、ラウリ（J. Lauri）の文献、ドロルム、デュ・セルソの著作、さらにはル・ミュエ、シャンブレの文献や、マロの版画、図像学の文献などを所持していた。また当時の芸術家たちは一六世紀の人びとと同じくローマの古代を尊重し、ローマ古代の版画を集め、またみずからローマへ旅立っていった。一六世紀と同じくローマ旅行は人文主義者や芸術家の修行には不可欠であり、こうして画家としてはピエール・ビアール、プッサン、ヴーエ、ミシェルとフランソワのアンギエ兄弟、クロード・ジュレ（ロラン）、カロらはローマで数年を過ごした。またイタリア旅行の途中でなんどかパリに立ち寄り、イタリア建築のデッサンをフランス人に示したイニゴー・ジョーンズのような外国人もいる。ルイ一三世は、建築総監ド・ノワイエに勧められ、芸術家をローマに送った。かくして版画家にして建築家のチボ・ポワサンは年五〇〇リーブルを与えられ、またシャルル・エラールはローマで絵画と建築の勉強ができた。

オーダー論は、一七世紀のフランス人建築家にとっても、理論的関心の中心でありつづけた。フレマン・ド・コット（Fremyn de Cotte）は『建築の五つのオーダーの短くて簡単な説明 *l'Explication briefve et facile des cinq ordres d'architecture*』（一六四四）で、各オーダーの正確な寸法を決めようとした。前述のル・ミュエの一六四五年の著作は、当時パラディオが古代建築の権威であったことを示している。フレアール・ド・シャンブレ（Fréart de Chambray, 1606-1676）の『五つのオーダーについて書いた一〇人の著作家、すなわちパラディオ、スカモッツィ、セルリオ、ヴィニョーラ、バルバロ、カットネオ、アルベルティ、ヴィオラ、ビュラン、ドロルムからの選集のついた、古代と現代の建築の比較 *Parallèle entre l'architecture ancienne et moderne, avec un recueil des dix principaux autheurs qui ont écrit des cinq ordres, savoir Palladio, Scamozzi, Serlio, Vignola, Barbaro, Cattaneo, Alberti, Viola, Bullant, de l'Orme*』（一六五〇）は、諸例の比較という方法論と、新旧論争における争点となった問題を提出したという点でとくに重要である。そのほかジャン・マロ（Jean Marot, 1619-1679）の『王の建築家にして技師ラヴェルニュ氏による、その任期後に事務室で発見された、ウィトルウィウス、スカモッツィ、ヴィニョーラ、ドロルムにしたがった……五つのオーダーにかんする建築術新書 *Livre nouveau de l'art d'architecture des cinq ordres... d'apres Vitruve, Scamozzi, Vignole et de l'Orme par le Sieur de Lavergne, architecte et ingénier du Roy, trouvé dans son cabinet après son décès*』や、前述のボスの『古代建築の法則によりなされた建物のいくつかの部分の幾何学的記述法 *Représentation géométrale de plusieur parties de bastimens faite par les reigles des l'architecture antique*』（一六五九）と『古代建築のオーダーを描く方法概論 *Traité des manières de dessiner les ordres de l'architecture antique*』（一六六四）がある。

若い建築家に実際的知識を与えたのは、建築家にして医者サヴォ（Louis Savot, 1579-1640）が執筆し、ブロンデルが一六七三年と一六八五年に注をつけて改訂した『フランス建築 *Architecture française*』や、前述のル・ミュエの『建設方法』らであった。アカデミー成立ののちの文献はより重要である。フワンソワ・ブロンデル、ルネ・ウヴラール（René Ouvrard, 1624-1694）、シャルル・オーグスト・ダヴレ（Charles Auguste D'Aviler, 1653-1700）、ル・ブロン（Le Blond）らは古代派を代表し、アンドレ・フェビリアン（André Félibien, 1619-1695）、シャルル・ペロー（Charles Perrault, 1628-1703）、クロード・ペロー、ミシェル・ド・フレマン（Michel de Fremin, ?-?）、ジャン・ルイ・ド・コルドモワ（Jean-Louis de Cordemoy, ?-?）らは近代派を代表している。彼らの著作については後述する。

学の内実だが、まず透視図法はアルベルティの『建築論』においてその説明がすでにみられる。ルネサンスの透視図法は、いわば紙の上に「仮想の舗道」を描くことにある（図1）。平行線が消点を持つことはたやすく観察されるが、まずこの平行線を等間隔にならべる。図に舗道の正方形を完成させるためには、いくつかの水平線が置かれなければならないが、それは視線を横から見た図で求められる。デューラーとダ・ヴィンチはアルベルティを研究し、ふたつの図をひとつにまとめた。この透視図法理論はさらにヴィニョーラ、セルリオ、ジャン・クザンらにひきつがれた。この透視図法はバロック的精神のもとに使用された。すなわち、だまし絵などに代表されるように、仮想の、あるべき「実際の姿」から「見かけの姿」を求めることである。これは当時の視覚補正理論と深い関係がある。すなわち、物の見かけの大きさは、視角すなわち物体の両端と目のなす角度により決定される、つまり目はつねに見誤るから、目に正しい姿を伝えるためには、対象の大きさを本来の物体から変えなければならない。だから、こうした作図の操作で求められるのは、つねに対象の歪められた姿である。この透視図法が芸術家のみに活用され、截石法などの実用的な方面に応用されなかったのは、そうした限界があったからである。

それにたいしデザルグがその基礎を確立した射影幾何学の方法は、透視図法の単なる発展以上のものであった（図2）。彼はそれまで透視図の基本であった空間の想像線のかわりに、透視図を立体幾何学の用語で説明しうるようにした。今日「デザルグの定理」と呼

透視図法

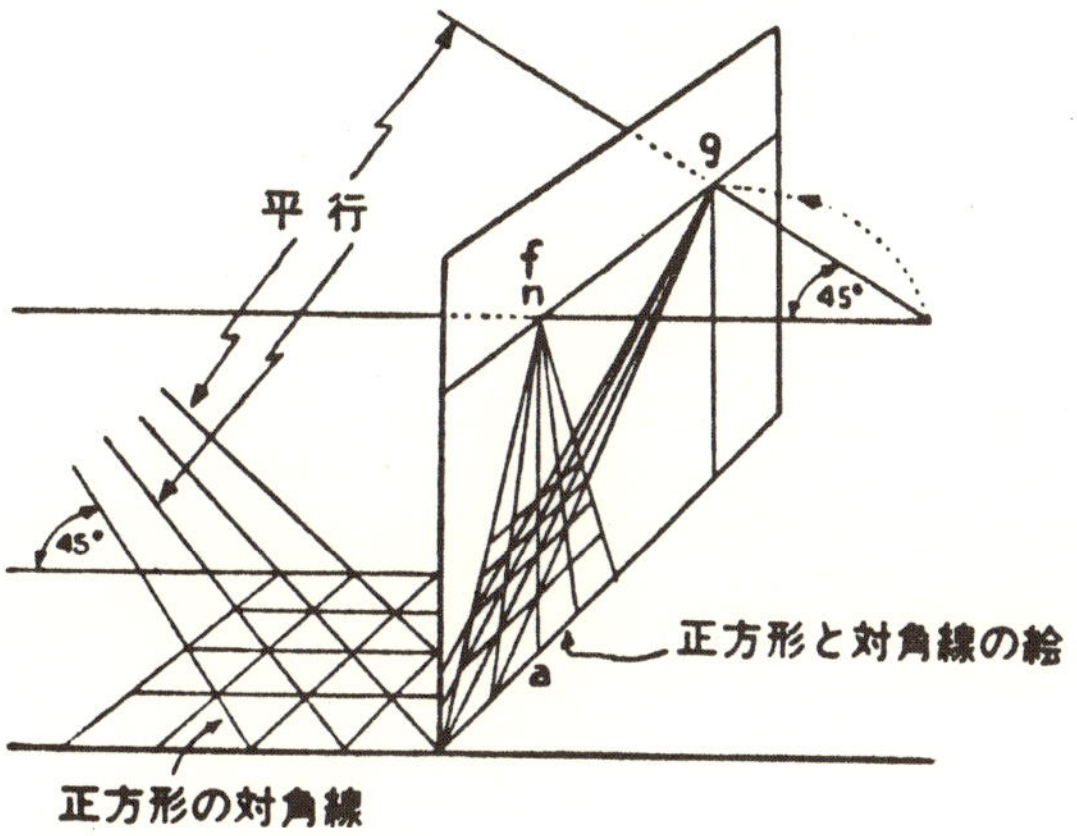

図1　透視図法の構図。黒田正巳『透視図』美術出版社より。

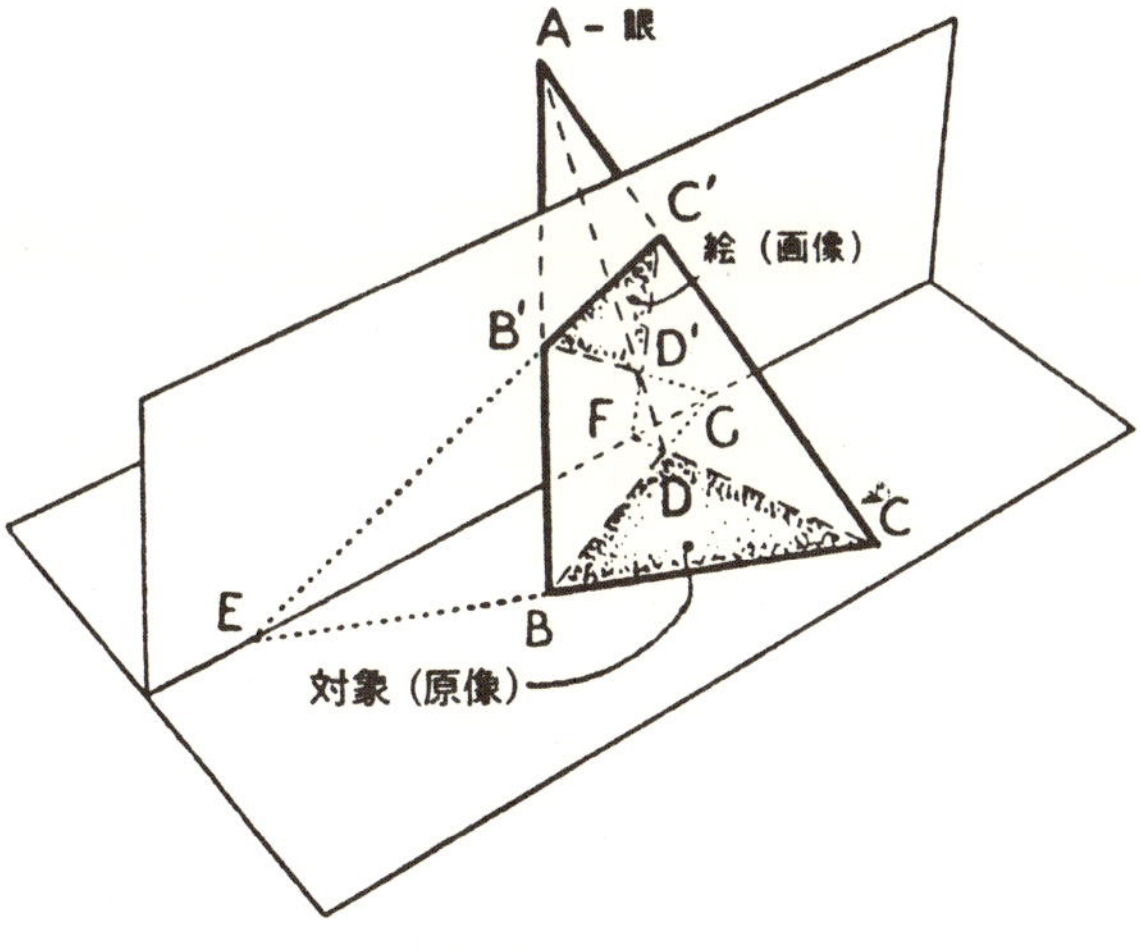

図2　ジラール・デザルグの方法。

ばれるものは「ふたつの三角形が一点を共有する三本の直線上にそれぞれの頂点を有するとき、対応する各辺の交点は一直線上にある。そして、これらの各辺は同一直線上にある点にたいして対応しているといわれる」と記述できるが、それは目を頂点とする角錐を考え、対象（現像）と絵（画像）は、その角錐を二平面で切断した切り口であるとすれば、容易に理解できるであろう。三点はそれぞれ二平面の交線にたいする第三の平面の交点であるから、それが一直線にならぶのは当然のことである。つまり投象的に対応した直線は、それらを含む平面の交線上で交わる、ということになる。デザルグはこの原理を截石法に応用し、それをボスが記録した。ボスが例示したのはふたつの傾斜面の交線によって形成された複合角の問題である。もちろん複合角がわからなくとも、直接角が決まれば石を切ることができるが、複合角がわかっていれば、その面に接する別の石の切断角があらかじめわかるので、ふたつの石を同時に切断するのが可能になる。ボスはデザルクの方法でこの問題を解いた。こうした操作はそれまでの透視図法の過程を逆にした、いわば「見かけの姿」から「実際の姿」を導きだす操作であるということができる。それゆえに実際に応用しやすいものであった。

デザルグの業績は職人的知識に科学の光をあてたことである。石工によって使われた初期の方法についてはほとんど知られていなかった。彼らは職業のあらゆることについて極端な秘密主義であった。その訓練は仕事場でなされたし、その作図も石の上に直接なされたので、その方法にかんする資料はほとんど残されなかった。しかし截石法は、幾何学で記述されることにより、万人に理解されるものとなった。デザルクの方法はやくも知れわたった。一六四〇年より建築総監ノワイエは、ルーヴル宮の労働者にこの方法を利用するように要求した。デザルグ自身も建物のプランを計画するよう求められた。彼が関係した建物がいくつかあり、とくに階段の工事で手腕を発揮した。フレアール・ド・シャンブレもその『比較』で、デザルグの截石法にふれて賞賛している。

ブロンデルが学生の学ぶべき科目のひとつとして截石法をあげたとき、デザルグの方法を想定していたのであろう。それまでは職人の職業的秘密であり、また秘密であったがゆえに同職組合の自立的存在を支えていた截石法についての知識が、今や国家的管理の対象とされ、また、科学化されることで若い建築家に容易に教授されねばならなかった。

オーダー論を中心とする建築理論はさらに重要な地位を占めていた。

フレアール・ド・シャンブレの理念はアカデミーのそれを先取りしていた。彼はまず数学、幾何学、透視図法を学び、一六三〇年から一六三五年までのローマ滞在のあいだ、のちのローマのアカデミー・ド・フランス主事シャルル・エラールや画家プッサンと知り合った。一六四〇年、彼の従兄弟にあたる建築総監スブル・ド・ノワイエはシャンブレとプッサンをパリに呼び、その学問と芸術振興のための政策の一翼を担わせた。一六四三年にノワイエが総監職を退くと、シャンブレも不興を味わったが、そのあいだ故郷ル・マンにこもり、宰相マザランの文化政策を非難して、個人的なコレクションのために王国の栄光に芸術を奉仕させることを忘れている、イタリア人の芸術家ばかりを登用している、と指摘した。彼はガリーニやボロミーニを非難したが、それは芸術的信念のみならず、政治的そしてナショナリズム的感情を反映している。彼はコルベールの時代になるとふたたび芸術政策に参加した。

シャンブレは一六四〇年ころから著作を準備し、一六五〇年に前述の『古典と現代の建築の比較』を出版した。これはフランス古典主義の最初のマニフェストのひとつである。まず建築の原理に理性的な基礎を与えようとした。理性はよき方法で事物を見ること、すなわちその原理を観察することを可能とするのであり、卓越した完全な認識を与える。同時に近代人の「自由さ」、あるいは一七世紀初頭の建築家やマザランのイタリア趣味において示されている「独創 invention」をデカダンスであるとして批判した。近代人が古代のよき例に学ばないことに不満をいだき、模倣が初心者の訓練に貶められ、幻想に身をゆだねて独創が尊ばれる当時の風潮を嘆いた。

シャンブレにとって、理性と古代はほぼ同義であった。「(新しさを求めるのではなく)反対に私は、オーダーの起源にまで遡行し、そこにオーダーを発明した賞賛すべき師匠たちのまったく純粋なイメージと観念を汲みとり、その使用法を彼ら自身の口から学ぶことが可能であれば、と望む。なぜなら疑いもなく、オーダーは、その原理から遠ざけられるにつれて退化するのであり、また外国に移植されてそこで原作者がかろうじて識別できるほどに退化させられたからである」。ゆえに彼にとってギリシアの三オーダー(ドリス式、イオニア式、コリント式)こそが真正のオーダーであり、ローマで創案された二オーダー(トスカナ式、コンポジット式)は単なる派生であり、また堕落であった。また彼は、建築の真正で本質的な美は部分の装飾に由来するのではなく、諸部分の統合であり、芸術的知性によって純化された目が喜び(plaisir)をもって感じることのできる視覚的な調和、すなわちシンメトリーに由来するとした。この概念はウィトルウィウスに由来していることは明らかであるが、彼はその概念をさらに徹底させた。オーダーを正確に定義するために解剖学の方法で分析するなら、まずコラムには柱基と柱頭があり、また柱頭上のエンタブラチュアはアーキトレーヴ、フリーズ、コーニスで構成されていて、これらが集まってひとつのオーダーとなるのであり、各オーダーの違いは柱頭の形と部分の比例だけにある。だからドリス式のトライグリフやイオニア式の歯飾りやコリント式のモディリオンなどの装飾は、単なるアクセサリーであって、本質的なものではない。とはいえシャンブレは聖書の記述から作成したというトライグリフのあるコリント式オーダーを完全なるオーダー、オーダーのなかのオーダーとして絶賛しているのだが（図5）。

そしてこの比例は単純でなければならなかった。シャンブレは序文で、この文献中では、正確を期すためにコラムの直径の二分の一を一モデュール（module）、その三〇分の一を一ミニット（minute）とすると明言している（しかし図版によれば直径を一モデュールとしているようである）。パラディオやスカモッツィのように、コラムの直径を一モデュールとし、その六〇分の一を一ミニットとし、さらに必要におうじてそれを二分の一、三分の一、四分の一に細分割したのでは、いろいろなオーダーの例を比較しつつその相違をはっきり認識するのが困難であるからである。オーダーをギリシアの三種類に限定したのは、この単純性の原理のゆえでもある。すなわち、堅牢さをあらわすドリス式、優雅さをあらわすコリント式、その中間のイオニア式によって、すべての種類の建設に対応できるのであり、トスカナ式とコンポジット式は「余分でほとんど必要ない」ものであった。単純性が求められたのは、「芸術の優秀性と完全性は原理が多く存在することにあるのではないからである。反対に、原理がもっとも単純で数が少なければ、芸術はより賞賛されるものとなる。このことは幾何学の原理において示される。幾何学はすべての芸術の基礎であり宝庫であり、その助けなくして芸術の存続は不可能である」。芸術は幾何学に基礎づけられるべきである。シャンブレが、射影幾何学を截石法に応用したデザルグを褒めたのも、こうした理念においてである。

シャンブレは一六六二年に『絵画の完全性の理念 *L'Idée de la perfection de la peinture*』を刊行し、そのなかで同じ理念を繰り返した。模倣は、ギリシアの絵画のみを対象とすべきである。「幾何学の方法で、つまり、真理にとってはペストである憶測、すなわち思いこみが入りこむ余地を与えないで、純粋な証明と、原理からの分析によって厳密に」芸術を判断しなければならない。色が好ましくとも、幾何学にも遠近法にも解剖学にも立脚しない恣意的な絵画は非難されるべきであった。

単純な原理に支えられた建築の美がもし明らかにされれば、それは容易に若い芸術家に教授されうるであろうから、このようなシャンブレの理念は、アカデミーにおける教義確立の試みを要請するものである。その原理は神が自然に与えたものであり、また古典芸術のなかに含まれているものであるから、それらを注意ぶかく観察することで導かれるはずであった。しかしシャンブレにおいては、これはまだ期待概念であって、彼自身が古代の例から建築の原理を導いたわけではないし、その具体的な試みさえないように思える。

フレアール・ド・シャンブレ『比較』

図5　聖書で描かれたオーダー。

図3　口絵。

図6　コリント式の起源。

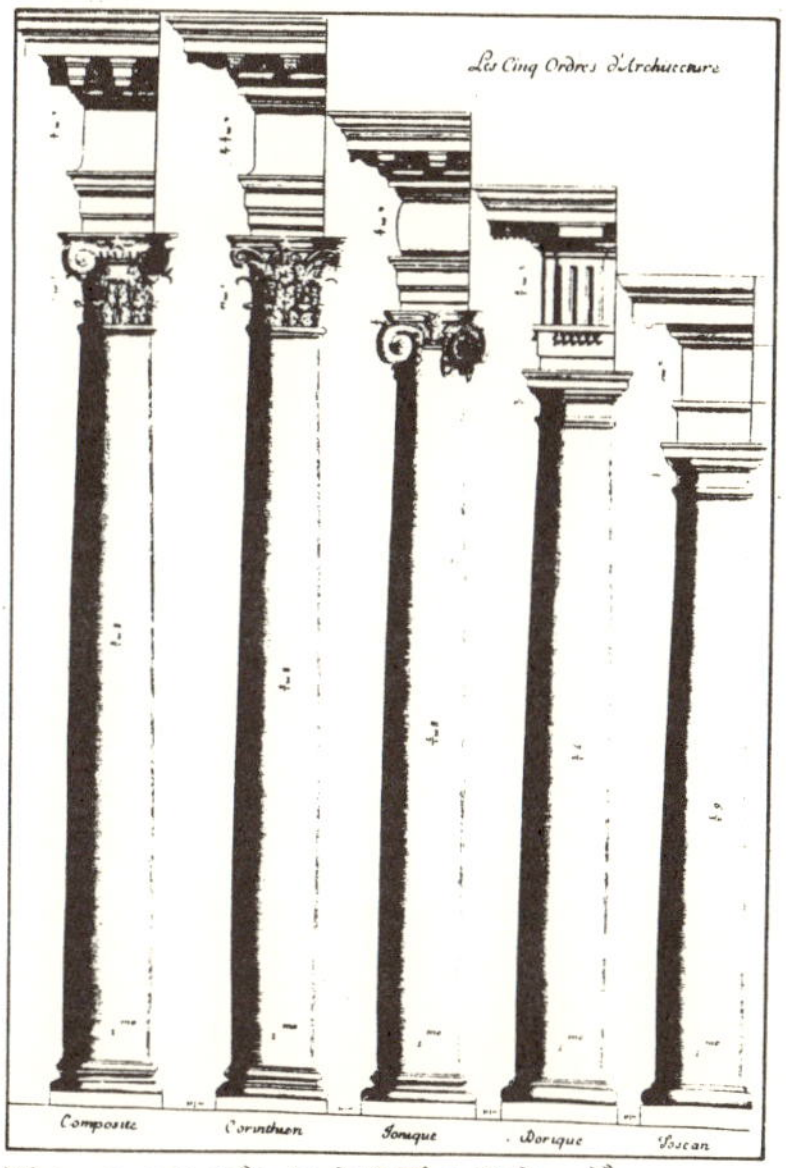

図4　シャンブレによる五つのオーダー。

この点でルネ・ウヴラール（René Ouvrard, 1624-1694）は一歩前進している。作曲家にして音楽理論家、そしてボルドー大聖堂さらにはナルボンヌ大聖堂の聖歌隊指揮者であった彼は、一六六三年、パリの宮殿礼拝堂の楽長となった。聖職者でもあった。一六六八年ごろ、トゥールの教会参事会員となり、一六八二年にはそこの司祭に任命された。彼のメンタリティーは『フランスのいわゆる改革派の宗教にたいして提示された、カトリック教会への再統合の構想 *Motifs des réunion à l'Eglise Catholique présentés à ceux de la Religion prétendue réformée de France*』（パリ、一六六八）に示されるとおり、カトリックを基調としている。音楽家としては『音楽史 *Histoire de la Musique*』（一六七七）、『新方法による作曲の秘密 *Secret pour composer en musique par un art nouveau*』（一六七九）があるが、建築についても『調和的建築 *L'Architecture harmonique*』（一六七九）を書いている。

この最後の著作のなかで、ウヴラールはルネサンスからの伝統にしたがって、建築の比例を音楽の比例にもとづいて確立させようとした。音楽においては、弦の長さが一定の比を保つとき、そこから調和的な音が生ずる。これらの比は六個の最初の数、一、二、三、四、五、六で表わすことができる。すなわち、一：二は一オクターブ、二：三は五度、三：四は四度、四：五は長三度、五：六は短三度である。そして音楽において音がこれらの比を保たないとき耳にとって不快であるように、建築においてもその寸法がこれらの比例を守らないと目にとって不快となる。しかし聴覚の理論を視覚にそのまま適用できるだろうか。彼はこの問題にたいし、音楽における比例は同時に鳴る音のあいだの比例であって、継起的に生ずる音のあいだの比例ではないのだから、それは建築において、建物のファサードの窓枠などの縦、横を同時に知覚するのとまったく同じであると論じている。それどころか、視覚は聴覚よりも一時に多くのものを知覚できるのだから、建物のファサードの各部が調和的な比例を満たしていれば、そこから美が生ずるはずであった。

こうした比例論はルネサンスですでにお馴染みになったものであるが、フランスにおいてはトリエント公会議からのカトリシズムの伝統がこの理念を長く保存させる結果となっていた（ドロルムはローマにわたるまえに司祭になるための勉強をしている）。すなわち、この音楽比例論は、ある超越的な存在、宇宙を創造した神に根拠を置いている。ウヴラールは調和的な建築の例として旧約聖書に登場するサロモン神殿をあげた。この神殿は長さが六〇クーデ（一クーデ＝約五〇センチ）、幅が二〇クーデ、高さが三〇クーデであるから、その比は一：二：三であり、オクターブと五度の調和を満たす。

ウヴラールは、比例中項についてもふれている。一オクターブ以上離れたふたつの音は音楽では使えないから、その中間に第三の音を挿入しなければならない。たとえば一と三は一オクターブ以上離れているが、その中間に二を挿入すると、一：二でオクターブ、二：三で五度を形成するから調和的となる。建築でもそうで、ふたつの寸法が一八と五四（すなわち一：三）などとかけ離れている場合、そのまえに三六を入れてその比を一：二：三にして調和を得ることができる。

現代の建築が目に嫌悪を与えるのは、現代の建築家がこの比例を使用しないで、ほかの建築を模倣したり、幻想に身をまかせているからだ、とウヴラールは考えた。この王国は、建築総監にその任をあてつつ、王に芸術とくに建築を再興させようとしているからには、比例理論が確かな規則になるであろうと述べながら、音楽は建築家にとって絶対必要であるとウィトルウィウスも説いている、とつけ加えた。そして最後に、本書を読めば学識ある人は「調和比例のこの教義を建築の全オーダーの要とみなす」ようになるだろう、と述べている。『調和的建築』については、フワンソワ・ブロンデルが著作のなかで言及し、ラ・イールも推薦しているから、アカデミーへの影響は大きかったようである。

ところで『調和的建築』の付記のなかでウヴラールは、「ペロー氏」すなわちクロード・ペローのフランス語訳のウィトルウィウス建築書によれば、ウィトルウィウスは調和比例にはまったく言及していないばかりか、比例は建物の場所に適合するよう変えられるべきであり、比例とは恣意的なもので、調和比例に由来する美は単なる幻想にすぎないと考える建築家がいることを指摘し、それにたいしてコメントしている。ウヴラールは、ウィトルウィウスは調和比例に近い概念をもっていたので、比例のモデルとして人体比例を示した、と述べている。すなわち彼は建築における新旧論争の当事者であり、かつ古代派であった。

新旧論争とは古代人の権威と近代人の優秀さについての論争であり、文学、絵画、建築の領域で一七世紀後期になされた。文学では、碑文純文学アカデミーで、公的な記念碑の碑文にラテン語ではなくフランス語を使うことを主張していたフランソワ・シャルパンチエが『フランス語の優秀性について』という著作を一六八三年に発表したのがきっかけとなった。シャルル・ペローは一六八七年一月二六日のアカデミー・フランセーズの会合で『ルイ大王の世紀』を発表し、現代作家の古代作家にたいする優位を述べている。フォントネルは『古代現代作家論』（一六八八）で、近代派の立場をとった。これにたいしボワローは『オード論』（一六九三）と『ロンギーノス考』（一六九四）で、古代人を擁護した。絵画における新旧論争は、色彩論争とも呼ばれている。ヴーエ、ブランシャールらがフランスにヴェネツィア絵画を移入したことがきっかけである。絵画彫刻アカデミーの主事ルブランや多くのメンバーの見解を代表して教義的な発言をしたフィリップ・ド・シャンペーニュにたいし、一六七一年にガブリエル・ブランシャールが色彩を擁護して激しい攻撃を加えたことから大論争となった。一六七二年一月の講義でルブランが公的な教義を繰り返したことにより、論争を鎮めたかにみえたが、議論はそののちも続いた。絵画では、古代派はプサン派と呼ばれアカデミーア・デル・ディセーニョ以来の伝統を重んじ、理性に訴えかけるドローイングに最高の価値を置いた。前述のフレアール・ド・シャンブレもこの先駆けと考えられる。いっぽう近代派はルーベンス派とも呼ばれ、感性に訴える色彩にも価値を認めた。ルーベンス派の擁護者にはロジェ・ド・ピール（Roger de Piles, 1635-1709）がいて、『色彩にかんする対話』（一六七七）などにより色彩の価値を主張したが、そのロジェ・ド・ピールが一六九九年に名誉会員に選ばれることで、この論争は近代派の勝利に終わった。

建築における新旧論争は、古代人と現代人のどちらが優秀かという問題が中心ではなかった。そもそも古典主義理論においてさえ、古代は理性のつぎの位置を占めるにすぎないし、近代派の人間も古代の例を利用することがあったから、優劣は最初から問題ではなかった。建築アカデミーの成立が一六七一年であり、当時は教義確立の時期であったことを思い出さねばならない。すなわち、建築における新旧論争は、建築の原理あるいは教義の権利づけの問題であった。それはペロー訳ウィトルウィウス建築書（一六七三）にかんする討論をとおして展開された。主事であり教授であるブロンデルと、ほかのほとんどの会員は古代派であり、建築の原理すなわち比例理論をメタフィジカルな次元で正当化させようとした。いっぽうペロー兄弟に代表される近代派は比例の超越性を認めようとはしなかった。この論争は一八世紀を決定づけたがゆえに重要である。

古代派の代表は主事にして教授フランソワ・ブロンデルである。彼はもともと建築家ではなく軍事技師であった。一六五二年に元帥の地位に達すると、歴戦の疲れと負傷から軍を退き、息子で外務次官のロメニー・ド・ブリエンヌとともに一六五二年から五五年の三年間ヨーロッパ各地を旅行した。一六五六年にはコレージュ・ド・フランスの数学講師に指名された。またトルコ、ギリシア、エジプト、デンマークの外交上の任務を果した。一六六四年には海軍技師としての仕事を再開し、ノルマンディーとブルターニュの港の城砦を担当した。一六六六年より科学アカデミーの創設メンバーのひとりとなった。一六七一年には建築アカデミーの主事に選ばれた。その講義録『建築教程』は前述のとおりである。

彼は建築美のための明白な原理を導き出そうとした。建築はほかの芸術や科学と同じく、その固有の言語を持っていて、その規則は

フランソワ・ブロンデル『建築教程』

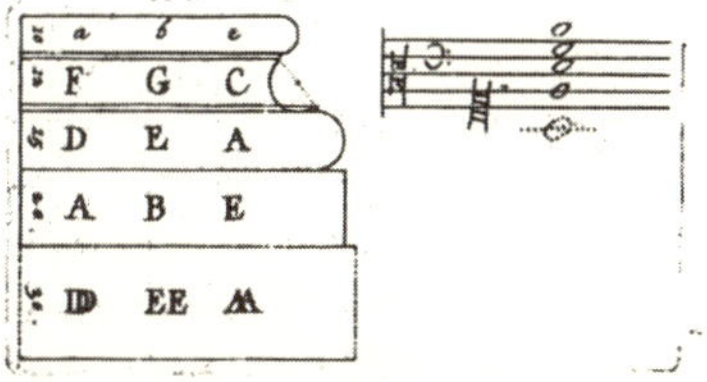

図8　ブロンデルによるアッティカ式柱基の分析。『建築教程』第五部第五書第一二章、759頁。

図7　ブロンデルによる五つのオーダー。『建築教程』第一部第一書第三章、11頁。

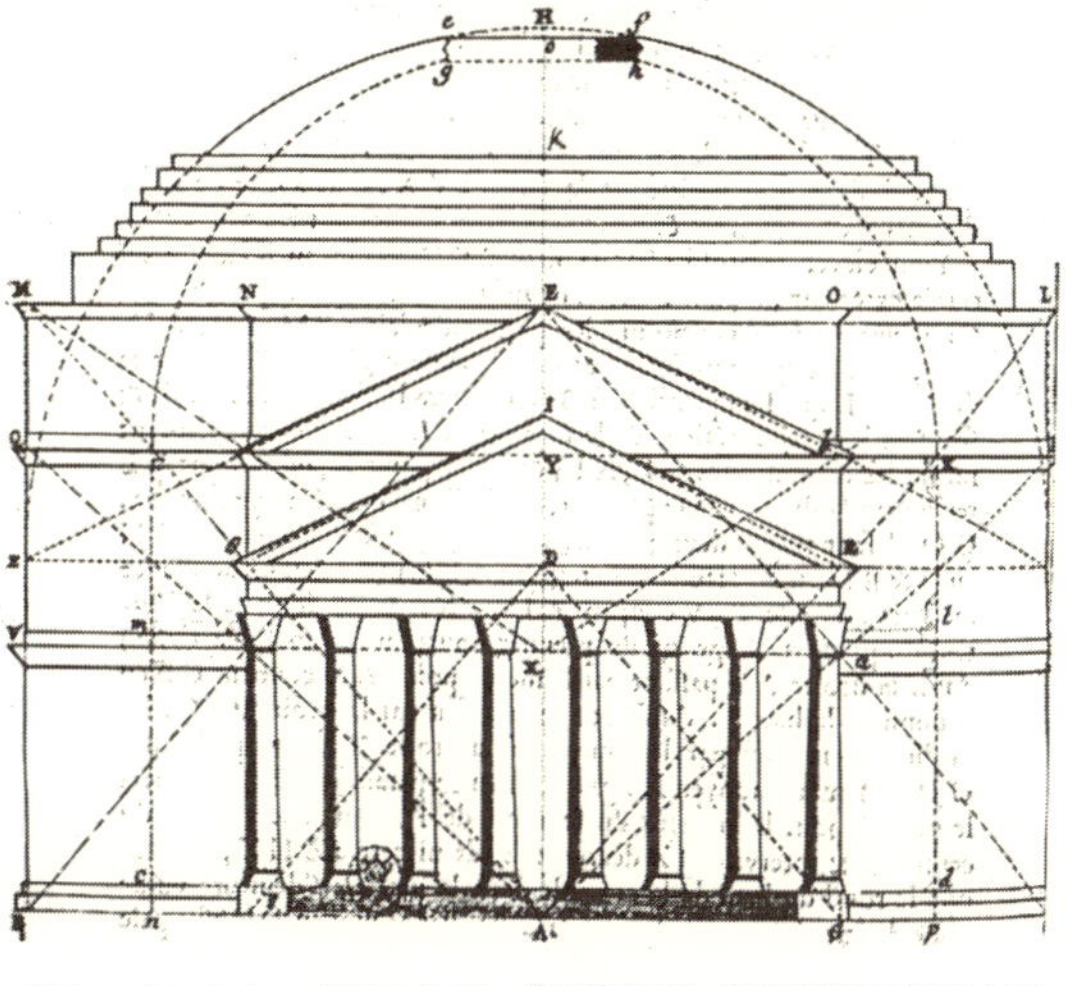

図9　パンテオン立面の分析。『建築教程』第五部第五書第九章、752頁。

完全に理解されねばならなかった。なかでも「オルドナンス（Ordonnance）すなわち柱の割付け」は建築装飾のなかでも、最も重要な部分である。すなわち建築のほかの全部分の寸法と法則を決定づけるオーダーの原理が建築のそれであった（図7）。

彼の認識によれば、建築の美は古代ですでに表現されていた。ローマはギリシアの遺産を継承して発展させたが、異民族がそのローマの文化を破壊した。中世は野蛮なゴシック建築の時代であったが、ルネサンスより古代の美がふたたび明らかにされようとしていた。建築の原理とは、いっぽうでは比例の原理だが、ブロンデルは、ウィトルウィウス、アルベルティ、セルリオらが導いた比例理論に依拠しなければならない理由を、古代建築よりうまく説明できるものはない、と述べている。しかし言い換えれば、古代は比例理論の検証のための二次的な存在であって、けっして絶対的なものではない。

ブロンデルはそれよりも比例の法則性や規則性を重視した。そしてこの比例の規則についての知識を持つことが建築家にとっては不可欠であると述べている。この主張はルネサンスからのモチーフである建築の主知主義化の伝統を汲むものであるとともに、当時のバロック的な恣意性を否定するものであった。シャンブレのように彼は、天才、気まぐれ、自由、発明などの観念を尊重する芸術家を非難し、理性、法則、原理などの重要性を説いた。たしかに天才は全面的に否定されるべきではないが、ひとりふたりの天才がいるよりは、多くの無知な人に理論を与えるほうが望ましい、とも述べている。そしてなにより比例の原理そのものが、絶対的な価値をもっていた。すなわち「美と呼ばれ、そして私たちがそれを喜びをもって見ることのできるこの調和的な統合をもたらすのは、シンメトリーでありよき規則にもとづく配置、すなわち全体の部分にたいする、そして部分相互のあいだの比のみである」。絶対的な美を生みだす、一定の比例が存在する、という命題はブロンデルの建築理論を支える根本命題であった。

そのブロンデルの比例理論とは、かのルネ・ウヴラールの音楽比例論であった。ブロンデルは『建築教程』第五部第五書第一二章で『調和的建築』を引用し、その比例理論を紹介しつつ、ウィトルウィウス建築書に応用した。最初の例は「私（ブロンデル）の考えでは建築のオーダーの部分のなかでは最も美しく、また最も完全な部分」であるアッティカ式柱基である（図8）。この柱基の各部の寸法は上トルス（一〇）、スコティア（一二）、下トルス（一五）、礎盤（二〇）である（単位不明）。礎盤と上トルスはオクターブの調和をなす［20：10＝2：1］。このふたつのディテールの算術中項から下トルスの寸法が導きだされる［(20＋10)／2＝15］。礎盤と下トルスは四度の調和をなし［20：15＝4：3］、下トルスと上トルスは五度の調和をなす［10：15＝2：3］。さらに、下トルスと上トルスの調和中項が、スコティアの寸法となる［1／10＋1／15＝2／X, X＝12］。そして下トルスとスコティアは長三度の調和をなし［15：12＝5：4］、スコティアと上トルスは短三度の調和をなす［12：10＝6：5］。スコティアの上下にある平縁は音楽における転調音のようなもので、本来の音をひきたてる。また、この柱基の下にペデスタルをつけその寸法を三〇にすると、ペデスタルと下トルスからオクターブの調和が得られる［30：15＝2：1］。さらに下トルスとペデスタルの調和中項から礎盤の寸法が求められる［1／15＋10／3＝2／X, X＝20］。そしてペデスタルと礎盤は五度の調和をなす［30：20＝3：1］。

もうひとつの例はイオニア式のアーキトレーヴである。イオニア式アーキトレーヴは水平に三：四：五の比で分割されており、四度（三：四）と長三度（四：五）の調和を満たしている。この比例に六を加えて、三：四：五：六を加えると比例はより完全となる。すなわち、四は三と六の調和中項である［1／3＋1／6＝2／X, X＝4］と同時に三と五の算術中項である［5(3＋5)／2＝4］。また、五は四と六の算術中項である［(4＋6)／2＝5］。さらに三：四：五：六は五度［4：6＝：3］、短三度［5：6］、オクターブ［3：6＝1：2］を含む。

ブロンデルはウヴラール流の音楽比例で満足していたわけではない。この調和比例以外にも建築に効果を与える量はあるのであり、そのなかのあるものは古代人も気づかなかった、と述べている。さらにアルベルティが言及した算術、幾何、調和の三種類の比例はその種のうちの最初のものにすぎない、とも述べている。ブロンデルにとって、建築の原理である比例こそが絶対なのであって、古代の建築や作家はその下位に位置するにすぎない。しかし彼はなにを基礎としてその絶対性を正当化しようとしたのだろうか。ウヴラールは聖職者であるから、ドロルムをはじめとするルネサンス期の多くの建築理論家のように、神の摂理を比例論の根拠とすればよかろうが、近代化学の徒であり科学アカデミー会員でもブロンデルは、異なる根拠づけを求めた。ウヴラールを紹介した箇所でソロモンの神殿についてもふれているが、彼は、宗教的感情とは無縁の人物であったようで、単なる例示にとどまっている。そうした点について、近代派のペローは七〇年代初期の会合でブロンデルにたいし、比例の超越性は無根拠であり、美は比例ではなく習慣に由来するにすぎないと述べた。それにたいするブロンデルの反論は『建築教程』にみられる。この反論は同時に、比例論にかんする彼の基礎づけの作業でもあった。

ブロンデルはまず比例を自然で基礎づけようとした。まず、生物の生命維持活動が自然であるように、生命維持に関係するすべては自然である。つぎに同じ理由から、人間の生により利便（commondité）と快楽（plaisir）をもたらすものは自然である。ゆえに私たちを外敵から守る建築の術は自然である。ブロンデルは、建築はつぎの三点、すなわち構造上の必要性、生活上の便利さ、品性（bienséance）すなわち装飾、から考えることができるとした。前二者は前述の理由から自然である。品性と装飾は美にかんすることなので重要である。すなわち建物がそれを見る者に与える喜びは、自然によるものか、あるいは習慣によるものなのか。もっともここで彼は論点をたくみにすり替えているように思える。つまり彼は、美をもたらす比例の作用が、自然であるか習慣によるものであるか、を問題としているのであって、比例が美をもたらすことは当然としている。この問題は後述することにして、その論旨をトレースすれば、建築の美は、それが「自然の所産においてみられる美の模倣」であるから、自然で実在的な（réel）基礎をもつのである。たとえばコラムは木の模倣であるので美しい。また、エンタブラチュアやペディメントの各部も、ウィトルウィウスによれば、自然の単純性に由来するから、建物に純粋に必要かせいぜい便利であるものしか与えなかった最初のギリシア人の建物の模倣なのだから、美しい。アーキトレーヴは木の幹の上に横たわる梁であり、トライグリフは天井の梁の端部であり、コーニスは屋根部材の突起であり、ミューチュール、グッタエは初期の木工のなごりだから自然で美しい。逆に柱頭は、大きな荷重を支持するのには不適当な花瓶や壺をあらわしているので、自然でない。とくにコリント式の柱頭は葉でおおわれた籠の模倣であるので、自然ではない。あるいはひとつのコーニスにモディリオンと歯飾りが共存するのも不自然である。ブロンデルはこれらの自然でないものが美しいのは、習慣と、それを最初に制作した人の権威にのみよるものであると述べている。しかしこの議論は自然による美と慣習による美を区別しただけのように思われる。

事実、ほかの箇所では習慣による美と、比例による美とを比較している。習慣の美は、ペローの理論によれば、材料や仕上げに由来するから、材料や仕上げの美と言い換えてもよい。ブロンデルは、美にとっては比例のほうが本質的であることを、いくつかの例で示した。たとえば、服について考えれば、よい素材や材料が得られなくとも比例によってじゅうぶん美しくありうるし、音楽においても、歌の上手な人が不協和音を出すよりも、普通のていどに歌える人が調和的な音楽を歌ったほうがよいから、やはり比例のほうが重要である。建築においても、普通の材料で作られていて、装飾も刳形もないような建物が、その単純性において見る人に喜びを与えるのは、やはり建築家がその建設において活用した寸法と比例が正確だからである。反対に、いかに材料や装飾に凝っても、比例が悪ければ美は得られないから、やはり美が本質的である、と彼は結果づけた。

ほかの箇所でブロンデルは、ある一定の比例がある一定の効果を生んで美に結びつくという例をいくつかあげて、いわば帰納的に証明しようとした。ただこの論法は、経験主義的であって、超越論的ではない。たとえば腕の長さがある一定の比を保っている天秤は、両側に載せた荷重が一定の比を保つとき、釣合いという一定の効果が生まれる。鏡では、入射角と反射角がつねに等しいから、像の一定性が保証される。屈折の現象では、入射角と屈折角の正弦の比が一定であるから、屈折効果は一定となる。こうした法則性は、長い実験と観察の結果、判明する。音楽における協和音と不協和音も長い経験により明らかにされた述べつつ、彼は、建築においても、目にたいして快いものと不快なものがはっきりすれば、それが美の原因である、と結論している。こうした帰納的方法が唯一の推論の方法であり、そこから得られる結果はほかの科学と同じくらい確かである、ともつけ加えている。

しかし、このような経験的で帰納法的推論は、かえって古代に学ぶことを要請する。なぜなら古代こそ、比例理論を検証するためのよき実例の宝庫であるからである。ローマの古代建築の実測も、教義の検討と同時進行でなされていた。デゴデの『ローマの古代建築』（一六八二）は会合での検討の対象となったが、その結果、古代建築における比例には、ウヴラール流の音楽比例によらないものが多く含まれていることが立証された。

ブロンデルはこの窮地を、ルネサンス以来の視覚補正理論を導入することで突破しようとした。すなわち目はつねに対象を誤って認識するから、実際の比例と見かけの比例は区別しなければならない。比例そのものが良くとも見かけは美しくないことがあるし、逆に、それ自体よくない比例でも、位置によって美しい比例に見えることがある。だから目に快楽を与えるには、見かけでよき比例になるよう、実際の比例を調整しなければならない。ブロンデルによれば、古代人はこの視覚補正の原理にしたがって実際の比例を変化させたので、音楽比例に一致しない比例が多くあらわれる結果となった。たとえばパンテオン（図9）の外壁は三層構成であり、その寸法は、最下部の第一層が約四一ピエ（一ピエ＝約三二・四センチ）、第二層が三一ピエと数プース（一プース＝一二分の一ピエ）、第三層がほぼ二六ピエである。第一層と第二層、第二層と第三層の比はいずれも四：三（四度）の比になるように意図されているとすると、正確には、あるべき寸法よりも、第二層は八から九プース、第三層は一八から二〇プース大きくなっているが、それはすこし離れた場所から見たときに、ちょうど正確に四：三に見えるように、パンテオンの建築家がその寸法を調整した、とブロンデルは説明する。彼はさらに、聴覚は視覚よりも敏感であるが、たとえばコンサートでは多少の不協和音があってもそれで全体が不快になることはないから、建築でも多少の比例の不正確さが建築の美を傷つけることはない、と述べている。こうした主張はほかの多くの会員の意見を代表していた。

こうした古代建築観に近代派的な立場から反論したのがクロード・ペローである。弟シャルル・ペローもすでに文芸における近代派でもあり、クロードにも影響をあたえた。シャルルは若いころ、法律の勉強をするかたわら数学、力学、光学、建築にも興味を示した。一六六三年からコルベールに仕え、まず「小アカデミー」の秘書となり、つぎに建築検査長、そして一六七一年よりアカデミー・フランセーズの会員となった。つまりシャルルはコルベールによる学問と芸術の絶対主義政策に加担していたが、彼が古代の権威を認めず、進歩の概念を強調して近代派の思想を主張したのは、フランス王ルイ一四世の絶対性を証明する理論的根拠になったからである。シャルルの『古代人と近代人の比較』（一六八八）には建築についても述べられていて、模倣、人体比例、音楽と建築の類似、視覚補正などの古典主義理論が無根拠なものとして論駁されている。

クロード・ペローは医者であり、一六四〇年代にパリ大学医学部のメンバーになり、一六五一年には生理学教授となった。その経歴は弟シャルルの助力によるものが大きい。一六六六年に科学アカデミーの会員となったのも、一六六七年にル・ヴォー、ルブランらとともにルーヴル宮東ファサードデザインのための小委員会のメンバーとなったのも、シャルルの後押しによるものである。クロードは建築デッサンの素養もあったが、機械学にも理解が深く、人体機構と機械との相似関係をみていて、建築の領域に接近したのもこの方面からであった。クロードは、コルベールからウィトルウィウス建築書の翻訳を命じられた。彼は医者としてギリシア語が堪能であったので、多くの難解なギリシア語を含むウィトルウィウスのテキストの翻訳には適任だと考えられた。翻訳作業は一六六八年に始まり、一六七三年に完了し、同年『訂正され新たにフランス語に訳されたウィトルウィウスの建築十書 *Dix livres d'architecture de Vitruve, corrigés et traduits nouvellement en français*』として出版された。また、『ウィトルウィウスの建築十書の要約 *l'Abrégé des dix livres de Vitruve*』は翌一六七四年に出版された。この翻訳にはおびただしい注釈がつけられていて、それはペローのウィトルウィウスにたいする解釈であり、批判であった。ペローは、比例より生じる絶対的な美などというものは存在しない、美は権威と習慣のみから生ずるものであり、なんら実在的（réel）なものではなく、常識や理性を驚かすことなく変えられうる、と述べている。こうした考えは翻訳が出版されるまえにすでにコルベール秘書のシャルル・ペローを中心とするサークルなどをとおして古典主義美学を信奉する建築家たちに知れ、彼らを当惑させていたので、一六七一年一二月三一日に建築アカデミーが設立されるや、ペローのウィトルウィウス翻訳とそこにみられる彼の立論は検討の対象とされた。一六七二年二月四日の議事録にはすでにその言及がみられる。会合では、絶対美の存在を信ずる大多数の会員（たとえばブロンデル）と、ペローとのあいだで激しい議論が交わされ、この問題の重要性を認識していたアカデミーは、結論をつぎのコルベール出席の会合まで延期することを決めた。多忙なコルベールは翌一六七三年七月にやっと出席できたが、不思議なことに、その会合では絶対美の問題は論じられなかった。のみならずそれから一〇年ちかく、この問題は討議されなかった。あたかも問題を避けていたかのようである。

あらためてこの問題が討議されたのは一六八一年八月一八日の会合からである。ペローが出席していたこの会合は、やはり彼の著作の手稿を建築アカデミーの建築家が読んだことがきっかけとなっている。七〇年代初頭の会合と同じく、ふたたびその意見は会員たちの猛攻撃をうけたが、彼はそれにもめげず、その手稿にもとづいて、一六八三年三月に『五つのオーダーのオルドナンス』を出版した。前述のウィトルウィウス建築書の翻訳と、この著作におけるペローの作業は二点に整理できる。まず「ある一定の比例から絶対的な美が生ずる」という古典主義美学の基本命題を支える諸概念をひとつひとつ否定していくこと。そして、それにかわる新しいシステムを提示すること、であった。

音楽と建築のアナロジーは古典主義美学の中核をなす。ウヴラール、ブロンデルの主張はすでに言及したが、一六八一年八月一八日の議事録によれば、会員はみな、視覚的な比例が音楽の比例調和と一致することを確認している。これにたいしペローは、一六七三年にすでに、ウィトルウィウス建築書の注釈のなかで、ドリス式オーダーのコラムの高さが六モデュールから七にし、イオニア式オーダーのコラム高さが八モデュールから八と二分の一に変化したというウィトルウィウスの記述に注目し、音楽比例は一定不変のものであるから、両者はまったく異質のものであると断言した。さらに『オルドナンス』では、ドリス式オーダーの柱頭の張出し寸法が長い年月のあいだに見る者になんらショックを与えずに大幅に変化したことを例としてあげた。ウヴラールは、比例の間違いについては視覚は聴覚ほど敏感ではないと述べているが、ペローは生理学の研究から、視覚のほうが鋭敏だと考えた。さらに同じ研究から彼は、「耳は精神にその比例の知識を与えることはできないが、その愛する比例の知識を与えることのできる目は、その比例にかんする知識によってのみ、比例の効果を精神に感じさせることができる」と述べている。すなわち、聴覚は直接精神に感覚を伝えるが、視覚はいちど知識（先入観、情報）に変換されてはじめて精神に伝えられるから、視覚に訴える建築比例は音楽とは違って、後天的な要因に左右されやすいのである。

とすると建築比例はもはや自然を根拠とするものではないし、建築は自然（人体、樹木、初源の小屋）の模倣であるという発想も疑わしくなる。ペローは模倣そのものの権威は否定しなかったが、模倣の原理が比例の自然性を保証するという考え方は拒否した。もし自然の模倣から建築の絶対美が生ずるのであれば、模倣が正確であればあるほどよりよい美が保証され、逆に原型からの逸脱が大きいほど目に不快を与えることになるが、現実はそうではない、と述べている。たとえばコラムの柱頭と柱身の比は、人間の首と胴の比とは違うし、初源の小屋の材料である木の幹にはコラムのようなエンタシスはみられないし、コーニスの細部もそのモデルである木造小屋の細部を正確に反映してはいない。だから自然の模倣は美の基礎ではない、とペローは結論した。

ペローは古代の権威も認めなかった。シャンブレやブロンデルに代表される古代派の人びとも、やはり理性を最重要視して、古代にたいする盲目的崇拝を禁じたが、それでも当時はまだ発見されていなかったギリシア建築は、自然に最も近く、完全で唯一無二の最高の建築であり、現代の建築を評価するための試金石であるとされていた。ペローにとって、こうした考え方は盲目的な崇拝でしかなかった。あるいは彼は、建築家が古代にこだわるのは、彼らが一種の職業的秘密をもちたがっているからだ、とも考えた。当時、科学の領域では、デカルトらにおいて示されるように、中世的スコラ学的な古典的権威への崇拝は否定され、あらたに進歩の思想が信じられるようになっていた。たとえばアリストテレスの生物学も、それのみを信じるわけにはいかない。アリストテレスもそれ以前の学問に新たな知識をつけ加えて自己の体系としたのだから、新しさを求めるのはなんら不当なことではない。科学アカデミー会員ペローは、この進歩の思想を建築に導入した。ウィトルウィウスの神殿の分類にかんする注釈で彼は、ルーヴル宮ファサードの対のコラムからなる列柱を新たな例としてつけ加えた。ブロンデルはこれを非難した。しかしペローは、古代の用法から逸脱するのは気まぐれであり、無秩序を生むという考え方は単なる偏見にすぎないと反論した。新たな発明を禁ずることが定めであったのなら、古代人がその発見により建築を一定のレベルまで引き上げることも不可能であっただろう、と彼は述べた。そして宗教においては権威に従うのは当然であるが、建築は科学だから、権威の盲信はその進歩を妨げるだけであると主張して、古代派を非難した。

こうしてペローは音楽と建築の相似、自然の模倣、古代の権威を否定して、建築比例の絶対性の無根拠を示した。しかし目が美を感じるという事実はあるし、ある比例がほかの比例よりも快い場合があることも否定できないから、こんどは彼が美の問題に解答を与えねばならなかった。

ペローは生理学における知覚の研究によって証明しようとした。彼にとって、思考は精神の全活動から分離できないが、思考はつねになされているにもかかわらず、意識的でない精神の活動が存在する、という問題があった。彼はこの問題を、意識的な思考と無意識的な思考を区別することで解決した。無意識的な思考は、長い習慣により明白で正確な思考が不必要なほど容易に、自動的になされる、注意に欠け、混乱した思考である。彼はこの二分法を建築に応用し、確たる理由にもとづく美と、先入観と気まぐれにもとづく美を区別した。前者の明証的な美は「材料の豊かさ、建物の規模や壮大さ、仕上げの正確さや適切さ、シンメトリー」に由来し、万人に認められ、明快であり、欠点があればただちに発見される。これにたいし後者の気まぐれな美は、「さまざまなものを、醜くされることなく、ある比例、規模、形態につけ加えるという決断そのものによる」ものである。変化させても美しくありうる比例は、それ自身において美しくはないが、しかし、気まぐれであるとはいえ、なぜ比例は美と関係づけられるのか、という問題は残る。

ペローはこの問題を、ロックやホッブズの経験論哲学にみられる観念連合あるいは連想の概念をもちいて解決した。すなわち一定の比例が材料や仕上げ、あるいは規模や左右対称から生ずる明証的な美をともなってくりかえし知覚されると、連想あるいは観念連合の作用により、その美が比例から生じているように誤って思念される、というものである。

この観念連合の働きは習慣により保証される。ペローによれば、精神のすべての活動はそもそも意識的になされる。たとえば生まれたばかりの人間は心臓の鼓動さえみずからの意志でおこなうが、成長すると習慣により無意識にでもできるようになり、それどころか意識でそれを止めようとしてもできないくらいになる。すなわち習慣とは精神の自発的な活動を、無意識で独立した自動的な反応に変える作用である。この過程はたいへん強力かつ不可逆的である。美学においては、この習慣の力は、観念連合の作用によってもともと気まぐれな美が誤って明証的な美であると思念されるのを強化し、その結果、根強い偏見が生まれる。建築においても、その比例の変化が当初は耐えられないものであっても、長いうちには習慣により賞賛できるものとなり、それ以外のものは目に耐えられないものとなる。

このようにペローは、建築比例は習慣により美と結びつけられるだけで、それ自体には意味はないことを示したが、しかし比例そのものを否定したわけではない。彼は古典建築における比例は習慣の作用により変化し発展すると考えていたし、また「気まぐれの美にかんする知識は、趣味とされるものの形成における最も適当な方法であり、この知識のみが真の建築家をそうでない者から区別するのは明らかである」と述べている。比例が人びとの目に喜びを与えるのは現象として事実であるから、ほかで「比例は建物の美を形成する」とか「比例は美の基本条件のひとつである」と書いても矛盾ではない。彼は、比例は習慣によるものであるからこそ、逆に比例を重要視していたのである。逆説的だが、確固たる建築の規則を制定し、建築家を規制しようとしたのは古典主義的原理の信奉者ブロンデルではなく、むしろペローであった。彼こそ芸術上の絶対主義を代表する人物であり、確固とした比例を定めることにより芸術家から自由と恣意性を奪おうとしていた。古典主義的原理の否定と、芸術上の絶対主義はけっして矛盾しない。なぜなら、もし比例が自然法則の領域に含まれるなら、それを定めようとする人間の試みはすべて失敗するであろう。逆に、比例が気まぐれで恣意的なものならば、それは変化されうるし、また権威と習慣により美とされうるのである。こうしてペローは、自著で定めたオーダーの比例体系を権威づけようとしていた。

芸術的自由にかんする古代派と近代派の態度の違いは、視覚補正理論にたいする理解の相違のなかに浮彫りにされている。物体の見かけの大きさは視角で決まり、実際の大小関係はかならず歪められるから、あらかじめ実際の大きさを調整しなければならないというのが視覚補正理論の骨子である。この伝統は、ウィトルウィウスからヴィニョーラ、セルリオ、シャンブレ、クザン、ホンディウス（Henricus Hondius, 1573-1650：『幾何学法則概説 *Brève instruction des règles de la géométrie*』ハーグ、一六二五）、デュ・ブルイユ（『実用透視図法』、パリ、一六四二）、ブロンデルまで連綿と守られてきた（図10～13）。これにペローは異議をとなえた。「目」は対象のあるがままの姿を正しく把握できるという。目による判断は、意識的なレベルでは多くの手がかり、たとえば視線の角度、色調、陰影、すでに大きさを知っているものとの比較、対象との距離の知識、などによりあらかじめ調整されている。さらに目には、習慣の力により、無意識的または自動的に錯視を矯正する能力が後天的にそなわっている。だから建築の比例を錯視補正ために変化させるのは不必要であるばかりか、あるべき比例からはずれることになるので、むしろ悪いことであった。ペローのこの考え方はウィトルウィウス建築書の注釈にも書かれていたが、それは一六七四年一二月一〇日と一七日の会合で会員の知るところとなった。彼らはとても当惑して議論を延期した。一八カ月のちの一六七六年六月八日の会合でも、ウィトルイウィウス第六書の注釈に書かれているペローの見解が問題となったが、ふたたび延期された。つぎの機会は一六八一年五月五日の会合であった。ところで、このときまでにはデゴデによるローマ古代建築の正確な実測調査が資料として利用できるようになっていたので（出版は一六八二）それにもとづいて議論がなされた。デゴデの持ち帰った資料から、

さまざまな視覚補正

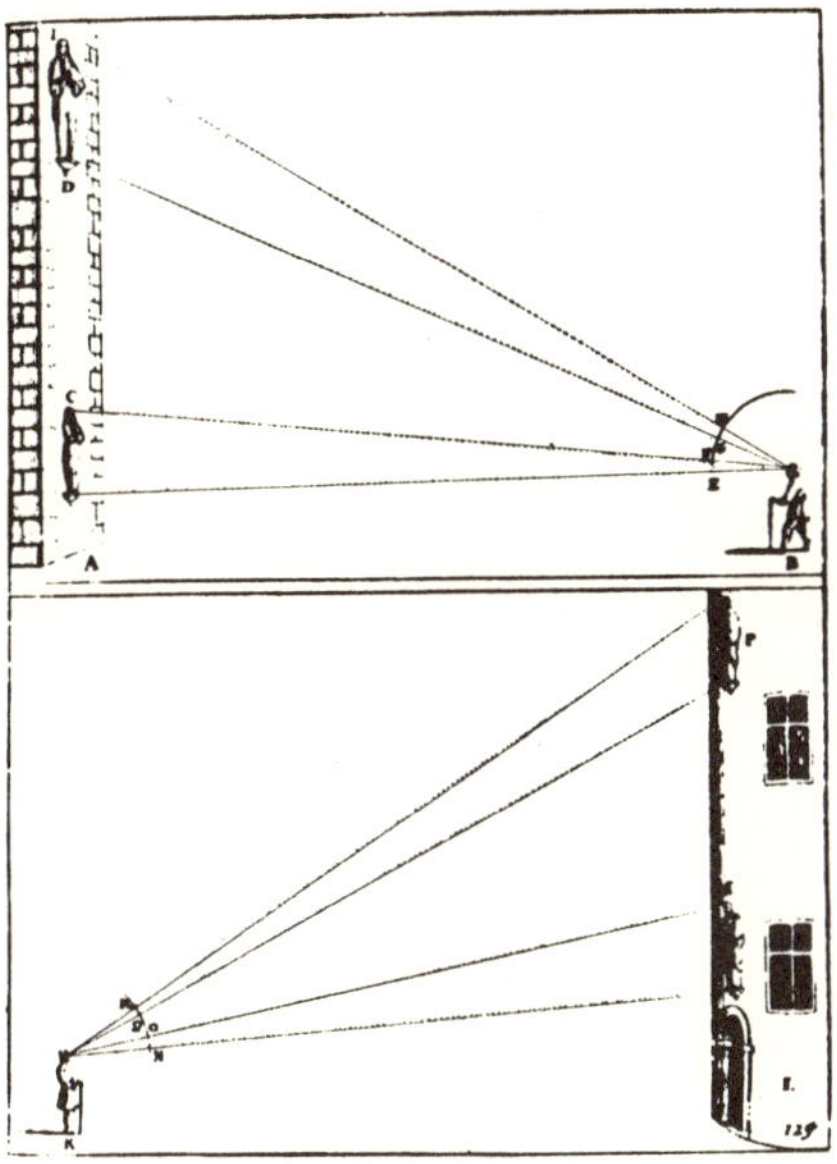

図 12　セルリオ (1569)。

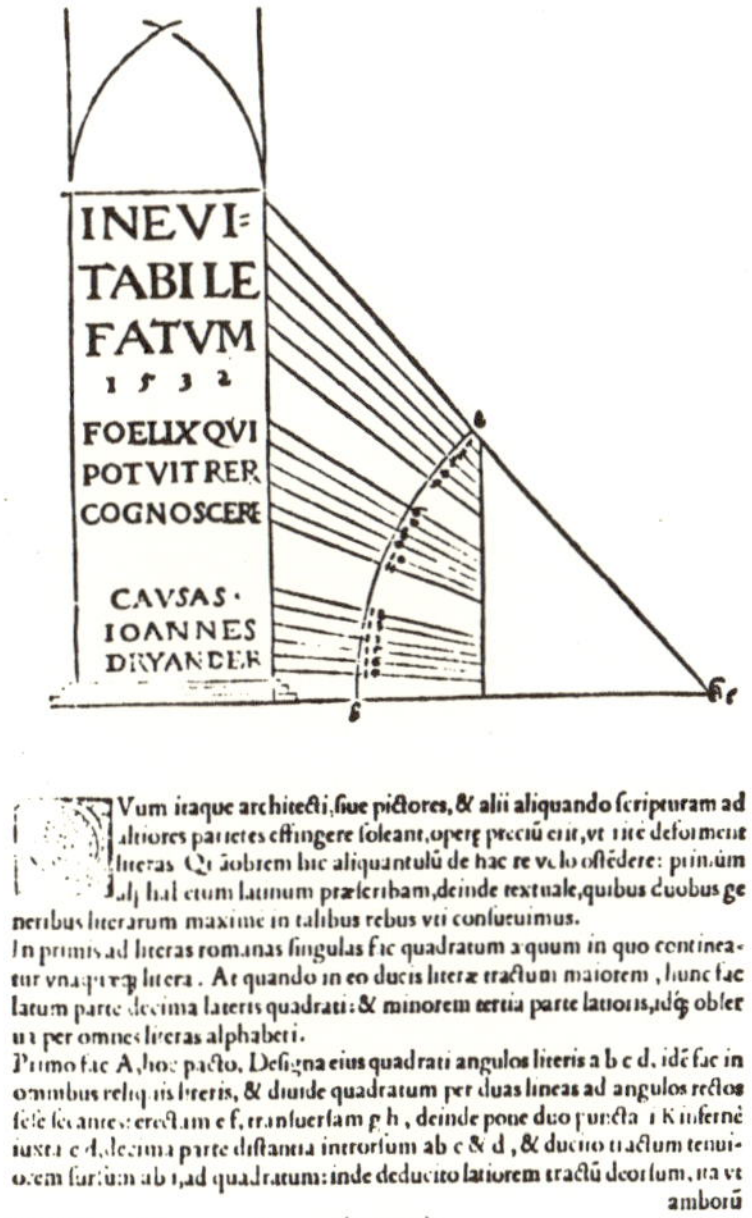

Vum itaque architecti,siue pictores,& alii aliquando scripturam ad altiores parietes effingere soleant,operę precíũ erit,vt rite desormeni literas. Quãobrem hic aliquantulũ de hac re volo ostẽdere: primum alphabetum latinum præscribam,deinde textuale,quibus duobus generibus literarum maxime in talibus rebus vti consueuimus.
In primis ad literas romanas singulas fac quadratum æquum in quo contineatur vnaquęq; litera. At quando in eo ducis literæ tractum maiorem, hunc fac latum parte decima lateris quadrati: & minorem tertia parte latioris,idq; obseru per omnes literas alphabeti.
Primo fac A,hoc pacto. Designa eius quadrati angulos literis a b c d. idẽ fac in omnibus reliquis literis, & diuide quadratum per duas lineas ad angulos rectos sese secantes: erectam e f, transuersam g h, deinde pone duo puncta i K inferne iuxta c d,decima parte distantia introrsum ab c & d, & ducito tractum tenuiorem sursum ab i,ad quadratum: inde deducito latiorem tractũ deorsum, ita vt amborũ

図 10　デューラー (1532)。

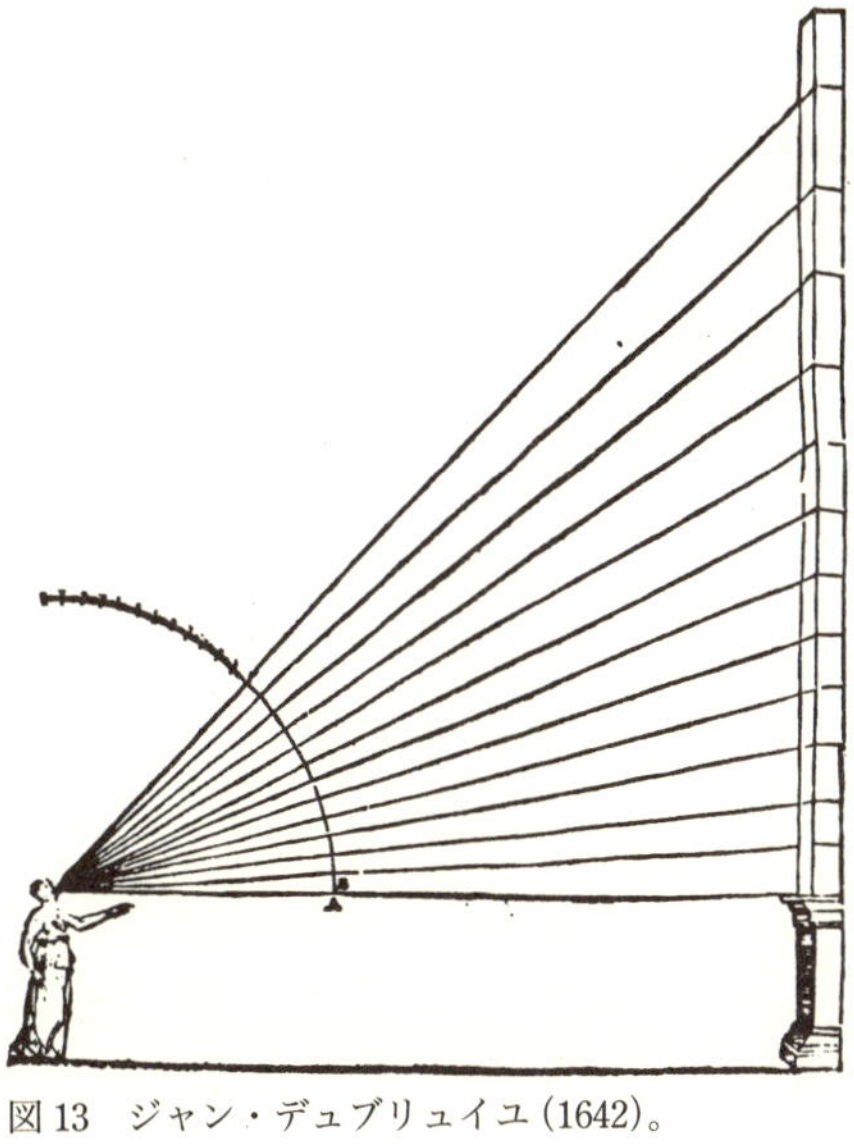

図 13　ジャン・デュブリュイユ (1642)。

図 11　ジャン・マルタン訳のウィトルウィウス『建築書』(1547)。

古代建築の比例には多くのばらつきがあることが明らかになった。多くの会員は、敷地の形状などの個々の条件により建物を見る角度がそれぞれ違ってくるので、古代人が視覚補正の原理により、その比例を操作し変えたためであるとした。これにたいしペローは、矯正が要求されているのに比例に変化が加えられなかったり、逆に要求されていないのに比例に変化が加えられていることを指摘し、古代人には視覚補正の意図はなく、比例の多様性はまったく偶然によるものであると結論を述べた。

視覚はつねに正しく認識するというペローの持論がアカデミーの建築家たちに拒否されたのは、単なる見解の相違ではないようだ。ウィトルウィウス建築書第六書第二章は視覚補正について述べられているが、そのなかでウィトルウィウスは、「それゆえ、真であるものが偽とみられ、実在するものは別のものが眼によって実証されるのであるから、場所の性状あるいは実際の必要におうじて加減がおこなわれるべきかどうかをためらうのは、わたくしは適当だとは考えない。こうしてこそ、これらの建物には何ら求められるところがないであろう。しかし、これはたんに学識ばかりではなく素質の俊敏によってなしとげられるのである」(森田慶一訳)と述べている。つまり、視覚補正は気まぐれな、恣意的な操作ではけっしてなく、逆に透視図法と光学と視角の理論にもとづく知的で科学的な行為であり、それは建築に完全性(求められるところがない＝不足なし＝完全)を与える。視覚補正は建築家の学識を証明するのみか、個々の状況におうじてさまざまな工夫を考案するその才能を試す絶好の機会でもある。ようするに視角補正は、建築家が創造性を発揮する場であった。ペローは、こうした建築家の一種の職能的要求をまったく理解しなかったようである。彼は『オルドナンス』第二部第七章の冒頭で、こう述べている。

「私は、比例の変化に関連したひとつの逆説からこの書を始めたように、もうひとつの逆説をもってこの書を締め括ることにしよう。なぜなら序文では、建築比例は恣意的なものであり、明証的で自然的な美の部類にはいらないのだから、確立された比例を変化させ、やはり美しいと思われるほかの比例を考案することを妨げるものはなにもない、ということを私は示そうとした。そして、今やここでは、ひとたび比例が定められれば、もはや変化させられたり、視覚上の理由や建物の方向の違いのために、個々の建物で変えられたりしてはならないと指摘したいのである。」

ペローは本質的な部分を変化させないくらいの比例の変化を許しただけであった。それを芸術上の絶対主義だと指摘するのは容易だが、では具体的にどのような比例のオーダーを認めたのだろうか。彼は『オルドナンス』の序文で、オーダー論について論考した近代の作家はみな、古代の例を改作していることを指摘し、この文献では今までなされてきた改作をほんのすこし進め、これまでの建築の規則に欠けていた正確さ、完全さ、容易さをつけ加えるだけであると述べている。事実、古今の例を比較したうえで新たなモデルを提案するという作業は、たとえばシャンブレによってもなされた。しかしペローはそれ以上のことを試みている。おそらくこの控えめな表現は、古代派の圧力を意識したものであろう。

『オルドナンス』の目次である。

第一部

一　オルドナンス、建築のオーダーとは何か？
二　オーダーの比例を規定する尺度について
三　コラム全体の三つの主要部分の一般的比例について
四　エンタブラチュアの高さについて
五　コラムの高さについて
六　ペデスタル全体の高さについて
七　ペデスタルの各部の比例について
八　コラムの直径逓減と膨張について
九　コラムの柱基の張出しについて
一〇　ペデスタルのベースとコーニスについて
一一　エンタブラチュアのコーニスがもつべき張出しについて
一二　柱頭の比例について

一三　コラム柱身の玉縁と帯の比例について

第二部

一　トスカナ式オーダーについて

二　ドリス式オーダーについて

三　イオニア式オーダーについて

四　コリント式オーダーについて

五　コンポジット式オーダーについて

六　ピラスターについて

七　比例の変化の濫用について

八　現代の建築にあらわれたいくつかの濫用について

すなわち第一部は総論、第二部は各論である。第一部第一章では、まず「オルドナンス Ordonnance」の定義が述べられている。オルドナンスとは「ウィトルウィウスによれば、建物のすべての部分の寸法を、その使用について規定すること」である。ペローは「建物のすべての部分」を中庭、玄関、広間などの建物の構成要素だけでなく、コラム、エンタブラチュアなどの構造的要素、さらにそれに付加される装飾や刳形にまで拡張し、オーダーをすぐれてオルドナンスの問題とした。彼は純粋に古代人によるオーダーであるドリス式、イオニア式、コリント式と、後世の発明であるトスカナ式、コンポジット式を区別し、さらに個々の装飾的モチーフ、たとえばドリス式のトライグリフ、イオニア式の歯飾りなどでもって各オーダーの特色を区別した。しかし彼は、コリント式の柱頭にイオニア式の柱頭の渦巻きを組み合わせてコンポジット式としても、コラムの比例が変化しなければ別のオーダーを創出したことにならないというウィトルウィウスの記述を重視し、オーダーの区別には、部分の造形の特有の性格よりも、やはり比例のほうが本質的であると考えた。こうしてオーダーは寸法と比例の問題となった。

図14　五つのオーダー。ペロー『オルドナンス』35頁。

第二章では、寸法体系について述べている。ペローはそれまでの寸法の決定法をふたつあげた。ひとつはコラム下端の直径を一モデュールとし、さらにそれを六〇等分して一ミニットとする方法であり、もうひとつは下位単位ミニットを使用しないで、モデュールを必要におうじて等分割する方法である。第一の方法でミニットが使われるのは比例のルールにあわない作品を表現するものであって、記憶しにくいが、第二の方法は古代人が一般的に使用した方法であり、各部の寸法がつねに全体との関連に置かれており、かつ記憶しやすい。ペローは、古代人により確立された真の比例に達するのが意図ではない、と前置きして、その寸法決定の方法を使用するのだとして、第二の方法を採用した。つぎに、ウィトルウィウスがドリス式オーダーの寸法決定のさいに、寸法が分数で表わされるのを防ぐために、直径の二分の一を一モデュールとしたのに言及し、同じ理由から直径の三分の一をモデュールと定めた。そして直径、直径の二分の一、直径の三分の一を、それぞれ大モデュール（＝六〇ミニット）、中モデュール（＝三〇ミニット）、小モデュール（＝二〇ミニット）と定義した。

第三章はオーダーの基本的な部分の比例についてである。各オーダーはそれぞれ、エンタブラチュア、コラム、ペデスタルで構成されており、さらにエンタブラチュアはコーニス、フリーズ、アーキトレーヴで、コラムは柱頭、柱身、柱基で、ペデスタルはコーニス、トランク、ベースで構成されている。すなわちそれぞれ三部分からなり、これらの部分はさらに下位の三部分で構成される。

エンタブラチュアの高さは各オーダーいずれも六×小モデュールであるが、コラムとペデスタルの高さは、トスカナ式、ドリス式……と並べたときに等差数列をなすように決められた。コラム高さはそれぞれ二二、二四、二六、二八、三〇モデュールと公差二の等差数列をなし、同じくペデスタルも六、七、八、九、一〇モデュールと公差一の数列をなす。さらにペデスタルの高さは、どのオーダーにおいても、八分の一がコーニスに、四分の一がベースに、残りがトランクに配分される。コラムの各部については、まず柱基は各オーダーとも一と二分の一×小モデュール（＝二分の一×直径）で、柱頭はトスカナ式とドリス式は、コリント式とコンポジット式は三と二分の一×小モデュール、イオニア式はこれらとは別に特別の比例が定められる。エンタブラチュアは、ドリス式はトライグリフがあるので特別の比例が与えられるが、それ以外は全体の高さの二〇分の六がフリーズとアーキトレーヴに、二〇分の八がコーニスに配分される。さらに柱基などの水平方向の張出しは小モデュールの五分の一（＝四ミニット）を単位として定められることが述べられる。この章ではこのように結論だけが述べられ、各部の寸法が定められた理由や過程やつぎの章で述べられている。

第四章ではエンタブラチュアの高さが構造合理主義的な観点から定められた。すなわちコラムとエンタブラチュアは一組の構造体であり、コラムの太さは支持する力を、エンタブラチュアの高さは支持される荷重を表現しているから、エンタブラチュアの高さはコラムの直径に左右されるはずである。しかし、古代の建物にはこの原理に従わずに、細長いコラムに高いエンタブラチュアがのるものがある。ペローはこの問題を切り抜けるため、同じ古代を、ウィトルウィウスが伝える古人（Ancien）と、現代人が学んでいる古代ローマ建築を残した古代人（Antique）とに区別し、前者が定めた正しい原理を後者が改善するつもりで結果的に改悪したからである、と説明した。序文では、オーダーの発明者はその比例を、現に古代建築にあるように定めたのではなく、古代の無知な工匠が勝手に比例を変化させたので、古代建築の比例も個々の例によって相異なるという結果になった、とされる。すなわち古代建築も模倣の産物であって、相対的なものである。建築の原理を導くことはまったく不可能になる。さらに、パラディオもスカモッツィらの著名な建築家がオーダーの比例を操作し変化させた理由は絶対わからない、というのでなおさらである。ゆえにペローはこの多様性そのものを判断するのではなく、原因が混乱していて明断な判断が不可能なときに、争奪の対象をふたりの当事者に等分するという、法律家のいう「素朴な判断 Judicium Rusticum」を下すしかない、と結論した。

「なぜなら、思うに、かくも多様な諸例が残された理由ははっきりとは説明できないのだから、コラムの寸法からとられた数値であり、また古代人(antique)による遺構のなかの両極端の値から等距離にある、直径の二倍というような寸法をとることで中庸を保つほかに、蓋然性(probabilité)をもって一定の規則を確立する方法はないからである。」（ペロー『オルドナンス』九頁）

だれかが中間値より大きい例を示しても、中間値より小さい例をもって反論できるし、またその逆もできるのだから、中間値をとるしかない、とも述べている。彼はこの中間値は多少の誤差はあってもよいとして、半端な数値は切り捨てて整数値にしている。さらに古今のさまざまな例が二直径からどれだけずれているかを表にし、中間値が二直径に近いことを示そうとした。しかしこの値よりも小さい例しかないトスカナ式の場合もあるように、統計的方法としては首尾一貫してないし、そもそもこの方法による結果が各オーダーともエンタブラチュアの比例は一定であるという最初の仮定と一致する保証はまったくないのだから、これは作為的な操作というべきであろう。

コラム高さの決定法はより巧妙である（表1）。各オーダーの違いは比例の違いだから、コラムの高さはトスカナ式、ドリス式、の順にしだいに大きくなるべきであるという点から出発し、トスカナ式とコンポジット式の差はウィトルウィウスで五×中モデュール、スカモッツィで五と二分の一×中モデュールだから、その中間をとれば五と三分の一×中モデュール＝一六〇ミニットであるから、それを四等分した二〇ミニットが公差となるように、五つのオーダーのコラムの長さを定めた。するとトスカナ式からコンポジット式まではそれぞれ一四と三分の二、一六、一七と三分の一、一八と三分の二、二〇（中モデュール）となるが、小モデュールになおして端数をとると、二二、二四、二六、二八、三〇となる。ところがこの場合も、トスカナ式とコンポジット式の差はパラディオ、セルリオにおいて六×中モデュールとなっていることに言及しながらそれを利用していない。

ペデスタル高さの場合は、トスカナ式とコンポジット式の中間値をそれぞれ四×中モデュール、六×中モデュール＋二〇ミニットと求め、その差二×中モデュール＋二〇ミニットを四等分した二〇ミニットを公差として各オーダーの寸法を定めた。

このようにペローは、各オーダーの寸法を細部にいたるまで定めた。彼は自分の定めた比例が古今の諸例の中庸であることを示したが、その方法はまったく恣意的なものである。もし純粋に統計的かつ帰納的にオーダーの比例を定めても、それがペローが示した最終結果と一致するかどうかはまったく疑わしいし、逆に、ペローとまったく別な結果を導こうとすれば、当時でも相当の数の例を集めることが可能であったから、恣意的な資料の操作により、じゅうぶん可能であっただろう。ペローの意図は結果の「蓋然性」ではなく、おそらく、オーダーの記述の容易さや単純さ、あるいは体系の整合性にあったと思われる。それは言葉で若い建築家にたいして教えうる簡潔な教義や建築の規則の制定という設立当時の目的の、彼なりの解釈の結果であった。しかし彼はそうすることで、ルネサンス以来の比例概念を根底から崩壊させた。新プラトン主義の影響下に形成されたルネサンスの比例理論においては、数や、数と数の比、あるいはその操作はある超越的な存在（造物主、神）の理性、あるいは宇宙の構造に結びつけられることにより、それ固有の意味をもっていたが、ペローは比例の超越的な意味をすべて剥奪した。それはもはや超越的あるいは神秘的なものではなく、たんに計量的な操作となった。整合性が求められたのも、こうした操作のもつ人為性や作為性のゆえである。こうしてできた体系や規則は、実際はなにによっても基礎づけされない、きわめて自律的なそれであり、それが規則と定められたがゆえにのみ規則となりうるような性質のものであって、

		中モデュール	平均値	
			中モデュール	小モデュール
トスカナ式	ウィトルウィウス	14	14 ⅔	22
	トライアヌス記念柱	16		
	パラディオ	14		
	スカモッツィ	15		
	セルリオ	12		
	ヴィニョーラ	14		
ドリス式	ウィトルウィウス、神殿	14	16	24
	ウィトルウィウス、神殿の柱廊	15		
	コロセウム	19		
	マルケルルス劇場	15 ⅔		
	スカモッツィ	17		
	ヴィニョーラ	16		
イオニア式	コロセウム		17 ⅓	26
	マルケルルス劇場			
	パラディオ			
	セルリオ			
	ウィトルウィウス			
コリント式	パンテオンのポーティコ	19：06	18 ⅔	28
	ウェスタ神殿	19：09		
	シビル神殿	16：16		
	平和の神殿	19：02		
	カンポ・ヴァキノの三本円柱	20：06		
	ファウスティナ神殿	19		
	アントニヌスのバシリカ	20		
	セプティミウスの柱廊	19：08		
	コンスタンティヌス凱旋門	17：07		
	コロセウム	17：17		
	ウィトルウィウス	19		
	セルリオ	18		
コンポジット式	ティトゥス凱旋門	20	20	30
	バッカス神殿	19 ½		
	スカモッツィ	19 ½		
	セプティミウス凱旋門	19：09		

表1　コラムの高さを比較した表。ペロー『オルドナンス』13頁。

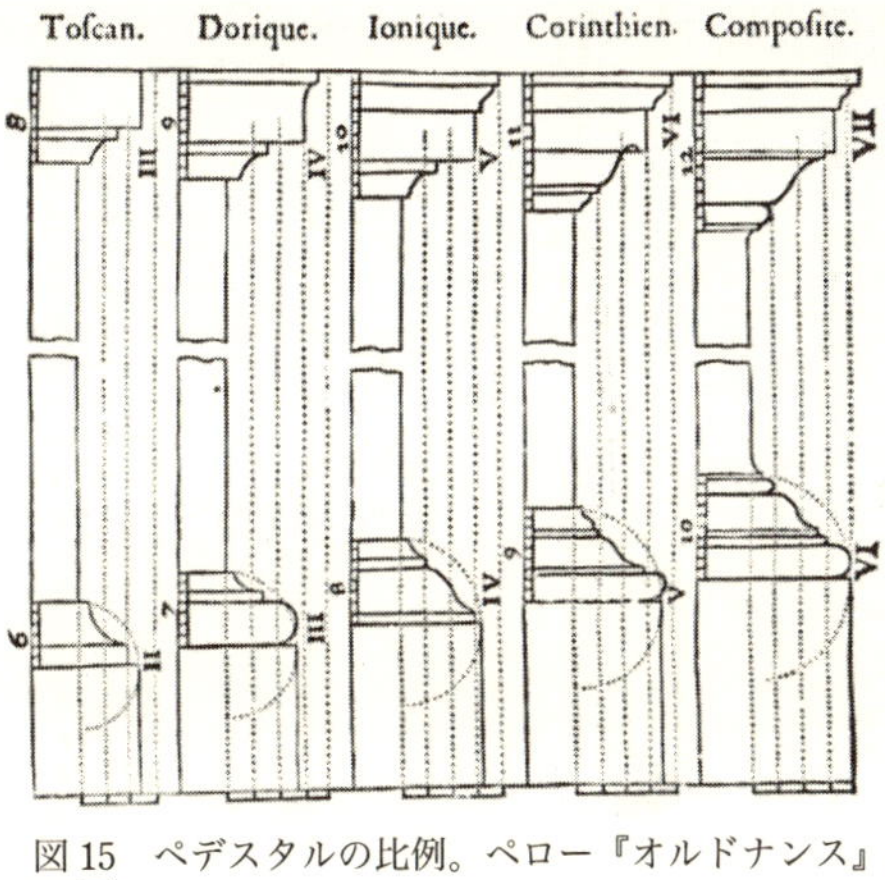

図15　ペデスタルの比例。ペロー『オルドナンス』37頁。

やはりこれもコルベールの芸術上の絶対主義を反映しているといえよう。

ブロンデルとペローのあいだでなされた建築上の新旧論争は、このように、古代と現代の作品の優劣というより、比例の超越性をめぐるものであった。このあと建築と音楽の相似を論争する者はいなかった。ペローの理論の影響は認められるが、彼が制定したオーダー比例を設計に利用した建築家がいたかどうかは確認されていない。歴史上の多くの論争がそうであるように、幾万語が費やされるあいだに核心はいつしか別の場所に移動していて、争点は未解決のまま棚上げされ、そのうち忘れられたようだ。論争の重要性は別の点にある。

同時代の、そのほかの建築理論家である。ダヴィレ（Charles-Augustin d'Aviler, 1653-1700. 一六七四年にローマに派遣されている）は『ヴァンサン・スカモッツィによる建築の五つのオーダー、その建築教程 *Cinq ordres d'architecture de Vincent Scamozzi, Son Cours d'Architecture*』（一六九一）、ル・ブロン（Le Blond）は『古代建築の五つのオーダーのふたつの例 *Deux exemples des cinq ordres d'architecture antique*』（一六八三）を出版したが、このふたりは古代派の考え方をいだいていたようである。

アンドレ・フェリビアン（André Félibien, 1619-1695）の意見は中間的である。彼は一六四七年にローマ大使秘書となり、そこでプッサンと会った。またルーヴル宮増築のための小委員会の秘書になり、一六六六年に王の建築の史料編纂官、一六六七年に絵画彫刻アカデミーの秘書となった。そこでは主事ル・ブランと意見があわず、一六七一年に建築アカデミーの秘書となった。その著作には『王のためになされた絵画やそのほかの作品にかんする記述集 *Recueil de Descriptions de peinture et d'autres ouvrages faits pour le Roi*』（一六八九）、『最もすぐれた画家の生涯と作品にかんする講話 *Entretiens sur les vies et sur les ouvrages des plus exellents peintures*』（一六六六～八八）、『建築、彫刻、絵画の原理 *Principes de l'architecture, de la sculpture et de la peinture*』（一六七六）がある。フェリビアンは絵画の理論にならって、建築をいわば解剖学的見地から分析した。絵画では、服を着た人物像であっても、その骨格、筋肉などを把握しておかなければならないように、建築も自然の模倣から出発することで、建築を純化しなければならない。模倣すべき自然は、比例が欠如し不規則性に富んだグロテスクのようなものではなく、あくまで「美しき自然 belle nature」でなければならない。彼は建築のピクチャレスクな配置を嫌い、透視図法も経験的な方法にすぎないとした。建築はその各部が適切な関係にあるときのみ有用であり、有用なときのみ美しい。彼にとって美はあくまで理性にもとづくのである。これらは古代派的な見解であるが、彼はのちに、実体的で物質的な建築の各部分のあいだにおける比例やシンメ

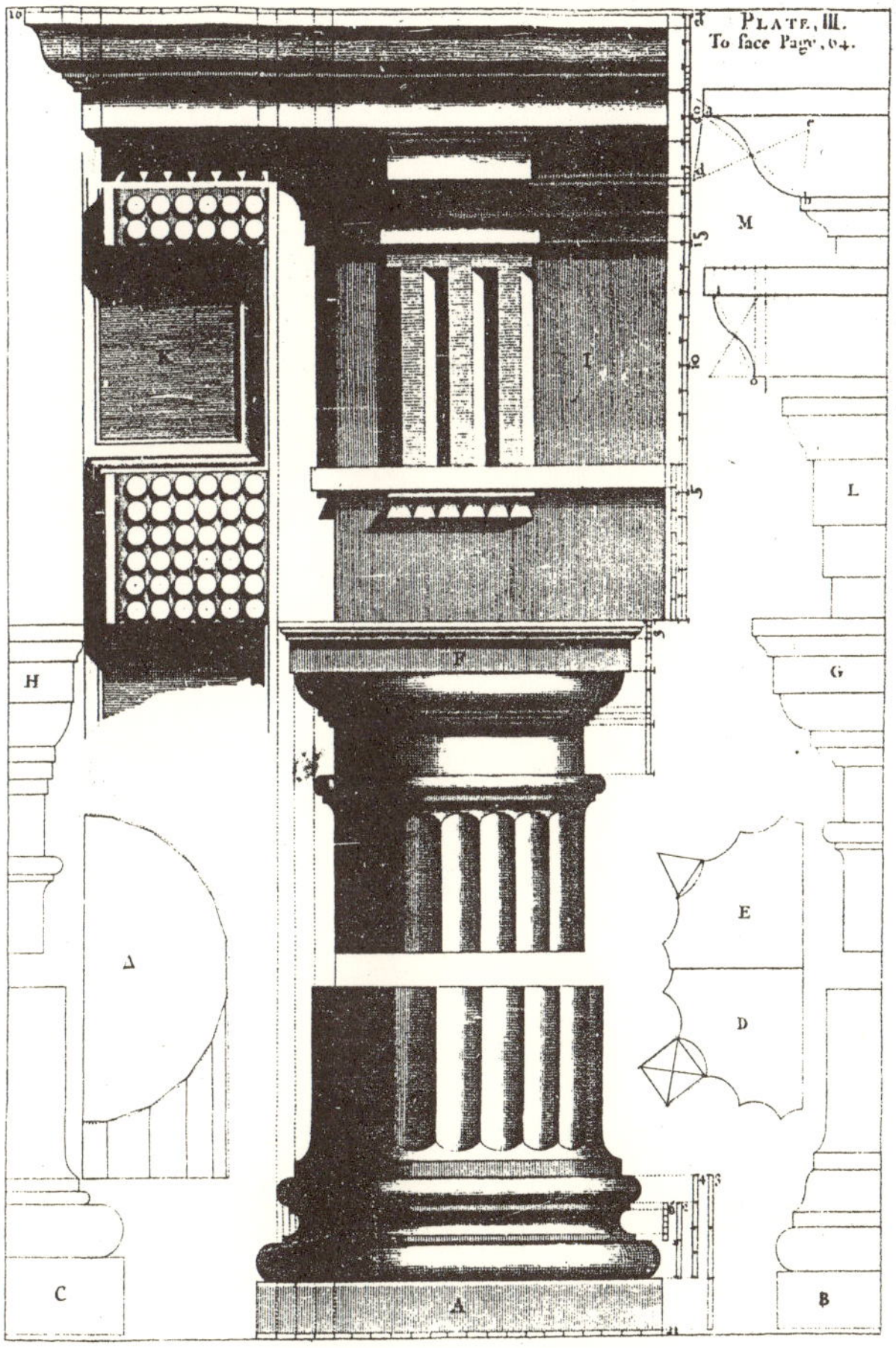

図16　ドリス式オーダーの細部。ペロー『オルドナンス』第二部、55頁。

A：ウィトルウィウスがアッティカ式と呼ぶ柱基、ドリス式のために使われる
B：コロセウムのドリス式オーダーの柱基
C：ヴィニョーラのドリス式オーダーの柱基
D：ウィトルウィウスのフルーティング方法
E：ヴィニョーラのフルーティング方法
F：ウィトルウィウスの柱頭
G：コロセウムのドリス式オーダーの柱頭
H：アルベルティの柱頭
I：マルケルルス劇場を部分的にとり入れたエンタブラチュア
K：エンタブラチュアの下端
L：コロセウムのドリス式オーダーのアーキトレーヴ
M：シーマ、オジーの描き方

トリーから生じる「美」と、建築家の魂の動きから生じる「優雅 Grâce」を区別し、優雅さのない美はありうるが、優雅さをつけ加えることにより作品をもっと完全なものとしうる、と述べている。このフェリビアンの変化は、政治的には一六八三年にコルベールにかわってルーボワが建築総監になったことに対応しているが、またそれはペローが美を人間の心的現象に還元して説明したことと無関係ではないはずである。

ミシェル・ド・フレマン（Michel de Fremin, ?-?）は法律家で、フランス国庫出納官であり、パリ財務局局長であるが、土木にも関心をもち、ポン＝シュール＝ヨンヌ橋の工事の監督もおこなったことがあり、一七〇二年には『真の建築と偽のそれにかんする理念を含む建築の批判的覚書 *Mémoires critiques d'architecture contenant l'idée de la vraye et de la fausse architecture*』（図17）を著した。これは王室建築などのための公式の建築書ではなく、いわば建築にかんするブルジョワのロマンを代弁するものである。そこでは建築が、ドロルムの例にならって、建設の進行順序にしたがって書簡形式で書かれている。フレマンはブロンデルを批判し、装飾を満足させるだけのものは「真の建築」ではなく、オーダーは建築のごく一分野にすぎないと主張し、目的や場所にしたがって建設術（art de bâtir）として建築を認識した。彼は構造の役割を強調し、技術的な側面に興味を示したが、さらにこの方面からゴシック建築へのアプローチを試みた。彼は中世の構造技術の優秀さをほめ、現代の技術の効率の悪さを非難した。

シャンブレやブロンデルらはゴシック建築の極端さ、その装飾の野蛮さを批判したが、それにたいし、当時すでにゴシック建築の構造的優秀さを指摘した人びともいた。まず前述のミシェル・ド・フレマン。またミシェル・ド・マロル（Michel de Marolles）も『フランス語のための考察 *Considérations en faveur de la lange française*』（一六七七）のなかでゴシック建築を賞賛したし、ジャン＝フランソワ・フェリビアン（Jean-Francois Félibien, 1656-1733. アンドレの息子で、父の跡を継いで一七九六年に建築アカデミー秘書となる）もそうである。ブロンデルも、非難したのはその装飾であって、ゴシックの構造の法則性は認めていた。

ジャン＝ルイ・ド・コルドモワ（Jean-Louis de Cordemoy, ?-?）は、その経歴は聖職者であるということしかわかっていないが、一七〇六年に『全建築新論すなわち請負家や職人に有用な建設術 *Nouveau traité de toute l'architecture ou l'art de bastir utile aux entrepreneurs et aux ouvriers*』を出版した（図18、第二版は一七一四）。第一章は「オルドナンス」と題されていて、すべてオーダーについて論じられているが、ペローの『オルドナンス』の写しである。ただペローの著作でかなりの分量を占めていた理論的な推論の過程は省略され、図版なしで済ませられる部分は

軍事技師　建築家　工匠

図 17　ミシェル・ド・フレマン『覚書』(1702)。

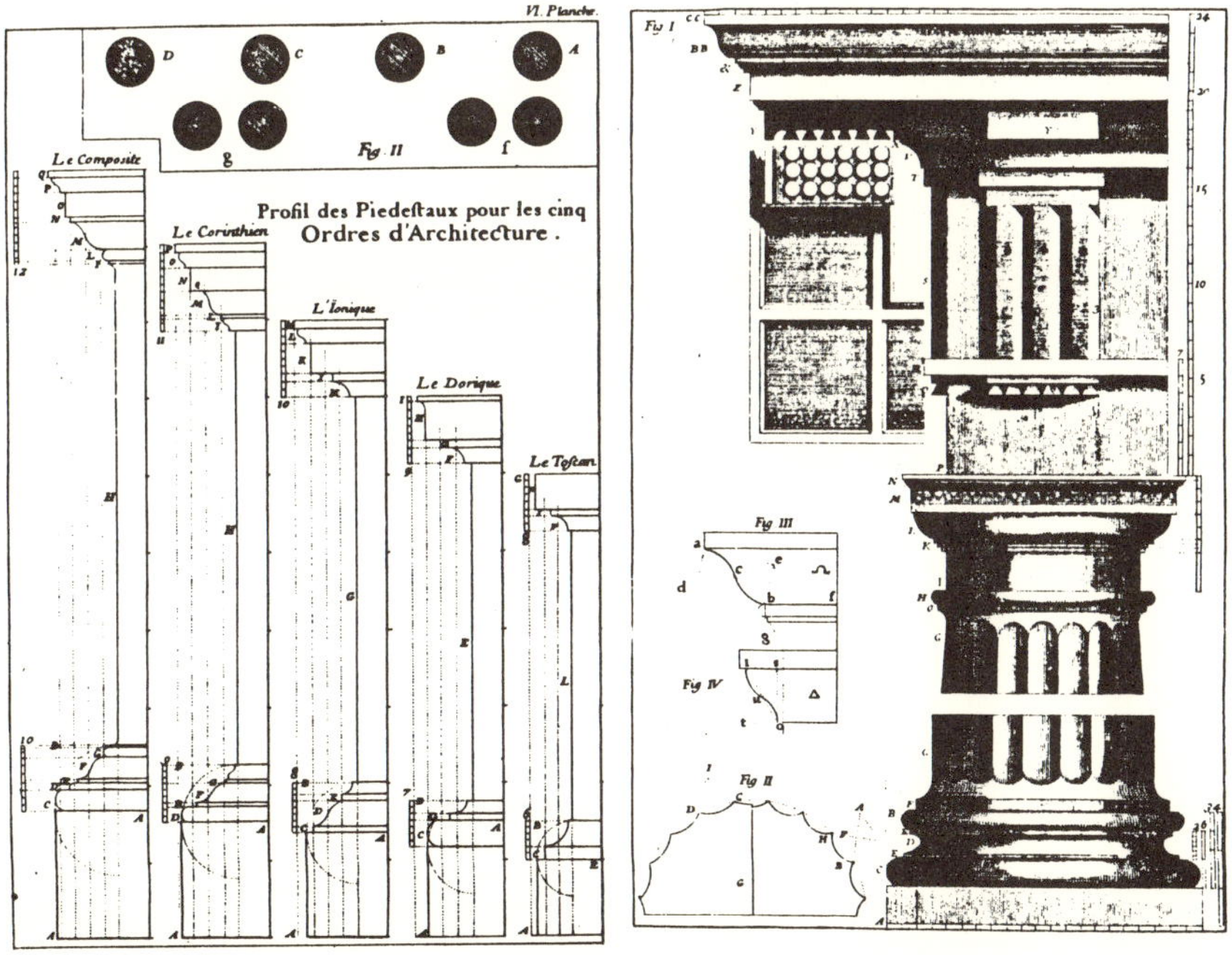

図 18　コルドモワのオーダー。

削除されており、全体としてはペロー理論の最終結果のみをまとめたものとなっている。副題「請負家や職人に有用」から、これが一種の啓蒙書として意図され、そのために理論的部分が削られたことがわかる。第二章は配置や間取りである。コラムの配置ではウィトルウィウスにならって密柱式、集柱式、隔柱式、疎柱式、正柱式とカテゴリー化されている。最後にカップルド・コラムについて述べられているが、おそらくこれもペローの影響であろう。第三章では個人と公共の建築の品性(bienséance)について論じられている。「品性」とは、個人建築ならその住人の身分、公共建築ならその用途（城壁は安全性、教会は信仰など）にみあうということ、いわば「ふさわしさ」というような概念である。ちなみに寸法配分、配置、品性などの概念は、部分から全体へという古典主義に特有の思考プロセスの各段階に対応しているという点が重要であって、この点を無視してこれらの概念を一般化してもほとんど意味はないと思われる。

コルドモワは第三章の公共建築にかんする部分で、ミケランジェロ作のローマのサン・ピエトロよりもゴシック教会のほうを価値ありとみなす指摘をしたので、フレジエ（後述）がこれに反発し、論争がおこった。この論争は、イエズス会の月刊誌である『メモワール・ド・トレブー』誌において、一七〇九年から一七一二年まで往復書簡の形でなされた。コルドモワはキリスト教会の歴史を遡行し、ゴシック建築を経由して初期キリスト教のバシリカ式教会にまで達した。また現代の教会がローマのサン＝ピエトロをまねてアーチと柱のシステムを採用しているのを非難した。逆にフレジエは、初期キリスト教の教会建築の独立柱と梁のシステムは大スパンを架けるのに不利であるから、堅牢性の点で問題があるとして反論した。ちなみにこの宗教建築論争におけるコルドモワの後継者が、『建築試論』（一七五三）において柱梁システムを推奨したロジエであった。フレジェは約四〇年のちになっても、ふたたびこの問題でロジエに反論している。

この時代ペローは新旧論争において、創物主の意図あるいは宇宙の構造に由来するという建築の一元論を破壊し、美の問題を人間の心的運動に還元することで、一八世紀の建築理論における基本的枠組である物体と精神、あるいは客観と主観の二元論が導入される用意をした。アカデミーにおいて、一八世紀前半にはまったく新しい問題意識から建築オーダーが論じられる。建築の美学はそれとは異なる次元の主題として、いわば感覚論美学として論じられることになる。

二―三　ブロンデルの教育改革と一八世紀の建築理論

一八世紀半ばまで、王立建築アカデミーの学校は唯一の建築教育機関であった。しかし一七四二年、ジャック＝フランソワ・ブロンデルは私設の建築学校を設立する決心をする。王立アカデミーは、それが設立された目的とその規則に反するとして、最初はこの学校を認めなかったが、再検討ののち、一七四二年五月六日、「ブロンデル氏の学校は、公衆と、建築を修める意志のある若者の進歩にとって有用である」旨を述べた。

ブロンデルは首尾よく学校を組織し、その存在を世に知らしめた。『建築研究方法論 *Discours sur la manière d'étudier l'architecture*』、『建築の必要性論 *Discours sur la nécessité de l'architecture*』などと題された彼の開校講演が『メルキュール・ド・フランス』誌に掲載された。王がこの学校の学生のために六つの奨学金を設立すると、ブロンデルは一二の奨学金を設立すると発表した。ブロンデルによれば、この「美術学校 école des arts」は完全な教育を提供する。毎日八時から二時まで講義である。一一月と一二月には物理の授業が、夏には見積りと検査の授業が、週三回かわりになされた。四月と五月は建物見学である。午後の三時から五時までは、数学、截石学、透視図法に、そして冬には週二回の粘土彫塑と装飾が教えられる。

三課程からなる。基礎課程は「その身分ゆえに、いつの日か国や宮廷や地方で第一級の職務を果さねばならず、また、そのために開化した人びとのあいだで強く支持されている芸術の基礎的要素を無視するわけにはゆかない人びと」のためにある。すなわちパトロン教育である。ブロンデルの協力者ピエール・パット（Pierre Patte, 1723-1814. カミュの生徒）が一七五四年六月二五日にアカデミーで『家柄の良い人の教育にとってこの芸術がいかに重要かを示す建築論』を読みあげたのも、ブロンデルが『芸術により啓発された世界の人間』（一七七四）を書いたのも、同じこの精神の反映である。第二課程は建築家、彫刻家、画家のための理論の課程である。第三課程は「構造とおもに関わり、卓越した理論をさほど必要としない人びと」のための実践の課程であった。この私設学校は大成功であった。一八世紀後半に活躍した多くの建築家や土木技師、たとえばキュビリエ、ブレ、ルドゥ、ブロンニャール、ド・ヴァイらはその生徒であった。ただ経営状態はかならずしも良好ではなかったようで、寄宿生のうちには年一五〇リーブルの授業料が払えない者も少なくなく、一七五四年にははやくも経営危機に陥っている。

この学校のプログラムは、それまでのアカデミーの学校よりも複雑かつ内容が豊富であり、学生に多くの時間を要求していた。ブロンデルは、その教育の功績が認められて一七五五年に会員、さらに一七六二年にはその教授に指名された。こんどはアカデミーの学校の改革に着手した。いまやそのカリキュラムはふたつの課程で構成される。ひとつは素人と初心者のための六カ月の基礎課程、もうひとつは専門の芸術家のための二年間の理論課程であり、この学校は建築と数学に趣味をもつあらゆる年齢や身分の者にたいして開かねばならなかった。このふたつの課程は月曜と水曜の午前中に二時間半（一一時から午後一時半）にわたって同時になされ、またそのまえに数学者カミュによる計算と幾何学の授業が二時間ある（九時から一一時）。このふたつの正規の課程の補講が、希望者に、金曜日の午前中に四時間半にわたってなされる。理論課程は三部門にわかれている。装飾、ファサードに関連した建物の配置、そして木材の性質や建設の速さ、経済性、完全さを得るために必要な注意を含む構造である。口頭による講義のほかに、「芸術の要素、理論、経験をともにもたらすために」模型による説明や、実際の建物の見学が必要とされた。そのほか一七六二年から奨励賞のための月例コンペが開始された。ブロンデルはこの学校で教えながらも、自分のアトリエでの私的な教育を続けたが、これは一九世紀のエコール・デ・ボザールにおいて、学生が自分で選んだアトリエのなかで学校のコンペのためのプロジェクトを作成するというアトリエ・システムの祖型である。

ブロンデルの教育理念はその著作だけでなく、教え子たちをとおして広まった。一七六六年よりアレクシス・ジョゼフ・リエタール(Alexis-Joseph Liétard)はその師の講義を繰り返すことで教育をおこなった。一八世紀には、絵画彫刻のみならず、建築も教える多くの学校が地方で設立された。トゥールーズ（一七二六）、モンペリエ（一七三八）、ルーアン（一七四一）、ボルドー（一七四四）、ランス（一七四八）、ボーヴェ（一七五〇）、マルセイユ（一七五二）、リール（一七五六）、リヨン（一七五六）、ナント、ルマン（一七五七）、トゥール（一七六〇）でそれぞれアカデミーが設立され、それ以降は毎年フランスのどこかで設立された。これらの学校ではみなブロンデルの理念にしたがったカリキュラムが組まれた。

ブロンデルの建築理論だが、調和比例から美が生まれるというテーゼを信じたという点では、伝統に忠実であった。習慣により材料や仕上げの美が比例の美に転化するというペローの理論を否定し、一般的な比例を求めるためにマリエット（Jean Mariette, 1660-1742）の図面集『フランス建築』（一七二八）を再版した（一七五一〜五六）。ブロンデルは三種類の比例を区別した。第一の比例は人体の寸法によって決定されるもの（階段など）であり、第二のものは建物の堅牢さにかんすること（壁の厚さなど）であり、第三のものは美にかんすることで、オーダーにより具現されている。ウヴラール流の音楽比例にも言及したが、それは比例一般のなかの一部門でしかない。彼の中心課題は比例ではなく性格と趣味であった。

ブロンデルはその『別荘建築の間取りについて』（一七三七、三八）においてすでに「性格」の問題にふれている。それによれば「施主のさまざまな社会的地位、そこに建てねばならない敷地の多様性、構築のための材料の多様性はつねに建築家の精神に、注意をそそぐべき新たな主題を与える」。またさらに「建設手法の一般法則とともに、その使用性にデザインがつねに一致するようにしなければならない各種の建物にかんする個別の考慮があって、それは必要性とふさわしさ（bienséance）によって変わるはずである」とも語っている。施主や材料の個別性の表現が、建物の種類により定まるという「性格」の問題は、『フランス建築』や講義録『建築教程』（一七七一〜一七七七）においてさらに展開されている。ウィトルウィウスやブロンデルが建築の最高の目的とした比例よりも「性格」をはるかに重要視した。「適合性（convenance）は建築で最も本質的な局面とみなされるべきであり、それにより建築家は建物の尊厳と性格を得ることができる……適合性という言葉の意味するところは、ウィトルウィウスのいうデコル（decor とは仏訳すれば bienséance であり、森田慶一によれば、建築構成の基本原理として要請される似合わしさあるいは相応さ、すなわち形式と内容の一致性）である」。彼は適合性とふさわしさ(bienséance)を等置することで、適合性が本質的に観念的な種類のふさわしさ、似合わしさ、を意味することを示した。もともと適合性とは、ある構造のための材料とか、建物の使用性とかの物質的な適切さという意味であり、ルイ一四世の時代でも、この意味での適合性はなん人かの建築家により言及されたのだが、彼はそれに新たな意味をつけ加えた。

ブロンデルはまた『フランス建築』において「各建物にそれにふさわしい性格を与えることに注意することは必要である」と述べているが、ここでの性格とはフランスの古典主義建築の伝統のなかで築かれてきたそれである。彼は「私たちに先行する偉大な人びとの傑作を模倣することを忘れないようにしよう」と述べ、さらに「建築家は一般的に受け入れられている使用法に従うべきで、流行を追ってはならない」と続けている。さらに性格の表現は古典的な統一性やシンメトリーと矛盾してはならなかった。「ホラティウスは私たちに先立って、すべての芸術の根本原理は統一性であることを示した」のであり「シンメトリーは装飾の主要な目的のひとつ」であって、「今世紀の趣味が私たちにもたらした放埓な豊かさよりも好まれるべき」なのである。

一七六六年、ブロンデルは「建物の各ジャンルにふさわしい性格についての試論」と題された、のちに『建築教程』の一部となった論文を書いた。「そのデザインがある様式、ある表現、ある特定の性格を正確にあらわしている建築によって理解されるべきものの正確な理念を示そう」と彼は試みた。「あらゆる種類の建築は、各建物の特有の目的の刻印を帯びるべきである」そして「あらゆる建築は、その一般的形態を決定し、なんの建物かによってあきらかに要求される性格を持つべきである」。また「とくに若い建築家をして固有の性格がない作品の模倣から逃れさせよ」と主張した。「性格」は、過去の建築作品の模倣よりもはるかに重要な概念であったばかりか、建築の外部のみならず、外部と内部の関係にもかかわる。「外部の装飾は内部と親密な関係にあるべきである……それは建築家の優秀さをあらわすこの（便利、堅牢、装飾の）統合の完成であり、とくに、彼が外部をして内部の配置を表現させる術を知っているときにはそうである」。

ところでこの性格はどのようにして明らかにされるのだろうか。ルネサンスの比例理論によれば対象がある調和比例を満たせばそこから自動的に美が生じる。調和比例そのものは先験的で超越的な存在であるから、人間はその知識をもっていればよい。しかし「性格」は明確な理論で割り切れるものではない。それは修業を積み、経験を重ねた人間によって正しく判断されうるのであるから、人間の資質と密接な関係にあるのであって、ここから「趣味」という概念が重要になってくる。

ブロンデルは『建築教程』の「芸術の趣味について」と題された章で、「趣味」についてくわしく論じている。まず趣味とは完全性の最後の段階をあらわすための、美術的判断にかんする用語であり、一定の原理に帰されることはない。それは人工的ではなく自然的なものであり、完全なものにされ、創造において芸術家を導く光となりうるものである。つぎに彼は「自然な趣味 goût naturel」と「後天的な趣味 goût acquis」の二種類を区別した。前者は、理論的な認識でなく、人がそれとは気づかない法則の「感覚 sentiment」であり、この感覚以外の助けを借りることなく、良い作品を見て喜びを感じさせるのはこの働きによる。後者は「精神 esprit」が気づかない感動を「魂 âme」にもたらすものだが、それは自然な趣味により変化され、調整され、高められうる。すなわち、後天的な趣味が完成されるためには自然の趣味を必要とする。つまり、まず趣味とは感覚の領域に属する。いわく熱狂は趣味をその完成の頂点に導くなど。つぎに、趣味は建築家の感性の放縦さを意味するものではない。いわく、後天的な趣味はすべての種類の流行を拒絶する。趣味の人間は天才、情熱、発明の名において飾り立てるあさはかな芸術家の目の眩んだ精神を見捨てる。趣味は経験や訓練により獲得される。いわく、同一ジャンルの建物どうし、つぎには異なる建物との比較により、趣味は完成される。目や感覚は、習慣により聴覚と同じくらいの正確さやデリカシーを獲得する。さらに趣味は理性や知性の領域に領する規則や法則の不完全さを補う。いわく、趣味は規則の選択や適用を決定するが、それがないと作品は単純になる。法則だけでは悪い模倣しかもたらさない、など。趣味が自然的であるというときの自然とは、ルネサンス的な意味での、世界の構造としての自然性ではなく、人間の感覚の本源的同一性（自然な趣味）という人間の内的な自然を意味している。さらに後天的な趣味とは、この人間の本源的感覚が、具体的な作品の覚知や観賞にそくして発揮されることで、発展されうることを示している。つまり趣味の自然性とは人間の感覚のある普遍性を表現している。ただそれでも専門家と素人の区別はした。別の箇所で、芸術家に属する「能動的な趣味 goût actif」とアマチュアのものである「受動的な趣味 goût passif」を区別し、前者は法則の操作などに必要で習得が難しいが、後者はそれを知るだけでよい。この二者が表現において統合されると、作品は至高のものとなり、美術の知識の最も少ない人びとでもそれを賞賛しうるようになる。

　しかしブロンデルが良い趣味の例としてあげるのは、現実としては彼自身の「趣味」である。彼は模倣においては趣味による選択が必要であるとし、ギリシア人やローマ人がエジプト建築を無視したこと、またギリシア人は自然のなかから「よき単純性」を選択して模倣したが、ローマ人はギリシア人の建築のなかからこれを選ばなかった、と述べている。これは単なる例示というよりは彼の好みをより暗示している。さらに、経験による趣味の形成（後天的な趣味）とは、一個人のライフ・スパンに限定されているのではなく、フランスならフランスの長い建築的伝統のなかで培われてきた一定の語法なり慣用を現実的には意味していると考えられる。ブロンデルは趣味の規範にしたがってさまざまな建築的用法を判断している。いわく、同一のファサードに異なった表現のオーダーを使用するのは趣味に反する。個人の住居に大オーダーを使用するのは趣味に反するのであり、それは宗教建築のファサードにのみ許される。よき趣味は、不必要と思われる箇所へのペディメントの使用を禁止し、その多用を非難するし、またそれが渦巻き状であったり、中断されていたり、極端に高かったり低かったりするのは拒否する。よき趣味は屋根が見える建物に手摺子を使用するのを認めない、など。多くの類例が列挙されたが、ロココ的放埒さへの嫌悪ははっきりしていた。つまりルイ一四世時代のフランス建築こそが、理想の建築であった。マリエットの『フランス建築』を再版したのもそれゆえであった。当時のフランス建築のみが「配分のための古代の比例を具現し、形態の優雅さと内部の便利さを備えている」のであった。またブロンデルはフランソワ・マンサールの主要モチーフ、建物の中央から両側にむけての漸進的な形態のヒエラルキーの理念を尊重し、当時すでに出現していた新古典主義的な「対比 contraste」による造型（カウフマンのいうバロック・システムの崩壊と形態の自律）を趣味の名において非難していた。つまりブロンデルは一般論のなかにたくみに自分の好みを導入することで、いかにもアカデミー会員らしい態度を示したわけである。

ブロンデルは「性格」における重要な諸概念を「趣味」に結びつけた。いわく、啓発された鑑賞者の理性が満足する関係性や適合性が把握されるのは趣味の助けによる。趣味はジャンルを画定し、形態を規定し、規模を指定し、表現を決定する。配置においては、趣味は、外部のデザインと内部を和解させる手段を提供し、花壇や植込みの線を決定する。構造においては、趣味は、最も熟慮された構造に美と形態の多様性をもたらす、など。また別の箇所では、建築は理論と実践における規則を応用しただけでは不十分であって、固有の性格を持たねばならないと述べたあと、その規則を選択し、適応させる趣味の働きがなければ、規則的であっても単調な構成になるだけだと指摘している。性格の付与や感受にとって趣味は不可欠であった。

「性格」と「趣味」はより一般的そして理論的にはどう関係づけられるか。一八世紀中葉、芸術作品は芸術家でない人びとも鑑賞するものとなり、批評の対象となった。それまでは芸術論や芸術家の伝記においてのみなされた芸術批評が、この時代では、たとえば絵画や彫刻においては、展覧会においてなされるようになった。批評の内容も、芸術家の情報や、芸術の規則にかんする論述の合間に判断をはさむ、というものから、ただ一群の作品や芸術家たちについて独自の意見だけを述べる、というふうになった。建築も、鑑賞の対象となる。ブロンデルは鑑賞者の作品判断のための諸概念を用意した。崇高さ、素晴らしさ、独創性、巨大さ、快さ、適合性、真実性、真実らしさ、美しさ、形態の高貴さ、統一性、多様性、自由な性格、構成の雄弁さ、首尾一貫性、正確さ、シンメトリー、シンボリズム、男性的、女性的、処女らしいといった性格、軽さ、エレガンス、デリカシーについて、田舎的なもの、純真なもの、女性的なジャンル、神秘性、偉大さ、大胆、恐怖、小さい、軽薄さ、ふしだらさ、似つかわしくないこと、曖昧、漠然、野蛮、悪習、流行、冷たさ、厳格さ、変化、平滑さ、下らなさ、貧しさ、など。そしてこれらの諸概念の定義ごとに、求められた効果、それを具現している作品例、あるいは具現すべき建物の種類と用途、あるいはその具現のための方法と注意事項が述べられた。このリストのなかには一七世紀までの古典主義言語、たとえば、シンメトリーや、男性的、女性的、処女的（ドリス式、イオニア式、コリント式に対応している）を内包している。しかし、まったく同一平面に置かれたこれらの建築言語からなる差異化の体系はきわめて拡散的であって、ある意味で決定論的であったそれまでの比例理論の体系とはまったく正反対である。

鑑賞あるいは観賞という概念は、「性格」と「趣味」の相関関係のキーポイントである。ブロンデルの体系は、主観／客観の図式で最もよく説明できると思われる。人間がある対象を認知して、そしてそれについてある感覚や感情をいだくことは一般に認められる現象であるし、さらに、人間の感覚や対象の属性のある種の類型性により、主観（人間の感覚）と客観（対象）の対応にもあるパターンが生じることがあるし、またそのパターンがある偶然により傷つけられることもある。観賞とはこうした主／客の関係の文学的表現なのである。この関係性が客観（対象）の側に帰属して思念された場合にそれは（ある建物の）「性格」と表現され、また主観（人間の感覚）の側に帰着して思念された場合にはそれは「趣味」と表現されるのではなかろうか。たとえば、ある種のファサード構成が主人の身分を反映しているという意味で、それは「性格」をもつとされるが、その「性格」はファサードの物理的な構成から直接導かれるのではなく、一定の歴史的な過程のなかで、主人の身分に結びつけられたその種のファサード構成が、ある見識ある人びとの「趣味」を養成すると同時に、建物の「性格」のボキャブラリーのひとつを形成させるのだから、あくまで両者は相関的である。あるいは当時のフランス建築は、すでにこのていどの歴史的な蓄積を完了していたともいえる。

フランス一八世紀の建築理論は一般に、この主観／客観の図式を潜在的あるいは構造的に保持していたと考えられる。ブロンデル以外の理論家の理論もこの図式で説明できる。

イエズス会士アンドレ神父（André, 1675-1764）は一七二六年よりカン学寮の数学教授であったが、新旧論争のテーマであった美の問題にとりくんだ。その『美にかんする試論 *Essai sur le Beau*』（一七四一）は版を重ね、多くの人びとに読まれた。彼は三種類の美を区別した。「本質的な美 beau essentiel」と「自然な美 beau naturel」と「恣意的な美 beau arbitraire」である。

本質的な美とは、肉体の視覚的美にかんする永久の法則であり、すべての風習から独立した美である。たとえば、人間は難しく考えなくとも、規則性、秩序、釣合、シンメトリーが不規則性、無秩序、不釣合よりも好ましいことはすぐ判断できる。つまり、本質美は、だれもが気づくような、いわゆる常識あるいは共通感覚の領域に属している。彼は、本質的な美を理性の喜びの対象とした。彼は建築を例にとって、建物のシンメトリー性が美をもたらすのは、建物の各部の類似性、同等性、適合性がすべての部分をある種の統一性（unité）に導き、この統一性が理性を満足させるからであるとした。ところで、この統一性は完全な姿ではこの世には存在しないが、彼はさらに続けて、私たちの精神のうえには、美の本質的規則であり、私たちが芸術的実践において求めるところの、初源的で至上、永久的で完全なある統一性が存在する、と述べている。つまり本質的な美とは、デカルト的な意味での、人間の精神に内在する生得観念に近い概念である。また、自然な美とは、創造主の意志に従属しているが、人間の憶測や趣味からは独立している美であり、本質的な美をその基礎としながらも、理性ではなく目に訴える美である。それは空、草原、雲、木の美であり、色彩の美である。つまりそれは光の美である。

それにたいし恣意的な美とは芸術的実践における体系や手法の美であり、化粧とか、同じ好みの人間を喜ばすしかない個人的な楽しみにおける流行や習慣の美である。つまりアンドレ神父は、人間の内側において、先天的なものと後天的なもの、あるいはルソー流にいえば自然なものと人工的なものを区別し、前者を本質的で自然的、後者を恣意的とした。彼はこの理論を建築に適用した。建築には二種類の法則がある。ひとつは幾何学の原理を基礎とするもの。もうひとつは芸術家がこれまでに真実の、あるいは見かけの規則性により目に快楽を与える比例についておこなった観察を基礎とするものである。前者は、柱の垂直性、各床面の水平性、シンメトリー、一瞥しての統一性といった、建築家の選択からは独立した、一定不変の自然的なそれである。後者には、たとえば比例にかんするものが含まれる。五つのオーダーの比例、柱間のサイズ、ポーティコ、アーケード、戸口、窓の高さなどはそれであり、不確実で曖昧である。彼はこの議論を芸術家の自由さに帰着させた。一七世紀末までは科学であり、理性にもとづくものであった比例が今や恣意性の領域に投げこまれた。ミケランジェロ、パラディオ、ヴィニョーラ、マンサール、ドロルムらは自由な芸術家だが、非難されるべきではなく、その人間的創造、天才、体系の美は積極的に評価される。反対に本質的な美は、人がけっして乗り越えることの不可能な柵であるとされている。そうであるならば、かえってそれを意識する必要はなくなるわけであるが。

アンドレ神父はこうして、新旧論争におけるブロンデルとペローの立場を調停したとされているが、あきらかに近代派に味方しているようだし、また、美の問題をすべて人間の内在的側面に帰着させることで、美の超越性を完全に破壊してしまったようにも思える。

ジェルマン・ボフラン（German Boffrand, 1667-1754）はそれほど急進的ではなかった。パリや地方でもたいへん多作で成功した建築家であって、フランス古典主義の正統な後継者であった。はやくも一七〇九年には第一部会の会員となり、理論的な探究にも熱心であった。『建築書』（一七四五）のなかで「一般的原理」と「よき趣味 bon goût」を区別した。一般的原理とはギリシア人が自然から学びとったもので、比例や視覚補正などがそれであり、この原理をどれだけ守ることによって作品の良さが決まり、それから逸脱することは建築家にとっても、建築を見る者にとってもたいへん危険である。ギリシア人やローマ人により確立された原理は、当時のあるいは後世の、ほかのどの国で確立された原理よりも権威がある。アカデミーは、建築の純粋性や高貴な単純性の基礎であるこの原理を管理し保持し、無分別な新しさに反対しなければならなかった。彼のいう建築の原理とは、アカデミズムの伝統のなかで維持されてきた古典主義的な形態言語と、それについての比例理論とほとんど同義である。新旧論争において形而上学的な基礎づけを疑問視された比例論は、一種のドグマとして、この時代にも保持されていた。

これにたいし「趣味」の概念は一八世紀になって生まれたものである。ボフランによれば趣味とは「良きものから優良なものを区別する能力」である。この「区別」は、あるものがなぜ喜びをもたらすか、あるいはもたらさないか、その理由を示すことが困難であるものの判断である。だから「原理」とは異なり、いわく言い難いもの（je-ne-sais-quoi）である。人間はこの能力を多かれ少なかれ所有している。

「原理」が及ぶ範囲は、神殿や宮殿の内部や外部の装飾である。古代ギリシアやローマにおいてのみ各種の大規模な公共建築が建設されたから、この分野ではギリシアやローマの建築原理が守られねばならない。

こうした原理より「趣味」が重要であり、適用範囲は広い。趣味は住宅の位置（position）、方位（exposition）、間取り（distribution）との関係が深い。位置とは敷地の選択の問題であり、方位とは建物の各面が面する方角の問題であり、間取りは住居者の人数、あるいは機能性に関係する。また、適合性（convenance）も重要である。その住宅の主人の品位、職務、職業、生活様式には注意を払わねばならない。すなわち間取りは主人の性格から判断しなければならない。ある者にとって良いものが、つねにほかの者にとって良いとは限らない。公爵の住宅は私人のそれのように建設されるべきではないし、私人の住宅は高位の人間のそれのようであってはならない。こうした適合の正しさは趣味により判断される。また、ある国で適合的なものが、ほかの国でつねに適合的であるとは限らない。すべての国にはそれぞれ異なった美の理念があり、暑い国のそれは北の国のそれとは違う。すなわち、それぞれの国には、それを決定するある性格がある。

ボフランにおいても、ブロンデルと同じく趣味は性格と関係がある。性格とは、法則には還元されない建築的差異の表現であり、それを享受するのが趣味である、と一応は定式化できよう。ボフランはこの性格の問題を、建築のタイプに結びつけて考えた。建築の目的は材料の使用のみであるとはいえ、建築には、さまざまな性格により活性化されたジャンルの存在が認められる。劇場の背景としてセットされた建築の表現が喜劇と悲劇とでは異なるように、建物もその構成によって、それが教会であるか宮殿であるか、公共建築であるか個人住宅であるかを表現する。さまざまな建物は、その配置、構造、装飾手法によって見る者にたいし、その用途を告げなければならず、それがなされないと、建物は表現に背き、あるべきものとはならなくなる。建築類型の表現という理念は新しいものだが、公共建築はギリシアやローマでのみ発展され、住宅のみがほかの国で展開されたとボフランは主張しているように、やはりそれはアカデミズム的な伝統のなかで考えられていたことは明らかである。

一八世紀の建築家は一七世紀以来のアカデミズムをやはり尊重し、その教義における命題をなんども確認したが、彼らは前世紀人とはまったく異なる方法で理解していた。つまり結論は同じであるが、推論プロセスは異なっている。

この傾向がとくに顕著にみられるのがシャルル＝エチエンヌ・ブリズ（Charles-Etienne Briseux, 1680-1754）である。彼もアカデミー会員であり『田園住宅建設法　*Art de bâtir des maisons de campagne*』（一七四三）とアンドレ神父の用語を使った『本質美論　*Traité du Beau essentiel*』（一七五二）を出版している。

『本質美論』で彼は、比例にもとづく絶対美というアカデミー的理論を擁護し、ペローの理論を攻撃した。ブリズによれば、当時の多くの建築家たちが比例理論を無視し、趣味の名のもとに放埒な自由に身を任せているのはペローの責任であった。ほとんどの会員はペローの信奉者であり、比例の美を無視し、この建築の根本原理を教育しなくなったので、若い建築家は比例を不必要だと思って見捨ててしまい、装飾的混乱に目を狂わされている、と信じていた。彼はペローの『オルドナンス』をくわしく検討するとともに（図19、20）、比例理論の正しさを証明するため、人間の感覚器官における自然性（＝普遍性）を示そうとした。すなわち、人間はきわめてよく調整された感覚と、規則正しく節度ある識別力を持って生まれたので、美の名に値しないものは人間を喜ばすことも、その感覚に訴えることブリズ『本質美論』

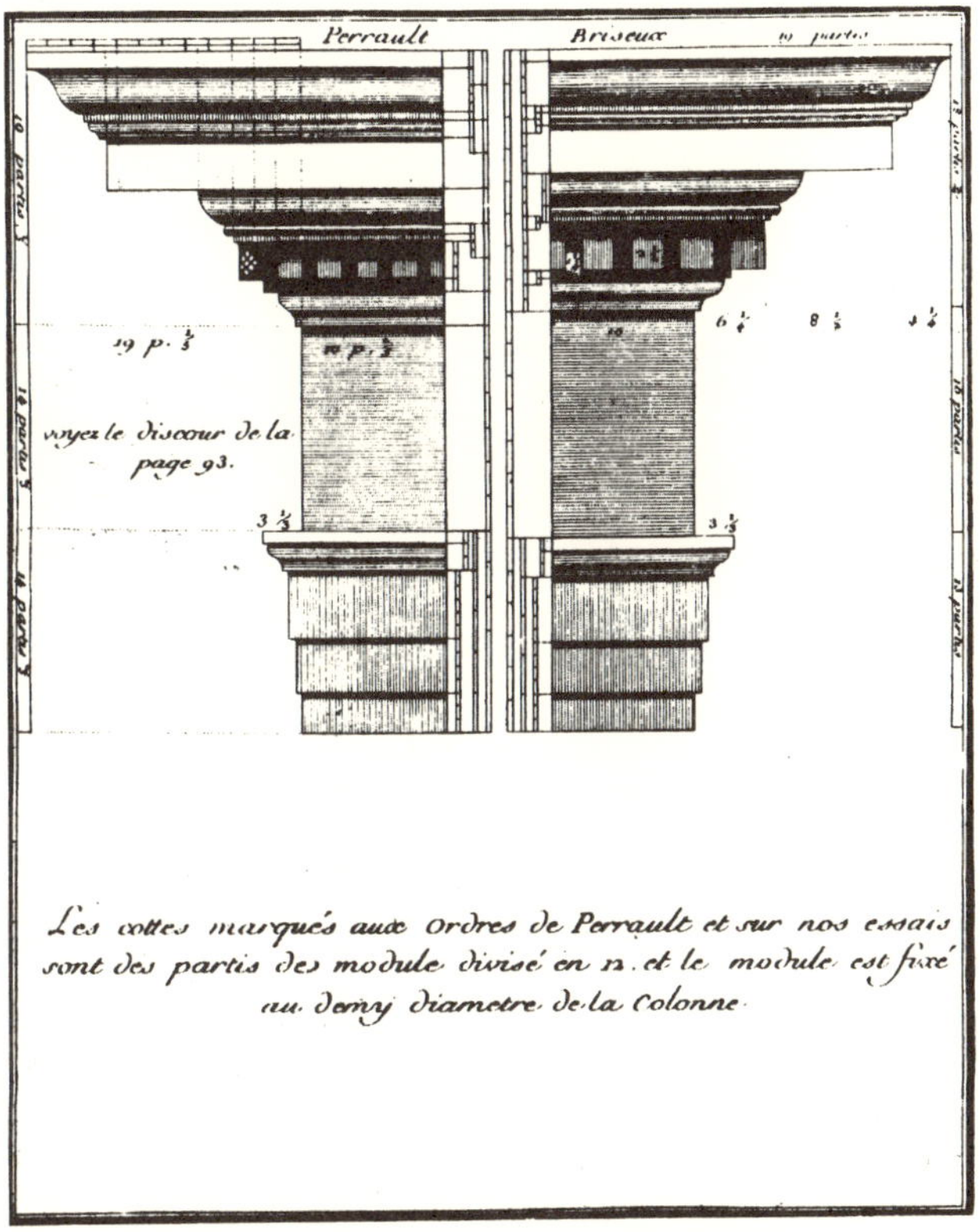

図19　ブリズによるペロー『オルドナンス』の比例の検証。
(左) ペロー、(右) ブリズのエンタブラチュア。

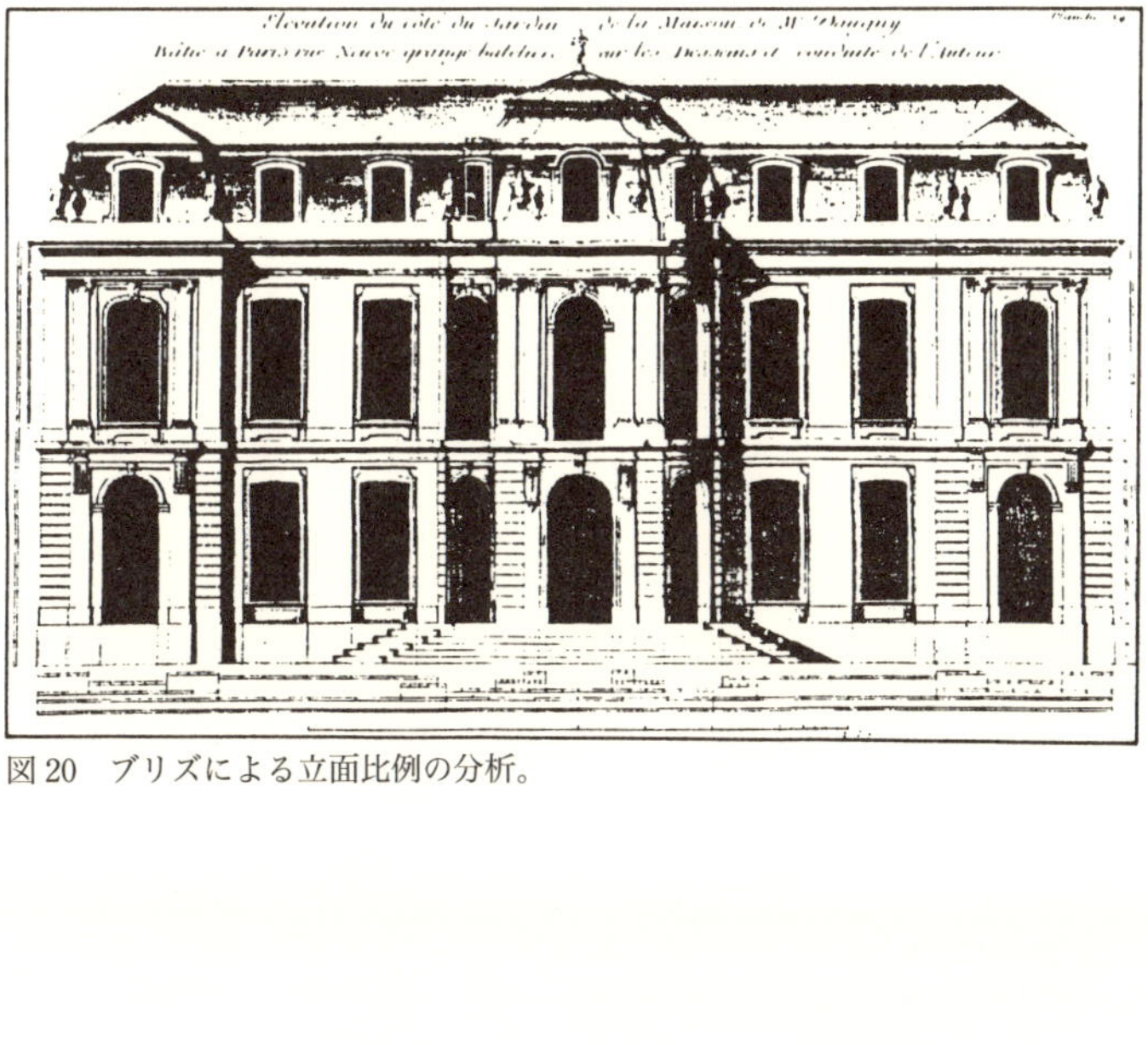

図20　ブリズによる立面比例の分析。

もできない。聴覚的あるいは視覚的な快楽は、人間の体質と類似であるがゆえに調和的な比（rapport）の知覚にあるのであって、この原理は音楽のみならず、ほかのすべての芸術においてあてはまる。同一の原因が相異なるふたつの結果を生むはずがない、とブリズは述べている。

七〇年前にこのテーマを論じたウヴラールは、それを神の権威により証明した、あるいは自明視した。ブリズは聴覚と視覚の相似という主題を異なるアプローチで証明しようとした。すなわち、人間の「魂 âme」はすべての感覚器官と神経という同じ道で連絡されているので、それぞれの感覚器官の知覚方法が異なっていても、同じ比例の知覚なら、視覚でも聴覚でも結果は同じはずである。また経験によって感覚を訓練することも必要である。視覚はさほど精密でなく、誤りを見抜くことがやや不得意であるので、この「生来の才能 talent naturel」を完成させるには、省察をともなった経験と、一定の法則が必要である。しかるに音楽は教育により若い学生に教えられ、またそうでない者も音楽をたびたび聞くことにより、感覚を洗練させ、協和音と不協和音の区別もできるようになるが、建築においては、正しい比例を具えている建物はたいへん少ないので、人びとにそれを慣れさせることもなく、そのうえ建築家を志す者に比例が教えられることもない。ゆえにペローの俗説に追随したアカデミーはなおさら非難されるべきであった。

ブリズのこの責任追求は誤解である。なぜなら、フランソワ・ブロンデルを継いだ各教授、ラ・イール、デゴデ、クールトンヌはペローの理論にはほとんど言及していない。また、ブリズにとって不可解なことには、ペローは比例の恣意性を述べるいっぽうで、みずから厳密なオーダー比例を定めているし、ペローの理論に追随したはずの多くの会員のなかには、そのオーダー比例を利用した者がひとりもいなかった。ブリズは、趣味の概念はペローにその起源があるのではなく、時代の趨勢であるのが理解できなかった。彼は趣味の概念には原理も法則もなく、またなんの根拠もないから、それは明証的な科学ではないと非難した。趣味は、たとえばＪ－Fr・ブロンデルにおいても、原理に還元できない部分のためにそもそも要請されたのだから、それはいわれなき非難なのかもしれない。

ブリズは『田園住宅建設法』で住宅の配置について論じ、その主目標を「経済性 économie」、「適合性 convenance」、「利便 commodité」、「美 beauté」と規定した。前三者は一八世紀の一般的概念を代表しているが、美は一定の比例にもとづく「本質美」であることはいうまでもないだろう。この書はブロンデルの『別荘建築配置法』（一七三七）とともに一八世紀の住宅配置論の基礎となるものである。

ブロンデル、アンドレ神父、ボフラン、ブリズは、比例や趣味の問題についてはその主張することはさまざまだが、いずれもそれらの問題を人間の主観性に還元して考えている点では一致している。しかし、一八世紀にはこれらの問題のほかに、構造における論理性が考察の対象となった。それを論じた人びとは、人間の内面とは無関係な、いわば客観の領域でそれを論じた。フレジエ、ロジエ、パットらである。

アメデ・フレジエ（Amédée François Frézier, 1682-1773）はラ・イールに数学を学んだ王の工学技師であり、力学と截石学にかんする当時の権威者のひとりであった。専門的な技術書として『ヴォールト建設のための截石法の理論と実際』（全三巻、一七三七〜三九）や『花火論』（一七四七）や『截石学基礎』（一七五九）を書いた。截石学の理論は、いわば製図法のそれでもあるが、彼は物体の形を複数の平面への投象として捉え、一枚の紙のなかに平面図と立面図を描いて両者を投象的に関連づけるということを最初になした人物として位置づけられている。これらの理論書をブロンデルの学生たちは教科書として利用した。またこのほかに、一般的な建築論書として『建築オーダーにかんする理論的かつ批判的論考』（一七三九）がある。前述のようにフレジエは建築構造の論理性についてまずコルドモワと論争し、一七五四年には『メルキュール・ド・フランス』誌に『建築における美とよき趣味にかんするいくつかの新刊書についての考察』を発表し、ロジエとも論争した。

この『論考』において、フレジエは理性にもとづく法則が必要だと訴え、時代によって変化する流行を批判した。流行は建築に大きな影響を与える。たとえば流行は「利便 commodité」に影響を与える。装飾についてはなおさらである。構造においても、中世のゴシックは古典主義建築の復興のために忘れられたが、そこにおいても建築のオーダーを決定しようという試みはなされずに、各自がその趣味にしたがって勝手気ままにデザインしてきたのであった。

建築家の気まぐれから独立した法則を確立するには、建築を自然の模倣とみなさなければならない、とフレジエは論じる。自然の模倣物はときにそのオリジナルよりも人間を喜ばすことがあり、そして建築も自然の模倣にほかならない。彼は、ウィトルウィウス建築書の第二書に記述されている建築の起源に注目し、その初源において建築が自然の模倣として成立した過程を記述した。また、風の害から身を守るという本能から家をつくるということは、人間の自然的工作である。ところで建設材料としては木が最も利用しやすいのだから、オーダーの起源は木造小屋の骨組みであることは明らかである。初源の小屋は、まず柱として木の幹が地面に立てられることから始まる。つぎに屋根を支えるために水平に材が、さらに排水のために斜の材が架けられ、その上が樹皮や葉で覆われる。風や寒さから身を守るため、柱と柱の間が切り裂いた木材などでカバーされる。この初源の状態から建築は段階的に発展してゆくのだが、フレジエはそこから柱礎、玉縁、アーキトレーヴ、トライグリフ、コーニス、ペディメントなどといったオーダーの各部の意味を説明した。この論法そのものは会員にとって毎度お馴染みのものであるが、フレジエはオーダーのシンボリックな意味を無視したという点で新しい観点を提出した。建設法は「頑丈に solidement」か「軽快に legèrement」か、あるいはその中間のていどに建てるかの三種類の方法しかないのだから、それらに対応してオーダーも三種類しか認められない。それはギリシアのドリス式、イオニア式、コリント式であるが、これらの名称はギリシア人がたまたま与えただけであって、構造的な意味はない。彼は、それらのかわりに「堅牢なオーダー ordre solide」、「中間のオーダー ordre moyen」そして「繊細なオーダー ordre délicat」という名称を提案した。つまり古典主義的な建築言語を構造の概念で説明しようとした。そして「層オーダー superimposition des ordres」を異なる種類の構造の混合として認めなかったように、伝統的な古典主義の語法であっても構造の原理に合致しなければ否定した。

一八世紀は、それまでの古典主義理論が検証された。ユマニスムにおける普遍的な価値は疑われ、気候や材料の変化、社会の進歩、といった多様性への考慮が欠如していることが指摘された。フレジエは、ブリズとは違い、美の相対性を認めた。芸術における美は、国や教育の偏見の結果であり流行に基礎づけられているので、けっして一定のものではない。また彼は様式的な概念を持っており、一七五四年に『メルキュール・ド・フランス』誌に発表した論文において「しかしながら、この（ゴシックという）建築モードはたいへん栄え、なん世紀も続いたのであり、すべての流行のなかの頂点である。ゴシックからギリシアやローマの古代への回帰がなされたが、それは新しさの権利においてなされたのである」と述べている。そして彼は「利便、堅牢、品性」の名のもとに、古典建築の技術的な優越性を示した。

ブロンデルのようにフレジエ（彼自身は会員ではなかったが）もアカデミーにおける保守的な見解を代表している。ゴシック建築にかんするその見解は、アカデミーのそれと似たり寄ったりである。一七一二年七月一八日の議事録には「古代建築はゴシックより優れており、両者は比較にならないほどである。古代建築においては、一般的あるいは個別的な比例はその堅牢さに適合しているが、ゴシック建築にはこのようなことは認められない」と書かれている。

マルク＝アントワーヌ・ロジエ（Marc-Antoine Laugier, 1713-1769）の作業もフレジエと同じく、建築の起源への遡及である。彼は一四歳からアヴィニヨンのイエズス会で修道誓願前の修練期をすごし、勉学のためにリヨン、ブザンソン、マルセイユに渡り、一七四四年にはパリに到着し、そこで王の説教師となった。しかし王宮における一七五四年一月の批判的な説教のあと、教団によりリヨンに呼び戻された。一七五六年に教団を去り、ベネディクト会に入会する教皇の許可を得た。ロジエはさまざまなテーマにとりくんだ。『ルソー氏にたいするフランス音楽の擁護』(一七五四)は彼の作であるし、また一七五九年から一七六八年までに一二巻からなる大著『ヴェネツィア共和国史』を成し、アンジェ、マルセイユ、リヨンのアカデミーのメンバーとなった。

ロジエは建築については『建築試論』(一七五三)と『建築にかんする考察』(一七六五)を書いている。カテドラルの聖歌隊席のための新しい装飾の計画についてアミアンの司教と教会参事会に相談されたことがきっかけで、ロジエはゴシックと古典主義の和解という主題に直面し、その経験を『考察』の「ゴシック教会の装飾の困難さについて」という章で述べている。その主張は一八世紀の建築理論のなかでは独特である。また多くの手稿を残しており、そのうち『絵画作品を判断する方法』は没後一七七一年に発行された。

ロジエは『試論』のなかで、たんにロココのたわむれを消極的に非難するのではなく、新しい建築の方法を確立しようとした。一七五〇年代からの建築理論家はもはや実務にも携わる建築家ではなく、ケリュス伯やヴィンケルマンのような「骨董屋」、ロジエのようなよろず屋、コシャン(Charles-Nicolas Cochin, 1715-1790)のような版画家、マリエット(Pierre-Jean Mariette, 1694-1774. 版画家にして出版業者であり重要な建築書を発行)のようなアマチュアであった。ロジエは、ブロンデルの著作に代表されるような、アカデミーの支配的趣味と教育には反対の見解をいだいていた。寸法やモデュールの問題は建築家の趣味や経験に任せればよいことで、自分が関与すべきことではないとまず言明し、理性に基礎づけられた建築をめざした。それはヘレニズムの建築であり、またウィトルウィウスによる建築の起源にかんする記述(「神殿は初源の小屋 hutte primitive の模倣である」)をより哲学的な見方から正当化しようとした。フレジエと同じく、建築を構築プロセスにおける論理性から律しようとし、コラム、エンタブラチュア、ペディメントのみからなる建築を提案し、土台、付柱、ピラスター、柱の積層を禁じた。

ロジエのこの建築言語の統辞法は、自然模倣の理念を構築的側面から解釈したという点で新しいが、しかしその概念そのものは独創的ではない。同時代にはフレジエや、ヴェネツィアのフランシスコ会修道士にして建築理論家カルロ・ロードリ(Carlo Lodoli, 1690-1761)やその弟子アンドレア・メッモ(Andrea Memmo, 1729-93)のように同じ理念をいだく者がいたし、そもそも初源の小屋という理念はすぐれてアカデミー的な理念であった。ロジエはいわば、そうした理念をその極限まで展開させることによって、逆にその保守性を明らかにした。アカデミーは一七五四年にロジエの『試論』と、それにたいするフレジエの批判を検討し、その結果、フレジエの意見を尊重した。理論的一貫性よりも実際面を重要視したからである。

初源の小屋という理念は、構造という客観の世界の理論を強調したものだが、ロジエは主観の世界の論理から解放されていたわけではない。彼はギリシアの三オーダーの性格に言及し、それが見る者に与える印象の作用について述べているから、ロジエにおいては主観と客観はまだ未分化である。このゴシック評価についてもそうである。『考察』では、ゴシックの構造を、その構造的論理性とともに、見る者に与える軽さの印象のゆえに評価した。そもそもロジエの意図は教会建築の改革にあり、一八世紀のゴシック評価は当時のバロック的な教会建築をどう評価するか、という問題と密接な関係がある。ちなみにＪ‐Fr・ブロンデルはゴシックを否定しバロックを認めた。『試論』におけるロジエの計画はコルドモワのそれに近いが、よりシステマティックである。彼は単純で、力学的な曖昧さのない表現を要求し、古代の周柱式の形態を教会の内部に適用することを提案した。コルドモワにおけるのと同じく、交差部の構造的弱さが、フレジエの批判の対象となったが、ロジエは建築家の熟練でそれは解決されうると考えていた。スフロのサント・ジュヌヴィエーヴ教会（現パンテオン）における経験は、ロジエの理論を検証するものとなった。一七五〇年代にはスフロやコンスタン・ディヴリのような建築家がコラム／エンタブラチュアのシステムを使用した教会を建てたのはロジエの影響であった。

ピエール・パット（Pierre Patte, 1723-1812）はより保守的な意見を代表している。ボフランの学生であり、一七四五年からは幾何学教授カミュの学生となった。一八世紀の理論の擁護者として、アカデミックな思考の継承者を自認していた。一七五三年、ボフランの『建築書』を再版し、Ｊ‐Fr・ブロンデルの『建築教程』刊行の仕事を受け継いで、構造にかんする重要な章を追加した。一七七七年の刊行であり、ヴォールトのメカニズム、その圧力と構造についての考察であった。

パットにとって、本質的な美を構成する比例が存在するのであれば、その表現は荷重と支持の関係において必要となる比率のうちにみいだされるはずであった。彼は『最重要な建築作品にかんする覚書 *Mémoire sur les objets les plus impotents de architecture*』（一七六五）で、とくに「実用建築 architecture pratique」を望んだ。その理由は、「建築の最も有用で、必要で、本質的な部分、すなわち構造は（これまで）ほんのすこししかふれられなかった」からである。それゆえ建築家は「技術者の仕事を明確に説明できる原理」を発見しなければならない。建築とは、有用性と物理的力学的法則への服従が支配する芸術であった。

この観点から彼は一七六九年、サント＝ジュヌヴィエーヴ教会の丸天井の支持にかんする問題について、スフロと論争した。『サント＝ジュヌヴィエーヴ教会のドーム支持にかんする覚書 *Mémoires sur les supports du dôme de Saint-Geneviève*』（一七七〇）と題された文章において、建築を支配しているのは人の意志ではなく物の意志であると述べている。さらに『建築教程』のなかで「建設を主導する人びとが、幾何学、とくに築城技師や土木学校を模範とした力学を、設計や実用に適応しないかぎり、建築の建設術において新しい進歩を期待すべきではない」と述べている。パットにはこのほかに劇場建築、都市計画にかんする多くの著作がある。

この時代のアカデミーは、J‐Fr・ブロンデルの性格＝趣味論にみられるように、建築家の経験的な感性の練磨を要求するいっぽうで、建築とは建設の術であるというウィトルウィウスの定義にしたがって構造や実際面にも注意をはらった。一七世紀と一八世紀初頭における建築の中心課題はまずオーダー（装飾）であり、つぎに間取り（distribution）、構造とつづくが、一七五〇年代、六〇年代からはこの順番が逆になった。構造こそが建築の主要部分であり、装飾は表面への付加にすぎないという見方が一般的になった。すでに述べたようになん人かの思想家はその例である。

その背景としては同時代における物理科学の進歩が考えられる。この分野における多くの発明や工夫がアカデミーに提出された。教授L・A・ロリオの兄弟であるA・J・ロリオ（1716-1782）は一七七四年に新種のセメントにかんする覚書を発表した。

木材の希少性から新しい方法が考案されたが、アカデミーが指名した委員会は一七六五年、その欠点を指摘した。ルグラン（Jacques Guillaume Legrand, 1753-1809. J‐Fr・ブロンデルの生徒）とモリノ（Jacques Molinos, 1743-1831）は、ル・カミュ・ド・メジェールが建設した穀物市場の中庭を覆うため、ドロルム考案のシステムにふたたび着目し、一七八三年にそのドームを増築した。

アカデミーは一七八五年、さまざまなヴォールトの構造にも注意を向けた。陶器の管でできたローマやビザンチンのヴォールトの方法を利用した例についての覚書が発表された。各地のヴォールト構造の例にかんする講演に耳を傾け、「最も公共で利用できるレンガでできたヴォールト構造のための、最も確かな経験を積んだ者」のための賞を設立した。アントワーヌ（Jacques-Denis Antoine, 1733-1801）はシテ島に建設することとなる裁判所（一七八二〜八五）の大ホールを覆うために中空レンガによるヴォールトを考案したが、この新しい方法も影響を与えた。スフロのサント＝ジュヌヴィエーヴ教会が引き起こしたポレミーク、それにかんするパットらの批判はまったく新しい一連の経験をもたらした。スフロとペローネ（Jean Rodolphe Perronet, 1708-1794. 土木技師、石造アーチ橋のスパンを大きくすることに貢献）は、みずから発明した機械を活用して、さまざまな材料の圧縮や引張りの耐久力を研究して報告した。スフロは一七七六年に建築アカデミーに割り当てられたルーヴル宮の部屋に一種の博物館を開き、「その重さのもとでの、金属の強度、木材やそのほかの材料の耐久力を示すための機械」をそこに展示することを望んだ。彼は試験のための実験室を夢想し、科学アカデミーの化学者や物理学者との協同を望んだ。

鉄を石造の補強として使用することはすでに一般的であった。ガブリエルはペローにならってコロネードを大量の鉄で補強しようとしてアカデミーに相談した（一七六二）。パットはその建物について『覚書』で言及している。スフロはT字断面の材の耐久力について実験した（一七七三）。圧縮力に対抗するよう鉄を利用する建築家もいたが、パットは『建築教程』でこのような使用法の不都合性を説いた。

鉄はまた木構造の代用としても使用された。ブレビオン（Maximilien Brébion, 1716-1796. 一七四〇年大賞受賞、一七五七年にルーヴル宮建築検査官、スフロの弟子）は一七八〇年ごろにルーヴル宮の方形広間（Salon Carré）の小屋組において、同じころルイ（Victor Louis, 1731-1800. ボルドーの大劇場を建設）は現在のコメディー＝フランセーズにおいて、一七八六年にはベランジェ（Fr. J. Bélanger, 1744-1818）が住宅において、それを試みた。一七八六年、建築家アンゴ（Ango）はこの構造について報告した。一七八四年五月、錠前師カリプ（J. P. Galippe）はスパン六〇〇ピエ（約一〇七メートル）の鉄橋の図面を提出したが、アカデミーは原理は認めながらも疑いを告白した。ベランジェは王の庭園の前のセーヌ川に架けられるその種の橋を計画した。鉄は庭園のなかの小さな橋とか、東屋などの小さな建物ではより早期から利用されていた。

屋根仕上げとしての金属板の使用も考えられるようになった。一七六六年にアカデミーでは陸屋根か小屋組かの選択が、娯楽か堅牢さのどちらを優先させるべきかで問題になったが、金属板の使用は屋根の傾斜を小さくできるので、両者の利点を和解させることができることが指摘された。J－Fr・ブロンデルは『フランス建築』で、ベルサイユの城館の例をあげ、屋根材としては鉛よりも銅板が優れていると主張し、一七六〇年六月、タヌヴォも報告書のなかで同じ判断を示した。一七六二年六月一四日の議事録では、イギリス流の圧延方式にかわって、機械槌により銅板を製造する産業が開始されたことが述べられている。アカデミーはまた一七五九年三月一九日、サンクト・ペテルブルグで使用された錬鉄の可能性を研究し、スフロの報告にもとづいてその使用を勧めた。

住宅の設備も研究されたが、それは古典主義的な利便性の理念にこたえるものであった。ガブリエルは食堂の敷石を暖める温風式暖房装置を、ボンマン（Bonnemain）は一七七七年に温水暖房装置を考案し、ダヴィド・ルロワはさまざまなストーブのシステムを研究した。そのほかにも暖房装置にかんする論文は少なからずあらわれた。デザルノ（Désarnod）は一七八八年にパリに暖房装置のための王立工場を設立し、テイヤール（Teillard）は換気の方法について考察した。また下水の排水方法が、便壷を廃止してすべてを下水渠に導くために研究された（たとえばP・パット『覚書』）。

一八世紀末には建設方法は大きな進歩を示した。優秀な請負家がこの時期にはあらわれた。たとえば建築長官ダンジヴィレ伯（d'Angiviller）はデュランの義父ペクール（Pécoul）を賞賛した。またこの時代には工期もいちじるしく短くできるようになった。

こうした構造への関心は、ゴシック建築にたいするアカデミーの評価が変化したことを示唆する。一八世紀中葉までは、ゴシック建築の歴史はほとんど誤解されており、その形態は野蛮人の侵入に由来するという偏見が強かった。『百科全書』でもそうであった。大多数の著作家は重い建築の時代のゴシック期と、軽い建築の時代のアラベスク期を区別していた。ゴシックの装飾は軽蔑されていたが、しかしその構造は一般に認められていた。ゴシック構造が賞賛された理由は、その軽快さ、それを可能とした優秀な技術、その見事さが見る者に与える印象、その広がりや高さや解放性である。すなわち、その評価は合理主義的であると同時にロマン主義的である。ランベール（Lambert）神父、ロジエにおいてしかり。ボルドーの建築家ラルティーグ（J. B. Lartigue）には当地のカテドラルにゴシックのファサードを与える計画があったが、彼においても同じである。スフロは一七四一年にリヨンのアカデミーにこのテーマにかんする覚書を提出した。のちに王党派シャトーブリアンは『キリスト教精髄』（一八〇二）のなかでこれらの理念をまとめあげた。

ロマン主義的傾向を嫌ったフレジエに代表されるように、アカデミーではおもに構造的な合理性が研究された。ヴィニー（Pierre de Vigny, 1690-1777. ド・コットの弟子、王室関係や貴族関係の仕事が多い）は一七五〇年代にそれにかんする覚書を提出している。一七六一年、スフロはアカデミーで二〇年前の議論をふたたび読みあげ、ディジョンのノートルダムの断面図を示した。一七六四年、ルロワは「ゴシック構造の驚異が本格的に研究されるようになったのは、ここ数年来のことである」と書くことができた。一七六二年二月一日、ペローネがマントの参事会管理聖堂の断面を提出すると、アカデミーは「ますます興味深く思われるこの建設方法について」検討した。ペローネはヴォールト、壁体、支柱について、効果的な応力と、破壊的な応力を区別した。問題は要素間の平衡であった。「建物の堅牢さが依存しているのは、支柱や壁体の厚さや、それらを倒そうとする不釣合いなヴォールトの厚さというよりも、圧迫しようとする力とそれに抵抗する力の関係である」。本質的な部分は、建物の骨格と、充填物は肉とよばれた。「人体構造における自然を模倣することで、それほど材料を使わないで、耐久的な建物がつくられている」。パットは一七六九年の『覚書』においてゴシック構造の検討を勧め、増補版Ｊ－Fr・ブロンデル『建築教程』のなかでゴシック構造の各部材、ヴォールト、フライング・バットレス、バットレス、ピナクルなどの役割を示し、ゴシックのヴォールトと木の枝を比較することで、シャトーブリアンの議論を先取りした。ルロワは一七七四年のアカデミー設立一〇〇年祭の記念講演のなかで、新しい趣味の原因として、イタリア、ギリシア、シリア旅行とともに、ゴシック建築研究に言及した。二〇年のち、彼はアミアン地区の行政官にたいし、外部のピラミッド、オベリスクの重さは、大ヴォールトの圧力にたいするバットレスの抗力を増すのに絶対必要であるから、それを取り壊すことは危険であると忠告した。

こうした構造的合理性の問題は、趣味や性格のそれと深く結びついている。たとえばスフロの試みは古典主義の重厚な形態にゴシック的な軽さを与えることであり、中世の工匠の科学を古代のよき趣味に結合させることであったと、オートクールは『フランス古典主義建築の歴史』で指摘している（第四巻、六九頁）。しかし、ゴシックや古典にたいする解釈のなかにある両義性が認められる。ゴシックの合理主義的解釈とロマン主義的解釈についてはすでに述べたが、古典主義建築においても、自然模倣の概念は構造の起源と論理性を示すことにおいて合理主義的であると同時に、「高貴なる単純さ」などという趣味や性格にかかわる表現はあきらかにロマン主義的である。この両義性は、建築が共約不可能なふたつの論理、すなわちひとつは人間の内面、あるいは感受性や知覚や感覚の領域（主観）における論理であり、もうひとつは対象としての物体の力学的、あるいは物理的または科学的な特性の領域（客観）における論理、に裁断されて思考されるようになったことに由来している。つけ加えれば、主観と客観は無関係の二者ではなく、たがいに補足的な関係を保っている。主観が成立するがゆえに客観が成立するし、その逆も真である。ある判断とは、対象にかかわる人間の判断なのだから、それは主／客のふたつの領域に同時に属する。ゆえに主観的か客観的かという議論はつねに曖昧である。たとえばギリシア神殿の構造は単純であるという判断は、主／客のどちらの領域に属しているのか。つまり一九世紀における建築的思考はこの主／客の構図をその底辺に普遍的に保持していると考えられるが、それはこの時代にはっきりと意識された芸術と技術の分離を説明するためのものではない。もちろんこの分離は主／客の構図と無関係ではないが、芸術と技術のそれぞれにおいてもこの構図がみられる。

第三章　エコール・デ・ボザールの成立

三―一　王立アカデミーの解体と新制度

王立建築アカデミーは一世紀以上にわたって、学校、諮問委員会そして学会としての卓越した役目を果たしてきた。その権威はきわめて高く、革命まぎわになっても外国の国王はその意見を求めようとした。それはけっして革命派の重大な敵ではなく、王権からの独立の精神をしばしば示したし、政治的あるいは技術的な新しさにたいして敵意をいだくことはまったくなかった。一七八九年五月二日に提出された奨励賞コンクールの課題は「ある大国家の三部会召集のための建物」であった。

反対に、絵画彫刻アカデミーは敵意の対象となった。同アカデミーはサロンを組織し、ダンジヴィレ伯からサン=リュク協会などのライバルの展覧会を禁止する権利を与えられていた。しかし画家ダヴィドはその教育方法を非難し、それにたいして尋常でない恨みをいだいていた。攻撃は一七八九年一二月に始まった。会員のなん人かが、法規改正のための委員会の設立を要求した。ダヴィドの一味は、この組織を廃止し、それにかわる全芸術家が参加するコミューン・デ・ザール（Commune des Arts）を設立しようとした。彼らはアカデミーが芸術を独占する特権組織だとして非難していた。ダヴィドの友人カトルメール・ド・カンシーは、この組織そのものは支持していたが、それを一種の学校に格下げし、サロンを組織する権利を奪おうとしていた。そのほかのより穏健な人びとも、アカデミーのヒエラルキーは平等の新原則と一致しないとして、アグレエ（agréé）、アカデミー会員、オフィシエ（officier）の同一視を望んだ。一七九〇年二月二五日、急進派はダヴィドのもとに集結し、立憲議会にたいしても発言力をもっていたコミューン・ド・パリ（一七八九～九五）に覚書を送った。三月六日、アグレたちは絵画彫刻アカデミーにたいし、改革にかんする議論に耳を貸すよう要求した。

このような動きは建築にもすぐ飛び火した。一七九〇年四月二六日、学生たちは彼らの師匠たちに最後通牒を送り、コンクールの規則改正を要求した。これにたいしダンジヴィレ伯は、王のみが規則改正の権利があり、学生は会員と同等であるとは認められないと返答した。この返答のまえに、学生たちはその称号を放棄し、大賞コンクールを拒否していた。しかしなん人かは屈服し、またアカデミーも改正の可能性を検討することに同意した。

国民議会はこの問題に関心を示していた。一七九〇年八月、議会は各組織にそのあり方にかんする考え方を問いただしていた。建築アカデミーは、この種のこととは関係がないと思っていたが、同月三一日に議会からの手紙を受けとり、考えを改めねばならなかった。公共の事業を生活の糧の一部としていた王の建築家たちで構成されていたこの集団は、ダンジヴィレに陳情書を送り、そのなかで王権による保護に感謝し、新たな保証を求めた。しかし国民議会との衝突を恐れたアカデミーは、要求された情報を議会に送り、その慇懃さを印象づけた。そのあいだアカデミーの委員会が形成されていた。ダンジヴィレは一七九一年一月二一日、この会合について建築アカデミーに抗議した。この干渉にもめげず、一五人のメンバーは一七九一年二月一四日、国民議会にたいして改革案を提出した。この一五人の進歩派のメンバーとは、ペローネ、ド・ヴァイ、フランク、ブレビオン、ルセ、モロー、クトゥ、ボシュ、ユルティエ、アントワーヌ、ブロンニャール、ポワイエ、デメゾン（Demaison ダヴィドの叔父）、スデーヌ（Sedaine ダヴィドの保護者）である。彼らは「国立美術アカデミー」の設立を提案した。ふたつの部会にわかれており、ひとつは建築で、もうひとつは絵画、彫刻、版画である。各部会は別々に招集されるが、三カ月半ごとに共通会合がもたれる。ところでダヴィドが一七九〇年夏に設立し、三〇〇人の建築家を含んでいたコミューン・デ・ザールは、国民議会にたいし、アカデミーを廃止すること、芸術家が作品を持ちこめる展覧会を組織すること、その支出を検討するコミューンの意見にもとづいて大きな仕事を与えること、を要求した。また芸術上の共和主義者リセ（Lycée）は、各アカデミーをひとつの「美術アカデミー」にまとめ、国のコレクションの保管という任務を与えることを提案した。

立憲議会（一七八九）は絵画彫刻アカデミーからサロンを組織する権限を奪い、ダヴィドとカトルメール・ド・カンシーとほかの四人の委員会にその任を与えた。立法議会（一七九一）の議員に任命されたカンシーはさらに、亡命したダンジヴィレにかわって美術総務（Directeur des Beaux-Arts）としての実質上の役割を果たした。彼は立法議会において、会員のほかに芸術家の代表者をふくむ、製作料の陪審員を設立する法令を可決させた。一七九〇年一二月一九日、パリ市当局が財産目録の提出を各アカデミーに要求すると、建築アカデミーは「アカデミーはその会合と学校のためにルーヴル宮の一部を所有している。アカデミーの地所に備え付けられた大理石の一片にいたるまで、すべてをアカデミーは王に負っている」と勇敢にも答えた。一七九一年四月二七日の法律は建築アカデミーから王室建築の監督を奪い、九人の建築家からなる「市民建築委員会 Conseil des Bâtiments civils」を設立した。

ダヴィドに敵意をいだく会員たちは不安であった。カンシーを芸術の落伍者とみなし、サロンを優秀でない芸術家にも開いたとして非難していたルヌー（Renou）は立法議会への請願書を起草し、一七九二年八月三〇日に提出した。彼は、できの悪い芸術家を除去するのを期待して、文学、科学、芸術を職業とするすべての者に免許状が与えられることを要求した。建築アカデミーはこの意見には賛成であった。

一七九三年は風雲急を告げていた。組織はその機能を果たさなくなった。多くの会員は会合に出席しなくなり、レモン（Raymond）のように健康状態を理由として辞任を要求し、認められる者もいた。一七九三年七月四日、国民公会（一七九二～九五）は第二コミューン・デ・ザールを設立し、アカデミーの廃止にそなえさせた。八月五日、公会の議員であり、公教育委員会のメンバーでもあったダヴィドは廃止にかんするレポートを用意していることを議会で告げた。建築では大賞の審査の時期を繰り上げようとしたが、ダヴィドは「この授与が、今日までなされてきた不公平な方法でなされるのを防ぐために」審査の延期を公会にたいして提案した。そして八月九日、公会の演壇に立ったダヴィドは、その大演説のなかで、アカデミーは貴族のたまり場であり、排他的な団結心で高揚し、いやしい嫉妬心に従い、反動的で有害な教育をおこなっていると非難した。国民公会はグレゴワール（Grégoire）の報告にもとづきすべてのアカデミーの廃止を決定し、一七九三年八月一六日から一七日の夜、全アカデミーは閉鎖された。ここに王立アカデミーの歴史は終わる（とはいえ、一七九三年九月二八日、国民公会はその学校の一時存続を認める）。

建築のほかの制度も変革された。

革命以前は、王室建築長官（Directeur général des Bâtiments du Roi　建築総監が一七〇九年に廃止されたのちのポスト）は主席建築家、主席画家、建築アカデミー、絵画彫刻アカデミーに補佐され、建築、絵画、彫刻の全領域にその権限を広げていた。王室の儀式、祝典、芝居などは「ムニュ・プレジール」なる部局が管轄していた。一七九一年四月二七日の法律は、これらの業務を再組織した。美術、科学、スペクタクルについての部局は絵画、彫刻、劇場にかんする事柄を扱った。博物館や展覧会は特別の組織にまかされた。建築は、それぞれの部局を担当している九人の建築により構成された市民建築委員会にまかされた。

国民公会はこの分割を強調した。共和暦二年芽月の法律によれば、美術の業務は「公教育委員会」が、建築の業務は「公共事業委員会」が担当した。いくつかの事情により、とくに国民公会が事業のプログラムを作成しようとしたとき、公会は統括的な組織の必要を感じ、「公安委員会」がその任務を担当した。

共和暦三年（一七九五年八月）の憲法により、総裁政府とその下の行政組織が設立された。内務大臣の権限の範囲下には、美術、科学、スペクタクルの部局と、市民建築の部局があった。建築の部門は一七九五年一二月に再組織された。組織の名称は変わったが、業務は同じままであった。内務大臣は三人のメンバーすなわちロンドレ（Jean Baptiste Rondelet, 1743-1829. 合理主義の構造家、J-Fr・ブロンデルの生徒、スフロについてサント=ジュヌヴィエーヴ教会建設にかかわり、カンシーとの関係もよかった）、シャルグラン、ブロンニャール、さらに秘書マルメからなる一種の建築委員会を指名して、その再組織を命じた。ロンドレはただちに「土木工事の指導を担当する芸術家の組織」を編成するように依頼された。彼によれば「内務大臣がこの組織を設立させた動機は、第一に、その有用性、必要性、利点がまえもってよく確かめられることなしに、市民建築にかんする事業が国家予算でなされることを防ぐためであり、つぎに、施工が命じられた全事業が完全性、堅牢さ、経済性をもってなされるのを保証することであり、最後に、すでに開始されたか、完成されたか、あるいは中断されたかの建設事業についてなされうる請求と支払い要求のすべての合法性を確認することである」。

この組織は六部局からなり、各部局にはその長としてひとりの検査官がいた。

一　記念碑、政府や高い権威のための建物　　検査官ボネ
二　司法のための建物　　検査官ボードワイエ

三　公教育のための建物　　　　　検査官ブルラ
四　貯蔵のための建物　　　　　検査官ルグラン
五　公共医療のための建物、病院、診療所　　　　検査官A・F・ペール
六　公共の利便と衛生のための建物、道路、建築線、トンネル、広場、泉　　　　検査官モンシュレ

建築委員会の三人のメンバーはそれぞれふたつの部局を担当した。すなわちシャルグランは第一、第二、ブロンニャールは第三、第四、ロンドレは第五、第六部局を担当した。この三人のメンバーと六人の検査官が「建築委員会 Conseil des Bâtiments」となった。革命以前、アカデミーに補佐されたダンジヴィレが王の助言者である三人の建築家からなる委員会を設立したが、それはこの新しい委員会とほとんど同じ機能を果たすものであった。アカデミーはフランスの最も著名な建築家だけがメンバーになれたが、新しい建築委員会はモンシュレ、ブルラ、ボネといったまったく無名の人間を内務大臣の命にしたがって迎えていた。なお一七九七年の財政危機により、主メンバーはシャルグランとロンドレ、補助メンバーはボードワイエ、ボンネ、モンシュレという構成になった。

総裁政府では美術と建築に分けられていたが、執政政府になると四つの部局に分割された。公教育、一般建築、技芸と家具、美術である。最後の部局は、芸術、宮殿、博物館、芸術学校、公共の記念碑、図書館、文芸上の資料、国家的祝典の振興の任にあたった。建築の部局は市民建築委員会であった。そのメンバーはユルティエ、ペール、シャルグラン、セルリエ、ブロンニャール、ボードワイエ、ロンドレ、ジゾール、ガルテであった。しかし、しばらくのあいだフランスの建築行政は不明確であった。ペルシエとフォンテーヌは共和暦九年雪月（一八〇一年一月）に第一、第二執政官の宮殿の建築家となった。一八〇一年一〇月、デュロク将軍はチュイルリー宮殿の総督となり、宮殿の管理と維持を担当した。帝政時代の布告によって皇帝住居監督長のポストが設立されると、フルリユ、つぎにダリュがその任にあたった。ナポレオンの意図は芸術にかんするすべての事柄をこのポストに任せることにより、権限の混乱を避けることであったが、それまでに設立された各役職はそのままであったので、個人的な干渉は続いた。フランスの宮殿や記念碑の装飾にかんする指示を発令したのは、ダリュであったり、デュラクであったり、あるときはペルシエとフォンテーヌであった。共和暦一三年雪月（一八〇五年一二月〜）、国家建築評議委員会が設立され、三人の建築家ゴンドワン、ロンドレ、ルナールがそのメンバーとなった。一八〇七年、ルナー

ルにかわってモリノが指名された。

モンタリヴェ伯は内務大臣（一八〇九〜一四）として、一八一一年、市民建築委員会からある職務をとりあげ、そのかわり「パリ公共事業長官 Directeur des Travaux Publics de Paris」を指名し、自分が欠席の場合は委員会の議長となるよう命じた。この長官はそれより、委員会の管轄に属する多くの仕事を処理するようになった。そのうえ建築家にとってショックだったことに、モンタリヴェにこの長官として指名されたブリュイエール（Bruyère）は土木の部局の秘書であり、あからさまに建築家よりも技師をひいきした。彼は一七八三年に橋梁学校を卒業し、一七九三年にはそこの教授となり、さらに一八〇二年には橋梁委員会の主任技師かつ秘書長官となるという、この分野でのエリートであった。モンタリヴェはデッサンに固執する建築家よりも、実際的な技師を好んだのであった。ブリュイエールはさらに国務院評定官に指名され、一八二〇年までその任にあたっていたので、そのあいだ建築家とのトラブルがしばしば発生した。一八一三年、主席建築家のポストが回復されたが、ナポレオンは一八〇四年より帝国宮殿の建築家であったフォンテーヌを指名したので、建築家の遺恨は和らげられなかった。それよりフォンテーヌは公的な役割を果たしたが、建築家というより図案家であるペルシエが背後で彼を動かしているとして、非難された。

ナポレオンは市民建築委員会の職権をしだいに縮小し、そのかわりその職権を、内務大臣、その補佐官であるパリ公共事業長官、主席建築家に与えた。革命以前は建築アカデミーにおいて王の建築家という称号と、大きな権威と自律性を与えられていた建築家たちにとって、この集権化は満足できるはずがなかった。フランス革命以降、建築家たちはしだいに行政の領域から閉め出されたし、制度が安定してくるほどこの傾向は顕著になっていった。

しかしさらに重要なフランス革命の帰結が、建築家の職能が変容したことであった。王立アカデミーが廃止されると、建築家とそうでない者との区別は廃止され、自由と平等の原則のもとにだれでも建築家であると自称できるようになったので、知識や経験が不足している者も、そうするようになった。前述のルヌーの免許状制度の設立の要求はあきらかにこの事態を予見している。共和暦一〇年、ギィヨモ（Guillaumot）は『フランス美術の状態にかんする考察』のなかで、真の建築家、商人としての建築家、請負人としての建築家の三種類を区別した。

一八〇八年、ル・ブルトンは『美術にかんするレポート』で職能の混乱を嘆いた。免許状制度は総裁政府により設立されたが、それは激しい議論をまきおこした。カンシーは、請負家ではない芸術家はこの免許状に従う必要はないと主張した。そのうえ民法典は、その責任にかんする条項において、建築家と請負家を区別しなかったので混乱は続いた。個人のための仕事はしない役職のある建築家、教授としての建築家だけが混乱の外にいた。免許状制度により、建築家を名のるためには納付金を払うだけでよかったので、名ばかりの建築家は増加するばかりであり、じゅうぶん学習した者にとっては、大きな不満の種であった。ブリュイエールの技師にたいするひいきは建築家の怒りをますます助長した。

一九世紀は職能運動の時代となった。建築家が免許状を取得するには特別の準備をすませたという証明が必要とされるべきこと、建築による施主のための請負作業は禁じられること、が要求されたが、その主張はなかなか実現されなかった。建築家たちは協会を設立して職能を守ろうとした。一八三〇年、リヨンの建築家一九名は「建築アカデミー協会 Société académique d'architecture」を設立した。リヨン市長がその承認を要求するために知事に宛てた手紙によると、この協会は、建築家を志す者に、医師、弁護士、公証人とまったく同じように試験を受けさせることを提案していた。これはディプロマを意味する。この協会はリヨンの建築家としてそのメンバーしか認めなかったが、これは一種の職業団体であることを意味する。協会の会長には父バルタール（Baltard）、シュナバール（Chenavard）、ルネ・ダルデル（René Dardel）らが順次選ばれた。一八四二年に規則が改正され、一八四三年よりコンクールが開かれ、年報も出版された。

この協会の例はパリにも同種の協会が設立されるのを促した。一八四〇年六月九日、委員会が選出され、その任務は「権限を与えられることで建築家を統合し、そのメンバーにたいする監督行為をおこない、芸術、実際、会計、法律にかんする問題にとりくむ協会の設立を検討すること」であった。王政復古時代のパリには二八〇人の建築家がいたが、この協会はそのうちの二〇〇人を認め、残りは要求された条件を満たしていないと判断した。協会は職能の代表であると主張した。事実、協会は建築や考古学の研究、建築にかんする法律上の問題の検討、新材料の試験、一連の賞の公布、優秀な請負家と労働者の奨励などの業務をおこなった。しかし建築家の数が増してくると、協会は当初の性格を失い、閉鎖的な組織となっていった。一八四六年、協会は、建築家の職能に必要なすべての学識を列挙した、ディプロマ設立の必要にかんするレポートを付託された。この協会の正式名称は「中央協会 Société centrale」であるが、その活動の内容をみれば、革命以前の王立アカデミーに近いことがわかる。一九世紀をとおして、建築家と請負家と区別、ディプロマの制定、職業団体の設立といった職能上の問題が追求されたが、職能法の制定は一九四〇年まで待たねばならなかった。

革命以前の王立建築アカデミーの職務のなかで、行政にかんする部分は市民建築委員会に継承されたが、そこでは建築家はしだいに閉め出される傾向にあったし、職業団体としての機能はこの中央協会に受け継がれたと考えられるが、この協会も普遍的な権威をもっていたわけではない。建築家に残されたのは、学術団体としてのフランス学士院における活動となった。

王立アカデミーを廃止した国民公会は、一七九五年一〇月二五日に国立科学芸術学士院を設立した。一八〇六年、フランス学士院と改称された。理念そのものは新しいものではない。一七八六年の建築アカデミーの大賞課題は「必要な学識の基本的三分割、すなわち、科学、文学、芸術の各アカデミーの会合のための建物」であった。公教育委員会の名において編集されたレポートを作成したドヌー(Daunou)の考えでは、学士院は科学と芸術の進歩のための協会であった。それはいわば生きたエンサイクロペディアであり、人間精神を進歩させることのできるすべての人間がその考えを交換し、研究の成果をたがいに伝える。メンバーは一四四人で、物理と数学についての科学、道徳と政治にかんする科学、文学と美術の三部会に区分される。第三の部会はさらに八つのセクションに区分され、そのうち四つが文学関係、四つが美術関係(建築、絵画、彫刻、音楽と装飾)であり、定員はそれぞれ六名である。カトルメール・ド・カンシーは一七九一年にこの考えを賞賛し、国民公会すなわちドヌーはみずからこの考えを認めた。カンシーは、建築家は画家や彫刻家から切り離されないこと、芸術は文学と統合されることを望んでいた。

学士院の組織を定めた共和暦四年実月五日(八月二二日)の法律によれば、総裁がまず四八名のメンバーを指名し、このメンバーが残りの九六名のメンバーを選ぶ。建築については、ゴンドワンとド・ヴァイというふたりの建築家がまず選ばれ、彼らが残りの四人、レモン、パリ、A・F・ペール、ブレを選んだ。これら六人はみな、かつて王立アカデミーの会員であった建築家である。この選定には政治上の感情は介入しなかった。ド・ヴァイとブレは共和主義者であったが、ゴンドワンは革命のあいだ隠れていたし、またユルティエもベルサイユの、クールベはボルドーの、クルシーはナントの、フーシュローはトンネールの通信員となった。一七九六年六月一六日、デュフルニがメンバーに選ばれた。ダヴィド・ルロワは古代建築と記念碑のための第四セクションにいた。一七九八年にド・ヴァイが没するとシャルグランが後任となり、一七九九年にブレが没するとアントワーヌがその後任となった。

美術と文学にかんする第三部会の建築部門の六人の建築家は、王立の時代に比べると、数も役割もより制限されていた。国家的建物にかんする問題は市民建築委員会の管轄となったので、もはやこの第三部会の仕事ではなくなった。しかしひきつづきローマのアカデミー・ド・フランスを監督したし、エコール・デ・ボザール（後述）の教授を推薦した。なお、第三部会の美術関係の四セクションにはそれぞれ六人の計二四名の芸術家がいたが、革命以前には建築と絵画彫刻の両王立アカデミーには一五〇人ほどの芸術家がいたわけだから、その不遇がわかる。

一八〇〇年、学士院の再組織が懸案となり、ナポレオンは内務大臣ルシアン・ボナパルトに優秀な一〇人の画家、一〇人の彫刻家、一〇人の建築家のリストを送るよう求めた。ルシアンは専門家のルブランに相談し、ルブランは建築家についてレモンに問いあわせた。レモンのリストによれば、ゴンドワン、シャルグラン、パリ、モロー、ペール、ルドゥ、セルリエ、ペルシエとフォンテーヌ、ボードワイエ、ポワイエが選出された。ルブランはポワイエを退け、かわりにレモンを加えた。またそれとは別に、美術部局長アモリ＝デュバルは、ダヴィド・ルロワ、アントワーヌ、クレリッソ、ゴンドワン、シャルグラン、ルグラン、モリノ、モロー、レモン、A・F・ペールを選び、さらに妥当な人物としてペルシエとフォンテーヌ、バルタール、ロンドレ、ドラガルデット、ブロンニャール、ベランジェをつけ加えた。

改革は一八〇三年になってやっとなされた。その結果、美術だけの部会が第四部会として設立された。その定員は、画家一〇人、彫刻家六人、建築家六人、版画家三人、作曲家三人であり、また終身秘書にはル・ブルトンがなった。建築部門のメンバーはゴンドワン、A・F・ペール、レモン、デュフルニ、シャルグラン、ユルティエであり、帝政のあいだにはシャルグラン、アントワーヌ、ペルシエとフォンテーヌもそのメンバーになった。

芸術家たちは第四部会の規模の小ささに不満をいだいていた。一八〇九年、第四部会の定員を四〇人に、建築家の数を六名から九名に増やすよう要求した。第四部会は皇帝へのレポートのなかで美術の重要性を述べたが、この希望はしばらくのあいだ満たされなかった。

改革された学士院の美術部会は教育の問題に関わった。エコール・デ・ボザールの教授の候補者を大臣に推薦すること、大賞コンクールの審査、ローマのアカデミー・ド・フランスの監督、大きなコンクールの審査への参加がその仕事となった。しかしながら皇帝は、その主席画家ダヴィドが議長となることを認めないこの部会にたいして苛立ちを感じていた。美術部会はその活動を示すために『美術辞典』の編集に着手したが、事実、学士院は帝政下においては管理上の集権化のために、設立当初に期待されていた役割を果たしていなかった。

王政復古の時代になるとルイ一八世は、一八一五年四月二七日の法令により、第四部会の定員を二八名から四〇名に増した。建築家は六名から八名となり、以後変わることはなかった。また一八一六年三月二一日の王令により、学士院は再組織され、第四部会は「美術アカデミー Académie des Beaux-Arts」とされた。

一九世紀のフランス美術界を管理した学士院と美術アカデミーは、こうして基本形態を完成させた。活動範囲は王立アカデミーよりも限定されていたが、やはりその傘下にはローマのアカデミー・ド・フランスとあらたに設立されたエコール・デ・ボザールがあった。

ローマのアカデミー・ド・フランスも革命の時代には弾圧された。一七九一年以来、留学生の生活はたいへん困難になっていた。銀行も主事にたいして資金貸与を拒否していた。留学生のうちのなん人かは新しい思想をいだいており、ローマ教皇政府の禁止にもかかわらず、フリーメイソン団の集会所で集会をもった。彼らは主事のメナジョを番頭扱いした。パリでは、コミューン・デ・ザールが一七九一年四月一九日、国民公会にたいしてローマ・アカデミーの廃止を要求していた。

画家シナールとその友人ラテールが逮捕されるという事件が起きると、国民公会のダヴィドら革命派はローマ教皇に抗議した。国民公会はユグ・ド・バヴィルを派遣したが、彼がローマに到着するころには、ふたりは釈放されていた。ユグは留学生たちと親しくなったが、そのなかにはドラガルデット、タルディユ、ルフェーブルら建築家がいた。彼らは国民公会に建白書を送り、国の早急の保護を求めるとともに、アカデミーの専制的な体質を告発し、留学期間の延長（七）と旅行する権利を求めた。ユグ・ド・バヴィルはこの請願書に推薦文を記入し、つぎのような処置を提案した。すなわち、留学生は四年間をローマですごし、つぎにボローニャの巨匠を研究し、もし建築家ならパラディオの作品を研究し、フランドルでのその七年目を終えることができる。さらに彼は、フランスに属し、修道士たちは退去しているアルプスのトリニテ教会に留学生を住まわせることを提案した。ローマ留学生になる幸運を味わえなかったコミューンの芸術家たちはこれに大騒ぎをし、自分たちにもトリニテ教会に滞在させるよう要求した。

シュベがアカデミー主事になると、彼と画家としてライバル関係にあったダヴィドは激怒し、ロンムに干渉するよう要求した。ロンムは一七九二年一一月二五日レポートを提出し、自由と平等の名において主事のポストを廃止すべしと結論した。ダヴィドは演説でパラッツォ・マンシーニにある王の記念碑を破壊することを要求した。国民公会はさらに、一七九三年一月二三日、フランス弁理公使にたいし、アカデミー廃止を通知した。

しかし処置は不要であった。ユグと留学生による革命的なマニフェストと、ルイ一四世像の破壊の結果、国務卿がこれに抗議し、イタリア人の暴動が起き、ユグ・ド・バヴィルは一月一三日に虐殺され、留学生たちは四散していた。

この事件ののち約一〇年間、ローマのアカデミーは機能しなかった。主事シュベはいたが、その役目は事件の犠牲となった学生のための賠償金を要求することであった。しかし一七九七年にそのポストが総裁政府により追認されると、彼は留学生たちをふたたびローマに集めることができると思い、急遽レポートと予算案を提出し、同年一二月に彼の出発を通知した。しかしこのときローマのジャコバン党により扇動された暴動が発生し、フランスを非難していたローマ教皇派の一団が将軍デュフォを殺害し、大使ジョゼフ・ボナパルトの宮殿を包囲するという事件が起きた。遠征軍の長官ベルティエはローマに入り、共和制を宣言した。ふたたび希望をいだいたシュベは一七九八年五月一九日のレポートで、腐敗した新傾向を退け、古典主義的な精神と趣味を育成するにはローマの古代記念物の研究が必要であることを主張した。総裁政府はこの提案を認めたが、まもなくナポリ人がローマを占領し、フランスは一七九九年初頭にローマを手中にした。八月、シュベは出発の準備をしたが、またもやフランス軍はローマから追い出された。一八〇一年になってやっとローマは平和になり、ふたたび主席執政官により主事として追認されたシュベは一一月にローマに到着したが、彼はひどい損害を加えられたパラッツォ・マンシーニを目撃する。この館は手狭なこともあって、一七九八年よりヴィラ・メディチへの移転が建議され、一八〇二年より、このヴィラがアカデミーの拠点となった。

一八〇〇年一二月一七日、内務大臣により規則が定められた。建築の留学生は最初の三年間、それぞれ記念碑のプロジェクトにとりくみ、平面図、断面図、立面図を作成しなければならない。作品はまずローマで展示され、つぎにパリに送られる。絵画、彫刻と建築のそれぞれの学校（この時点ではエコール・デ・ボザールは成立していない）の教授は、それについて意見を述べる。これは王立時代そのままの活動であるが、一八〇四年から順調になされるようになった。一八〇四年一〇月、シュベは学士院の美術部会に最初のレポートを送り、建物の整備、留学生のための予算の増額、学生の活動について報告してきた。建築の留学生は、最初の三年間に最も美しい古代記念物によって細部の研究を四点なしとげたため、四年目には、同じように自分の好みにあったイタリアの古代記念物を実物にしたがって正確にデッサンし、そのうえに復元図と、その古さと構造にかんする年代記をつけ加えた。五年目にはフランス共和国のための公共記念物のプロジェクトを作成した。彼らはイタリア中を旅行し、さまざまな様式と配置、構造の方法を学んだ。そして美術部会は大賞の主席や次席受賞者の徴兵免除の許可を皇帝にとりつけた。

シュベは献身的に活動したが、財政上の困難は大きかった。大賞を獲得したものの、一〇年間にローマに行けなかった学生の数は自由に使用できるアトリエの数より多くなっていた。政府はまず、大賞はもはや二年ごとにしか認めないこと、パリ在住の共和暦一一、一二年の受賞者に賠償金を与えることを決定したが、この処置は不満を生じさせないではおかなかった。一八〇六年に年一度の賞の制度が確立され、一八一〇年には留学期間は五年から四年になった。その結果、留学生の仕事も、古代記念物にしたがったディテールの研究二点、実測一点、フランスの公共記念物のプロジェクト一点に減らされた。

当時の留学生のふるまいは放埒を極めたようで、シュベはある学生の無礼にたいして激怒したあげく、卒中で死んでしまった。こうした学生の態度は革命前の時代から伝統的なものであったが、このときばかりは学士院も厳しい態度で臨んだ。シュベの後任のギヨン＝ルティエール（Guillon-Lethière）になってやっと秩序が回復された。彼は一八一五年まで主事を務めた。

つぎにエコール・デ・ボザールである。フランス革命はアカデミーを解体したが、その学校は元教授J・D・ルロワの個人的な尽力によりかろうじて維持されていた。内務大臣は一七九三年九月この建築学校の有用性を宣言し、それにしたがって国民公会は、その月末に学校を運営していくことを決定した。その結果、ルロワは学校をルーヴル宮に移転する用意のあることを述べることができた。彼は王立建築アカデミーの図書とそのほかの所持品を一七九五年冬まで保管していた。すぐにはルーヴル宮へ移れなかったので、しばらくA・L・T・ボードワイエとL-P・バルタール（Louis-Pierre Baltard, 1764-1846）に助けられながら、自宅を学校としなければならなかった。彼は奨励賞コンクールを自宅で、つぎにルーヴル宮で開催した。これらのコンクールの審査にはペルシエとフォンテーヌやほかのなん人かの大賞受賞者が参加した。賞はルロワやボードワイエの所有していた図書であった。ボードワイエは以前、一七八九年にアカデミーの学校の先生のための特別なデザイン教育を目的としたアトリエを設立していたが、それはのちのエコール・デ・ボザールの「自由アトリエ atelier libre」の先例となるものである。

学士院を設立させた一七九五年一〇月二五日の法令は、それに関連して新しい教育システムを確立させた。この法律はローマ賞とローマのアカデミー・ド・フランスを再設立するとともに、「共和国においては絵画、彫刻、建築のための特別の学校が設置される」と述べられていた。ルロワの建築学校はあらたに「建築専門学校 Ecole Spéciale d'Architecture」となった。革命直前の学校と同じく、この学校の教授団は四人で構成されていた。そのうちふたりは王立アカデミーで教えた経験のある人物であった。すなわちルロワは建築史の教授であり、リユ（Rieux）は截石学を教えていた。ボードワイエは資料管理と秘書の仕事をしていた。

　この段階では建築と絵画、彫刻は別々であったが、それらを統合してひとつの学校にしようとする動きがあった。A・F・ペールは、既存のふたつの学校を統合する計画を学士院に提出し、全芸術は同じ原理にもとづき、同じ知識が必要である、と指摘した。一七九六年、学士院の第三部会（文学、美術の部会）は両学校の統合を勧告したが、統合は即座にはなされなかった。一七九七年、ルロワの学生たちはルーヴル宮の、絵画の学生がいる部屋の近くの部屋に移転し、一七九九年三月三一日、このふたつの学校はまとめて「絵画と彫刻と建築の専門学校 Ecole Spéciale de Peinture, Sculpture et Architecture」となった。

　前述のように一八〇六年にローマ大賞制度が確立されるまで、ルロワの建築学校はさまざまな問題をかかえていた。奨励賞コンクールの賞は、ルロワ自身が提供しなければならなかった。最初、自身の蔵書を賞としていたが、共和暦九年（一八〇一〜〇二）と一〇年（一八〇二〜〇三）には、七個のメダルを賞として与えたが、それらのほとんどはナポレオンの姿が刻まれてあった。さらに、ルロワとボードワイエは建築の学校と、絵画や彫刻の学校を統合することは建築教育にとって有害であると考えていた。ルロワは一八〇三年に没するまで、ほかのなん人かの建築家とともに、独立した「国立建築学校 Ecole Nationale d'Architecture」を構想した。この計画はさらにボードワイエが展開したが、なんの成果もなかった。そのあいだ、統合された両学校の地所が問題となっていた。一八〇一年、ナポレオンは主席執政官として、両学校のルーヴル宮からコレージュ・デ・カトル・ナシオンへの移転を命じた。この新しい建物の条件は悪く、多くの改善が必要であったので、すぐには移転できなかった。建築学校は一八〇四年、絵画彫刻学校は一八〇七年に移転した。そのあいだ一八〇五年に学士院もその建物に移転すべきということになり、一八〇七年に学士院は移転し、（学校とは違って）現代までそこに留まっている。両学校はルクール（Lecourt）というひとりの行政官によって同時に管理されることにより、実質上の統合を完成させ、一八〇七年には「帝国美術専門学校 Ecole Impériale et Spéciale des Beaux-Arts」という公式の称号が与えられた。「エコール・デ・ボザール（美術学校）Ecole des Beaux-Arts」という今日の通称はこれを縮めたものである。

　エコール・デ・ボザールが長くコレージュ・デ・カトル・ナシオンに留まるということは意図されなかった。一八一一年、エコールを収容するための建物がペルシエとフォンテーヌにより計画されたが、ナポレオンのエルベ島追放のために一時放棄され、ナポレオンの百日天下のさい、ふたたび検討された。ワーテルローの戦いののち計画は永久に放棄された。王政復古ののち、一八一六年四月二四日の法令により、旧プチ・ゾーギュスタン修道院の建物への移転が決定した。一八三〇年代にはその移転も完了し、それよりエコールはそこに居座ることになる。

この一八一六年に、美術における一九世紀体制は決定づけられた。一八一六年三月二一日の法令で、学士院の四つの部会に「アカデミー」という称号が与えられ、「アカデミー・デ・ボザール Académie des Beaux-Arts」が成立したことはすでに述べたが、この法令はカトルメール・ド・カンシーをその終身書記に指名することで、エコールにたいする学士院の支配を決定的なものとした。じつに彼は一八三九年に辞任するまでこの地位を守り、そののち一八四九年に没するまで名誉終身秘書であった。彼は芸術上の独裁者となった。一八一六年七月九日の法令は終身書記の権限を定めたものだが、それによると、終身書記は歴史略述を読みあげ、大賞を公布し、選挙の準備をする。こうして彼は、新メンバー登用とアカデミーの教義にたいする大きな支配力を獲得した。おそらく彼自身の作と思われるこの法令は、組織の役割をも規定した。その第三五条はメンバーを国家の官吏としての専門家とした。すなわち「アカデミーは、政府から諮問された芸術上の全計画あるいは全問題にかんする根拠のある意見を述べ、デッサンや模型をともなった報告書を提出する」。それはまたエコールをその管理下においた。教授のポストが空位になれば、アカデミーと教授会が候補者を選出することとなった。

一八一九年八月四日の法律は、カンシーの理念を反映しつつ、学校を再組織した。学校は「王立美術学校 Ecole Royale des Beaux-Arts」という名称が与えられた。建築と、絵画彫刻というふたつのセクションがあった。建築のセクションは理論、美術史、構造、数学の四つの講座があった。また建築の学生は二クラスに分けられた。第一クラスは五〇人に限定され、メダリストとロジスト (logiste) により構成される。第二クラスは人数無制限であり、コンペティションにより第一クラスへ進級できる。一八二一年より、これらの規則は改訂された。第二クラスに入学するためのコンクールが制定された。第一クラスの人数も制限されなくなり、ある一定の履修単位があれば進級できるようになった。月例の奨励コンクールはこれらの履修単位を、カリキュラムのさまざまな分野で修得することを可能にした。ローマ大賞コンペはエコールではなくアカデミーの直接の管理のもとにあった。ローマ賞を獲得するための資格はエコールのフランス人学生で三〇歳以下の者、というものであった。アトリエ制度はこのころすでに確立されていたが、それはエコールの公的な組織の外であり、二〇人あまりの学生に要求されればアトリエのパトロンになることができた。この時期の主要なアトリエは、ボードワイエ、ドルピン、ブルエ、ジルベール、ユイオ、ルバ、ジナン、ラブルースト、アンドレらのそれである。彼らのほとんどは、アカデミーの会員かエコールの教授であったので、その自律性も割り引いて考えねばならない。

ところでカンシーはその支配力を利用して、エコールに教条的な古典主義を押しつけたので、自由な精神の持主はこれに反抗した。パエストゥムの神殿の彩色についての見解でアカデミーと対立していたアンリ・ラブルーストは一八三〇年、パリに戻ると、自分のアトリエを開いてそこで反アカデミー的な教育をおこなった。その内容はラブルーストのサント＝ジュヌヴィエーヴ図書館における鉄骨造ヴォールト天井の大閲覧室に示されているように、工業的な建築材料の性質を強調することをも含んでいたという。それゆえか彼の学生はひとりとしてローマ大賞を獲得できなかった。一八三一年一月、エコール・デ・ボザール担当の大臣モンタリヴェは美術教育改革のために、一五人の会員と、一六人の非会員からなる委員会を設立し、規則のうちの、エコールやローマのアカデミー・ド・フランスとの関係にかんする部分の修正についてレポートを提出させた。非会員の委員のなかには、ラブルーストや彼に同調的なデュバン、さらに反アカデミー的なロマン主義的な画家ドラロッシュやドラクロワらがいた。委員会はエコールにたいするアカデミーの支配力を弱めようとしたが、カンシーを中心とするアカデミーはこの提案は合法的でない、なぜならアカデミーのみが芸術教育にかんする変更を提案する権利があるからだ、と主張してとりあわなかった。

しかしアカデミーとエコールは「騎上のサン＝シモン」と呼ばれたナポレオン三世の時代になって、ヴィオレ＝ル＝デュクの運動に端を発した改革により改革された。一八六三年の法令により六人の教授のうち四人が解雇された。多くの講座が新設され、新しい教授が任命された。この改革の過程で生まれた講座の構成は一九六八年までほぼ同じままであった。エコールの主事のポストが設立され、この主事は美術大臣にたいして責任を負う。公立アトリエが設立され（建築のアトリエは三つ）、アトリエ主任教授がそれぞれのアトリエを担当する。エコール入学とローマ大賞コンペの年齢制限は三〇歳から二五歳に引き下げられた（のちに三〇歳に戻された）。同時にアカデミーはコンペを管理する権利を失い、課題の作成は新設された教育高等委員会の仕事となり、審査もこの組織から独立した特別の審査会の任務となった。またローマのアカデミー・ド・フランスの主事も、アカデミーではなく美術大臣にたいして責任を負う。これらの改革の意図は、美術を国家的管理のもとに置くことであることは明白であるが、そのすべてが有効になされたわけではなく、あるものは反対派により阻止され、あるものはその実質的な意味を失った。もっとも、ローマ大賞のコンペの管理は教育高等委員会の仕事のままであったので、改革の意図はあるていどは達せられている。また、この改革は建築理論の面からみれば、デュクのゴシック主義がエコールに導入された過程である。彼の主張はジュリアン・ガデやエコールの学生たちによって一時は激しく否定されたが、結果的には建築家の教養のひとつとして受け入れられた。

フランス革命を出発点とする一九世紀は、このように芸術としての建築が自由化されるいっぽうで、制度としては建築がしだいに国家的な管理の対象とされてゆく過程であった。芸術上の自由の理念は近代に特有のものだが、逆に建築家の活動領域はますますそれのみに限定されてゆく。こうした近代の諸徴候がフランス革命における変革の過程ですでに発生していた。

三―二　転換期の組織と建築理論

ロココ様式、ルイ一五世様式、ロカイユ様式にたいする批判は一八世紀中葉に始まった。スフロ、ケリュス伯、ロジエ、ルブラン(Lebranc)神父、J - Fr・ブロンデル、ランベール (Lambert) 神父、ラフォン・ド・サン・ティエンヌ (Lafont de Saint-Yenne 美術蒐集家、批評家)、コシャン修習らはロココの軽薄さを軽蔑した。彼らのうち、ある者はルイ一四世時代の建築を理想とし、ある者は古代建築の再解釈のうちにその理想を発見しようとした。後者の作業は一九世紀の建築思想の前提となったものであり、重要である。

一八世紀中葉におけるこの趣味の変化という背景のなかでとくに象徴的なのが、マリニー侯のイタリア旅行である。彼をその後任者とするつもりで夫の叔父ルノルマン・ド・トゥルネム (Lenormant de Tournehem) を建築長官としたポンパドゥール夫人は、若きマリニーに芸術の素養をつけさせようと思い、一七四九年に彼をイタリア旅行に派遣した。そのお伴には前述のルブラン神父、コシャン、スフロが指名された。ポンパドゥール夫人はスフロに権威を与えるため、一七四九年一一月二三日に彼を建築アカデミーの会員とした。アカデミーは彼を満場一致で歓迎した。一七四九年一一月三日、建築長官ルノルマンはローマのアカデミー・ド・フランス主事ド・トロワ (J.

F. de Troy, 1679-1752）に彼らの出発を通知した。一行は北イタリア、ヴィツェンツァ、フィレンツェをへて、一七五〇年三月一七日、ローマに到着した。マリニーはこの旅行で古代の優秀さを学び（とはいっても宮廷的な趣味であるロココを完全に否定したわけではなかったが）、帰国ののち、死亡したルノルマンを継いで建築長官となった。お伴の者たちにとってもこの旅行の成果は大きかった。ルブラン神父はより熱心にロココを攻撃した。スフロは一七五二年四月一二日、リヨンのアカデミーで『イタリアにかんするいくつかの考察』を読みあげた。コシャンは絵画彫刻アカデミーの秘書となり、一七五八年に『イタリア旅行』を出版した。

一八世紀には多くのフランス人がイタリアを訪れたが、彼らはミソン（Fr.M.Misson）の『新イタリア紀行』（一六九一）、デゼーヌ（Fr. J.Deseine）の『ローマ市描写』（一六九〇）、そしてのちにはコシャンの『イタリア紀行』（一七五八）といった旅行案内を携えていた。ローマでは、彼らは「骨董屋　antiquaire」を自認するチチェローネ（案内人）たちからローマ遺跡にかんする、あまりあてにならない情報を入手し、またしばしばアカデミーの留学生に案内を頼み、さらに古代遺跡の版画集を買っていった。ローマについての知識を広めた最大の人物がピラネージである。彼は『建築と透視図第一巻』（一七四三）と一七四五年の版画集においてすでにそのロマン主義的な巨大趣味を示していた。彼は一七四五年よりローマに定住し、版画商として生計をたて、想像にもとづいた空想的な建物などの銅版画をみずから制作し出版するようになった。『共和制と第一帝政時代のローマの古代建築』（一七四八）や『ローマのさまざまな景観』（一七四八）などがそうである。ピラネージはパラッツォ・マンシーニのすぐ近くに住んでいた。アカデミー・ド・フランスの留学生は彼と親しくなり、そのアトリエへの出入りも許され、朝から晩までその銅版画を覗くことができた。ピラネージは『第一巻』と一七四五年の版画集をまとめて『作品集』のタイトルのもとに一七五〇年に出版した。彼には建築の教養もあり、『ローマ建築の偉大さ』（一七六一）のなかで建物の構築方法を示し、断面図と平面図を与え、ローマ人が利用した機械装置を組み立てた。

ピラネージはフランスでまたたくまに有名になった。『ジュルナル・ド・ヴェルダン』誌では一七五四年三月より、パットがピラネージの著作を紹介し、「これらの透視図は古代建築の正確な図である」として、その作品の研究を自分の学生に推薦した。M・A・シャール（Challe）はそのテキストをフランス語に翻訳し、P・J・マリエット（Mariette）はピラネージの結論を論じ、その神殿の比例に驚き、マリニーはピラネージの書をいくつか集めるよう命じた。

ローマの古代建築にかんする新しい趣味を伝えたのはピラネージだけではなく、ローマで二〇年をすごしたクレリッソ（Charles-Louis

Clérisseau, 1722-1820）もそうである。彼は一七四六年に建築アカデミーのローマ賞コンクールで一等を受賞し、一七四九年にローマに渡った。当時のアカデミー・ド・フランス主事のナトワール（Ch. J. Natoire, 1700-1777）は一七五二年、彼について「建築家クレリッソ氏はまもなく三年（の留学期間）の最後である。彼はパンニーニ風の研究に専心している。才能ある彼は、透視図や建築にはあまりとりくまないが、この分野でも成功をするであろう」と述べている。彼は留学期間の延長を求め、受け入れられたが、証明書にサインをするのを拒否したので除名される。彼は一七五四年にパラッツォ・マンシーニを去り、ロバート・アダムとともにスパラトを訪れ、そこでディオクレティアヌス宮殿の廃虚を実測したのを皮切りに、イタリアの各地をまわった。多くの図版を残したが、そのほとんどは廃虚を題材としている。クレリッソは一七六七年にフランスに戻り、一七六九年に絵画彫刻アカデミー会員となった。

一七六〇年代よりローマの古代記念物にかんする著作がつぎつぎと出版された。カッシーニ（Cassini）の『古代と近代のローマ』（一七六五）、ヴィンケルマン、画家で版画家のバルボー（J.Barbault）の『古代記念碑』（一七八二）などである。

それまではよく知られてなかったギリシアの建築が明らかにされた。パエストゥムの神殿も、なん世紀ものあいだ航海上の目印でありながら、一八世紀中葉までは建築家の注意を引かなかった。D・G・アントニーニ（Antonini）は、『ルカニア概論 *Trattato della Lucania*』（一七四五）のなかで、はじめてパエストゥムの神殿に言及した。翌年、画家ナタリ（Natali）とナポリの建築家ジオフレッド（Gioffredo）は好事家ガッゾーラ（Gazzola）伯にこの神殿について話すと、伯爵はその実測を命じた。伯爵は旅行のあいだ、マリニーにこの廃虚について語ると、マリニー自身はコシャンとともにローマに戻りたがった。スフロは、ナタリや建築家デュモン（G.-P.-M.Dumont）らとパエストゥムを訪れる。彼らはそこで柱基のないドリス式に驚き、このオーダーがのちにギリシアやローマで発達したのであろうと考えた。スフロはこの建物を実測し、図版を作成し、それをデュモンが版画化した。出版は一七六四年であった。

ほかの建築家や図案家も、この神殿を実測あるいはデッサンしてそれを出版した。バーケンホート（Berkenhout）は一七六七年に、メジャー（Major）は一七六八年に、パエストゥムを主題的に扱った文献を出版した。バルボーは一七七〇年の著作にパエストゥムの図案を加え、ピラネージはそのスケールを自分の想像力にあわせて勝手に決めた。パオリ（Paoli）神父はガッゾーラの復元と測定に注釈を加え（一七八四）、ヴィスコンティ（E. Q. Visconti）はその測定は推量にもとづくものだと述べた。バルテルミー（Barthelemy）は一七五五年に、ヴィンケルマンは一七五七年にパエストゥムを訪れ、柱基なしのドリス式の性格について論じた。アカデミー・ド・フランスの留学生も、マリニーからナポリ旅行の資金をもらったが途中でそれを盗まれたとき、パエストゥムに立ち寄った。一八世紀末にはそこを訪れる人はますます多くなり、とうとう政府はそこに宿泊施設を建設した。一七七九年にはドラガルデット（Delagardette）は『パエストゥムすなわちポセイドニアの廃虚 *Les Ruines de Paestum ou Posidonia*』と題された新たな図集を出版した。

シチリア島への旅行者が注目したものもギリシアのドリス式オーダーである。ドルヴィル（D'Orville）は一七二四年に『シチリア *Sicula*』を執筆し、一七六四年に出版した。そのあいだパンクラーツィ（Pancrazi）は一七五一年に『シチリアの古代遺物 *Anticità Siciliane*』のなかにいくつかの神殿の版画をのせたが、それは不正確なものだった。一七六〇年より、ユベール・ロベール、シュベ、ベルトー、ロンム、デプレらはパトロンを見つけてはシチリアに旅立っていった。

一七六九年より、ローマのアカデミー・ド・フランスにいたウエル（Jean-Pierre-Louis-Laurent Houel, 1735-1813）は、一七七〇年、最初のシチリア旅行をし、シチリアにかんする書物の発行を思いつき、ダンジヴィレから必要な経費をもらい、一七七六年一月から一七七九年までそこにいて図版を作成した。彼は受けとった費用とひきかえに、王に作品四六点を送り、残りはエカチェリーナ二世に売らねばならなかったが、そのおかげで『シチリア島のピトレスク旅 *Voyage Pittoresque des îles de la Sicile*』（四巻、一七八二〜）を出版できた。

サン＝ノン（Jean-Claude Richard de Saint-Non, 1727-1791）は『ナポリ王国とシチリア島のピトレスクな旅と描写 *Voyage Pittoresque et description du Royaume de Naples et de Sicile*』（五巻、一七八一〜八六）の編集を始めたが、その第三巻（一七八三）はシチリアの古代建築にあてられていた。それより、多くの人がシチリアを訪れた。ハッカート（Hackert）、ルイ・デュクロ（Louis Ducros）は廃墟画を制作した。一七七六年より建築アカデミー会員であったベリザール（Bellisard）は、一七八一年、研究旅行のための休暇をもらい、ローマ滞在ののち、一七八三年にシチリアに到着して調査した。またデュフルニ（Léon Dufourny, 1754-1818）は一七八九年から一七九四年までの五年間シチリアにいて、より入念な調査を試み、多くの資料を作成した。

ギリシアもそのころまではトルコの支配下にあって、建築家や図案家は近づけなかった。フランスではルイ一四世の時代から、ローマ建築にたいするギリシア建築の優位は一般に信じられていたが、パエストゥムやシチリアが調査の対象とされるようになったころ、ギリシアもその対象となった。ローマ・アカデミーの学生であったダヴィド・ルロワは一七五四年にローマを出発してアテネに渡り、そこで実測調査したあと、一七五五年七月に戻り、英国人スチュアートとレベットに先行するために、一七五八年にいそいで『ギリシアで最も美しい記念碑の廃虚』（第二版は一七七〇）を出版した。建築アカデミーは一七五八年四月にこの著作を受理し、彼を、同年一一月に会員とし、四年後には資料編纂官兼助教授に指名した。コシャンによれば、ルロワは不完全なデッサンしか作成しなかったので、ケリュス伯が画家ル・ローラン（Louis-Joseph Le Lorrain, 1715-1759）に修正させ、ル・バに版画を作成させたという。そののちもギリシアへ旅立つ人は多く、その記録もいくつか出版された。

パエストゥムやシチリアのドリス式は、ウィトルウィウスの比例になじみ、ヴィニョーラ、セルリオ、スカモッツィらの建築書にみられる形態に慣れ親しんでいた建築家や考古学者を驚かせた。スフロ、ゲーテ、ロバート・ウッドらは柱基なしのドリス式には価値を与えなかった。それにたいしルロワは、そのドリス式がまさにギリシアのドリス式であり、そこにはいくつかの発展の段階があると考え、三時代を区分した。当時としては稀な歴史意識であるといえる。第一の時代、コラムの高さは直径の四倍（たとえば、コリントの神殿）であり、第二の時代にはその比例はいくぶん細くなり（テーゼ、パルテノン神殿）、第三の時代にはコラムは直径の六倍の高さとなった（アテネのオーグストの神殿）、というのである。ヴィンケルマンは『古代建築論』（一七六〇）でこの結論を受け入れた。それよりギリシア・ドリス式のさまざまなタイプが区別されるようになった。彼らは、ギリシア建築はローマ建築よりはるかに優秀であるというセルリオの説をもっともであると思った。しかしギリシアの優位を認めようとしないイタリア人もいた。ピラネージは『ローマ人たちの建築と壮麗について』（一七六二）を出版し、ローマ建築はギリシアではなく、それよりもいっそう古いエトルリアの建築を起源としているのだから、トスカナ式、すなわちフルーティングの施されないドリス式は、ギリシアのドリス式よりも古式なのであると指摘した。一七六九年、マリエットは『ヨーロッパ文学ガゼット』誌でピラネージの主張を批判し、エトルリア人は単なるギリシア植民地人であり、エトルリアの建築の起源はギリシアであると述べ、ギリシア芸術の「美しく高貴なる単純さ」を賞揚した。ギリシアとローマの優位をめぐる論争は多くの建築家を巻きこんだが、それは明確な決着がつけられたわけではなく、ペヴスナーが『美術・建築・デザインの研究』で指摘したように、最終的には両者はそれぞれの性格において認められるようになった。

ドリス式の問題はアカデミーでも議論された。コンクールの課題にもそれが考慮されることもあったが、最初のころはパエストゥムの柱基なしのドリス式の厳格な模倣は推薦されなかった。J－Fr・ブロンデルは、ドリス式についてギリシア人が規定した法則と、ギリシア人の建築やそれを継承したイタリア人の建築とは異なっているフランスの建築とを調和させねばならないと述べた。ルロワは一七六二年に助教授に指名されると、建築史とオーダー理論を中心とする理論を学生に教えた。彼は革命期に起草されたあるプログラムのなかで、自分は「永いあいだギリシアで認められ、アテネ人が自由民族であることを誇りとしている時代のあいだ利用し、私たちが所有している材料に完全に適合すると思われる男性的な建築のジャンルを教えること」につとめている、と宣言している。ギリシアのドリス式はしだいに建築家に使用されるようになった。一八世紀後半にはその多くの例が登場する。

一八世紀後半はまた、エジプト学が始まり、エジプト建築にかんする正確な情報がヨーロッパに伝えられた。シャゼール（Chazelles）によるピラミッド測量はJ－Fr・ブロンデルの『建築教程』にも載っているし、プシャール（Pouchard）は『碑文アカデミー覚書集研究』にオベリスクにかんする研究を載せた（一七〇一）。ポール・ルカ（Paul Lecas）は一七一九年にローマで『トルコ、アジア、シリア、パレスチナ、上下エジプトの一七一四年の旅』を出版した。芸術家に利用された最初のドキュメントは一七三七年にエジプトを訪れたデンマーク人海軍将校ノルデン（Frederik Ludvig Norden, 1708-1742）の『エジプトのテーベにおけるいくつかの廃虚と巨大な彫像の図版集』（一七四二）と、『エジプトとヌビア紀行』（一七五五）である。ノルデンは寸法が測定されていない略式のスケッチしかもたらさなかったので芸術家たちはまだ不満であったが、エジプト芸術の一般的な性格はよく伝えており、建築アカデミーでも一七六五年七月一日の会合で討議の対象となった。また英国人旅行家リチャード・ポーコック（Richard Pococke, 1704-1765）の『東方の模様』はイギリスでは一七四三年から五六年、フランスでは一七七二年から七三年に出版された。ケリュス伯は『エジプト、エトルリア、ギリシア、ローマの古代遺物集成』（一七五二、五六、六二）のなかで、エジプト美術をその固有の価値において考察した。つまり、ここでは、エジプト美術がギリシア古典美術にいたる単なる前段階としてではなく、それ自身の価値、すなわちその原始性、重厚さにおいて評価された。カトルメール・ド・カンシーはこうした視点からエジプト建築評価を定式化した。彼は一七八三年に碑文純文学アカデミーに提出して入賞した論文において、エジプト建築の過度の堅固さ、果てしなき単調さ、巨大さへの嗜好、比例とオーダーの欠如を強調した。この論文が出版されるのは一八〇三年のことであるが、その内容は内外に知れわたっており、当時の建築家たちは自分たちの量塊や巨大さにたいする趣味の正当化をその論文にみいだしていた。

ギリシア・ドリス式とエジプト様式とがこのように平行して評価されたのは、原始性にたいする評価が高まっていたという背景があった。若い建築家たちは巨大で重厚な左右対称の公共建築風の建築群を作りたいと考えていたが、この新しい趣味の登場はローマのアカデミー・ド・フランスの動向において最も鮮明にあらわれている。

ローマのアカデミー・ド・フランスでは、萌芽的であるが、主事ヴルーゲル（Nicolas Wleughels, 1668-1737. 在任 1725-1737）が古代をロマン主義的に解釈しはじめていた。その理想は友人パンニーニによって高められた。パンニーニは当時イタリアで最も評判の高かった廃墟画家であり、フランス大使のためになんどか働き、ローマの留学生にも影響を与えた。のちの主事ナトワール（Ch.-J. Natoire, 1700-1777. 画家）はローマ郊外にブドウ園を購入し、学生たちをそこに連れていってデッサンをさせ、パンニーニの構図を称賛し、その模倣を奨励した。こうした研究は考古学的な正確さを期待するというよりも、ピクチャレスクな趣味により鼓舞されたものだが、しかしながら、そこから若い建築家は古代記念物をデッサンし、その性格を見定めようとした。スフロは一七三一年から三八年の七年のローマ滞在のあいだ、つねに古代建築を実測し図版化した。

コシャンによれば、新しい趣味のメルクマークとなるのはルジェ（Jean-Laurent Legeay, 1710-c.1786）のフランス帰国（一七四二）である。一七三二年度の建築部門の大賞受賞者であるルジェは、一七三七年にローマに到着した。その作業とその趣味は、当時のアカデミー・ド・フランス主事ド・トロワ（J.-Fr. De Troy 在職 1736-1751）によって絶賛された。フランスに戻った彼は、ブレ、モロー、ド・ヴァイ、ペールら弟子たちに、影とボリュームで表現されたレリーフの感覚を教えた。新古典主義の巨匠となった弟子ペールは『作品集』（一七六五）において、「ローマの皇帝たちによって建設されたもっとも荘重な建物を模倣」しようとした。若い学生たちへの影響は続いた。

しかし古い世代は、新しい趣味の形成を無条件で受け入れたわけではない。むしろＪ‐Fr・ブロンデルがそうであるように、巨大趣味にみられるような感覚的でロマン主義的な要素は、すくなくとも賛成はしなかった。彼らは、新しい趣味が若者特有のある種の放縦さにすぎず、ローマのアカデミーは一種の考古学研究所であるべきだ、と考えていたようである。こうした世代間の葛藤は、留学生のプログラムをめぐるアカデミーと学生とのやりとりによくあらわれている。一七七八年、留学生から送られてきた図面を検討しペールは、建築家にとって、ローマの古代記念物を詳細に研究することが重要であることを確信する。建築長官ダンジヴィレは彫刻家のための古代模倣を再開し、建築家にたいしては古代記念物を実測する義務を果たしたが、一七八七年にアカデミーは、学生たちはその時間の大部分を想像上の実現不可能な建物のプロジェクトのために費やしていることを確認した。アカデミーは若い芸術家の才能をおさえたり、各自の好みの作業にとりくむことを禁じたりはしなかったが、三年の滞在期間のあいだは、課せられた古代建築の詳細な研究をするよう学生に要求した。一七七九年にデゴデの『ローマの古代建築』の再版を勧めたアカデミーは、「この方法により、アカデミーの図書室には、ローマや全イタリアの、建築的に興味あるすべてのもの、美しいプラン、賢い構造、特徴的な装飾、神殿、広場、公共あるいは個人建築、橋、泉、水道橋やあまり派手ではないがやはり有用なもの、池の配置、下水渠、古代の道、舗道、材料のさまざまな性質、巧妙で経済的な建設方法、それにかんする機械からなる貴重な資料集が形成される」と評価した。メナジォ（Ménageot）に届けられた規則によれば、学生は毎年「各自が選んだ古代記念物の全体と細部の、性格に寸法を記された実測平面に、あまり知られていない構造をもちいた古代人にかんする自分の考案を加えたもの」と「各自が考案したプロジェクトとある公共大建築のすべての展開」をパリに発送しなければならなかった。学生たちはこれでは負担が大きすぎると抗議し、三年間に復元を一点作成すればよかった旧規則を復活させるよう要求した。ダンジヴィレはこの要求を斟酌したが、アカデミーは方針を曲げようとはしなかった。一七九〇年、アカデミーは実測されるべき記念物三七点のリストを作成し、さらにフランスにある古代記念物を追加すれば完全になる、と述べた。あきらかに考古学的興味に支配されており、そのリストも建築家の養成というよりも、過去にかんする知識の増加をねらったものである。主事は通信文のなかで「このように列挙したすべての対象は、建築家の研究のためにもやはり興味ぶかいというものではなく、いくつかのものはアカデミーには馴染みのほかの関心に由来している。それらは建築が長い時をへて美しい世紀の建物にまで達した諸段階を示し、あるいは、この時期から野蛮さにひたったコンスタンティヌスの時代にいたるまで、いかに退化していったかを示している。それは古典的記念碑であるというよりも建築史的記念物であり、この観点において、それらはコレクションの一角を占めなければならない」と述べた。

学生たちはおおむねこのアカデミーの方針に従った。ダンジヴィレが実測を学生に課すと、デゼーヌ（Louis-Etienne Deseine 大賞受賞一七七七）はパンテオンにとりかかり、業半ばにして彼が没すると、ユベール（Hubert 同一七八四）は一七八六年にその作業の継続の認可をアカデミーに求めた。ルフェーブル（J. B. Lefaivre）も一七八九年にローマに着くとパンテオンに着手した。そのほかの建物も学生たちの関心を引いた。一七八二年、L・A・トレアール（Louis-Alex. Trouard 同一七八〇）はフォルトゥナ神殿を復元し、同じころにデプレ（J. L. Deprez 同一七七六）はその芝居じみたデッサンを作成した。一七八四年にはベナール（Ch. I. Bénard 同一七八二）はハドリアヌス帝のヴィラを、ボードワイエ（同一七八三）はマルケルルス劇場を実測した。一七八五年、大賞は獲得していなかったフォンテーヌは、友人のペルシエのいるイタリアへの派遣を要求し、認められるとふたりは精力的に古代建築を復元、実測していった。その結果、ペルシエはアカデミーからローマ滞在の一年延長の許可を与えられる。一七八七年、モロ（Jean-Charles-Alex. Moreau 大賞受賞一七八五）はファウスティナ神殿の実測をパリに発送、一七八九年、タルディユ（Jean-Jacques Tardieu 同一七八八）はカラカラ浴場のそれをパリに送った。

アカデミーは、プログラムに忠実に、学生に構造の研究も要求した。ロンドレは一七八三年からハドリアヌス帝のヴィラの「網状石積 Opus reticulatum」を分析した。一七八八年、ボナール（Jacques-Charles Bonnard 大賞受賞一七八八）は水道橋と下水渠の試験の依頼を受けた。一七九二年、アカデミーはバッカス神殿を主題として定めたが、装飾のみならず、形態と平面のゆえにそれを賞賛していた。

当時の学生たちは古代を研究したのみならず、ルネサンスにも関心があった。ルロワはギリシアへ旅立つまえに、ファルネーゼ邸のカッラッチのギャラリーをデザインし、一七六三年にはバルボー（Barbault）は『近代ローマの最も美しい建物』を出版した。トルアール（Louis-François Trouard, 1729-）はヴェネツィアとボローニャを訪れた。ペルシエはフィレンツェのパラッツォ・ピッティをデッサンし、自分の弟子たちにルネサンス研究を勧めた。多くの留学生はフランスへの帰路の途中にヴィツェンツァを訪れ、パラディオの作品を賞賛した。

ローマ留学の滞在期間は、コシャンとダンジヴィレにより、一七六三年から三年間に短縮されたが、彼らはまた大賞を獲得していない者でも（彼らのお気に入りなら）ローマに留学できるように計らった。造幣局の建築家アントワーヌは一七七七年にその恩恵を与えられた。ベリザール（Bellisard）はイタリアでローマ人の構造を研究した。一七八三年、ダンジヴィレはサント＝ジュヌヴィエーヴ教会（現パンテオン）の構造を担当していたロンドレを、その研究の一助とするために、イタリアに派遣した。ロンドレはパンテオン、コンスタンティヌス帝のバシリカ、ディオクレティアヌス帝の共同浴場において、「支持体である壁、土台、柱の面積と、そのほかの自由な面積の比、その平面の多かれ少なかれ有利な配置、材料の性質とそれらの使用方法」を調査しようとした。一七八四年にはルグランとモリノが、一七九〇年にはクチュール（Couture, 1732-1799）がイタリアに到着した。

このように、当時のアカデミーの建築観には、原始性の強調、マスと陰影による造形を指向するロマン主義的で感覚的な要素と、ルロワの建築史講義やローマのアカデミー・ド・フランスによる活動といった考古学的で歴史主義的な要素があったことがわかる。さらにこの時代には、前節で述べたような、構造的合理主義の要素もあった。これらの諸要素は、かならずしも党派的に対立していたのではなく、相補的な内的連関があったと考えられる。

新古典主義の建築家たちは純粋性を求め、ヴィンケルマンにしたがい、歪んだ形態にみられるような「動き」を拒否した。彼らの図版は明瞭であり、版画家のそれを髣髴とさせた。この種の図版はフランス革命のころに多く出現したが、それは建築の性格に影響を与えないはずがない。この「純粋さ」という性格は、ブレが賞賛したような、マスの効果、光と影の対比を強調する。このような理念は、ある意味で理想的であり絶対的である。カンシー、ルグラン、デュフルニ、ギィヨモ(Axel Guillaumot, 1730-1807)、トゥサン(Toussaint)、ルーティエ(Routier)、ヴィエル・ド・サン=モー(Viel de Saint-Maux)らはこの理念を表明した。彼らはこの理想に一致しないものは否定した。カンシーはゴシック建築を認めず(『建築辞典』)、ルグラン(Jacques-Guillaume Legrand, 1743-1807)と画家ランドン(Charles-Paul Landon, 1760-1826)は、『パリとその建物の描写』(一八〇六)のなかでペール、ルロワ、クレリッソらがブロンデルの一派に勝利したことを賞賛し、ルイ一四世と一五世時代の建築の価値を否定した。

しかしこの絶対視は、一七世紀の人びとがいだいていた絶対美の理念とはまったく位相を異にしている。ギィヨモによると、建築家は「私たちが美しい建物を見て感じる感覚のなかに、そして、あらゆる芸術と科学の師匠であるギリシア人が私たちに残した例のなかにそのモデルを」探さねばならないというのだから、美はもはや比例ではなく人間の感覚にある。同時に一七世紀人がローマ建築しか知らなかったのにたいし、ギィヨモの指摘どおり、彼らはあきらかにギリシア建築をその理想としていた。彼はさらに「すべてのギリシアの記念物のなかで、コラムがその寸法によって建物の主要部分であり、ほかの部分は規模において同列に置くことはできない」と述べ「この記念物における本質的な美の典型はその列柱にある」ことを証明しようとした。

もちろんローマ建築もそれなりに評価されていたし、ギリシア的形態においてもローマ的要素、たとえばドーム、ヴォールト、各種の、ときにはコラムで支えられたアーチなどは混入された。しかし彼らはそれを理性の名において認めなかった。たとえば層オーダーは、ふたつの建物を表現しているので否定された。結局、新古典主義の建築家たちがローマ建築に負っていたのはその要素ではなく、ピラネージの想像力においてみられるような、形態にたいする一種のロマン的な感覚であった。たとえばカンシーは「物理的な大きさは建築の価値と効果の主要な原因のひとつである。その理由は、建築がもたらす印象のほとんどは賞賛の感覚に起因しているからである。ところで大きさを賞賛するのは人間の関心に由来するのであり、大きさの理念はその精神においてつねに力と強度の理念に結びついているのである」(Lussault, *Notice sur Chalgrin*) と述べ、ローマのパンテオンばかりか、アテネのパルテノンらのギリシア建築を引用した。また彼は、つねに表現できるとはかぎらない巨大さのほかに、建築家は建物において堅牢さを表現しなければならないとしたが、それは実際の構造的強度という意味だけではなく、むしろ表現の効果の問題であった。

結局、新古典主義の建築家の理想はギリシア的純粋さとローマ的荘厳であったと思われる。見る者に与える感覚あるいは効果が重要視されているという点で、一八世紀におけるブロンデル流の性格＝趣味論の延長線上に位置しているのは明らかである。ブレ、ルドゥらはブロンデルの生徒であった。しかし彼らはその理想をギリシア、あるいはローマに限定したことで、結果的により保守的な立場に属することとなった。

反対に、一九世紀をリードしたのはよりリベラルで相対的な建築観である。一八世紀においてすでに思想家たちは人間的信仰の無限の多様性を示し、法則は習慣、地域的な必要性、気候などによって決定されることを確かめるために、カトリック的な絶対主義ではなく相対性の概念を信ずるようになっていった。一八世紀末になってギリシアやローマ以外の建築もよく知られるようになると、美は普遍的ではなく時代と地域によって変化するという理念が生まれた。オーダー比例の多様さはその趣味の変化の結果である、と主張する理論家もいた。旅行者や版画家は多くの例を持ち帰ったが、それらはそれまで認められていた美の定義とは一致していなかった。エジプト建築、中国建築などは建築家の好奇心を駆りたてた。こうした事情は、建築におけるある種の普遍性にたいする信仰を動揺させないではおかない。ルグランは「真の原理を見分けるためには、知られるに値するすべてのモニュメントに接近することからそれを導かねばならない。……それゆえ、しかじかの民族や時代に固有の受容でしかないものを、建築の一般的な原理として確立することはもはや不可能である」と指摘したが、これは絶対的な建築観から相対的なそれへの移行を示している。

フランス革命の時代の、そうした自由な思想を最もよく体現している建築家がペルシエ (Charles Percier, 1764-1838) とフォンテーヌ (Pierre Fontaine, 1762-1853) である。彼らの著『君主の居城　*Les Résidences des Souverains*』(一八三三) や、パリでの記念碑とそのプロジェクトについて論じた文献『パリのモニュメント　*Les Monuments de Paris*』のなかには、彼ら自身が「一般的に受け入れられている理念とは一致しない」と認めている教義がみられる。長いあいだ古典主義の領域の主要人物とみなされていた彼らは、その師匠からは最も自由であり、彼らの学生が一九世紀において支配的なものとした諸理論を準備した。

彼らは、建築は地方的な手法により決定されることを教えた。「そのさまざまなジャンルの名前や特有の起源がどうであれ、私たちは古代建築、ルネサンス建築、近代の建築などを、服従しなければならない各種の教義としてではなく、同じ目的にむかった同じ行為による産物の特定の再区分として、それぞれがその必要におうじて利用した科学の発見として考えよう」。この観点からすれば芸術は絶対的ではなく相対的であり、数学ではなく趣味の結果である。だから古典主義美学を支えてきた比例の理念も相対的であるとして否定された。

とはいえ彼らもやはり理性を重要視したことに変わりはない。しかし、彼らにとっての理性とは、実際的で実践的な理性であった。フォンテーヌは『居城』のなかで、ペローによるルーヴル宮のコロネードをフランスの気候に適合していないとして非難した。「この芸術家がそれでもってルーヴル宮を飾ろうとした装飾はそこにあるものと一致しない。……確かにギリシア建築は完全性の典型として考えられるべきだが、それは住居よりもむしろ神殿や公共記念物に適しており、また、それを特徴づける美の過度の乱用は、現代の建物のよき配置と堅牢性にしばしば逆行することを認めねばならない」。またフランスの気候において陸屋根を使用すること、店舗にドリス式のコラムを使用することを非難した。この考え方は一八世紀に支配的であった適合性の理念を継承するものである。さらに彼らは、それまで古代建築のみが絶対視されてきたのは、単なる流行、あるいは先入観からもたらされた一現象であると解釈することで相対化した。「私たちは、過去をふり返り、現代の進みを止めてしまおうとも、古代の作品にたいする賞賛の厳格主義ゆえに進歩の途中で立ち止まろうとも、新しい発見に参加するのを拒否してそれを知ろうともしない。そんなことを考えているのではない。私たちが述べた教義は、正しい推論よりも情熱や好奇心がまき散らすところの先入観、名前の区別、時代的な好みを認めない。思慮深い、偏見のない鑑定者よ、私たちの全時間がささげられる芸術の長い実践において、私たちは科学の探究が私たちにもたらす光をけっして拒否しない。……その主目的が生活の必要と安楽にある建築は、重要で有用な専門分野である。それをなす者が新奇さの精神や流行の影響に身を委ねると、かならずや大きな不都合が発生する。芸術により啓発され、科学により導かれなければならず、でたらめな実践はけっしてよくない。分別をもって自然と工業の産物のなかから活用すべき方法を選び、ある健全な教義の法則から遠ざからないで、必要性がその使用を認めないものは使用を保留することにたえず注意しなければならない」。この考え方はヴィオレ＝ル＝デュクの合理主義を彷彿とさせる。

しかし彼らは過去の建築を否定したわけではない。建築家は、経験、すなわち歴史的な蓄積として残されている過去の建物に学び、それをたんに模倣するのではなく、そこから経験的な理性を鍛えねばならない。ペルシエは、弟子ルクレール（Achille Leclére）への手紙のなかで自説を披露した。「比較からスタディしはじめるべきです。そうすればこれこれの宮殿は好ましいと思えます。その階段、中庭に注目し、それから違う形態や規模のものと比較しましょう。ある階段は右へ折れていて窓はひとつしかない。スパダ宮はそうです。コルシーニはふたつある、バルベリーニは四角、など。ロトンダから小規模な円形の神殿まで例は多い。あなたは規模や可能性について正確な考えをいだくようになり、迷いは少なくなります。設計のさいも、空想的に考えるのではなく、実在しているものを基礎にするのです。スタディ中も古代建築の断片に向い、それを描写し、そこの美の特定のモデルを見るよう努めなさい」。すなわち彼らは適合性の観点から建築を捉え、その実例を歴史という建築の宝庫のなかに探したのであった。

しかし、適合性の概念と歴史性のそれとの交差は、それらの概念の意味内容に変化を与えた。すなわち、それらはある差異性において把握されるようになった。たとえば適合性を示す項目である、気候風土、民族性、材料、構造技術、用途は時代によって異なるのであって、それぞれの時代にはそれぞれ相異なる適合性の条件が対応する。逆に時代が違うということは、この適合性の条件の違いにより、はじめて意味をもつようになる。こうした見方では、建築はつねに適合性の差異性において捉えられることになる。「比較」にかんするペルシエの論述は、この適合性の差異性を、より個別的で微視的なレベルで展開したものにほかならない。一九世紀に特有の「様式」の概念はこの構図のうえに成立している。各様式はそれぞれの時代に固有な適合性の表現、あるいはその必然的な結果である、またその固有性のゆえに、必然的に差異的あるいは相対的である。様式の概念は一九世紀に特有であるというのは、それが本質的に相対的な性格を帯びているからである。たとえば唯一無二の様式、絶対的な様式、などという表現はあきらかに形容矛盾であり無内容であって、様式という概念は複数のそれからの選択という可能性を不可避的に秘めているといえる。

こうした内容をもつ「様式」の概念は、一八世紀において形成された「タイプ」という概念とある関係を結ぶ。前述のように「タイプ」では、それ固有の精神的な適合性、あるいはふさわしさ（bienséance）が要求されることが明らかにされた。すなわち教会は教会らしい、住宅は住宅らしい性格をもたねばならない。もちろん用途とか構造とかいった物理的な適合性（これもタイプによって異なる）も要求されていた。建築の各「タイプ」はそれ固有の適合性を要求している。だからある特定の適合性を有するある様式が選択的に結びつくことは当然の理である。かくしてペルシエとフォンテーヌは、ギリシアやローマの建築は神殿や公共記念物には適している、それ以外の建物には適していないと判断したのである。彼らはむしろイタリアのルネサンス建築を尊重した。「一五世紀の建築はギリシアやローマのそれよりも私たちの使用に適している。その大部分は平面のよき配置と単純性により、装飾のデリケートさと巧みな選択、それらを構成している材料の多様性、そしてとくに豪華さとよき趣味の調和により注目されるべきである。シンメトリーや構成はこの冷酷な時代にあって、些細な外観の考慮のために犠牲になったことはほとんどない。……巧みでありかつ豊かであり、彼らは新しさにたいする過度の情熱がしばしば生むファンタジックで風変わりな配置に訴えることなく、無限の多様性をその作品のなかにもたらすことができる。芸術の真の完全性は知られていないものの発見よりもむしろ、その経験とよき趣味がすでに用途に捧げてきた正しい使用法であることを、彼らは証明した」。

ペルシエとフォンテーヌにおいてすでに萌芽的にみられる様式的思考は、一八世紀的な適合性の概念を基礎としており、すぐれて合理主義的である。しかしそれは論理的一貫性が強調されたり、厳密な論証により、決定論的に結論に達するといったものではなく、きわめて経験的で実践的な性格をもっている。歴史とは過去の時代におけるさまざまな建築的実践の諸例の倉庫であり、様式とはそこにおけるある一定レベルでの類型化である。建築的問題にたいする諸解答を類型化し、そこから現在の必要におうじてあるものを選択するという行為は、一六世紀と一七世紀の調和比例論における原理を希求する行為とは違い、ある方法論的な性格を帯びている。様式とは一種の方法論であった。

ペルシエとフォンテーヌはおもに合理主義的な側面での立論を試みたが、シャトーブリアン（Chateaubriand, 1768-1848）は感覚的な側面から様式的思考に達した。その『キリスト教精髄』（一八〇二）にそれがみられる。彼はそのなかでカンシー、ヴィンケルマン流の普遍的な美を否定している。「芸術の目的は最も美しい可能な自然を表現することである。ところで快楽とは、時代、品性、民族にしたがって変化し、美は唯一絶対の存在であるがゆえに美ではなきところの見解の産物である」。彼にとって美は人間の感性に訴えるものであった。そして彼の意図は、宗教こそが真の美をもたらすことを証明することであった。

美とはそれゆえ形式的なものではない。「今日、人はすべての記念物が物理的な有用性を満たすことを望むが、人びとにとって超越的な秩序からくる道徳的な役目があるとは考えない……墓標を見ることはなにも意味しないのだろうか」。シンボリックな建築の理念は、ブレやルドゥがすでに述べているように、形態、マッス、影によって印象を与えることであった。シャトーブリアンの場合はそうではなく、宗教的な感情と建築が結びつけられていた。すなわち彼はゴシック建築を評価したのである。一八世紀の建築家たちはゴシック建築の構造しか認めなかったが、シャトーブリアンは、それが詩的であり、その古さや形態が多くの記憶を呼びもどし、またそれがフランスの建築であるので評価した。「優雅で明るいギリシア神殿を建設して聖王ルイの善良な人びとを集めて形而上学的な神を拝ませたとしても、彼らはつねにランやパリのノートル＝ダムに、幾世代にわたる故人や父の魂で満ちたこの苔むすバシリカに思いを馳せるだろう」。ゴシック芸術はガリアの森林を思い出させ、そこにあるすべてのものは、「木の迷宮を思い出させ、宗教的な畏怖、神秘、神聖さを感じさせる」のである。

この回想の作用が建築によるものであるなら、その過去や品性が異なっている各民族の魂のなかに、またその気質や教養が異なっているそれぞれの人間の魂のなかに、さまざまな感覚を生じさせるのであるから、その美はもはや一般的ではなく相対的であり、普遍的ではなく地方的である。だから「アテネに建設されたエジプトの神殿をギリシア人は喜ばないし、エジプト人もメンフィスのギリシア神殿を喜びはしない」。

建築とは力学的なシステム、マッスのたわむれ、形態の調和ではなく、光景のなかの一部であった。「建物の入り口の両側に誇らしげにそそり立つふたつの塔は、墓地の楡や欅の木の上にそびえ、空の青を背景にしてピクチャレスクな効果を生みだす。あるときは夜明けの光のなかで双塔が輝き、あるときは雲の冠をいただいて、おぼろげで詩的な雰囲気をかもしだす」。

こうしたシャトーブリアンの理念を要約しよう。美は時代、地域、民族によって変化する。建築の美は、それが私たちに印象を与え、私たちに回想を与えることから生まれるのであり、それはピクチャレスクな効果である。人に感銘を与える建築とは、フランスではゴシック建築である。そしてこうした考えが様式的思考につながることは明らかである。歴史上のそれぞれの様式の固有な意味あいをペヴスナーは『ヨーロッパ建築序説』のなかで「連想的価値 associational value」と名づけたが、ある特定の連想的価値を得ようと思えば、様式のリストのなかから条件を満たすものを選べばよい。もろもろの様式はこうした操作の対象となる。この過程にあらわれているのは、原理や論理性ではなく、やはり方法の精神である。

様式的思考が合理主義的側面においてであれ感覚論的側面においてであれ、一八世紀的な適合性の概念を基礎としていることは明らかである。物理的な適合性はその合理的側面に、精神的適合性（あるいは、性格、ふさわしさ、の概念）はその感覚論的側面に転身したといえる。しかし一九世紀が一八世紀と違うのは、適合性を歴史的な差異性、あるいは固有性において捉えようとした点にある。一九世紀人は、ある時代のある地域における、気候、風土、材料、技術、民族性などの固有の条件から、ある特定の様式が生まれると考えたのであり、そこから各様式の発生が問題となってくる。ウィトルウィウス、あるいは一八世紀ではロジエ、は普遍的な建築の起源を明らかにしようとしたが、一九世紀においては各様式のそれぞれの起源が問われるようになった。

たとえば古代建築の場合は、ケリュス伯、ポーコック、バルテルミ神父、シャトーブリアンはエジプトが起源であると述べ、作家ヴィンチ（G. B. Vinci）は『建築の魅力 *Soggio d'architettura*』（一七九五）のなかでカルディアとペルシャが起源であると述べ、作家ラボルド（Alexandre de Laborde, 1773-1842）はギリシアを起源とした。同じような議論がゴシック建築でもなされたが、それは用語の混乱となってあらわれた。ある者にとっては「ゴシック」とはロマネスク様式のことであり、今でいうゴシックは「アラベスク建築」であった。ある者にとっては、ゴシックという言葉はすべての中世建築を意味した。大多数の者は、尖頭ヴォールトはアーチの壊れたものであり、それがゴシックの特徴であると信じた。しかしこの尖頭ヴォールトの起源については意見が分かれた。ルノワール（Alexandre Lenoir, 1761-1839. 博物館の創設者）はそれをアラブ人の考案だとし、ルノルマン（Lenormant）はペルシャ人のそれだと思い、ラボルドはその『ピトレスクで歴史的なスペイン紀行』（一八一二）でビザンチン人の考案だと述べた。ルグラン（Legrand）はその『建築史概説』（一八〇九）で、その起源ごとに、さまざまなゴシック様式を列挙した。「望むなら属名をもちいてでも、特徴的な名前によりつぎのように区別するべきである。すなわちギリシア・ゴシック、ローマ・ゴシック、サラセン・ゴシック、アラブ・ゴシック、ムーア・ゴシック、シャルルマーニュ帝以前の野蛮なゴシック、シャルルマーニュ帝下のロンバルディアのゴシック、さらに、ノルマン、サクソン、ゲルマンのゴシック……」

一九世紀ではこのように、建築がその起源と発展過程、すなわち歴史において捉えられたのであり、そこでは普遍性よりも個別性が重視された。それはアカデミー的な建築観の中心概念のひとつであった「模倣」の意味を変えた。エグバート（D.D.Egbert）は『フランス建築におけるボザールの伝統』（一九八〇）のなかで、一七世紀的な意味での模倣とは、ある絶対的な原理の存在を前提として、諸例のなかからその原理に一致するものを選択して模倣し、修正を加えつつ全体にまとめあげるというものであったが、一九世紀的な意味での模倣とは、個々の作品の性格、特徴、個性をよく把握し、それを表現するためにできるだけ忠実に模写するという意味に変わったと、指摘している。サマーソンが『古典主義建築の系譜』で指摘したように、新古典主義の時代から古代建築の研究においては考古学的正確さが求められたのもそれとパラレルであろうし、一九世紀的な様式観も新しい模倣の概念に支えられていることは明らかである。

フランス革命時代に登場したこのような新傾向は、当時のアカデミーの学校の教育でもそのまま反映されている。ダヴィド・ルロワによる建築史の講義についてはすでに言及した。デュフルニはルロワとペールの生徒であり、一七八二年からイタリアに渡って古代建築を調査し、一七九五年にパリに戻ってから、ルロワにその後継者として指名された。デュフルニはルロワの教育をそのまま継続した。そのプログラムは、「一　建築にかんする古今の著作家の分析、二　シチリア島の教授（デュフルニのこと）が視察した記念物にかんする講義、三　彼によって集められた古代記念物にしたがった装飾型どりの実習」からなっていた。彼は一七九六年に学士院の美術部会に提出したレポートのなかで「芸術の新理論と数学的な科学の進歩のために」新しい教育がなされることを要求した。

ロンドレは截石学を担当したが、その著『建設術論』（一八〇二〜）のなかで装飾に反対し、オーダーを建築の本質部分とはみなさなかった。彼の教育はきわめて考古学的であったデュフルニのそれを補うものとなった。彼は、建築のさまざまな種類を示すことよりも、一般的な法則、すなわち構造的な原理を示すべきであると考えていた。

ボードワイエはより折衷的な立場であり、教育においては構成の研究、構造、古代記念物の研究、さまざまな民族における建築史が同時に含まれていなければならないと主張した。彼は共和暦九年に提出した『国立建築学校の組織にかんする計画』のなかで、「若い学生は理論やデッサンには優れているが、ローマでは構造をまったく学ばずに戻ってくる。彼らを雇いいれる政府や個人はこの分野の初等学校にはごくわずかしか出資しない」と指摘した。

大賞コンクールの審査員はエコールにたいしては、この時代は、間接的な影響しか与えなかった。その三〇人のメンバーはさまざまな傾向を代表していた。ド・ヴァイ、ペール、レモン、ユルティエらはアカデミーの伝統的な理念を守り、古代を最も尊重した。彼らは構造にも関心をもっており、共和暦七年のコンクールの主題として「最も古い時代から現代までにいたる、建築のこの分野における、さまざまな民族にみられる進歩の研究」を学生に課した。

アトリエを開いていた建築家は、より決定的な影響を学生に与えた。ルロワ、ルドゥ、ペール、シャルグラン、レモン、デュラン、ラバール（Eloy Labarre, 1764-1833）、ボードワイエ、ボナール、ペルシエとフォンテーヌらがそうである。とくにペルシエとフォンテーヌのアトリエは人気があったようで、ラボルドは『フランスの記念碑』（一八一六）のなかで、ペルシエとフォンテーヌが若い建築家に与えた影響の大きさを指摘している。

　またこの時代に特徴的なのは、おびただしいばかりの文献の数であろう。だがそれらはいわゆる理論書ではなく、ギリシア、エジプト、ローマ、ルネサンス、フランス、ゴシックなどの建築について個別的に記述されたものであった。若い学生はそれらをとおして古今東西の建築にふれることができた。

　若い学生たちはたいへん自由な精神を示したが、一九世紀初頭まではブレ、ルドゥのような感覚的な巨大趣味が流行していた。アカデミーの長老たちはこうした傾向にはすくなくとも賛成ではなく、また新しい時代の趨勢にも従わずに、古代建築がもっとも完全であると信じたうえで、学生たちを一種の考古学生にしようとしていた。一九世紀の様式的自由主義は一挙に形成されたわけではない。一九世紀初期のアカデミーは古代を理想化し、ほかの様式をなかなか認めようとしなかった。その保守派を代表するのが終身書記カンシーである。彼はウィトルウィウスを再解釈した『ギリシア人とローマ人の神殿がいかに啓蒙されていたかにかんする覚書』（一八〇五〜〇六）を著し、古代建築の復元を試みた。またロンドレとユイオ（Huyot）を助手として編纂した『建築辞典』（一八三二〜）のなかで、起源まで遡行しギリシアの原型を模倣することを建築家に薦めた。彼は一七世紀の建築を、美の真のモデルを知らず、古代の建築に忠実でないので批判した。またルドゥの建築を、それが古代を知らず、ロマン主義的な精神においてそれを超越したので非難した。つまりカンシーは古代建築に忠実であれと主張しているのだが、当然それは建築史的あるいは考古学的研究を要請する。彼は一八一九年にエコールに「記念碑の歴史　histoire des monuments」の講座を設立し、その担当教授にユイオを指名した。彼はまたローマのアカデミー・ド・フランスにもその権力を及ぼした。一八二一年一月二六日の規則は、留学生がローマあるいはイタリアの外へ旅行するのを禁じた。学生たちがロマンチシズムや新発明にうつつを抜かすのを恐れたためである。また彼はローマ建築はギリシア建築から出発しているから、留学生にとってはローマ建築だけを研究すればよいと考えていたようである。彼は「ローマ考古学　archéologie romaine」の講座を設立し、主事アングル（J. A. D. Ingres, 1780-1867）はニビ（Nibby）をその教授に指名した。

　このカンシーを中心とする保守派に反抗したのが、ラブルースト、デュバン、ヴィオレ＝ル＝デュクらであり、これらのより自由な思考の人びとの活躍もあって、アカデミーあるいはエコールにおける古代建築の絶対的支配はしだいに崩されていった。

三―三　エコール・ポリテクニク

フランス革命は産業の組織をも一変させた。一七九一年三月一七日のアラルドの布告は職業の自由の名のもとに中世からの同業組合を廃止した。これは必然的に徒弟制度を崩壊させた。職業の自由が認められ、封建的な拮抗から解放され、その建設的な側面をいちばん享受できたのがブルジョワジーであった。しかし職人の組合が若い徒弟に与えていたすべての保証は根絶やしにされ、少年や青年は、一九世紀の大部分をつうじて、なんの契約もなしに工場の監督の専制のもとにさらされた。そればかりか一七九一年七月一四日のル・シャプリエ法はあらゆる結社を禁じたから、労働者がこの専制に反対して団結することはきわめて難しくなった。一九世紀における労働の問題、すなわち労働条件の問題と技術教育のそれはここに端がある。またそれらの問題は、おもに国家的な管理のもとで扱われるようになった。

まず技術教育についてであるが、中世から革命まで存続した同業組合は、公権力の統制をうけていたとはいえ、あるていど自律的な組織であり、徒弟制という教育方法はこの自律性を支えるひとつの柱であった。一九世紀、技術教育は国家管理化された。仕事場での教育は学校における教育へ移行させられた。啓蒙の世紀である一八世紀の後半には、すでにその前兆がみられる。たとえば、この時代のフランスには製図学校が二七校ほども設立されていた。フランス絶対王政における重商主義政策のため、マニュファクチュア労働者の養成を目的とする下級レベルの技術教育であった。それらのうち、あるものは独立的な無償製図学校であり、あるものはコレージュと結びついた製図学校であり、また地方の技芸アカデミーが無償の製図講座を開いている例もあった。その筆頭が一七六六年パリに開校された王室無償製図学校であった。この学校は職人であるか、それになるつもりの一五〇〇人の生徒を受け入れた。一七六七年一〇月二〇日の王の特許状によれば「他人の助けを借りずに自分自身で、さまざまな制作物をつくる能力を、将来、それぞれの労働者に獲得させるために、応用幾何学や建築術や、製図のさまざまな部門の基礎的な諸原理を無償で教えるであろう」。

さらに、一七八六年にリアンクール公（Duc de la Rochefoucauld-Liancourt, 1747-1827）によって設立された、いわゆるリアンクール学校は、傷病兵や退役兵の子供たち、とくに七歳以上の戦争孤児ら一〇〇人に、読み書きや計算のほかに、軍務にとって有用な手職を教えた。

フランス革命において同業組合が廃止され、一八一五年から三〇年ころ、産業革命が徒弟制度を実質的に破壊すると、それにかわる技術教育のあり方が模索された。三タイプがみられた。第一は、教化的な配慮から着想されたもので、若い労働者の生活上、労働上、道徳上の諸条件が悪化の一途をたどりつつあるのに注目し、それに保護、援助の手をさしのべようとするもの。厳密には技術教育の問題ではない。第二の解決法は、工場内学校において訓練する方法である。第三のそれは徒弟訓練学校なる技術訓練のための作業場を付置した学校で訓練する方法である。一九世紀前半にはこれらの多くの試みがなされ、その例は枚挙に暇がない。一八六三年に設置された官設の「技術教育委員会」は、これらの例について「フランスでこの時代におこなわれたような職業教育が、工業の新しい必要にじゅうぶん応えていた」かどうかを検討するために、一八六三年から六四年に大規模な調査をおこない、一八六五年の報告書のなかで従来の教育方法の不備を指摘し、技術教育の重要性をあらためて世人に認識させるとともに、技術教育における学校の地位を強調した。こうして一八七三年には有名な市立のディドロー学校がパリに創設された。これは小学校卒業者のための修業年限三年の学校で、建築と機械について教授し、時間の半分を学科と製図に、ほかの半分を実習にあてた。この学校は徒弟訓練学校を制度化するきっかけとなった。当時はまだ私立の学校のほうがはるかに多かったが、一八七八年のパリ万国博でフランスの技術教育の遅れが痛感されると、ディドロー学校の成功を参考にして、一八八〇年に「徒弟手工学校および補助初等学校にかんする法律」が制定された。それによると市町村や県により徒弟手工学校が設立されるときには、それは公初等学校に数えられるとともに、公教育省と農商務省からの補助金の配分にあずかることができた。こうして技術教育の国家管理化はますます進行していった。

つぎに上級の技術教育についても、一八世紀にはいくつかの学校が設立されていた。土木学校（一七四七）と鉱業学校（一七七八）は民生用の産業のためのものだが、革命以前は最も高度の技術を駆使していたのはむしろ軍隊であった。メジエール工兵学校（一七四八）は王政下の最も優れた技術教育機関とみなされている。そのほか海軍のための造船学校（一七六五）、いくつかの砲兵学校（最初のものは一六七九年、ルイ一五世治下には計五校設立された）、パリにある王立士官学校（一七五一）、ル・アーブルの海軍士官学校（一七七三）などがあった。

フランス革命は教育の旧体制を打破して新しい技術教育機関を設立した。ともに一七九四年の設立である中央土木学校と工芸院。前者は一七九五年にエコール・ポリテクニクとなった。後者は工芸にかんする機械、模型、道具、図面などを保管し、あるいは展示する機関であり、教育機関ではあるが厳密にいえば学校ではない。しかしナポレオン時代になると、この工芸院に付属するふたつの学校、すなわち製糸織物訓練学校（一八〇四）、および無償応用製図学校（一八〇六）が設立された。前者は一八一四年に閉鎖されたが、後者は一八七四年まで継続され、「小さな学校 petite école」と呼ばれた。そこでは、算術、初等幾何学、用器画、機械の作図、織物の図案、截石、大工仕事、指物細工に必要な画法幾何学のほか流体力学、静力学などが学ばれた。また前述のリアンクール学校を併合し、一八〇三年には工芸学校に転身し、しだいに高等レベルの技術学校に移行していった。

こうした一連の技術学校設立を支えていた理念は実学教育のそれである。一般教育においても、中世のスコラ主義時代から一五世紀以降の人文主義時代をへて一八世紀にいたるまで、その中心はイエズス会のコレージュに代表されるような人文科学系の学問であった。啓蒙の世紀である一八世紀の後半になると、科学の教育的な価値が確認され、それにより児童にひとつの社会的な機能、すなわち職業を準備させることが意図されるようになった。この実学教育の思想は技術教育にそのまま結びつく。

こうした理念はフランス啓蒙主義の思想家たちにおいて顕著である。ルソーはその『エミール』（一七六二）のなかでイエズス会の学校でなされる教育を批判しつつ、効用の原則にしたがって学科を選択すべしと主張した。すなわち、知性の形成に捧げられる一二歳から一五歳までの時期（これに先立つ時期は感覚と運動能力の教育にあてられる）には、エミールは幾何学と物理的諸科学ばかりでなく、手工も習わなければならない。ルソーはさらに労働はだれも免れない義務であると主張し、農業と手工業を尊い術として重要視した。徒弟教育を重んじた彼は、来るべき時代を完全に予測できたわけではなかったが。また同じく一七五一年から一七七一年にかけて出版された『百科全書』は手労働の名誉回復におおきく寄与し、技術教育の動機づけの役割を果たした。「諸科学、もろもろの術、もろもろの職にかんする理論的辞典」という副題がつけられたこの書は、文学的ヒューマニズムがなおざりにしたすべての実証的で経験的な学問の価値を明らかにしている。手工業の職は、ここでは大きな場所を占めている。ダランベールはその序で「パリおよび王国で一番腕利きの職人を訪ね、わざわざその仕事場に入りこんで、質問し、聞いたことを書きとどめ、その考えを敷衍した。機械を手にし、それを組み立て、そして良い仕事の仕方を人に知らせるために、自分ではまずい仕事をやってみることがしばしば必要になった」と述べている。またディドロは自分の教育思想をふたつの著作『エルヴェシウスの人間についての書にたいする反論』（一七七三）と『大学計画』（一七七六）のなかで表明し、無料の公教育を組織することを提唱したのち、文学的訓練に科学的訓練が勝ることを主張し、諸工芸（arts mécaniques）の見習修行に注目する。「思うに、学校では法律から諸工芸にいたるまで、市民に必要なすべての知識の概念を与えなければならない。これらは社会の利益と幸福とにきわめて大きな寄与をしてきた。そして私は市民の最高の階級の職業をこの諸工芸のうちに含ませる……これらの知識は第一級の好奇心をもつ子供にとって自然の魅力を備えている。のみならず、いちばん普通の諸工芸のうちには、まことに正しい、たいへん複雑でしかもきわめて明解な論理があって、人間の理知と才能の深さにいくら驚いても足りないほどである……」と彼は指摘した。

百科全書派のこうした理念はフランス革命期の教育制度にかんする立法者たちの思想にそのまま反映している。政治家タレーランは、一七九一年一一月一〇日の制憲議会に提出した報告書のなかで、神学、法律、医学、軍事科学などのための専科学校で、青年にいろいろな職業を教えることを提案した。数学者にして政治家コンドルセは、立法議会に、一七九二年四月二〇日に提出した報告書のなかで、「平凡な百人の人が詩をつくり、文学と語学を修めても、だれの身にもなにも起こりはしない。しかし二〇人が実験と観察を楽しむならば、彼らは知識の総量におそらくなにかを加え、現実の効用という利点が、彼らの懸命な楽しみに名誉をもたらすだろう」と述べている。そのほか、この時期になされた多くの提案あるいは具体的な立法には、同じ理念があきらかに読みとれる。

建築関係の諸学校も同じ経緯である。そして一九世紀にはエコール・ポリテクニク設立というかたちでその理念が実現される。

フランスでは一七世紀のルイ一四世治下においてすでに、築城技師ヴォーバンを長とする軍事工学の組織が軍隊内に設立され、築城などを担当した。ちなみにアカデミー初代主事ブロンデルもまた著名な軍事技術者のひとりであった。一七一六年には、最初の公的な非軍事的な技師を集めた「土木団体」が設立され、橋梁、運河、道路などの建設を担当した。この土木団体の最初の総監が建築アカデミー会員ジャック・ガブリエル（Jacques Gabriel, 1677-1743. 在任 1716-1732）である。一七三二年にガブリエルを継いだのがボフラン（Germain Boffrand, 1667-1754）である。一七四七年には工学製図を教えるための学校が、この土木集団に非公式に付置され、一七七五年には正式に認められて土木学校となった。そこでは建築も教えられ、一七五〇年ころＪ－Fr・ブロンデルの私立学校で建築を学ぶことが学生に要求された。革命の直前には七〇名から八〇名の生徒がいた。課程は六年から七年である。冬期には学校で理論面の講義がなされ、夏期には現場での実習が課された。この土木学校はあきらかに建築アカデミーのイニシアチブのもとにあった。

ペローネ（Jean Rodolphe Perronet, 1708-1794）は一八世紀における最も偉大な橋梁技師であり、土木集団の全歴史のなかでも最重要な人物であって、軍事技師としての修行を積みつつ、かつ建築アカデミーの学校の生徒であった。一七五〇年に土木集団の総監となり、一七五八年には建築アカデミー会員となった。一七四七年の非公式の学校の設立は彼によるところが大きいし、一七七五年にそれが公式の学校になると、彼はそこの主事となった。同時に彼は会員としてその学生のパトロンでもあった。彼の学生のなかにはドルレアン（Pierre Dorléans 一七六七年大賞）、デュラン（Jean-Nicolas-Louis Durand, 1760-1834. 一七七九年と一七八〇年ローマ大賞次席、ブレの学生でもあった）らがいる。ペローネは一七九一年一月四日にアカデミー改革案を提出した会員一五人のうちのひとりでもあった。デュランの存在は新旧の制度を結ぶひとつの糸である。

さらに、一七八九年にエコール・ポリテクニクに類似した学校の設立を提案したロンドレ（Jean-Baptiste Rondelet, 1784-1829）はブロンデルとブレの生徒であり、スフロのもとでサント＝ジュヌヴィエーヴ教会の工事に参加し、建築の構造的側面に興味を示すようになったが、一七九四年に中央土木学校が設立されると、その教育組織確立のために働き、建築と工学からなる三年制のカリキュラムを提案した。またデュランの前任であったバルタール（Louis-Pierre Baltard, 1764-1846）はのちにエコール・デ・ボザールの教授となった。

旧制度からの人脈を含みつつ、中央土木学校は一七九四年三月に設立が決定された。その設立準備を委ねられた土木事業委員会（ロンドレはそのうちのひとりであった）は、同年九月、その輪郭を明らかにした。入学年齢は一六歳から二〇歳、入学者数は四〇〇人、課程は三年であった。同年翌一〇月に入学試験が実施、一一月には講義科目も発表され、一七九四年一二月、パレ＝ブルボン内に開校された。当初この学校は、その名のとおり、軍事か民生かを問わず同一の知識――たとえば数学、製図、科学、建造術、截石術――を不可欠とする技師たちを養成するための、特殊専門的な教育機関として構想されていた。しかし共和国が課すこうした使命にくわえ、この学校は理論的諸科学（数学、物理など）の研究を振興させることも期待されていた。そして実際、後者のための教育がなされた。すなわち、工学的職種に属するであろう技術者たちに共通する全般的な基礎課程であろうとした。

こうして一七九五年九月、中央土木学校はエコール・ポリテクニクと改称される。さらに九六年一〇月には「公益業務の諸学校（école de servies publics）についての法令」が定められ、その果たすべき機能はいっそう明確にされた。その学生たちを、より専門的な公益業務の諸学校、すなわち砲兵築城学校、士官学校、土木学校、鉱業学校、造船学校、マニュファクチュア学校などへ進学させるための予備教育を担当することとなった。カリキュラムは一七九六年二月の規則によると、三年制でつぎのとおり。

- 数学
  - 解析学
    - 解析学の理論
    - 解析学の応用
      - 空間幾何学への応用
      - 剛体および流体の力学
      - 機械効果の計画
  - 画法
    - 図画
    - 画法幾何学
      - 石工規矩術（一年生）
      - 土木（二年生）
      - 築城（三年生）
- 物理学　一般物理（細目省略）
  - 化学（細目省略）

また一七九九年一二月の規則では二年生に短縮された。

- 数学（教師　解析学および力学四名、純粋および応用幾何学四名）
  - 力学の研究に必要なすべての解析学
  - 純粋な画法幾何学の理論および作図
  - 土木、築城、鉱業、機械、造船への画法幾何学の応用
- 物理と化学（教師　一般物理学一名、化学三名）
  - 一般物理学
  - 初等化学

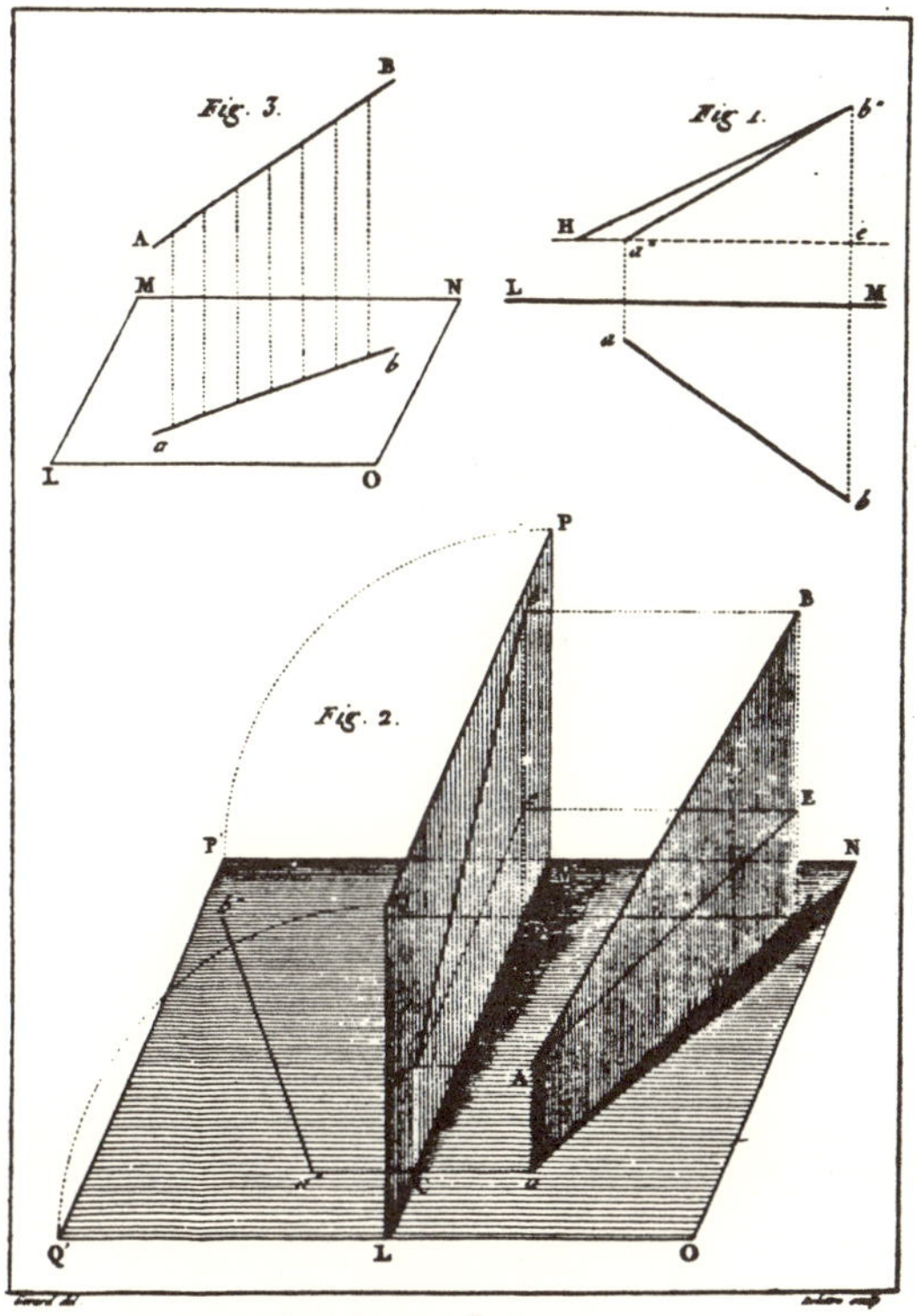

図1　モンジュの画法幾何学のエッセンス。
『画法幾何学』(1795)の図版Ⅰ　初版では、Fig.1が間違えてFig3、そしてFig3がFig1としるされている。

鉱物および工業化学

化学操作実習

図画（細目省略）（教師一名）

（アントワーヌ・レオン『フランス技術教育の歴史』みすず書房、および小倉金之助『数学史研究』岩波書店より）

これらの科目のなかには、数学や物理などの基礎的学問にならんで「画法幾何学 Géométrie descriptive」がある。これは現代の図学あるいは工業製図の基礎を確立した製図法である。それを考案したのは、一七六八年よりメジェール工兵学校（一七四八年設立）の教授であり、またエコール・ポリテクニクの設立からの教授であったガスパール・モンジュ（Gaspard Monge, 1746-1818）である。古い築城法などにおいては煩雑で長い計算が必要とされていたが、彼は一七六五年ころ、それにかわる簡単で有効な方法を考案した。空間にある図形を、水平、垂直の二平面への投象と考えたこの方法は、旧体制時代では一種の軍事機密であったが、新制度下ではエコール・ポリテクニクの科目となった。彼はそれを『画法幾何学』（一七九五）として出版した。その方法がひろく受け入れられたのは、理論的整合性のみならず、方法としての簡潔性、有効性によるものであった。ここにも啓蒙主義における効用の理念が反映されている。

建築教授となったデュランもあきらかに同じ理念をいだいていた。『エコール・ポリテクニクにおける講義概要』（一八〇二、一八〇五）の序論において、彼は建築を「すべての公共建築と個人建築を構成し施行する術」と定義している。また建築の目的は、公的そして私的な有用性と、個人や家族や社会の維持と幸福、すなわち人間に利益をもたらすことであり、術としての建築はそれに奉仕しなければならないとした。それゆえ適合性と経済性が建築の二大原理となる。適合性とは、最も利益をもたらす建築を、その用途に最も適合した方法で建てるということであり、堅牢性（材料、構造について）、衛生（敷地の選択、空気、熱、通風、採光にかかわる）、利便（各部分の用途との適合）といった下位概念を満足させなければならない。経済性とはより少ない費用で建てることであり、シンメトリー、規則性、単純性が満たされるほど費用は少なくてすむ。建築において心がけなければならないのは適合性のある経済的な平面計画であり、こうした配置からのみ、偉大さ、壮大さ、多様性、効果、性格などといった建築の美が生まれる。また建築家の仕事は、個人建築においては与えられた金額のなかで最大限適合性を満たすことであり、公共建築においては適合性は決まっているので金額をできるだけ少なくすることである。
　さらにデュランは建築の学習法について述べている。一口に建築といっても公共建築には凱旋門、橋、広場、神殿、裁判所、図書館、学校など、また個人建築でも都市住宅、田園住宅、別荘建築など、さまざまな種類があるし、さらにそれらは品性、使用、気候、地方性、材料、資金などによって無限の多様性が生じる。こうした多くの例を学ぶことは時間的にも無理であるが、かといって個別的な場合に限定することもできない。かくて彼は建築を言語とのアナロジーにおいて捉えようとする。つまり、建物の全体構成は部分の総和であるから、まず建築を少数の要素に還元し、その構成として建築を捉えなければならない。こうして「要素↓（グリッド）↓部分↓（軸）↓全体」というデュランの建築学の体系が形成される。

Ⅰ　要素
一　材料の性質より
　　固い材料、柔らかい材料、材料どうしを結合させる材料
二　要素（構造、材料の観点から）
　　基礎、壁、柱、床、ヴォールト、屋根
三　要素（形態、比例の観点から）
　　三種類の比例、オーダー、アーケード

Ⅱ　構成一般
一　要素の結合（結合の方法）
　　水平方向の配置（平面図）と垂直方向の配置（断面図と立面図）
　均等スパン（柱、外壁、内壁、開口、入口）……グリッドの形成……水平
　ポーティコ　　　　　　　　　　　　　　　　　　　　　　　……垂直

二　部分の形成

ポーチ、玄関、階段、諸室、中庭、外階段、洞穴、泉、藤棚

三　建物総体への総合

軸の設定、実際の設計法

Ⅲ　建物の分析

多くの建物を分析し、その一般的な適合性の知識を得る。

Ⅰは『概要』の第一章に、Ⅱはその第二章に対応している。つぎにデュランはより具体的な学習方法について論じている。それまでのような、装飾、配置、構造という区分では、各分野は独立していて相互の連関がないので、学生は偏った興味を示すおそれがある。そのためデュランは全学習を製図（dessin）に還元した。「製図は、学習であれプロジェクトの設計であれ、考えを確認するのに有用である。製図は可能な方法でゆっくりと着想を定着させ、それを新たに検討し、また必要ならば校正するのに役立つ。製図はそれを支払命令官に、そして施工業者に伝達するのに役立つ」。それは建築言語を学習する方法であった。またその学習を完全なものとするためには、三種の図面を用意すること、すなわち平面図で水平方向の配置を表現し、立面図をそれらの結果として描くことが必要であるとした。これらの三種の図面を一枚の紙に描くことで、研究は迅速かつ容易になるとも述べている。

このようにデュランの体系にもモンジュの理念と方法論的性格が反映されている。エコール・ポリテクニクのカリキュラムを検討すれば、デュランの講義はおそらく「画法幾何学の応用」のひとつであったと思われる。それらの製図法は類似している。モンジュにおいては物体を水平、垂直の二平面への投象において捉え、デュランにおいては平面図と断面図（立面図）を同一紙面上に寸法的に関連させて描く（図2、3）。その体系においても、論理的一貫性よりも方法としての有効さが求められている。『概要』は理論書というより建築製図の方法について述べられた一種の入門書であった。

またデュランの体系と方法論は、一九世紀の折衷主義を基礎づけるものでもあった。彼は、学習は「要素→部分→全体」という流れ

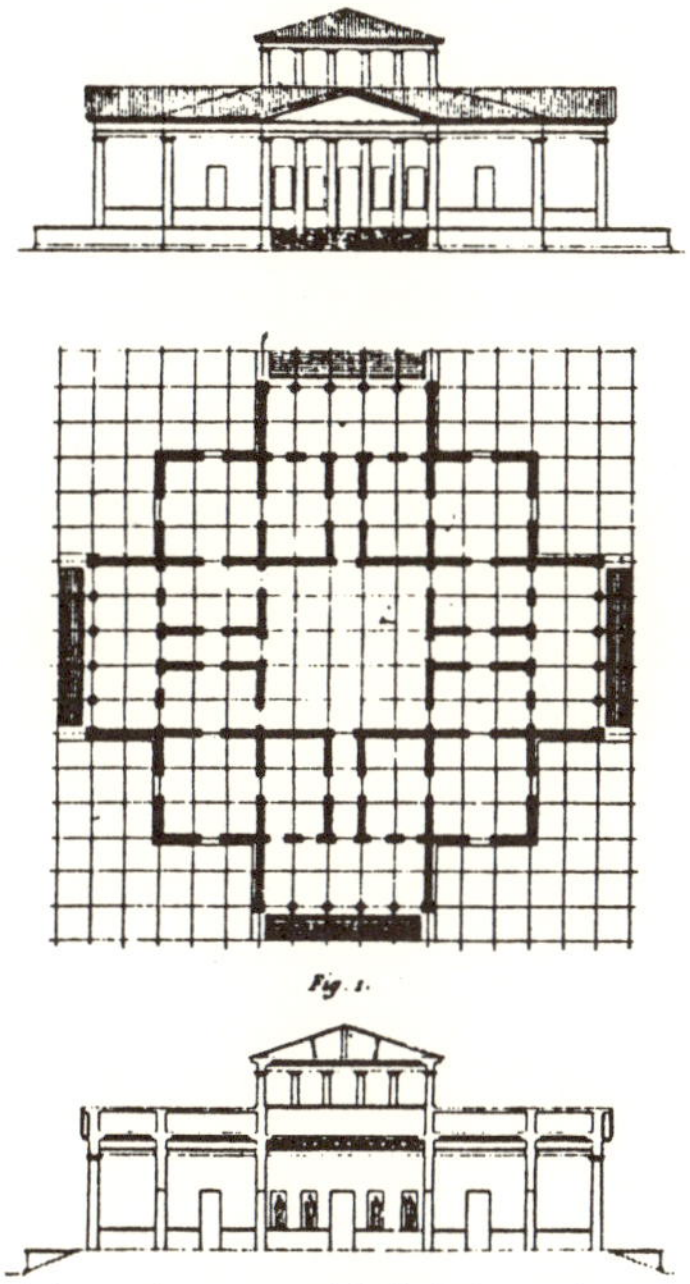

図3　デュランの建築構成法での作図法。

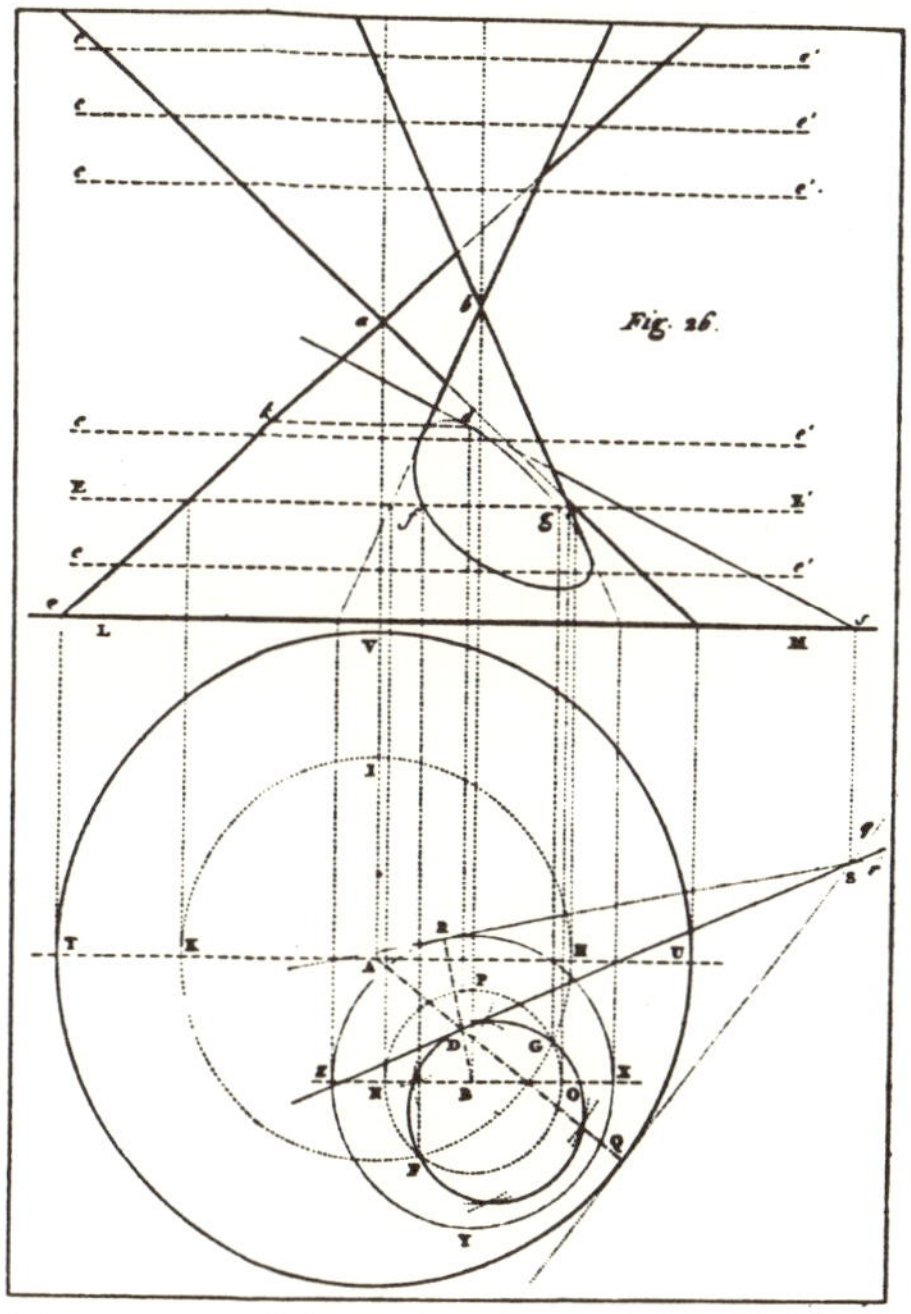

図2　モンジュ幾何学の作図法。

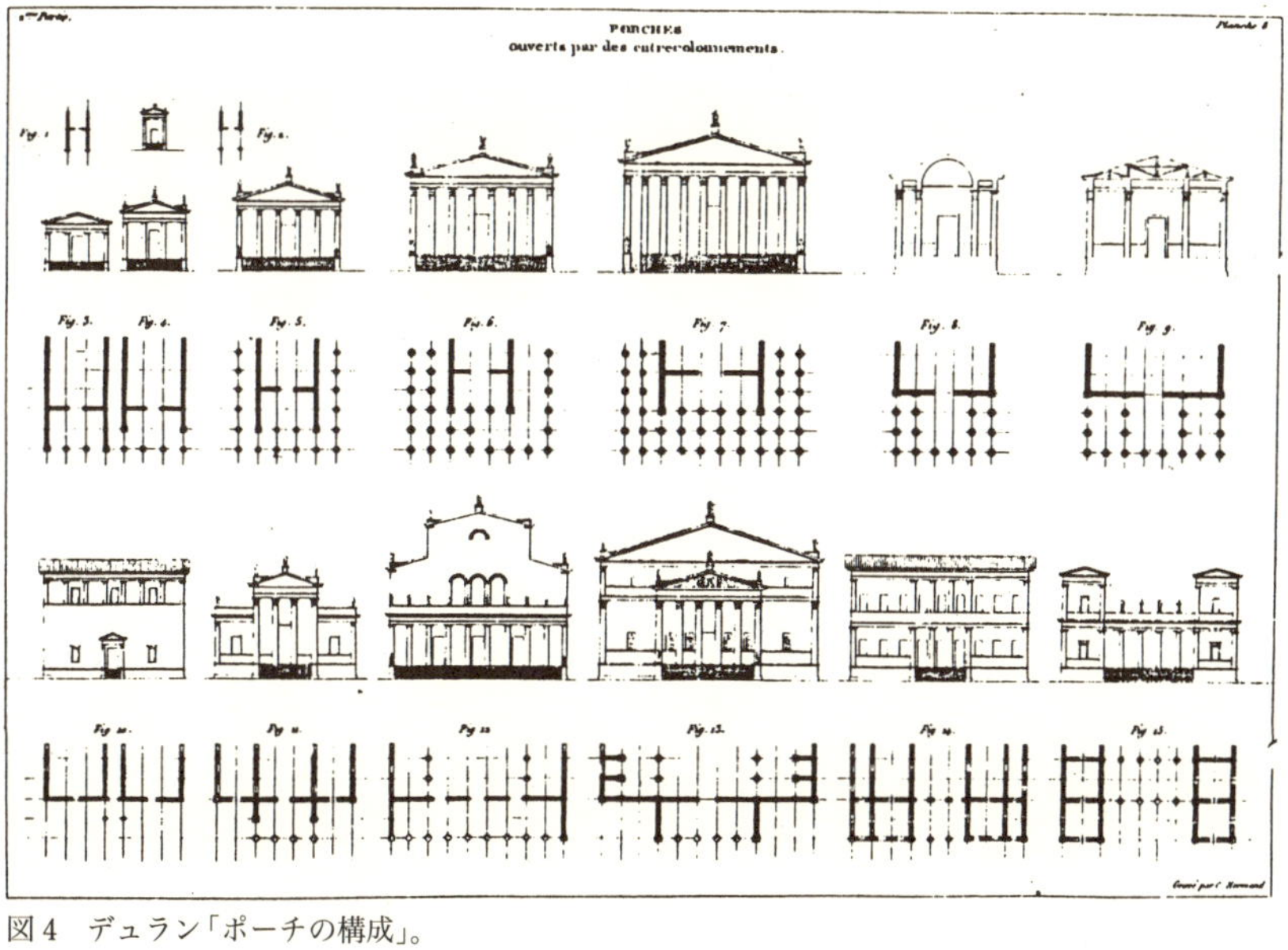

図4　デュラン「ポーチの構成」。

でなされるが、実際の設計では「全体→部分→ディテール」という順でなされると述べ（図5）、両者を区別している。会話をするためにはあらかじめ言語を習得しなければならないように、設計者はまえもって建築の要素と構成法を学んでおかねばならなかった。デュランの体系ではあきらかに「I　要素」と「II　構成」がエッセンスである。彼はさらに「III　建物の分析」において、さまざまな用例を検討することの必要を示しているが、『概要』においてはそれが省略されており、その役目は彼による別の書『古代と現代のすべてのジャンルの建築の比較』（一八〇〇）が果たしていた。この書には、すべてのジャンル、すべての様式――エジプト、ギリシア、ローマ、ゴシック、中国、イスラム、イタリアとフランスのルネサンス、ルネサンス以降――の建物の、同じスケールの図面が並べられている。ペルシエとフォンテーヌと同じく、デュランもやはり歴史に学ぶことを重要視していた。

デュランの比例論とオーダー論もまた折衷主義的である。『概要』では三種の比例が区別されている。すなわち、材料を建設、使用に適合するように裁断するところから生じる比例。古代建築のように慣習から必要となった比例。そしてそれを理解する容易さにより私たちの好みとなった比例、である。彼によれば、第一のものだけが本質的であり、第二のものはたとえばローマやギリシアの例にみられるように、作品によってまちまちであり、私たちがそこからどれを選ぼうとまったく自由であった。オーダーにとってとくに重要な形態や比例は、建物の各要素がどう使用されるかで決まる。序論でウィトルウィウスやロジエの理論が否定されているように、そうした形態や比例を説明するために、人体比例や初源の小屋などの概念は、必要ではない。たとえば、最下級の個人住宅では、費用が限られていることや、その使用性が大きなスパンを要求することから、柱の数は少なく、だから柱は短く強いことが要求され、またコラム（円柱）でなくピラスター（付柱）のほうが望ましい。また公共建築では堅固な材料が使用でき、柱も多くできるので、細くエレガントな形になり、通行の容易さのためコラムが望ましく、コーニスもコラムが高くなるので雨水を遠くへはね飛ばせるように、突出も高さも大きくなる、と彼は述べている。このようにいろいろな使用性によりコラムは高くなったり低くなったりするが、そこには人が越えることができない限界がある。

それを決めるためにデュランがとった方法は、古代建築のコラムの観察であった。彼はギリシア・ドリス式、トスカナ式、ローマ・ドリス式、イオニア式、コリント式の五つのオーダーを区別し、ギリシア・ドリス式とコリント式をそれらの両極端とした。つぎに諸例の平均をとってみれば、ギリシア・ドリス式の高さは直径の六倍、コリント式は一〇倍であるから、それらの中間にあるオーダーは

デュラン『エコール・ポリテクニクにおける講義概要』

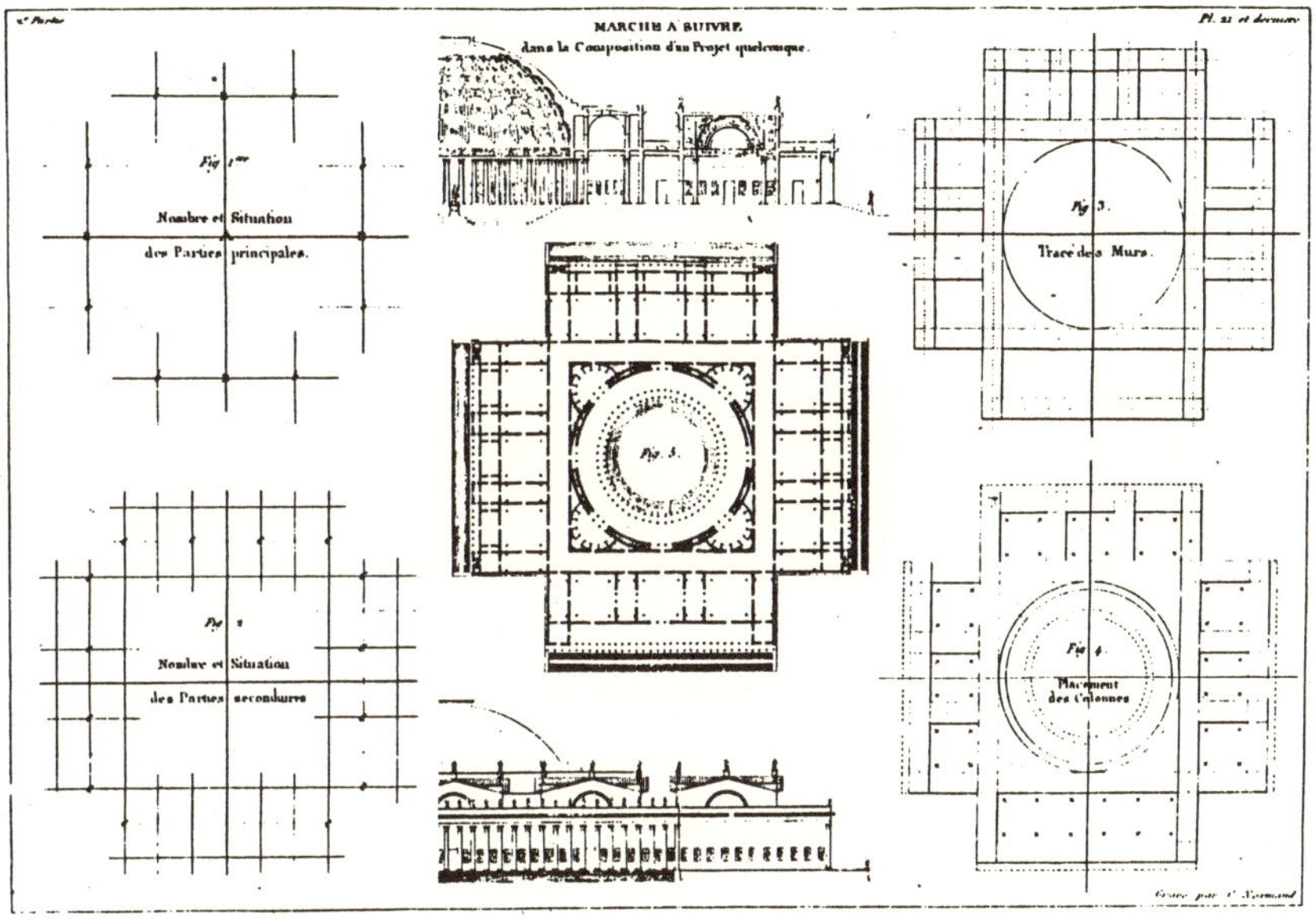

図５　構成の方法と順序。

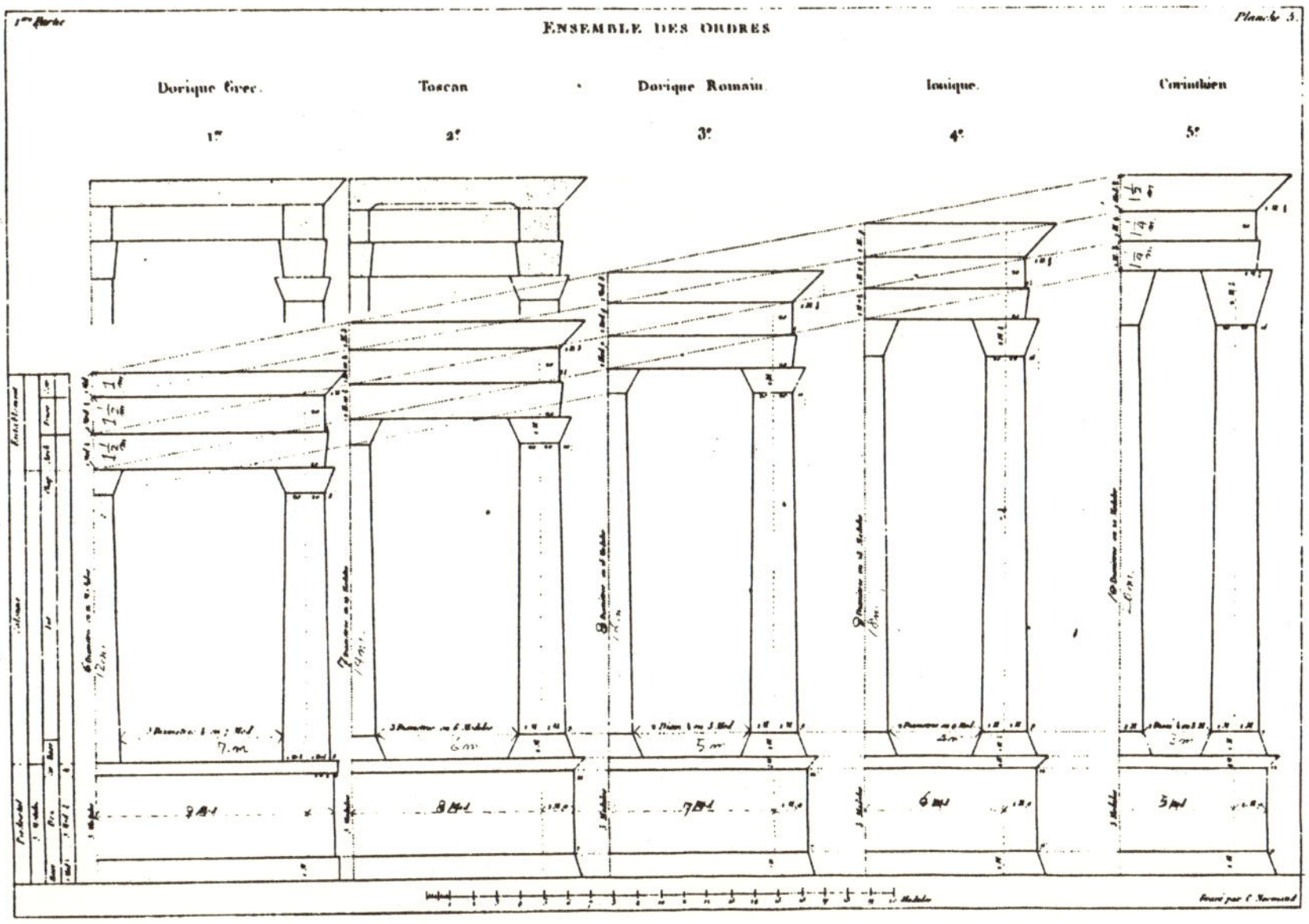

図６　オーダー。

それぞれ七、八、九倍となる（図6）。柱頭と柱基については、その比例は必要ではなく習慣の効果によるものだから、その習慣に逆らわないように柱基は高さ一モデュール（＝二分の一×コラム下部直径）とし、柱頭は最初の三オーダーは一モデュール、イオニア式は一・五モデュール、コリント式は二モデュールとした。

　また柱間は、太いコラムは柱間が大きく、細いコラムは柱間が小さくという構造的原理から、与えうる最小の柱間で、また古代に実在する最小柱間でもある三モデュールをコリント式に与え、つぎのオーダーに四、五、六、七モデュール（イオニア式、ローマ・ドリス式、トスカナ式、ギリシア・ドリス式）を与える。アーキトレーヴ、フリーズについては、柱間が大きいほど構造的理由から、それらは寸法が大きくなければならないから、ギリシア・ドリス式は一・五モデュール、コリント式は一・二五モデュール、またコーニスについては、背の高いオーダーほど雨水を遠くにはね飛ばさなければならないので、ギリシア・ドリス式は一モデュールでコリント式は一・五モデュール（コーニスは高さ＝奥行き、でなければならない）である。中間の三オーダーはギリシア・ドリス式を下限、コリント式を上限として、その中間の値をとって定める（図によれば比例配分しているようである）が、エンタブラチュア全体の高さは各オーダーとも四モデュールである。デュランは、エンタブラチュアとコラムの高さの比はギリシア・ドリス式で一：三、コリント式で一：五になり、整数比となるとともに、ギリシア、ローマの例に近い値である、と述べている。またペデスタルは高くも低くもできるが、古代の多くの例からかけ離れたものにならないように、またおもに学習を容易にするために、エンタブラチュアの寸法より大きくして五モデュールとし、またそのベースとコーニスはそれぞれ一、〇・五モデュールとした。彼は必要から生じる比例のみが本質的であると述べながら、やはり古代の例を参照している。

　オーダーの各部の刳形の決定法においても、エクレクティクな参照がなされている。まず刳形にかんするいくつかの原則が指摘される。刳形の高さ寸法は、奥行きと同等かそれ以上であるべきである。経済的な理由から、できるだけ単純でなければならない。目にショックを与えないよう使われたことのある形を与え、直線と曲線を結びつけ、極端な形態は避けるべきである。つぎにギリシアやローマの諸例を比較する必要を主張している。さまざまな刳形はそのメリットを習慣のみに負っているのであり、だから建築家たちはなかなか新しいものを思いつかず、ここに選んだ例もありふれたものである、と前置きして、デュランはこう述べている。

デュラン『エコール・ポリテクニクにおける講義概要』

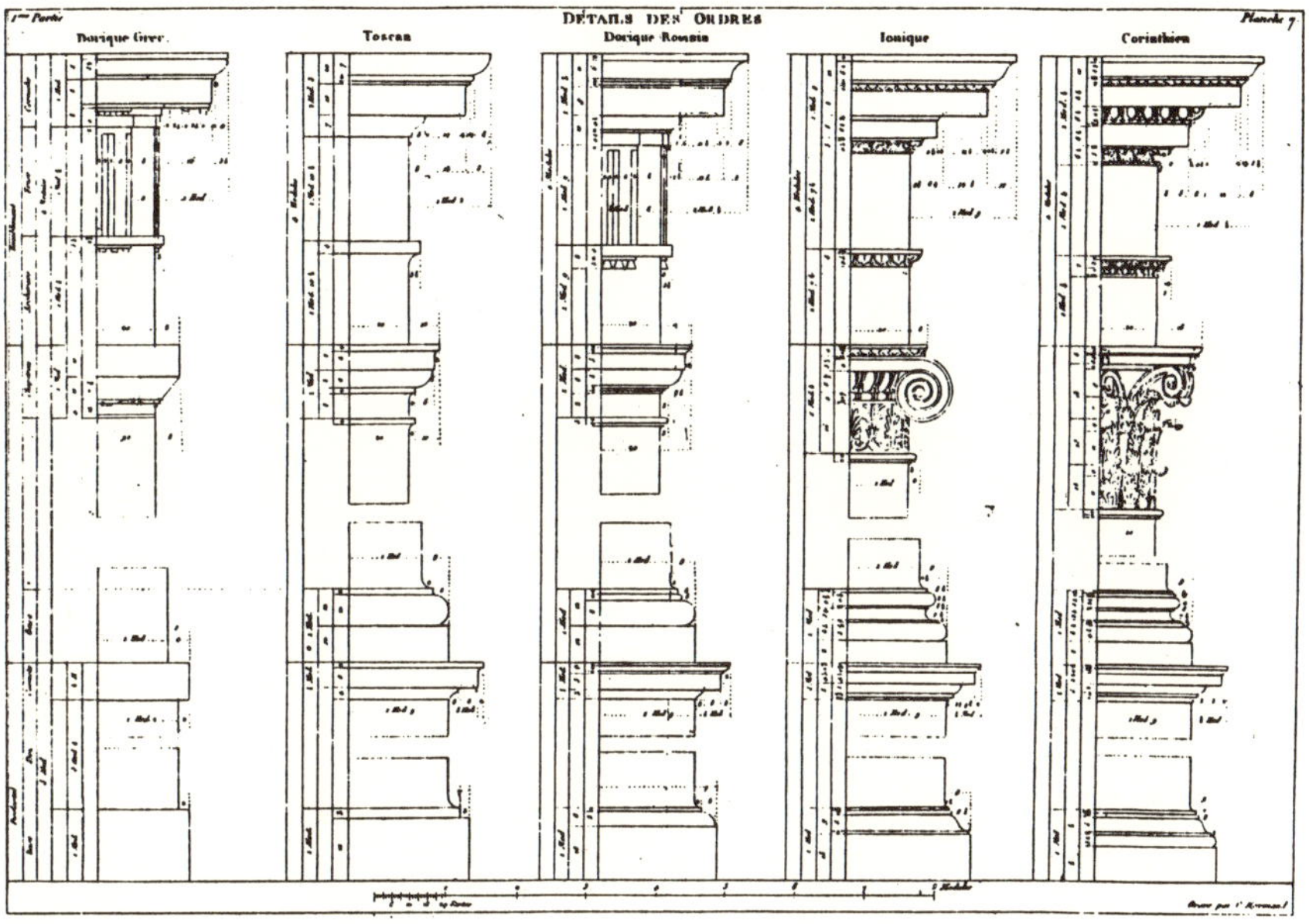

図7　オーダーのディテール(1)。

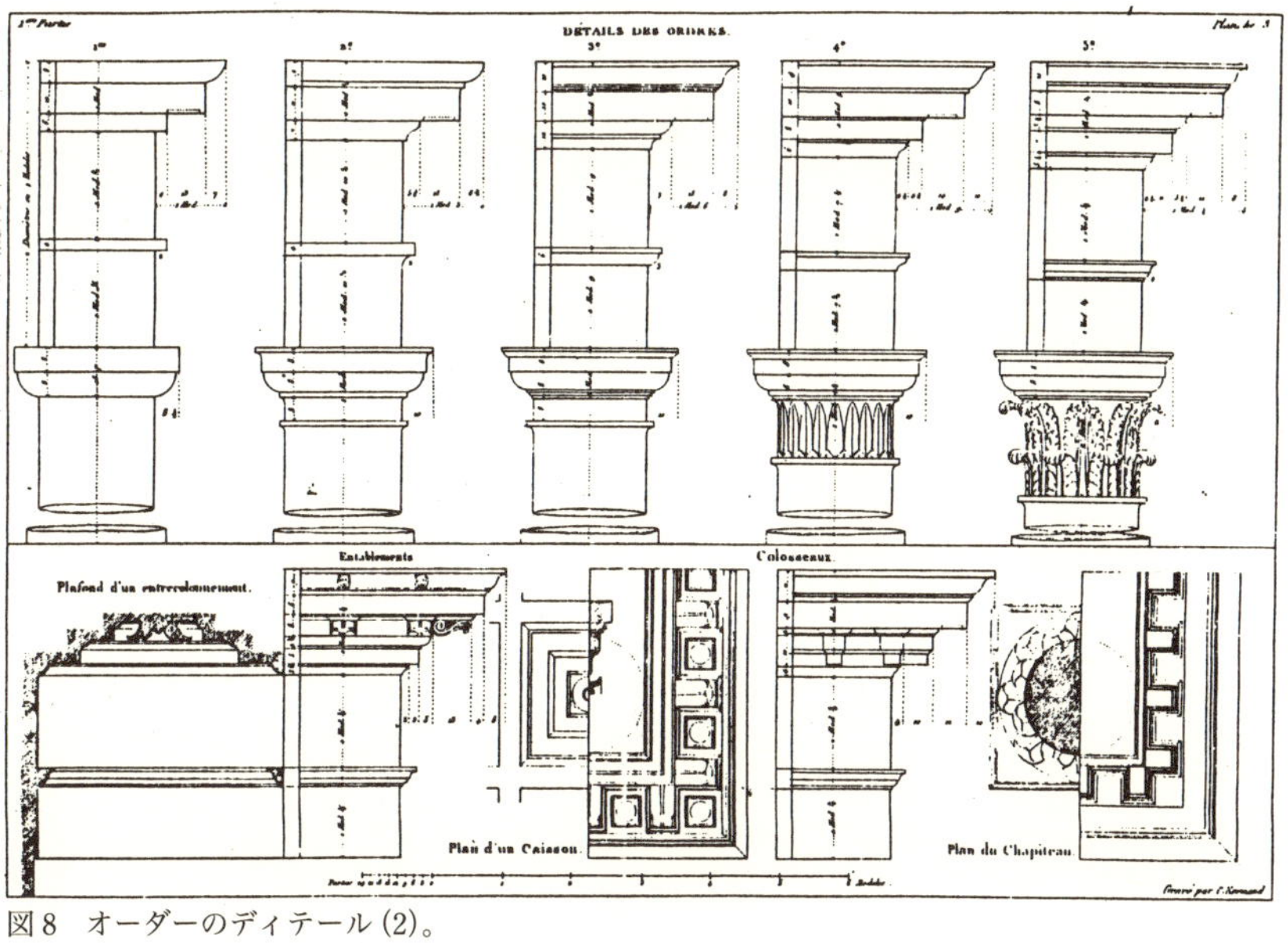

図8　オーダーのディテール(2)。

「しかし、各オーダーの輪郭には著しい違いがあるのだから、それらからあるものを選ぶことは許される。ゆえに制作が容易だとか、経済的だとかの理由によって、私たちはそれらから最も単純なものを選ぶのである。またときには同じ理由から、それをより簡素化することが許されるが、それもその単純化がみられる建物がほかにあればである。」

こうした操作も図示されている（図7）。そのギリシア・ドリス式はアテネのミネルヴァ神殿の、トスカナ式はヴィニョーラの、イオニア式はセルリオの、コリント式は「ロトンダの屋階のもの」のオーダーをもとに、それをほかの例を権威として簡略化したものである。二から三層に分割されたアーキトレーヴ、ミューチュール、歯飾りは省略されている。デュランはさらに、不必要で邪魔であるにもかかわらず、まだ残存しているものとして、トライグリフ、イオニア式柱頭の渦巻き、コリント式柱頭の葉状飾り、（全オーダーの）柱基をリストアップし、それらの刳形の省略されている例を探した。たとえばアテネのアグルール（Agroule）のチャペル、ローマのパウルス＝アエミリアの浴場などにはトライグリフのないドリス式の例があり、アネ城館、ルーヴルの古代の部屋、ヴァル＝ド＝グラスの前庭などにはイオニア式の渦巻きのない例があり、アテネの風見の塔、ムードン城館の例にはコリント式の葉状飾りのないものがあり、柱基についてはギリシアのドリス式には一般についていない。これらの例にしたがい、さらに簡略化すれば、図8のようになる。彼はさらにこれらの五つのオーダーから固有の名前を奪い、第一から第五のオーダーと名づけることを提案している。

この簡略化の操作を、近代建築へむけての様式的モチーフの削除の一段階であると解釈するのは皮相である。むしろ、いかにも一九世紀的な、その折衷主義が指摘されるべきである。この折衷主義は方法の意識のうえに成立している。デュランのオーダー論も、既存のオーダー諸例からなる集合体そのものを否定するのではなく、その枠内の操作により、学生に簡単な作図法を提示することに終始している。また彼のグリッド操作も、簡単な建築構成の方法であると同時に、古今のあらゆる建築あるいはその部分を均等なグリッドにおとして、いわば正規化することで、たがいに比較し結合することを可能にするものであった。すなわちデュランにとってグリッドとは構文であり、さまざまな建築形態とは語彙であった。

最後に、デュランとアカデミーの関係が指摘されねばならない。エコール・ポリテクニクでは、芸術主義ではなく工学的な実用主義が重んじられたとはいえ、デュランはあきらかにアカデミックな伝統に属している。彼の修業は会員のもとでなされたし、また彼が『概

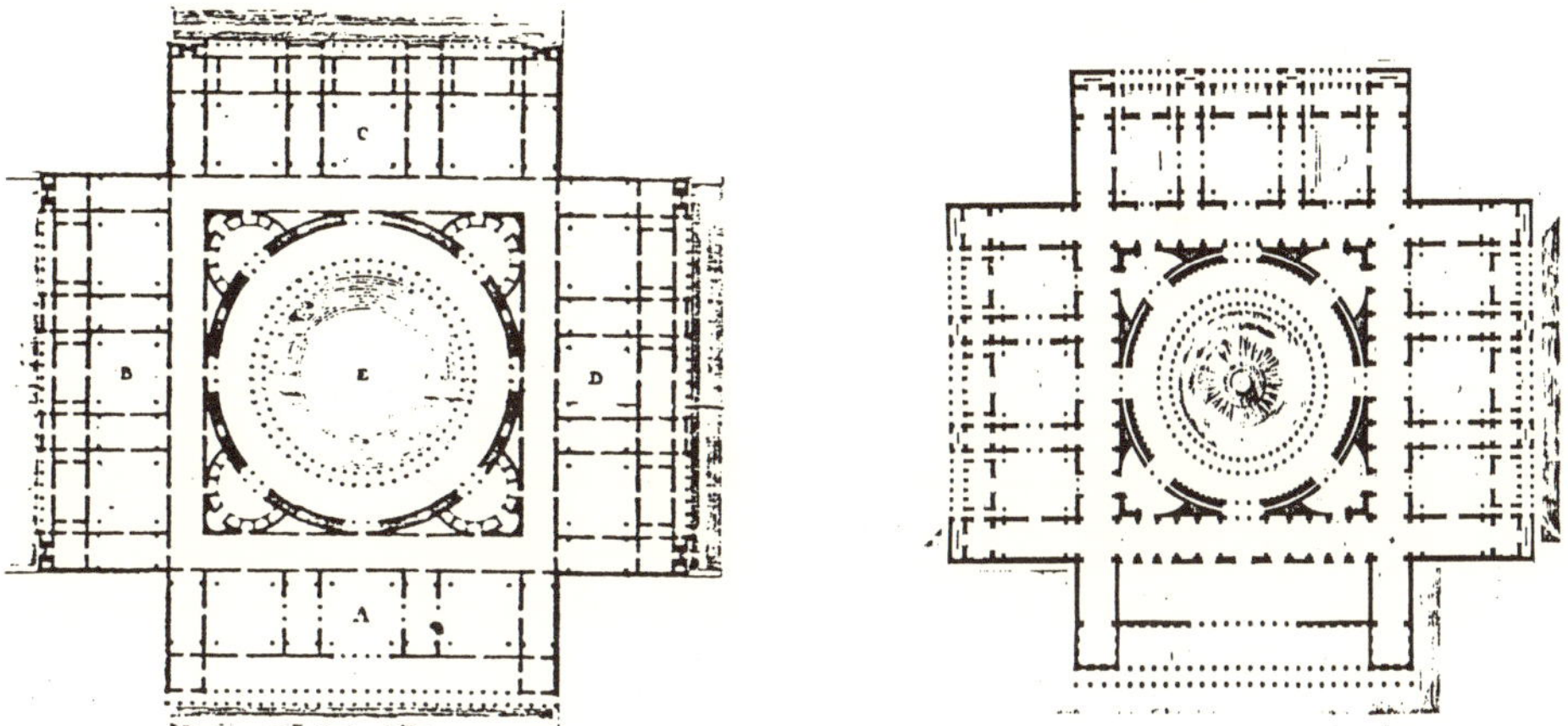

図 9　(左) デュラン『エコール・ポリテクニクにおける講義概要』のなかに例として出てくる「学士院の計画」。
(右) ペルシエの大賞受賞作。「アカデミー計画」。

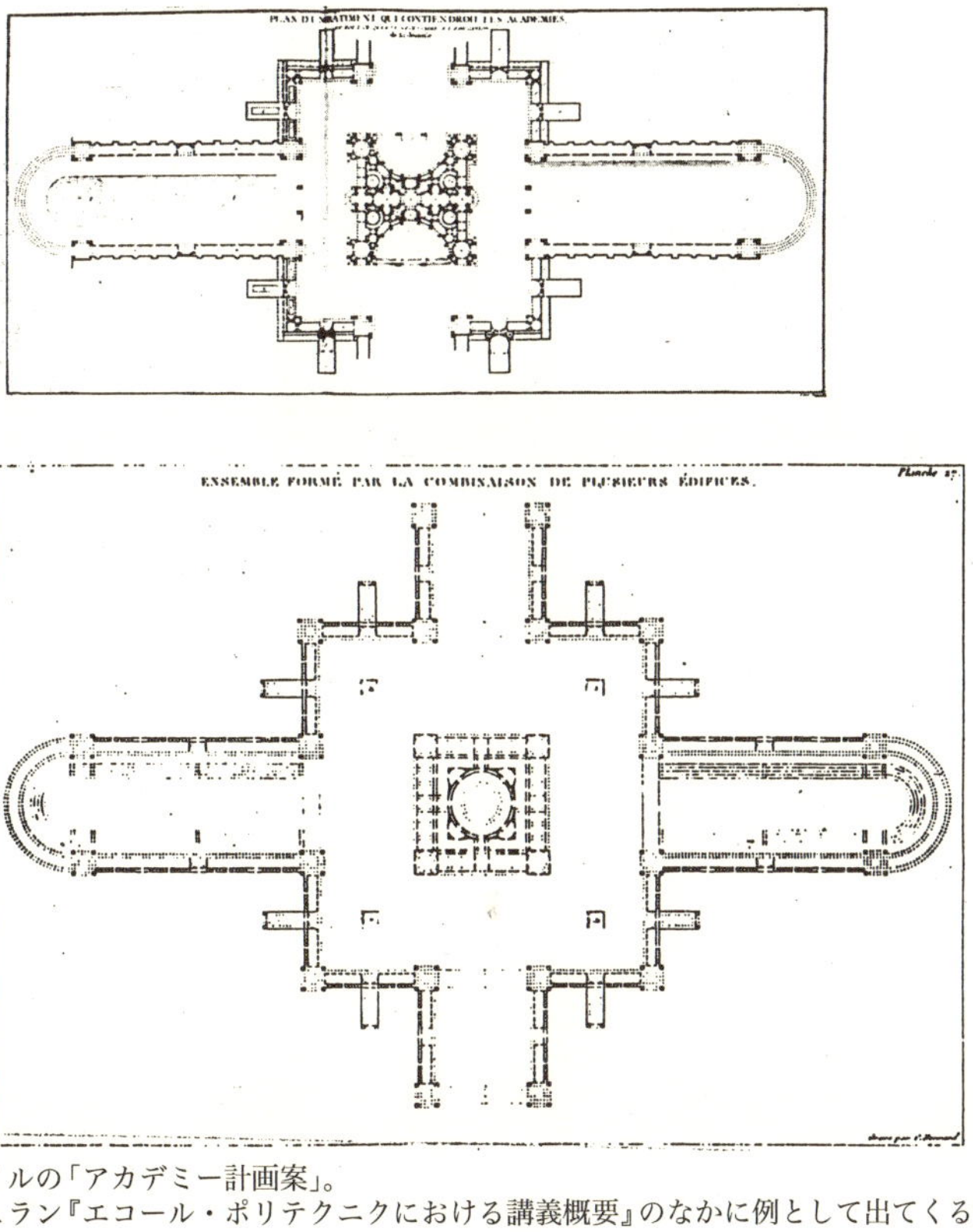

図 10　(上) ペイルの「アカデミー計画案」。
(下) デュラン『エコール・ポリテクニクにおける講義概要』のなかに例として出てくる計画案。

要』において図示している多くの建築例はアカデミーにおける新古典主義的な流れを汲むものである。たとえばデュランは、ペルシエの一七八六年度大賞受賞作「アカデミー計画案」（図9）やペールの「アカデミー計画案」（図10）を引用している。新古典主義的な造型はグリッド操作の対象としやすかったのである。

デュランとアカデミーの人脈的関係は修業時代だけではない。彼はエコール・ポリテクニクで建築を教えていた初期のころ、自宅でも若い建築の学生を教えていて、そのなん人かは大賞コンクールで優れた成果を残した。ド・フルリ（Hubert Rohault de Fleury, 1777-1846）は一八〇〇年に次席、一八〇二年に大賞を獲得、ジョリー（François-Auguste Jolly, 1782-1840）は一八〇八年に次席であった。また、エコール・ポリテクニクでデュランの講義をうけた学生のうち、なん人かはのちにエコール・デ・ボザールに移り、そこで輝かしい成果を修めた。ゲヌパン（Jean-Marie Guénepin, 1780-1842）は一八〇五年に、ジルベール（Emile-Jacques Gilbert, 1793-1874）は一八二二年に大賞を獲得した。彼らはボザールにデュラン的理念を広めた。ゲネパンは一八一七年にユイオのアトリエの助手となり、一八二二年にユイオを継いでパトロンとなり、さらに一八三三年には学士院のメンバーになった。また彼の学生は一八三四年、三七年、三八年の大賞を獲得した。すなわちデュラン的な理念は、ゲネパンをとおして、アカデミーにも受け入れられたようである。ギルベールも同世代の合理主義派の建築家たちにデュラン的理念を伝えたものと思われる。アベル・ブルエ（Abel Blouet, 1795-1853. 一八二一年大賞）、デュバン（Félix Duban 一八二三年大賞）、アンリ・ラブルースト（Henri Labrouste, 1801-1875. 一八二四年大賞）、デュク（Louis Duc, 1802-1879. 一八二五年大賞）、ヴォドワイエ（Léon Vaudoyer, 1803-1872. 一八二六年大賞）、テオドール・ラブルースト（Théodore Labrouste, 1799-1885. 一八二七年大賞）、コンタン＝デュフュ（Simon-Claude Constant-Dufeux, 1801-1871. 一八二九年大賞）らがそうである。

エコール・ポリテクニクの工学的傾向もまたボザールに影響を与えている。中央土木学校の設立のための委員会のひとりであったロンドレは一八〇六年にボザールの截石学教授になり、一八一五年には学士院会員となった。

こうしてみるとポリテクニクとボザールの政治的あるいは党派的な対立はさほど重要でない。むしろ、そこには共通の構図が存在し、建築観にも類似性があったと考えられる。それを時代のエピステーメーと呼んでもいいだろう。この構図は、主観／客観の図式を基礎としている。この図式にしたがえば、主観たる人間は対象に働きかけ、それを操作する存在として位置づけられる。啓蒙主義における効用の原理はこの働きかけの能力を要求する。だから思弁的な学問よりも実践的なそれが重要とされる。論証的な学よりもいわば工作的な学が要求される。そしてそこにおいて方法論的な性格が求められる。学は対象を操作するためのもろもろの方法を体系化したものとなる。

同時に歴史がこの同じ構図のもとで読みなおされる。歴史とは対象に働きかける工作者と人間の実践の歴史となる。様式とはその実践の諸例を、ある一定レベルで類型化したものである。ある時代ある地方の人びとが、その気候、材料、品性、必要性などの諸条件のもとで建物を建てるとき、そこに一定の様式が生まれる。折衷主義あるいは歴史主義とは、この人間的実践というレベルで、過去と現代にある共通性をみいだそうとする立場であろう。

この歴史主義はいわゆる近代主義の立場から攻撃される。それがボザールで最も劇的なかたちをとったのが、ヴィオレ＝ル＝デュクのボザール攻撃に由来する一八六三年の改革であろう。ボザールは時代の歩みに歩調をあわせないとして批判された。その改革によりあらたにカリキュラムに加えられた科目は「管理と会計、構法と現場での応用」、「画法幾何学」（エコール・ポリテクニクにおける主要科目のひとつ）、「地質学、物理、化学の基礎」らである。つまり現代の建築は現代の技術や方法で建設されねばならないという理念が読みとれる。しかしそれは、ある時代において、それに固有の方法的体系でもって建設されることから生じた、その時代固有の様式、という歴史主義的な発想とまったくパラレルである。それゆえ近代主義とは裏返しの歴史主義であり、工作者として人間を捉え、その能産性を信頼し、そのうえに方法の体系を築くという点では同じである。そのベクトルの方向が逆であるにすぎない。後世グロピウスの主張にもかかわらず近代建築が「インターナショナル・スタイル」と呼ばれるようになったのも、ゆえなきことではない。このように近代における建築の学は方法論的であらざるをえない。

第二部　アカデミーにおける建築オーダー比例体系の形成

第一章　三つの時期と体系化

一―一　第一期における体系化

一　研究の方法論について

この第二部はフランス王立建築アカデミーにおける建築オーダー理論、とくに比例体系の発展過程にかんするものである。およそオーダー理論研究には大別して二種類の研究方法があると思われる。まず意味論的研究であり、(1)つぎに数値にかんする比例論的なそれだが、(2)ここでは後者のスタイルを採用している。とくにこの章では後述するアカデミー第一期（一六七一年から一七一五）において、モデュールなどの基本寸法および、コラムの直径と高さの比、エンタブラチュアとコラムの高さの比、コーニスとフリーズとアーキトレーヴの高さの比、コラムとペデスタルの高さの比といった建築オーダーの基本的部分の比例がイタリア・ルネサンスの建築書や古代ローマ遺跡の実測調査などにもとづいて体系づけられた過程が明らかにされる。

建築の五つのオーダーは単なるファサード装飾ではなく、ヨーロッパの観念的建築観のなかでは建築の「初源の姿」を象徴的に示し、ルネサンス的な調和比例理論においては「美の根源」であり、一八世紀後半の感覚論的美学においては、ドリス式は男性的、イオニア式は女性的というふうに建築の「性格」を表現し、一九世紀の折衷主義的な建築観においては、イオニア式は博物館に、コリント式は宮殿にふさわしい、というふうに建築の「タイポロジー」にも結びつく。このようにきわめて多くの建築的着想はオーダー理論のなかにすでにその萌芽がある。

古典主義時代においてフランス建築は古代ローマ建築やイタリア・ルネサンスのオーダー理論を学び、発展させ統合した。その過程において建築アカデミーが大きな役割を果たしたことは疑問の余地がない。しかしながら具体的にどのような部分を古代やイタリアに学び、どう取捨選択してフランス独自の建築理論を洗練させていったかはかならずしも解明されていない。その背景には四つの事情があった。

まず資料が断片的であること。この研究ではつぎのような資料を扱った。まず建築アカデミー議事録である。オリジナルの手稿はフランス学士院の古文書室に所蔵されている。歴史家アンリ・ルモニエ（Henry Lemonnier, 1842-1936）は原文の句読点などをチェックしたうえで『王立建築アカデミー（一六七一〜一七九三）議事録 *Procés-Verbaux de l'Académie Royale d'Architecture 1671-1793*』（全一〇巻、一九一一〜二九、以下『議事録』と略記）として刊行した。本研究ではこの刊本を活用した。さらに会合に提出された報告書および図面。これらもおもにフランス学士院にある。同図書室にあるタヌヴォの図面集や、同古文書室にボジール文書（Papiers Beausires）の名で収められている報告書および図面などである。さらにウィトルウィウスやイタリア・ルネサンスの建築書、一六世紀や一七世紀のフランスの建築書であり、これらはかなりの数にのぼる。これらのうち『議事録』が基本資料となるが、毎週開かれた会合の議事録はテーマごとではなく、たんに年代順に残されていて、ただちに文脈のはっきりした議論が読みとれるわけではない。記載は断片的であって、ただちに理念の存在がみえてくるわけではなく、ほかの報告書や建築書と読みあわせながら再構成しなければならない一種のジグソーパズルである。

つぎにこの組織でのオーダー研究はすぐれて集団的な営為であって、ときには矛盾や論理の飛躍があり、ひとりの人間の整合性溢れる思考を連綿と追ってゆく従来の方法論ではカバーしきれない。資料からただちに自己完結的で整合的な理論体系が抽出できる保証はない。だからこの研究で明らかにすべきものは、ある時期におけるオーダー研究の前提、枠組み、方向性、すなわちパラダイムとでも呼べるものである。たとえばある論争がある場合、それを異なるふたつの理論や理念の衝突として記述するのではなく、その論争そのものを可能とする共通の基盤を明らかにしなければならない。

つぎにオーダー理論そのものの歴史的性格である。ある建築書が書かれるとき、それ以前の建築書からかなりの部分が引用されるため、あるひとりの建築家の建築書の研究でも結局それまでの多くの建築書総体を研究せざるをえない。だからモノグラフとしてのオーダー理論研究は理論的には不可能である。すなわち建築家の自己同一性は自明ではない。ゆえに建築書を分析しその背後にある作者の理念を読みとり、その理念にしたがって建築書が書かれたとすること、いいかえれば建築史を「建築書が書かれた」歴史として記述することは限界がある。その「理念」のアイデンティティそのものが自明ではないし、なにより歴史的連続性を方法論的に取りこむことができないからである。極論すれば建築オーダーという抽象的で一般的な存在が、ある建築家からほかの建築家へとのり移ってゆくことで自己形成をとげてゆくと想像したほうが、実際の現象に近い。

こうした「一般的存在」が具体的には建築書を「読む」という行為によって保証されていることは容易に理解される。建築史とはむしろ「建築書が読まれていった」歴史である。そう捉えることで歴史的連続性という特質をもつ建築書や建築理論の歴史を方法論的にすくい取ることができるであろう。このことは西洋建築全般についてもあるていどいえる。建築アカデミーの歴史とは、ローマの古代建築やイタリア・ルネサンスの建築書という膨大な資料や文献を解読していった過程なのであって、それはすぐれて「読む」ことの歴史である。もしそこにおいて生まれた独創的な理論を年代順にならべるだけなら、その一面しか理解されないであろう。

最後に、各論それぞれの自由度が大きく、全体として堅牢な理論体系をなさないというオーダー理論に特有の性格である。たとえば柱頭のデザインは全体の比例体系から独立してなしうる。オーダー比例の部分系はあるていど自律したものとみなすことができるのであって、この理論体系は本質的にひとつの複合体なのである。建築史家ヴェルネール・ザンビアン（Werner Szambien, 1953–）は『シンメトリー・趣味・性格』（パリ、一九八六）第一部第二章においてイタリアとフランスのルネサンスから新古典主義までのオーダー比例の例を時代順に列挙しているが、彼はこうした自律的な部分系の抽出をおこなっておらず、各建築家の定性的な建築理論と並置しているのみなので、オーダー比例については分析というより単なる記述に終っている。

だからこれらの各論の集合を「自然の模倣」だの「音楽比例の応用」だのただひとつの抽象的な言葉で要約できると考えてはならない。さらに各論は均等に議論されるわけではないし、どの部分系が重要であるかは時代によって違う。すなわち時代によって体系化の様式が異なるし、そこからその時代のパラダイムを読みとりうるのである。

本論は、アカデミーという組織の分析をおこなう必要があるという点で不可避的にまず社会学的である。つぎにこの研究は建築家ごとの分析ではなく、オーダー理論体系のなかの分野ごとの分析にもとづかなければならないことから、テーマ別の研究でなければならない。こうした方法によりアカデミーのパラダイムが明らかにされよう。

二　時代区分

ある主題にかんする議論がなされたという事実は、たとえそこから独創的な理論が生まれなかったとしても、歴史的資料たりうる。そこに該当時代の意識の方向性が読みとれるからである。こうしたことを明らかにするためには議事録は格好の資料であって、毎週の討論を年度別そして主題別に集計し分析すると、時代ごとの傾向があるていど読みとれる（図1）。

まずオーダーについて議論されたあらゆる会合を年度別に集計すると三つの山がみられるが、そこからアカデミーの歴史は三つの時代に区分できることが仮定される。さらにサブ・テーマごとに集計し分析すると、ある主題にかんする会合はある特定の山に、すなわちある特定の時代に集中している場合がある。こうした分析からこれら時代はそれぞれ異なる性格や傾向があることが想定される。

第一期（一六七一〜一七一五）の特徴は、古代建築にかんする言及が多いことである。またこの主題はおもにこの時期にのみ議論された。この文脈ではデゴデの図面集『ローマの古代建築』が一六八二年に刊行されたこと、パラディオの建築書もこの時代は一種のローマの古代建築の図面集としてもアカデミーで講読されたことに注意しなければならない。またテーマ別集計では無視されてしまうが、とくに一七世紀後半には著名な建築家の建築書を順に講読してゆくことがなされた。ウィトルウィウス、アルベルティ、パラディオ、ドロルムらの著作が、主題を選んでではなく、第一ページから順に講読された。

結論をいえば、この時代のパラダイムはローマの古代建築を参照し、フレアール・ド・シャンブレが『古代建築と近代建築の比較』（一六五〇）においてはじめて試みた諸例の比較という方法論にもとづきながら、ヴィニョーラが着手したオーダーの体系化を完成させることであった。

この体系化とはつぎのような議論の進め方にある。オーダーには五種類あり、各オーダーはエンタブラチュア、コラム、ペデスタルの三部分からなり、これらはそれぞれさらに三部分からなる。そうして個別のオーダーの比例を決定したのち、柱割やアーケードへの応用という水平方向の構成を検討する。

第二期（一七三四〜五〇）においては、古代建築はほとんど言及されていない。これは古代建築がそこから普遍的原理を抽出すべき対象ではなくなったことを示している。同時にヴィニョーラ的体系化も考慮されなくなった。ところで、こんどはフランス建築がより頻繁に参照される。

個別のテーマについていえば、フランスに伝統的な建築モティーフ、とくに二本のコラムを近寄せて一組とするカップルド・コラムがこの時期に集中的に議論されている。すなわちこの時期には、原理の問題からより具体的な建築表現の問題に興味が移ったと解釈できる。こうした具体的モティーフの追求は第一の時代に確立した比例体系を崩壊させる結果となるであろう。

第三期（一七五六〜九三）ではオーダー理論に費やされた会合の数そのものがたいへん少ないために、明確な方向性を確認することは困難である。しかしロジエが『建築試論』（一七五三）において子細な比例や寸法にこだわることの愚を説いた直後であり、ギリシア建築が再発見されたのもこの時期であり、オーダー理論そのものが有効性を失いかけていた。

ローマ賞コンクールに提出された作品を分析すればオーダーの比例はプルーラリズムとでも形容できる状況にであったことが判明するであろう。

また層オーダーは全三期をとおしてよく議題となり、とくに第三期においては唯一の実質的な議題であった。

このようにアカデミーにおけるオーダー理論研究の歴史が平板なものではなく、固有のパラダイムがある三時代に明確に区別できることが統計分析においてすでに仮定できる。これはつぎの具体的な資料の分析によって検証されよう。

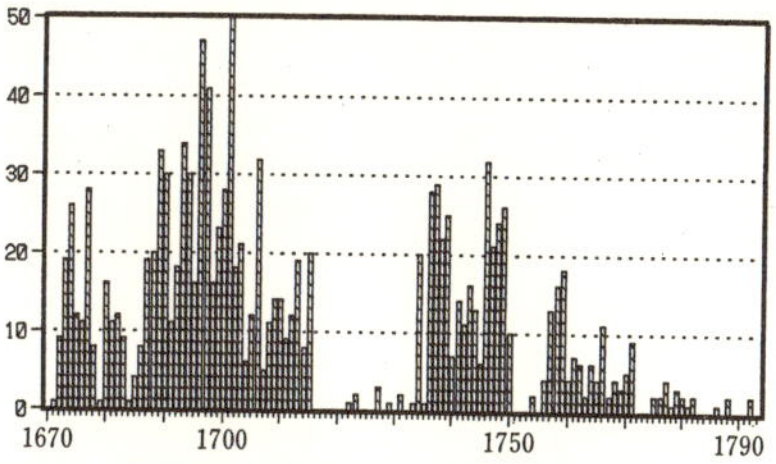

図 1a　建築オーダーについて議論されたアカデミー会合の年度別集計。

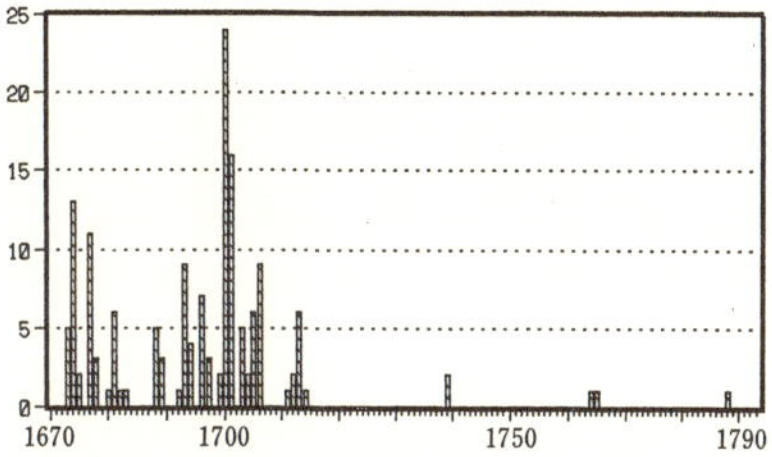

図 1b　ローマの古代建築にかんする会合の年度別集計。

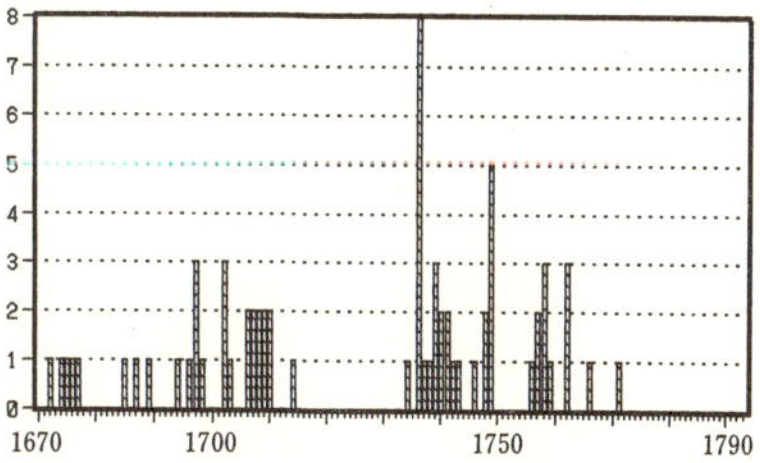

図 1c　フランス建築にかんする会合の年度別集計。

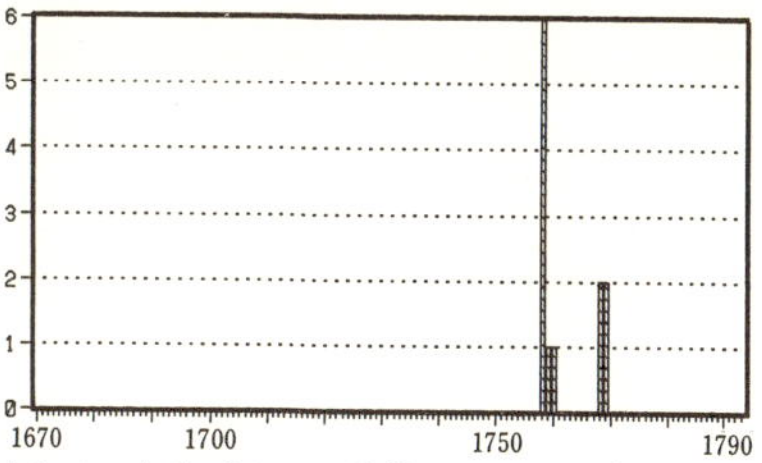

図 1d　古代ギリシャ建築にかんする会合の年度別集計。

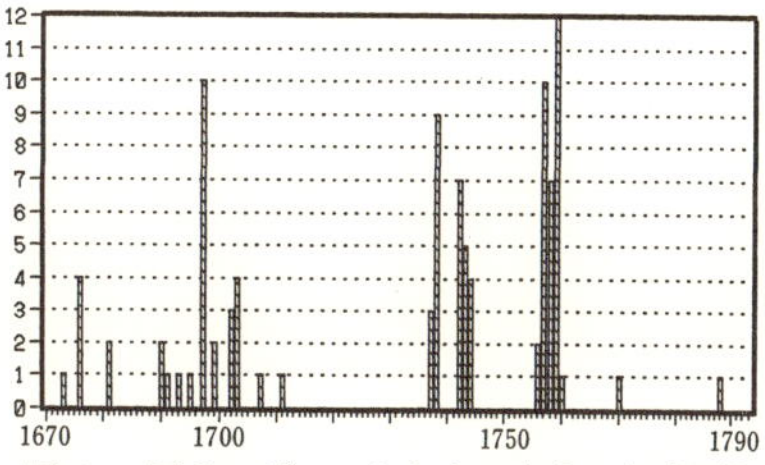

図 1e　層オーダーにかんする会合の年度別集計。

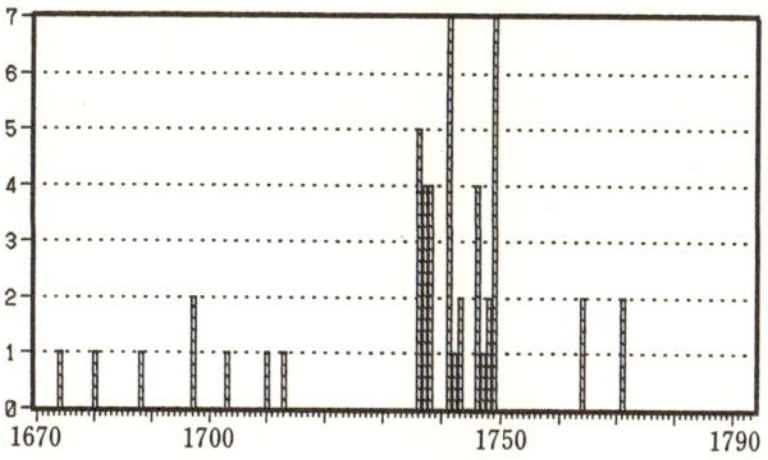

図 1f　カップルド・コラムにかんする会合の年度別集計。

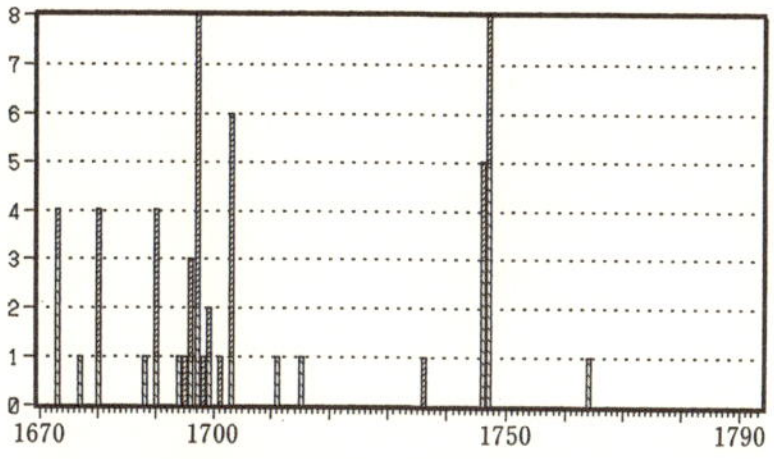

図 1g　柱間とアーケードにかんする会合の年度別集計。

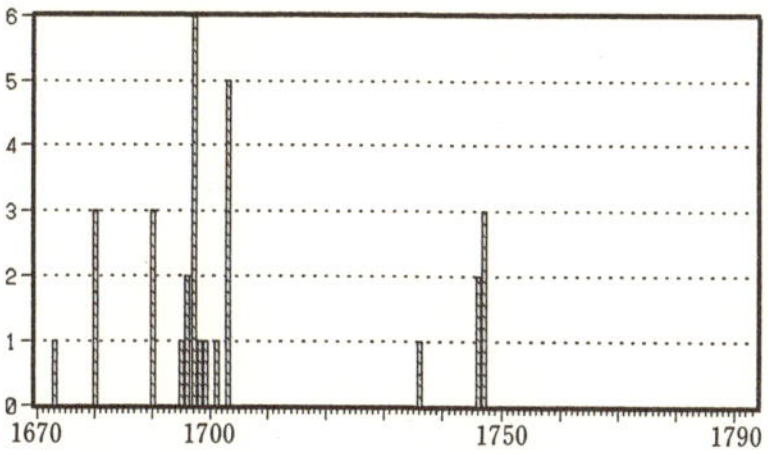

図 1h　アーケードにかんする会合の年度別集計。

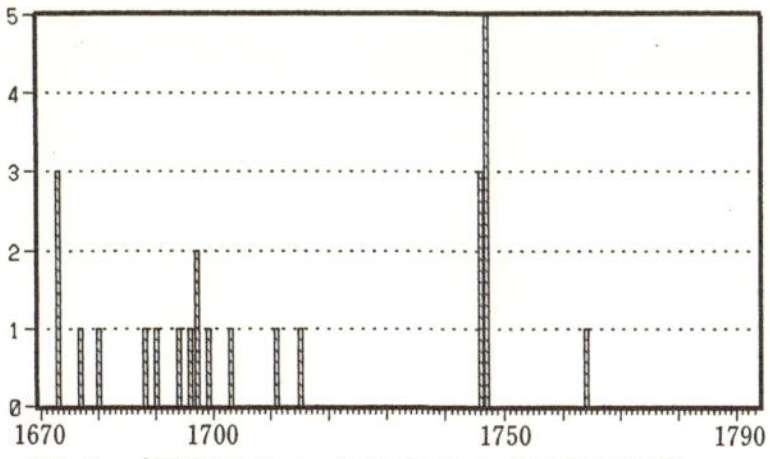

図 1i　柱間にかんする会合の年度別集計。

三　寸法体系

「モデュール」（Module 以下「M」と略記することがある）という用語の使われ方は古代やイタリア・ルネサンスにおいては一定ではない。ウィトルウィウスはドリス式においては一モデュールはコラム下端の直径の半分であると定義した。しかし彼はこのオーダーにおいてのみ用語「モデュール」を使用したのであって、ほかの種類のオーダーにおいてはたんに「直径」をもって基準寸法としている。アルベルティはもっぱら「直径」を基準としたが、セルリオはウィトルウィウスに従った。

ヴィニョーラははじめて五つのオーダーすべてについてコラム下端の半径を一モデュールとした。しかしパラディオは『建築四書』においてふたたびウィトルウィウスを真似て、ドリス式では一モデュールは半径に、ほかの四種類のオーダーでは一モデュールは直径に等しいとした。スカモッツィの建築書においても、すべてのオーダーについて直径が一モデュールであった。このようにモデュールという最も基本的な寸法においても統一された見解はなかった。

フランスの建築家はおおむねヴィニョーラに忠実であった。いくつかの例外、たとえばスカモッツィに従ったシャンブレ（『比較』）、直径の三分の一を一小モデュールとしたペロー(3)はいたが、アカデミーは一七〇一年一月二四日の会合で最終的に、直径は二モデュールに分割されることを決定した。(4)

「モデュール」はときに、作図の便宜のために一ピエ（尺、三二・四センチ）に等しくされた。たとえば一七〇一年五月二日の会合では、建築総監に提出するための図面を一モデュール＝一ピエとして制作することがデゴデに要求された。(5)

下位の寸法単位である「パルティ parti」（あるいは「ミニット minute」）についても、ヴィニョーラが最初に体系化した。トスカナ式とドリス式においてはそれは直径の二四分の一であり、ほかの三オーダーにおいては三六分の一であった。パラディオ、スカモッツィは全オーダーにおいて直径の六〇分の一であるミニットを採用した。

アカデミーはやはり一七〇一年一月二四日の会合で、はじめて公式に一パルティは六〇分の一直径であることを決定した。(6)

四　コラムの直径とその高さの比

ウィトルウィウスによれば、コラムの直径と高さの比は人体とのアナロジーによって決定された。男性の足と身長の比である六分の一がドリス式与えられ、女性のそれである八分の一がイオニア式に与えられた。時代がくだると古代人はより繊細な比例を好み、ドリス式に八分の一、イオニア式に九分の一の比例を与えた。[7]

アルベルティはドリス式、イオニア式、コリント式のそれぞれに七、八、九直径の高さを与えた。興味ぶかいことに彼はこれらの比例を両極端の平均として決定していることである。この平均という概念は彼にとってきわめて重要であり、彼は三種類の中項、すなわち算術中項、幾何中項、調和中項を区別したが、[8]その最初のものを彼はコラム高さの決定のために使用した。古代においてはコラム高さは六から一〇直径の幅があったが、古代人はその平均の八直径をドリス式の高さとした。彼はイオニア式、コリント式の高さについても似た説明をしている。[9]クロード・ペローは、コラム高さのみならずエンタブラチュアやペデスタルの比例のためにこの方法を採用したことは周知のとおりである。[10]

ウィトルウィウスやアルベルティはコンポジット式には言及していない。コリント式とコンポジット式の区別という問題はここに発する。[11]セルリオ、ドロルム、パラディオらの近代人は両者を区別し、コンポジット式をコリント式の上位に置いた。しかしヴィニョーラは両者に同一の比例を与え、刳形と細部においてのみ区別した。スカモッツィはコリント式のほうを高くし、上位においた。

フランス建築においては、一六世紀ではドロルムやビュランが、ウィトルウィウス、アルベルティ、セルリオなどの比例（ドリス、イオニア、コリント式でそれぞれ七、八、九モデュール）に従ったが、一七世紀にはヴィニョーラ（同じく八、九、一〇モデュール）かそれに近い比例が尊重されたことが表から読みとれる。アカデミーもヴィニョーラ的な比例をしだいに尊重するようになった。

一六八〇年一月二八日の会合においてイオニア式コラムの高さは八直径から八直径半、あるいは九直径までが普通であり、九直径以上なら「間違っていて不適切に比例づけられている」と指摘した。[12]この段階ではまだウィトルウィウスに忠実である。一六八二年七月六日の会合ではローマのウェスタ神殿のコリント式コラムが一一直径の高さであるのを「すこし弱い」とした。[13]一六九三年一月一二日の会合ではアカデミーがヴィニョーラ的な比例を決定的に好むようになったことが示される。アルベルティ『建築論』第九書の第六、第七書を講読したのち、彼はドリス式、イオニア式、コリント式に七、八、九直径という比例を与えたが、古代の例や「最も著名な建築家」の実際の作品における同じ部分の比例は、アルベルティのそれより「一直径高くなっている」と主張した。[14]

同じように一六九三年二月九日の会合では、ジャン・ビュランの建築書の講読をおこなったのち、「彼（ビュラン）がウィトルウィウスの意見にしたがって決めた」五つのオーダーの比例を「一〇直径であるコリント式を除いては、通常のやり方よりも一直径だけより短くした」から、アカデミーはビュランを非難した。[15] 同じような意見が一七〇六年七月一二日の会合で再確認されている。「ジャン・ビュランが五つのオーダーに与えた一般的な比例は、コラムの直径にたいする高さの、通常の規則には適合しない。[16]」

しかしアカデミーは、とくにスカモッツィの比例について議論した。そこにはふたつの問題があって、まずイオニア式オーダーがドリス式にたいしてじゅうぶん高くないという点と、コリント式とコンポジット式の序列にかんする問題である。

イオニア式コラムについては、一六九五年一〇月二四日の会合で、イオニア式のコラムとエンタブラチュアがあまりに低いのでオーダー全体としてもドリス式より低くなってしまうことが指摘された。[17]

コリント式とコンポジット式の区別はより重要な問題であった。アカデミーによれば、ギリシアの三オーダーにトスカナ式をつけ加えたのは古代ローマ人であるが、近代人こそが、この第五番目のオーダーを、ローマのティトゥスの凱旋門をモデルとして発明したのであった。[18] 五つのオーダーにおける序列の問題はより重要である。コンポジット式を上位においたのはペローと、『建築教程』第一部におけるブロンデルでり、スカモッツィにならってコリント式コラムをより高くしたのは『建築教程』第二部におけるブロンデルであった。

アカデミーは一六九九年一二月一四日の会合において、コリント式をイオニア式とコンポジット式の中間に置くやり方を「我慢できる」としたが、結局、パラディオやヴィニョーラよりもむしろスカモッツィに賛成であった。

「彼（パラディオ）はこの（コンポジット式）オーダーをコリント式よりも高くしたのだが、ヴィニョーラや古代建築の例のように、それをコンポジット式の下位にもってこようが、あるいはスカモッツィが提案したように、コンポジット式を上位にもってこようが、

	トスカナ式	ドリス式	イオニア式	コリント式	コンポジット式
ウィトルウィウス	—	6—7	8—9	—	—
アルベルティ	—	7	8	9	—
セルリオ	6	7	8	9	10
ドロルム	6	7	8	9	10
ビュラン	6	7	8	9	10
ヴィニョーラ	7	8	9	10	10
パラディオ	7	8⅔	9	9½	10
スカモッツィ	7½	8½	8¾	10	9¾
シャンブレ	7⅔	8½	9⅙	10⅙	10⅙
ボス	7	8	9	10	10
ブロンデル(1675)	7	8	8⅚	9⅔	10
ブロンデル(1683)	7½	8⅛	8¾	10	9⅜
ペロー	7⅓	8	8⅔	9⅓	10
ラ・イール	7	8	9	10	10
アカデミー(1701)	—	8	9	10	—
デゴデ	7	8	9	10	10
フレジエ	—	8	9	10	—

表1　コラムの直径と高さの比の比較。

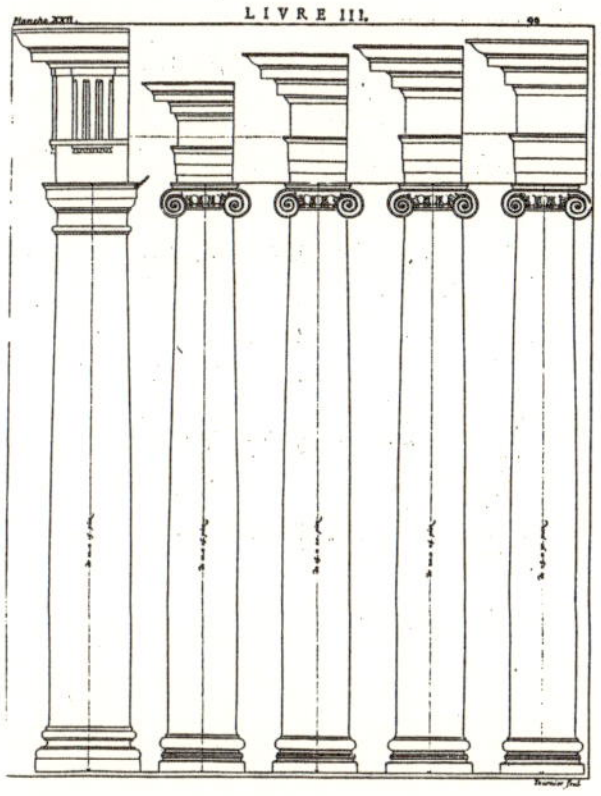

図2　ペロー訳『ウィトルウィウス建築十書』99頁、図XXIII。

ウィトルウィウス	コラム高さ(ピエ)	10～15	15～20	20～25	25～30
	アーキトレーブ高さ	½ ×直径	1/13 ×コラム高さ	1/(12　½) ×コラム高さ	1/12 ×コラム高さ
アルベルティ	コラム高さ(ピエ)	～20		20～25	～30
	アーキトレーブ高さ	1/13 ×コラム高さ		1/12 ×コラム高さ	1/11 ×コラム高さ
セルリオ	コラム高さ(ピエ)	12～15	15～20	20～25	25～30
	アーキトレーブ高さ	½ ×直径	1/13 ×コラム高さ	1/12 ×コラム高さ	1/11 ×コラム高さ

表2　ウィトルウィウス、アルベルティ、セルリオのイオニア式アーキトレーヴの比較。

		トスカナ式	ドリス式	イオニア式	コリント式	コンポジット式
ヴィニョーラ		1：4	1：4	1：4	1：4	1：4
パラディオ		1：4	11：52	1：5	1：5	1：5
スカモッツィ		1：4	1：4	1：5	1：5	1：5
ボス(1)		1：5	1：5	1：5	1：5	1：5
ボス(2)		1：4	1：4	1：4	1：4	1：4
シャンブレ		6：23	9：34	14：55	14：61	15：61
ブロンデル(1675)	P	1：4	1：4.219	1：5.0476[A] あるいは 1：6.4242[B]	1：5.3774	1：3.8095
ブロンデル(1683)	P	1：4 =4/16	4：17	2：9 =4/18	1：5 =4/20	4：19
	E	3M¾	4M	3M8/9	4M	3M17/18
	C	15M	17M	17M½	20M	19M½
ペロー	P	1：3.6666	1：4	1：4.3333	1：4.6666	1：5
	E	6M	6M	6M	6M	6M
	C	22M	24M	26M	28M	30M
ラ・イール	P	1：4	1：4	1：4.606	9：40	9：40
アカデミー(1701)	P	—	1：4	2：9	1：5	—
	E	—	2D.	2D.	2D.	—
	C	—	8D.	9D.	10D.	—
デゴデ	P	1：4	1：4	2：9	1：5	1：5
	E	1D.¾	2D.	2D.	2D.	2D.
	C	7D.	7D.	9D.	10D.	10D.
ピエール・パット	P	1：4	1：4	≒2：9	1：5	≒1：5
	E	3½M	4M	3 28/30M	4M	4M
	C	14M	16M	18M	20M	20M1/10

P：エンタブラチュアとコラムとの比
E：エンタブラチュア高さ
C：コラム高さ
D：コラム下端直径
M：モデュール
A：フリーズに装飾がある場合
B：フリーズに装飾がない場合

表3　エンタブラチュアとコラムの比の比較。

コリント式には一〇直径の高さを与えるのが適切である。しかし、コンポジット式の比例をイオニア式オーダーのそれとコリント式オーダーのそれの間において決定しているスカモッツィの意見に従うのがより適当である。[19]」

すなわちコリント式コラムには一〇直径の高さを与えるが、コンポジット式はそれより低いほうがよい、というのがその意見であった。だからやや躊躇したのち、結局スカモッツィの比例が受け入れられた。これはアカデミーが、フレアール・ド・シャンブレの意見のとおりギリシアの三オーダーをより尊重したからである。[20]コンポジット式はイオニア式とコリント式のオーダーの結合であるにすぎなかった。

おそらくこうした理由から一七〇一年三月二一日の会合において、これら三オーダーについてのみ、比例が決定されたのであろう[21]（表1）。

同じ主張は一七〇六年五月三日の会合においてもみられる。シャンブレの『比較』の第三二章が講読されたのち、コリント式コラムの高さについて、パラディオの一九モデュールよりむしろスカモッツィの二〇モデュールが「このオーダーによく適合している」と指摘された。[22]

教授ラ・イールやデゴデはこの決定に従った。ただアカデミーはギリシアの三オーダーについてのみ決定したのにたいし、彼らはヴィニョーラのように五つのオーダーすべてを考慮した。

五　エンタブラチュアとコラムの比

ウィトルウィウスはエンタブラチュア全体の高さをコラムの高さとの比において把握するという理念がなかったという点で、ルネサンスの建築家とは異なる。ドリス式エンタブラチュアについては、ウィトルウィウスは、コーニスの高さは一、フリーズは一・五、アーキトレーヴは一モデュールという明確で一定の比例を定めた。[23]しかしエンタブラチュア全体の高さがアプリオリに与えられているわけではなく、これら三部分の総計として得られるのである。

イオニア式についてはコラムのさまざまな絶対高さにおうじてアーキトレーヴの比例を変化させた（図2）。その結果、寸法体系はとても複雑になっている。

さらにフリーズの高さについては、装飾がなければアーキトレーヴより四分の一低く、「装飾が飾られるためには」四分の一より高く、というふうに、二種類の高さを定めた[24]。つぎにアーキトレーヴの第二のファスキアの高さから得られた寸法でコーニスの各刳形の高さを決定したが、「コーニス」に相当する言葉を使用したわけではないし、その全体の高さをまず決定しようとしたわけでもない。

だからウィトルウィウスにおいてはエンタブラチュア全体の高さのコラム高さにたいする比は、建物の規模や建築家の趣味によって変化しうるものとなる。

アルベルティの『建築論』においてもこうした曖昧さは依然みられる。ドリス式アーキトレーヴの高さを決定したのち、それを一二「モデュロス」に分割し、その寸法でもってエンタブラチュアのほかの部分を決定している。アーキトレーヴ高さは一定でないので、モデュロスも一定ではなく、エンタブラチュア全体の高さも変化しうるわけである[25]。

彼はイオニア式の場合においてはウィトルウィウスにならってコラム絶対高さにおうじた異なる比例をアーキトレーヴに与えた[26]（表2）。アーキトレーヴの高さがいったん決定されると、ドリス式の場合と同じ方法を採用した。アーキトレーヴの高さの九分の七を九モデュロスに分割し、この寸法でほかの部分を決定してゆく。だからここでも全エンタブラチュア高さがあらかじめ与えられているわけではない。

セルリオもまたイオニア式のエンタブラチュアについてはウィトルウィウスを模倣しているし（表2）、装飾がある場合とない場合におうじてフリーズに二種類の高さを与えている点でもそうである。

ウィトルウィウスからセルリオにいたるまで、エンタブラチュアはオーダーの一部分としては把握されていなく、それはただたんにいくつかの部分、いくつかの刳形の総和にすぎない。そしてエンタブラチュアがいくつかの足し算の結果にすぎないから、これらの建築家はエンタブラチュア全体の高さには無関心であった。またそれがコーニス、フリーズ、アーキトレーヴという三部分からなるという発想もなかった。

ヴィニョーラはこうした文脈においてまさに革命的であって、エンタブラチュア全体の高さをコラムの四分の一とし、つぎにそれを三部分に分割するという方法を提案したのであった。それまでの建築家は加法によって決定したが、ヴィニョーラは除法によって決定したのである。

かくして彼はオーダー全体の高さを一九等分し、ペデスタルに四、コラムに一二、エンタブラチュアに三を与える。このようにして、コラムとペデスタルの比は三分の一、エンタブラチュアとコラムの比は四分の一という一定の比例が保たれる（表3）。

パラディオは同じ方法を採用したが、ヴィニョーラほど大胆ではなかった。彼の比例は一定ではなく、トスカナ式では四分の一、ドリス式では一五分の一二という五分の一にやや近い値、そのほかは五分の一である。この五分の一がおおむねパラディオの比例であるといえる。

スカモッツィもそれほど一貫していない。四分の一の比例をトスカナ式とドリス式に採用し、そのほかは五分の一とした。だから彼はより重厚なオーダーにはヴィニョーラの、より軽快なオーダーにはパラディオの比例をとり入れたといえる。

フランスでは絵画アカデミー会員であったアブラアム・ボスが『古代建築のオーダーの全部分を作図する法』（一六六四）においてオーダーの比例体系を二例残しているが、一方ではパラディオを、もう一方ではヴィニョーラを模倣している。第一の方法では、彼はオーダー全体の高さを二三等分し、三、一五、五をそれぞれエンタブラチュア、コラム、ペデスタルに与える。第二の方法はほぼ完全なヴィニョーラの模倣であってエンタブラチュア、ペデスタルはそれぞれコラムの四分の一、五分の一である。コンポジット式のペデスタルのみがヴィニョーラの七モデュールにたいしてボスの六モデュール三分の二となっているが、コラム高さは二〇モデュールであるから理論的にはボスのほうが正しい。もっともこの場合は、ボスはオーダー全体を一九等分ではなく、やや複雑な数で分割している。

フレアール・ド・シャンブレが『比較』で記述した比例はやや複雑であるが、おおむね四分の一に、だからヴィニョーラに近い。

初代教授ブロンデルはいわばこうした系統発生を個体発生において繰り返している。すなわち、『建築教程』第一部（一六七五）においてはあきらかにエンタブラチュアとコラムの比を単純な整数比とするという発想はなく、イオニア式のフリーズにも二種類の高さを与えているが、八年後（一六八三）に出版された第二部においては整数からなる単純な比例が使用されている。

アカデミーもそれと同じ道程を辿ったのであって、議事録のなかにウィトルウィウスにたいする態度の変化を読みとることができる。

一六七五年三月一一日の会合では、コラム絶対高さによるアーキトレーヴ高さの変化については保留されたものの、「単純であるか装飾が施されているかによって与えられる、フリーズのさまざまな高さ」を承認した。(27) しかし一六八三年一月一一日の会合では、「ウィトルウィウスの規則にしたがってコラムのさまざまな高さにおうじてアーキトレーヴの高さを増すと、建築において堪え難い不条理が生じる」ことに気づいた。(28) そして一六九六年八月六日にはウィトルウィウスのイオニア式エンタブラチュアのさまざまな高さを研究したのち、アカデミーは「ブロンデルは、（ウィトルウィウスの）最も低いコラムにかんする規則をもって、一般的な法則としている」と批判した。(29)

エンタブラチュア全体の高さとコラムの高さの比という概念は、しだいに生じてきたのである。

しかしアカデミーは一七〇〇年まではシステマティックな規則を定めることもなく、議事録のそこかしこに断片的な判断を残しているにすぎない。とはいえ、それらからオーダー比例にかんする理念をいわば復元できる。

ボスにおいてすでに予見されていたことだが、アカデミーにとって、ヴィニョーラの四分の一、パラディオの五分の一という比例はそこから越えることの許されない両極端であった。

たとえば一六七八年二月七日の会合では、デゴデの図面が検討され、「コンコルド神殿のエンタブラチュアはコラムの六分の一の高さをもつが、アカデミーはこのエンタブラチュアはこのコラムのために製作されたものではないと考える」と指摘された。(30) またジャン・ビュランのエンタブラチュアがコラムの三分の一であるのを「ゆき過ぎ」とした。(31) コラムの三分の一から四分の一もあるドロルムのコリント式エンタブラチュアについては、「このエンタブラチュアは、おもにコリント式オーダーにおいては、せいぜい四分の一であるべき」とした。(32) 一六九六年八月六日では、すでに述べたようにウィトルウィウスが最小の低さのコラムに与えた比例をブロンデルが一般法則としたことを指摘している。だからブロンデルは六分の一の比例を与えたのであって、それはアカデミーにとって「低すぎ」また「模倣すべきでない」ものであった。(33) そして最後に、一六九六年一二月三日の会合においてブロンデルの『建築教程』を講読し、「五分の一以下、四分の一以上はけっして与えてはいけない」と判断した。(34) これは一六九九年一二月七日の会合で再確認された。(35)

さらにこの両極端のあいだでは、一般的にドリス式などの重いオーダーには高いエンタブラチュアを、コリント式に代表される繊細なオーダーには低いそれを好んだ。トスカナ式については、ドロルムの五分の一の比例を「トスカナ式にとっては間違っている」として承認しなかった。[36] 同時にイオニア、コリント、コンポジット式については、四分の一の比例は過剰であるとした。[37]

アカデミーはけっして特定の建築家の理論に追随しようとはしなく、それ自身の明確な好みをもっており、ときには権威ある建築家をも批判した。こうした態度や好みは一六八三年八月九日におけるつぎの宣言に最もよく表現されている。[38]

「彼（ヴィニョーラ）がすべてのオーダーにおいて望んだように、ペデスタルをコラムの三分の一に、エンタブラチュアをその四分の一にすると、トスカナ式やドリス式のオーダーにおいては美しいものが、イオニア式ではマッシヴであり、コリント式やコンポジット式においてはあまりに重くなる。」

これと同じ意見をブロンデルも同年『建築教程』第二部において表明している。

「ヴィニョーラはすべてのオーダーのエンタブラチュアをそのコラムの四分の一としたが、繊細なオーダーにとっては重すぎる。[39]」

しかし最終的な比例体系を決定することには躊躇していた。そのあいだ、ペローは自著において独創的な理論を発表していた。ペローにおいて特徴的なのは、それまでの建築家がエンタブラチュアの高さをコラム高さとの比において把握したのにたいして、この高さをコラムの高さではなく、その幅すなわち直径に関連づけたことである。ペローによればコラムは支え、エンタブラチュアは支えられる。コラムの幅は強度という点においてはその高さよりも重要であり、また、エンタブラチュアの高さはコラムにかかる加重を表現している。だからその高さはコラムの高さではなく幅に関係するのである。

「建築の法則のなかでも、その主なものは強度にかんするものであること、そして、これらの部分がその上にあるものを支えることができない、そしてその下にあるものによって支えられることができないように見えるときのように、建物を構成する諸部分においてこの強度を保障するべきものに矛盾するものを見るときほど、ある建物の美をそれよりも破壊するものはないことは明かである。さてこのことは、おもにエンタブラチュアとコラムにおいて認められるのであって、支える能力を保証するコラムの太さと、そしてこの太さにみあったエンタブラチュアの高さによって、支持可能であり、またそう見えるようになるのである。こうしたことから、エンタブラチュアの高さはコラムの太さによって決定されるべきだし、また、同じ太さであってもコラム長さは異なるいろいろなオーダーのエンタブラチュアにあるていどの多様性を与えること、つまり、コラムが長いと強度が損なわれるしまたそう見えるのだから、コラムが長いときはエンタブラチュアを低くすることが必要になるのである。(40)」

かくしてペローはすべてのオーダーのエンタブラチュアに二直径すなわち六小モデュールの高さを与えた。さらに彼はこの値が古代や近代の作品にみられるさまざまな比例の平均になっていることを表で示した（93頁、図14参照）。

ペローは音楽比例の概念を否定していたこともあり、アカデミーはその理論にたいして明確な判断をしたことはない。しかしアカデミーはそのエンタブラチュア高さ一定という理念には興味をいだいた。一六八九年一月七日から二一日までの連続三回の会合において、ペローの『オルドナンス』を講読し、「おもにエンタブラチュア」の比例について議論したが、「ペロー氏の残りの言説を検討しおえるまでは、なにも決定しないのが適切と判断した。(41)」

さてここまでで主要な二要因、すなわち重いオーダーには四分の一の比例と軽いオーダーには五分の一という比例を与えるという理念、そしてエンタブラチュアに一定の高さを与えるという理念が提出されたが、それでも最終決定をするにはいたらなかった。

この時期やや躊躇していたのは、おそらくイオニア式という中間のオーダーにすでに述べたような問題の解決策を探していたからと思われる。

ブロンデルはすでにその『建築教程』第二部（一六八三）において、トスカナ式からコリント式までに、四分の一から五分の一までの等差数列をなす比例を与え、スカモッツィの体系を改善しようとした(42)（表3）。彼は公然とはスカモッツィのイオニア式の問題には言及していないが、このブロンデルの寸法体系においてはそれはとりあえず解決されているし、またなによりもイオニア式に九分の二の比例を与えるという最終的な解決案を予告している。

ラ・イールもイオニア式、コリント式、コンポジット式に「四分の一と五分の一の中間」という九分の二に近い比例を与えた（図3）。実際、一七世紀の最後の五年間において、イオニア式のエンタブラチュアを集中的に研究した。そして最終的にはこの問題を解くためにペローの提案がそっと採用された。

問題はイオニア式にとって四分の一の比例は「マッシヴ」であり、五分の一の比例ではドリス式にたいして低くなりすぎることであった。一六九五年一〇月二四日の会合では、スカモッツィのドリス式とイオニア式のエンタブラチュアをこう分析している。ドリス式ではコラム高さが八モデュールでエンタブラチュアの高さがその四分の一であるのにたいし、イオニア式ではコラム高さ八モデュール四分の三にたいしてエンタブラチュアは五分の一しかないから、オーダー全体としてはイオニア式のほうが低くなる。[43]一六九六年二月六日の会合においては「建物内部でこのオーダーを使用するとき」はスカモッツィのエンタブラチュアが承認された。[44]一六九九年一二月一日の会合では、やはり五分の一の比例をもつパラディオのイオニア式エンタブラチュアが検討され「フリーズを高くして膨らみをなくすことで、コラムの九分の二の高さを」与えるべきとされた。

この九分の二という比例は大変重要であって、これがアカデミーの最終決定に採用されるのである。一七〇一年三月二一日の会合でその決定がなされた。

「……コラム高さにたいするエンタブラチュアの寸法についてすこし協議したのだが、エンタブラチュアの高さにつねにコラムの直径の二倍を与えることで、ギリシアのオーダーのエンタブラチュアの高さは、コラム直径によって決定されうるであろうと考えた。その結果、コラム高さが八直径であるドリス式オーダーにおいてはエンタブラチュアが四分の一となる。高さ九直径のイオニア式ではエンタブラチュアは九分の二に、高さ一〇直径のコリント式では五分の一となるのであり、コリント式においては、古代の建物のエンタブラチュアがそれより少し高いとはいえ、パラディオとスカモッツィの考えとまったく一致する。[45]」（表3）

だからペローのそのほかの比例には従わなかったが、エンタブラチュアの高さは一定という彼の理念は採用した。さらにドリス式に

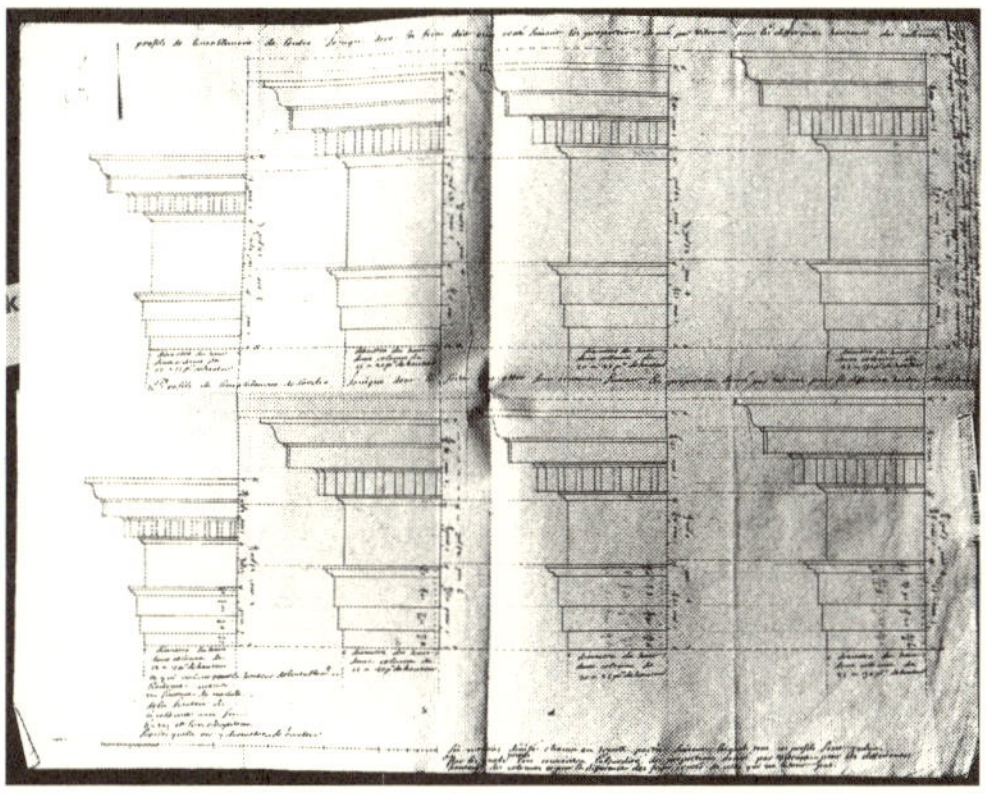

図5　エンタブラチュアの比較。フランス学士院古文書室、ボジール文書、B.11.

図3　フィリップ・ド・ラ・イール『市民建築』図32－36のモンタージュ。

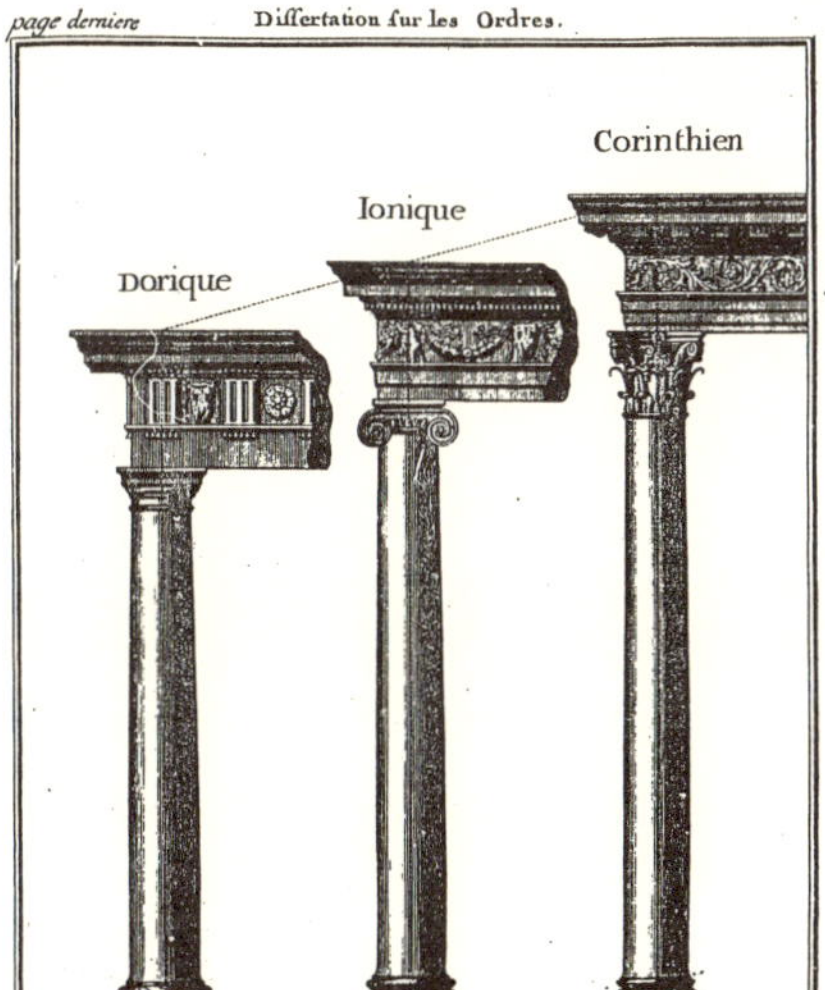

図6　アメデ・フレジエ『建築オーダーにかんする歴史的批判的論文』(1759)、73頁。

図4　アントワーヌ・デゴデ『建築オーダー書』29頁。

おいてはヴィニョーラの四分の一を守り、イオニア式においてはパラディオとスカモッツィの比例を改良し、コリント式にはこのふたりの大家の比例を使用する。だからこの決定はある意味で当時の大建築家の長所を折衷したものであった。

デゴデはアカデミーの提案したこの比例を拡張し完成させた(46)（表3）。

彼はヴィニョーラにしたがって重厚なトスカナ式とドリス式には四分の一の比例を与え、パラディオやスカモッツィにしたがって繊細なコリント式やコンポジット式に五分の一の比例を与え、イオニア式には中間の九分の二の比例を与えた。同時にデゴデはペローが提案したエンタブラチュアの高さ一律二直径をも、トスカナ式以外のすべてのオーダーにおいて守っている。デゴデはその著書においてこう記しているが、それはペローのテキストからの忠実な参照である。

「繊細なオーダーがほかのものに比べて重いエンタブラチュアを負わされていることになるから、エンタブラチュアはコラムの高さに関連づけられるべきではない。コラムの強度を示すのはその太さでしかないから、エンタブラチュアの高さを決定すべきなのはやはりその太さなのであり、かくして、そのエンタブラチュアの高さが柱基と柱頭を含むコラムの四分の一であるトスカナ式以外は、ほかのオーダーのエンタブラチュアの高さはコラム下部の直径の二倍であって、ドリス式オーダーにおいてはコラムの四分の一となり、イオニア式のオーダーにおいてはエンタブラチュアは柱基と柱頭を含むコラム高さの九分の二となり、コリント式とコンポジット式のオーダーにおいてはエンタブラチュアの高さは柱基と柱頭を含むコラム高さの五分の一である(47)。」

デゴデの書における五つのオーダーの図（図4）はきわめて興味ぶかい。それまでなら通常は直径を一定とするのだが、デゴデの表ではコラム高さを一定にして、エンタブラチュアとコラムの比がオーダーの種類によって異なることが示されている。この方法はヴィニョーラの比例をあらわすために使用されたことがあるが、その場合は、比例が一定であることを示すためであった(48)。

ひとたびこう決定されるや、一八世紀初頭にはこのテーマにかんする大きな議論はない。アカデミーはより確信をもってその同じ見解を繰り返すのであった。

ウィトルウィウスの比例の変化については、一七一五年五月一三日の会合でデゴデは四種類のコラム高さと装飾のあるなしの計八種類のイオニア式エンタブラチュアが描かれた図面（図5）を持ちこんだ。アカデミーはやはりこのウィトルウィウスの方法を承認しなかった。「なぜなら、古代においては、装飾のないものより装飾されたエンタブラチュアのフリーズがより高くはないと観察されるからである。そして一般的に、コラム高さがどうであろうと、エンタブラチュアとコラムの比例は同じに保つべきである。」[49]

四分の一と五分の一という両極端については、つぎの二回の会合でその決定が再確認された。一七〇六年三月八日の会合では、マルケルルス劇場のイオニア式エンタブラチュアはコラムの四分の一と三分の一のあいだであり、シャンブレは「光学上の理由から」と説明しているが、これは承認しなかった。[50] 一七〇六年七月二六日の会合でも、ジャン・ビュランのドリス式オーダーにおいてエンタブラチュアがコラムの四分の一以上であるのを、承認しなかった。[51]

イタリアの建築家が提案した比例については一七〇六年二月二二日の会合において、パラディオのエンタブラチュアが最良であるとした。装飾過多のスカモッツィのものより規則的であるからである。パラディオかヴィニョーラかで躊躇していたが、「パラディオはすべてのオーダーのエンタブラチュアに与えた比例において、すべてのオーダーでエンタブラチュアをコラムの四分の一としたヴィニョーラよりも規則的であり正確である」[52]と指摘している。同じ信条が一七〇六年六月二八日の会合においてもみられ、そこではコンポジット式についてだが、「ヴィニョーラのエンタブラチュアはパラディオのものほどよい効果は与えない」[53]と指摘している。

最後に、こうした最終的比例は隔世遺伝的な影響を与えたことを指摘しなければならない。アメデ・フレジエは『建築オーダーの歴史的批判的研究』（一七六九）においてギリシアの三オーダーについて八分の一、九分の一、一〇分の一というコラムの直径と高さの比と、八分の二、九分の二、一〇分の二というエンタブラチュアとコラムの比を、「古代の最良のモニュメント、そして最も判断力に恵まれた建築家たちの趣味に一致する」ので是認したが、これはアカデミーの比例そのままであり、エンタブラチュア高さはつねに二直径であり一定である[54]（図6）。

さらにピエール・パットは『建築の最も重要な作品にかんする覚書』（一七六九）において、デゴデの比例にたいへん近い比例を提案した[55]（表3）。一九世紀になってもデュランは五つのオーダーのエンタブラチュアに一律二直径の高さを与えている。[56]

六　コーニスとフリーズとアーキトレーヴの比（表4）

コーニスとフリーズとアーキトレーヴの比を篇年史的に追ってゆくと、エンタブラチュアとコラムの比のそれとあるていど並行していることが判明する。ウィトルウィウス、アルベルティ、セルリオはエンタブラチュアがこの三部分からなるという発想はなく、彼らにとってそれはさまざまな刳形の一種の集積であった。またフリーズとアーキトレーヴの比例も一定ではない。ウィトルウィウスと彼を模倣したセルリオにおいては、それはフリーズに装飾のある場合は五分の四であり、無装飾の場合は四分の三であった。ブロンデルでさえ『建築教程』第一部において同じ区別をしている（第Ⅳ書第一章）。

やはりここでもヴィニョーラがはじめて、エンタブラチュアを三部分に区分し、それらのあいだに整数からなる一定の比例を与えたのである。かくして彼はたとえばコリント式ならエンタブラチュア高さを一〇等分し、そのうちの四、三、三をそれぞれコーニス、フリーズ、アーキトレーヴに分配する。ヴィニョーラにつづく建築家たちはこの方法を採用したが、具体的な比例については異なっている（表4）。建築家たちの比例から作成されたマトリックスはやや複雑であるが、つぎのようないくつかの特徴は容易に発見できる。

（一）フリーズがほかのオーダーに比べて高いという点でドリス式は特別であるが、これはトライグリフとメトプの存在ゆえである。
（二）コーニスはつねに最も高さの大きい部分である。例外としてパラディオのドリス式、スカモッツィのトスカナ式とドリス式がある。
（三）しかしなによりイオニア式、コリント式、コンポジット式のオーダーについては、二種類の比例がある。すなわちヴィニョーラ、ペロー、ラ・イールのようにフリーズとアーキトレーヴに同じ高さを与えるか、パラディオやスカモッツィのように、フリーズをアーキトレーヴよりも低くするかである。

第一の点は、一八世紀中葉において対のコラムが原因となって重要になったが、この時期においては大きな問題とはならなかった。

	トスカナ式	ドリス式	イオニア式	コリント式	コンポジット式
ヴィニョーラ パラディオ スカモッツィ	8：7：6 44 P：26 P：35 P 39 P：41 P：32.5 P	3：3：2 7：9：6 42 P：45 P：35 P	7：6：5 5：3：4 6：4：5	4：3：3 5：3：4 6：4：5	4：3：3 5：3：4 6：4：5
ボス(1) ボス(2)	5：3：4 43：28：34	25：37.5：33.5 3：3：2	5：3：4 58：38：37 (≒17：11：11)	5：3：4 63：44：43 (≒13：9：9)	5：3：4 63：44：43 (≒13：9：9)
ブロンデル (1675)	3：2：2	24：40：27	5：3：4[A] 6：5：4[B]	103：105：84	1：1：1
ペロー ラ・イール デゴデ	4：3：3 8：7：6 8：7：6	3：3：2 3：3：2 3：3：2	4：3：3 7：6：5 4：3：3	4：3：3 4：3：3 10：7：7	4：3：3 4：3：3 10：7：7

表4　コーニスとフリーズとアーキトレーヴの比の比較。
A：フリーズに装飾がある場合、B：フリーズに装飾がない場合、P：パルティ＝1/60×直径

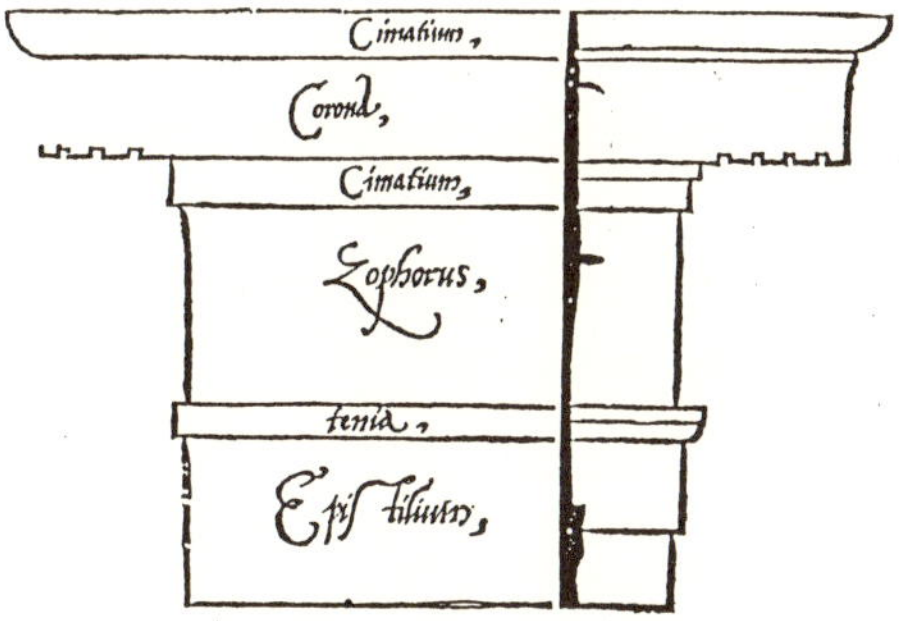

図7　トスカナ式エンタブラチュア。セルリオ第一書第五章。

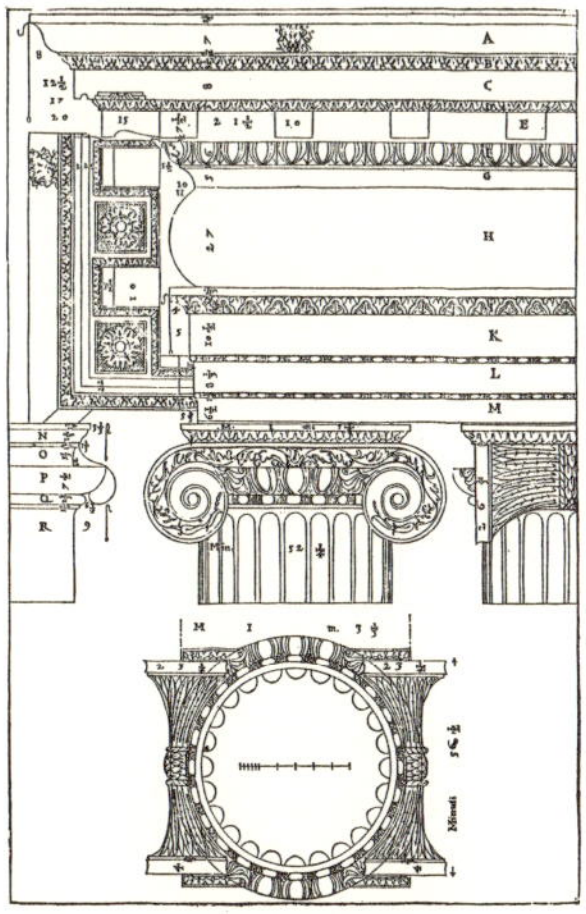

図9　パラディオ『建築四書』第一書第一四章。

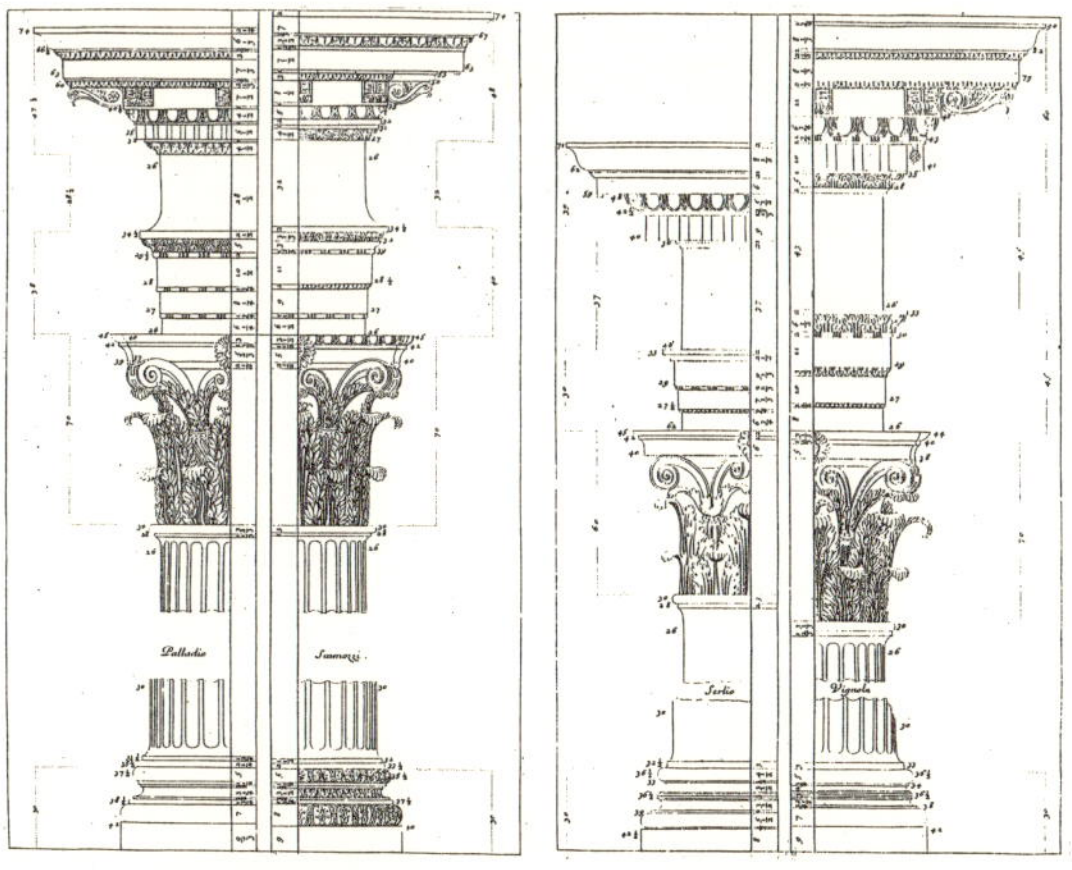

図8　(左)パラディオとスカモッツィのコリント式オーダー。シャンブレ『比較』第三一章。(右)セルリオとヴィニョーラのコリント式オーダー。同第三二章。

第二の点については、一六七五年六月二五日の会合においてすでに、「コーニスとフリーズとアーキトレーヴが同じ高さであるエンタブラチュアの各部の比例といった、いくつかの趣味の悪い例を指摘した[57]」。かくして一六七六年一二月一四日の会合では、これら三部分がすべて同じ高さであり、コーニスが「極端に貧しく」なっているドロルムのトスカナ式エンタブラチュアを非難した。[58] 一六九三年八月三日の会合では、ふたたびドロルムのエンタブラチュアについて「コーニスはつねにフリーズやアーキトレーヴよりも高さが大きくなければならないのに」三部分の高さが等しいとして非難した。[59] それからやはり同じ理由から、この三部分の比が三：四：三になっているセルリオのエンタブラチュアは、一六八〇年九月二日の会合では承認されなかった。[60] そして一六九五年一二月六日の会合では、トスカナ式において「コーニスに比してフリーズを高くしすぎた」スカモッツィが非難された。[61] 実際、スカモッツィのトスカナ式フリーズは四一パルティであり、そのコーニスは三九パルティである。

第三のフリーズとアーキトレーヴとの比の問題は、アカデミーが賞賛していた偉大な建築家どうしですでに矛盾があったので、より重大であった。パラディオ、スカモッツィらはフリーズよりもアーキトレーヴを高くした。しかしアカデミーはフリーズとアーキトレーヴに同じ高さを与えるヴィニョーラの方法に傾いていた。

この問題について意見が表明されたのは比較的遅い段階であるが、明白で一定している。スカモッツィの建築書が講読された一六九六年四月三〇日の会合では「フリーズは……少なくともアーキトレーヴと同じ高さでなければならない」と指摘している。[62] つぎの三つの引用はそれぞれ、ヴィニョーラの比例が好まれたことを示している。

イオニア式オーダーについての指摘である（一七〇六年三月二二日の会合）。

「ヴィニョーラのイオニア式オーダーの（柱基以外の：訳注）すべてのほかの部分とエンタブラチュアについてであるが、ヴィニョーラのようにコラム高さの四分の一にするのではなく、もしそれをその高さの九分の二にまで低くすれば、ヴィニョーラの比例と輪郭はパラディオのイオニア式オーダーと同じように尊重されるものとなることに気づくはずである。[63]」

シャンブレの『比較』第三二章の講読のさい、セルリオとヴィニョーラによるコリント式オーダーについてはこう指摘している（一七〇六年五月三日の会合）。

「ヴィニョーラのコリント式オーダーは前二者（パラディオとスカモッツィ）に比較されうる唯一のものだが、彼はコラムに二〇モデュールの高さを与えた。それはたいへん賞賛されるが、しかし、もしヴィニョーラのこの同じエンタブラチュアをコラムの五分の一に縮小すれば、アカデミーの判断するところ、両者ともアーキトレーヴが高すぎフリーズが低すぎるスカモッツィとパラディオのそれより、その比例配分においてもその輪郭においても、はるかに正確になるであろう。[64]」（図8）

最後にコンポジット式オーダーについてである（一七〇六年六月二八日の会合）。

「……パラディオのエンタブラチュアのこうした高さにおいて、コーニスの高さは変えないで、残りの高さを二等分し、アーキトレーヴとフリーズを同じ高さにし、またフリーズの膨らみを除去してまっすぐにするのが適当であると判断される。[65]」

これらの引用はいずれも、ヴィニョーラの比例はエンタブラチュアとコラムの比においては改善される余地があるにしても、コーニスとフリーズとアーキトレーヴの比においてはほかのどの建築家よりもアカデミーにとっては優れていたことを示している。すなわちある建築家を排他的に賞賛していたのではなく、建築家をそれぞれの長所において尊重した。コリント式などの繊細なオーダーのエンタブラチュアとコラムの比についてはヴィニョーラよりもパラディオやスカモッツィを賞賛しつつも、コーニスとフリーズとアーキトレーヴの比においては、ヴィニョーラをパラディオやスカモッツィ以上か、すくなくとも彼らと同等に賞賛した。さて最後の引用にはほかの問題も含まれている。パラディオのイオニア式とコリント式のフリーズは膨らみがついており、その輪郭は直線ではなく、承認されなかった（一六九〇年二月二七日の会合）[66]（図9）。

ドリス式アーキトレーヴの高さについては、それを一モデュールとするウィトルウィウスに賛成であり、マルケルルス劇場とコロセウムの例を根拠として半直径以上の高さを与えたスカモッツィには反対であった。後者の比例はアカデミーにとって避けるべきものであった（一六九五年一〇月一〇日の会合）[67]。

最後にアカデミーは単純な刳形を好んだことに言及しなければならない。

一七〇六年三月一五日の会合でシャンブレの『比較』が講読されたさい、イタリアの巨匠が比較された。イオニア式オーダーについては、スカモッツィのアーキトレーヴとフリーズがパラディオのそれよりも優れており、パラディオのコーニスはスカモッツィのそれより優れているとされた[68]。コンポジット式オーダーについては、一七〇六年六月二八日の会合では、「パラディオは、刳形を使いすぎたのでそのオーダーが通常より矮小になっているスカモッツィよりも好まれるべきであり」、セルリオのものは「けっして模倣してはならない」と記されている[69]。

七　ペデスタルとコラムの比

この領域においても体系化を最初に押し進めたのはヴィニョーラである。ウィトルウィウスやアルベルティはこの部分を考慮したことがなく、セルリオは整数比を与えなかったが、ヴィニョーラはすべてのオーダーにおいてペデスタルはコラムの三分の一であるとした。パラディオはそれほど体系的ではなかったが、部分的に四分の一という比例を提案した。スカモッツィは四分の一と三分の一のあいだに三個の中項をもうけてそれらが等差数列をなすようにした（表5）。

ブロンデルはスカモッツィを踏襲し、スカモッツィが分子を一定にしたのにたいして、ブロンデルは分母を一定にしている[70]。ペローは分母と分子の両方において等差数列を設定したが、全体としては二二分の六（四分の一に近い）から三分の一まで漸進的に数値が変化するようになっている。

	トスカナ式	ドリス式	イオニア式	コリント式	コンポジット式
ヴィニョーラ	1/3	1/3	1/3	1/3	1/3
パラディオ	—	7/26	3/10	5/19	1/3
スカモッツィ	1/4 (4/16)	4/15 (4/15)	2/7 (4/14)	4/13 (4/13)	1/3 (4/12)
ボス	1/3	1/3	1/3	1/3	1/3
ブロンデル	12/48 (1/4)	13/48	14/48	15/48	16/48 (1/3)
ペロー	6/22	7/24	8/26	9/28	10/30
アカデミー (1680)	15/60 ＝1/4	(16 2/3)/60 ＝1/3.600	(18 1/3)/60 ＝1/3.2727…	20/60 ＝1/3	20/60 ＝1/3
ラ・イール	1/3	1/3	1/3	1/3	1/3
デゴデ	1/3	1/3	1/3	1/3	1/3

表5　ペデスタルとコラムの比の比較。

アカデミーはつねにペデスタルの使用に賛成であったわけではないが、しかしその高さが四分の一と三分の一のあいだならそれを認めたし、一六七六年五月一一日の会合ではこう記している。

「さまざまなオーダーを上下に重ねるとき、最も重いコラムにはそのコラムに比して最も低いペデスタルをあてがい、ほかのオーダーには最も高いペデスタルをあてがうように注意すれば……[71]。」

つまりペデスタルは層オーダーの場合は使用でき、各オーダーによって異なる高さのものを用意しなければならないのである。だからアカデミーはスカモッツィの立場に近かったといえる。しかしペデスタルのなす等差数列は両者で同一ではなく、その相違は五つのオーダー体系そのものの基本的観点の違いに根ざしていた。つまりアカデミーにとってコンポジット式はコリント式の一変形にすぎなかったので四段階の数列しか認めなかった。ところでスカモッツィは五段階である。かくして一六八九年一〇月二九日の会合において、ブロンデルの『建築教程』第一部の第二書と第三書を講読したのち、四分の一、六〇分の一六と三分の二、六〇分の一八と三分の一、三分の一、三分の一の比例を五オーダーのそれぞれに与えたのである。

「この寸法配分は、トスカナ式とコリント式をもとに、両者の間隔から、ドリス式とイオニア式のために、ふたつの算術比例中項を割り当てることで得られる[72]。」

この比例を定めたのちは、それほど厳格な態度はとっていない。ただ四分の一と三分の一という両限界については厳格であって、[73]三分の一よりも大きいジャン・ビュランのドリス式ペデスタルは認めなかった。[74]

しかしこれらの両極端のあいだなら、アカデミーは自分自身にもあるていどの自由を認めた。たとえば一六九五年一二月六日の会合では、トスカナ式ペデスタルに「彼（スカモッツィ）のようにコラム高さの四分の一しか与えないのではなく」その七分の二を与えることを提案した。[75]

そして最終的には一六九六年一一月五日の会合においてつぎのような結論に達した。この会合では、やはり三分の一と四分の一という両極端に固執したが「これら両比例のあいだにペデスタルの高さを、さまざまな場合や条件にしたがって選ぶ自由を残した」ブロンデルの意見が認められた。[76]一六九九年一二月七日の会合においては、コリント式についてふたたびこの両極端にこだわったが、どちらにせよ三分の一という比例に限定するよりは厳格ではない。[77]

ところでラ・イールとデゴデというふたりの教授はただ単純にヴィニョーラの三分の一という比例を採用しているが、彼らこそアカデミーが認めた自由を享受したのかもしれない。

八　まとめ

アカデミーのパラダイムはつぎの四点に要約される。

（一）古代建築の参照。一般的に古典主義建築においては古代建築への参照は普遍的な現象であるとされがちであるが、アカデミーにおいてはとくにこの第一期においてこの現象がみられ、第二期はまったくそうではない。

（二）イタリアおよびフランスのルネサンスの建築書の体系的で網羅的な読解と検討。

（三）フレアール・ド・シャンブレがはじめて採用した諸例の比較という方法論。ブロンデルの『建築教程』やペローの『オルドナンス』も彼らなりの方法で比較を試みたものである。アカデミーではイタリア・ルネサンスの建築書、ローマの古代建築から引用された例が比較された。

（四）ヴィニョーラ的な体系化。すなわちオーダーには五種類あり、ひとつのオーダーはエンタブラチュア、コラム、ペデスタルの三部分からなり、さらにエンタブラチュアはコーニス、フリーズ、アーキトレーヴの三部分からなり、それらは単純な整数比をなす。こうした体系化は歴史的に普遍的なものではないのであった、アカデミーはあえて意図的にこうした類の体系化をめざした。

こうしたパラダイムにおいて確立された比例はあるていどアカデミー独自のものである。通説ではヴィニョーラが最もよく模倣されたとされているが、準拠したのはむしろその方法論であって、具体的な比例についてはヴィニョーラとてやはり比較の一項目にすぎない。とくにエンタブラチュアとコラムの比においてそうである。

それにしてもある主題についてこれだけの長期間にわたって、これだけの膨大な集団的労力が費やされたことは、ほかにほとんど類例をみない。オーダーの比例についてそれまでに残されていた主要な文献や作品の膨大な例にあたっている。こうしてなされた決定は一九世紀に及ぶまで影響を与えた。またこうした決定ののち、少なくともフランスにかんするかぎり、独創的な比例体系はあらわれていない。こうした意味で、この第一期において、アカデミーはオーダーの基本部分の比例について、それまでの時代になされた研究のほとんど総決算をおこなったといっていいだろう。

〔註〕

1　たとえば John Onians, *Bearers of meaning*, Princeton Univ.Press, 1990.

2　ウイットコウアーはオーダー比例をルネサンス的な調和比例理論の観点から分析したが、数値を扱いながら、これはまだ意味論的である。建築書にはつねに、理論書の面と技術書の面がある。ヨーロッパの建築史家はそれをあくまで理論書として解釈しようとしており、技術書としての分析は意外になされていない。本稿は、技術体系としてのオーダー理論を分析して、これまでのオーダー理論研究をさらに補強するものである。

3　ペローは諸例比較の便宜のため、大モデュール、中モデュール、小モデュールを区別した。このことも、モデュールにかんしてかならずしも統一した見解があったわけではないことを示している。ペロー自身のモデュールは小モデュールであった。『オルドナンス *Ordonnance*』参照。

4　議事録、第三巻、一二二頁。
5　同、一二七頁。
6　同、一二二頁。
7　Vitruve traduit par Perrault, liv. IV, ch.i.
8　Alberti, liv. IX, ch.v.
9　Alberti, liv. IX, ch.vi.
10　Perrault, *Ordonnance*...,1681, p.5, 10, 13, etc., Wolfgang Hermann, *The Theory of Claude Perrault*, 1973, ch.iv.
11　アルベルティはイオニア式柱頭の渦巻き装飾をコリント式柱頭に付加したものをイタリア式柱頭と呼んでいる（『建築論』第七書第八章）。しかし彼はイタリア式のエンタブラチュアやコラムなるものを説明しているわけではなく、それは彼にとっては存在しない。だからイタリア式はコリント式の多くの異体のひとつにすぎないし、またこの説明は柱頭の装飾にかんするものであり、オーダーの全体的な比例については明確な規定がない。こうした曖昧さから、アルベルティ以後の建築家はコンポジット式（イタリア式）オーダーを五つのオーダーの体系においてどう位置づけるかで意見が分れた。
　アカデミーもアルベルティが「イタリア式」と呼んだ異体を「コンポジット式」と呼び、明確に定義した。一六七三年四月一一日の会合では composite 式と composé 式のオーダーが定義され区別されている。「コンポジット式すなわちイタリア式という名では、ティトゥスの凱旋門にみられるような、イオニア式とコリント式から柱頭をつくる手法が理解され、複合式という名においては、そのほかすべてのオーダーが理解され、柱頭をほかのもので構成したり新しい発明によってつくることができる」（議事録、第一巻、二九頁）。この認識はまだアルベルティの段階であって、当時のアカデミーは五つのオーダー体系においてコンポジット式をどう位置づけるかについては定見がなかったといえる。
12　議事録、第一巻、二七二～二七三頁。
13　議事録、第二巻、一二～一三頁。パラディオ『建築四書』第四書第一四章の講読のさい。
14　同、二五一～二五二頁。
15　同、二五三頁。
16　議事録、第三巻、二五三頁。
17　同、第二巻、三一四頁。
18　同、第一巻、二頁（一六七三年四月一一日の会合）。
19　同、第三巻、八四頁。
20　Chambray, *Parallele*.

21 議事録、第三巻、一二四頁。
22 同、二四六頁。
23 Vitrvius traduit par Perrault, pp.116-118.
24 *Op.cit.*, p.100.
25 Alberti, book 7, ch.9.
26 *Op.cit*, book 7, ch..9
27 議事録、第一巻、九三〜九四頁。
28 同、第二巻、八頁。
29 同、三三三頁。Blondel, *Cours d'Architecture*, Ière partie, liv. 4, ch.1.
30 議事録、第一巻、一五九頁。
31 一六九三年四月六日の会合　議事録、第二巻、二五六頁。
32 議事録、第二巻、二七二頁（一六九三年一二月一四日の会合）。Delorme, *Le premier Tome d'Architecture*, ch.xv.
33 同、三三三頁。Blondel, *op.cit.*, Ière partie, liv.IV, ch.i.
34 同、三四一頁。Blondel, *op.cit.*, IIIème partie, liv. II, ch.iii.
35 議事録、第三巻、四頁。
36 同、第一巻、一二七頁（一六七六年一二月一四日の会合）。
37 同、一五八〜一五九頁（一六七八年二月七日の会合）。
38 議事録、第二巻、三六頁。
39 Blondel, *op.cit.*, II^{nde} partie, liv. III, ch.ii, p.63.
40 Claude Perrault, *Ordonnance...*, pp.7-8.
41 議事録、第二巻、一七三頁。
42 Blondel, *op.cit.*, II^{nde} partie, liv. III, ch.ii, p.64.
43 議事録、第二巻、三一四頁。
44 同、三二一頁。
45 議事録、第三巻、一一四頁。
46 Desgodets, *Traité...*

47 *Op.cit.*, p.32.

48 La Hire, *Architecture Civile...*, pp.69-70, pl.10.

49 議事録、第四巻、七二頁。

50 同、第三巻、二四〇〜二四一頁。

51 同、二五三〜二五四頁。

52 同、二三九頁。

53 同、二五二頁。

54 Frézier, *Dissertation...*, 1769, pp.19-20.

55 Patte, *Mémoire...*, pp.91-93.

56 J.-N.-L. Durrand, *Precis des lecons d'architecture...*, 1819.

57 議事録、第一巻、一〇三頁。

58 同、一二七頁。Delorme, *op.cit.*, liv.V, ch.vii.

59 議事録、第二巻、二六四頁。Delorme, *op.cit.*, liv.V, ch.viii,ix.

60 同、第一巻、二九二頁。アカデミーはセルリオの第五一、第五二、第五三、第五四、第五五章を参照したといっているが第四書の第八章であるように思われる。

61 議事録、第二巻、三一七頁。

62 同、三二六頁。Serlio, liv.VI, ch.29.

63 議事録、第三巻、二四二頁。Chambray, *Parallele...*, ch.XVIII.

64 同、二四六頁。Chambray, *op.cit.*, ch.XXXII.

65 同、二五二頁。

66 議事録、第二巻、一九二頁。

67 同、三一三頁。アカデミーは、ほかの著作家によればマルケルルス劇場のドリス式アーキトレーヴはつねに半直径の高さであるとしている。

68 議事録、第三巻、二四一頁。

69 同、二五一頁。

70 Blondel, *Cours...*, II^{nde} partie, liv.II, ch.iii.

71 議事録、第一巻、一一八頁。

72 同、第二巻、一八五頁。

73 一六九六年一一月五日、一二日、一九日の会合。議事録、第二巻、三三九～三四〇頁。

74 ジャン・ビュランの建築書が議題であった一七〇六年七月二六日の会合。議事録、第三巻、二五三～二五四頁。

75 議事録、第二巻、三一七頁。Scamozzi, liv.VI, ch.XV の講読のさい。

76 同、三三九頁。Blondel, *op.cit.*, IIème partie, liv.II, ch.ii.

77 議事録、第三巻、七五～七六頁。この会合ではパラディオの建築書の講読がなされた。

一—二　第二期と第三期における体系の変容

一　第二期における寸法体系の変化

(一) モデュール

第一期と第二期とでは寸法体系そのものが異なるのであり、建築観や検討方法が変化したことを暗示している。

まずモデュールだが、第一期ではとくに古代建築が検討された。その場合まずさまざまな建物の各コラムの直径を測定し、つぎにそれを二等分してモデュールとし、さらにそれを三〇等分してパルティとした。古代の建築作品においてはコラム直径はさまざまな値をとるのだからモデュールとは当然、実寸法ではなくそれ自体比例をあらわすものであった。

それにたいして第二期ではしばしば一モデュールを一ピエ（= 328.8mm：尺）と同等なものとして使用している。それは建築オーダーの比例を検討する方法が変ったことを意味する。すなわちこの時期になると古代建築ではなく、とくにアカデミーが提案した比例に準拠したオーダー図面を検討した。そこにおいてモデュールとピエを同等とすれば製図の作業はいちじるしく簡単になることは明らかである。

議事録はこうした仮説を裏づける。一七四一年六月一九日の会合で、タヌヴォは「ヴィニョーラによるドリス式オーダーの比較」を提出したが、アカデミーは「この比較は大きなスケールでなされていて、図版上では一モデュールは一ピエである」[1]と指摘している。一七四七年一月一六日の会合では、タヌヴォが提出したトスカナ式オーダーの図面にたいして「この図においてはさまざまな部分や刳形がより明確になり、より容易に判断できるように、一モデュールは一ピエである」[2]と指摘されている。さらに一七四九年一月二〇日の会合では、ロリオがさまざまな高さのエンタブラチュアをもつコリント式オーダーの図版を持参したが、検討の結果「……輪郭を決定するために（高さがコラムの）四分の一のものも五分の一のものも、コラムのモデュールを一ピエとして、同じエンタブラチュアのより大きなデッサンを作成すること……」[3]という注文がロリオにたいしてなされた。

（二）パルティ

第一期においてはパルティはモデュールの三〇分の一、だからコラム直径の六〇分の一であった。しかし第二期では会員はほとんどの場合パルティをモデュールの一二分の一、すなわち直径の二四分の一とした。

一七三七年五月六日の会合[4]に提出した論文において、ルルーは一モデュールの一二分の一を、一パルティとしている。タヌヴォはその論文と図面[5]において、つねに一パルティは一モデュールの一二分の一だとしている。一七三八年一月二七日の会合[6]では、タヌヴォがドリス式カップルド・コラムにかんする論文を提出したが、そのなかで彼は「対になったコラムの中心軸のあいだに、三三パルティすなわち二モデュール四分の三」を与えたと記録されており、この場合も一パルティは一モデュールの一二分の一でないと計算があわない。

ここで強調しなければならないのは、一モデュールが一ピエと同等とされたまさにこの時期に、一パルティが一モデュール一二分の一と等しくされたということである。すなわち一ピエは一二プース（pouce）であるから、単純な理論的帰結として、一パルティは一プースと等しくなる。そして伝統的な寸法体系である「ピエ／プース」システムと古典主義建築における「モデュール／パルティ」体系は完全に合致する。

建築オーダーの寸法体系		ピエ／プース体系
一モデュール	＝	一ピエ（＝324.8mm）
一パルティ（一二分の一モデュール）	＝	一プース（＝1/12× pied）

アカデミーはこうした寸法体系の有利さをじゅうぶん意識していたようで、一七四七年一月一六日の会合では、「(タヌヴォによるトスカナ式オーダーの) このデッサンにおいて、異なる部分や刳形がよりよく表現されるよう、そしてそれらをより容易に判断できるよう、一モデュールは一ピエとなっている」(7)と指摘されている。

すなわちプースに等しいパルティが暗に言及されているのであり、それにはふたつの意義があると考えられる。

第一に、おもにオーダーの図面を作図する人間の便宜が考えられたことである。この時期にはタヌヴォをはじめほかの会員が多くの図面を会合に提出していた。

第二の点は、古代遺跡を現場で実測することはもはや想定されていなく、完全なデスク・ワークで図版を作成することが多かったことであろう。実測調査においては、建物の絶対寸法が建物ごとに異なっているため、それらの比例を比較しようと思えばすべての寸法を「モデュール／パルティ」体系に換算する必要がある。しかし出発点が製図板上であれば「モデュール／パルティ」体系と「ピエ／プース」体系を同一にすれば、作図がきわめて容易になるとともに、あらゆる図版に共通する普遍的な寸法体系が確立されることにもなる。これはドリス式モデュールを一二等分して一パルティとしたヴィニョーラの方法の復活ではかならずしもない(8)。

こうした寸法体系の変化の背後にあるのは、会員たちの意識そのもののなかから古代建築の存在が希薄になり、むしろフランス建築が主な興味の対象になったという第二期特有の傾向であろう。この傾向を裏づけるほかの証拠はふたつある。第一のものは古代建築への言及の頻度であり、古代建築一般は第一期において頻繁に言及されるのにたいし、この第二期ではほとんどない。第二の証拠は、フランス的なモティーフであると意識されていた対のコラムがとくにこの第二期に集中的に論じられていることである。おそらくアカデミー第二期のパラダイムは古代的なものを離れフランス的なものを論じるという態度であって、寸法体系の変化も対のコラムという新しい主題もこうした文脈に完全に一致する。

二　コラムの直径と高さの比

コラムの直径と高さの比については、カップルド・コラムという新しい主題がとくにドリス式とイオニア式の比例に影響を与えた。当初アカデミーはただ単純に「別の比例」を確立しなければならないと考えていた。しかしこの別の比例は第一期に決定された比例にとってかわるものとなった。

アカデミーは、タヌヴォによるドリス式コラムの高さを八モデュール以上とする提案を承認した。また八直径と三分の一（16M8P）の値を承認し[9]、対のコラムのためならと八直径と二分の一（一七モデュール）も承認した[10]。タヌヴォの図面においては八直径と三分の一から二分の一までである（以下の表参照）。

イオニア式オーダーについては、一七三八年三月二四日の会合で、ウィトルウィウス、パラディオ、ヴィニョーラ、ドロルムの例を検証したのち、コラム高さの限界を決定した。

「……このオーダーのコラムには、ドリス式とコリント式のあいだの比例を保つために一八モデュール以下の値を与えてはけっしてならない。しかしながらもっと軽くしたいなら一八モデュールと半分を与えることはできるが、それ以上は与えてはならない[11]。」

だから九直径から九直径四分の一までの高さを認めたのであって、一七三八年一二月二二日の会合では同じことが再確認されている。この新しい比例を承認したのち、その古い決定に回帰した。ディル（D'Isle）はすでに一七四五年八月二三日の会合で、過去の会合にかんする報告書を提出しており、そのなかで彼は、過去にアカデミーは五つのオーダーのコラム高さは七、八、九、一〇直径と定められたことを喚起し、記している。

「古代の最も美しい記念碑のうちのいくつかにおいては、コラムは、これらの比例よりはごくわずかながらも相対的に小さいだけなので、(アカデミーは)これらの比例によろこんで従うことを決定したのである」[12]
一七四七年一月九日の会合において最終的に、過去の重要な建築書と「古代の最も美しい記念碑」にもとづいている伝統的なこの比例が承認された[13]。
しかし興味ぶかいことに、一七四六年一二月一九日付けのタヌヴォの図版において、ドリス式コラムは一六モデュールの高さであるにもかかわらず対になっている。この文脈では、直径が逓減しないカップルド・ピラスターのためにドリス式コラムは高さが大きくなり、ルルーは一七四六年五月二三日の会合で、上の直径が下のものより小さいカップルド・ピラスターの図版を提出したが、それは通常の比例に近づけるためであった。
そこには巨匠の建築書と古代建築を尊敬していた第一期に承認された比例に戻ろうとし、そしてそれと新しい建築表現とを和解させようとする意図が読みとれる。

三　エンタブラチュアとコラムの比

このように、コラム高さについては、アカデミーは伝統的な比例に戻った。それにたいしてエンタブラチュアとコラムの高さ比については、とくにイオニア式とコリント式の場合は、さまざまな数値を認めることとなった。それは対のコラムや、建物の規模やオーダーの位置を考慮にいれた、すなわち視角補正を考慮にいれた結果であった。

トスカナ式オーダーについては驚くようなことはない。一七三六年四月一六日の会合で、タヌヴォがペデスタル付きのトスカナ式アーケードの図面を提出したとき、アカデミーは、エンタブラチュアは四分の一より「一パルティと半分」小さいことを発見し、コラム高さには少なくとも四分の一の比例を与えなければならないことを結論づけた[14]。同じモティーフの図版(Ms.1026, pl.11)のなかでは寸法を記していない。しかし柱割りの図版のなかではコラム高さは一四モデュールと二分の一であり、エンタブラチュアは三モデュールと二

	トスカナ式	ドリス式	イオニア式	コリント式	コンポジット式
コラム高さ	14M (7D)	16M (8D)	18M (9D)	20M (10D)	20M (10D)
エンタブラチュアとコラムの比	¼	¼	2/9（2D）	2/9	2/9
ピエデスタルとコラムの比	⅓―¼	⅓―¼	⅓―¼	⅓―¼	⅓―¼

表 6　コラムの高さと直径の比の比較（M：モデュール、D：直径）。

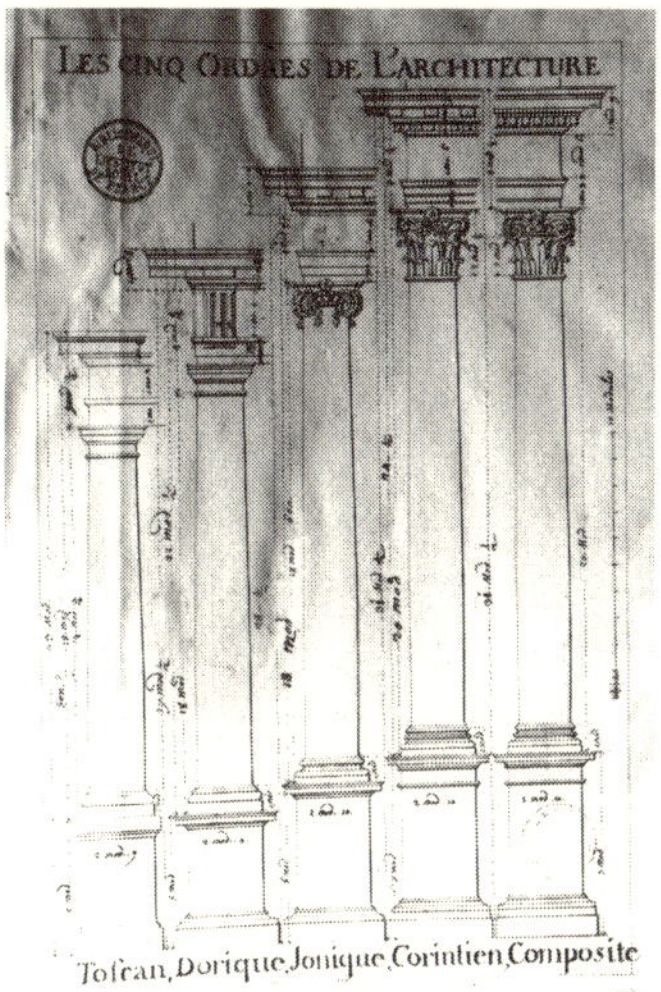

図 10　タヌヴォによる五つのオーダー。フランス学士院図書館、Ms.1026, pl.1.

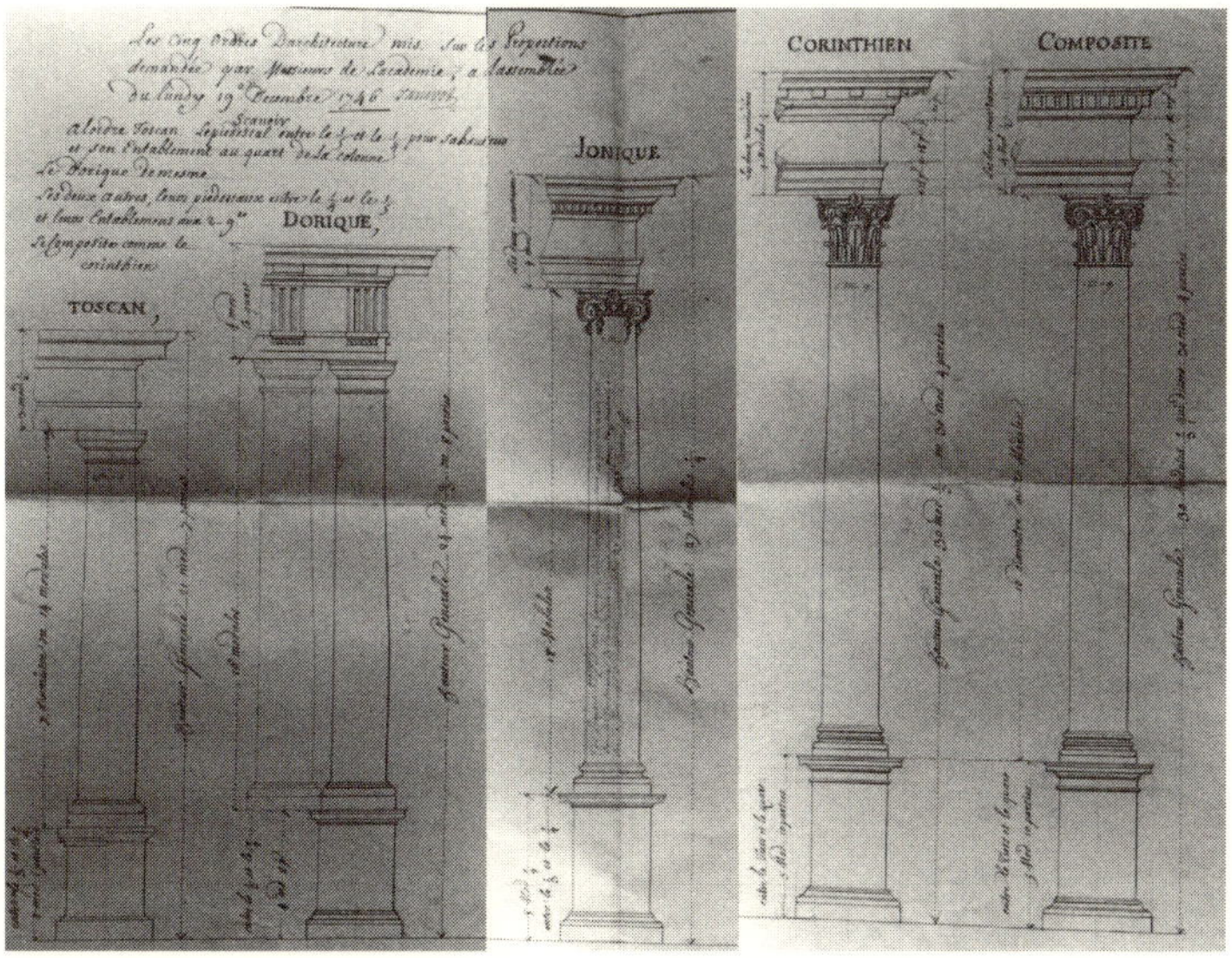

図 11　タヌヴォによる五つのオーダー。フランス学士院古文書室、ボジール文書 B.12. 1747 年 12 月 19 日付。

分の一である。だから、

14.5M／4 ＝ 3M5／8 ＝ 3M7.5P ＞ 3M6P ＞ 3M

こうしてエンタブラチュアはコラムの四分の一より一パルティと二分の一だけ低いことになる。これにより、今日残されているタヌヴォによる図版の一部は一七三〇年代中葉に作成されたという仮説が可能である。

ドリス式オーダーについては、タヌヴォとアカデミーは、コラム高さを大きくすると同時にエンタブラチュアも対のコラムのために高くされるが、つねに四分の一という比例を守った。しかしタヌヴォの図版においては、微小な差異は無視すれば、この比例はほとんどつねに四分の一である。

イオニア式オーダーについては、エンタブラチュアとコラムの比にかんする議論のなかでは、対のコラムはしばしば言及されるわけではない。しかしアカデミーが考慮に入れたのは、オーダーが室外にあるか室内かであった。

ルルーは一七三七年五月六日の会合で報告書を提出し、そのなかで、室内のオーダーのエンタブラチュアには四モデュール一パルティを、室外のそれには四モデュール四パルティの値を与えること、だから外には高く内には小さいエンタブラチュアを与えることを提案した。後者の数値はコラムの四分の一（＝四モデュール六パルティ）よりも少し小さい。これは「ドリス式オーダーにおけるほどは男性的な比例において扱わないためである」と説明している。[15]

タヌヴォは一七三七年六月一七日の会合でイオニア式オーダーの図面を提出したが、ひとつはエンタブラチュアがコラムの四分の一の高さであり、もうひとつは「四分の一と五分の一のあいだの」すなわち九分の二であった。[16]

つぎの会合でこれらの図版を検討したのち、「四分の一と五分の一のあいだの」比例を承認したが、四分の一という比例は「より男性的な手法で処理された大規模な建物」において使用されうることを指摘した。[17]

だから、ヴァリエーションの幅は今回は限られているとはいえ、これはオーダーの絶対的規模が大きくなればエンタブラチュアの相

	トスカナ式	ドリス式	イオニア式	コリント式	コンポジット式	
ヴィニョーラ	7	8	9	10	10	
パラディオ	7	8 ⅔	9	9 ½	10	
スカモッツィ	7 ½	8 ½	8 ¾	10	9 ¾	
ペロー	7 ⅓	8	8 ⅔	9 ⅓	10	
ラ・イール	7	8	9	10	10	
アカデミー（1701）	—	8	9	10	—	
デゴデ	7	8	9	10	10	
アカデミー（1738年3月24日）			9 - 9¼			
アカデミー（1741年6月12日）	—	8 ⅓ 16M8P	—	—	—	ピラスターとコラムのため
タヌヴォ Ms.1026						
Pl.1（図9）	7¼ 14M½	9 18M	9 ¼ 18M3P	10 20M	10 20M	5つのオーダー
Pl.18, 19, 21, 22, 25	—	8 ⅜ 16M9P	—	—	—	
Pl.32	—	8 ½ 17m	—	—	—	対のピラスター
Pl.33	—	8 ⅓ 16M8P	—	—	—	対のコラム
	—	—	9 ⅜ 18M9P	—	—	対のコラム
Ms.1027, pl.1	—	—	9 ⅓ 18M8P	—	—	対のコラム
タヌヴォ（1746年12月19日）	7 14M	8 16M	9 18M	10 20M	10 20M	フランス学士院古文書室 ボジール文書 , B.12
アカデミー（1747年1月9日）	7	8	9	10	10	前者と同一か？

表7　コラムの高さと直径の比。1M = 12P

	トスカナ式	ドリス式	イオニア式	コリント式	コンポジット式	
ヴィニョーラ	1：4	1：4	1：4	1：4	1：4	
パラディオ	1：4	11：52	1：5	1：5	1：5	
スカモッツィ	1：4	1：4	1：5	1：5	1：5	
ブロンデル	1：4	4：17	2：9	1：5	4：19	
アカデミー（1701年3月21日）		1：4 2D：8D	2：9 2D：9D	1：5 2D：10D		
デゴデ	1：4 (1 + ¾：7)	1：4 (2：8)	2：9 (2：9)	1：5 (2：10)	1：5 (2：10)	
アカデミー（1745年8月17日）	1：4	1：4	2：9	1：5	1：5	1701年3月21日の審議の再確認
タヌヴォ Ms.1026, pl.1	7：29	1：4	17：74	9：40	9：40	フランス学士院図書館
タヌヴォ B.12	1：4	1：4	2：9	9：40	9：40	フランス学士院古文書室 ボジール文書 , B.12
アカデミー（1747年1月9日）	1：4	1：4	2：9 (2D)	2：9	2：9	
	1：5=0.200	2：9=0.222…	9：40=0.225	1：4=0.250		

表8　エンタブラチュアとコラムの比の比較。

対的規模を大きくしたウィトルウィウスの理論をふたたび採用するものである。

アカデミーはウィトルウィウス、パラディオ、ヴィニョーラ、ドロルムのイオニア式オーダーを検討したのち、一七三八年三月二四日の会合で、視角矯正に関連づけられたイオニア式エンタブラチュアの比例の変化にかんする最終的結論を提出した。

「室内では部材は目に近いからエンタブラチュアの比例は五分の一がよく、室外の面においては、最もよいのは四分の一と五分の一のあいだの比例を使うことであろう。(18)」

だから室外のために九分の二という異なった比例を選んだが、しかし状況の違いにこだわった。そこには、建物の上の部分は目にはより小さく見えるという理念がある。これは一七世紀におおいに議論された視覚補正理論である。この結論は一七三八年一二月二二日の会合で再確認されている。

四　四分の一、九分の二、五分の一というエンタブラチュアとコラムの比の再確認

ようするにアカデミーは、視覚補正の理由から変更を認めたとしても、第一期にみずから定めた比例に忠実であった。ル・ボン（Pierre-Etienne Le Bon, 1700-1754. 一七四一年より第一部会会員、教授）とカルト（Jean-Sylvain Cartaud, 1675-1758. 一七四二年より第一部会会員）は一七四四年五月一八日の会合で、ドリス式、イオニア式、コリント式による層オーダーの図版を提出したが、それらのオーダーのエンタブラチュアとコラムの比はそれぞれ四分の一、九分の二、五分の一であった。(19)ディルは一七四五年八月一七日の会合で過去の議事録の記録から報告書を作成して持参した。アカデミーはこの機会に、トスカナ式とドリス式には四分の一、イオニア式には九分の二、コリント式とコンポジット式には五分の一という比例を与えるという一七〇一年三月二一日の決定を再確認した。しかしさほど厳格にはこだわらなくなった。この最後の会合では注目すべきことに、エンタブラチュアを高くすることを許した。(20)

「古代建築において実践されるのがみられるように、広がりの大きい張出しのまったくないファサードでは、イオニア式とコリント式でもエンタブラチュア高さとしてコラムの四分の一までの値を与えることができるという意見である。[21]」

だから一七四七年一月九日の会合において、五つのオーダーの新しい比例が確立され、そのなかでコリント式とコンポジット式のエンタブラチュア高さはコラムの九分の二であり、そのほかのオーダーについては従来どおりであったのは、驚くに値しない。[22] アカデミーは一七四七年以降はつねに、イオニア式オーダーについては九分の二という比例にこだわった。[23]

五　コリント式オーダー

一七四七年から一七五〇年まで議論の対象になったのはとくにコリント式エンタブラチュアであり、一七四八年からはロリオ（Louis-Adam Loriot, ?-1767. 一七三五年より第二部会会員、一七四八年より教授、一七五八年より第一部会会員）がアカデミーの要求により作成した図面にもとづいて議論された。ロリオはかつてのタヌヴォの立場であったといえる。

コリント式オーダーの場合は、視覚補正とカップルド・コラムというふたつの理由から、エンタブラチュアの比例が変えられた。視覚補正理論にもとづく比例の変化については、その理論そのものは承認していたとはいえ、具体的な比例を探しながらやや躊躇していた。

すでに述べたように一七四五年八月一七日の会合においてエンタブラチュアとコラムの比として五分の一を承認するが、規模の大きいファサードの場合は四分の一まで大きくすることは不可能であると認めていた。一七四七年一月九日には九分の二という比例を認めている。一七四七年七月一〇日の会合ではふたたび九分の二という比例を「張出しのまったくない大規模なファサードのためにのみ」認めている。[24]

一七四八年八月五日の会合では最終的な意見が述べられた。

「アカデミーは……ファサードの幅がなくエンタブラチュアが張出している部分によって分節化されている場合は、エンタブラチュアの高さはコラム高さの五分の一であるべきであり、オーダーの面の広がりが大きければエンタブラチュア高さをやや大きくすることができるという意見であった。(25)」

オーダーの規模による修正は認めたものの、基本的には五分の一という最初の比例に忠実であった。変更が加えられる場合でも、四分の一と五分の一という両極は守られた。(26)

ロリオはこの会合から一七四八年六月にいたるほぼ一年間、アカデミーの要請によりエンタブラチュアとコラムの比が五分の一、四分の一、そして「五分の一と四分の一のあいだ」（九分の二あるいは、四〇分の九）であるコリント式オーダーの図面を提出していた。ところが、後述（第五章）するが、中央にモディリオンがある場合の対のコラムでは、細部の納まりという事情から、あるいは理論上、エンタブラチュアを四分の一まで高くしなければならない。

ロリオはこの主題についてもアカデミーの要請によって多くの図面を提出した。最初は、つねにエンタブラチュア高さはコラム高さの四分の一であった。(27) 興味ぶかいことに一七四九年一二月九日の会合でロリオはコリント式オーダーについて提出されたすべての図面を提出したが、アカデミーは彼に柱心々距離が三モデュールの対のコラムのコーニス見上げを含む図版を作成するよう要請し、こう指摘した。

「この図版ではエンタブラチュアはコラム高さの四分の一に等しいであろうという結論に達した。(28)」

だから柱間三モデュールの対のコラムの場合はエンタブラチュアとコラムの比を四分の一にすべきであることを知っていた。興味ぶかいことにこの期間、アカデミーはペローが設計したルーヴル宮東ファサードの対のコラムの実測をさせている。議事録にはその目的は明記されていないが、その実測値によればエンタブラチュアとコラムの比は四分の一である。[29] この数値は一七四九年七月一四日の会合で示されている。

コラムの高さ　　三七ピエ一一プース(＝四五五プース)

エンタブラチュアの高さ　　九ピエ六プース(＝一一四プース)

したがってエンタブラチュアとコラムの高さ比は一一四／四五五＝三・九九一二……であり、約四分の一である。これはアカデミーの意見を再確認させるものであったはずであり、そういう結果となった。

ロリオは一七四九年一二月一五日の会合においてエンタブラチュアとコラムの比が四分の一、四分の一と五分の一のあいだ、五分の一の三つの場合のコリント式カップルド・コラムの図版を提出した。しかし後述(第五章)するように、四分の一の場合のみ対のコラムは可能である。[30]

カルトーは一七四九年一二月二二日の会合で、ロリオのような三枚の図面を提出した。そこでもアカデミーは同じ点に気がついた。

「カルトー氏は、近代人の用法によれば、すなわち柱間を半直径にすれば、エンタブラチュアを四分の一にしなければ、コラムは対にできないことを指摘した。[31]」

この会合でルーヴル宮の列柱廊の対のコラムにふれている。だからこの作品も四分の一という比例の正当性を証明することとなったはずである。

だから標準的な比例を尊重はしても対のコラムや大規模なファサードといった新しい建築表現のためにそれを修正したり、別の比例を考案しようとした。前者は第二期固有の要素である。後者は一八世紀後半を特徴づける大オーダーの流行を物語っている。

六　コーニスとフリーズとアーキトレーヴの比

この領域では当初は対のコラムにふさわしい比例が承認されたが、結局は、第一期の比例に回帰した。一七四七年と一七四八年にタヌヴォは新しい比例を提案した。彼の方法は、おそらく作図の容易さのためにエンタブラチュア高さを二五等分し、ドリス式ならそのコーニス、フリーズ、アーキトレーヴにそれぞれに九、一〇、六の高さを与え、イオニア式とコリント式なら一〇、八、七の高さを与えることであった。(32)

ドリス式オーダーの場合ヴィニョーラはコーニスとフリーズを同じ高さとしたが、ペロー、ラ・イール、デゴデはそれに従った。タヌヴォは反対にフリーズをコーニスよりも高くしているが、その目的は対のコラムにおいてコラム間隔を大きくするためにトライグリフ間隔を大きくするためであったことは明らかである。彼はいくつかの図面［Ms.1026, pl.24, 32］でこの比例を使っている。しかし対のピラスターのためにはフリーズを二一パルティ二分の一まで高くする必要があった。

イオニア式とコリント式のオーダーの場合は、新しい比例と対のコラムの関係は明らかではない。タヌヴォは彼の図面のいくつか［A.I. B.12, etc.］でしかこの新しい比例にしたがっていない。しかし彼がこのオーダーにさまざまな比例を与えている（表9、10）ことから、タヌヴォは等しい高さにしたが、アーキトレーヴよりもフリーズを高くしようとした意図があったことが想像される。おそらく同じ理由から、コリント式とコンポジット式のオーダーの図面においても、タヌヴォはヴィニョーラのイオニア式エンタブラチュアの七：六：五という比例をしばしば採用したと考えられる。

同じ現象はトスカナ式エンタブラチュアにおいてもみられる。タヌヴォは、ヴィニョーラにおいてすでにフリーズより低かったアーキトレーヴをさらに低くした。かくしてヴィニョーラにおいて八：七：六であったものが、タヌヴォでは八：七：五となった。

一七四一年六月一九日の会合で、ドリス式オーダーにかんするタヌヴォの比例が、(33)一七三七年六月二五日と七月八日の会合では、彼のイオニア式オーダーにかんする提案が承認された。(34)

しかし一七四〇年代後半には、この領域においても、すでに確立された比例に戻るのがみられる。

	トスカナ式	ドリス式	イオニア式	コリント式	コンポジット式	
ヴィニョーラ パラディオ スカモッツィ	8：7：6 44：26：35 39：41：32.5	3：3：2 7：9：6 42：45：35	7：6：5 5：3：4 6：4：5	4：3：3 5：3：4 6：4：5	4：3：3 5：3：4 6：4：5	
ペロー ラ・イール デゴデ	4：3：3 8：7：6 8：7：6	3：3：2 3：3：2 3：3：2	4：3：3 7：6：5 4：3：3	4：3：3 4：3：3 10：7：7	4：3：3 4：3：3 10：7：7	
タヌヴォ		9：10：6	10：8：7	10：8：7		1737年から38年の会合
タヌヴォの図版（単位パルティ）	16：14：10 （8：7：5）	20：21：13	21：16：14	21：18：15 （7：6：5）	21：18：15 （7：6：5）	Ms.1026, pl.1
		16.5：21：12	対のオーダー、歯飾り			Ms.1026, pl.16
	—	18：21：12 （＝9：10：6）	対のオーダー、ミューチュール			Ms.1026, pl.24, 32
	—	18：21.5：12	対のオーダー、歯飾り			Ms.1026, pl.31
	—		20：17：14	—		Ms.1026, pl.38 etc.
	—		20：16：14 （10：8：7）	—		Ms.1026, pl.44
	—			22.5：19：15.5	—	Ms.1026, pl.61 etc.
	—			21：18：15 （7：6：5）	21：18：15 （7：6：5）	A.I., B.12

表9　コーニスとフリーズとアーキトレーヴの比の比較。

	トスカナ式	ドリス式	イオニア式	コリント式	コンポジット式
ヴィニョーラ パラディオ スカモッツィ	1/3 — 1/4 （4/16）	1/3 7/26 4/15 （4/15）	1/3 3/10 2/7 （4/14）	1/3 5/19 4/13 （4/13）	1/3 1/3 1/3 （4/12）
ブロンデル	12/48 ＝1/4	13/48	14/48	15/48	18/48 ＝1/3
ペロー	6/22	7/24	8/26	9/28	10/30 ＝1/3
アカデミー（1689）	15/60 ＝1/4	(16 2/3) /60	(18 1/3) /60	20/60 ＝1/3	20/60 ＝1/3
ラ・イール デゴデ	1/3	1/3	1/3	1/3	1/3
タヌヴォ Ms.1026,Pl.1	10/29	5/18 （＞1/3）	12/37 （＞1/3）	7/20 （＞1/3）	7/20 （＞1/3）
タヌヴォ A.I. B.12	4M1P/14M ＝7/24	4M8P/16M ＝7/24	5M3P/18M ＝7/24	5M10P/20M ＝7/24	5M10P/20M ＝7/24
アカデミー （1747年1月9日）	1/3～1/4	1/3～1/4	1/4	1/3～1/4	1/3～1/4

表10　ペデスタルとコラムの比の比較。

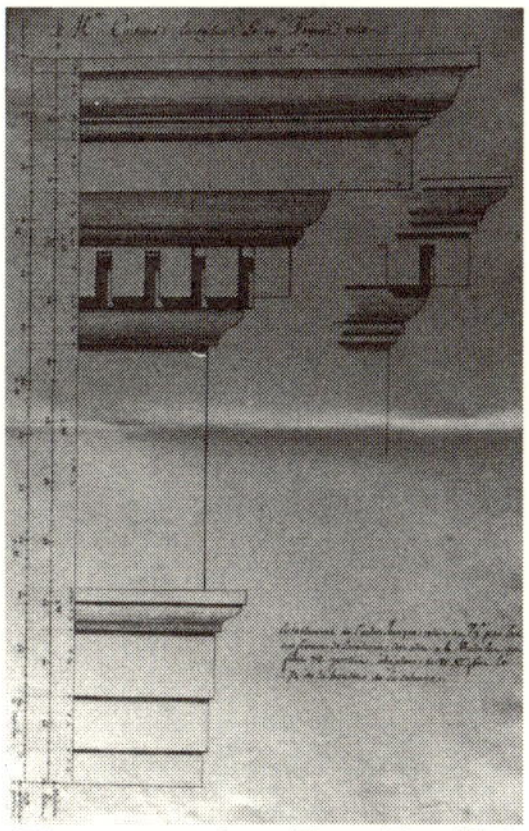

図12　1748年2月19日に提出されたカルトーの図面。タイトルは「九分の二にまで小さくされたイオニア式オーダーのエンタブラチュア」。フランス学士院古文書室、ボジール文書 B.12-5.

トスカナ式オーダーについては、一七四六年一二月一二日の会合で、ヴィニョーラのエンタブラチュアが最良であると指摘された。

「ヴィニョーラのトスカナ式エンタブラチュアはこのオーダーにふさわしく、そしてそのあらゆる部分の比例は正しいので、なにかを変更すればかならずその美をそこなってしまう。[35]」

それにたいしてドリス式エンタブラチュアはこの文脈では例外的である。なぜならタヌヴォが一七四六年一二月一九日の会合で提出した五つのオーダーの図面においてさえ、フリーズはあきらかにコーニスより高いが、寸法は記されていないとはいえ、これは対のコラムのためと考えられる（A.I. B.12 参照）。

イオニア式オーダーについては、とくにヴィニョーラのエンタブラチュアを称賛し、このヴィニョーラのものをコラムの九分の二に縮小することを提案した。[36]すなわち九分の二のエンタブラチュアを認めたとしても、コーニスとフリーズとアーキトレーヴの比はデゴデの一〇：八：七よりむしろヴィニョーラの七：六：五を好んだことが考えられる。アカデミーのこうした要請により、ジョスネ（Denis Jossenay, 1680-1748）とカルトーは図版を提出したした。[37]カルトーのものは現存する。

コリント式オーダーについても同じであり、ロリオは一七四八年八月一二日の会合で、パラディオやヴィニョーラやそのほかの建築家のコリント式エンタブラチュアの図面を提出した。アカデミーはさらに彼に、つぎのような四つのエンタブラチュアの図面を作成するよう要請した。[38]

（一）ヴィニョーラによる、高さがコラムの四分の一のエンタブラチュア
（二）ヴィニョーラによる、高さがコラムの五分の一のエンタブラチュア
（三）パラディオによる、高さがコラムの四分の一のエンタブラチュア
（四）パラディオによる、高さがコラムの五分の一のエンタブラチュア

ヴィニョーラの手法でエンタブラチュアを作成するということは、この場合、エンタブラチュアの高さがどうであれ、その三部分に四：三：三の比例を与えるということである。だからこの表によれば、コリント式オーダーについてはエンタブラチュアとコラムの比においてもコーニスとフリーズとアーキトレーヴの比についてもまだ躊躇していたといえる。

コンポジット式オーダーについてはより定見をもっていた。一七五〇年四月七日の会合では、こう記している。

「……フリーズの高さをすこし大きくしてパラディオの比例にすることに決定した。(39)」

パラディオのフリーズは実際アーキトレーヴより低い。もしフリーズを高くすれば全エンタブラチュアの高さは三年前に定められた九分の二という比例に近づく。しかしアカデミーはまだ優柔不断であり、一七五〇年三月一六日の会合においては、タヌヴォの作図にもとづき、ヴィニョーラのエンタブラチュアと、四分の一と五分の一のあいだにまで高くされたパラディオのエンタブラチュアを検討した。パラディオのものを好んだが、意見の一致はみなく、パラディオの比例を完全に採用すべきであると考える会員もいれば、そのフリーズを高くすべきだと考えた者もいた。(40)

要約すれば、オーダーの種類ごとに事情はまったく異なる。トスカナ式オーダーについては、まずタヌヴォの比例を、つぎにヴィニョーラの比例を承認した。ドリス式オーダーについては、対のコラムのための新しい比例を承認した。イオニア式、コリント式、コンポジット式オーダーについては、タヌヴォがフリーズをアーキトレーヴより高くすることを提案し、一度は承認した。しかしつぎにイオニア式についてはヴィニョーラの比例を承認し、コリント式についてはヴィニョーラとパラディオのあいだで躊躇し、コンポジット式についてはパラディオのものを好んだ。

七　ペデスタルとコラムの比

ペデスタルとコラムの高さの比については、新しい基準が設定されようとした形跡はない。アカデミーは一七四五年八月九日の会合において、かつて一六九六年一一月五日、一二日、一九日の会合で決定したこと、すなわちこの比例は三分の一と四分の一という両極端を越えてはならないこと、しかしこの両限界のあいだなら選択が可能であることを再確認した。[41]

トスカナ式オーダーについては、カルトーは一七四六年一二月一二日の会合において、コラムの三分の一と四分の一の平均より一パルティ低い値であるべきことを指摘した。しかしアカデミーはこの主題には決定的な法則はないと主張し、三分の一と四分の一のあいだでは自由な選択が可能であることを繰り返した。[42]

ところで一七四六年一二月一九日付のタヌヴォの図面では、ペデスタルとコラムの比は二四分の七である。この値は実際、四分の一（＝二四分の六）と三分の一（＝二四分の八）の平均値である。一カ月後の一七四七年一月九日の会合で、アカデミーはすべてのオーダーのペデスタルに三分の一と四分の一のあいだの値を与えた。[43] しかしこの場合「三分の一と四分の一のあいだ」とは平均という意味である。

タヌヴォがこのようにイオニア式ペデスタルに与えた五モデュール三パルティ（＝五モデュールと四分の一）という値は一七四七年一一月二七日の会合でふたたび承認された。[44]

〔註〕

1　議事録、第五巻、二九六頁。
2　同、第六巻、六六頁。
3　同、一一四頁。
4　議事録、第五巻、二〇七～二〇八頁。

5 B.I. Ms.1026 & 1027.
6 議事録、第五巻、二二四～二二五頁。
7 同、第六巻、六六頁。
8 ヴィニョーラのイオニア式においては1M＝18Pであるからである。ただ例外的だが、ロリオはコリント式オーダーの対のコラムのために、一パルティを一八分の一モデュールとした。たとえば一七四九年二月三日の会合。議事録、第六巻、一一五頁参照。
9 一七四一年六月一二日の会合。議事録、第五巻、二九五頁。
10 一七四一年六月一七日の会合。議事録、第五巻、二九八頁。
11 議事録、第五巻、二二九頁。
12 同、第六巻、三五頁。イオニア式オーダーについての同じ指摘がなされた。一七四七年一一月二七日の会合（議事録、第六巻、九〇頁）を参照。
13 議事録、第六巻、六五～六六頁。
14 議事録、第五巻、一八九頁。
15 同、二〇八頁。
16 同、二一〇頁。
17 同、二一〇～二一一頁。
18 同、二三〇頁。
19 議事録、第六巻、一〇～一一頁。
20 同、三四頁。
21 同、三四頁。
22 同、六五頁。
23 一七四七年一一月二七日、および一七四八年二月五日、一二日、一九日の会合。議事録、第六巻、九〇頁。同第六巻、九四～九五頁。
24 議事録、第六巻、八二頁。
25 同、一〇八頁。
26 同、一〇八頁。
27 一七四九年六月一六日と二三日の会合。議事録、第六巻、一二二頁。
28 議事録、第六巻、一三一～一三二頁。
29 一七四九年七月一四日の会合。議事録、第六巻、一二四頁。

30 議事録、第六巻、一三二頁。
31 同、一三二〜一三三頁。
32 一七三七年六月二五日と七月八日、および一七三八年一月二七日の会合。議事録、第五巻、二一〇〜二一二頁。同二三五頁。
33 議事録、第五巻、二九六頁。
34 同、二一〇〜二一二頁。
35 議事録、第六巻、六一頁。
36 一七四八年二月五日の会合。議事録、第六巻、五頁。
37 一七四八年二月一二日と一九日の会合。議事録、第六巻、九四〜九五頁。
38 議事録、第六巻、一〇九頁。
39 同、一三九頁。
40 同、一三八〜一三九頁。
41 同、三四頁。
42 同、六〇頁。
43 同、六五〜六六頁。
44 同、九〇頁。

第二章　オーダーの建築ファサードへの応用

二―一　コロネードとアーケード

一　はじめに

すでに述べたようにアカデミーは建築書を読解してゆくプロセスをへて、さまざまな先例を組み合せて独自の比例を決定していった。しかしこうしたオーダー研究はそれら先例の単なる妥協や折衷ではなく、ある明確な基準にそって膨大な与件を判断し取捨選択したのであった。ゆえにここでの目的も、比例を決定するためになにを引用したかや、どういう比例を推奨したかを即物的に示すことではなく、そうした作業の根本にあった基準を抽出することでアカデミーの思考を明らかにすることである。

たとえば構造的な原理から、エンタブラチュアの高さをコラムの高さではなく、その直径で決定するということが第一期における比例決定のための基準であった。それと平行してコロネードやアーケードという水平方向のオーダー構成において、エンタブラチュアにみられるモディリオンやトライグリフを規則的に配置することで、水平方向の比例に規則性を与えるという原理があった。この原理は第一期に確立され、この観点から従来の建築比例が批判されるとともに新しい比例が提案された。第二期にはこの原理が、ほかのモチーフを決定するさいには逆に拘束となって作用するようになった。すなわち、同じ原理でも比例理論全体のどこに位置づけられるかで意味が変ってくる。第一期においてこの原理が確立された過程をここで分析する。

さて建築オーダーのエンタブラチュアとコラムの比などの基本比例は通常は垂直方向の寸法の比であらわされ、オーダーの基本的性格はこの段階で決定される。しかし実際の建物の表現においては垂直方向の寸法を決定するだけでは不十分であり、コロネードの柱割りやアーケードといった水平方向の比例が当然問題になってくる。柱割りとはオーダーが柱梁構造として表現される場合の水平方向の比例配分であるし、アーケードはそれにアーチが組み合わされた場合のそれである。

こうした水平方向の比例はもちろん建築家ごとに異なる。しかしそうしたさまざまな比例があることよりも、水平方向の構成を決定する手法はふたつに大別できることが重要である。

すなわちウィトルウィウスや彼に準拠したイタリアやフランスのルネサンス時代の建築家たちはコロネードやアーケードに適用されたオーダーの比例をコラムの直径から導かれた数値すなわちモデュールによって規定した。ところがスカモッツィはこの方法論を否定し、モディリオン（modillion　軒持送り。フランス語の発音ではモディイヨンと表記すべきであるが、ここではより一般的である英語風の発音とする）の間隔によって規制することを提案したのである。

アカデミーは第一期においてなされたこの種の比例の研究において結局スカモッツィの方法に倣った。それは彼の提案した数値を採用したということではなく、モディリオン間隔で水平方向の比例を決定するという手法を採用した。このことはふたつの意味をもつ。第一に、この第一期においてすでにウィトルウィウスの権威からしだいに離れつつあったこと。第二に、こうした古代の権威にとらわれない新しい方法が建築デザインに大きな自由度を与えたことであった。

また通常のコロネードとアーケードのほかに、ブルネレスキの捨子保育園のファサードにみられるようなコラムの上にアーチがのる形式も考えられるが、このモチーフは承認されなかった。ドロルムは『建築第一巻』第七書第一六章において、ドリス式にこのモチーフを応用した例（図1）を図示しているが、アカデミーは一六七七年八月二日の会合においてドロルムのこの例を引用してそれを「まったくのゴシックであり、良き建築の法則からはほど遠い」ものであると批判している。(1)

二　コロネードの柱割り（表1）

柱割り（entrecolonnement）は、柱のあいだの、心々ではない、内法の距離であると定義される。ウィトルウィウスが最初の比例を提案し、アルベルティはその比例にほぼ従い、ヴィニョーラとパラディオはそれをさらに展開した。しかしスカモッツィは異なる方法論を提出し、アカデミーはおおむねそれに準拠した。

（一）古代とルネサンス

ウィトルウィウスは密柱式（Pycnostyle）、集柱式（Systyle）、隔柱式（Diastyle）、疎柱式（Aerostyle）、正柱式（Eustyle）の五種類の柱割りを定義したが、いずれもコラムの直径の寸法を基準にして決定している。彼はとくに正柱式を「この式は使用、外観、耐久性の点でとくにすすめられることができる整然たる割付けをもっている」と規定している。すなわち彼が建築に求めた三基準「用、美、強」のすべて備えているとして賞賛したわけであり、[2] これは最大級の賞賛であったといえよう。この正柱式においてのみ、列柱の中央の柱間には周囲のそれより大きな値が与えられている。

アルベルティは疎柱式（Dispansum）、密柱式（Confertum）、正柱式（Elegans）、半疎柱式（Subdispansum）、半密柱式（Subconfertum）の五種類の比例を説明している。[3] 五種類ある理由について彼は、最初は疎柱式と密柱式だけであったが、両者の欠点を補うためにその中庸として正柱式が考案され、そのつぎに両極端をやや補正して半疎柱式と半密柱式が追加されたと述べている。これらの比例はウィトルウィウスが定めた五種類の柱割りとほぼ一致している。しかし疎柱式のみがウィトルウィウスにおいて八モデュール、アルベルティにおいて六モデュール四分の三以下というように異なった値をとっている。

またアルベルティは柱割りの法則として「戸口の領域に当る中央の柱間はほかより広く作」り、その場合中央の柱間についてはほかのものよりも二分の一モデュールだけ大きくすることが「規定では勧めている」と述べている。[4] 彼にとってはこの値はオーダーの種類や柱割りの種類にはよらない。ただし彼は古代建築の例においても同じことがあることを指摘しながらも、その値の差は異なっていることを認めている。疎柱式においては六分の一モデュール、正柱式では三分の一モデュールの例が多いことを指摘している。

ウィトルウィウスとアルベルティの五種類の柱割りにおいて特徴的なことは、それらはオーダーの種類には無関係であり、かならずしも特定の柱割りがある特定のオーダーに固有であるということではない。彼らの建築書が思索的な傾向をもっていることは否定できず、かならずしもオーダーの包括的で体系的な記述がなされているわけではない。

それにたいしてヴィニョーラ以降は建築書においては五種類のオーダーを体系的に図化しようという試みがなされる。建築書がいわば実用書としての側面をも持ちはじめたのである。そこでは各オーダーのそれぞれに、コロネードやアーケードとして応用された場合の比例が提案されるようになる。だから必然的に、柱割りもオーダーの種類ごとに決定する必要が生じてくる。

ヴィニョーラはその建築書においては三種類の柱割りの寸法しか提案していない。すなわちイオニア式の四モデュール二分の一、トスカナ式、コリント式、コンポジット式における四モデュールと三分の二、ドリス式の五モデュール二分の一である。(5) ウィトルウィウスに比べれば比例の種類は限られている。

パラディオはそれにたいして、密柱式から疎柱式までのウィトルウィウスの全種類の柱割りを五種類のオーダーのそれぞれに採用した。すなわち疎柱式をトスカナ式に、隔柱式をドリス式に、正柱式の中央の柱間のものをイオニア式に、集柱式をコリント式に、密柱式をコンポジット式に適用したのである。(6)

ただしドリス式については「柱割りは三直径よりもすこし小さく、この種の柱割りはウィトルウィウスによって隔柱式（Diastyle）と呼ばれている」(7) と述べている。図版では五モデュールと二分の一であり、三直径＝六モデュールよりは小さい値である。ウィトルウィウスのいう「隔柱式」が正確に三直径でなければならないなら、パラディオの記述は整合性に欠ける。

パラディオはこれについて説明していない。しかしこう推測できる。すなわちパラディオはウィトルウィウスの五種類の柱割を五種類のオーダーのそれぞれにあてはめようとしたが、ドリス式オーダーにおいてはそれが不可能であった。実際、理論的にはドリス式オーダーの可能な柱割りはつぎのものしかありえない。すなわちメトプ幅一モデュールと二分の一と、トライグリフ幅一モデュールの合計値である二モデュールと二分の一という値の整数倍、すなわち五モデュール、七モデュールと二分の一、一〇モデュールなどという心々

		標準スパン	中央スパン
ウィトルウィウス	密柱式　(Pycnostyle)	1D½（3M）	—
	集柱式　(Systyle)	2D　（4M）	—
	正柱式　(Eustyle)	2D¼（4M½）	3D　（6M）
	隔柱式　(Diastyle)	3D　（6M）	—
	疎柱式　(Aerostyle)	4D　（8M）	—
アルベルティ		標準スパン	中央スパン
	密柱式　(Confertum)	1D½（3M）	＋¼D（½M）
	半密柱式（Subconfertum）	2D　（4M）	＋¼D（½M）
	正柱式　(Elegans)	2D¼（4M½）	＋¼D（½M）
	半疎柱式（Subdispansum）	3D　（6M）	＋¼D（½M）
	疎柱式　(Dispansum)	3D ⅜（6M¾）	＋¼D（½M）

(A) ウィトルウィウスとアルベルティ。

			トスカナ式	ドリス式	イオニア式	コリント式	コンポジット式
ヴィニョーラ			4M ⅔	5M ½	4M ½	4M ⅔	4M ⅔
パラディオ		テキスト	6M 以上	6M	4M ½	4M	3M
		図版	8M	5M ½	4M ½	4M	3M
スカモッツィ	台座なし	両脇	4M ⅔	3M	3M ⅚	3M	3M 5/12
		中央	6M	5M ½	5M	4M	4M ½
	台座付き	両脇	6M	5M ½	5M	4M	4M ½
		中央	7M ⅓	8M	7M ⅓	6M	6M ⅔
アカデミー（1699）			—	5M ½	6M	5M	—
デゴデ			6M	5M ½	5M	4M	4M ½

(B) ヴィニョーラ以降の建築家。

表１　コロネードの柱割りの比較。

すべて内法。D＝コラム直径。比較のためにつねに 1M（モデュール）＝コラム半径、1P（パルティ）＝1M × 1/30 = 1 直径× 1/60。

図１　ドロルム『建築第一巻』第七書第一六章。

寸法しかとりえない。内法に換算すればこれらは三モデュールと二分の一、八モデュールなどとなる。パラディオはとくにこうした説明はしないまま、図のなかでこの理論的に可能な五モデュールと二分の一という数値を使用している。アカデミーはのちに同種の推論をするであろう。

またパラディオはファサードにおいては、入口の扉口を見やすくするなどの理由から中央の柱間をほかよりも大きくすることを推奨している。(8) しかし彼は図のなかで具体的に示しているわけではない。

このようにルネサンス期のイタリア人建築家はウィトルウィウスにかなり忠実であって、古代の理論を部分的にせよかならず守っている。

スカモッツィは、これにたいして、ウィトルウィウスを批判しその教義から離脱しようとした。彼はウィトルウィウスの密柱式を「狭すぎる」とし、疎柱式を「広すぎる」とした。(9) かくしてウィトルウィウスの比例から両極端をとり除いたものを提案した。

「すべてのオーダーの柱割りを決定するための規則は、トスカナ式コラムは三モデュールの間隔があり、ドリス式コラムは二モデュールと四分の三の隔たりが、イオニア式コラムは二モデュールと二分の一、ローマ式（コンポジット式のこと—訳者注）は二モデュールと四分の一、コリント式は二モデュールの隔たりがあるということである……。(10)」

スカモッツィの比例体系においては一モデュールが一直径であるから、一モデュールが二分の一直径である通常の寸法体系に換算すると、各オーダーにおいて六モデュール、五モデュールと二分の一、五モデュール、四モデュールと二分の一、四モデュールとなる。これ自体は公差二分の一の等差数列をなす美しい比例体系であり、ウィトルウィウスの柱割りのうちの三種類である隔柱式、正柱式、集柱式が含まれている。

ただしスカモッツィが図示した柱割りは、上記の理論値とは矛盾しないものの、やや錯綜している。すなわちその建築書の図版においてはつねに三スパンの例が提示されており、ほとんどつねに中央の柱間は左右の柱間よりも大きい。これはアルベルティやパラディオの指摘を図化したことを意味している。さらに同種のオーダーであってもペデスタルがある場合とない場合によって比例を変えてい

図２　スカモッツィ『建築の五つのオーダー』75、77、79、81頁。コロネード／アーケード、ペデスタルなし／ありで、都合４種類の場合が設定されている。いずれも柱間はモディリオンによって制御されている。

る。その結果、彼の図版においては同一オーダーであっても三種類の柱間寸法があることとなった。(11)

これらの図版では、前記の理論値が一種の標準値としてペデスタルのないコロネードの中央柱間と、ペデスタル付きコロネードの両脇の柱間において使用されている。中央の柱間を周囲のそれより大きくするために、そのほかの部分の柱間には、この標準値を増減して得られた寸法が与えられている。

おそらくスカモッツィは理論的に可能なドリス式柱割りである、内法で三、五と二分の一、八モデュールをそのまま三つの場合のドリス式の柱割りとし、ほかのオーダーについては五と二分の一モデュールを基準として、公差二分の一となるようにそれらの標準的な柱間を定めたものと思われる。標準柱間でない柱間については「モディリオン間隔」が決定のための要因になったと思われるが、これは後述する。

(二) アカデミーの態度

アカデミーがコロネードの柱割りを論じた会合はそれほど多くはなく、議論の主題も容易に分類される。ここで扱う主題については第一期（一六七一～一七一五）は、一六七〇年代と一六九〇年代におおきく区分される。まず一六七〇年代にはウィトルウィウス、ドロルム、セルリオなどの建築書が議論の対象になり、ドリス式オーダーにおける柱割りの問題が議論され、また極端な比例が非難され中庸の比例を選択することが主張された。つぎに一六九〇年代にはパラディオ、スカモッツィの建築書を参照しながら、独自の比例案を提出している。七〇年代と違ってこの年代には古代建築が参照されており、デゴデの『ローマの古代建築』が読まれていたことが示唆される。

まず一六七〇年代に議論されたドリス式オーダーの柱間の問題であるが、一六七三年四月二五日の会合では、パラディオの建築書が講読され、ウィトルウィウスとパラディオの柱間を比較しながらこの問題が論じられた。(12) すなわちウィトルウィウス自身は五種類の柱間寸法はイオニア式とコリント式のために用意したものであり、その比例はドリス式オーダーには適合しないこと、パラディオはウィトルウィウスが定めた五種類の柱割りを五種類のオーダーのそれぞれに固有の柱割りとし、ウィトルウィウスのいう「隔柱式」すなわち三直径（六モデュール、心々寸法では八モデュール）の柱間をドリス式に与えたと述べていることを確認しつつ、しかしこの数値はドリス式には適合しないことを指摘した。アカデミーの計算によれば、トライグリフは幅一モデュール、メトプは一モデュール半であるから合計二モデュール半であり、二コラム間にメトプが三個ならぶ柱割では柱間は二モデュールと二分の一の三倍の七モデュールと二分の一になり、この値は本来の「隔柱式」の八モデュールとは異なる。その計算は、本論での前述の計算と一致する。

同じ問題が一六七七年七月二六日の会合(13)でも論じられている。これはドロルムの『建築第一巻』第七書の第一四章の内容について議論したものであった。ドロルムはこの書においてウィトルウィウスの「正柱式」を賞賛し、それをドリス式に適用できると述べている。アカデミーはそれにたいし、この会合において、正柱式はイオニア式とコリント式とコンポジット式のみに適応可能であり、ドリス式には絶対適用できないことを指摘した。

しかし一六七〇年代においては明確な基準を定めるにはいたらず、極端な寸法の柱割りを批判するにとどまっている。具体的には、会合においてドロルムの『建築第一巻』とセルリオの建築書が講読されたさい、彼らの柱割りの寸法が批判された。

ドロルムについては、まず前述の一六七七年七月二六日の会合(14)において、『建築第一巻』第七書第一五章が講読され、疎柱式すなわちコラム距離四直径であるそのコリント式ポーティコが「アーキトレーヴのスパンが大きすぎる」ゆえに非難された。セルリオについては、一六八〇年八月二六日の会合(15)において、中央が四直径で周辺が三直径であるイオニア式柱割りの例が寸法が大きすぎるとして、批判した。「良き慣例」によればイオニア式の柱割りは周辺部で二直径半（五モデュール）以下、中央の柱間で三直径（六モデュール）以下でなければならないと主張している。

この最後の例で興味ぶかいのは、アルベルティやスカモッツィらにならって中央と周辺の柱間を区別し、それらに別々の比例を与えたことであり、同時にここで提案された数値がそののちの決定を予告していることである。

つぎに一六九〇年代において、柱割りの問題を、コラム高さとの比や、また比例ではなく絶対寸法などさまざまな観点から考えている。最終的に選択された比例はドリス式以外はコラムの高さとの比から求めたもので、方法論としては新しいものであったし、また具体的な数値も独自のものであったが、その影響力は大きくはなかった。

一六八八年一二月二四日の会合(16)では、建物の中央の柱間は、コラム高さの少なくとも三分の二はなくてはならないとした。ここでは中央の柱間を大きくしようとする意志がみられる。さらにコラム直径が三ピエから六ピエであるなら、すなわちコラム直径がたいへん大きければ、上のアーキトレーヴの構造的強度を考えて、中央の柱間を小さくできると述べている。

また一六九四年三月二九日の会合(17)では、中央柱間を大きくするという手法はパンテオンのポーティコにおいてもみられること、これは入口の存在を示すためにも必要であることが述べられている。しかし中央の柱間を大きくするという議論は最終的な比例案のなかには盛りこまれなかった。

一六九七年六月三日の会合(18)では、ブロンデルが「最も完全である」とするウィトルウィウスの正柱式は古代においては使用されていないことが認識され、柱割りの限界を一直径半から二直径半（三から五モデュール）と定め、「最も美しい比例はこの両者のあいだにある」と指摘された。

そして一六九九年一〇月二六日の会合(19)で、最終的な柱割りの比例が決定された。ドリス式については、パラディオがメトプとトライグリフゆえに定めた五モデュール半というドリス式柱割りを「美しい比例」として賞賛した。イオニア式については、三直径（六モデュール）で、この数値はコラム高さ（一八モデュール）にたいして三分の一の比をなす。コリント式については柱間は二直径半（五モデュール）であり、これはコラム高さ（二〇モデュール）にたいして四分の一の比をなすと、指摘した。こうした比例は全体的には柱がまばらに配されているような印象を与えるであろうし、そうした性格の柱割りが意図されたことがうかがわれる。

アカデミーの比例とその根拠はかなり独創的であるが、こうした決定がデゴデらの教授に影響を及ぼしたという痕跡はみられない。そして驚くべきことに、ブロンデルはこの同じテーマをまったく別の視点、すなわちモディリオンの配列という観点から検証したのだが、アカデミーはそれをほとんど考慮しなかったのである。

（三）ブロンデルらと「モディリオン間隔」の問題（表2、3）

このモディリオンという主題はウィトルウィウスにおいてもイタリア・ルネッサンスにおいてもそれほど重要ではなかった。しかしスカモッツィがそれを方法論として活用し、ブロンデルやデゴデらの教授たちがその方法論をさらに発展させた。なお本論においては、コーニスに並んでいるモディリオンの心々間隔を「モディリオン間隔」と、コラムあるいはピラスターの心々柱間にあるモディリオンの間隔の数を「モディリオン間隔数」と表記する。

ヴィニョーラはモディリオンをコリント式には使用している。このオーダーにおいてはコロネードであれアーケードであれモディリオン間隔は一定である。しかしほかの種類のオーダーにはこれを使用していない。[20]

パラディオはイオニア式、コリント式、コンポジット式においてこのモディリオンを使用した。しかしモディリオン間隔は一定ではなく、オーダーの種類によっても、また単純な柱割り、ペデスタルのある場合やない場合のアーケード、といった使用の種類によってもその間隔は異なっている。だからここではまだモディリオン間隔が水平方向の比例を決定するための標準寸法であるにはいたっていない。[21]

スカモッツィはコロネードやアーケードの柱割りをこのモディリオン間隔で制御しようとした最初の建築家であった。前述のように彼は柱割りにおいて、アルベルティやパラディオにならって中央の柱間を周囲のそれより大きくしたのだが、その寸法を「モディリオン間隔」によって決定しようとしたのである。

「……しかし、中央の柱間はそのほかの部位よりも大きくなるのが適切であるから、繊細なオーダーにおいては、この寸法の増大は一モディリオンとその間隔であるべきであり、ドリス式においてはトライグリフとメトプ（の幅）であるべきであり、トスカナ式においてもそれ相応にすべきである。[22]」

そして彼はアーケードの比例を記述し、その開口部の高さと幅の比を決定したのち、ふたたびモディリオン間隔に言及する。

「……そのほかの比例は、ドリス式オーダーにおいてはトライグリフとメトプによって、そのほかのオーダーにおいてはモディリオンによって決定される。[23]」

だからスカモッツィは柱割りやアーケードといったオーダーの水平方向の配置にかんする問題を、モデュールではなくモディリオン間隔で処理したのであった。この方法では、繊細なオーダーほどモディリオン間隔も小さくなる。かくして彼は一モデュールと六分の一、一モデュールと一二分の一、一モデュールというモディリオン間隔をそれぞれイオニア式、コンポジット式、コリント式に与えた。

彼にとってはコンポジット式はイオニア式とコリント式の中間であり、コリント式が最も繊細なオーダーであった。

ブロンデルはこのスカモッツィの方法をさらに発展させた。『建築教程』（一六八三）第三部第一書において、やはり比較という枠組みで、ウィトルウィウス、ヴィニョーラ、パラディオ、スカモッツィの柱割りが検討されている。

ブロンデルはまず、ウィトルウィウスの分析において、中央の柱間が大きく両脇のそれが小さいその正柱式ではモディリオンを規則的に配置することができないことを指摘した。なぜならもしモディリオンを等間隔に配置しようとすれば、このモディリオン間隔は、中央の柱間と両脇の柱間との差、すなわち一モデュールと二分の一（＝6M－4.5M）でなければならないが、彼はこの値が「共通の寸法」とすることはできない、すなわち広い柱間においても狭い柱間においても応用される共通のモディリオン間隔には不適当であると述べる。ブロンデル自身はそれが不可能である理由は明確には述べていない。しかし、実際さまざまな実作品や建築書中の図においても、モディリオン間隔が一モデュール二分の一である例は稀であり、それより小さい値をとることが多いから、彼はこの値がそもそもモディリオン間隔として大きすぎると考えたのではないかと推測される。彼は広い柱間に三四パルティと七分の二（一パルティ＝三〇分の一モデュール）のモディリオン間隔を、狭い柱間には三二パルティと二分の一のモディリオン間隔を与えてこの問題を調節した(24)（図3）。モデュールに換算すれば前者は一モデュールと七分の一であり、後者は一モデュールと一二分の一である。

当然この正柱式においてはモディリオン間隔は一定ではない。そこで彼はさらに後者の一モデュールと一二分の一のみを使った正柱式の比例を考案した。しかしこの場合は六モデュールであるべき中央の柱間が五モデュールと一二分の七とやや狭くなっている（図4）。

実際ウィトルウィウスはモディリオンの配置は論じていない。ブロンデルはこの古代の建築家が規定した五種類の柱割りにモディリオンを応用してそれらを検討しようとしたのであった。その方法はきわめてシステマティックである。たとえば密柱式ではコラム心々柱間は五モデュールであり、彼はこの「五」から「一」引いた数字「四」をモディリオン間隔数としているように、コラム心々距離をモデュールであらわした数値を、それよりひとつ小さい値で割ってそれを「モディリオン間隔」としていることがうかがわれる。さらに彼は同じ柱割りの形式でも中央柱間が左右より広ければ、両脇の柱間には上記のように定められた標準的な寸法をあたえるが、中央の柱間では「モディリオン間隔数」をひとつ多くし、だから周囲のそれより「モディリオン間隔」ひとつぶんだけ広くしたのであった。中央柱間を大きくするのはアルベルティやスカモッツィらの影響であろう。またウィトルウィウスは広めの柱間についてもなにも規定

		密柱式 Picnostyle	集柱式 Style	隔柱式 Diastyle	疎柱式 Aerostyle	正柱式 Eustyle (1)	正柱式 Eustyle (2)
標準的な柱間	モディリオン間隔	1M ¼	1M ⅕	1M ⅐	1M ⅑	1M 1/12	1M 1/12
	モディリオン間隔数	4	5	7	9	6	6
	柱間	3M	4M	6M	8M	4M 1/12	4M ½
	コラム心々距離	5M	6M	8M	10M	6M 1/12	6M ½
中央の柱間	モディリオン間隔	1M ¼	1M ⅕	1M ⅐	—	1M ⅐	1M 1/12
	モディリオン間隔数	5	6	6	—	7	7
	柱間	4M ¼	5M ⅕	7M ⅐	—	6M	5M 7/12
	コラム心々距離	6M ¼	7M ⅕	9M ⅐	—	8M	7M 7/12

表２　ブロンデルによるウィトルウィウスの柱割りへのモディリオンの適用。

⑴ウィトルウィウスの正式柱式の検討。『建築教程』第三部、184頁。
⑵ブロンデルが提案した正柱式。『建築教程』第三部、188頁。
すべて内法。1M（モデュール）＝コラム半径。

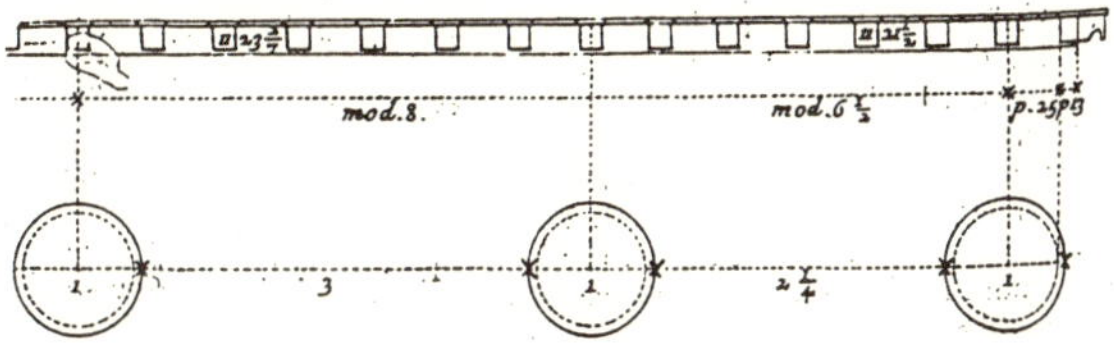

図３　ブロンデル『建築教程』第三部第一書第二章、184頁。モディリオンのウィトルウィウスの正柱式への応用。

左スパンは、柱間が心々で8M、モディリオン幅は11P、モディリオン内法間隔は23P 2/7、したがってモディリオン間隔は心々で34P 2/7＝1M ⅐である。右スパンではそれぞれ6M ½、11P、21P ½、32P ½＝1M 1/12である。

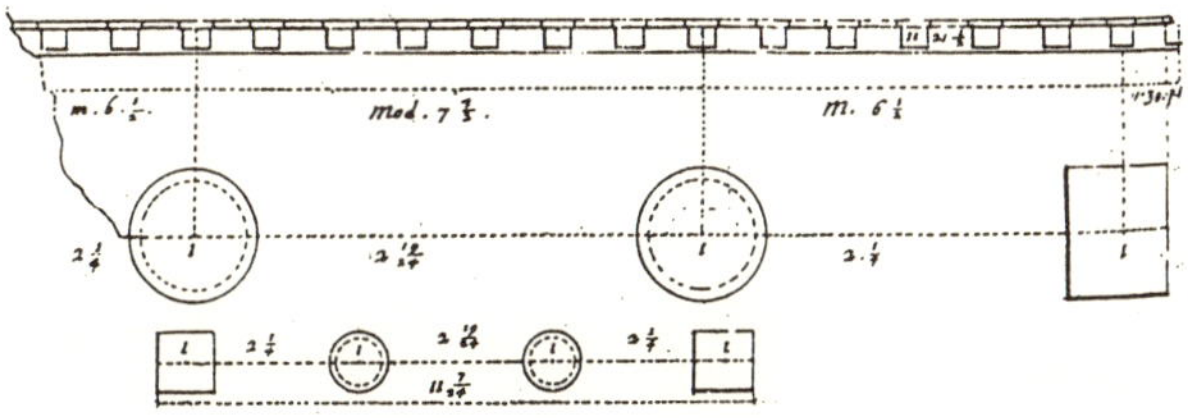

図４　ブロンデル『建築教程』第三部第一書第二章、188頁。

均等なモディリオン間隔は心々で32P ½すなわち1M 1/12であり、一定。左スパンでは、心々の柱間寸法が7M 2/7、右スパンでは6M ½。

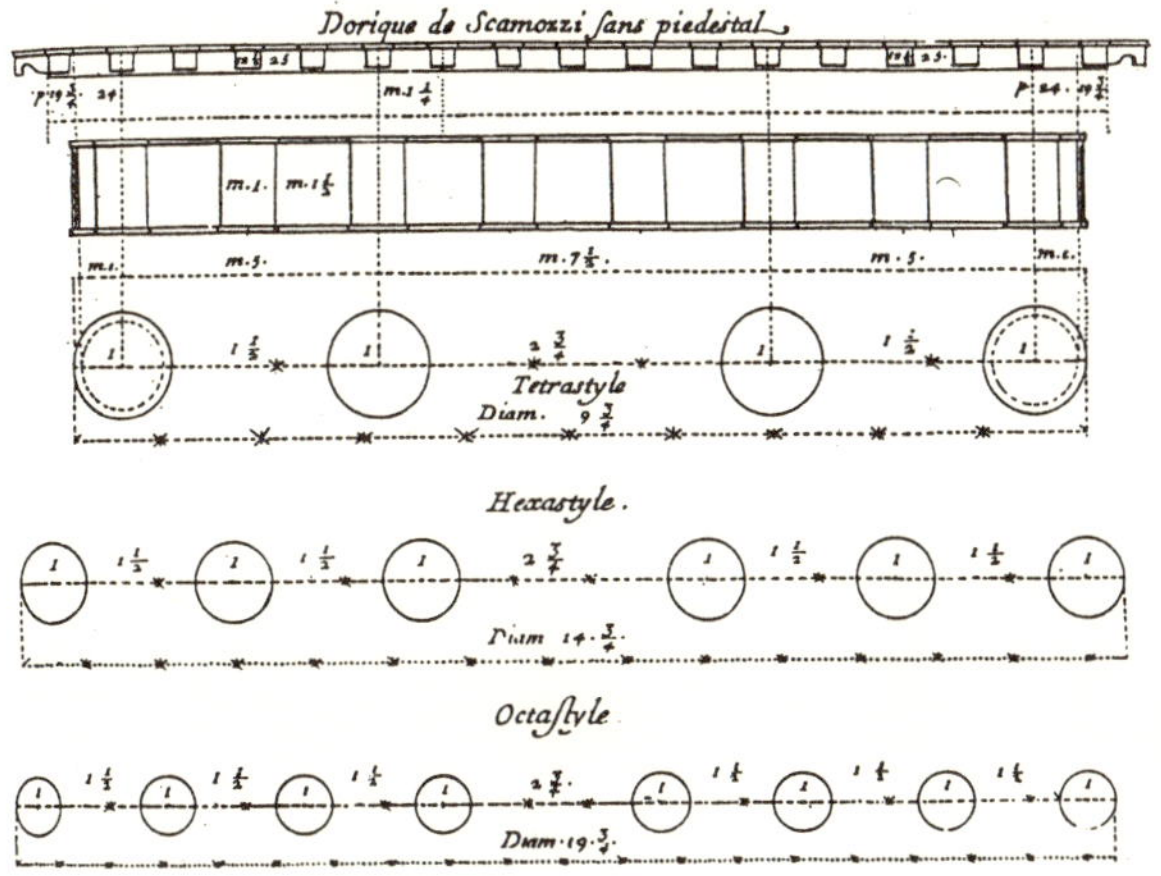

図５　ブロンデル『建築教程』第三部第一書第七章。スカモッツィのトスカナ式、ドリス式オーダーへのモディリオンの応用。

していなかったのであり、ブロンデルは自分が定めた「モディリオン間隔」をそのまま応用したといえる。

ヴィニョーラの柱割りの分析（第三部第一書第六章）においては、ブロンデルは、彼がコリント式オーダーに一モデュールと三分の一のモディリオン間隔を与えたことを指摘している。

パラディオのそれの分析（第三部第一書第七章）においては、その数値にはいくつかの矛盾がみられることを指摘した。ブロンデルの指摘によれば、パラディオの定めたイオニア式オーダーのモディリオン間隔は三一パルティと二分の一（＝一モデュールと二〇分の一）であるが、コラム心々距離は六モデュールと二分の一であり（パラディオは一直径＝一モデュールであるので原図にしたがえば三モデュールと四分の一）そこにモディリオン間隔が六つあるが、モディリオン間隔を六倍してもこのコラム心々距離には一致しない。実際『建築四書』第一書第一六章のイオニア式にかんする章では、柱頭とエンタブラチュアの詳細図において示されているモディリオン間隔の寸法と、コロネード柱割りの図における同じ部分の寸法は異なっており、ブロンデルの指摘は容易に確認される。

スカモッツィの柱割りの分析（第三部第一書第八章）では、彼がウィトルウィウスの柱割りを批判し、また中央の柱間をほかの部分よりも大きくしたことを評価し、さらにスカモッツィのトスカナ式とドリス式柱割りにもモディリオンを適用して納まりを検証している（図5）。

だからブロンデルはスカモッツィの方法論を拡大したということができる。しかし彼はかならずしも普遍的法則を確立しようとしたのではなかった。『建築教程』第三部第一書の第四章「モディリオンの配列の規則」では、モディリオンの寸法は「建築家の判断」に委ねられると述べたのち、つぎのような最小限の規則を定式化するにとどまっている。

「……各コラムの中央には対応するモディリオンが、出隅にもそれがなければならない。(25)」

これは単純な規則であるが、古代建築においてもつねに守られてはいなく、アカデミーはなんども確認している。

さてブロンデルのこうした分析は包括的なものであったが、それでもこの文脈においてはイタリア・ルネサンスの建築書のみが分析されたにすぎず、ローマの古代建築はその対象になっていない。このことからブロンデルはデゴデのローマ建築の実測図面集を参照し

			モディリオン間隔	トライグリフメトプ	モディリオン間隔		
			トスカナ式	ドリス式	イオニア式	コリント式	コンポジット式
ヴィニョーラ	コロネードの柱割り	モディリオン・トライグリフ間隔	—	2M 1/2	—	1M 1/3	—
		モディリオン間隔数	—	3	—	5	—
		コラム心々距離	—	7M 1/2	—	6M 2/3	—
	アーケード 台石・ペデスタルなし	モディリオン・トライグリフ間隔	—	2M 1/2	—	1M 1/3	—
		モディリオン間隔数	—	4	—	9	—
		コラム心々距離	—	10M	—	12M	—
	アーケード ペデスタル付き	モディリオン・トライグリフ間隔	—	2M 1/2	—	1M 1/3	—
		モディリオン間隔数	—	6	—	12	—
		コラム心々距離	—	15M	—	16M	—
パラディオ	コロネード・アーケードに無関係の図版におけるモディリオン間隔		—	2M 1/2	1M 1/20	1M 7/40	1M 1/12
	コロネードの柱割り	推定モディリオン間隔	—	2M 1/2	1M 1/12	1M 1/5	1M
		モディリオン間隔数	—	3	6	5	5
		コラム心々距離	10M	7M 1/2	6M 1/2	6M	5M
	アーケード ペデスタル付き	モディリオン・トライグリフ間隔	—	2M 1/2	1M 1/24	1M 2/11	1M 1/28
		モディリオン間隔数	—	6	14	11	14
		コラム心々距離	13M 9/10	15M	14M 7/12	13M	14M 1/2
スカモッツィ	コロネード 台石なし	モディリオン間隔	(1M 1/3)	2M 1/2	1M 1/6	1M	1M 1/12
		左右モディリオン間隔数	5	2	5	5	5
		左右モディリオン心々距離	6M 2/3	5M	5M 5/6	5M	5M 5/12
		中央モディリオン間隔数	6	3	6	6	6
		中央コラム心々距離	8M	7M 1/2	7M 1/2	6M	6M 1/2
	コロネード 台石付き	モディリオン間隔	(1M 1/3)	2M 1/2	1M 1/6	1M	1M 1/12
		左右モディリオン間隔数	6	3	6	6	6
		左右コラム心々距離	8M	7M 1/2	7M	6M	6M 1/2
		中央モディリオン間隔数	7	4	8	8	8
		中央コラム心々距離	9M 1/3	10M	9M 1/3	8M	8M 2/3
	アーケード 台石付き	モディリオン・トライグリフ間隔	1M 1/3	2M 1/2	1M 1/6	1M	1M 1/12
		モディリオン間隔数	9	5	10	12	12
		中央コラム心々距離	12M	12M 1/2	11M 2/3	12M	12M
	アーケード ペデスタル付き	モディリオン・トライグリフ間隔	1M 1/3	2M 1/2	1M 1/6	1M	1M 1/12
		モディリオン間隔数	11	6	12	14	14
		中央コラム心々距離	13M 1/3	15M	14M	14M	15M 1/6
デゴデ	コロネードの柱割り	モディリオン・トライグリフ間隔	—	2M 1/2	(1M 1/10)	1M 1/5	1M 1/12
		モディリオン間隔数	—	—	—	5	6
		コラム心々距離	8M	7M 1/2	7M	6M	6M 1/2
	アーケード 台石付き	モディリオン・トライグリフ間隔	—	2M 1/2	—	1M 1/5	1M 1/13
		モディリオン間隔数	—	5	—	11	13
		コラム心々距離	(1M 15P)	12M 1/2	—	13M 1/5	14M
	アーケード ペデスタル付き	モディリオン・トライグリフ間隔	—	2M 1/2	—	1M 8/39	1M 1/12
		モディリオン間隔数	—	6	—	13	15
		コラム心々距離	(13M)	15M	—	15M 2/3	16M 1/4

表3　モディリオン間隔の比較。
単位：モデュール。なお比較の便宜のためスカモッツィなどにおいても、1モデュール＝1/2直径としている。

ていないことが推測される。

ラ・イールは『市民建築』において、コラム軸線上にはモディリオンをというこの規則を繰り返すとともに、古代建築においてこの規則が守られているかどうか検証している。彼はこの規則がローマのパンテオンでは守られていないこと、カンポ・ヴァキノの三柱では守られているが、二モディリオン間の薔薇装飾は正方形でなければならないというほかの重要な規則は守られていないことを指摘した。(26) 彼はデゴデの図面集を閲覧したことが推測される。

彼はモディリオン間隔の数値については、一モデュールと三分の一を与えた。(27) モディリオンの使用をコリント式オーダーにおいてしか認めなかったことから、(28) ヴィニョーラに準拠したものと思われる。

デゴデがその『建築オーダー書』で示した規則はスカモッツィとそれに倣ったブロンデルの規則の一種の要約である。軸の一致についての規則のほかに、とくにモディリオン間隔が柱割りにとって重要であることが強調されている。

「……かくして、コラム中央の上部にはまさにモディリオンがひとつみいだされ、また同じく各コラム間あるいはピラスター間の正面中央にもその垂直線上にモディリオンがなければならないし、そして、コラム間の距離はモディリオン間の距離に従わせなければならないが、これら両者の比例は知覚されうるほどに変化させてはならないのであって、同一ファサードにおいてはモディリオン間隔は一定の大きさでなければならない。(29)」

これはまさにスカモッツィの比例から導かれた理論的帰結である。デゴデはこうしてモディリオンの重要性を示したのだが、そこではモディリオン間隔は、水平方向の比例の単位として、ほとんどモデュールにとって代っている。

デゴデにとっては別の意味でもモディリオンは重要であった。『建築オーダー書』では二種類のイオニア式オーダーが示されている。最初の例は、柱頭はその渦巻きが前後の二面のみに面する「古代風」柱頭であり、コーニスは歯飾りで飾られている。二番目のものは柱頭は渦巻きが四方に延びる「近代式」柱頭であり、コーニスはモディリオンで装飾されている。最初のものよりむしろ二番目の例こそが、「建物の外部の面」や「大規模な建物」にふさわしいと明言されている。(30) だから重要な建物にはモディリオンが必要であるとい

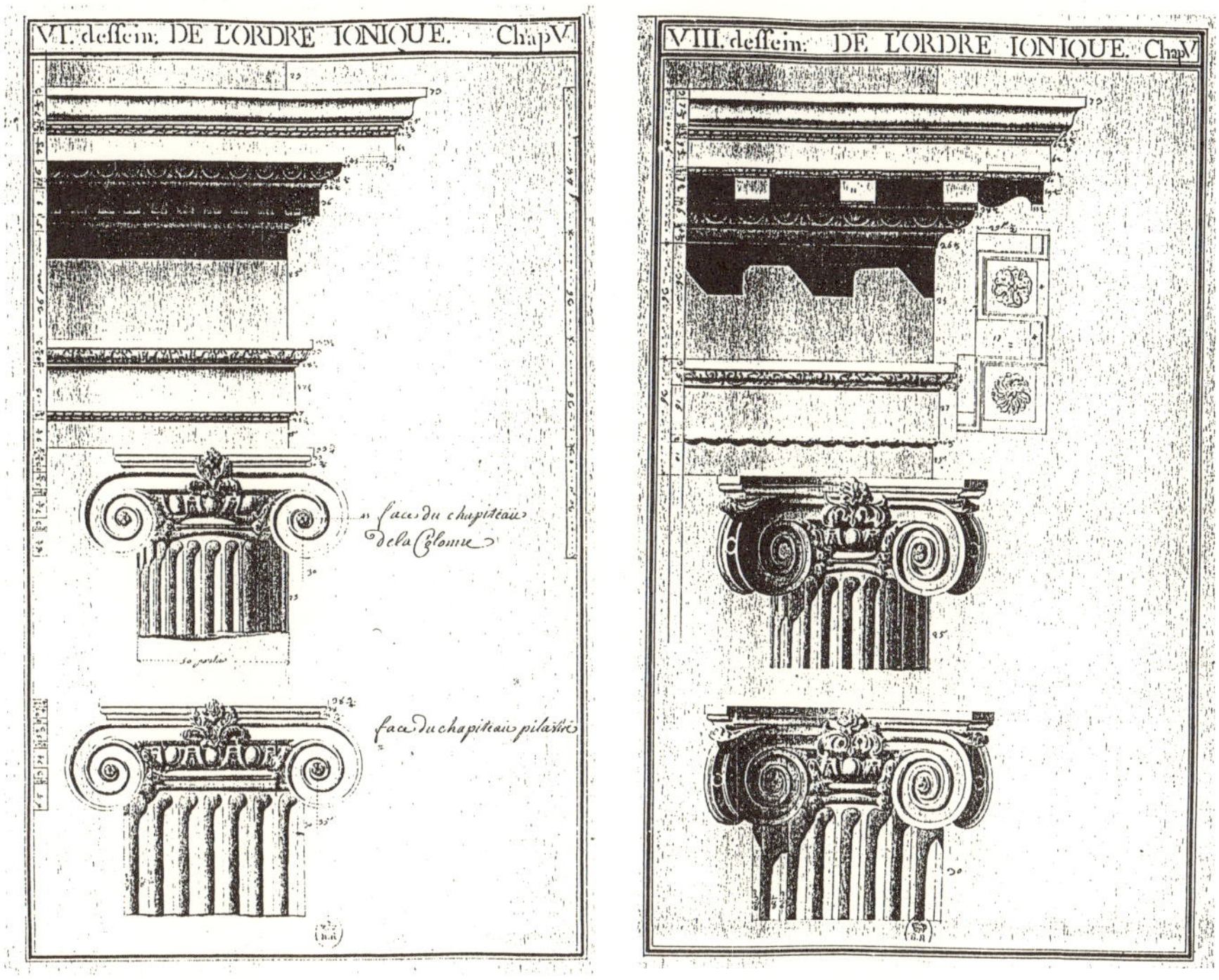

図6　モディリオンのない(左)／ある(右)場合のイオニア式オーダー。デゴデ『建築オーダー書』第五章、VI図とVII図。

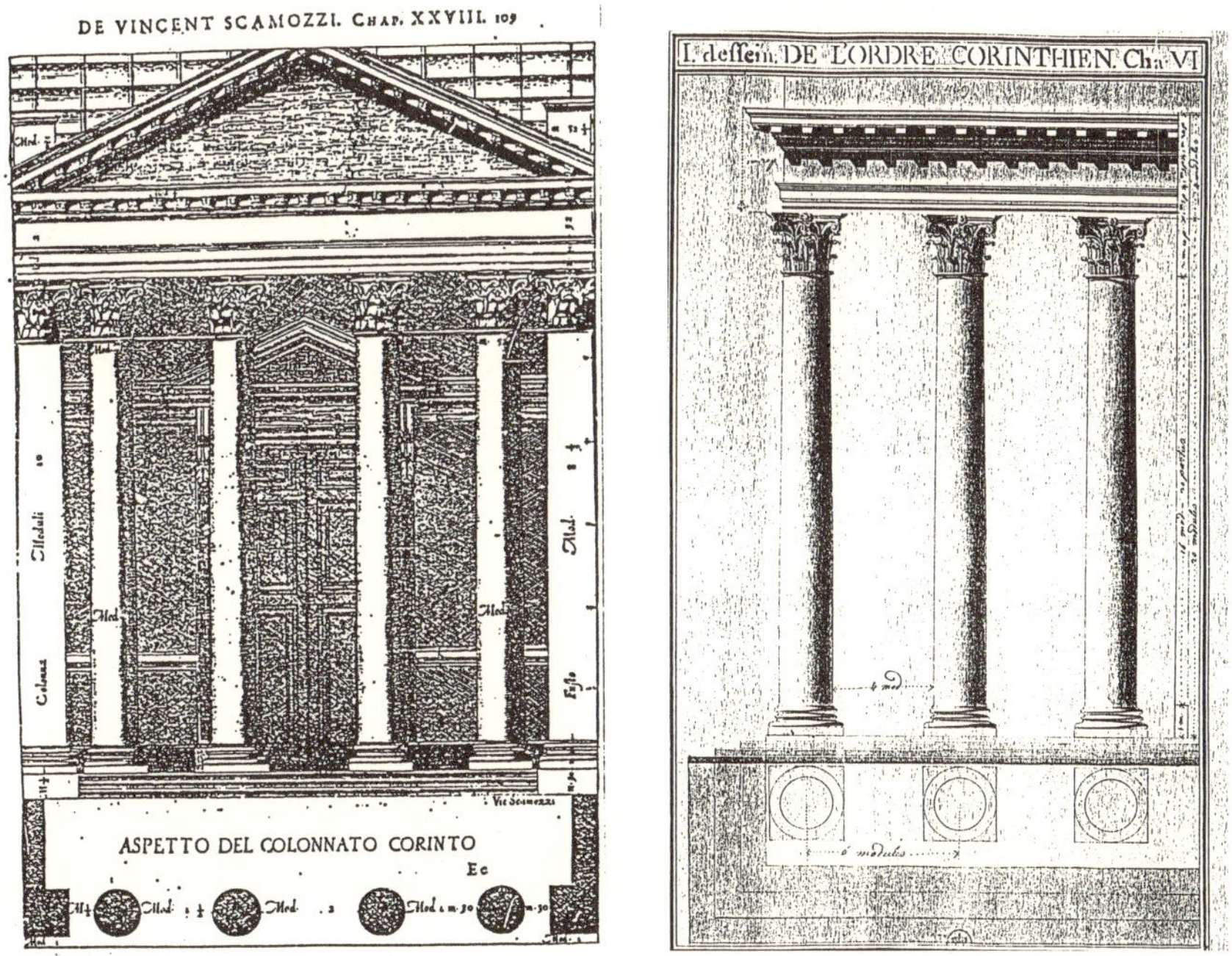

図7　(左)スカモッツィ『建築の五つのオーダー』124頁。(右)デゴデ『建築オーダー書』第七章、I図。

うことになる（図6）。

しかしデゴデの指摘の最初のものはある問題を含んでいる。なぜならそれは、両コラムの中間点にモディリオン間隔ではなくモディリオンを配置する方法と解釈されるからである。そしてこれはまさにスカモッツィの方法であって、彼は建築書のなかではほとんどの場合、偶数のモディリオン間隔を配置して、両コラム間の中央にモディリオンがくるようにしている。しかしデゴデはその『建築オーダー書』においては、列柱の場合でもアーケードの場合でも、両コラム中央にモディリオンではなくモディリオン間隔がくるように、つねに奇数個のモディリオン間隔を設定しているのである。だからデゴデのテキストと図は矛盾しているのだが、しかしそれは同時にデゴデがスカモッツィの方法に準拠しながらも具体的な比例においてはやや遠ざかろうとしていることをも示している（図7）。

スカモッツィとデゴデの柱割りやモディリオン間隔の具体的な寸法についても同じことがいえる。デゴデはモデュールで表記された柱割り、すなわち各五つのオーダーに六モデュール、五モデュールと二分の一、五モデュール、四モデュール、四モデュールと二分の一については完全にスカモッツィに倣った。しかしふたりのモディリオン間隔は表5に示されているように異なっている。そしてこれはモディリオン間隔の数で考えればより鮮明である。

（四）まとめ

最後に、ここでは数値を比較することや、そこからアカデミー公認のシステムを割り出すことが重要なのではない。そうではなく、ブロンデルがドリス式オーダーのメトプとトライグリフの配置を分析することでウィトルウィウスの「正柱式」の矛盾を指摘したように、そしてデゴデがスカモッツィに倣って柱割りをモディリオン間隔によって決定しようとしたように、ウィトルウィウスの方法論からの離脱、すなわち建築オーダーの水平方向の比例や配置を「モデュール」によって決定しようとした彼の方法からの離脱がそこにみられるのは明らかである。その柱割りがメトプやトライグリフの配置で決定されるドリス式オーダーについても同じである。

こうした新しい方法は建築デザインの新しい可能性を保証するものでもあった。ウィトルウィウスの方法はコラム直径の寸法で決定されるのだから、より厳格であるということができる。それにたいして「モディリオン間隔」によって決定する方法ははるかに柔軟である。なぜならモディリオン間隔の寸法の選択においてすでに、あるていどの自由が認められているからである。そこにはウィトルウィウス的決定論からより繊細さが要求される自由な造形の世界への移行がみられる。

そしてモディリオン間隔はアーケードにとっても重要となり、モデュールのかわりにファサードの水平方向の比例を規定するものとなった。

三　アーケード

ウィトルウィウスは本論でいうアーケードには言及していないし、アルベルティも凱旋門の比例などの文脈[31]において部分的に論じているのみである。

ヴィニョーラはこの点においてもきわめて体系的であり、各オーダーについてコロネードの比例を分析したのち、ペデスタルなしアーケードの場合、ペデスタル付きアーケードの場合という順に図示してゆく方法を最初に試みた。それ以降の建築家や教授らもおおむねこの方式である。

ただし台石（socle）付きかペデスタル（piedestal）付きかといったアーケードの種類の分類法は建築家によって異なる。

アーケードはオーダーとアーチが結合された造形モチーフであり、どの比例に注目するかは理論的にはさまざまな場合が考えられる。しかし会合で最もよく議論された主題は、ピラーの幅と開口部の幅の比であり、開口部の幅と高さの比であった。それにたいし、オーダーのモディリオン配置の問題は会合では議論されないものの、教授たちが詳細に分析している。

(一) アーケードの分類の問題

前述のとおりヴィニョーラがこの主題にはじめてとりくんだのだが、彼はコラムの下に台石もペデスタルもないアーケードと、ペデスタル付きのアーケードを区別した。パラディオはペデスタル付きのアーケードを提示するにとどまった。スカモッツィは台石付きとペデスタル付きの二種類のアーケードを示した。

ブロンデルは『建築教程』においてヴィニョーラ、パラディオ、スカモッツィのアーケードを子細に検討したが、みずからの例を提示しようとはしなかった(32)。

ラ・イールの指摘によれば、ヴィニョーラ風にコラムの三分の一の高さのペデスタルを置くとアーケードは「痩せて弱く」なるのだが、それにたいしてスカモッツィように台石を置く方法はそうならないから「とても理にかなっている」のであった(33)。

ラ・イールまでは単層のアーケードのみが考察されるだけであった。しかしデゴデは、たとえばローマのコロセウムのような上下に積み重なったアーケードをも考察し、その結果、ペデスタルや台石の問題が見えがかりの観点からも重要になった（図8）。すなわちデゴデによれば、もし上のアーケードのコラムに台石を付けないと、下のオーダーのコーニスが上のオーダーの柱基を隠してしまうので、上オーダーには台石を敷かなければならない。彼は、この場合は台石の高さはすくなくとも四分の三直径、すなわち一モデュール半（スカモッツィの場合は一モデュール）でなければならないとし、また、前述のような「光学（optique）上の理由から」すなわち視角補正のために、より高くすることも可能であるとつけ加えている(34)。

（二）ピラー幅と開口部幅の比（表4）

一六七三年四月二五日の会合で、パラディオの『建築四書』第一書第一三章が講読され、このときはじめてアーケードの比例の問題が分析された。この時点では構造的安定を確保するためのピラーの幅を論じている。パラディオはこの章で、ピラーは通常の場合、開口部の幅の三分の一から三分の二の厚さをもつべきであり、大きな荷重がかかる場合は二分の一から三分の二の厚さであるべきであると記述している。アカデミーはそこに「重大な間違い」を発見し、通常の場合は二分の一の厚さ、重い荷重の場合は三分の二の厚さが必要であると指摘した(35)。だから三分の一というのは弱すぎ、二分の一という比例を好んだのであろう。

しかし美学的にはコラムすなわちオーダーの比例との関連においても論じる必要がある。モデュールによって規定するという方法は考えられるもうひとつの方法である。

ブロンデルはその『建築教程』第四部（一六八三）において、スカモッツィがペデスタル付きアーケードのピラー幅に与えた寸法のなかに規則的な等差数列、すなわち四モデュールと三分の二、四モデュールと二分の一、四モデュールと三分の一、四モデュールと六分の

図8　デゴデ『建築オーダー書』の層オーダーの図。

		トスカナ式	ドリス式	イオニア式	コリント式	コンポジット式
ヴィニョーラ	台石・ペデスタルなし	3M：6.5M =1：2.1666…	3M：7M =1：2.333…	3M：8.5M =1：2.83333…	3M：9M =1：3.000	— —
	ペデスタル付き	4M：8.75M =1：2.18750	5M：10M =1：2.000	4M：11M =1：2.7500	4M：12M =1：3.000	— —
パラディオ	ペデスタル付き	1M52P：4M33P ＊ ＝1：2.43750…	3M22P：11M8P ＊ ＝1：3.01787…	1M53P：5M14.5P ＊ ＝1：2.2.8716…	1M54P：4M36P ＊ ＝1：2.41105…	2M24P：4M51P ＊ ＝1：2.0208…
スカモッツィ	台石付き	2M8P：3M52P ＊ ＝1：1.8125	2M4P：4M11P ＊ ＝1：2.02419	2M8P：3M50P ＊ ＝1：1.9167…	1M52P：4M8P ＊ ＝1：2.2142…	1M56P：4M34P ＊ ＝1：2.3620…
	ペデスタル付き	2M20P：4M20P ＊ ＝1：1.8571…	2M15P：5M15P ＊ ＝1：2.333…	2M10P：4M50P ＊ ＝1：2.2307…	2M：5M ＊ ＝1：2.500	2M5P：5M30P ＊ ＝1：2.6400
アカデミー 1701年の決定		3：8 ＝1：2.6666				
デゴデ	台石付き	4M：7M15P =1：1.875	4M15P：8M =1：1.7778	4M7.5P：8M15P =1：2.000	4M16P：9M =1：2.1429…	4M20P：9M10P =1：2.0000
	ペデスタル付き	4M10P：8M20P =1：2000	5M：10M =1：2.000	4M20P：10M15P =1：2.25	4M20P：11M =1：2.3571…	5M：11M7.5P =1：2.25

表4　アーケードの比較(1)　ピラー幅／開口部幅の比。
M＝モデュール、P＝パルティ（＝直径×1/60）　＊：1M＝1直径＝60P、＊印なし＝1M＝½×直径＝30P。

一（コンポジット式）、四モデュール（コリント式）が認められると述べている。[36]

アカデミー自身は一六九〇年八月二八日の会合でピラーの比例についてこう決定している。

「……ピラーは、コラムあるいはピラスターの両側の部分が半直径であるよう、正面においてコラムの直径の二倍であるべきである。そして建物の強度のためにこの幅をすこし増せることが考慮されてもよいが、しかしピラーの幅をコラム直径の二倍よりも小さくしてはならない。[37]」（表5）

すなわちピラー幅は最小二直径すなわち四モデュールでなければならない。ブロンデルが指摘したスカモッツィの比例はこれに適合している。しかしヴィニョーラのペデスタルなしアーケードのすべて、パラディオのコンポジット式以外のすべてのアーケード、スカモッツィのふたつの場合、すなわちコリント式とコンポジット式の台石付きアーケードは不適当である。だから、これらイタリアの建築家にたいしてはたいへん厳しかったことになる。

しかしこれ以降はモデュールによってふたたびこの寸法を規定しようとはしなかった。おそらくこの決定には異義が提出されなく、そのまま受け入れられたためにさらに議論する必要がなかったのであろう。その関心は、ピラーの幅と開口部の幅との比によって規定する方向に戻る。

一六九六年四月一六日の会合[38]ではスカモッツィが与えた二・五分の一という比例が「美しい比例」であると指摘された。

しかし一六九七年一〇月の二回の会合では、ブロンデルの『建築教程』第四部において紹介されているヴィニョーラとパラディオのアーケードが分析された。

ヴィニョーラについては同月七日の会合においてこう指摘している。[39]

「……アーチ下部の幅において彼（ヴィニョーラ）がピラーに与えた比例という点では、トスカナ式オーダーの比例は適切である。しかしイオニア式とコリント式のそれにおいては、ピラーはアーチ開口部の幅と比較して弱すぎるのであって、従うべきではない。[40]」

実際のヴィニョーラの比例と比較検討すれば、トスカナ式の二・一一六分の一や、二・一八七五分の一という比例を認めたが、コリント式の三・〇〇分の一やイオニア式の二・七五分の一といった比例は承認しなかった。すなわち開口部にたいして幅の狭すぎるピラーは構造的な見地から認めなかったのである。

パラディオについては同月一四日の会合(41)において、二・四三七五分の一という比例をもつそのトスカナ式アーケードを認めた。

そして最後に一七〇一年一二月一九日の会合(42)では、ブラマンテがヴァチカンのベルヴェデーレの一層目のドリス式アーケードが「じゅうぶん規則的である」と評価されたが、この作品においては、ピラーの幅は開口部のそれの「八分の三」すなわち二・六六六分の一であった。

結論としていえることは、アカデミーは一六七三年四月二五日の会合より、つねに三分の一といったピラーがきわめて細くなってしまう極端な比例を嫌い、むしろより抑制された比例を評価したといえる。そしてその上限はブラマンテの例における二・六六分の一であったようである。

そしてデゴデはスカモッツィのものより抑制されていて十分な強度を与えうる一・八分の一から二・四分の一ぐらいの比例をもちいている。彼は二分の一を基本的な比例とし、重いオーダーにはピラーの幅を大きくし、繊細なオーダーには細くした(43)。だから、デゴデはつねにピラーと開口部との比という観点から比例を考えているが、同時に彼の具体的な寸法をみるとピラーの幅はつねに四モデュール以上であり、一六九〇年八月二八日の会合におけるアカデミーの決定の影響が推測される。

(三)　開口部の幅と高さの比（表5）

第二の重要な論点はアーチ開口部の幅と高さの比であった。

ヴィニョーラはオーダーの種類、ペデスタルのある／なしにかかわらずつねに二分の一の比例を与えた(44)。

ところでパラディオはトスカナ式からコンポジット式になるにつれて開口部の相対的高さが漸進的に大きくなるように比例を与えている。イオニア式においてほぼ二分の一であるが、両極端のトスカナ式（ほぼ一・七分の一）とコンポジット式（ほぼ二・五分の一）ではかなり異なった値となっている(45)。

スカモッツィは重いオーダーには二・〇分の一よりも低い比例を、繊細なオーダーにはそれより高い比例を与えているが、その結果、開口部の比例はトスカナ式からコンポジット式になるにつれてすこしずつ高くなっており、コリント式では二・五分の一にまでなっている。(46)

アカデミーはこの主題のための多くの会合を開いたわけではない。しかし一六九七年一一月一八日の会合ではブロンデルの『建築教程』第四部に記述されたスカモッツィのアーケードを検討し、明確に説明した。

「……スカモッツィがアーチに与えた比例に準拠することができるが、コリント式オーダーの場合はそうではなく、このオーダーにおいてスカモッツィはアーチの高さをその幅の二・五倍にしているが、それは過度の比例であって、大規模な建物の内部かやむをえない場合にしかこの比例は採用できない。(47)」

一六九九年三月一六日の会合(48)では、ラ・イールがその『建築教程』なるものを講読したさい、この主題が対象となったとされている。その詳細は議事録には記されていないが、同書の手稿である『市民建築』からその内容は知ることができる。そこでは単純な整数比が提案されているが、具体的な寸法についてはペデスタル付きのイオニア式アーケードについてのみ記されているだけで、それ以外の場合はモデュールを使っては記されていない。(49)最も大きい比例でも二・四〇分の一にすぎず、これはアカデミーの指摘に適合する。

一七〇三年二月五日の会合では、古代の建築家が与えた比例の多様性に気づき、「とくにそれについて議論する」ことに決めた。(50)そののちの二回の会合(51)では、アーケードの理想的比例を定めた。最大の比例は二・三七五〇分の一であり、やはり開口部が過度に高くならないように配慮されている。しかしアカデミーもまたラ・イールのように、整数比からなる単純ではあるが抽象的な比例のみを定めて、モデュールによる具体的な寸法は与えていない。

スカモッツィ、ラ・イール、アカデミーの比例を比較してみると興味深い（表5）。これら三種類の比例に共通しているのはトスカナ式からコンポジット式にいたる漸進的な数列である（ただしスカモッツィの場合はコンポジット式とコリント式が逆転している）。しかし、それ以外では、スカモッツィとラ・イールの比例は異なっている。それにたいしてアカデミーが決定した比例は、トスカナ式、ドリス式、イ

		トスカナ式	ドリス式	イオニア式	コリント式	コンポジット式
ヴィニョーラ	台石・ペデスタルなし	6.5M : 13M =1 : 2000	7M : 14M =1 : 2000	8.5M : 17M =1 : 2000	9M : 18M =1 : 2000	— —
	ペデスタル付き	8.75M : 17.5M =1 : 2000	10M : 20M =1 : 2000	11M : 22M =1 : 2000	12M : 25M =1 : 2.08333…	— —
パラディオ	ペデスタル付き	4M33 : 7M40P * = 1 : 1.6849…	11M8P : 20M15P * = 1 : 1.8195…	5M14.5P : 11M * = 1 : 2.0985…	4M36P : 11M10P * = 1 : 2.4725…	4M51P : 12M10P * = 1 : 2.5085…
スカモッツィ	台石付き	3M52P : 7M20P * = 1 : 1.896…	4M11P : 8M20P * = 1 : 1.9920…	3M50P : 8M25P * = 1 : 2.1956…	4M8P : 9M40P * = 1 : 2.3387…	4M34P : 9M25P * = 1 : 2.0620…
	ペデスタル付き	4M20P : 8M32.5P * = 1 : 1.9711…	5M15P : 10M20P * = 1 : 1.8888…	4M50P : 10M15P * = 1 : 2.12068	5M : 12M30P * = 1 : 2.500	5M30P : 11M55P * = 1 : 2.1666…
ラ・イール	台石付き	4 : 7 = 1 : 1.750	5 : 9 = 1 : 1.800	1 : 2 = 1 : 2.000	4 : 9 = 1 : 2.250	4 : 9 = 1 : 2.250
	ペデスタル付き	5 : 9 = 1 : 1.800	(5 : 10)	5 : 11 = 1 : 2.200	5 : 12 = 1 : 2.400	5 : 12 = 1 : 2.400
アカデミー1701年の決定	台石付き	8 : 11 = 1 : 1.8750	8 : 16 = 1 : 2000	8 : 17 = 1 : 2.1250	8 : 18 = 1 : 2.250	8 : 18 = 1 : 2.250
	ペデスタル付き	8 : 16 = 1 : 2.000	8 : 17 = 1 : 2.1250	8 : 18 = 1 : 2.250	8 : 19 = 1 : 2.3750	8 : 19 = 1 : 2.3750
デゴデ	台石付き	7M5P : 14M =1 : 1.866…	8M : 16M =1 : 2.000	8M15P : 18M =1 : 2.1176…	9M : 20M =1 : 2.2222…	9M10P : 20M =1 : 2.1428…
	ペデスタル付き	8M20P : 17M5P =1 : 1.9807…	10M : 20M =1 : 2.000	10M15P : 22M15P =1 : 2.1428	11M : 25M =1 : 2.2727…	11M7.5P : 25M =1 : 2.2222…

表５　アーケードの比較(2)　開口部の幅と高さの比。
M＝モデュール、P＝パルティ（＝直径×1/60）　＊：1M＝1直径＝60P、＊印なし＝1M＝1/2×直径＝30P。

オニア式においてはペデスタル付きドリス式の場合を除きスカモッツィのそれにきわめて近い。そして同時にコリント式とコンポジット式においてはラ・イールのそれと同一かほとんど同じである。だから、アカデミーの決定した比例はスカモッツィとラ・イールの比例を、より規則的なものに組み合わせたものであるということができる。

ところで、アカデミーが一七〇三年に決定した比例をデゴデが『建築オーダー書』で記述したものに比較すると、デゴデはトスカナ式、ドリス式、イオニア式においてはおおむねアカデミーの決定に従っているが、そのほかの種類のオーダーにおいてはそれとは異なっていることがわかる。

デゴデもまたスカモッツィにならって、二分の一という比例を基準にしてトスカナ式からコンポジット式にいたる漸進的数列を設定しようとしているのだが[52]、彼はまた同じく、コリント式とコンポジット式においてはモディリオンの配列によって比例を決定するという、やはりスカモッツィの方法を採用しているのである。こうした理由で、彼の比例はアカデミーのものと異なったものと思われる。

(四) アーケードにおけるモディリオン配列（表3）

さてこのことから柱割りですでにふれた問題に戻る必要がある。すなわち、柱割りとアーケードはオーダーの水平方向の配置という点で同種の問題であるとしても、これらの建築家たちは同じ方法でアプローチしたわけではない。

ウィトルウィウスは柱割りをつねにコラムの直径で定義したし、ヴィニョーラもまたアーケードを直径によって規定した。実際、ヴィニョーラがピラーやアーケード開口部に与えた寸法はほとんどつねにモデュールの整数倍であって、そうすることでコラム間の間隔もモデュールの整数倍になるわけである。さらにヴィニョーラはモディリオンをコリント式オーダーにしか使わなかった。

パラディオは柱割りの場合もアーケードの場合もイオニア式、コリント式、コンポジット式においてモディリオンを使用したが、逆にモディリオン間隔はこれらの場合のそれぞれですべて異なっている。すなわちモディリオン間隔はまだ基準寸法となるにいたってない。

だから、トライグリフとメトプの寸法に従属せざるをえないドリス式オーダーは別として、アーケードの比例をモディリオン間隔によって制御しようとしたのはやはりスカモッツィが最初なのである（図7）。彼は一モデュールと三分の一という比較的広いモディリオ

図9　(左)スカモッツィ『建築の五つのオーダー』111頁。(右)デゴデ『建築オーダー書』第六章、II図。

ン間隔を、柱割り、ペデスタル付き／なしアーケードといういずれの場合においても、トスカナ式においても使用した(53)。もちろん通常はモディリオンがトスカナ式に使用されることはなく、スカモッツィも図面においては描いていないのであるから、彼のトスカナ式モディリオンは純粋に想像上のものだが、水平方向の寸法を規定するものとして使用されていることが重要である。

ブロンデルはもちろん『建築教程』においてこの点には気がついていたが(54)、しかしアカデミーはこの主題はあまり重要視しなかった。ラ・イールとアカデミーは前記のようなきわめて抽象的な比例を与えたにとどまっている。

しかしデゴデは、少なくともコリント式とコンポジット式オーダーにおいては、コラムの心々間の距離をモディリオン間隔の整数倍としてつねに把握していた(55)。かくして彼はコリント式の場合なら台石付きアーケードには一一モディリオン間隔、ペデスタル付きのそれには一三モディリオン間隔を与えた。スカモッツィのアーケードにおいては、心々柱間にはつねに偶数個のモディリオン間隔があるが、デゴデによるアーケードにおいては、つねに心々柱間に奇数個のモディリオン間隔がみられる。すなわち柱間の中央のキーストーンの真上にはモディリオン間がくる（図9）。前述のように『建築オーダー書』のテキストでは柱間の中央にモディリオンがなくてはならないと主張しているから、図とは矛盾している。

もっともモディリオン間隔の統一性という点では、デゴデの比例は徹底していない。なぜならコリント式においてはペデスタル付きアーケードの場合のそれは一モデュールと三九分の八であり、ほかのふたつの場合の一モデュールと五分の一とはわずかに異なっている。コンポジット式においても、台石付きアーケードのそれは一モデュールと一三分の一でありほかのふたつの場合の一モデュールと一二分の一とはやはりわずかに異なっている。これは彼が「モディリオン間隔」の寸法の統一性よりむしろ「モディリオン間隔数」の多少によってコリント式とコンポジット式を区別しようとしたため、近似的な値なら異なっていてもよしとしたためであろうと考えられる。

さらに五種類のオーダーに与えた比例を検討すると、デゴデは水平方向の比例を調整するいくつかの方法を混用したようである。彼はトスカナ式オーダーはモデュールで、ドリス式オーダーはトライグリフとメトプで、コリント式とコンポジット式はモディリオンで調節しているが、しかしイオニア式については、図面においてはもっぱら歯飾りを使用し、モディリオン間隔を導入してはいなかったのであって、この点で彼は躊躇しているといえる。しかしむしろ柔軟であったともいえる。

四　作品分析とまとめ

(一) ウィトルウィウス的世界からの離脱

結論としては、コロネードの柱割りについての結論を繰り返せば十分であろう。ファサードの建築的表現にとってエンタブラチュアとコラムの比といった垂直方向の比例のみを考慮するのみでは不十分であり、水平方向の配置をも考慮しなければならないのは明らかである。そして、もしそれを調整するのにモデュールしかなければ、垂直方向の比例は水平方向のそれを強く規定し制限するであろうし、またコラム高さはその直径によって決定されるのだから、その逆の規定と制限もある。しかしもし建築家がファサードの構成をモディリオン間隔によって調節するなら、モディリオン間隔の寸法そのものを調節できるのだから、より自由な比例を選べ、より巧妙で繊細な処理ができよう。そしてデゴデは、水平方向の比例を処理するための方法を複数とり扱うことで、より大きな自由を享受したのである。またモディリオンという水平方向に並ぶ比較的目立つエレメントを規則正しく配置することはファサード全体の整合性をより可視的にすることに役立つであろう。

これはウィトルウィウスを決定論的に解釈することからの離脱を意味し、建築家は規則への忠実さよりもますます巧妙さを必要とするようになったのである。フランス・バロックの精巧さや繊細さの背景にある具体的な理論的基盤のひとつはこうした比例理論であったと考えることができる。

（二）作品分析一

このようにモディリオン配置の問題はその理論的な整合性よりも実際の建築表現によりふかく関わってくる問題だけに、実際の計画案と比較しなければならない。

最初の例はアカデミー学生のコンクール案として提出された図面である。

作者不詳の大賞案は教会堂のファサードである（図10）。ド・モンクローによれば制作年代は一七二一年あるいは一七二九年[56]であるが、どちらにせよデゴデが『建築オーダー書』に記されている柱割りの理論を学生に教えたであろうあとの時期のものであり、その影響の有無は検証の対象でありうる。

このファサードは三層からなり、下からドリス式、コリント式、コンポジット式である。三層目の両側には渦巻き模様があり、パリのサン＝ジェルヴェ教会（一五六二年ごろ〜一六二六）やサン＝ポール＝サン＝ルイ教会に類似したいわゆるイエズス会式のファサードである。

このファサードの二層目のコリント式オーダーのモディリオンは、エンタブラチュアの一部が張出し出隅と入隅ができているにもかかわらず、正面から見た図面上では均等に配置されており、このモディリオンがファサードの横方向の基準となっている。第二層には四つのコリント式カップルド・コラムがあるが、この心々距離はモディリオン間隔三つに対応している。さらにふたつの対のコラム間にあるモディリオン間隔を数えると、中央で一二、左右で九であり、いずれも三の倍数である。すなわちモディリオン間隔三つが単位となってファサードは構成されている。これはコロネードやアーケードの水平寸法をモディリオン間隔で決定しようとしたデゴデの理念に近い。

ところで、コリント式コラムの高さは二〇モデュールであるというアカデミーの決定事項を作者が遵守していたと仮定すると、図より、コラム高さはモディリオン間隔の一六倍にほぼ相当するから、一モディリオン間隔は一モデュールと四分の一（＝20M／16）となる。これはデゴデがやはりコリント式オーダーについて定めた一モデュールと五分の一にかなり近い値である。

またこの値から、ファサードの水平方向の基本単位である三モディリオン間隔は三モデュールと四分の三、すなわち一直径と八分の七であることになる。これは整数値ではなく、ウィトルウィウスのように柱割りを直径の整数倍で決定する手法と比較すればはるかに微妙な操作をおこなっていることは容易に理解される。

（三）作品分析二

つぎの例はA・G・ガブリエルのヴェルサイユ計画案(57)（図11）である。制作年は一七七七年と、アカデミーが柱割りの決定をおこなってからかなりあとであり、すでに新古典主義の時代となっている。しかし逆にその決定の影響がいつまで続いたかを知るためには有効な例である。

この図からおこなった形態分析により判明したこととして、まず一般的な比例だが、エンタブラチュアとコラムの高さ比は五分の一であり、一七〇一年三月二一日の決定に忠実である。コーニスとフリーズとアーキトレーヴの比はおよそ六：五：五であり、フリーズとアーキトレーヴの高さは同じであるべきだとしたアカデミーの意向のままである。

柱割りについては、柱の心々距離は七モデュール、すなわち内法で五モデュールであり、これは一六九九年一〇月二六日の会合で決定された寸法であり、アカデミーの望むとおり両コラムのあいだの開口部の比例は「横：縦＝五モデュール／二〇モデュール＝四分の一」となる。

図10　1721 (29) 年のアカデミーのコンクールに提出された教会案。

図11　A・J・ガブリエルのヴェルサイユ宮殿の政府の翼部整備計画。

ところでモディリオン配置については、スパン七モデュールのなかに六のモディリオン間隔が認められるから、一モディリオン間隔＝一モデュールと六分の一である。「モディリオン間隔数」においては六でありスカモッツィの規定に合致しているが、「モディリオン間隔」の寸法ではむしろ一モデュールと五分の一を定めたデゴデに近い。

だからこのファサードの比例はスカモッツィ、アカデミー、デゴデの理論をたくみに統合したものであるといえる。

逆に五モデュールすなわち二直径と二分の一という柱割りはウィトルウィウスは規定しなかった。ウィトルウィウスとの相違をより体系的に述べれば、彼はオーダーの垂直方向の比例も水平方向の比例もコラム直径で規定したので、そのファサードには直径を単位とする仮想グリッドが引けるはずである。ところで、ガブリエルのファサードでは、エンタブラチュア高さが四モデュール（二直径）でありコラムはその五倍であるから垂直方向はこの寸法が基準になっている。しかし一モデュールと六分の一の倍数のなかには四モデュールはないから、このファサードには正方形の仮想グリッドは引けない。

（四）第二期（一七三四〜五〇）への帰結

これらの例では、コリント式オーダーの水平方向の配置がモディリオン間隔によって制御されており、この種のオーダーのみに注目すれば矛盾のない整合性のとれた作品となっていることが理解される。一層のコラムといった単純な構成では破綻が生じる可能性が少ないのは容易に理解される。とくに第二の例であるガブリエルによる計画案のように単一のオーダーが等間隔に配置される単純な構成の場合そうであるし、第一の例でも二層目のコリント式オーダーについては矛盾はない。

しかしオーダーの使用法そのものはきわめて多様であり、複雑な構成の場合において、モディリオン間隔の手法でファサード全体を制御できる保証はかならずしもない。とくに第一の例のような、対のコラムや層オーダーなどのモチーフが使用される場合は、いくつかの困難が理論的に想定される。

すなわち層オーダーの場合、各層によってコラムの直径が異なる、すなわちモデュールが異なるため、すべての層に共通のモディリオン間隔が決定されうるとはかぎらない。第一例にそくしていえば、対のコラム上のモディリオン間隔数を比較すれば、二層目の三間隔に、三層目の四間隔が対応しているのに、中央のスパンの上のそれを比較すれば、二層目には一二であるのにたいし、三層目は理論的には一六なければならないのに実際には一五しかない。

また同じ例のドリス式オーダーにも水平配置については破綻がみられる。すなわち一層目のドリス式の対のコラムと二層目のコリント式の対のコラムの軸線を一致させたため、一層目の対のコラムの部分のメトプは通常の規則に反して正方形ではなくなり、その結果、トライグリフ間隔は通常より大きくなっている。このファサードでは、中央部分はメトプは正方形であり、したがって正しいトライグリフ間隔が適用されているが、対のコラム部分を含む周囲の部分はメトプが横長であり、したがって通常よりも大きいトライグリフ間隔で構成されている。水平方向の比例という観点ではこの作品にはまだ欠点がみられる。つまり、この例では二層目のオーダーのモディリオン間隔が特権的に扱われており、一層目と三層目に無理がきていることが示されている。

さてドリス式コラムを対にする場合、メトプやトライグリフに破綻をきたすのは、この種のオーダーに内在する困難でもある。この第二の例の場合、むしろコリント式オーダーに由来する問題によってそれが隠蔽されたともいえる。この対のコラムというモテーフを活用し、かつこうした欠点をなくしてゆく試みはおもに第二期になされた。そのさい、本論で分析した水平方向の比例を決定するさいの原理が基準となったが、しばしばそれは一種の拘束として作用した。それについては次章以降で言及したい。

〔註〕

1 議事録、第一巻、一四九～一五〇頁。

2 *Les Dix Livres de Vitruve, traduit par Claude Perrault*, liv.III, ch.ii, p.78.

3 L.A.Alberti, *De re aedificatoria*, 相川浩訳『アルベルティ建築書』一九六～一九七頁。

4 前掲書、一九六～一九七頁。

5 Vignola, ch.IV, IX, XV, XXI.

6 Palladio, *Les Quatres Livres de l'Architecture, traduit par Fréart de Chambray*, 1650, liv.I, ch.XIV-XVIII.

7 *Op.cit.*, liv.I, ch.XV.

8 *Op.cit.*, liv.I, ch.XIII.

9 Scamozzi, *Les Cinq Ordres d'Architecture de Vincent Scamozzi..*, traduit par A-Ch.D'Aviler, 1685, ch.XIII, p.38.
10 *Op.cit.*, ch.XIII, p.38.
11 *Op.cit.*, pp.47, 51, 61, 65, 75, 79, 93, 97, 109, 113.
12 議事録、第一巻、三一頁。
13 同、一四九頁。
14 同、一四八～一四九頁。
15 同、二九一～二九二頁。
16 議事録、第二巻、一七一～一七二頁。
17 同、二七八頁。
18 議事録、第三巻、一一～一二頁。
19 同、八〇頁。
20 Vignola, *op.cit.*, ch. XXI, XXII, XXIII, XXIV.
21 Palladio, *op.cit.*, liv.I, ch. XVI-XVIII.
22 Scamozzi, *op.cit.*, ch.XIII, p.38.
23 同右。
24 Blondel, *Cours d'Architecture...*, IIIème partie, 1683, liv.I, ch.II, p.184.
25 *Op.cit.*, liv. I, ch.IV, p.202.
26 La Hire, *Architecture Civile...*, ca.1690, p.104.
27 *Op.cit.*, p.24.
28 *Op.cit.*, pp.104-105.
29 Desgodets, *Traité des ordres d'Architecture...*, 1717, p.123.
30 *Op.cit.*, p.116.
31 Alberti, *op.cit.*, p.151.
32 Blondel, *op.cit.*, IVème partie, liv.I-V.
33 La Hire, *op.cit.*, p.116.
34 Desgodets, *op.cit.*, p.205.

35 議事録、第一巻、三一～三二頁。

36 Blondel, *op.cit.*, IVème partie, liv.IV, ch.II, p.349. 台石付きアーケードのピラーの寸法においても同じものがみうけられる。

37 議事録、第二巻、二〇一頁。

38 同、三二五頁。

39 議事録、第三巻、二二～二四頁。Blondel, *op.cit.*, IIIème partie, liv.I, II; Vignola, *op.cit.*, ch. III, XIV, XXV

40 同、二三頁。

41 同、二三頁。Blondel, *op.cit.*, IVIème partie, liv.III, ch. I,II; Palladio, *op.cit.*, liv.I, ch.XIV. 興味ぶかいことに、アカデミーはその比例が一：三であるとしている。

42 同、一四〇～一四一頁。

43 Desgodets, *op.cit.*, p.44.

44 Vignola, *op.cit.*, ch.V, VI, X, XI, XVI, XVII, XXII, XXIII.

45 Palladio, *op.cit.*, liv.I, ch. XIV-XVIII.

46 Scamozzi, *op.cit.*, pp.49, 53, 63, 67, 77, 81, 95, 99, 111, 115.

47 議事録、第三巻、二四頁。

48 同、六〇頁。この議事録のなかではラ・イールの著作は *Cours d'Architecture*（建築教程）として言及されているが、この名称は固有名詞ではなく一般名詞であると考えられ、これは手稿として残されている *Architecture Civile...*（市民建築）と同一であると考えられる。

49 La Hire, *Architecture Civile...*, pp.116-117.

50 議事録、第三巻、一六八頁。

51 同、一六八～一六九頁。

52 Desgodets, *op.cit.*, p.44.

53 Scamozzi, *op.cit.*, pp.48, 52.

54 Blondel, *op.cit.*, IVème partie, ch.I-V.

55 デゴデは、モディリオンはイオニア式、コリント式、コンポジット式オーダーに固有の装飾であり、イオニア式オーダーについては大規模な建築に使用すべきであると明言している。しかし彼は、イオニア式の柱間、アーケードの図版においてはモディリオンは与えていない。

56 Gallet et Bottineau, *Les Gabriel*, p.189, 1771-1774.

57 Montclos, *Les Prix de Rome—Concours de l'Académie royale d'architecture au XVIIIe siècle*, 1984, pp.229-231.

二―二　層オーダー

一　はじめに

オーダーを上下に重ねるいわゆる「層オーダー superposition（仏）、superimposition（英）」は古典主義建築にとっては一般的でそれゆえ重要な手法であって、第一期から第三期のどの時期にもこの主題は議論された。しかしそこにはある傾向性があり、さまざまな基準を考慮しながらある比例に収斂してゆく過程がみられる。

すなわち上下のコラムの高さの差が小さい比例がますます好まれてゆくが、この過程は、規範となる建築の例がウィトルウィウスの建築書から古代建築の実例やイタリア・ルネサンスの建築書へ、そしてフランス古典主義の建築作品へと移行してゆく過程と一致する。本稿においては具体的な比例を示しながらその過程を記述する。

層オーダーの比例を語ることの困難は、複数の寸法体系が混在していることである。下層がドリス式で上層がイオニア式の場合、上下ではコラムの直径が違うから、自動的にモデュールやその下位単位パルティ（第一期でモデュールの三〇分の一、第二第三期で一二分の一）やミニット（直径の六〇分の一）も異なる。それゆえt、d、i、cr、cmをそれぞれトスカナ式、ドリス式、イオニア式、コリント式、コンポジット式の略号として、Mdはドリス式オーダーのモデュール、Piはイオニア式のパルティなどとする。これらは相対的単位である。また絶対的単位としては、一pi.（ピエ pied）は約三二四・八ミリメートル、一po.（プース pouce）は約二七・〇七ミリメートル（一二分の一ピエ）、一li（リーニュ ligne）は約二・二五六ミリメートル（一二分の一プース）である。

二　第一期（一六七一〜一七一五）

（一）層オーダーの対概念としての大オーダー

大オーダーとは層オーダーのいわば反義語である。古典主義時代においてなぜフランスの建築家達が層オーダーにこだわったかを説明するために、この大オーダーの問題にふれなければならない。

一六八一年八月一一日の会合でアカデミーは、建築総監出席の場で[1]、大オーダーは特別な場合のみ有用であるとし、層オーダーを「満場一致で」承認した。

「（アカデミーは）階ごとにコラムやピラスターを置いたほうがはるかに望ましいこと、またある不可避の理由からそうせざるをえない場合以外はもうひとつの（大オーダーという）処方はけっして採用してはならないことで意見が一致した。とはいえ大規模な建築でたいへん高い列柱として柱の寸法を決める場合、いかなる理由があろうとエンタブラチュアを中断しないなら、ピラスターに（コラムと）同じ高さを与え、同じ寸法体系を施し、それを数階分のファサードのほかの部分にもさらに使うことは許される。[2]」

この議事録の行間からは、大オーダーは原理的には否定するが、しかしまさにこの大オーダーが使われている当時竣工しつつあったルーヴル宮東ファサードは擁護しようというその意図が読みとれる。このファサードにおいて、独立柱の列柱廊[3]は二層分の高さであるが、独立柱であるから窓は分断されていないし、そのオーダーは左右の翼部ではピラスターとなっているが、そこでは同じ比例が守られており、ピラスター上のエンタブラチュアは一直線であり、突出も後退もしていなく、「エンタブラチュアを中断」してはいない。

比例の超越性についてはアカデミーと対立する意見をもっていたペローも大オーダーには否定的であった。『オルドナンス』（一六八三）において、数階を貫く大オーダーは一種の建築的「濫用 Abus」であり、神殿や劇場や列柱廊にそれを使用することは称賛されるものの、この手法は「半分廃虚と化し見捨てられた大規模な宮殿をあらわすようで、ひ弱で貧しい」[4]と述べている。

ラ・イールは『市民建築』のなかで、パラディオのパラッツォ・ヴァルマラーナ（一五六六〜）に言及しながら、大オーダーのエンタブラチュアによって占められた上層の階に窓を設置することが困難であることにふれている。実際パラディオのこの建物では確かに大オーダーによって支えられたエンタブラチュアには窓が穿たれている。[5]

アカデミーはラ・イールの指摘をさらに発展させた。一六九四年二月八日の会合で、ドロルムの『建築第一巻』（一五六七）第八書第一六章を講読した。ドロルムはこの章で、大オーダーで支えられたエンタブラチュアの下にふたつの窓を上下に設置することを提案している（図12）。[6] これにたいしては批判的であった。

「窓からの横の眺めを確保したいとき、コラムの張出しのためバルコニー間で行き来ができなくなるため、どうしても不都合なことになる。コラムがとても高いと、それに比例してエンタブラチュアもたいへん高くなり、建物の上の部分には人がまったく住めなくなる。[7]」

ここで問題になっているのは開口部やバルコニーの機能性である。

しかしアカデミーは最終的には、こうした実際的な不都合からのみならず、美観からも大オーダーを否定した。ラ・イールはすでにいくつものオーダーを重ねるより大オーダーのほうが「より荘厳である」ことは認めていたが、[8]アカデミーにとってはそうした特性は個人建築においてのみ認められるものであった。一七〇九年五月二七日の会合で、パリにある建物を例にとりながら大オーダーについて議論し、こう結論づけた。

「……この（大オーダーという）手法は、偉大さの理念を与えたくなる個人の建物にとっては容認できるように思われるが、大規模な宮殿はいとも純粋な建築であるべきであり、柱の高さには窓はひとつしかきてはならなく、その結果、ふたつの窓を上下に重ねたり、大きな窓の上に小さな窓を置いてはならないから、大オーダーは適切ではない。[9]」

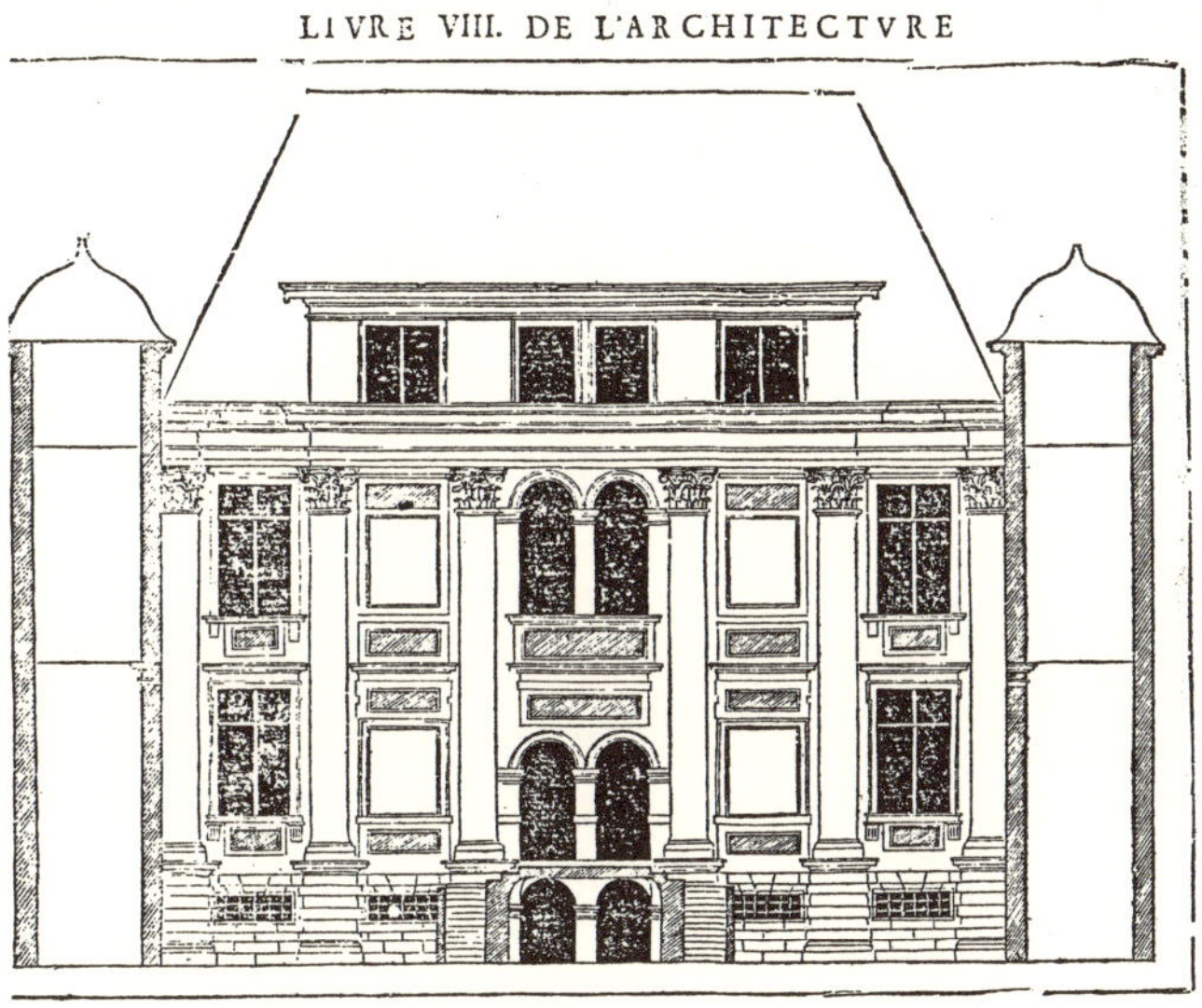

図12　ドロルム『建築第一巻』252頁。

つまり重要な建築ほど大オーダーを使用すべきではないと考えていたことが判明する。実際、層オーダーが重要なテーマであったことは、大賞コンクールにおいてこのモチーフの案が多かったことにも表れている。(10)

(二) ウィトルウィウスにたいする批判

層オーダーにかんする議論は、まずウィトルウィウスにたいする批判として始まったが、それはおもに彼が規定した上下のコラムの高さ比についてであった。

ウィトルウィウスはその建築書の第五書第一章で明確に層オーダーの比例を規定している。

「第二の階のコラムは第一のそれより四分の一だけ低くあるべきである。より荷重のかかる下のものはより堅固であるべきだから。さらに大地から生えてくるすべてのもののあり方を模倣しなければならないから。(11)」

すなわち上下のコラムの高さ比は三：四でなければならない。

しかし当初からこの比例にたいしては否定的であった。一六七三年九月四日の会合では、パラディオの『建築四書』第二書第一七章が検討され、その層オーダーの比例はウィトルウィウスのそれより賞賛されることが暗に指摘されている。

「第一七章の第二図で示された上の階の階高についてであるが、コラムを上下に重ねる配置法において上層のコラムはすぐ下層のコラムより四分の一だけ高さが小さいことを望むウィトルウィウスの法則に彼が追従したと想定すると、驚くべき結果となるであろう。(12)」

実際パラディオの『建築四書』第二書第一七章の第二図には「三角形の敷地に立つヴェネチアのパラッツォ」の案がいくつか示されているが、上下三層のコラム高さの比は一五：一七：二〇、あるいは一五：一九：二三・五などであって、ウィトルウィウスの三：四という比例と比較すればかなり穏やかな比例である。(13)

一六七六年四月一三日の会合では、ウィトルウィウスのこの比例は「あまりに極端」であり「ウィトルウィウスの……（三：四という）比例が必要不可欠な法則であるべきだとは信じない(14)」と記されている。

同年四月二七日の会合では同じテーマが議論され、つぎのような判断がなされた。

「（ウィトルウィウスが層オーダーに与えた三：四という）この比例は、同じオーダーのコラムを使用するならまだしも、異なるオーダーの場合は途方もない比例になるのであって、けっして適用されることはできないと判断した。(15)」

ところでスカモッツィはその建築書のなかで四：五や五：六といったより穏健な比例を提案していた。(16) アカデミーはむしろこうした比例を好んだ。

一六八一年四月二一日の会合で、スカモッツィの建築書が講読され、こう指摘された。

「彼（スカモッツィ）が階の高さに与えた比例によれば、上層のコラムは下層のそれより六分の一かせいぜい五分の一しか短くないが、これは層オーダーがあればどんな建物でも上層のコラムは下層のそれより四分の一短くあるべきだとするウィトルウィウスの方法よりはるかに理にかなっていると、アカデミーには思われた。[17]」

ブロンデルは『建築教程』第三部のなかで、ウィトルウィウス、パラディオ、スカモッツィ、古代や近代の作品といった多くの層オーダーの例を列挙している。[18] その分析によれば、独立コラムの場合は、古代においてはさほどウィトルウィウスの比例から遠ざかってはいなかったが、[19] 壁付コラムの場合は「じゅうぶん隔たっていた」。[20] しかし一般的に彼自身は厳格な法則を確立しようとはしなく、通常の建物においてはウィトルウィウスの三：四、パラディオやスカモッツィやヴィニョーラの四：五、五：六、六：七といった簡潔な整数比が好ましいとした。[21]

しかし一六九〇年代と一七〇〇年代になっても、ウィトルウィウスの比例はたえず批判されている。[22] ラ・イールもまた『市民建築』のなかで、ウィトルウィウスの方法によってオーダーを三層に重ねると、三層目のコラムは初層のそれの半分に近い（九：一六）高さになってしまい低すぎることを指摘し、ウィトルウィウスの比例は「古代のいかなる作品においても適用されているのがみられない」として批判している。[23]

（三）スカモッツィの法則

このようにアカデミーがウィトルウィウスの層オーダーの比例を批判しているとき、それは上下コラムの高さ比の問題であった。しかしそれと平行して、上層コラムの柱身の下端直径と、下層コラムの柱身の上端直径を等しくするという方法も検討されていた。

前述の一六七六年四月一三日の会合においてすでに「上層コラムの直径を下層コラムの細くなった直径に等しくしさえすればよいという通常の方法」[24] と明記している。

誰がこの方法を考案したかは明記していないが、それに最初に言及したのはスカモッツィである。[25] 彼はウィトルウィウスの三：四という比例を、上層のオーダーが小さくなりすぎるという理由から批判しているし、[26] ローマのマルケルルス劇場を例にとり、「上下に重なったコラムはある大きな木のようなものとみなされるべきであるから」コラム直径を考慮に入れた方法を提案している。[27]

前述の一六八一年四月二一日の会合では、スカモッツィのウィトルウィウスにたいする批判を確認したのち、彼独自の層オーダー比例の決定法を評価している。

「（アカデミーは）異なる階にあるコラムの高さにかんする最も自然な法則は、その太さによって決定されるべきであり、上層コラムの下部の太さは、下層コラムの上部の太さと同じであるべきであると述べているまさにそのスカモッツィの意見を承認した。[28]」

スカモッツィ自身は上下に重なったコラムを木の幹として見立てたわけであり、それをもって「最も自然な」と形容したものと考えられる。

ブロンデルは『建築教程』第三部においてこのスカモッツィの法則に言及しているが、それにたいしては肯定も否定もしていない。[29]この法則は一六九〇年代ごろには、会員によって受け入れられていたし、実践されることもあったようである。たとえば一六九〇年六月五日の会合では、ド・コットに層オーダーのデッサンを作成するよう命じた。[30]彼はつぎの六月一二日の会合で図版を提出したが、アカデミーは「第二のコラムの下端直径は下層コラムの上端直径に等しいことに気づいた[31]」。

同年七月三日の会合では、ドリス式とコリント式の場合の層オーダーにおいて「以前与えられた法則によれば」コリント式コラムはドリス式のそれより実長においてより高くなるという問題を発見している。[32]つぎの七月一〇日の会合でも、この問題が議論された。ローマのマルケルルス劇場（この場合はドリス式とイオニア式の二層構成であり、模範的比例として比較のために言及されたと考えられる）のオーダーの比例が検討されたのち、コリント式コラムがドリス式コラムよりも大きくならないために、つぎの三点が要求された。[33]

（一）ドリス式コラムは八直径以上の高さであること。

（二）ドリス式コラムの直径逓減率（diminution）は六分の一以上であること。

（三）コリント式コラムの下端直径は、ドリス式コラムの上端直径よりごくわずか小さいこと。

これはスカモッツィを支持するアカデミーが最初に直面した問題であったが、（一）や（二）のように標準的な比例は逸脱するが、（三）のように、スカモッツィの比例は微調節にとどめるなどその法則に固執したのは、それだけ彼の方法を尊重したからにほかならない。

五年後の一六九五年の一〇月三一日の会合では、スカモッツィの法則が「慎重に利用すればたいへんよい（法則である）」と再確認されている。[34]

（四）ラ・イールの法則

ラ・イールは『市民建築』のなかで層オーダーの比例に多くを割いている。ウィトルウィウスにたいする前述の批判を述べたのち、このウィトルウィウスの法則に従っていない例としてローマのマルケルルス劇場（図13）とコロセウムを示し、前者においては上層のイオニア式コラム高さは下層のドリス式コラムのそれより一モデュールしか低くなく、後者においては下層のコラムが上層のそれより二モデュール以上高いことはないと指摘している。[35]

さらにラ・イールは、上層コラムの下端直径は下層コラムの上端直径に等しく、かつ柱身の上下直径逓減率は六分の一であるから、上層オーダーの一モデュール（＝三〇ミニット）は下層オーダーの二五ミニットに相当すること、ドリス式、イオニア式、コリント式の高さはそれぞれ八、九、一〇直径であることを前提として、ドリス式の寸法を計算の出発点として、トスカナ式、ドリス式、イオニア式、コリント式からなる層オーダーにおいて四層のコラム高さの関係がどうなるかを計算した（表7）。

ラ・イールは、この表に示されるように、ドリス式コラムはトスカナ式より「二〇トスカナ・ミニット」低いこと、イオニア式コラムはドリス式より「一ドリス式モデュール」低いこと、コリント式コラムはイオニア式より「一イオニア式モデュールと一〇ミニット」低いことを確認した。[36]

彼はさらに、アカデミーが前述の一六九〇年七月の会合で問題としたドリス式の上にコリント式がのる層オーダーの場合にふれて、もし上記の前提にしたがって計算すれば、コリント式コラムはドリス式のそれより二〇ミニット高くなることを指摘したが、大規模な建築や高い場所にある建築では上層のコラムのほうが高い場合もありうると述べている。すなわちアカデミーが苦慮した問題を巧妙に回避している。

ラ・イールは上下のオーダーの相対的な寸法関係を数値であるていど体系的に記述したが、全オーダーの共通尺度を提示するには至ってないという点でまだ過渡期的である。

(五) サン＝ジェルヴェ教会の例

最終的な結論は一六九七年八月一二日の会合でなされた。「良き趣味をもつ人びと」によって賞賛されているサン＝ジェルヴェ教会[37]のファサードを層オーダーの理想的モデルとして選び、フェリビアンが提出したこの教会の図面にもとづいて検討した結果、層オーダーの「一般法則」を決定するにいたった（図14）。

「……下層オーダーの柱基と柱頭も含めたコラムは、その下端直径の半分だけ、やはり柱基と柱頭も含めた上層オーダーのコラムより高い[38]。」

さらにこの「一般的法則」はサン＝ジェルヴェ教会の比例とおおむね一致しており、マルケルルス劇場にも適合すると指摘している[39]。この規定によりドリス式とイオニア式の層オーダーの比例はこう計算できる。

ドリス式コラム高さ　16Md

イオニア式コラム高さ　(=18Mi) = 16Md − 1Md = 15Md

だから上下のコラム比は一五：一六となる。同じくイオニア式とコリント式の場合は一七：一八となる。こうした比例はウィトルウィウスの三：四はもちろん、スカモッツィらの四：五や五：六と比較してもかなり上層のコラムに大きな数値を与えたものであるといえる。

ただしこの方法は理論的には、上下のコラムの直径をそろえるスカモッツィの方法の帰結のひとつである。なぜなら上下直径逓減率を六分の一として標準的なドリス式とイオニア式の層オーダーを考えた場合、まず下層のドリス式コラムにおいて、

コラム高さ　16 Md

下端直径　2Md

上端直径　$2 \times \frac{5}{6} = \frac{5}{3}$ Md

図 14　サン=ジェルヴェ教会（パリ）、ファサード。ロジエ『建築試論』三宅理一訳より。

図 13　マルケルルス劇場（ローマ）。デゴデ『ローマの古代建築』293 頁。

	コラム高さ	コラム直径
コリント式コラム	$60P_{cr} \times 10D = 600P_{cr}$ $(50P_{i} \times 10D = 500P_{i})$	上：$50P_{cr}$ 下：$50P_{i} = 60P_{cr}$
イオニア式コラム	$60P_{i} \times 9D = 540P_{i}$ $(50P_{d} \times 9D = 450P_{d})$	上：$50P_{i}$ 下：$50P_{d} = 60P_{i}$
ドリス式コラム	$60P_{d} \times 8D = 480P_{d}$ $(50P_{t} \times 8D = 400P_{t})$	上：$50P_{d}$ 下：$60P_{d}$
トスカナ式コラム	$60P_{t} \times 7D = 420P_{t}$	上：$60P_{d} = 50P_{t}$ 下：$72P_{d} = 60P_{t}$

表 6　ラ・イールによる層オーダーの比較。
略号：D＝コラム直径、Pcr＝コリント式オーダーのパルティ、など。

スカモッツィの法則によれば、この上端直径が上層のイオニア式コラムの下端直径に等しいから、

$$2\,Mi = \tfrac{5}{3}\,Md \quad \therefore 1\,Mi = \tfrac{5}{6}Md$$

ゆえにイオニア式コラム高さは、　$18Mi = 18 \times \tfrac{5}{6}\,Md = 15Md$

ゆえに上下のコラム高さ比は、　$15Md : 16Md = 15 : 16$

だから実質的にはスカモッツィの法則の帰結あるいは別の表現にすぎない。しかしサン＝ジェルヴェ教会が引用されたのは、スカモッツィというイタリア人建築家の法則をフランス化するためだとも考えられる。またこうした比例はスカモッツィ自身が承認した五：六などの比例とはかなり異なっている。

ひとたび法則が確立されると、アカデミーはこの法則の名においてほかの例を批判しはじめた。とくに同じ一六九七年の八月と九月がそうである。

まずウィトルウィウスは否定された。一六九七年八月一九日の会合では、ブロンデルの『建築教程』の講読のさい、ブロンデルが劇場のスカエナの層オーダーについてはウィトルウィウスの比例を非難しているのは「理にかなった」ことであるとし「提案された法則」を捨てることはできないとくりかえし指摘している。[40]

しかし四：五や五：六の単純な比例をよしとするブロンデルの考えも承認されなかった。サン＝ジェルヴェ教会に観察されるように下層のコラムは上層のコラムより半直径高くあるべきという「一般的法則」が確立された八月一二日の会合以前の、同年七月二九日、八月五日の会合では、ブロンデルの層オーダーが検討されたものの結論は出なかった。しかしこの「一般的法則」が確立されたのちは、アカデミーはブロンデルを批判するようになる。八月二六日の会合ではブロンデルが『建築教程』で紹介した層オーダーの諸例、とくにスカモッツィが推奨した四：五や五：六などの比例が検討された結果、上層のオーダーは「確立された法則よりも小さい」ことが発見された。[41] 九月二日の会合では「前回の八月一二日の会合で提案された法則からいちじるしく逸脱してはならないのだから」ブロンデルの書に示された例に追随してはならないことが繰り返された。[42]

一六九七年九月二日の会合ではラ・イールがルーヴル宮中庭ファサードにおける二オーダーの図面を提出、[43] 同年九月九日にはデゴデ

がルーヴル宮のコロネードとチュイルリー宮の図面を提出[44]、一七〇三年三月五日にはブリュアン（Liberal Bruand, ca.1635-1697. アカデミーの創立メンバーのひとり）がサン＝ジェルヴェ教会のファサードの新しい図面を提出したが[45]、そのたびにアカデミーはサン＝ジェルヴェ教会の法則の有効性を確認した。

結局ウィトルウィウスを否定しながら、古代建築の実例と同時にとくにフランス古典主義の例を根拠として層オーダーの法則が定められた。

（六）層オーダーの共通尺度

さらにアカデミーではこの法則にもとづきながら、層オーダーを構成するすべてのオーダーに適用されるべき共通の尺度を設定することで、ファサード全体の比例をより容易に把握できるようにした。

一七〇三年四月一一日の会合でビュレ（Pierre Bullet, 1639-1716. 一六八五年より会員）はアーケードと組み合わされた層オーダーの図面を提出した。議事録によれば、ファサード全体の高さは一六一パルティであり、各オーダー（この場合はコラムではなく、コラム高さは記されていない）とアーケード開口の高さの値が与えられている（表7）。この会合で「この主題は建築においては最も重要なもののひとつであるから[46]」層オーダーの問題をさらに検討することを決定した。

最終的に層オーダーの比例を体系化したのはデゴデである。『建築オーダー書』第二巻では層オーダーの比例が記述されているが、そこではアカデミーで検討されたすべての要素がみられる。上層のコラムは下層のコラムより半直径すなわち一モデュール低くあるべきであるというサン＝ジェルヴェの法則と、直径を基準とするスカモッツィの法則を最優先させ、さらにビュレにならい層オーダーをドリス式オーダーにおけるパルティという共通の寸法で記述した。ただしラ・イールが全オーダーのコラムの直径逓減率を六分の一としたのにたいし、デゴデはドリス式のみにこの値を使っている（図15、16、表8）。

（七）軸の問題

上下のコラムの高さ比以外では、層オーダーにおいては、柱心のずれが問題となる。

ブロンデルは『建築教程』第三部においてこの問題を体系的に論じている（図17）。彼はまずふたつの場合を区別した。第一は独立柱の場合であり、上下のコラムの柱軸は同一線上にあるべきである。第二は、壁付柱がローマのコロセウムやマルケルルス劇場にみられるように上の柱ほど奥に後退している場合であり、柱軸は同一ではない[47]。

ブロンデルはつぎの矛盾を解決しようとした。すなわち「片持ち porte-à-faux」を避けるためには、上層オーダーの柱基の台石、その下部の盤あるいはペデスタルの台胴（dé）の端部が、その下層オーダーのアーキトレーヴの台胴、柱身最上部の端部と、同一の垂直線上になければならないが、そうすると上層コラムの中心軸は下層コラムのそれにたいしてかなり後退してしまい、その結果、たとえばパリのサン=ルイ=サン=ポール教会にみられるような「視覚的に不愉快な効果」を生じてしまうと指摘している[48]。すなわちブロンデルは、上記の第二の場合においても、ファサードにむかって左右方向のみならず前後方向にも上下のコラムの軸をそろえなければならないことを前提とした。

この問題を解くために、ブロンデルは「セルリオの三法則」すなわち層オーダーにおける上層オーダーを後退させる三つの方法を紹介している[49]（図18）。

（一）（上層のオーダーの）ペデスタルの端部は、下層コラムの上部の台胴と同一垂直線上にある。

（二）あるいは少なくとも下層コラムの下部の端部と同一垂直線上にある。

（三）上層コラムの下端直径は、下層コラムの上端直径と等しくある。

上下のコラムの軸をそろえることを前提としたうえで、セルリオの三方法を応用すると、上層のコラムは下層のものに比べ、（一）によれば低くなりすぎ、（二）によればすこし低くなる。ブロンデルは（二）と、とくに（三）の法則を推奨したが、それらは状況によって選択されるべきであるとつけ加えている[50]。

セルリオの第三の法則は、上下のコラム軸をそろえる場合を想定すれば、スカモッツィのそれに等しくなる。ブロンデルはこのセルリオ=スカモッツィの法則を最も強く推奨したことになる。

「一般に最後の手法は私の感覚では最も自然であるし、スカモッツィがそれを強く称賛した理由でもあるが、すでに述べた理由に

	コラム高さ	コラム直径	直径逓減率
コリント式	425P イオニア式より 25P（＝イオニア式の半径）低い	（上）36P¼ （下）42P½	1：6.8
イオニア式	450P ドリス式より 30P（＝ドリス式の半径）低い	（上）42P½ （下）50P	1：6.66…
ドリス式	480P	（上）50P （下）60P	1：6

表 8　デゴデによる層オーダーの比例。

	オーダー高さ	アーケード開口高さ
トスカナ式	36	26
ドリス式	34	25
イオニア式	32	24
コリント式	30	23
コンポジット式	29	22

表 7　ビュレによる層アーケードの比例。

図 16　デゴデ『建築オーダー書』第二巻第二章。

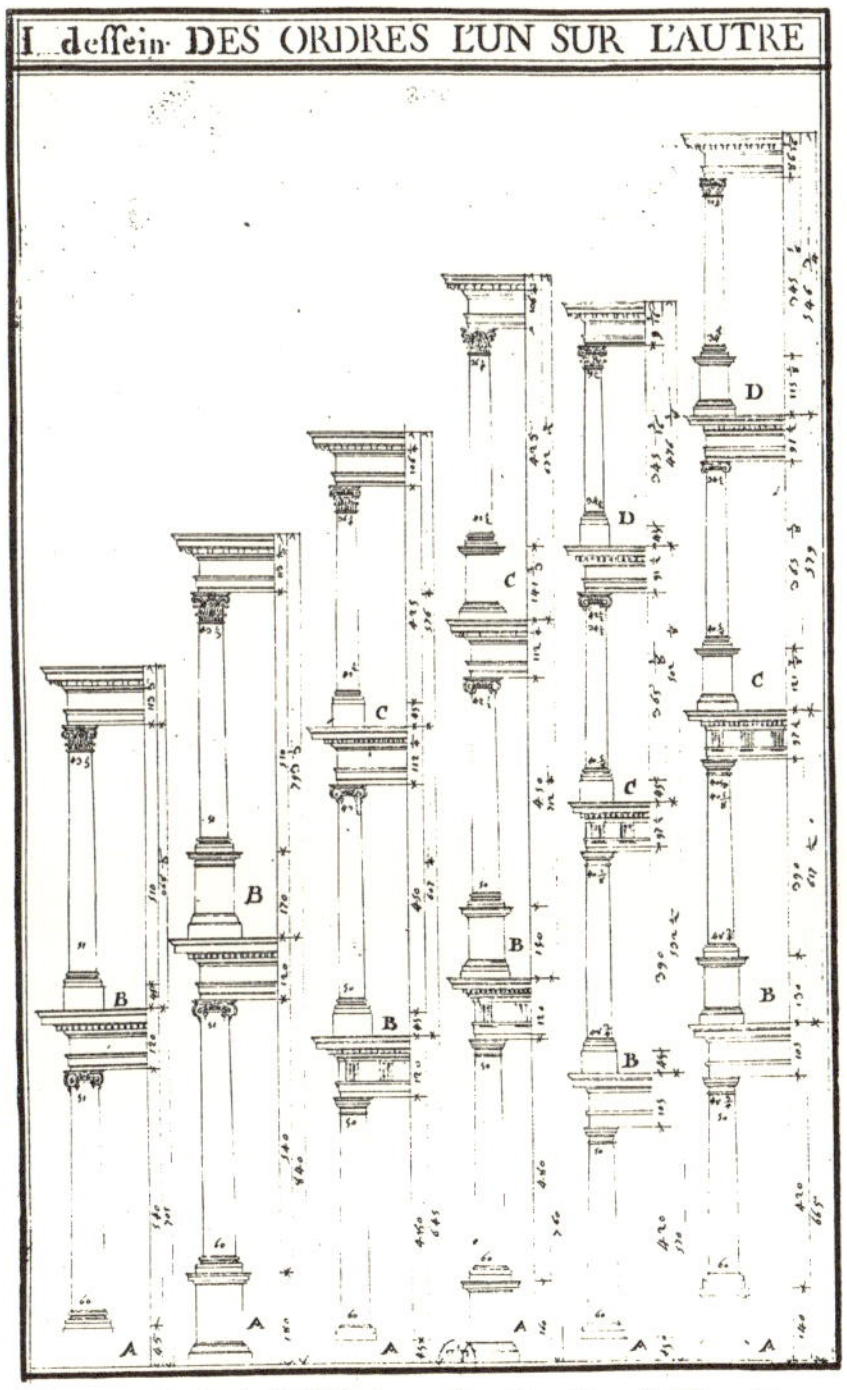

図 15　デゴデ『建築オーダー書』第二巻第一章。

よって、ほかの手法に従おうとはまったく思わない。」[51]

ラ・イールはブロンデルの最後の意見と同じであった。彼はすべての場合の層オーダーにおいて、「すべてのコラムの中心軸は同一の垂直線上にあること」を要求した。[52]

それにたいして、ブロンデルの議論を注意ぶかく検討していた[53]アカデミーは、ブロンデルやラ・イールほどは断固とした態度はとらなかった。「独立柱あるいは入隅（retour）のある建物には」共通の軸が必要であることを要求したが[54]、マルケルルス劇場のような壁付柱の場合は上層コラムの軸が下層のそれより後退することは許した。[55]

しかしデゴデは独立柱であろうが壁付柱であろうがつねに上下の柱軸をそろえた。[56]だから「片持ち」の問題と古代の作品にみられる上層コラムの後退を考慮して、長いあいだ躊躇したのち、アカデミーは最初の簡単な原則に戻った。

（八）ペデスタルと台石

一七一一年四月二〇日の会合ではペデスタルと台石について議論し、ペデスタルを層オーダーの上層のオーダーに使用することは認めなかったが、しかし台石を「張り出している下のコーニスの上にある柱基を上にあげるために」使用することは承認した。[57]すなわち下層オーダーのコーニスが上層オーダーの柱基を隠さないようにするために台石は必要であると考えたわけである。

デゴデもやはり同じ理由からそれは必要であると述べている。[58]しかし彼はアカデミーが禁じたペデスタルも使っている（図4、5）。グランプリのコンクールの応募案をみれば、層オーダーにペデスタルが使われている場合は多い。[59]

（九）第一期のまとめ

層オーダー理論を確立するために、アカデミーは、まずウィトルウィウスが示した古代の理論を否定し、スカモッツィの理論に従ったが、最終的にはそれをサン＝ジェルヴェ教会というフランス建築の例にみられる比例に適合しているという理由で正当化した。同時に上下のコラムの高さの差をなるだけ小さくしようという意図が顕著にみられる。それはフランス的な建築の特性を理論化しようとす

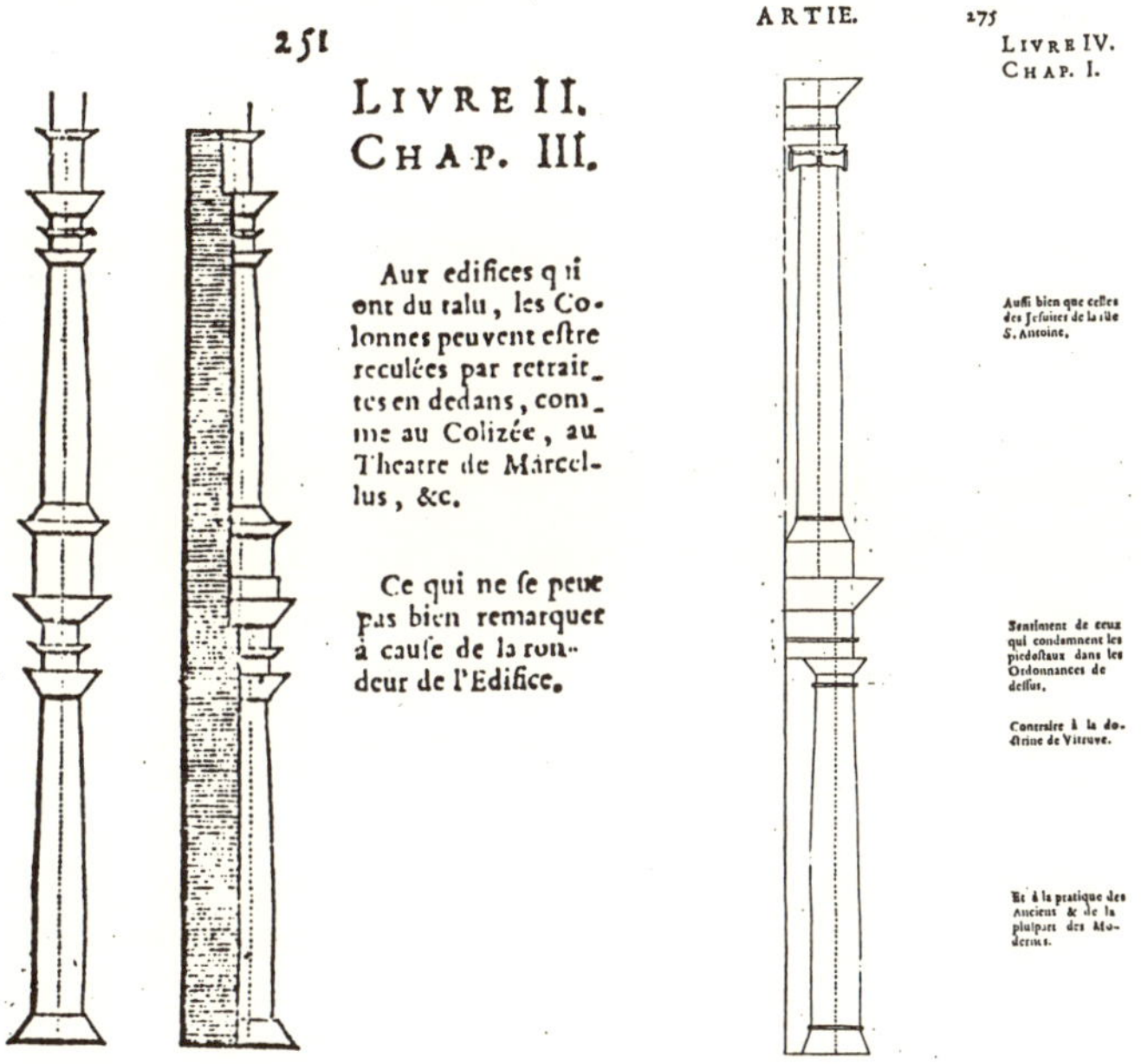

図 17　(左) ブロンデル『建築教程』第三部 (1683) 第二書第三章、251 頁。
(右) 第四書第一章、275 頁。

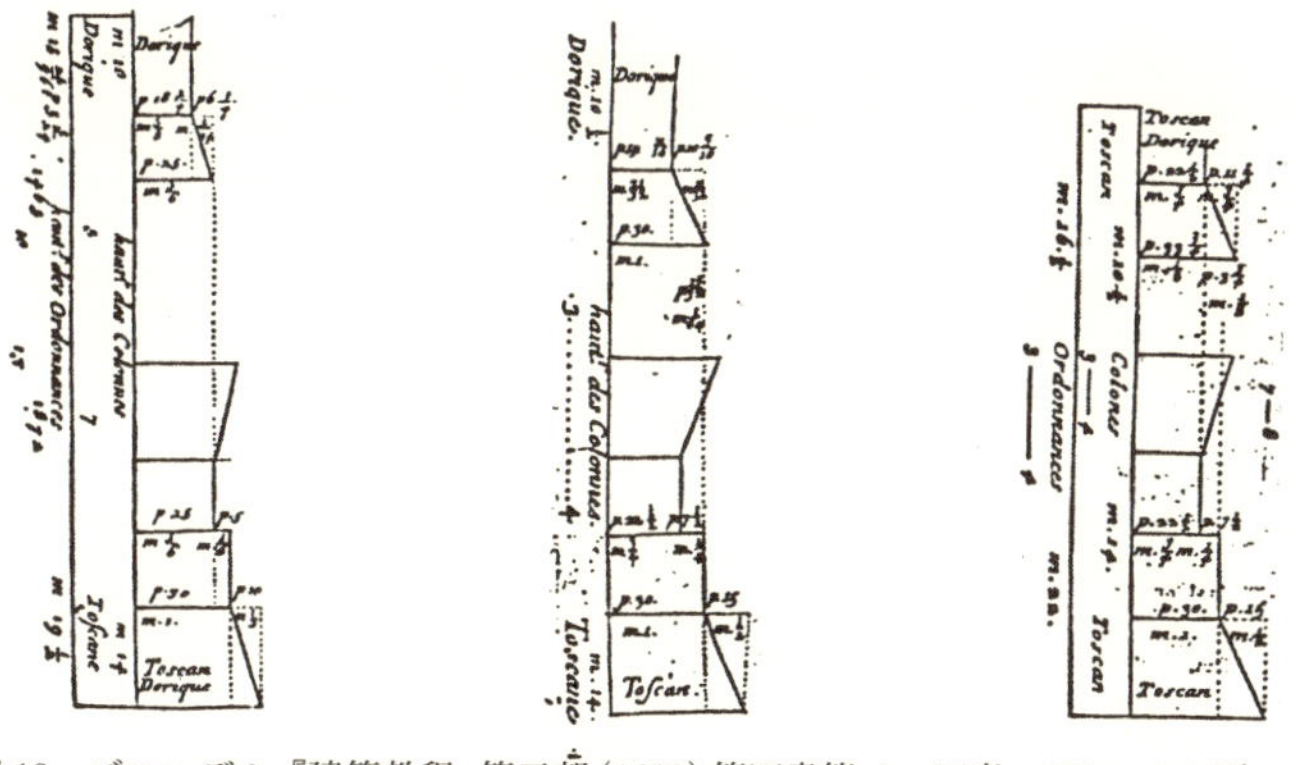

図 18　ブロンデル『建築教程』第三部 (1683) 第四書第二～四章、276 ～ 312 頁。

る試みであると考えられる。

アカデミーは一七三七年と三八年に対のコラムの層オーダーを論じているが、それはむしろ対のコラムの問題としてであって、層オーダーのそれとしてではなかった。

三　第二期（一七三四〜五〇）

（一）ルーヴル宮の法則

一七四二年より層オーダーの議論が再開された。一七四二年一月八日の会合では子ボジール（Jean-Baptiste Beausire, ?-1764. 一七二〇年第二部会員、一七五四年第一部会員）はルーヴル宮中庭の第一オーダーの寸法を報告し、タヌヴォはそのボジールの実測した数値にもとづいた報告書を提出し、そのなかで、上層コラムの下端直径は、下層コラムの上端直径より一パルティ（一二分の一モデュール）大きいことを指摘した。これはスカモッツィの法則には反しているが、タヌヴォは逆に、上層のコラムに若干の「片持ち」を与えることを提案している。(60)

タヌヴォはつづく一月一五日と一月二六日の会合で、あきらかにルーヴル宮の層オーダーから着想をえた層オーダーの構成方法を提案した。(61) すなわち下層コラムの上端直径と下端直径の平均値をもって、上層コラムの下端直径とする方法であり（表9）、この場合、上層コラムの「片持ち」はより大きくなるものの、上層のオーダーにより大きな直径を与えることができるようになる。さらにコラム柱身の直径逓減率は八分の一と小さい値であり、スカモッツィの比例（六分の一）の場合に比べて、上層コラムの下端直径はそれだけ大きくできる。そして下端直径が大きいことはコラム高さも大きくできるということであり、ファサードの構成に大きな影響を及ぼすことになる。

一七四二年七月二三日の会合ではカルトーが四オーダーの層オーダーの比例を提案したが、それもおそらく同じ原理にもとづいている。四本のコラムはすべて二八ピエの高さであるが、柱身の直径逓減率は八分の一であるので、上層オーダーの下端直径は、下層オー

	第1オーダーの直径		第2オーダーの直径		第3オーダーの直径	
	下	上	下	上	下	上
スカモッツィ	D_1	D_2	D_3（$= D_2$）	D_4	D_5（$= D_4$）	D_6
タヌヴォ 1742年1月8日の会合	D_1	D_1	$D_3 = D_2 + 1P$		$D_5 = D_4 + 1P$	D_6
タヌヴォ 1742年1月15日、26日の会合 (直径逓減率)	D_1 24P	D_2 21P	$D_3 = (D_1 + D_2) \times ½$ = 22P½	D_4 19P⅔	$D_5 = (D_3 + D_4) \times ½$ = 21P 1/12	D_6

表9　層オーダーの各コラム直径を決定するためのタヌヴォの手法。

	第1オーダー	第2オーダー	第3オーダー	第4オーダー
コラム高さ	28pi. (14M)	28pi. (16M)	28pi. (18M)	28pi. (20M)
上端直径	3pi. 5po. 1*l*i.5/7 = 493.7*l*i.	3pi. 0po. 0*l*i. = 43 *l*i.	2pi. 8po. 0*l*i. = 384*l*i.	2pi. 5po. 3*l*i. = 351*l*i.
下端直径	4pi. 0po. 0*l*i. = 576*l*i.	3pi. 6po. 0*l*i. = 504*l*i.	3pi. 1po. 4*l*i. = 448*l*i.	2pi. 9po. 7*l*i. = 403*l*i.
1パルティの実長	1P = 576/24 = 24*l*i.	1P = 504/24 = 21*l*i.	1P = 448/24 = 18 *l*i. ⅔	1P = 403/24 = 16.8*l*i.
直径差 (＊)	504 − 493.7 = 10.3*l*i.	448 − 432 = 16*l*i.	403 − 384 = 19*l*i.	

表10　カルトーによる層オーダー（直径逓減率=⅛）
＊上層のオーダーの下端直径と、そのオーダーの上端直径の差。

	第1オーダー	第2オーダー	第3オーダー
オーダー種類	コリント式	コンポジット式	コリント式
コラム高さ	19pi.6po.9*l*i.（19M）	18pi.7po.9*l*i.（20M¾） （第1オーダーより¾M低い）	17pi.2po.（20M½） （第2オーダーより1M½低い）
上端直径 下端直径	21po. 2pi.	18po. 9*l*i. 21po.6*l*i.	17po.½ 2po.

表11　ボジールが計測したルーヴル宮の正方形中庭の層オーダー。

	第1オーダー ドリス式	第2オーダー イオニア式	第3オーダー コリント式
直径逓減率	5：6	5：6	5：6
エンタブラチュア／コラム高さ比	¼	2/9	⅕
コラム高さ比	16　：	15　：	14

表12　ル・ボンとカルトーによる層オーダーの比例。

	第1オーダー	第2オーダー	第3オーダー	3オーダーのコラム高さ比
デゴデ	480p	450p	425p	14⅙ ：15 ：16
ドリュジ	22pi. 1po. コンポジット式	18pi. 1po. コリント式	16pi. 8po. イオニア式	11.7 ：13.2 ：16
ロリオ　B.13.6.1°.3	20pi. ドリス式	19pi. 3po. イオニア式	18pi. 8po. コリント式	15 ：15.4 ：16
アカデミー コンタン				14 ：15 ：16
オブレ B.13.6.1°.9	24pi. 24pi. 24pi. 24pi.	24pi. 23pi.3po. 23pi. 22pi.6po.	24pi. 22pi. 7po. 3*l*i. 22pi. 1po. 4*l*i. 21pi. 3po.	16 ：16 ：16 15.07：15.5：16 14.74：15⅓：16 14⅙ ：15 ：16
シュヴォテ				14 7/12 ：15 ：16

表13　層オーダーの比較。

ダーの上端直径よりも一パルティほども大きくする必要はなかった[62]（表10）。ルーヴル宮の正方形中庭の場合はコリント式とコンポジット式の層オーダーであり、ドリス式もイオニア式もない。しかしカルトーが測定した寸法によれば、彼はタヌヴォの法則をトスカナ式、ドリス式、イオニア式、コリント式といった通常の層オーダーに適用したかったようである。

だからタヌヴォもカルトーも、上層オーダーの高さをなるべく大きくして下層コラムの高さに近づけようという意図があったと思われる。

一七四三年八月一九日と二六日の会合においてアカデミーは、ウィトルウィウスの三：四という比例が「あまりに極端」であるとした一六七六年四月一三日の会合の議事録を再読し[63]、また八月二六日の会合ではブロンデルの『建築教程』のうちの層オーダーにかんする部分を再読した[64]。

(二) ボフランの理論

また一七四三年一二月一六日の会合ではアカデミーは、タヌヴォ、ル・ルー、ボフラン（Gabriel-Germain Boffrand, ca.1667-1754. 一七〇九年より第一部会員）に層オーダーの検討と、その報告書の提出を命じている[65]。

ボフランは約半年のちの一七四四年五月四日と一一日の会合で、層オーダーにかんする報告書を読みあげ、そのなかで層オーダーの高さの比例を決定するためには光学（optique）すなわち視覚補正の法則に従わなければならないと指摘した[66]。アカデミーはそのレポートを読んだのち、こう指摘した。

「……技巧に秀でたなん人かの建築家の意見では、ある同じオーダーの高さがさまざまな値をとれば、それにおうじてそのオーダーのさまざまな部分も異なる比例を持つべきである[67]。」

このレポートは現存しないが、ボフランはその『建築書』（一七四五）において数頁を割いてこの主題を論じており、そこで彼は「見かけの」規模と「実際の」規模を区別しながら、視覚補正の法則を三オーダーの積層に応用した。彼の出発点はつぎのようであった。

「比例が確立されるべきであるのは見かけの高さにとってであって、実際の高さにとってではない。[68]」

ボフランはつぎに、三オーダーからなる層オーダーをあらわした二枚の図版を比較した。一方の図面では、上層コラムの「実際の」高さは下層コラムの「実際の」高さより一モデュール低くなっている。もう一方の図面では、三オーダーの「見かけの」高さが示されており、上下のコラムの高さの差は「見かけの」一モデュールである。もし「実際の」規模で層オーダーを描けば、上下のコラムの高さの差は小さくなることが明らかにされている。だからここでも上下のコラムの高さの差をできるだけ小さくしようという意図が読みとれる。

一七四四年五月一八日の会合ではボジールがルーヴル宮中庭の三層の層オーダーの図面を提出している。[69] この図面は現存していないが、議事録にはその数値が記録されている（表11）。

この例において第三オーダーのコラムは、第二オーダーに比較して一モデュール半低い。大部分の会員は第三オーダーのコラムは「低すぎる」と考えたと議事録にある。[70] これは、アカデミーが上記のように下層のコラムが上層のコラムより一モデュールだけ高いことを望んだこととと整合する。また直径の寸法はタヌヴォの定理にとってもそれほど矛盾するものではない。

（三）ル・ボンとカルトーの比例

ところでル・ボンとカルトーは、この会合で、三層の対のコラムの層オーダーの図面を提出している。彼らは、第一期に確立された層オーダーのすべての法則を守っている。第一に、上層コラムの下端直径と下層コラムの上端直径を等しくしているという点でスカモッツィの法則にあっている。第二に、デゴデが定式化した、エンタブラチュアの比例とコラムの上下直径比の比例を守っている。しかし三層のコラムに一四：一五：一六という単純な比例を与えているという点で、彼らの方法は新しい（表12）。

（四）第二期のまとめ

この時期は層オーダーの議論においてフランス建築への志向が強くなった。ルーヴル宮中庭が検証の対象となり、第一期での支配的理論であった視覚補正理論がふたたび活用された。そこには、上層のコラムをなるだけ高くして下のそれに近い値を与えようという共通の意図がうかがえる。

四　第三期（一七五六～九三）

この時期にアカデミーが検討の対象としたのは、ルーヴル宮方形中庭[71]、クラニ城館、ルクサンブール宮、メゾン宮、アンヴァリッド教会、サン=ジェルヴェ教会、ミニム教会、イエズス会士修練所教会の正面ファサードなどのフランス建築が大部分であり、外国建築や古代建築の例はまれにしか議論されなかった[72]。

これらの会合では多くの会員、ドリュジ・ド・ペリサック（Augustin Deluzy de Pelissac, ?-1773）、フランク（François Franque, 1710-1793）、ロリオ（Louis-Adam Loriot, ?-1767. 一七三五年第二部会員、一七五八年第一部会員）、コンタン（Pierre d'Ivy Constant）、ポタン（Nicolas-Marie Potain）、オブリ、ルセ（Pierre-Noel Rousset）、ブレビオン（Maximilien Brébion）、タヌヴォ、シュヴォテらが層オーダーの比例を提案した。しかしこれらの提案においては、上下のコラムの直径や「片持ち」の問題はもはや主要な課題としては考慮されず、むしろ上下のコラムの高さ比が最大の論点であった（表13）。

（一）ロリオの方法

ドリュジ・ド・ペリサックは上層のコラムは相対的になるべく小さくなるようにしたが[73]、そのほかの建築家は上層のオーダーがなるだけ大きくなるようにした。一七五七年六月六日の会合でロリオは、各オーダーのモデュール同士の比例をあらかじめつぎのように決めておくという層オーダーの新しい比例を提出した[74]。

$$5\ Mt = 6\ Md = 7\ Mi = 8\ Mcr$$ [75]

この提案によれば、　1Mi ＝ 6/7Md　1Mcr ＝ 6/8 Md

だからコリント式、イオニア式、ドリス式の層オーダーであるなら、コラム高さは通常の比例であると仮定して、コラムどうしの高さ比はこうなる。

イオニア式コラム高さ、　18 Mi ＝ 18 ×（6/7）Md ＝ 15.428...Md

コリント式コラム高さ、　20 Mcr ＝ 20 ×（6/8）Md ＝ 15 Md

ゆえに、コリント式：イオニア式：ドリス式　＝ 15 ： 15.428 ： 16

ロリオのものとされている図版（フランス学士院古文書室［B.13.6.1°.3］）では、ロリオの方法にもとづく層オーダーと「通常の用法」すなわちスカモッツィの方法にもとづくものが比較され、ロリオによるものでは、上層のオーダーは比較的大きいことが示されている。

（二）そのほかの会員の比例

一七五七年六月二七日の会合では、ル・ボンとカルトーが一七四四年三月一八日の会合で提案した、スカモッツィの法則をも守った一四：一五：一六という比例に賛成であった。(76)

一七五九年五月二八日年の会合ではオブリ（Claude-Guillet Aubry, 1703-1771. 一七三二年第二部会員、一七三七年第一部会員）が報告書（現存せず）を提出した。彼のものとされる図面が残されている（フランス学士院古文書室［B.13.6.1°.9］）。彼は上層のコラムが下のそれと同じ高さ、四分の一、三分の一、二分の一直径低い場合という四つの場合を示しているが、最後のものはデゴデの比例に相当する。この会合で「上下に積み重ねられたオーダーの最良の比例にかんするアカデミーの意見を形成するために委員会を」設置することに決定した。(77) しかしこの委員会の結論は残されていない。

一七五九年七月二三日の会合でシュヴォテ（Jean-Michel Chevotet, 1698-1772. 一七三二年第二部会員、一七五四年第一部会員）はロリオの方法論を採用してつぎのような比例を提案した。(78)

5 Md = 6 Mi　　7 Mi = 8 Mcr

コリント式、イオニア式、ドリス式の層オーダーにこれを応用すれば、類似の計算によって、三コラムの比例は一四と一二分の七：一五：一六となる。

一七六〇年一二月九日の会合でロリオは「その講義の主題となるであろう」三つのギリシア式オーダーの層オーダーにかんする一四枚の図面を提出した。[79] 層オーダーは実践ではすでに流行遅れになっていたが、教育の場ではまだ重要なテーマであったことがうかがわれる。

このように一七五七年から一七六〇年まで層オーダーについて熱心に議論した。しかしそののちはこの主題にかんする議論はない。一七七〇年七月三〇日の会合では「建築オーダーを上下に重ねるという濫用（abus）にかんするフレジエ氏のコラムにかんする議論の章」を講読した。[80] いかなる結論を下したかは議事録の記述からは明らかでない。しかしこの会合以降は層オーダーについて議論していないことから、層オーダーにたいしては否定的になったのではないかと想像できる。

（三）大オーダーの追認

ロジエが『建築試論』（一七五三）を世に問うてからオーダーを含む建築言語が理性の名において厳しく問いなおされた。しかしロジエは層オーダーそのものは否定せず、いくつかの守るべき基準を設定したにとどまる。[81]

ロジエの議論は別の形でアカデミーに影響を及ぼしたと考えられる。すなわちロジエの理論に影響をうけてスフロが設計したサント＝ジュヌヴィエーヴ教会（現パンテオン）の正面には大オーダーを使ったポーティコがあるように、一八世紀後半は、古代神殿風の大ポーティコで公共建築の正面を飾るという、いわば反アカデミー的造形が流行した。

これは古代建築への回帰の名のもとになされたが、アカデミーはこの新しい傾向を無視しえなくなる。一七七一年七月一五日の会合では、大オーダーにかんする議論が記された議事録を再読した結果、かつての意見を変更した。

「いかにアカデミーはそれ（大ピラスター）は避けるべきであるという意見であるとはいえ、近代の建物には反対の例はいくつかあり、それらは大きな成功をおさめている。(82)」

五　まとめ

アカデミーではその設立より大オーダーよりも層オーダーのほうが正統的な表現手法と考えられた。そのさい、おもに層オーダー上下のコラムの高さ比が最も重要な比例であったが、ウィトルウィウスの三：四は当初から否定され、スカモッツィらの四：五や五：六といった比例もやがて否定され、しだいに上下のコラムの高さの差が小さいものほど好まれるようになる。そしてそれは、理想とすべき建築の対象が、古代建築やイタリア・ルネサンスの建築や建築書から、フランス古典主義の建築に移行してゆく過程と平行している。しかし、一八世紀後半に古代建築の優越性が見直されると、層オーダーの議論そのものがなされなくなる。

だから各時期に承認された層オーダーの比例と参照された建築をみれば、層オーダーにかんする議論は、ルネサンスの建築書をとおしてみた古代建築からフランス古典主義建築へ、さらに古代建築へというアカデミーのパラダイムの変化を忠実に再現しているし、より直截に、それはイタリア建築や古代建築とは区別されるフランス建築の実体をなしていたと考えることができる。

〔註〕

1　当時の建築総監はコルベール。

2　議事録、第一巻、三二〇～三二一頁。

3　Portique イタリア語の「ポーティコ」とは異なり、ルーヴル宮東ファサードのようなコロネードすなわち列柱廊を意味する。

4　Perrault, *Ordonnance...*, 1683, pp.118-119.

5　La Hire, *Architecture Civile*, p.135;　桐敷真次郎編著『パラーディオ「建築四書」注釈』一九八六、一六〇頁。

6　Delorme, *Architecture*, 1567, pp.252-253 にその記述がみられる。議事録には「第一五章に」と誤って記されている。議事録、第二巻、二七五頁。

7　議事録、第二巻、二七五～二七六頁。

8　La Hire, *op.cit.*, p.135.

9　議事録、第三巻、三二〇～三二一頁。

10　たとえばアカデミーは一七〇一年の最初の大賞のテーマとして教区教会の正面ファサードを出題した。ある学生はドリス式とイオニア式の層オーダーからなるファサードの案を提出し、ほかの学生はドリス式、コリント式、コンポジット式の層オーダーの案を提出した（議事録、第三巻、一四二～一四三頁。Jean-Marie Pérouse de Monclos, *Les Prix de Rome*, Paris, 1984, p.35）。一七二〇年代でも教会正面ファサードがしばしばコンクールの課題となったが、その応募案には層オーダーによる案が多かった（cf. De Monclos, *op.cit.*, pp.35-37）。

11　Perrault, *Dix Livres de Vitruve*, p.143.　森田慶一訳註『ウィトルーウィウス建築書』一一四頁では「上層の柱は下層の柱よりも四分の一だけ小さく定められるべきである。その理由は、下方にある柱は荷を負っているから上方にあるものより強くなければならず、さらに植物の性質もまた模倣されるのが至当であるからである」と訳されている。

12　議事録、第一巻、四八頁。

13　桐敷真次郎前掲書、二二五～二三二頁。

14　議事録、第一巻、一一五頁。

15　同、一一六～一一七頁。

16　Scamozzi, *Les Cinq Ordres d'architecture*, traduit par A.-Ch. D'Aviler, liv.III, ch.viii.

17　議事録、第一巻、三一〇頁。

18　Blondel, *Cours d'architecture..*, IIIème partie, 1685, liv.II, ch.v-vii.

19　*Op.cit.*, p.252.

20　*Op.cit.*, p.253.

21　*Op.cit.*, p.256.

22　一六九一年五月二一日（議事録、第二巻、二一五頁）、一六九三年一月五日（議事録、第二巻、二五一頁）、一六九七年八月一九日（議事録、第三巻、一七頁）、同年八月二六日（議事録、第三巻、一八頁）の会合。

23　La Hire, *op.cit.*, p.136.

24　議事録、第一巻、一一五頁。

25　Scamozzi, *op.cit.*, ch.v.

26　*Op.cit.*, ch.vi, p.16.

27 *Op.cit.*, ch.xi, p.33.

28 議事録、第一巻、三一〇頁。

29 Blondel, *op.cit.*, liv.III, ch.vi, p.265.

30 議事録、第二巻、一九六頁。

31 同、一九六～一九七頁。

32 同、一九八頁。実際、計算によればそうなる。すなわちコラム高さ、下端直径、上端直径がそれぞれ、ドリス式で16Md, 2Md, 2 × (5/6) Md, コリント式で20Mcr, ¼ 2Mcr, 2 × (5/6) Mcr であるとする。ドリス式は、上端直径はコリント式の下端直径に等しいから、

$2 \times {}^{5}/_{6}\mathrm{Md} = 2\mathrm{Mcr} \quad 1\mathrm{Mcr} = {}^{5}/_{6}\mathrm{Md}$

コリント式コラム高さは：

$20\mathrm{Mc} = 20 \times {}^{5}/_{6}\mathrm{Md} = 16\mathrm{Md}^{2}/_{3}$

これはドリス式コラム高さ (16Md) よりも大きい。

33 議事録、第二巻、一九八～一九九頁。

34 同、三一五頁。

35 La Hire, *op.cit.*, p.137.

36 同右。

37 この教会のファサードは以前から称賛されており、歴史家アンリ・ソヴァルはフランスにおける最も美しい建築の例としている。Cf. Sauval, *Recherches des antiquite de la Ville de Paris*, tome 2, p.48.

38 議事録、第三巻、一六頁。

39 同、一六頁。

40 同、一六～一七頁。

41 同、一七頁。Blondel, *Cours*, IIIème partie, IIIème liv., ch.Ier; Vitruve, liv.V, ch.I et VII.

42 同、一八頁。Blondel, *op.cit.*, IIIème partie, liv.III, ch.iii-v.

43 同、一八頁。

44 同、一九頁。

45 議事録、第三巻、一六九～一七〇頁。

46 同、一七二頁。ビュレの図版は現存しないようである。

47 Blondel, *op.cit.*, IIIème partie, liv.II, ch.iii, pp.250-251.
48 *Op.cit.*, IIème partie, liv.IV, ch.i, pp.274-275.
49 *Op.cit.*, liv.IV-V.
50 *Op.cit.*, IIIème partie, liv.V, ch.vi, pp.311-312.
51 *Op.cit.*, IIIème partie, liv.V, ch.vi, p.312.
52 La Hire, *op.cit.*, p.138.
53 一六九七年七月二九日の会合（議事録、第三巻、一五頁）、同年九月二三日の会合（議事録、第三巻、二一〜二二頁）。
54 一六九七年七月二七の会合（議事録、第三巻、一五頁）。同じ指摘は一七〇二年五月一五日の会合（議事録、第三巻、一五二頁）でもなされた。
55 一七〇二年五月二二日の会合（議事録、第三巻、一五二頁）。
56 Desgodets, *Traité...*, tome II, 1733.
57 議事録、第三巻、三五五〜三五六頁。
58 Desgodets, *op.cit.*, t.I.
59 De Monclos, *op.cit.*, pp.35-39.
60 議事録、第五巻、三一〇頁。
61 同、三一〇〜三一一頁。
62 同、三二六〜三二七頁。
63 同、三四九頁。
64 同、三四九頁。
65 同、三五二頁。
66 議事録、第六巻、八〜九頁。
67 同、九頁。
68 Boffrand, *Livre d'architecture*, p.34.
69 議事録、第六巻、一〇〜一一頁。
70 同、一一頁。
71 一七五七年二月二八日（議事録、第六巻、二八七頁）、同年六月一三日（議事録、第六巻、二九九頁）、一七五八年七月一〇日（議事録、第六巻、三二八頁）の会合。

72　フランス建築については、一七五七年六月一三日（議事録、第六巻、二九九〜三〇〇頁）、一七五八年七月一〇日（議事録、第六巻、三二八頁）、一七五九年一月八日（議事録、第七巻、一〜二頁）の会合で言及。イタリア建築については、一七五八年七月三日の会合（議事録、第六巻、三二八頁）でスフロがパラッツォ・バルベリーニの図面を提出。古代建築については、一七五九年七月九日（議事録、第七巻、一九頁）に、シュヴォテがローマのコロセウムの四オーダーと、マルケルルス劇場の二枚の図面を提出。

73　一七五七年三月一四日の会合においてドリュジ・ド・ペリサックが層オーダーにかんする覚書を提出していることが議事録（第六巻、二八八頁）に記録されている。それはフランス学士院古文書室所蔵のアカデミー関係図版のうちの［B.13.6.1゜.4］に対応していると思われる。その図版では「下層のオーダーにとって上層のオーダーがあまりに重々しくみえないように、そして下層オーダーが上層のそれにとってじゅうぶん堅固にみえるように」上層オーダーの規模が小さくされていた。

74　議事録、第六巻、二九八〜二九九頁。

75　フランス学士院古文書室のアカデミー関連資料［B.13.6.1゜.4］によれば、これはさらに九Mcmに等しい。

76　議事録、第六巻、三〇〇〜三〇一頁。

77　同、第七巻、一七頁。

78　同、一九〜二〇頁。

79　同、六三頁。

80　議事録、第八巻、八〇頁。Frézier, *Dissertation sur les ordres d'architecture*, 1738 のなかの一節と思われる。

81　Laugier, *Essay sur l'architecture*, 1753, pp.39-46.（三宅理一訳『建築試論』五七〜六四頁、ただしこの翻訳は一七五五年の第二版にもとづく）

82　議事録、第八巻、一〇三頁。

第三章　柱頭の比例と装飾

三―一　トスカナ式柱頭

一　はじめに

フランスの王立建築アカデミーは毎週の会合で建築オーダー比例を議論しつつ、第一期には古代ローマ建築を、第二期には一七世紀のフランス古典主義の建築を模範としたという、一種のパラダイム・シフトがあった。[1] トスカナ式柱頭にかんする議論にも、こうした変化が認められるかどうか、そうだとしたら、全体の議論といかなる関係にあるのであろうか。

柱頭をなす三層を上から「アバクス」[2]、「エキヌス」[3]、「頸部」[4]と呼ぶことにすれば、主要な論点はつぎの三点であった。

（一）アバクス上端に小平縁があるかどうか。

（二）エキヌス下にある刳形の種類と帰属、すなわちそれがエキヌス層か頸部のいずれに属するか。

（三）頸部の下の刳形は、柱頭か柱身のいずれに属するか。

上記の三点がウィトルウィウス以降どう規定されたかを遡及して概説したうえで、アカデミーがこの伝統を前提に独自の比例体系を

建築家名	柱頭全高	主要３部分の高さと刳型						柱頭の半分 A+B	柱頭上端の半径 A	柱頭の張出し B	対応図	出典・備考
		アバクス		エキヌス層		頸部						
ウィトルウィウス	30		10	10			10	30	22½	7½		森田慶一訳『ウィトルーウィウス建築十書』第四書第七章第二、第三節
	30	—	10	10	—	af	10	30	22½	7½	1	ペロー訳『ウィトルウィウス建築十書』1673 年、137 頁
トラヤヌス記念柱	20	—	11	10½	af	—	—	34	26	8	2	シャンブレ『比較』1650 年、91 頁
セルリオ	30	—	10	10	f	—	10	30	22½	7½	3	セルリオ、第四書第五章図 4（ウィトルウィウスに準拠）
ヴィニョーラ	30	f	10	10	f	—	10	36¼	23¾	12½	4	長尾重武編『建築の五つのオーダー』第八章（1M=12P を 1M=30P に換算）
パラディオ	30	—	10	10	f	—	10	30	22½	7½	5	シャンブレ訳パラディオ『建築四書』第一書第一四章、47 頁
	30½	fc	11	9½	—	f	10	36	26	10	6	同上
スカモッツィ	30	f	10½	10	a	f	9½	31	22½	8½	7	ダヴィレ訳『スカモッツィの建築の五つのオーダー』57 頁
ドロルム	30	—	10	10	f	—	10	30	22½	7½	8	ドロルム『建築第一巻』第五書第六章
	30	f	10	10	f	—	10	31½	24	7½	9	ドロルム『建築第一巻』第五書第九章
ビュラン	30	—	10	10	f	—	10	31	22½	7½	10	ビュラン『建築の一般的法則』
ブロンデル	30	—	10	10	f	—	10	30	22½	7½	11	ブロンデル『建築教程』第一部第二書第一章、25 頁
ペロー	30	—	10	10	—	af	10	34	25	9	12	ペロー『オルドナンス』42 頁、図 III
ラ・イール	30	—	10	10	f	—	10	35	25	10	13	ラ・イール『市民建築』86-87 頁、図 14
	30	f	10	10	f	—	10	37½	25	12½	13	同上
デゴデ	30	f	11	9	f	—	10	37½	25	12½	14	デゴデ『建築オーダー書』第三章、図 V
タヌヴォ	30	f	10 ⅔ ?	9 ⅔ ?	f	—	9 ⅔ ?	40 ?	26¼	13¾	15	フランス学士院図書館、Ms.1026, pl.11（1M=12P を 1M=30P に換算）
ロリオ	30 ⅝	f	11¼	10 5/16	f	—	9 1/16	40	25 ⅝	14 ⅜	16〜18	フランス学士院古文書室、ボジール文書 B.13-7-2°-2, B.13-7-2°-4

表１　トスカナ式柱頭の比較。
単位はパルティ（＝コラム下部半径×1/30）、各行で、数値の左側にあるローマ字はその層の上端の刳型を、右側にあるローマ字はその層の下端の刳型を示す。a : 玉縁 (astragale)、c : カヴェット (cavette)、f : 小平縁 (filet)、？: 図版よりの推定、af : 玉縁と小平縁。

ど う推敲したかを述べる。なお本章では、上記の三層を第一〜第三層と呼び、柱頭の幅とはアバクスの幅を意味し、その半分を「(柱頭の) 半幅」、柱身上部の表面からアバクス先端までの距離を「張出し」と呼ぶ。

二　ウィトルウィウスの規定

森田慶一訳『ウィトルーウィウス建築書』第四書第七章の第三節によれば、トスカナ式柱頭の高さは一モデュール、全幅は二モデュールであるが、高さは三分割され、そのうちの一部分がアバクス、ほかの一部分がエキヌス、そして「第三の一部分がアポピュシスを付けた頸部に与えられる」[5]。森田によれば「アポピュシス apophysis」は「アポテシス apothesis」と同義であり、その意味は「柱身から柱頭へ、あるいは柱礎へ、移行する逃げの部分」[6]である。文字どおり解釈すれば、それは柱身の上端にある小平縁にいたる直前の、四分の一円輪郭の部分であり、日本語で「根広」とも呼ばれる箇所である。この説明では、柱頭高さ一モデュールなどは明快であり、後世の建築家はほとんどこれに準拠している。しかし上記の「アポピュシス」は頸部の上端か下端かが曖昧であるなど、細部についてはかならずしもそうではなく、さまざまな解釈が生じる原因となった。

三　イタリア・ルネサンスの建築家たちによるトスカナ式柱頭

セルリオは『建築第四書』(初版一五三七) 第五章で、ウィトルウィウスを引用し、さらに補足しつつ柱頭の比例を説明している (図3)。柱頭全体の高さや、高さが三等分されて三層にあてられる点や、幅については彼を踏襲しているが、つぎの二点で詳細になっている[7]。

(一) エキヌス層は四等分され、その三が、エキヌスに、残りの一が小平縁に与えられる。

(二) 頸部の下にある玉縁と小平縁は、柱身に属するものとして、寸法が記述されている。両刳形をあわせた厚みは頸部のそれの

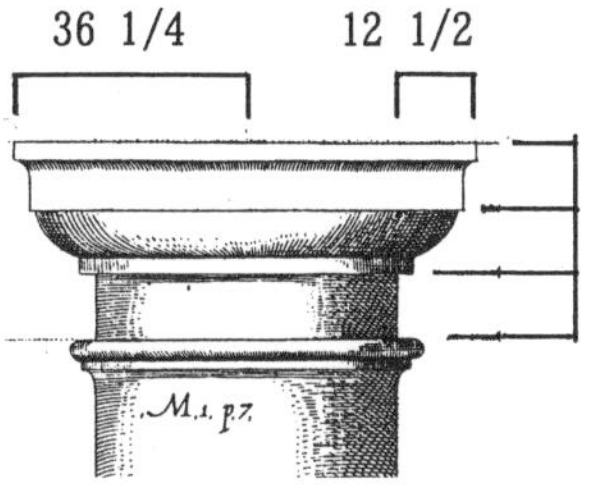

図4　ヴィニョーラ案。
長尾重武編『ヴィニョーラ 建築の五つのオーダー』第一三章。

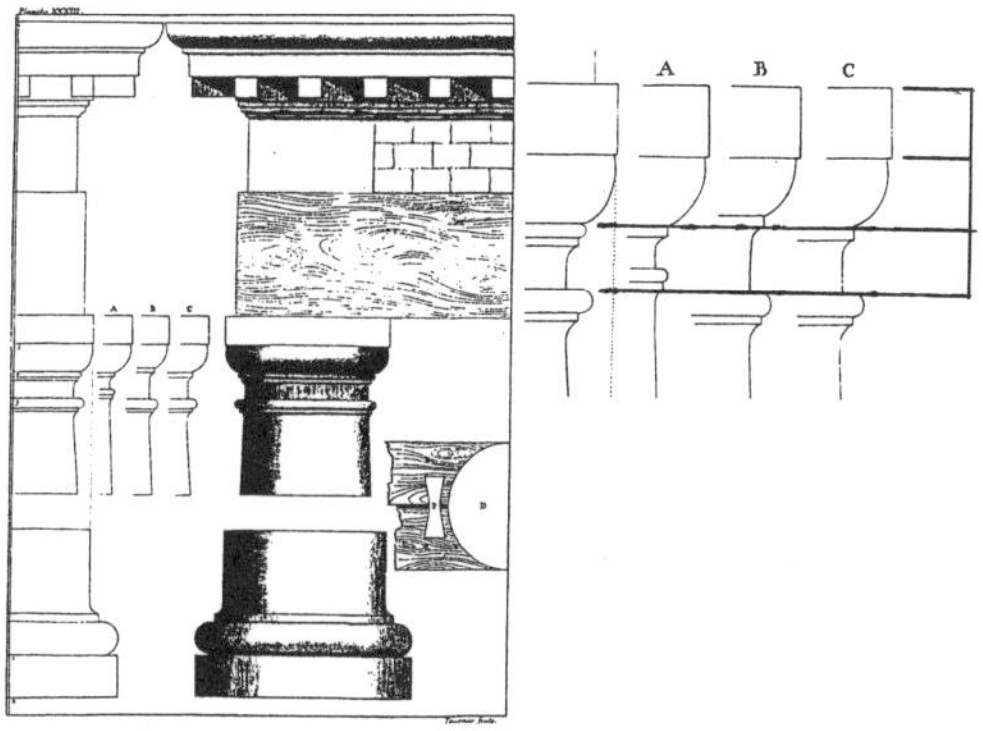

図1　ペローがウィトルウィウスにもとづいて作成したトスカナ式オーダーと、その部分の拡大の分析。ペロー訳『ウィトルウィウス 建築十書』(1673) 第四書第七章、137 頁。左端はペロー解釈によるもの、A はフィランデル、B はセルリオとヴィニョーラ、C はパラディオの例。
なお比較のための補助線は著者が記入した。

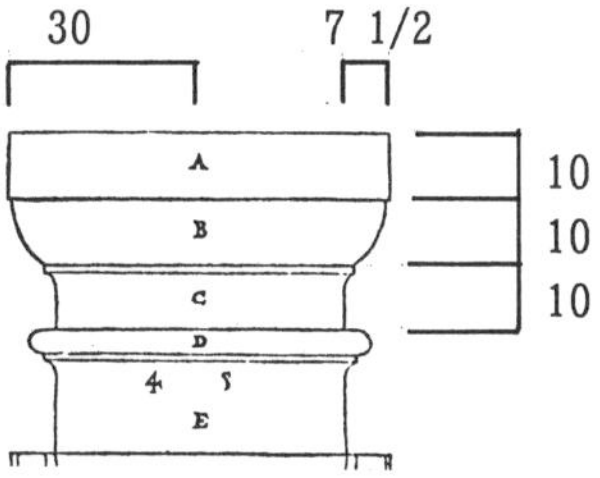

図5　ウィトルウィウスにしたがったとするパラディオ案。シャンブレ訳パラディオ『建築四書』(1650) 第一書第一四章、47 頁。

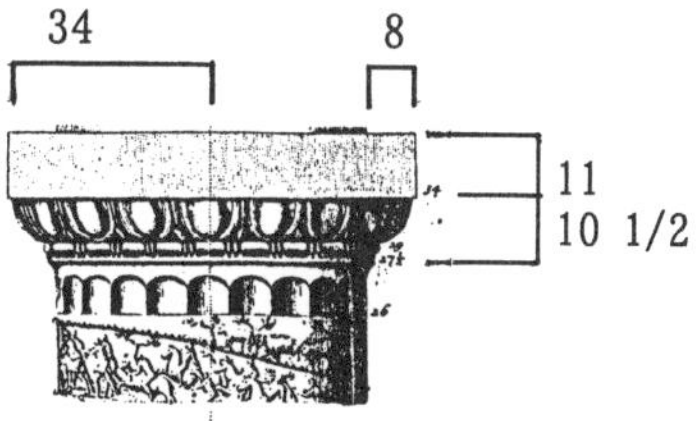

図2　トラヤヌス帝の記念柱。
シャンブレ『比較』(1650) 91 頁。

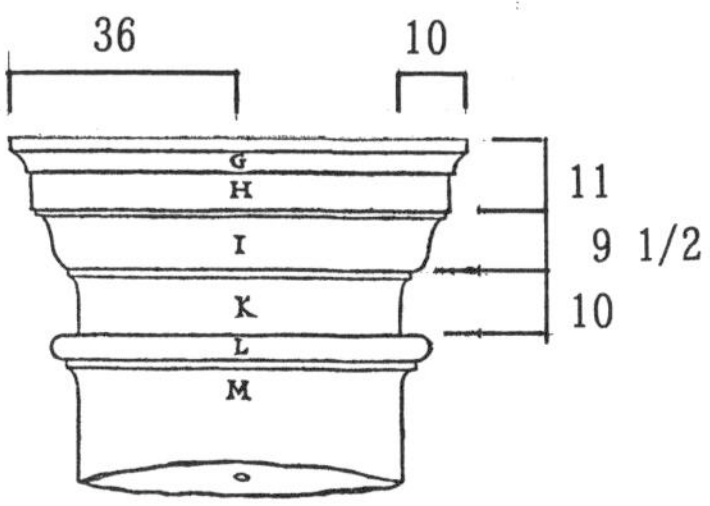

図6　ヴェローナの闘技場などの例にしたがったとするパラディオ案。パラディオ前掲書第一書第一四章、48 頁。

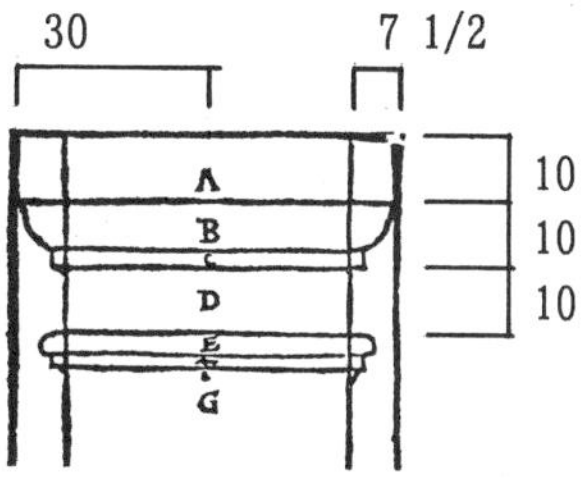

図3　セルリオがウィトルウィウスにもとづくものとして紹介した柱頭。
セルリオ第四書第五章、図 4。

二分の一であり、それが三等分され二が玉縁に、一が小平縁に与えられる。すなわちエキヌス直下にある刳形はエキヌス層に属し、頸部直下の刳形は柱身に属する。ところでアバクスには刳形はない。

ヴィニョーラは、垂直方向の比例ではセルリオに従っている（図4）。しかしアバクス上端に小平縁がある点で、彼とは異なっている。[8]

パラディオはその『建築四書』において二種類の柱頭を提案している。第一（図5）はウィトルウィウスのものとして紹介されており、アバクスには刳形がなく、全体として簡素な印象を与える。しかし刳形の位置についてはセルリオとは異なる解釈である。全高は三等分されるが、その第二の部分がエキヌス全体に与えられ、エキヌスはかなり厚く（一〇パルティ）なっている。いっぽうエキヌス直下の小平縁は頸部に属するものとされている。[9] 第二（図6）はヴェローナの闘技場や、プーラの闘技場と劇場などの古代建築を参考にして作成されたもので、アバクス上端には小平縁とカヴェット、第二層には四分の一円輪郭のエキヌスではなくシーマがあるなど、装飾的である。[10]

スカモッツィは、柱頭の高さが三等分されるというふうには説明していない。[11] 実際、等しい高さの三層には区分できない（図7）。刳形がどの層に含まれるのかは曖昧である。[12] 細部については、アバクス上端に小平縁があり、エキヌス直下に玉縁と小平縁があるのが特徴的である。ただしこうした刳形が選ばれた理由は明記されていない。

ルネサンスにおいてはウィトルウィウスのセルリオ的解釈が有力であったが、パラディオにおいては古代建築の実例の名のもとに、スカモッツィにおいてはおそらく一般的な反ウィトルウィウス的方針[13]によって、そこから逸脱することが試みられたと考えられる。

四　フランスの建築家によるトスカナ式柱頭

（一）アカデミー以前の建築家たち

フィリベール・ドロルムは『建築第一巻』（一五六七）において二種類のトスカナ式柱頭を紹介している。第一（図8）はウィトルウィウスやセルリオに忠実なものであり、高さは一モデュール、幅は二モデュール、高さは三等分されるが、エキヌス層は小平縁を含む。[14]

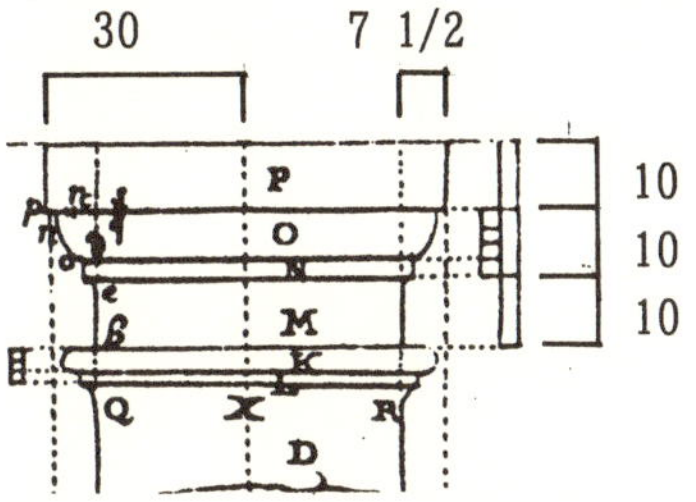

図 11　ブロンデル案。『建築教程』第一部（1672）第三書第一章、45 頁。

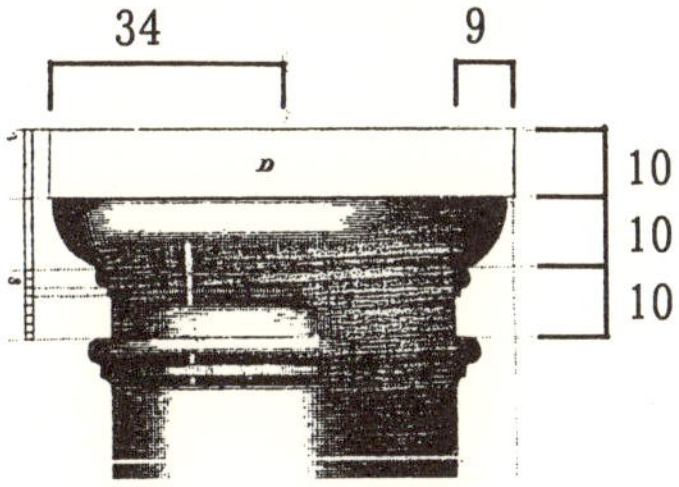

図 12　ペロー案。
『オルドナンス』（1683）43 頁、図Ⅱ。

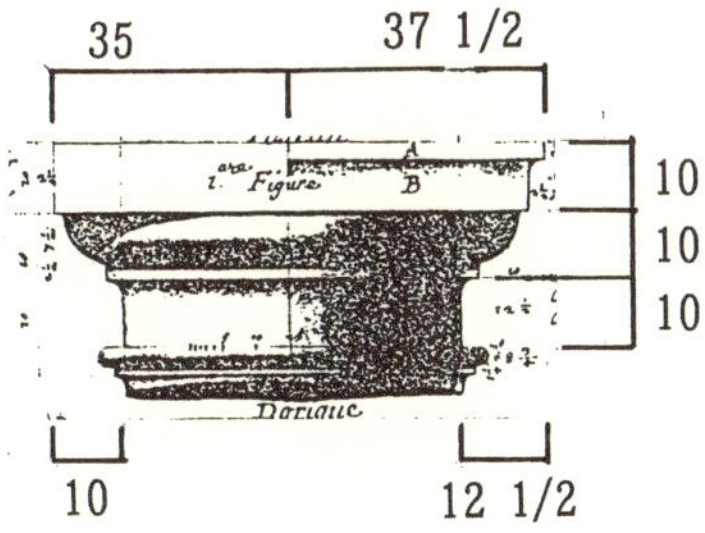

図 13　ラ・イール案。
『市民建築』86 ～ 87 頁、図 14。

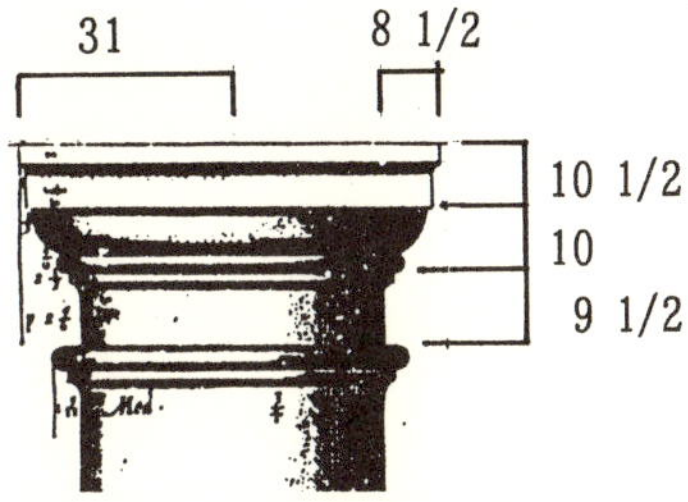

図 7　スカモッツィ案。
ダヴィレ訳『スカモッツィの建築の五つのオーダー』（1685）第一七章、57 頁。

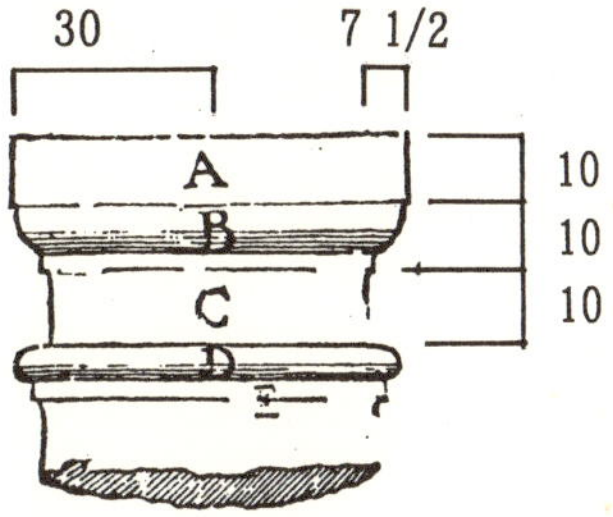

図 8　ドロルム案その一。『建築第一巻』（1567）第五書第六章。

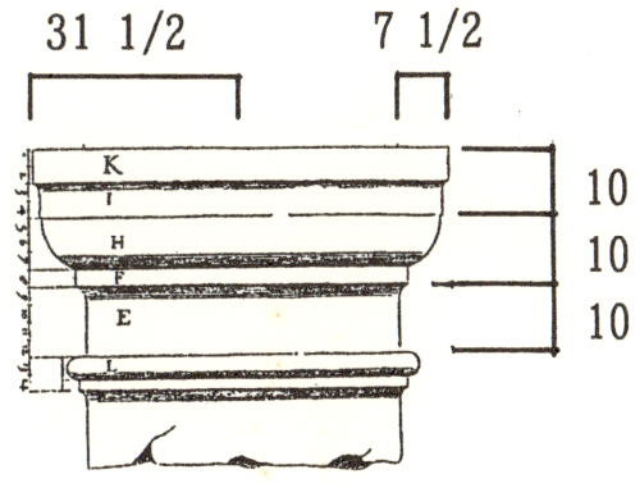

図 9　ドロルム案その二。前掲書第五書第九章。

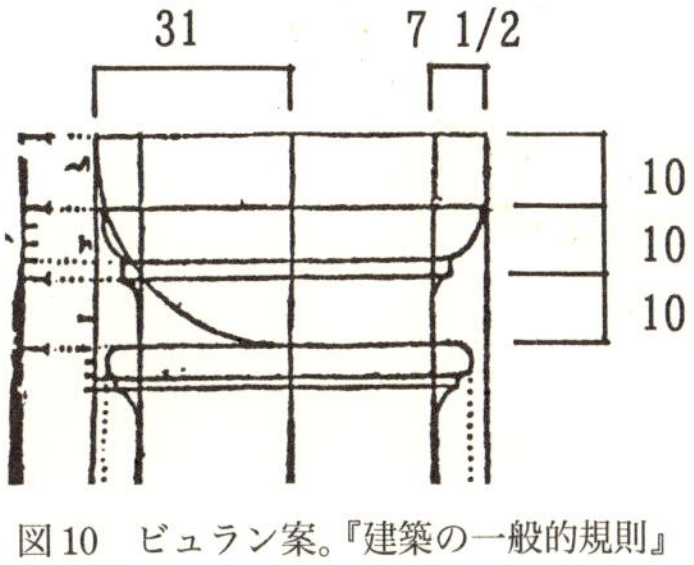

図 10　ビュラン案。『建築の一般的規則』（1654）

しかしより詳細に記述された第二例（図9）では、垂直方向の比例はほぼウィトルウィウスのセルリオ的解釈を踏襲しているが、アバクス上端に厚い（五パルティ）小平縁がある点で異なっている。ところで、ジャン・ビュラン[15]が『一般的規則』（一五六四）で紹介したトスカナ式柱頭（図10）は、ほぼ完全にセルリオの比例のままである。[16]

一般的にはウィトルウィウスのセルリオ的解釈が尊重されたようである。

（二）ペローによるウィトルウィウス解釈

ペロー訳『ウィトルウィウス建築十書』（初版一六七三）においては、トスカナ式柱頭の比例は、こう説明されている。

「柱頭の高さはコラムの太さの半分で、アバクスの幅はコラムの太さ全体に等しい。柱頭の高さは三等分され、そのうち一がアバクスとなる角板[17]に、ほかの一がエキヌスに、第三の一が、玉縁とアポテシス[18]（congé）を含む頸部に与えられるべきである。[19]」

先に引用した、比較的原著に忠実な森田慶一訳では第三の一部分が「アポピュシスを付けた頸部」に与えられるとあるが、ペロー訳では「玉縁とアポテシスを含む頸部」となっている。

ペローは「第三の一」についての脚注で、このように解釈した理由を述べている。『建築十書』のすべての異本において、この箇所は「第三の一は頸部とアポテシスにあてられる tertia Hypotrachelio & apophygi」とあるが、フィランデル版[20]では「第三の一は玉縁とアポテシスを含む頸部にあてられる tertia Hypotrachelio cum astragalo & apophygi」と修正されており、この修正には同意できる、と。

しかしペローは「玉縁とアポテシス」が頸部に含まれることは同意したが、これらの刳形が頸部の上端にあるか下端にあるかという点では、フィランデルに同意していない。すなわちフィランデル版では、ウィトルウィウスは頸部の下すなわち柱身の上端の玉縁とアポテシスを語っているとして、ペローは批判した。

「ウィトルウィウスが述べている玉縁とアポテシスは、コラムの柱身の一部である玉縁とアポテシスというよりは、柱頭の一部分であるべきであると私は信じる。[21]」

この一節を、この脚注の説明のための挿図（図1）と比較すれば、彼は「玉縁とアポテシス」はエキヌスの直下と柱身の最上端の二箇所にあるべきであり、ウィトルウィウスはその前者のものを述べている、と考えていたことは明白である。また図版から明らかなように、彼は「玉縁とアポテシス」としながら、実際は、玉縁と小平縁と根広（アポテシス）を描いている。あるいはアポテシスという言葉をもって小平縁と根広の両者を意味しようとしていた、とも考えられる。

彼は同じ脚注で、トラヤヌス記念柱とスカモッツィの例をもって自説を正当化した。[22]実際、これらの例ではエキヌス直下に玉縁と小平縁があり、必然的にその小平縁の直下にはアポテシスがある（図2、7）。

彼は、イタリアの建築家による柱頭をも検討している。セルリオとヴィニョーラによる柱頭については、「ウィトルウィウスは柱頭の第二層全体をエキヌスに与えた」のに、彼らは第二層のなかにエキヌスと小平縁を含めていると批判した。パラディオについては、その第二層全体をエキヌスに与えているが、そのエキヌス直下には「玉縁がない」と指摘している[23]（図1、3、4、5）。

またペローは『オルドナンス』（一六八三）のトスカナ式オーダーの章のなかで、『建築十書』の脚注で論じたことを、よりくわしく論じている。この書は彼自身の比例体系の提案でもあり、諸例から彼が最良と考えるものを積極的に選択し提案している。彼は「性格 caractère」すなわち刳形[24]による分類と「比例 proportion」による分類を区別し、さまざまな例を比較した。まず「性格」については、こう述べている。

「パラディオ、セルリオ、それからウィトルウィウス、トラヤヌス記念柱においては、アバクスはまったく単純でありシーマはない。ヴィニョーラとスカモッツィはシーマではなく小平縁をつけている。フィランデルは角をとって丸くしているが、たぶん丸い台石のあるウィトルウィウス流の柱基に似せるためであろう。トラヤヌス記念柱には頸部がなく、柱身の玉縁と柱頭のそれが混同されている。エキヌスの下に玉縁と小平縁を置いているのはウィトルウィウスとスカモッツィのみであり、フィランデル、パラディオ、セルリオ、ヴィニョーラといったほかの建築家は小平縁がひとつあるだけである。[25]」

フィランデルとトラヤヌス記念柱を特殊例として除外すれば、ここでは柱頭の刳形の問題としてつぎの二点があげられている。第一の問題はアバクスの形状であり、刳形がなく平滑な場合（パラディオ、セルリオ、ウィトルウィウス）と、最上部に小平縁がある場合（ヴィニョーラ、スカモッツィ）がある。第二の問題はエキヌスの下の刳形であり、玉縁と小平縁がある場合（ウィトルウィウス、スカモッツィ）と、小平縁のみの場合（フィランデル、パラディオ、セルリオ、ヴィニョーラ）がある。

つぎに「比例」についてはこう述べている。

「比例についても建築家によってまちまちである。フィランデルのような建築家は、第三層を、[26]ウィトルウィウスなら頸部とエキヌスの玉縁に与えるところを、コラム上端の玉縁と小平縁にもあてている。セルリオやヴィニョーラのような建築家は、第三層全体を頸部にあて、第二層は、ウィトルウィウスならすべてエキヌスにあてていたところを、そこにエキヌス下の小平縁をも含ませている。またパラディオのような建築家は、第二層[27]の全体をエキヌスにあて、（頸部上端には）ウィトルウィウスなら玉縁と小平縁を与えるが、小平縁のみを与えている。[28]」

これら三者の比較は前述の『建築十書』の挿図（図1）における「A」、「B」、「C」にそのまま対応しており、前述の脚注を補足する形となっている。そしてペローは宣言する。

「こうしたきわめて多様な諸例から、ウィトルウィウスの手法を選んだ。それはより心地好く、柱基よりもやや装飾豊かで、それより簡素ではないという、すべての柱頭に共通する原理や法則に一致する。というのは、ウィトルウィウスがエキヌスの下に置いた玉縁がなければ、トスカナ式柱頭は柱基と区別がつかなくなるだろうからである。[29]」

こうしてペローが提案した柱頭（図12）は、自身が翻訳した『建築十書』の図三二（Planche XXXII）において示したもの（図1）とほぼ同じである。ウィトルウィウスにはつぎの三点で追随した。アバクスには刳形がなく平滑であり、エキヌスには柱頭の三分の一の高さの全部が与えられ、頸部の上端にも柱身の上端のように、玉縁と小平縁がある、という三点。これはペローによるウィトルウィウス解釈にして、実質的なペロー案でもある。

ペローはウィトルウィウスのテキスト批判をおこない、イタリア・ルネサンスの建築書を検討しつつ、セルリオとは異なる新しいウィトルウィウス解釈を提案した。すなわち柱頭は三層に等分され、第一層のアバクスには刳形がなく、第二層全体はエキヌスにあてられ、第三層の上端には玉縁と小平縁がある。

(三) ブロンデル（図11）

ブロンデルは『建築教程』第一部（一六七三）第二書の第一章において、ウィトルウィウスとその注釈者にもとづく比例の例を紹介している。[30] エキヌス下の刳形は小平縁のみである。またそのエキヌスと小平縁の合計で、柱頭の三分の一の高さが与えられているという点で、むしろセルリオとヴィニョーラの柱頭に類似している。すなわち彼は、セルリオ解釈にもとづくウィトルウィウスに準拠している。

(四) フィリップ・ド・ラ・イール（図13）

ラ・イールは『市民建築』のなかで、この柱頭は建築家ごとの違いは少ないが、アバクス上端に小平縁を置く建築家と、刳形なしでアバクスを完全に四角にする建築家に大別されるとした。[31] すなわちペローと同じ比較をした。彼はアバクスに小平縁があるものとないものを並置した[32]（図13）。またドロルムが『建築第一巻』第五書第一〇章で紹介した柱頭（図9）に言及し、小平縁が厚すぎると批判している。そして、アバクス上端に小平縁をもってくることは、むしろドリス式柱頭にふさわしいと指摘した。[33]

「トスカナ式の柱頭の起源はドリス式の柱頭にあり、図一四《ママ》にみられるように、そのすべての刳形も比例もそこ（ドリス式柱頭）からとられたものであることは、容易にみてとれる。[34]」

しかし第二層にはエキヌスと小平縁が含まれており、エキヌスは薄いことを考えれば、ラ・イールはペロー的解釈ではなく、やはりセルリオ的解釈でのウィトルウィウスに準拠したようだ。アバクス上端に小平縁のある例はヴィニョーラのものとの類似性が強いが、ラ・イールが、前述のように、刳形のない簡素なアバクスがトスカナ式にふさわしいと述べていることは、この仮説を補強するものである。

すなわちペロー独自のウィトルウィウス解釈に準拠する立場と、ブロンデルやラ・イールのようにやはりセルリオ解釈にもとづくウィトルウィウスに準拠する立場という、ふたつの立場があった。

五　アカデミーにおける見解の変化

(一) セルリオ的解釈からペロー的解釈へ

アカデミーは一六七六年一二月七日の会合において、ドロルムが『建築第一巻』第五書第六章で説明した柱頭（図8）が「ウィトルウィウスの柱頭に一致する」と指摘し、柱身上端のみに玉縁があり、第二層がエキヌスと小平縁にあてられるその柱頭を認めた[35]。ただし翌一二月一四日の会合では、同例の柱身上端の玉縁において、張出しと厚みが等しいので「たいへん不快な効果」を与えることが指摘された[36]。

しかし一六八一年六月九日の会合では、ペローが提出した問題が検討された。まずフィランデル版ウィトルウィウス建築十書におけるトスカナ式柱頭を検討し、彼が「第三の一は玉縁とアポテシスを含む頸部にあてられる」と修正したこと、またその玉縁とアポテシスのあいだに小平縁を挿入したことを賞賛したが、頸部の下にその玉縁とアポテシスを置き、本来は柱身の一部であるそれらを柱頭の第三層に含めてしまったことはまったく認めることができない、とした。いっぽう「ペロー氏の図版」にあるような、エキヌス直下にも柱身最上端にも玉縁と小平縁の組合せがある方法を「最も繊細で詳細に検討された作品における、ほかのいかなるものより好ましい」と判断した[37]。

さらにパラディオの例にも言及して、エキヌス下には小平縁だけがあるが、これは「最も堅固な大規模建物なら」使用することがで

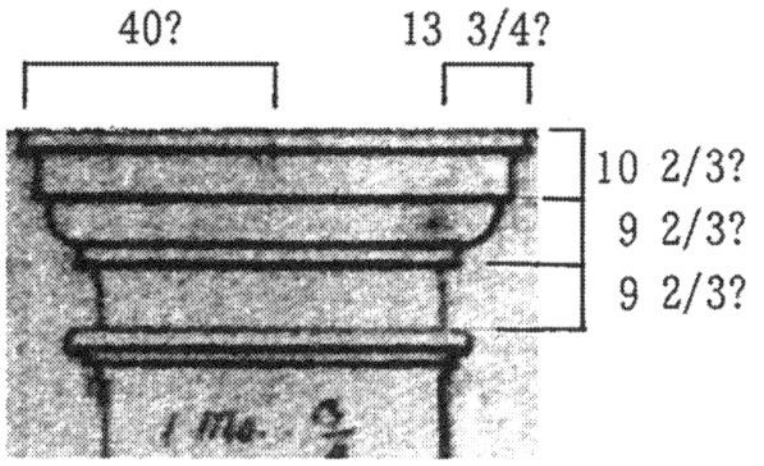

図 15　タヌヴォ案。
フランス学士院図書館、Ms.1026, pl.11.

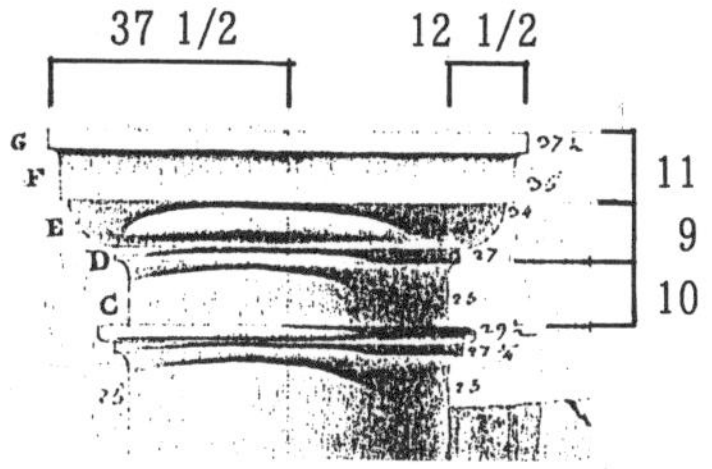

図 14　デゴデ案。
『建築オーダー書』第三章、図Ⅴ。

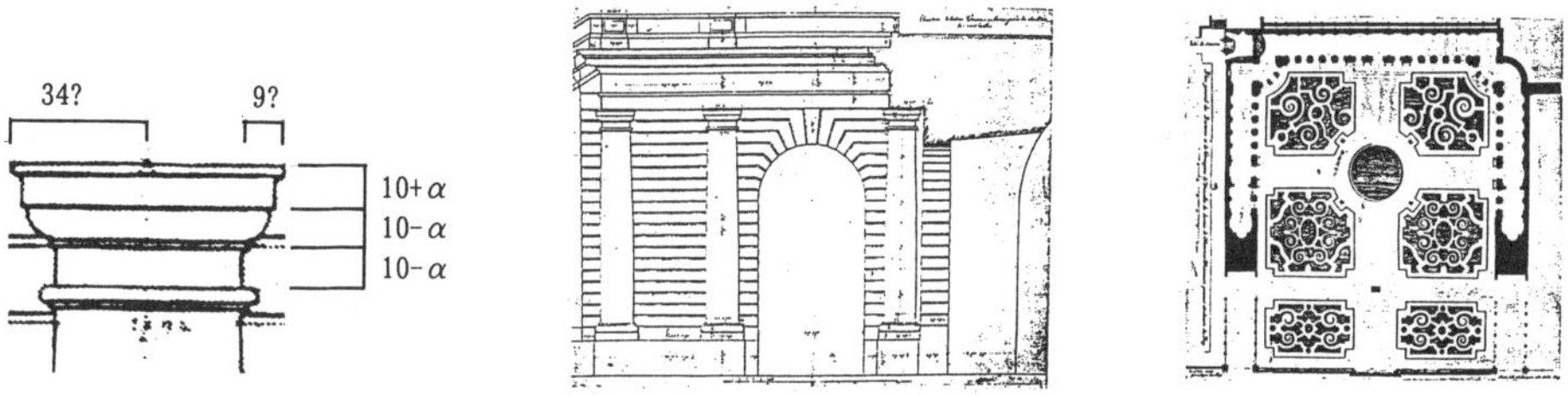

図 16　フランソワ・マンサールが設計したヴェルサイユ宮のオランジュリ（オレンジ用温室）（左）柱頭の詳細。中央の図面の部分拡大。（中央）側面ポーティコのトスカナ式オーダーの全体図。（右）平面図。
Alfred et Jeanne Marie, *Mansart à Versailles*, 1972, t.I, pp.281-284.

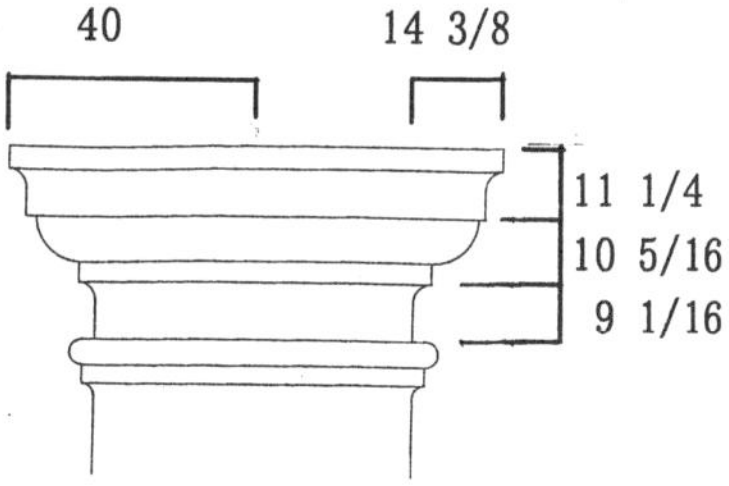

図 17　フランス学士院古文書室、ボジール文書、B.13-7-2 °-2 と、B.13-7-2 °-4 に描かれたトスカナ式柱頭の輪郭。

図 19　ロリオが作図したとされるトスカナ式柱頭の図面。同文書 B.13-7-2°-4.
(左) ヴェルサイユ宮のオランジュリの例。
(右) ヴィニョーラのトスカナ式柱頭。

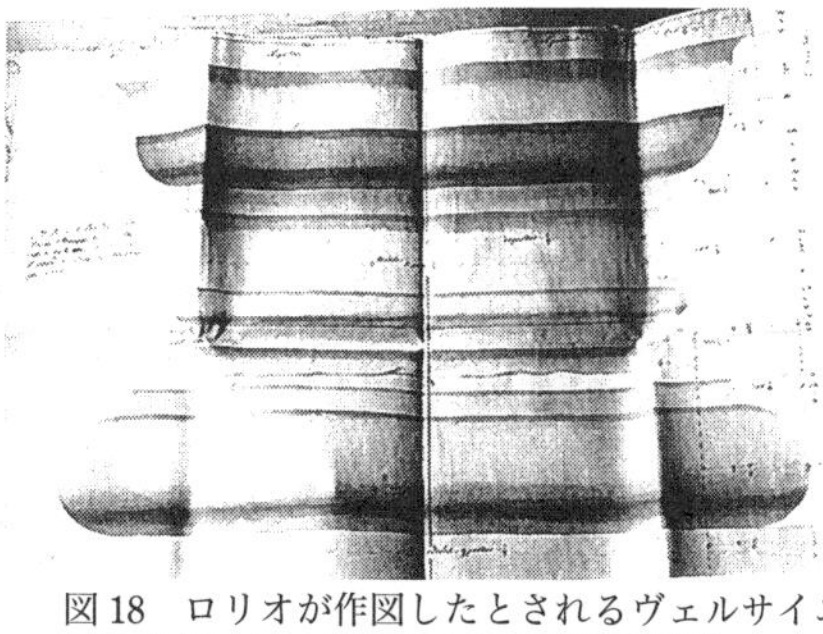

図 18　ロリオが作図したとされるヴェルサイユ宮のオランジュリのトスカナ柱頭の図面。
フランス学士院古文書室、ボジール文書、B.13-7-2°-2.

きる、とした。[38] すなわち玉縁がなく、刳形がより単純なパラディオの柱頭は、限定された用途なら認められるとした。

この会合ではペロー解釈によるウィトルウィウスが支持された。

(二) アカデミーの態度の変化

しかしそののち、ペロー評価の態度はなくなってゆく。まずアバクスは三分の一モデュールよりも厚くあるべきだという主張がなされるようになった。

一六九五年一二月一九日の会合では、ダヴィレ訳『スカモッツィの建築の五つのオーダー』の第一七章が講読され、「柱頭のアバクスはその下の刳形と比べて弱すぎる」という判断がなされた。[39] スカモッツィの柱頭のアバクスは高さが三分の一モデュール以上（一〇パルティと二分の一）であり、小平縁がある。いっぽう頸部の上部には玉縁と小平縁がある。だから刳形がある場合は、三分の一モデュールより大きい一〇パルティと二分の一という値でも小さいと判断したことが推察される。

一六九六年七月一六日の会合ではブロンデルの『建築教程』第一部第二書が講読された。この第二書はトスカナ式オーダーを論じているが、第三章では、パラディオによるものとして、彼の『建築四書』の「図Ⅰ-12」に示されたもの（図6）をとりあげて検討している。パラディオが言及した「三種類のトスカナ式の柱頭と柱基」[40] から「最も美しくないもの」をブロンデルが選んだ、と述べている。[41] こうした刳形や装飾が多すぎる柱頭を好まなかったと、推測される。つづいてエキヌスについては、パラディオやペローのように三分の一モデュールという大きな値ではなく、やはりセルリオのような四分の一モデュール（三分の一×¾＝四分の一モデュール）といった薄いものが支持されるようになった。

一六九九年一一月四日の会合では、パラディオの『建築四書』第一書が講読され、そのトスカナ式柱頭がふたたび検討された。彼が提案した最初の例[42]（図5）について指摘した。

「柱頭のエキヌスは、アバクスや頸部にたいして高すぎる。[43]」

実際、この柱頭において、エキヌス単独で厚さ三分の一モデュールであるから、セルリオやヴィニョーラでは四分の一モデュールであるのと比較して、厚い。つまり薄いエキヌスを望んだ。

一六八一年六月九日の会合で承認されたペローによるウィトルウィウス解釈では、エキヌスの厚みはまさに三分の一モデュールであったから、これはアカデミーの態度が変化したことを物語っている。またパラディオが「ヴェローナの闘技場から引用した」第二の例（図6）はやはり「その輪郭も比例もけっして従うべきではない」とした。[44] やはり刳形が多すぎる柱頭は好まれなかったことが推測される。

すなわちアカデミーはトスカナ式柱頭については、刳形の少ない単純な形を好み、第二層がエキヌスとその直下の小平縁を含むような、薄めのエキヌスを好むようになったと考えられる。

(三) ヴィニョーラとマンサールによる比例

一七〇一年よりトスカナ式オーダーの比例が体系的に再検討された。一七〇一年一月四日の会合では、この主題について一六九九年になされた議論の記録が再読され、このオーダーの「すべての部分」について議論がなされた。デゴデは、アカデミーの検討のたたき台となり清書され摸型化されるべき図面を作成するよう要請された。これは建築総監の要請によるものという記載がみられる。[45]

一七〇一年一月一一日の会合で、デゴデは図版を提出した。そこではトラヤヌス帝の記念柱のトスカナ式オーダーも議論された。[46] 同月二四日の会合でもデゴデが別の種類のトスカナ式オーダーの図版を提出した。アカデミーはそれを検討したが、議事録の記載からは、それがどんな内容であったかは不明である。[47]

ところで一七〇一年三月二一日の会合では、オーダーのエンタブラチュアとコラムの高さ比にかんする最終的な決定がなされたが、それはトスカナ式とコンポジット式をのぞくドリス式、イオニア式、コリント式という主要三オーダーについてであった。[48] これはフレアール・ド・シャンブレが[49]『比較』（一六五〇）で、ギリシア起源のこれら三オーダーのみが建築オーダーとして認められると主張したことを反映したものであった。[50] この文脈では、トスカナ式オーダーを議論すること自体が意味をなさなくなる。

一七〇六年五月三一日の会合では、その『比較』が講読された。トスカナ式オーダーはどんな建物にも使用してはならないこと、コラムならトラヤヌス記念柱のような記念碑にのみ使ってよいこと、この記念柱が最も美しい例である、とシャンブレが述べていることが確認された。

この見解にたいし、トスカナ式オーダーには諸オーダーのなかでも「それ固有の性格 son caractère particulier」があり、「ヴェルサイユ宮のオランジュリにあるようなとても大規模な建物」なら使ってよいと指摘し、トラヤヌス記念碑については、その比例はドリス式のそれに類似しているから、純粋なトスカナ式ではないとした。(51)

オランジュリ（オレンジ用温室）は当時の宮廷生活には欠かせない重要な施設であったが、ヴェルサイユ宮のものは（図16）はルヴォーを継いだフランソワ・マンサール(52)の設計にもとづいて一六八八年に完成された。トスカナ式オーダーは使ってはならないというシャンブレの指摘に注意を払いながらも、トラヤヌス帝の記念柱という古代建築の例ではなく、王室建築においてすでに使用された例は正当化しようとした、と考えられる。

つぎの一七〇六年六月七日の会合でも『比較』が講読され、パラディオ、ヴィニョーラ、スカモッツィ、セルリオのトスカナ式オーダーが比較された。パラディオが提案したトスカナ式オーダーのなかでヴェローナの闘技場を引用したものは「良い効果を与えない」、スカモッツィのオーダーは「刳形が多すぎる」、セルリオのものは「エンタブラチュアがあまりに単純で刳形が少なく、オーダーとは思えない」と批判した。(53)

しかしヴィニョーラについては別の評価を与えた。

「トスカナ式オーダーについては、ヴィニョーラのものだけが、それに追随することで成功をおさめられるものであり、彼の図版においてはすべての部分が輪郭も比例もよい。(54)」

これはオーダー全体にかんする判断であり、柱頭のみにかんする言及ではないが、当然、承認された「すべての部分」には柱頭も含まれるであろう。だから柱頭についてもヴィニョーラのものが最善であると判断したと考えられる。

ここで注目すべきは、ヴェルサイユ宮のオランジュリのトスカナ式柱頭は、刳形の種類と位置において、あるいは柱頭幅がウィトルウィウスの規定した二モデュール（=六〇パルティ）よりもかなり大きい点などにおいて、ヴィニョーラのものに類似していることである。(55)すなわち、この王室建築のトスカナ式オーダーを正当化しようとし、そのためにそれに類似したヴィニョーラのものを承認した、という可能性が強い。

（四）デゴデの比例体系

このオランジュリやヴィニョーラの柱頭が承認された状況証拠が、デゴデによる柱頭である。彼は上述の一連の会合においてアカデミーの指示にもとづいて図面を作成し提出していたが、その講義録『建築オーダー書』（一七一七〜）のなかの、トスカナ式オーダーを扱かった第三章において提案した柱頭（図14）は、アバクス上端とエキヌス下に小平縁があり、柱頭全体の幅も大きいという点で、それらに類似している。(56)

またこのデゴデの柱頭は、三層の高さの比が一一：九：一〇であり、アバクスは通常より厚い。エキヌス層は通常より薄く、さらにこのエキヌス層にはエキヌスとその直下の小平縁を含むから、エキヌス自体はかなり薄いものとなっている。そしてヴェルサイユ宮のオランジュリの例（図16）において、アバクスはほかの二層よりも厚いことを考えれば、このマンサールの作品が参照された可能性も考えられる。

さらにこれらの特徴は、前述の一六九五年一二月一九日の会合において厚いアバクスが求められたこと、また一六九九年一一月四日の会合において、パラディオの柱頭のエキヌスが厚すぎることが批判されたこと、すなわち薄いエキヌスが求められたこと、と整合する。

デゴデはこの第三章の冒頭の部分で、このオーダーがギリシアの三オーダーのひとつではないことを指摘し、古代建築にはその類例はないがウィトルウィウスが言及しているので述べる、とやや釈明じみた説明をしたのち、このオーダーを使ってもよい建築について説明している。すなわち「単純性」を特徴とするトスカナ式は、いくつかの例外は別として、原則として室内には使用してはならないと指摘してこう続けている。

「それは堅牢にみえる必要のある屋外のファサードの地上階にはより適合するし、都市門や防壁門、オランジュリ、庭園のテラスの装飾や、そのほかの簡素であることが望ましい建物では、このオーダーは使用されてよい[57]。」

前述の一七〇六年五月三一日の会合で、トスカオ式オーダーを一般論としては否定しながら、ヴェルサイユ宮のオランジュリにおける例は承認したわけだが、デゴデはその論法をそのまま繰り返している。だからデゴデがその具体的な比例体系においても、このオランジュリの例を参考にした可能性は大きいと判断される。

六　第二期

この時期、この柱頭についての言及は議事録にはほとんどなく、第一期の判断がそのまま有効であったと考えられる。タヌヴォによるトスカナ式オーダーの図版[58]（図15）は、寸法は記されていないが、図版を直接実測したかぎりでは、エキヌスとその真下の小平縁が全体高さの約三分の一であると薄く、アバクス上端には小平縁がある。この柱頭はデゴデのそれに類似している。また前述のヴェルサイユ宮オランジュリの例が、一七四三年一二月二三日の会合で、ふたたび議論の対象となった。議事録によれば、タヌヴォがトスカナ式オーダーの清書した図面を提出したが、「ヴェルサイユ宮の迷路園むかいのオランジュリで建設された同種類のオーダーの図版（複数）にもとづいて、このオーダーは描かれた」のであった[59]。

フランス学士院古文書室の建築アカデミー関係の資料「ボジール文書」には、「マンサール氏による、迷路園の隣のオランジュリのトスカナ式オーダー、ロリオ作図」と題されたと図版が二枚ある。一枚はトスカナ式オーダーの柱頭と柱基の詳細図（図18）であり、もう一枚はエンタブラチュアと柱頭をヴィニョーラのものと比較したもの（図19）である。これら二葉の図面は寸法が記されているので、マンサールの柱頭を復元し清書することができる（図17）。アバクス上端に小平縁があり、アバクス層が最も厚く、小平縁を含むエキヌス層と頸部はそれよりも薄い。

ここで「迷路園 labyrinthe」とは、コの字平面のオランジュリの中庭の庭園のことであると考えられる（図16右）。この「ロリオ作図」

のものと、別の資料にみられる同じトスカナ式の柱頭を示した図（図16左）と比較すると、柱頭幅は異なるが、高さ関係や刳形の種類はほぼ同一である。

ロリオ作図とされるこの図版が、一七四三年一二月二三日の会合で提出された図面と同一のものかもしれない。議事録は、タヌヴォが会合に図面をたんに「提出した」とし、彼が作成したとは記していない。一七四三年の時点でロリオは第二部会員、タヌヴォは第一部会員であったから、ロリオがタヌヴォの指示によって作成した可能性は否定できない。

またそれが一七四三年の会合に提出された図版と同一ではないとしても、一七四八年から教授となったロリオが、第一期で承認されたヴェルサイユ宮オランジュリのトスカナ式柱頭をふたたび描いたのであるから、第一期で承認された比例はこの時期でもやはり有効であったと考えられる。

七　柱頭幅などについて

森田慶一訳『ウィトルーウィウス建築書』第四書第七章の第三節では、柱頭すなわちアバクス全幅は二モデュールと規定されている。また同第七章第二節では「柱は頂で下部の太さの四分の一だけ縮められる」とあるから、上部直径は下部直径の四分の三、すなわち四五パルティであり、その半径は二二パルティと二分の一だから、柱身表面からの柱頭の張出しは七パルティと二分の一である。

セルリオはこの規定に忠実であった（図3）。ヴィニョーラは柱頭幅をかなり大きくしている（図4）。スカモッツィは、アバクス上端に小平縁をつけることで「（柱頭の）張出しがすこし大きくなる」(60)と述べている。実際、ウィトルウィウスよりは柱頭全幅が二パルティだけ大きい。

またドロルムの第二例（図9）では、コラムの直径逓減率が五分の一と、通常の四分の一よりも小さいので、柱身の上部半径が二四パルティと大きく、柱頭半幅も三一パルティと二分の一と大きめであり、ウィトルウィウスとは異なっており、ドロルム自身「こうしたことは柱頭の張出しを大きくするためには適切である」(61)と述べている。

アカデミーにおいては、ブロンデル以外のペロー、ラ・イール、デゴデは幅を大きくしている。ヴェルサイユ宮オランジュリのものは、ウィトルウィウスのものより幅が広く(62)、それによって幅の大きな柱頭があらためて承認されたということも考えられる。これは第二期においても顕著な傾向であり、タヌヴォやロリオにおいても柱頭幅は二モデュールよりもかなり大きい（図15、17〜19）。ルネサンス以来、柱頭幅をウィトルウィウスの規定より大きくしようという傾向はあったが、会員たちもそれを望み、マンサールの作品を承認するというかたちで、間接的にそれを承認したと考えられる。

八　まとめ

ルネサンス以降、トスカナ式柱頭にかんする議論は、ウィトルウィウスが残した曖昧なテキストをいかに補完するかという方向で進んだ。そこではセルリオ的解釈が一般的であったが、ヴィニョーラやスカモッツィはそれとは異なる解釈を示した。

ブロンデルはウィトルウィウスをセルリオ的に解釈しようとしたが、ペローは、そのテキスト批判を基礎に、セルリオとはまったく異なる解釈を提案した。アカデミーは一時的にはその解釈を認めた。

しかし一七〇〇年前後ではドリス式、イオニア式、コリント式という主要な三オーダーだけが建築のオーダーであるというシャンブレの考え方を無視できないようになった。そのときマンサールというフランス古典主義建築を築いた建築家の権威をもって、ヴェルサイユ宮オランジュリのトスカナ式柱頭だけは承認された。ヴィニョーラの柱頭は、マンサールの比例に最も類似していたたから、承認された。デゴデはアカデミーが認めた比例を図化し、第二期においてもタヌヴォやロリオはそうした比例に似た柱頭を提案した。

つまりトスカナ式柱頭にかんする議論においても、当初はウィトルウィウスという古代のテキストを典拠として比例を決定しようとしたが、第一期の後半には一七世紀のフランス古典主義建築を根拠とするようになった。オーダー理論全般については、冒頭で述べたように、第一期が古代志向、第二期がフランス建築志向というパラダイムであったから、トスカナ式柱頭にかんする議論の変化は、時期的には、全体的な議論の変化にむしろ先行していたと考えられる。

しかしそれはトスカナ式が模範的なオーダーであったからではない。上記のシャンブレの見解を承認したアカデミーにとって、そのトスカナ式は、オーダー体系全般のなかでは、いわば例外的で特殊なオーダーであったからである。宮殿建築や一般の公共建築にはふさわしくないこのオーダーは、オランジュリなどの例外的な建物には使うことができる類のものと、みなされた。だからそこでマンサールの建築が参照されたとしても、そこにフランス的造形の特質をみるという積極的な態度ではなく、そこに正当化を求めるという、どちらかといえば消極的な参照であったと考えられる。この点で第二期におけるフランス建築志向とはニュアンスを異にしている。

〔註〕

1　前々節参照。

2　アバクス（仏 tailloir、英 abacus）は平滑な場合と、上端に小平縁（filet）がある場合とがある。

3　エキヌス層には、四分の一円をなすオヴォロ（ove）輪郭のエキヌス（échine）がある。その下には刳形がある場合と、ない場合がある。刳形は、小平縁（filet）の場合と、玉縁（astragale）と小平縁の場合とがある。

4　頸部（gorgerin）は刳形を含む場合と、含まない場合がある。その下の玉縁と小平縁は多くの場合、柱身に属する。

5　森田慶一訳『ウィトルーウィウス建築書』一〇七頁。

6　森田前掲書、三三四頁、訳注六、および三三六頁、訳注四一。

7　Serlio, *The Five Books of Architecture*, (English translation) 4th book, 5th ch.

8　長尾重武編『ヴィニョーラ　建築の五つのオーダー』第八章。

9　Palladio, *Les quatre livres de l'architecture*, traduit par Chambray, 1650, liv.1er, ch.XIV, p.46.

10　*Op.cit.*, liv.1er, ch.XIV, pp.48-49.

11　*Les cinq ordres d'architecture de Vincent Scamozzi*, traduit par D'Aviler, 1685, p.56. アカデミーが参照したダヴィレ訳のフランス語版による。なおオリジナル版は Vincent Scamozzi, *L'Idea della architettura universale*, 1615.

12　三層がなるだけ等分であるように分配すれば、エキヌス直下の玉縁はエキヌス層に、平縁は頭部に属すると考えられる。実際、ブロンデルは『建築教程』第一部（一六七五）第二書でスカモッツィのこの例を紹介するにあたって、そういう立場をとっている。

13 スカモッツィの建築書には一般的に、ウィトルウィウスを批判する内容が多い。
14 Delorme, *Le Premier Tôme de l'Architecture*, 1567, liv.V, ch.VI.
15 Bullant：第一部一―二参照。
16 Bullant, *Reigle générale d'architecture des cinq Manières de colonnes, à savoir Tuscane, Dorique..., livre enrichi de plusieurs autres à l'exemple de l'antique*, 1654.
17 plinthe 通常は柱基の下にあり、「台石」などと呼ばれるが、ここで柱頭の最上部にあるので、「角板」と呼ぶ。
18 ペローは、原文のラテン語 apophygi を、フランス語の congé と訳している。ここで、ラテン語をフランス語化した apophyge という言葉は、コラムの上端や下端のすこし末広がりになった部分を意味し、「コラムのアポテシス」、「根広」と訳される。
19 *Les Dix Livres d'Architecture de Vitruve*, traduit par Perrault, liv.IV, ch.vii, p.138.
20 Guillaume Philander (1505-?) ドイツ生まれ。一五四四年にウィトルウィウスを翻訳し、フランソワ一世に献呈している。アカデミーは設立当初、このフィランデル版を講読したが、その翻訳を信頼することができず、ペロー訳を読みはじめたという経緯がある。
21 Perrault, *op.cit.*, liv. IV, ch.vii, p.138, note 4.
22 同右。
23 同右。
24 ここではペローは、「性格」を刳形などの細部と同義に使っている。
25 Perrault, *Ordonnance des cinq espèces de colonnes selon la méthode des Anciens*, 1683, p.40.
26 ここでは、三等分された柱頭高さの最下部分を意味する。
27 原文では「第三層」と記されているが、内容から判断して「第二層」の誤りであると考えられる。
28 Perrault, *op.cit.*, p.40.
29 *Op.cit.*, pp.40-41.
30 Blondel, *Cours d'architecture*, Ière partie, liv. II, ch.I, p.19.
31 La Hire, *Architecture Civile*, p.85.
32 *Op.cit.*, pl.14.
33 *Op.cit.*, p.85.
34 *Op.cit.*, p.86.
35 議事録、第一巻、一二六頁。

36 議事録、第一巻、一二七頁。
37 同、三一四～三一五頁。
38 同右。
39 議事録、第二巻、三一八頁。
40 アカデミーはこれら「三種類」が具体的になにに対応するかは明言していない。しかし『建築四書』第一書の「図Ⅰ－11」と「図Ⅰ－12」において、パラディオが描いたトスカナ式柱頭の輪郭図は、刳形の種類によってそれらは三種類に大別できる。Cf. Palladio, *op.cit.*, liv.Ier, ch.XIV.
41 議事録、第二巻、三三一頁。
42 Palladio, *op.cit.*, liv. Ier, ch.XIII.
43 議事録、第三巻、八一頁。
44 同右。
45 議事録、第三巻、一二〇頁。
46 議事録の脚注によれば、*I Vestigi dell'antichità de Roma*, 1612 が参照された。議事録、第三巻、一二一頁参照。
47 議事録、第三巻、一二一頁。
48 同、一二四頁。
49 Chambray, 1606-1676：第一部一―二参照。
50 Chambray, *Parallèle de l'architecture antique et de la moderne*, 1650, pp.1-6.
51 議事録、第三巻、二四九頁。
52 François Mansart, 1598-1666. フランス古典主義を代表する建築家であり、代表作はブロワ城増築（一六三五）やメゾン城（一六四二）など多数。
53 議事録、第三巻、二四九～二五〇頁。
54 同、二五〇頁。
55 実際は一七世紀の建築家マンサールが前世紀のヴィニョーラを模倣したと考えるのが自然であるが、それを証明することは本論の範囲を超える。
56 Degrodets, *Traité des Ordres de l'Architecture*, 1717-; ch.III, V dessein
57 *Op.cit.*, ch.III, p.37.
58 B.I., Ms.1026.
59 議事録、第五巻、三五二頁。

60　*Les cinq ordres d'architecture de Vincent Scamozzi*, traduit par D'Aviler, 1685, pp.56-57.

61　*Op.cit.*, ch.IX.

62　ただし Alfred et Jeanne Marie, *Mansart à Versailles*, 1972 に収録された柱頭の図面（フランス国立図書館、Cabinet des Estmpes, Va 423 I.）と、ロリオが作成したものは柱頭幅がそれぞれ約三四パルティと四〇パルティであり、かなり異なる。ただアカデミーはあくまでロリオの図面にもとづいて議論したと考えられること、ウィトルウィウスの柱頭よりも幅が大きいという点では、この議論の方向性と前者の図面が矛盾するわけではない。

三―二　ドリス式柱頭

一　はじめに

フランスの王立建築アカデミーでは、その毎週の会合において、理想的な建築オーダー体系を確立することを目的とした議論がなされた。第一期には古代ローマ建築が模範とされ、第二期には一七世紀のフランス古典主義の建築が尊重されたという一般的な枠組みのなかで、ドリス式柱頭も議論された。主要な論点はつぎの三点であった。

（一）垂直方向の各部の比例。
（二）エキヌスと頸部のあいだの刳形。
（三）柱頭の幅や張出しといった水平方向の寸法。

本論ではこの三点がウィトルウィウス以降どう規定されたかを遡及して概説したうえで、アカデミーがこの伝統を前提に独自の比例体系をどう推敲したかを述べる。

なお用語であるが、柱頭をなす三層を上から「アバクス」[1]、「エキヌス層」[2]、「（柱頭）頸部」[3]と呼ぶ。柱頭の幅とはアバクスの幅を意味し、その半分を「（柱頭の）半幅」と呼ぶ。柱頭の「張出し」とは、柱身上部の表面からアバクス先端までの距離であり、ドリス式柱頭においては、

「半幅」＝「柱身上端半径」＋「張出し」

が成立する。

またとくに断らないかぎり一モデュールは柱身下部直径の二分の一であり、一パルティは三〇分の一モデュールに等しいものとする。

二　ウィトルウィウス（図21）

ウィトルウィウスはきわめて簡単な説明を残しただけであった。

柱頭の高さ一モデュールが三分割され、それぞれがアバクス、エキヌスとその下の刳形、柱頭頸部にあてられ、柱頭の幅は二モデュール六分の一（＝六五パルティ、半幅は三二パルティ二分の一）、とのみ規定した。(4)

さらに具体的な記述はなく、個々の刳形の寸法も規定されないので、のちにさまざまな解釈や提案がなされる原因となった。「三分割」は「三等分」であると一般的に解釈された。二モデュール六分の一という柱頭幅はしばしば問題とされた。

三　イタリア・ルネサンスの建築家による比例

(一) アルベルティ（図28、29）

アルベルティは『建築論』（一四八五）のなかでおおむねウィトルウィウスを踏襲している。

柱頭全体の高さを一モデュールとし、最初の三分割を三等分と解釈してそれに倣った。つぎに、アバクス高さの五分の二を上端の刳形とし、さらにその三分の一を小平縁にあてた。またエキヌス層の三分の二をエキヌス、残り三分の一を下部の刳形とし、この部分を三等分し、三層の段状小平縁にあてた。(5)すなわち最初の三等分のつぎは、五等分や三等分である（図28）。

また高さ一モデュールと二分の一の例も紹介している(6)（図29、表1）。

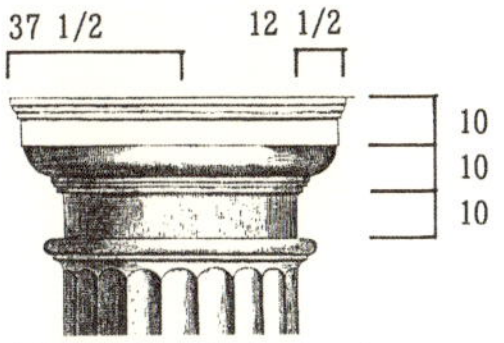

図20　ウィトルウィウスの記述にもとづくドリス式柱頭。ペロー訳『ウィトルウィウス建築十書』(1673) 第四書第一章、117頁。

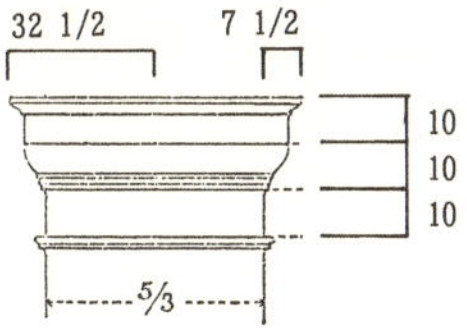

図21　ウィトルウィウスの記述にもとづくドリス式柱頭。森田慶一訳『ウィトルーウィウス 建築十書』第四書第三章第四節、98頁、第8図。

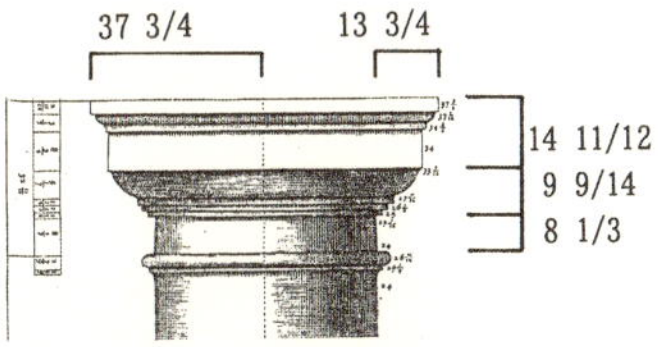

図22　ローマのマルケルルス劇場のドリス式柱頭。デゴデ『ローマの古代建築』1682年、295頁。

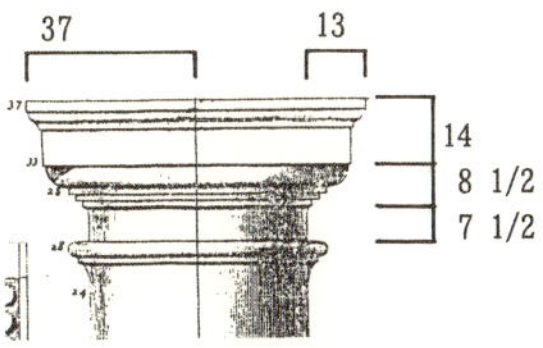

図23　ローマのマルケルルス劇場のドリス式柱頭。シャンブレ『比較』(1650) 15頁。

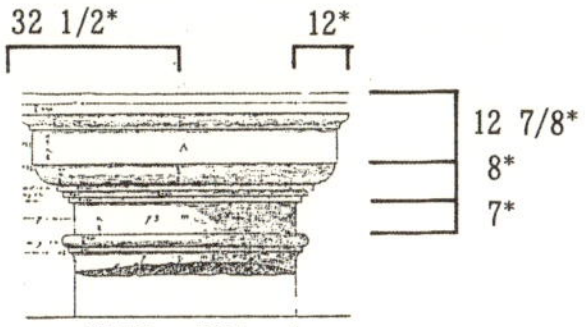

図24　ローマのマルケルス劇場のドリス式柱頭。ドロルム『建築第一巻』(1567年) 第五書第一七章。

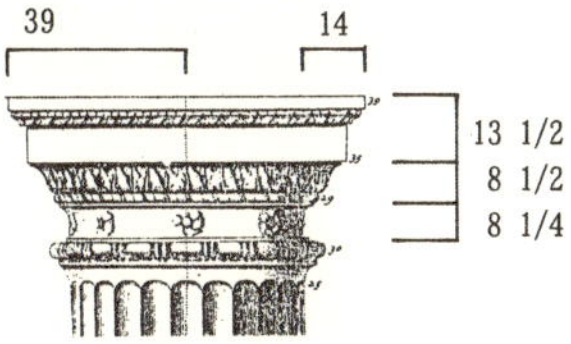

図25　ローマのディオクレティアヌス浴場のドリス式柱頭。シャンブレ前掲書17頁。

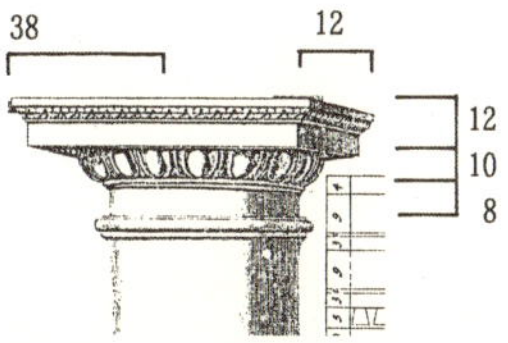

図26　ローマ近郊アルバノにあるドリス式オーダーの柱頭。シャンブレ前掲書19頁。

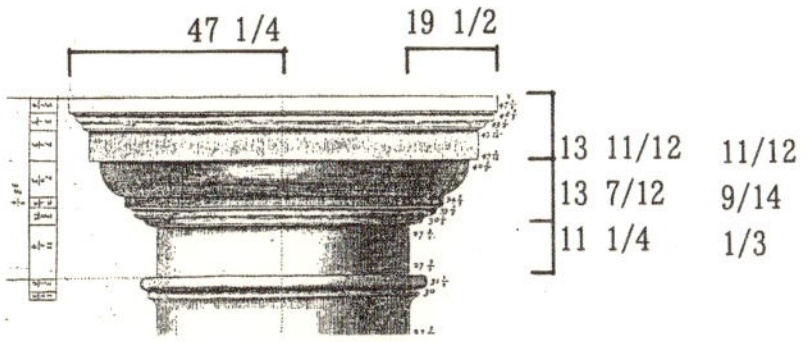

図27　ローマのコロセウムのドリス式柱頭。デゴデ前掲書261頁。

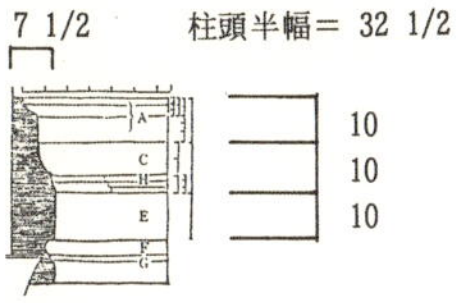

図28　アルベルティによる柱頭①。相川浩訳『アルベルティ 建築論』第七章第八章、アルベルティが最初に紹介した例。

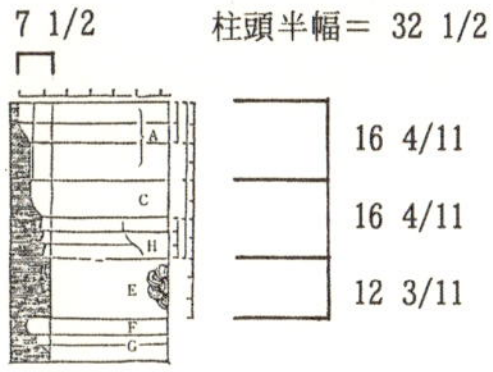

図29　アルベルティによる柱頭②。相川浩訳前掲書第七章第八章にある、「他の人々」による柱頭の例。

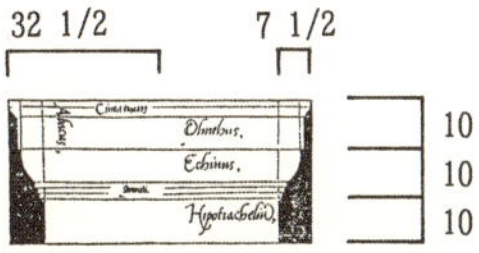

図30　セルリオがウィトルウィウスにもとづくものとして紹介した柱頭。セルリオ第四書第六章、図16。

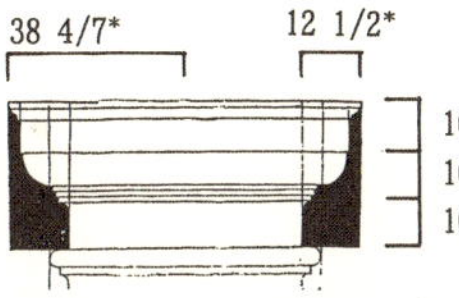

図31　セルリオが「自分の創意」にしたがって提案した柱頭。セルリオ前掲書、図16。

柱頭の幅には、「オペルクルムの幅はどの方向にも、柱下端の直径とさらに半径の六分の一を加えたもの」[7]として、二モデュール六分の一（半幅は三二パルティ二分の一）というウィトルウィウスと同じ値を与えた。

（二）セルリオ（図30、31）

セルリオはその建築書の第四書第六章において、まずウィトルウィウスの記述にもとづく柱頭をとりあげた[8]。柱頭高さを三等分する点まではウィトルウィウスを踏襲し、さらにその一部分を三等分することを二度繰り返して刳形の寸法を決定している（図30）。またウィトルウィウスの柱頭は幅が小さく、だから柱頭の張出しがあまりに控え目であるとも指摘している。

つぎに「自分の創意にしたがった」柱頭を説明している[9]（図31）。あきらかにこの柱頭のほうが幅が広く、張出しも大きい。しかしその寸法は図版には記載されておらず、テキスト中でもじゅうぶん説明されていない。しかし図版を直接実測し、柱頭高さを一モデュール（＝三〇パルティ）と仮定すれば、柱頭幅は二モデュール二分の一（七五パルティ、だから半幅は三七パルティ二分の一）、柱身上部半径は二五パルティ、張出しは一二パルティ二分の一という推測値が求められる。

（三）ヴィニョーラ（図32、33）

ヴィニョーラはその建築書において二種類のドリス式オーダーを紹介している。第一の例は彼自身が「ローマのテアトロ・ディ・マルチェッロ」すなわちマルケルルス劇場のものを手本にしたと称するものであるが[10]（図32）、デゴデによるより客観的な実測（図22、表2）と比較するとかなり異なっている[11]。第二の例は「古代ローマ遺跡の異なる断片から採取された」ものである[12]（図33）。

前者はエキヌス層の下に段状小平縁があるが、後者は同じ場所に玉縁がある、という違いがある。

どちらの柱頭も、全体の高さをまず三等分して主要三部分を決めている。しかしアルベルティやセルリオとは異なり、つぎの段階では八等分している[13]。

また柱頭幅も、参照したマルケルルス劇場よりは小さいが、ウィトルウィウスの例よりは大きい。

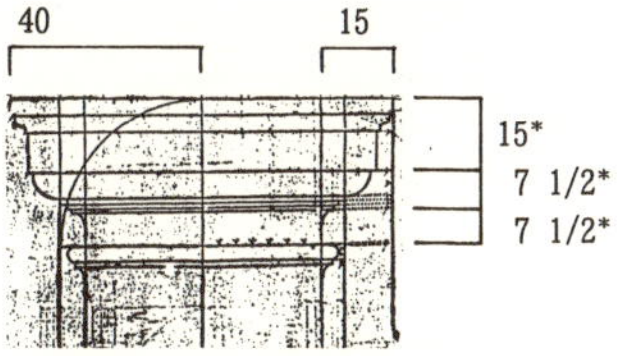

図38　ビュランによる柱頭。『建築の一般的規則』。

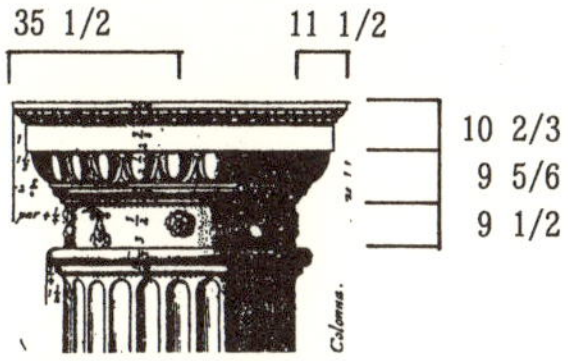

図35　スカモッツィによる柱頭。ダヴィレ訳『スカモッツィの建築の五つのオーダー』(1685)第二〇章、71頁。

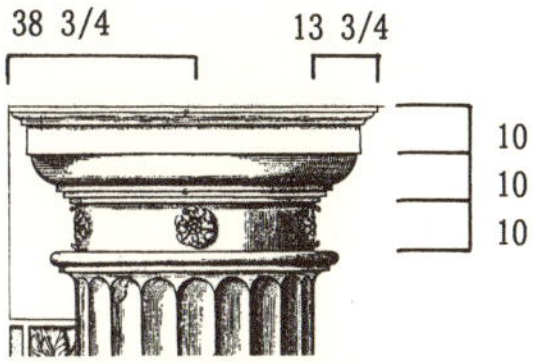

図32　ヴィニョーラがローマのマルケルルス劇場から採取したとする柱頭。長尾重武編『ヴィニョーラ 建築の五つのオーダー』第一三章。

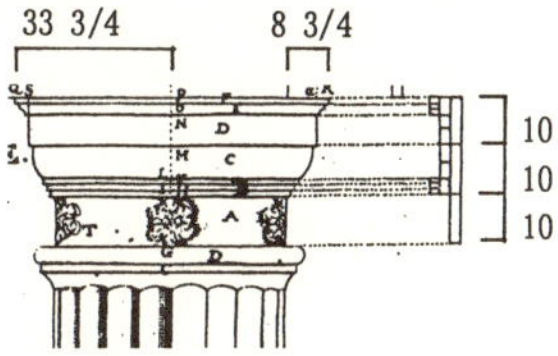

図39　ブロンデル案。『建築教程』第一部(1675)第三書第一章、45頁。

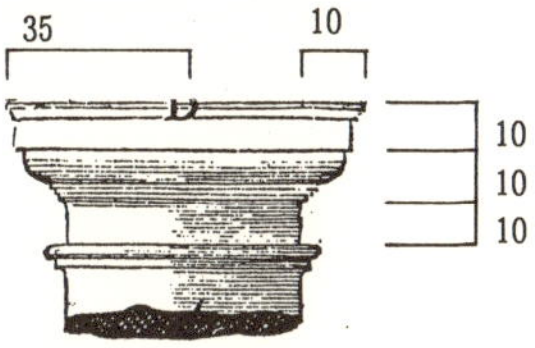

図36　ドロルムによる柱頭『建築第一巻』第五書第一四章。

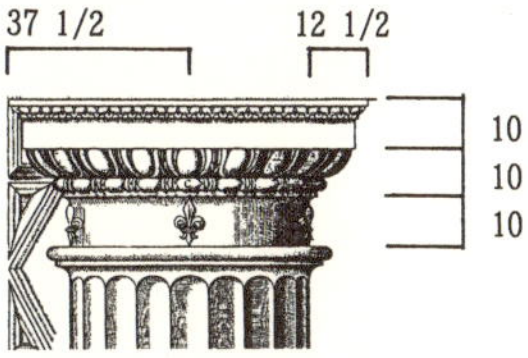

図33　ヴィニョーラが古代ローマ遺跡の異なる断片から採取したとする柱頭。長尾重武編前掲書、第一四章。

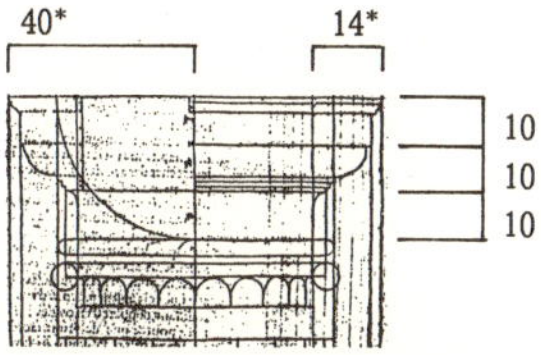

図37　ビュランがウィトルウィウスにもとづくものとして紹介した柱頭。『建築の一般的規則』(1654)。

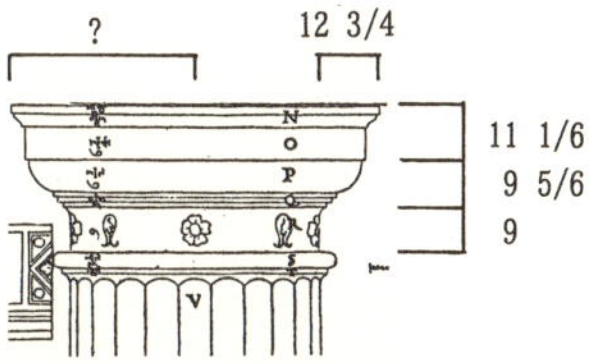

図34　パラディオ『建築四書』中のドリス式柱頭。シャンブレ訳パラディオ『建築四書』(1650)第一書第一五章、56頁。

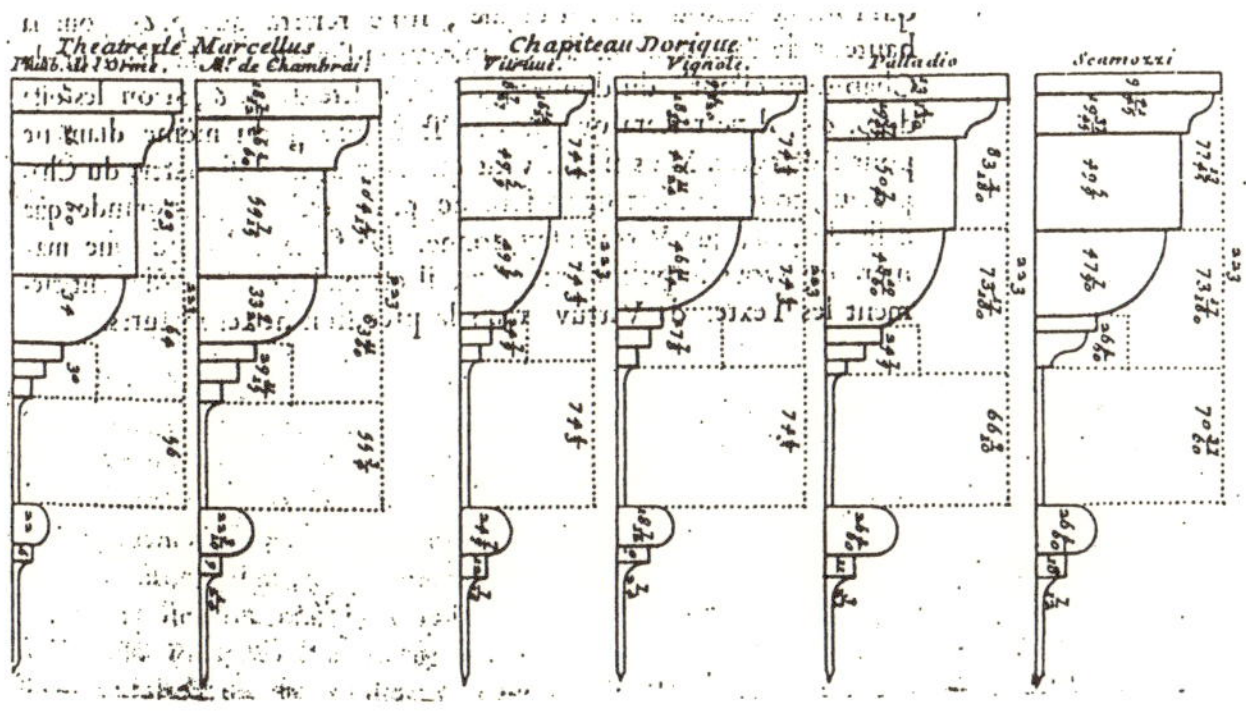

図40　ブロンデルによるドリス式オーダーの比較。左から、ドロルムの建築書に紹介されたマルケルルス劇場、フレアール・ド・シャンブレの建築書に紹介されたマルケルルス劇場、ウィトルウィウス、ヴィニョーラ、パラディオ、スカモッツィ、のそれぞれのドリス式柱頭。『建築教程』第二部(1683)第一書第八章、41頁。

(四) パラディオ (図34)

パラディオは、フレアール・ド・シャンブレ訳『建築四書』(一六五〇) において、ドリス式柱頭を説明している。まず高さを三等分したのち、アバクスを五等分し、エキヌス層は三等分する、と。[14] これはアルベルティと同じ手順である。ただし図版に示された柱頭は、これとは若干異なる数値を示しており、高さは三等分されてなく、アバクスは一一パルティ六分の一と高い。

また「柱頭の張出しは全体でコラム直径の五分の一」である。[15] すなわち張出しは一二パルティ (＝六〇パルティ×五分の一) である。しかしパラディオは、コラムの直径逓減はその絶対高さによって異なるとしており、コラム上部直径は明記していないので、アバクス全体の幅は不明である。

(五) スカモッツィ (図35)

ダヴィレ訳『スカモッツィの建築の五つのオーダー』(一六八五) のなかでスカモッツィは、ウィトルウィウスを批判すると同時に、古代ローマ建築に言及している。しかし、縦方向の比例にはごく簡単にふれるのみであり、おもに柱頭幅を議論している。しかも柱頭全体の幅というより、その張出しに注目している。

彼によればウィトルウィウスが柱頭の幅を二モデュールと六分の一としたのは、直径逓減が五分の一であったからであり、こうすれば柱頭の張出しは左右それぞれ三分の一モデュール (＝一〇パルティ) となるが、この逓減を六分の一や七分の一や八分の一とすれば、同等の張出しは得られない。[16] つまり彼は、柱頭幅と柱身上部直径によって決定される柱頭張出しに関心をもっていた。

つぎに「ローマの劇場」[17] を題材とし、エキヌスの下に二層の段状小平縁と一層の小平縁があることで、諸部分の張出しを大きくできる、[18] としている。

最後にコロセウムの例に言及している。柱頭高さは一モデュール、柱頭幅は二モデュール二分の一 (すなわち半幅は一モデュール四分の一＝三七パルティ二分の一)、張出しは左右それぞれ八分の三モデュール (＝一一パルティ四分の一) である。[19]

このようにスカモッツィは柱頭の張出しという視覚的により明確に把握できる指標を捉え、その観点からウィトルウィウスや古代建築の実例を検討したが、なるだけ大きな張出しを望んだと考えられる。

建築家名	柱頭の全高	主要3部分の高さ寸法			アバクス上端平縁の寸法	エキヌス下部刳型	柱頭の半幅A＋B	柱頭の上端の半径A	柱頭の張出しB	対応図	出典・備考
		アバクス	エキヌス	頸部							
ウィトルウィウス	30	10	10	10		段	32 ½	25	7 ½	21	森田慶一訳『ウィトルーウィウス 建築十書』98頁
						段	37 ½	25	12 ½	20	ペロー訳『ウィトルウィウス 建築十書』(1673) 114頁
マルケルルス劇場	32 11/12	14 11/12	9 9/14	8 ⅓	2 11/12	段	37 ¾	24	13 ¾	22	デゴデ『ローマの古代建築』(1682) 295頁
	30	14	8 ½	7 ½	2 ½	段	37	24	13	23	シャンブレ『比較』(1650) 15頁
	27m ⅞	12m ⅞	8m	7m	2m ⅛	段	32m 1/23	20m ½	12m	24	m＝ミニット（1ローマ尺× 1/12）ドロルム『建築第一巻』(1567) 148頁
	30	13.86…	8.61…	7.53…	2.29…		4.98…	22.06…	12.91…		上の値に基づき、柱頭全高＝30 Pと仮定したときの値
ディオクレティアヌス浴場	30 ¼	13 ½	8 ½	8 ¼	1 ½	玉縁	39	25	14	25	シャンブレ『比較』17頁
アルバノの柱頭	30	12	10	8	2	玉縁	38	26	12	26	同上、19頁
コロセウム	38 ¾	13 11/12	13 7/12	11 ¼	3 ¼	段	47 ¼	27 ¾	19 ½	27	デゴデ『ローマの古代建築』261頁
アルベルティ	30	10	10	10	1 ⅓	段	32 ½	25	7 ½	28	相川浩訳『アルベルティ建築論』第七章第八章、201頁
	45	16 4/11	16 4/11	12 3/11	4 1/11	段	32 ½	25	7 ½	29	同上　201頁（「他の人々」の柱頭）
セルリオ	30	10	10	10	1 1/9	段	32 ½	25	7 ½	30	セルリオ第四書第六章、図16 ウィトルウィウスに準拠
	30	10	10	10	1 1/9	段	37 ½*	25*	12 ½*	31	同上（「自分の創意」にもとづく案）＊印は推定値
ヴィニョーラ	30	10	10	10	1 ¼	段	38 ¾	25	13 ¾	32	長尾重武編『建築の五つのオーダー』第一三章（1M＝12Pを1M30Pに換算）
	30	10	10	10	1 ¼	玉縁	37 ½	25	12 ½	33	同上第一九章（1M＝12Pを1M30Pに換算）
パラディオ	30	10	10	10	1 ⅓	段	?	?	12	—	シャンブレ訳パラディオ『建築四書』第一五章、テキストの記述
	30	11 ⅙	9 ⅚	9	1 ¾	段	?	?	12 ¾	34	同上第一五章、56頁、図16
スカモッツィ	30	10 ⅔	9 ⅚	9 ½	1 ⅓	段	35 ½	24	11 ½	35	スカモッツィ『建築の五つのオーダー』71頁
ドロルム	30	10	10	10	1 1/9*	段	35	25	10	36	*Le Premier Tome.*, liv.III.ch.XIV, p.144 * 印は推定
ビュラン	30	10	10	10	1 1/9*	段	40	26*	14*	37	Bullant, *Reigle générale…* * 印は図版からの推定値
	30	15*	7 ½*	7 ½	3*	段	40	25	15	38	同上
ブロンデル	30	10	10	10	1 1/9	段	33 ¾	25	8 ¾	39	ブロンデル『建築教程』第一部(1683) 45頁
ペロー	30	10	10	10	1 1/9	段	38	26	12	41	ペロー『オルドナンス』(1683) 図III
ラ・イール	30	10	10	10	1 ¼	段	38 ¾	25	13 ¾	42	ラ・イール『市民建築』74頁左半分
	30	10	10	10	1 ¼	段	38 ¾	25	13 ¾		同上　右半分
デゴデ	30	11	9	10	1 ¾	段	38	25	13	43	デゴデ『建築オーダー書』第四章、図V
	30	11	9	10	1 ¾	玉縁	38	25	13	44	同上　図VI
タヌヴォ	30	10 5/12	9 7/12	10	1 ⅔	玉縁	38 ¾	26 ¼	12 ½	45	フランス学士院図書館、Ms.1026, pl.16(1M=12Pを1M＝30Pに換算)
	12	4 ⅙	3 ⅚	4	⅔	cav.	15 ½	10 ½	5		同上（図26の表記どおり、1M＝12Pの場合）
	30	10	10	10	1 ⅞	玉縁	38 ¾	26 ¼	12 ½	46	フランス学士院図書館、Ms.1026, pl.24, 32, 33 (1M=12Pを1M＝30Pに換算)
	12	4	4	4	¾	玉縁	15 ½	10 ½	5		同上（図27の表記どおり、1M＝12Pの場合）

表2　ドリス式柱頭の比較。（単位：パルティ）

段＝段状小平縁、cav.＝カヴェット　＊印は推定値

四　アカデミー以前のフランスの建築家が与えた比例

（一）フィリベール・ドロルム（図24、36）

ドロルムは『建築第一巻』（一五六七）の第五書第一四章のなかでドリス式柱頭の比例を紹介し（図36）、高さは直径の半分であり、これが三等分され主要部分の高さが決定され、さらにそれらが三等分され各刳形が決定されるという、セルリオに倣った比例を提案している。[20]

柱頭の幅は「コラム下部の直径に、さらにその直径の六分の一を加えたものと同等」[21]すなわち七〇パルティ（半幅は三五パルティ）であるとしている。同第五書第一一章では、直径逓減率は六分の一であると述べているから[22]、柱身上部の直径は五〇パルティ（＝60パルティ×5/6）、半径は二五パルティである。ゆえに、柱頭の張出しは一〇パルティ（＝35P－25P）である。

また同第五書第一七章のなかでマルケルルス劇場のドリス式柱頭（図24）についてふれ、それがウィトルウィウスの比例とは異なっていることを指摘し、その柱頭の寸法を詳細に記述している。彼はそれを「卓越して美しく賞賛に値する」としたが、異なる高さのコラムの上ではそうではないとも述べている。[23]

このようにドロルムはウィトルウィウスやセルリオにもとづく比例と、マルケルルス劇場の比例とを異なるものとして提案している。しかしそのどちらかを優位として考えているわけではない。

（二）フレアール・ド・シャンブレ（図23、25、26）

シャンブレはその『古代と現代の建築の比較』（一六五〇）第一部の第三章から第一一章において、古代やルネサンスの柱頭を比較している。

古代の例としてはマルケルルス劇場（図23）とディオクレティアヌス浴場（図25）のドリス式オーダーを紹介している。彼は前者の説

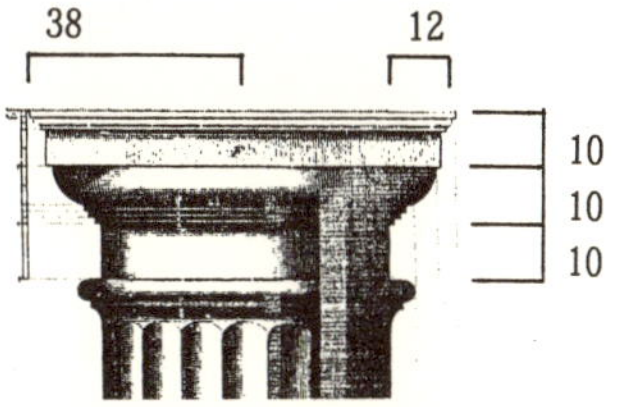

図 41　ペローによる柱頭。『オルドナンス』（1683）4 頁、図 III 。

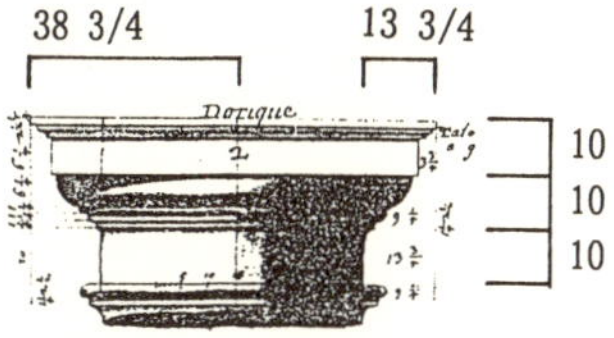

図 42　ラ・イールによる柱頭。『市民建築』86 ～ 87 頁、図 14。

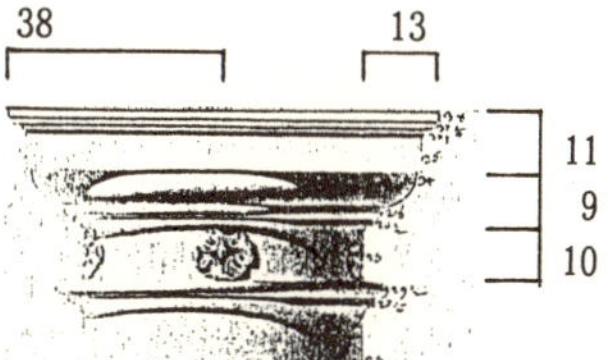

図 43　デゴデによる柱頭。『建築オーダー書』第四章、図 V。

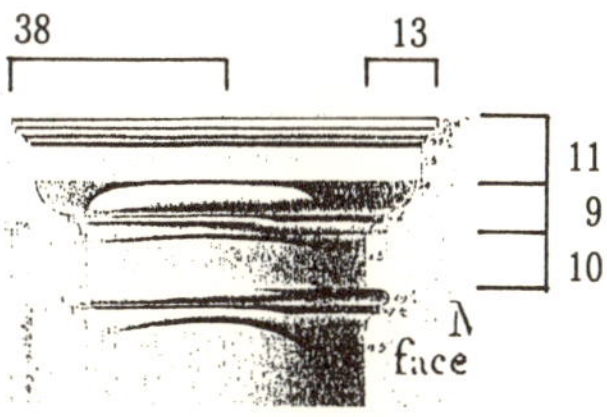

図 44　デゴデによる柱頭。『建築オーダー書』第四章、図 VI。

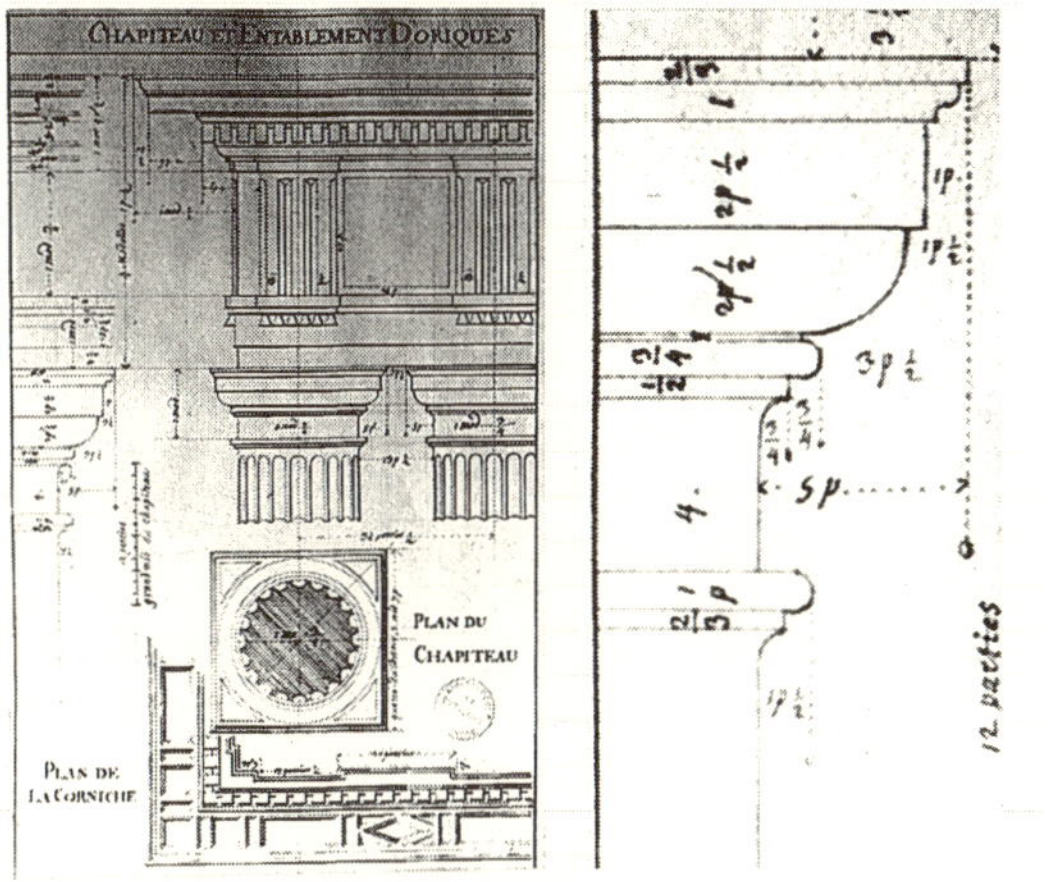

図 45　タヌヴォによる柱頭。フランス学士院図書館、Ms.1026, pl.16.（左）全体。（右）柱頭部分詳細。

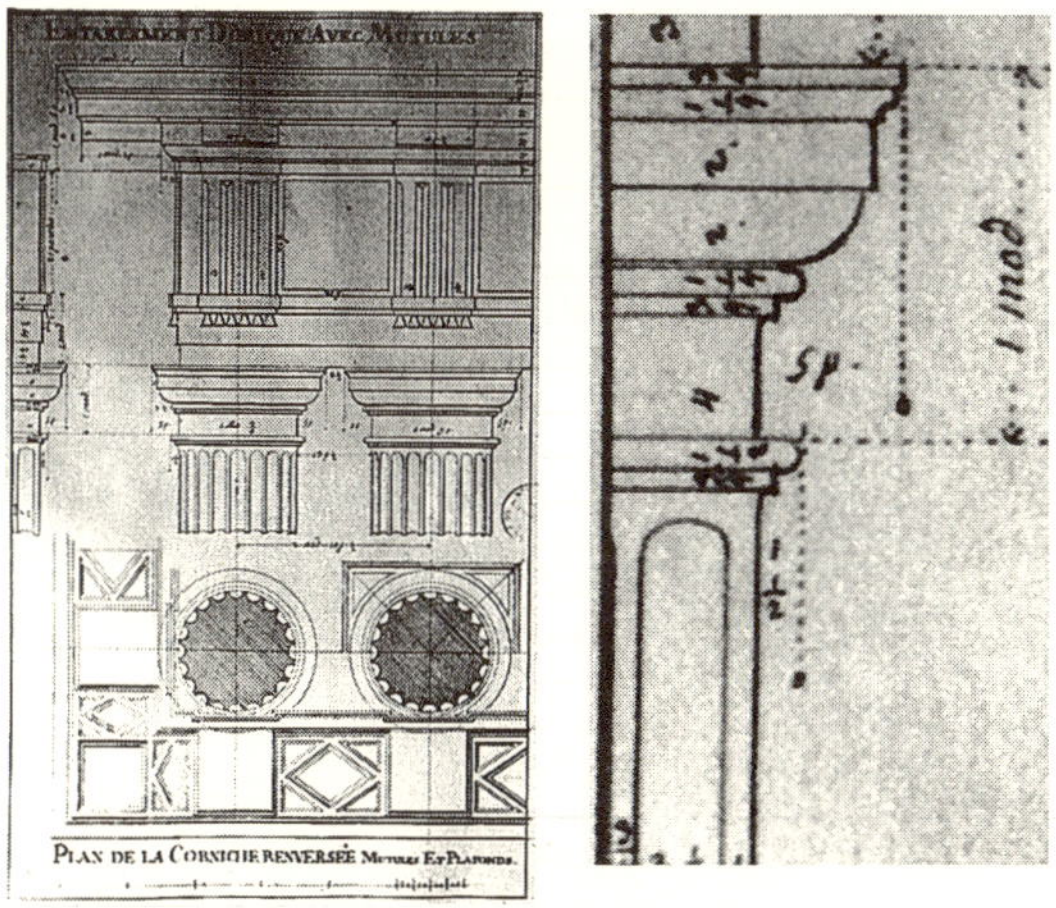

図 46　タヌヴォによる柱頭。同、Ms.1026, pl.24.（左）全体、（右）柱頭部分詳細。

明では、柱頭高さは三等分されるというウィトルウィウスの方法に建築家たちは追随しているが、古代の作品例はそれと一致しないものが多いと指摘している。(24) また第一部第八章では、ヴィニョーラがマルケルルス劇場の例にもとづいてドリス式オーダーの比例を定めたこと、しかし彼の柱頭の比例は、この古代の模範とはかなり異なっているとも述べている。(25)
しかし一般的に、彼はオーダー全体を比較しており、柱頭の詳細な比例については議論していない。

五　アカデミーにおける垂直方向の比例にかんする議論

(一)　典拠としてのウィトルウィウス

ブロンデルやアカデミーのために『ウィトルウィウス建築十書』を翻訳したペローはウィトルウィウスに由来する垂直方向の比例を正統として、それとは異なる比例をもつ古代ローマ建築の例を批判した。だがしだいに価値観が変化し、古代建築の実例にもとづく比例も採用されるようになった。

ブロンデルはその『建築教程』第一部第三書においてヴィニョーラ、パラディオ、スカモッツィの例を詳細に紹介しているが、それらに先立って、作者を特定していない例を示しており(26)（図39）、おそらく彼自身の案であると思われる。そこでは柱頭の高さは一モデュールであり、三等分を繰り返すことで刳形の厚みを決定する、という手法がとられているが、これは前述のセルリオとまったく同じである。

ペローもまたその翻訳『建築十書』（一六七三）の脚注において、この三等分を繰り返す方法が「体系的で覚えやすい」とし（図20）、ほかの部分の寸法もやはり「三等分し、さらに三等分」することで求められるとした。(27) 彼はさらに、最初の建築家たちはこの三等分の手法を採用したが、マルケルルス劇場とコロセウムを建設した建築家たちは、「不注意から」理由なくこの比例を変更してしまった、とも述べている。(28)

ペローは『オルドナンス』のなかでも、みずから「ウィトルウィウスに従った」と述べ「三等分し、さらに三等分」する手法を使っている(29)（図41）。さらに彼は、アルベルティがウィトルウィウスのドリス式柱頭の一・五倍の高さのものを提案したこと、パラディオと

図 49　オラトリオ教会（ルーヴル宮北、ルメルシエ設計、1621-30）の地上階ドリス式オーダーの柱頭。

図 47　ルルーが（Leroux）1746 年 6 月 6 日の会合に提出したドリス式ペア・ピラスターの細部の図面。フランス学士院古文書室、ボジール文書、B.12。

図 50　サントゥスターシュ教会ファサード（18 世紀中葉完成）のドリス式オーダーの詳細。

図 48　サン＝ジェルヴェ教会ファサード（ド・ブロス、1616-21）の地上階ドリス式オーダーの柱頭。

	柱頭の高さ	アバクス：エキヌス：頸部の比	コラム軸線からの張出し（アバクスの幅の半分）
ウィトルウィウス　(1M=30P)	30	10 : 10 : 10	45 or 32.5
ヴィニョーラ　(1M=30P)	30	11 : 9 : 10	38
ブロンデル　(1M=30P)	30	10 : 10 : 10	33 ¾
ペロー	30	10 : 10 : 10	38
ラ・イール	30	10 : 10 : 10	38 ¾
デゴデ	30	11 : 9 : 10	38
タヌヴォ　(1M=12P)			
Ms.1026, pl.6	12	4 ⅙ : 3 ⅚ : 4 [10.42 : 9.58 : 10]	15 ½ [38 ¾]
Ms.1026, pl.24, 32, 33	12	4 : 4 : 4 [10 : 10 : 10]	15 ½ [38 ¾]

表 3　ドリス式柱頭の比例と張出しの比較。単位はパルティ。[　] は 1M ＝ 30P としての計算。

スカモッツィはコロセウムやマルケルルス劇場といった古代建築の例を模倣し、アバクスを厚くし、頸部を薄くしたが、この劇場のものはさらにその傾向が強い、と指摘している[30]。

この三等分を反復する手法は、上記のように、ウィトルウィウスを補足する形でセルリオが提案したものであるが、このように、ペローはむしろウィトルウィウス自身に結びつけて考えている。しかしこれ以降アカデミーは古代ローマ建築にしばしば言及している。

(二) 典拠としてのマルケルルス劇場

一六七七年一月一一日の会合では、ドロルムの『建築第一巻』第一七章のなかに記述されたローマのマルケルルス劇場のドリス式柱頭(図24)を検討したのち、「ウィトルウィウス、ヴィニョーラ、パラディオ、スカモッツィやそのほかの建築家」の柱頭と、この劇場のそれを比較することを望んだ[31]。

同年二月八日の会合では、この一月一一日の決議にもとづいてブロンデルが「フィリベール・ドロルムとシャンブレ氏が与えた数値にもとづいて彼(ブロンデル)が作成したマルケルルス劇場のドリス式柱頭と、ウィトルウィウス、ヴィニョーラ、パラディオそしてスカモッツィによる同じオーダーの柱頭の比較」を持参した[32]。これについての指摘である。

「……ヴィニョーラは、ウィトルウィウスの教義の信者であることを自認しているとはいえ、ウィトルウィウスのものは無味乾燥であると考えて寸法や張出しをいちじるしく変更した。そののちパラディオはそこからさらに遠ざかってしまった。そして建築書を私たちに書き残した最後の建築家であるスカモッツィは最も大きな変更を加えた人物であり、フィリベール・ドロルムが私たちに残したような、マルケルルス劇場の諸部分の配置に最も近づいた人物である[33]。」

ここでは「寸法や張出し」すなわち垂直方向と水平方向の双方の比例が検討されたとあるが、ウィトルウィウスから最も遠ざかったとされるスカモッツィにおいて、アバクスの幅はパラディオらのそれに比較して大きくはない(表2)。だから、ここではおもに垂直方向の比例が問題になっていると考えられる。

一般的にマルケルルス劇場やコロセウムのドリス式柱頭は、ウィトルウィウスのそれに比較して、アバクスも厚く、その上端部の小平縁も厚い。だから、アバクスやその小平縁の高さがヴィニョーラからスカモッツィになるにつれてますます高くなり、マルケルルス劇場の柱頭の比例に類似していったことに関心をいだいている。

しかしこの時点では肯定的でも否定的でもない。

一六八一年六月九日の会合では、ブロンデルが提出したこの図版について、新たなコメントがなされた。

「……三分割するという容易な方法は巧妙であると思われるが、シーマの上の小平縁はすこし小さいように思えるから、アカデミーはその点についてパラディオがおこなった変更を否定はしない。(34)」

すなわち小平縁を厚くすることは承認された。

ブロンデルの『建築教程』第二部（一六八三）四二頁の図版（図40）はこうしたアカデミーの議論を反映していると思われる。この図では、前述の一六七七年二月八日の会合で言及された同じ諸例が同じ順番で並べられている。

この図では垂直方向の寸法のみが記載されており、おもにそれだけが問題とされたようだ。とくに右の四例はアバクスの厚さがしだいに大きくなるように並べられている。だから、前述の一六七七年二月八日の会合において、スカモッツィが最もウィトルウィウスから遠ざかり、最もマルケルルス劇場に近づいたという指摘は、それがアバクスの高さを問題にしていると仮定すると、この図面と完全に一致する。(35)

このようにアカデミーは、アバクスやその上端の小平縁を、ウィトルウィウスのように薄くするか、古代ローマ建築の実例やルネサンスの建築家による提案のように厚くするかを議論した。小平縁についてはパラディオのように厚くすることを承認したが、アバクス全体の厚さについては明確な判断はしていない。

ところでラ・イールは講義録『市民建築』のなかで、マルケルルス劇場の例を中心としてドリス式柱頭を論じている。(36)ドロルムによるこの柱頭の実測は、デゴデが『ローマの古代建築』（一七八二）において示した実測結果とよく一致している。(37)ヴィニョーラがこの劇場の柱頭によったものとして示した例は、ドロルムらが示した比例とは異なっており、アバクスの厚みが三分の一モデュールとされている。パラディオの柱頭ではアバクスは一一パルティ六分の一であり、マルケルルス劇場の値に近い、と。

しかし彼は、ヴィニョーラのように柱頭の高さの三分の一をアバクスにあてる方法が「覚えやすく」、それをマルケルルス劇場の例ほど厚くする理由はなく、またそうした建築家は誰ひとりいないと指摘し、ヴィニョーラの比例に準拠するべきであると主張した[38]。すなわちアバクス高さは一〇パルティであるべきだとした（図42）。

ラ・イールがその見解を代理しているとすれば、アカデミーはアバクスを厚くすることには否定的であったと推測される。

一七〇六年二月一日の会合では、シャンブレの『比較』を講読し、その第四章のなかのディオクレティアヌス浴場（図25）と第三章のマルケルルス劇場（図23）の例を比較したのち、こう述べた。

> 「柱頭については、その（ディオクレティアヌス浴場のドリス式柱頭の）寸法配分は、マルケルルス劇場のものより美しくみえる。ただし四分の一円（エキヌス）ではなくシーマがあること、頸部の下端に薄い平縁があることは、このかぎりではない。柱身上端の玉縁は厚すぎ、その突出も大きすぎる[39]。」

実際この浴場の柱頭のアバクスは、マルケルルス劇場のそれより若干薄い。だから、この議事録の記録は、アカデミーがアバクスが厚すぎることは好まなかったという推測と、矛盾しない。

一七〇六年八月九日と一七日の会合では、ジャン・ビュランの『建築の一般的規則[40]』（一五六四）が講読された。一七日の会合では、ビュランがウィトルウィウスの記述にもとづいて高さを三等分した例（図36）がヴィニョーラのようだと判断し、アバクスを頸部よりかなり高くした例（図37）は「こうした分割はまだ承認されていない」と指摘した[41]。

もっとも後者の柱頭のアバクス高さは柱頭のほぼ半分もあり、マルケルルス劇場の例よりも高い。だからこの言及のみをもって、アバクス高さを柱頭の三分の一より大きくすること自体が否定されたかどうかは判断できない。

一七一七年より教授であったデゴデは『建築オーダー書』（一七一七〜）のなかで二種類のドリス式オーダー（図43、44）を紹介しているが[42]、そのいずれにおいても、アバクスの高さは一一パルティ（柱頭全体の一三分の一〇）であり、一〇パルティより大きい。デゴデはアカデミーの意向にはきわめて忠実であったから、やはりアバクスの高さを柱頭の三分の一よりは若干大きくすることは承認されていたと考えられる。

（三）アカデミー第二期

第二期では、ドリス式柱頭への言及は議事録中には少ない。しかしミシェル・タヌヴォがアカデミーの要請にもとづいて提出した多くのオーダー図版のなかに、ドリス式柱頭のデザインが含まれている。

彼はある図版(43)ではアバクスが最も厚くエキヌス層が最も薄い柱頭を示し、デゴデの比例に忠実である（図45）。しかしほかの図版では、三等分の比例に倣っており、アバクス高さは柱頭の三分の一である(44)（図46）。

だから垂直方向の比例については、三等分するかアバクスを厚くするかは最終的な結論は出されなかったと考えられる。むしろ二種類の選択肢があるものとされていた、と考えられる。

六　エキヌス層下部の刳形

（一）アカデミー以前

古代やルネサンスの諸例においては、エキヌス層下部に段状の小平縁を置くのが一般的であった（図22～35）。しかしヴィニョーラは段状小平縁のある柱頭と、玉縁のあるものを区別した（図32～33）。

（二）アカデミー第一期

アカデミーでは、ブロンデルやペローは段状小平縁を使っているが、ラ・イールはヴィニョーラにならって双方の場合を検討している（図42）。しかし段状小平縁を使うのが一般的であった。

しかし一七〇六年に開催された会合では、エキヌスの下に段状小平縁ではなく玉縁を置く柱頭の例が検討された。まずローマのディオクレティアヌス浴場である（図25）。前述の一七〇六年二月一日の会合では玉縁のあるこの柱頭と、段状小平縁のあるマルケルルス劇場のものと比較されたが、議事録のなかで、「ただし」以後に列挙された否定的要素のなかにエキヌスはあげられていない。

つぎに一七〇六年二月八日の会合で、シャンブレが『比較』第一部第五章で紹介したローマ近郊アルバノ（Albano）にあるドリス式オーダーの図版が検討された（図26）。

柱頭については、三個の小平縁すなわち反シーマの下、アバクス下端、頸部下端にあるものは不要であると批判されたが、「エキヌスの下の玉縁が小さすぎる」という指摘もあり、玉縁の存在自体は否定されていない(45)。

ドリス式オーダー全般については、ヴィニョーラが紹介した第二の例が「はるかにより完全でありとても趣味がよい(46)」と判断されたが、アルバノの柱頭にもヴィニョーラの第二の柱頭にも、エキヌスの下には玉縁がある。だから、玉縁がある柱頭をテーマとしてこれらの例を比較していたことも推測される。

また前述のようにアカデミーの意見に忠実であったデゴデは、エキヌスの下につねに玉縁を置いている（図43〜44）。これは一七〇六年における議論を反映していると考えられる。

(三) アカデミー第二期

タヌヴォによるドリス式柱頭には、エキヌス層下端にはかならず玉縁がある（図45、46）。また一七四六年六月六日の会合に提出されたドリス式カップルド・ピラスターの図(47)（図28）においては、垂直方向はほぼ三等分されているが、エキヌス層の下端にはやはり玉縁がある。これらは前述の一七〇六年の会合の反響であると考えられる。だから刳形については、初期はエキヌス下部に段状小平縁が認められていたが、そののち、もっぱら玉縁が使用されるようになったことが指摘される。

なお一七世紀から一八世紀のパリでは、エキヌス下に玉縁があるドリス式柱頭のある教会建築の例が多い（図48〜49）。関連資料でこれらの建物の柱頭に言及した例は皆無である。しかし、玉縁をつけることはむしろ一般的であったが、アカデミーは、古代やルネサンスの例にこだわっていたので、玉縁をもちいる慣習を容認するのに時間がかかった、とみるのが素直であろう。

七　アカデミーにおける水平方向の寸法にかんする議論

（一）アカデミー以前

第三、四項で述べたように、ルネサンス以降の建築家はウィトルウィウスの柱頭において張出しが小さすぎることを指摘し、より大きな値の張出しを提案している。

（二）アカデミー第一期

ブロンデルは『建築教程』第一部の、前述の自己案の説明のなかで、こう述べている（図39）。

「いかにウィトルウィウス自身は二モデュール六分の一という値だけで満足しているとはいえ、アバクスの全幅QR《ママ》は二モデュール四分の一である。[48]」

柱頭全幅が二モデュール四分の一（＝六七パルティ二分の一）とすれば、柱頭の半幅は三三パルティ四分の三である。この値はローマの古代建築やセルリオらの提案と比べるとまだ小さい。

ペローもまたウィトルウィウスの柱頭は幅が小さいと考えていた。翻訳『ウィトルウィウス建築十書』（一六七三）第四書第三章において、ドリス式柱頭にかんする部分を、訳している。

「柱頭の高さは一モデュール。幅は二モデュールと一モデュールの半分。」

すなわちペローは、二モデュール六分の一ではなく故意に二モデュール二分の一という大きめの値に改めつつ、訳している。

彼はその脚注のなかで、二モデュール六分の一という寸法はあきらかに写本家の写し間違いであり、この数値にもとづいてアルベルティが提案した柱頭（図28）は「とても奇妙であり、見るに堪えない」と、指摘している。

「この誤りの原因は、私たちのもとにあるすべての版の原本となった初版を刷るために使われた本のなかでは『柱頭の高さは一モデュール。幅は二モデュールと一モデュールの六分の一 capituli crassitudo unius moduli, latitudo duorum & moduli sexta partis』ではなくて、『&半モデュール & moduli S.』と書かれてあったことにあると、私は考える。すなわち（S.とは）『半分 semissis』[49]の省略形であり、写本家はこれが『六分の一 sexta partis』を意味すると信じてしまった。[50]」

彼は柱頭の全幅二モデュール二分の一（＝七五パルティ）、半幅三七パルティ二分の一、が本来の値と考えた。これは上記のセルリオ案の推定寸法に等しく、マルケルルス劇場やヴィニョーラの建築書中の例に類似している。また柱身の上部半径は二五パルティであるから、柱頭の張出しは一二パルティ二分の一となる。[51]

一六七六年二月三日の会合において、ペローがウィトルウィウスのテキストを修正したことを承認した。

「中断していたウィトルウィウスの講読を、第四書の第三章から再開したが、そこでアカデミーは、ペロー氏がドリス式柱頭のアバクスの幅にかんする部分を修正して、ウィトルウィウスのテキストによれば二モデュールと六分の一しかないものを、二モデュールと二分の一まで広くしたことを承認した。[52]」

ブロンデルも類似した認識であったので、それが支配的な意見となり、ペローの改訳も承認されたと考えられる。

ペローは『オルドナンス』のなかで、コロセウムの柱頭とアルベルティのそれが柱頭の張出しの両極端の例であると指摘し、その中間の値として一二パルティという値を提案した[53]（図41）。これは上記の推定値一二パルティ二分の一に近い。

そののちの教授たちはさらに大きな張出しを提案した。ラ・イールは、ヴィニョーラが提案した二種類の柱頭を比較して論じており、エキヌスの下に玉縁がある場合（図32）は、ふたつの段状小平縁がある場合（図33）よりも張出しが小さくなり「一二ミニット（パルティ）と二分の一しか」なくなると指摘している[54]。彼はヴィニョーラが提案した二種類のうち張出しが一三パルティ四分の三という大きいほうを好んだと思われ、また実際、彼自身の柱頭においても張出しは一三パルティ四分の三である。デゴデもまた、一三パルティ四分の三ほどではないが、一三パルティという大きめの張出しをもつ柱頭を残している（図43、44）。

（三）アカデミー第二期

第二期ではコラムやピラスターを対《つい》にする手法が論じられ、柱頭のとくに水平方向の寸法に影響を与えた。議論の概略はつぎのとおりである。まず、コラム軸線とトライグリフ軸線は一致する必要があるという制約から、既存のエンタブラチュアの比例を前提としては対のコラムは不可能であり、トライグリフ間隔を大きくすることで可能となる。さらに直径が逓減しないピラスターを対にする場合はさらに大きくする必要がある。とくにフランス建築ではピラスターの手前の位置にコラムを置くことがあるが、この場合、柱頭の張出しはコラムもピラスターも同じ値であることが望ましい。結局、コラムの場合にもピラスターと同じトライグリフ間隔と柱頭張出しを与えなければならない[55]。

第一期よりドリス式カップルド・コラムが検討された結果、柱頭の張出しの寸法は、一モデュール＝一二パルティとして五パルティ（一M＝三〇パルティとして一二パルティ二分の一）とされた。タヌヴォはこの値をしばしば使っている[56]（図45、46）。

この一二パルティ二分の一という値は、ラ・イールやデゴデが与えた一三パルティという値よりは小さいが、セルリオ、ヴィニョーラ、パラディオらのイタリア・ルネサンスの建築家が与えた値に近い。タヌヴォはとくに張出しが一二パルティ二分の一で、かつエキヌス層下部に玉縁のある例を多く図化しているが、これはヴィニョーラが紹介した第二の例と同じである。

八　まとめ

ドリス式柱頭の垂直方向の比例については、当初はウィトルウィウスにしたがって三等分する方法が採用されたが、古代建築の実態が知られると、アバクスを柱頭全高の三分の一よりも高くすることが模索された。このとき、パラディオやスカモッツィの例が参考とされた。しかしこの点については結論は出ず、タヌヴォは両者の例を残していることから判明するように、結果的にはふたつの選択肢が存在することとなった。

しかしエキヌス下の刳形については、当初は古代やルネサンスの例にならって段状小平縁を置くことが一般的であったが、一七〇六年の会合より、玉縁を置くことが模索された。これもやはりディオクレティアヌス浴場という古代ローマ建築の例によって正当化されたのだが、状況証拠からいえば、一七世紀から一八世紀のとくに教会建築における慣用が容認された、という可能性もある。

柱頭の張出しについては、ウィトルウィウスの小さな張出しは初期から疑問視され、パラディオらが使用したより大きい一般的な値が採用された。この値は第二期になり対のコラムの使用のためにオーダー全体の比例が変更されても、さらに採用された。

つまり垂直方向の比例、刳形の種類、水平方向の比例という三要素が、あるていどは別々の典拠や根拠によりつつ検討され、タヌヴォの図版に示された柱頭の造形に収束していったと考えられる。

〔註〕

1　アバクス（英 abacus; 仏 tailloir）は通常、上端に小平縁（filet）とシーマ（cimaise, doucine, talon）がつく。正確には「反シーマ」であるが、アカデミーの議論では正シーマと反シーマは特に区別せずに単にシーマと呼んでいるので、本論でもそれに従う。

2　エキヌス層は、¼円をなすオヴォロ（ove）輪郭のエキヌス（échine）と、その下の刳形からなる。この刳形は段状小平縁あるいは環縁（amulet）の場合と、玉縁（astragale）とその下の小平縁の場合の、二種類がある。

3　頸部 (gorgerin) は通常、刳型を含まない。その下の玉縁と小平縁は柱身に属する。

4　森田慶一訳『ウィトルーウィウス建築書』第四書第三章の第四節では「柱頭の厚さは一モデュルス、幅は二と六分の一モデュルス。柱頭の厚みは三部分に分かたれ、そのうちの一つはキューマティウムを含むプリントゥスとなり、ほかはアーヌルスを含むエキーヌスとなり、第三は頸部となる。柱は第三書においてイオーニア式について記されている通りに縮められる。」と訳されている。

5　Alberti, *De re aedificatoria*, 1485; 相川浩訳『アルベルティ建築書』第七書第八章、二〇一頁。

6　*Op.cit.*, pp.201-202.

7　*Op.cit.*, p.201.

8　Serlio, *The Five Books of Architecture*, (Enlish translation) 4th book, 6th chapter, fol. 16.

9　同右。

10　長尾重武編『ヴィニョーラ 建築の五つのオーダー』(Giacomo Barozzio Vignola, *La Regola delli Cinque Ordini d'Architettura*, 1562) 第一三章。

11　比例ではなく、コーニスに歯飾りがあり、エキヌス層の下端には環縁がある点では共通していることから、刳形などのディテールにおいてマルケルス劇場の例を踏襲しているといえる。

12　長尾重武編前掲書、第一四章。

13　前掲書、第一三章。ヴィニョーラの場合、一モジュール＝一二パルティであるから柱頭高さも一二パルティであり、これを三等分すれば四パルティだから、その八等分は容易である。

14　Palladio, *Quatro Libri dell'Architettura di Andrea Palladio*, 1570; traduit Par Fréart de Chambray, *Les Quatre Livres de l'Architecture*, 1650, liv. 1er, p.55.「柱頭の高さはコラムの半径に等しくなるべきであるが、これは三分割され、最上部のものはアバクスとシーマ層にあてられる。この最初の部分は五分割され、シーマ層はそのうちの二をとるが、この小部分はさらに三分割され、一つが小平縁に、二つがシーマ (doucine) にあてられる。第二の部分はやはり三分割され、そのうちの一つが幅の等しい三本の環縁にあてられ、二つがオヴォロにあてられるが、オヴォロの張出しはその高さの三分の二である。第三のすなわち最後の部分は頸部である。柱頭の張出しは全体でコラム直径の五分の一である。」

15　*Op.cit.*, liv. 1er, p.55.

16　Scamozzi, *Les Cinq Ordres d'Architecture de Vincent Scamozzi...*; traduit par D'Aviler, 1685, ch.XX, p.70.
なお、$\frac{1}{3}$ M = 10P　2M × $\frac{4}{5}$ ＝ 60 × $\frac{4}{5}$ P ＝ 48P
ゆえに柱頭全幅 10P + 48P + 10P ＝ 68P ＝ 2M8P ＝ 2M $\frac{8}{60}$ である。
この値は 2M $\frac{1}{6}$ ＝ 2M $\frac{10}{60}$ とは若干異なっている。

17　マルケルス劇場を意味していると考えられる。ヴィニョーラがすでに引用しており、またオヴォロ下部の細部についてのスカモッツィの説明から、そう推測される。

18　Scamozzi, *op.cit.*, ch.XX, p.70.

19　同右。なお、原文では「一モデュール＝柱身下端直径」として寸法は記述されており、柱頭の高さは二分の一モデュール、アバクスの幅は一モデュールと四分の一、張出しは左右合計で八分の三モデュールである。さらに高さは七個の刳型のために一一と一二分の七に等分され、これらの刳型の張出しは五分の一から六分の一モデュールである、とも記されている。「一モデュール＝半径」の通常値に換算すれば本文中の値となる。なお、デゴデ『ローマの古代建築』図Ⅴにはコロセウムのドリス式オーダーが示されているが、それによれば、柱頭半幅は四七パルティ四分の一、張出しは一九パルティ二分の一、柱頭高さは三八パルティ四分の三である。これらの値は、スカモッツィのものとかなり異なっている。しかし、デゴデの測定した高さ三八パルティ四分の三がスカモッツィの一モデュール＝三〇パルティに相当すると仮定し、各数値を換算する。

幅　＝47.25×(30/38.75)＝37.058823…P＝1M 7/30　この値はスカモッツィが与えた1M ¼に近い。

張出し　＝19.5×(30/38.75)＝15.09677…P＝½M　この値はスカモッツィが与えた⅜Mよりやや大きい。

すなわちスカモッツィは柱頭高さをアプリオリに½M（通常の一モデュール）として各部分の大きさを決定したことも考えられる。

20　Delorme, *Le Premier Tôme de l'Architecture*, 1567, liv. III, ch.XIV, p.144.

21　同右。

22　*Op.cit.*, liv.V, ch.XI, p.142.

23　*Op.cit.*, liv.V, ch.XII, pp.147-148.

24　Chambray, *Parallèle de l'architecture antique et de la moderne*, 1650, Iʳᵉ partie, ch.III, p.14.

25　*Op.cit.*, Iʳᵉ partie, ch.VIII, p.24.

26　Blondel, *Cours d'architecture*, Iʳᵉ partie, 1673, liv.III, ch.I, p.45.

27　Perrault, *Les Dix Livres d'Architecture de Vitruve*, 1673, 2ᵉ édition, 1684, liv.IV, ch.III, p.114, note.9.

28　同右。

29　Perrault, *Ordonnance des cinque espèces de colonnes selon la méthode des anciens*, 1683, p.48.

30　同右。ペローはコロセウムにおいてドリス式柱頭の高さはウィトルウィウスのものより八パルティ四分の三高く、マルケルルス劇場のそれは三パルティ高いと指摘しているが、この数値はデゴデの実測とほぼ一致する。cf. Antoine Desgodets, *Les Edifices antiques de Rome*, 1682, pp.261-295.

31　議事録、第一巻、一二九頁。

32　同、一三〇頁。

33 同、一三一頁。

34 同、三一五頁。

35 もっともブロンデルの図版はオリジナルにたいして忠実であるわけではない。テキストの記述にしたがえば、パラディオのアバクス高さは一〇パルティであり、また図版においても、スカモッツィのアバクスよりもパラディオのそれのほうが厚いのである。ただしこの誤解は、アカデミーがアバクスの厚さを問題にしたという事実には、影響を及ぼさない。

36 La Hire, *Architecture Civile*, 1690, pp.86-87.

37 Desgodets, *Les Edifices Antiques de Rome*, 1682, p.295.

38 La Hire, *op.cit.*, p.86.

39 議事録、第三巻、二三七頁。

40 Bullant, *Règle générale d'architecture des cinque manières de colonnes*, 1564.

41 議事録、第三巻、二五五〜二五六頁。

42 Desgodets, *Traité des Ordres de l'Architecture*, ch.IV.

43 B.I., Ms.1026, fig.16.

44 類例は B.I., Ms.1026, fig.24, 32, 33.

45 議事録、第三巻、二三八頁。

46 同、二三八頁、cf.Vignole, ch.vii.

47 A.I., Papiers Beausires, B.12.049.

48 Blondel, *Cours d'Architecture*, Ière partie, liv.III, ch.i, p.42.

49 semisiss とは、ラテン語で「半分」を意味する semis の、属格。

50 *Op.cit.*, liv.IV, ch.iii, p.114, note 8.

51 ドリス式オーダーのコラムの直径逓減は「第三書で述べたイオニア式コラムのそれに準ずる」(cf. Perrault, *op.cit.*, pp.114-115) とある。

52 議事録、第一巻、一〇八頁。

53 ペローは通常の四パルティを一パルティと呼んでいるが、彼によれば、極端に張出しが大きい例であるコロセウムのドリス式柱頭の張出しは「五パルティ」(すなわち二〇パルティ、デゴデの実測で一九パルティ二分の一)であり、極端に小さい例であるアルベルティのそれは「二パルティ」(すなわち八パルティ)であり、ペロー提案のものは「三パルティ」(すなわち一二パルティ)である。cf. Perrault, *Ordonnance*, p.49.

54 La Hire, *op.cit.*, p.87.

55　アカデミーにおける議論の概略は以下のとおり。既存のエンタブラチュアの比例を前提としてはカップルド・コラムは不可能であり、トライグリフ間隔を大きくすることで可能となる。さらに直径逓減のないピラスターを対にする場合はさらに大きくする必要がある。とくにフランス建築ではピラスターの手前の位置に円柱を置くことがあるが、この場合、上部直径からの張出しは円柱もピラスターも同じ値であることが望ましいので、結局、円柱の場合にもピラスターと同じトライグリフ間隔と柱頭張出しを与えなければならなくなる。ドリス式カップルド・コラムについての章を参照。

56　また逆に、一二パルティと二分の一という値の張出しを可能とするようなトライグリフ間隔が模索され、そこからエンタブラチュアの比例が変更された、という推測も可能である。ただし、それを裏づける記載は議事録にもほかの資料にも発見されなかった。

三―三　イオニア式柱頭

一　はじめに

第一期においてイオニア式柱頭の作図法を洗練していった過程において、三つの主要な論点があった。

(一)いわゆる古代式柱頭と近代式柱頭の区別。

(二)アストラガルと渦巻きの目の高さ関係。

(三)渦巻きの曲線の作図法。

これらのどの三点についてもウィトルウィウスの建築書やそれに依拠したイタリア・ルネサンスの建築書における記述が、古代建築の実例によってあるときは正当化され、あるいは修正され、最終的にはアカデミー独自の作図法が提案された。

二　ウィトルウィウスらによるイオニア式柱頭の記述

ウィトルウィウス『建築十書』第三書第三章ではイオニア式柱頭の作図法が説明されており(図51)、この記述がルネサンス以降の根拠のひとつとなった。以下で論じる、渦巻きの目の位置と、渦巻きの曲線の描き方についても、重要な出発点となっている。ここではアカデミーが参照したペロー版ウィトルウィウスのなかの関連する部分を訳出する。ここに渦巻きの「目」とは、渦巻き中央部にある小さな円形の部分である。

「各コラムの柱身が置かれたのち、柱頭は、もし枕の形態をしていれば、こう定められよう。アバクスは柱下部の直径にその一八分の一を加えたものを一辺とする正方形であり、このアバクスの半分が、渦巻きのまるみも含んだ柱頭の高さとなろう。しかし渦巻きが見えるそれぞれの面においては、アバクスの端部から内側にむかって一八分の一とその半分だけ後退し、そして渦巻きを描くべき四カ所において、アバクスにそい、アバクスの上部の平刳形から下に、[1]カテトスと呼ばれる線を引き、つぎに柱頭の高さ全体を九と二分の一に分け、そのうち一と二分の一をアバクスの厚みに、残りの八を渦巻きの厚みとしなければならない。このときアバクスの端部近くに下ろした線分の隣に、内側に半分だけいった箇所にもう一本の線分を引こう。つぎにアバクスの下に四と二分の一の距離だけ下がった箇所で、これらの二本の線分を切る。この箇所において渦巻きは（上下に）区分され、上には四と二分の一、下には三と二分の一が残されるが、ここに目の中心を印すべきである。この中心から、八等分したうちの一を直径とする円が描かれよう。これが目の大きさである。最後にこの垂線のなかにそれと直交する対角線を引こう。さて、それぞれの中心をもつ四つの四半円が、アバクスの下端あるいは渦巻きの上端から始まり、目の寸法の半分だけ小さくなりながら、アバクスの下の四半円のちょうどその場所にくるまで、引かれなければならない。さらに柱頭全体の厚み全体は九と二分の一に等分され、そのうち渦巻きは、コラム上端のアストラガルの下端から三だけ垂れ下がり、残りのすべては卵鏃飾りとアバクスにあてられる（中略）。

コンパスで渦巻きを描きうまく曲線を引く方法について本書の最後の図版と文章で説明される。[2]」

ゆえにつぎのような基本寸法が判明する。

（一）アバクスの幅　$2M \times 19/18 = 19/9\,M$

（二）柱頭の高さは「このアバクスの半分が、渦巻きのまるみも含んだ柱頭の高さとなろう」とあるから、

$19/9\,M \times 1/2 = 19/18\,M$

（三）渦巻きの高さは、柱頭の高さを九と二分の一で割ったうちの八に、すなわち一九分の一六に相当するから、

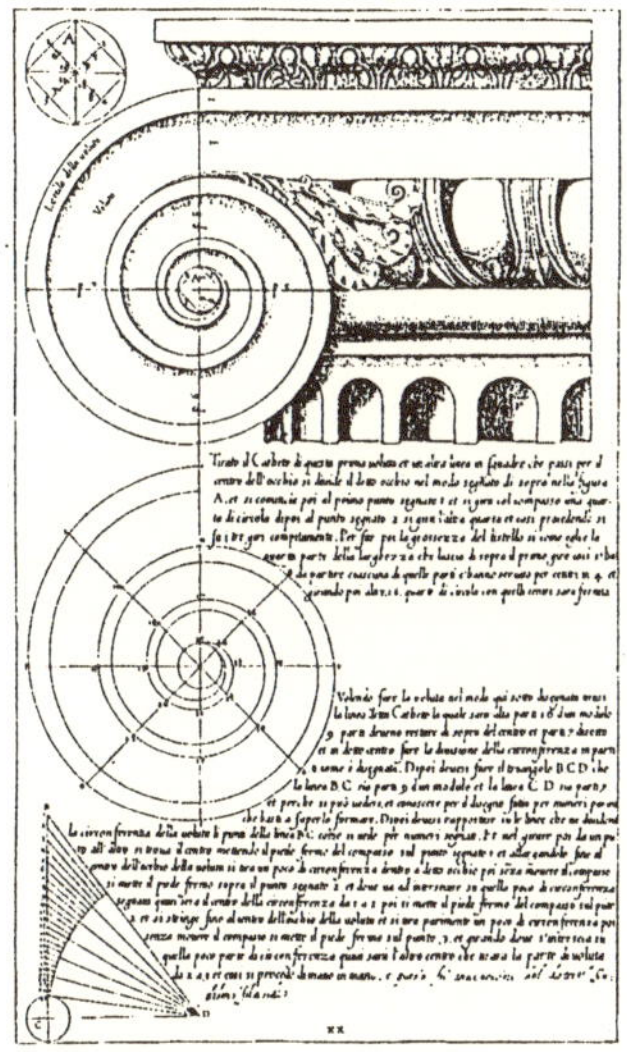

図 52　ヴィニョーラ『建築の五つのオーダー』図 XX。

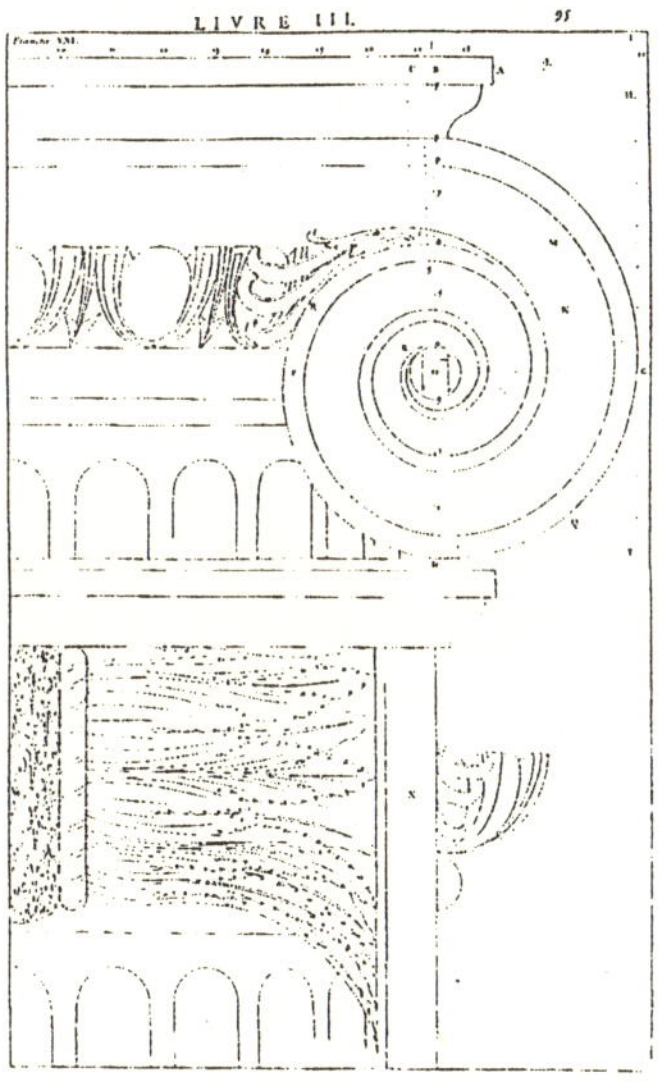

図 51　ペロー訳『ウィトルウィウス 建築十書』第三書第三章図 XXI、95 頁。

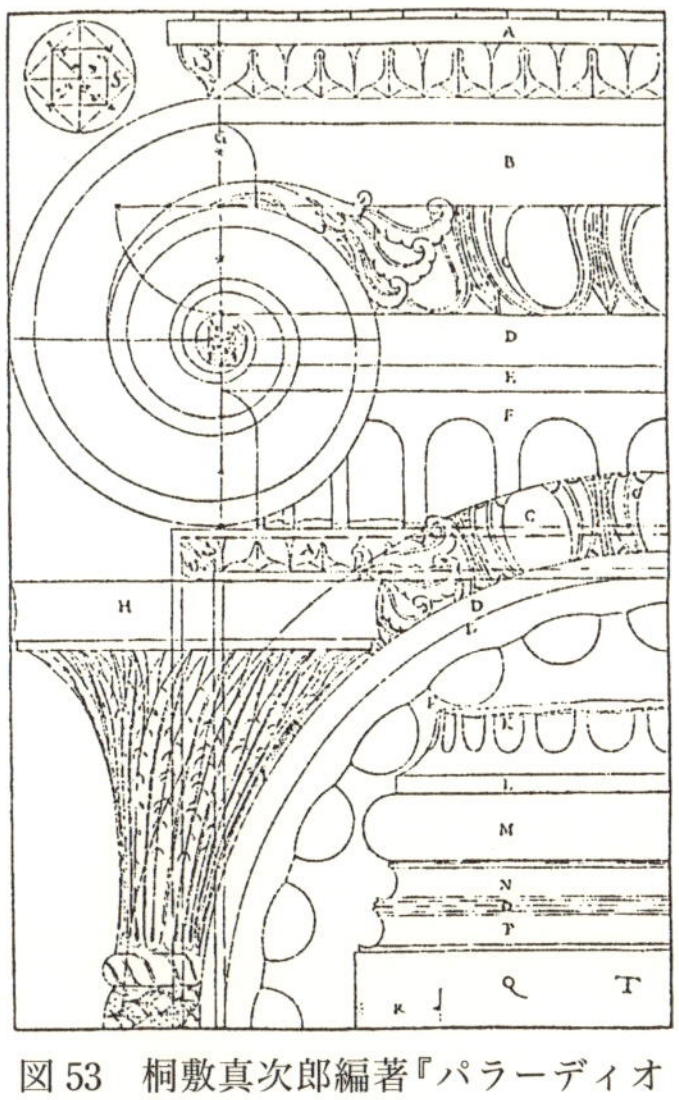

図 53　桐敷真次郎編著『パラーディオ「建築四書」注解』86 頁。

$\frac{19}{18}M \times \frac{16}{19} = \frac{8}{9}M$

（四）渦巻きの、目の中心から上の部分と下の部分の比、

$(4\frac{1}{2}) : (3\frac{1}{2}) = 9 : 7$

（五）「目」の大きさは渦巻きの高さの八分の一だから、

$\frac{8}{9}M \times \frac{1}{8} = \frac{1}{9}M$

さて、アカデミーがしばしば言及し参照したイタリア・ルネサンスの建築家ヴィニョーラ、パラディオ、スカモッツィはこのウィトルウィウスの記述にかなり準拠している。

ヴィニョーラの『建築の五つのオーダー』の図XIXと図XX（図52）とそれに付随したテキストの説明によれば、アバクスの幅が九分の二〇モデュールであるほかは、上記の（二）から（五）について、ウィトルウィウスと一致している。(3)

またパラディオの『建築四書』第一書第一六章で記述されたイオニア式柱頭（図53）は、やはり上記の（一）から（五）すべてにおいてウィトルウィウスと一致する。またとくにパラディオの場合、直径の一八分の一九をアバクスにあてることから開始するその記述の順序そのものがウィトルウィウスに類似している。(4)

スカモッツィは『建築の五つのオーダー』のなかでより直截にウィトルウィウスの名に言及したうえで、彼のテキストで不鮮明な部分を補足しながら説明しているし、上記の数値についてはウィトルウィウスとまったく同一である(5)（図54）。

だからヴィニョーラらは、ウィトルウィウスが「本書の最後の図版と文章で説明される」としたが実際は記述が残されていないために、不完全なものに終わってしまったものを、古代建築の実例を参考にしたり、数値の整合性を根拠として完成させようとしたものと考えられる。そしてアカデミーは彼らの試みを継続してある完成に到達した。

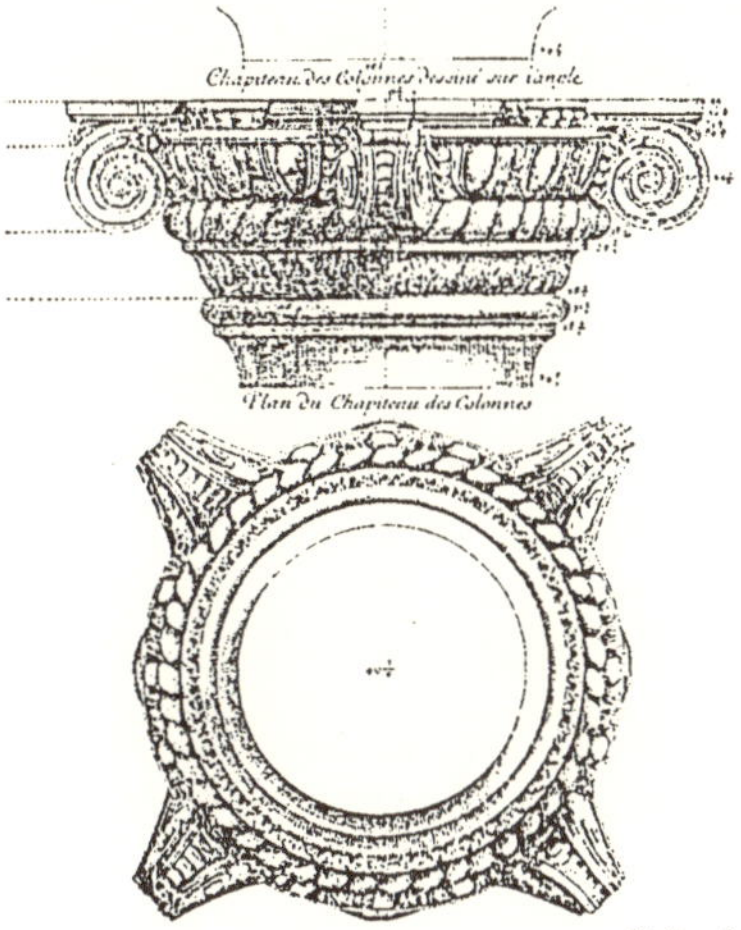

図 56　ローマのコンコルド（サトゥルヌス）神殿。デゴデ前掲書 125 頁。

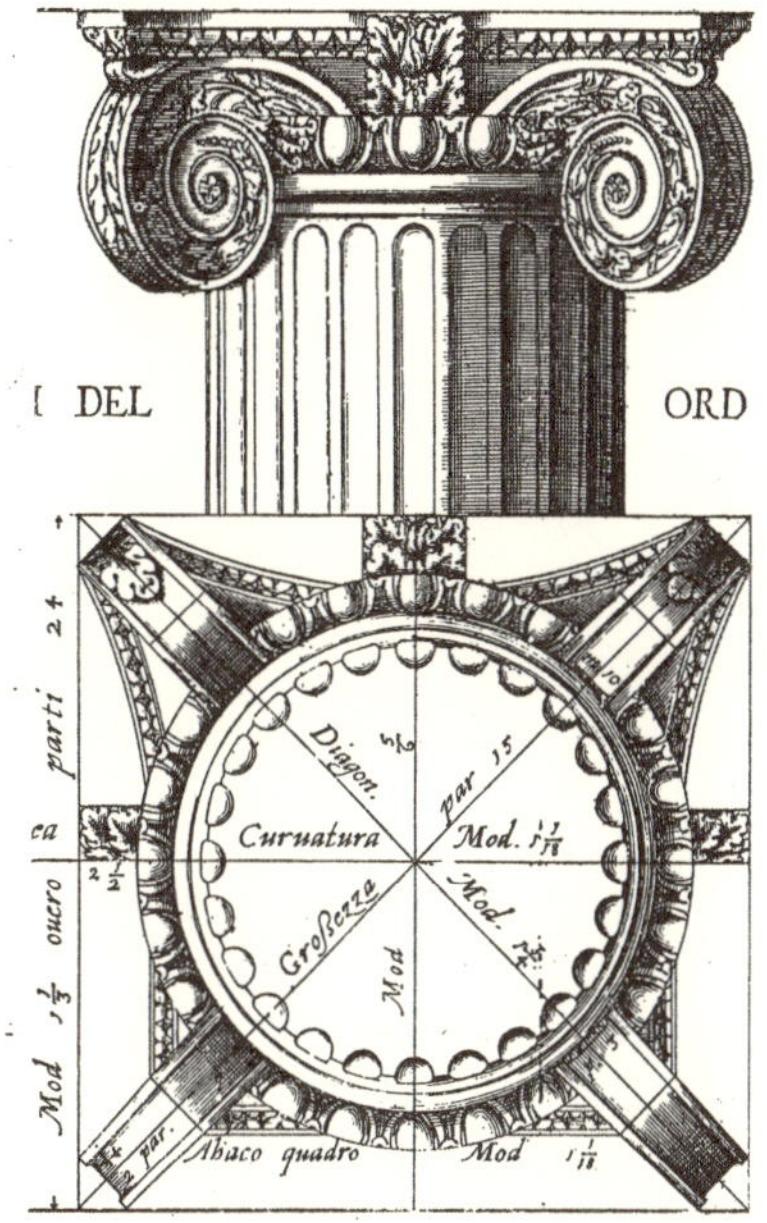

図 54　ダヴィレ訳『スカモッツィの建築の五つのオーダー』88 頁。

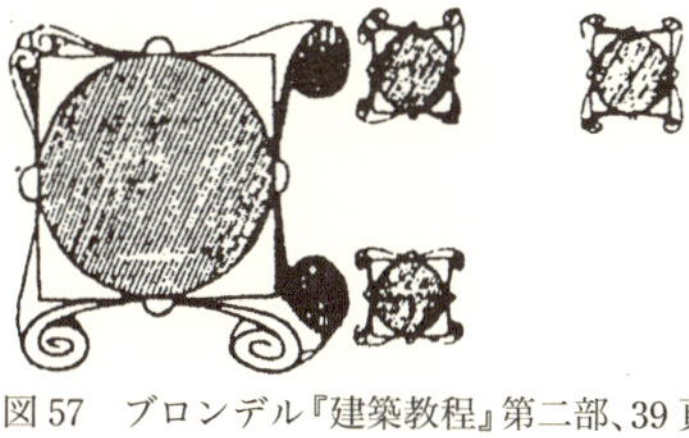

図 57　ブロンデル『建築教程』第二部、39 頁。

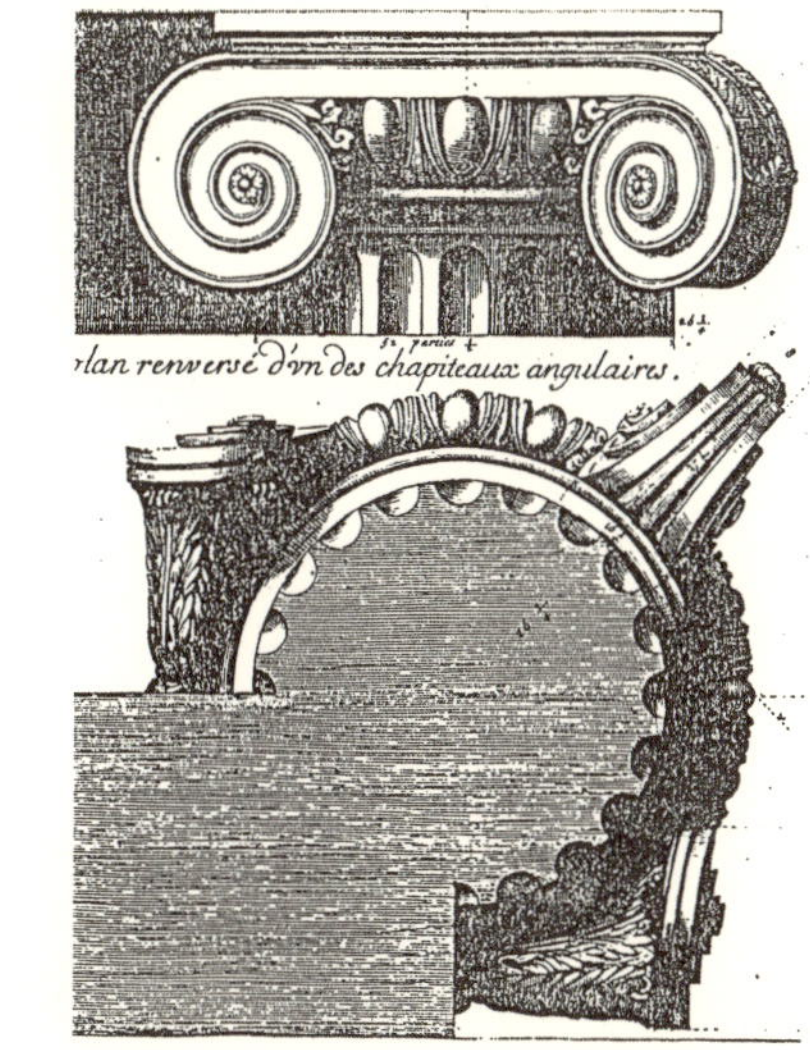

図 55　ローマのフォルトゥナ・ウィリリス神殿のイオニア式柱頭。デゴデ『ローマの古代建築』102 頁。

三　古代式柱頭と近代式柱頭

(一) 二種類のイオニア式柱頭

イオニア式柱頭は二種類に大別できる。第一の形式は前述のウィトルウイウスやパラディオらのそれであり、正面と背後の二面に渦巻きがみられ、ほかの二側面にはそれがなく、だから全部で四個の渦巻きがあるタイプである。第二の形式は四つの渦巻きが四方向に放射状に伸びて、その結果、四面すべてが同じ見え方になり、全部で八個の渦巻きがあるタイプである。

第一のものは「古代イオニア柱頭 chapiteau ionique antique」と呼ばれていたが、[6] それと区別するために、第二のものを、一六七七年三月一五日の会合では「複合イオニア柱頭 chapiteau ionique composé」[7] と、一六八九年七月二二日の会合では「近代イオニア柱頭 chapiteau ionique moderne」と呼んだ。[8] この名称の区別は、ディドローとダランベール編『百科全書』の「建築」項の挿図でも採用されており、あるていどは一般的に認められていた区別であったと推測される。

(二) スカモッツィのイオニア式柱頭

アカデミーは、スカモッツィが第二の形式の柱頭を考案したと考えていた。実際スカモッツィはその建築書のなかで、ウィトルウィウスの記述による柱頭について補足し説明したのち、渦巻きが放射状に配置されたイオニア式柱頭に言及し、それが「古代を、そして部分的にはウィトルウィウスを模倣してなされた私たちの発明」として位置づけている[9]（図54）。

ブロンデルは『建築教程』第一部（一六七五）のなかで、スカモッツィの柱頭は「ウィトルウィウスの教えとまったく異なっている」[10] と指摘している。

一六七七年三月一五日の会合において、スカモッツィがこの近代式の柱頭をローマのサトゥルヌス神殿[11]（図56）あるいはミケランジェロの作品、たとえばフィレンツェのメディチ家礼拝堂などから導きだしたという見解をとったし、一六八一年六月一六日の会合でも同じ意見が表明された[12]。しかしすくなくとも当初は、この近代式柱頭が容認された記載はない。当時はウィトルウィウスが最高の権威とされていたからであろう[13]。

(三) フォルトゥナ・ウィリリス神殿の柱頭

デゴデの『ローマの古代建築』（一六八二）に収録されたフォルトゥナ・ウィリリス神殿（図55）の出隅部分にあるイオニア式コラムの柱頭は、四つの渦巻きのうち角にあるものだけが四五度の斜方向に延びている。この点では、スカモッツィの柱頭を正当化する古代の例となる可能性のあるものであった。

ブロンデルは、おそらくこのデゴデの図面集を検討して『建築教程』第二部（一六八三）でフォルトゥナ・ウィリリス神殿の柱頭に言及しながら、たとえばポーティコのコーナーにあるようなコラムの柱頭について懸念を表明している[14]（図57）。

会合においては一六九〇年代より、この神殿のコーナーの柱頭がしばしば言及され、しかも肯定的な評価がされるようになる。一六九三年一一月一六日の会合では、この神殿のコーナーの柱頭を使うことは適切であるという指摘がなされた[15]。一六九四年七月五日の会合では、この柱頭が近代式イオニア式柱頭の発明を促したと思われるという指摘がなされ[16]、同じ指摘が一七〇六年三月一五日にもなされた[17]。一七〇六年三月一日の会合では、同種の柱頭を近代の建築家たちはうまく利用し成功したという指摘がなされた[18]。このように、あきらかにコーナー部分には適合するスカモッツィの考案したイオニア式柱頭を、古代にそれに類似した例があることを根拠にして、承認しようという意見に変ったようである。

また一六九六年二月二七日の会合ではスカモッツィの二種類の近代式柱頭が議論されたが、アバクスの四面が直線になっているもの、すなわち正方形平面のアバクスより、その四辺がえぐれているものが好ましいという指摘がなされた[19]。この会合ではその理由はとくに明記されていない。しかし四個の渦巻きが放射状にのびる構成には、四辺がえぐれたアバクスが形態として適合していることは自明であり、この理由からえぐれたアバクスが選択されたことは容易に推測される。その根拠は一七〇六年三月一五日の会合で表明されたつぎの指摘である。

「スカモッツィはフォルトゥナ・ウィリリス神殿のものを部分的に模倣して二種類のものを考案した。スカモッツィの前者の柱頭においては、アバクスは正方形でコーナーの渦巻きには適合しないが、彼が同じオーダーについて与えたもうひとつの柱頭においては、アバクスはコリント式オーダーの柱頭のアバクスのようにツノ状になっている。そのほかの点については、スカモッツィ以降、彼が考案したコーナーの柱頭は頻繁に使用され、平面上で生じる渦巻きの屈曲点を矯正する方法とされた[20]。」

このように建物のコーナー部分にあるイオニア式柱頭への配慮から、ウィトルウィウス的な古代式の柱頭は否定され、スカモッツィ的な近代式の柱頭が是認された。ただし古代式や近代式というのはたんに呼び方であり、かならずしも実体に対応してはいない。すなわちスカモッツィ考案の近代式は古代建築の実例によって正当化されたのだから、根本的にはウィトルウィウスのテキストをとるか古代の実例をとるかの選択であった。

四　アストラガルと渦巻きの目の位置関係

(一)　ウィトルウィウスとその追随者

ウィトルウィウスの説明では、渦巻きの高さは八等分されるが、渦巻きの目は八つある八分の一部分のなかの下から四番目にあるが、同時に「渦巻きは、コラム上端のアストラガルの下端から三だけ垂れ下がり」とあるから、柱身上端にあるアストラガルと渦巻きの目は同一レベルにある（図51）。

パラディオ、セルリオ、スカモッツィらもこの方法を踏襲した（図53、54、67）。

一七世紀フランスの建築家の多くもそうであった。ドロルム、ビュラン、あるいはペローもそうであるし、ブロンデルも『建築教程』第一部（一六七五）では、パラディオと同じ位置に渦巻きの目を置いた[21]（図58、59、61、62）。

ところでヴィニョーラは、こうした建築家たちとは異なっていて、中心の上端にあるアストラガルの上端にこの目の中心の位置をもっ

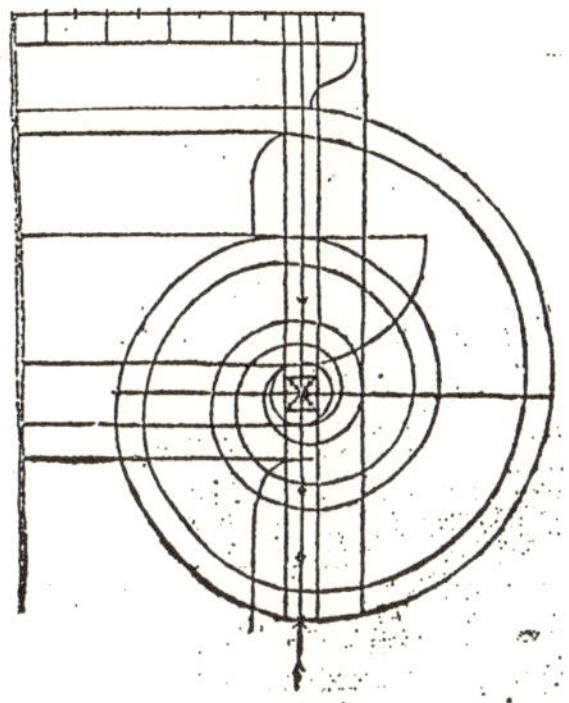

図 59　ビュラン『建築の一般的規則』。

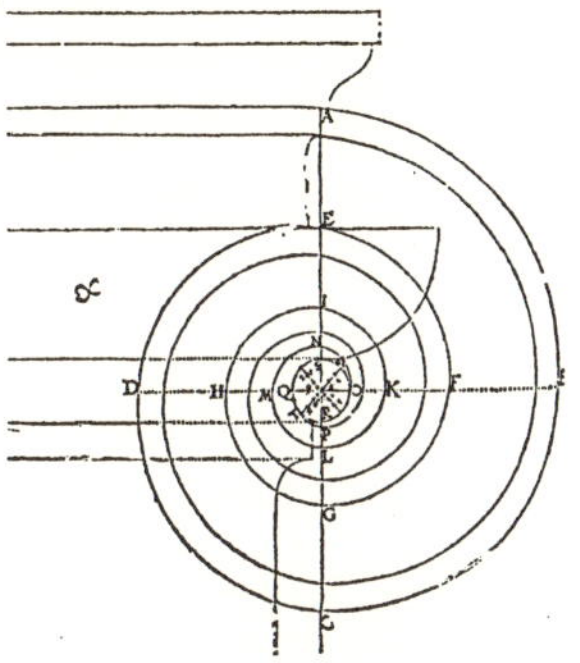

図 58　ドロルム『建築第一巻』第五書第二六章、63 頁。

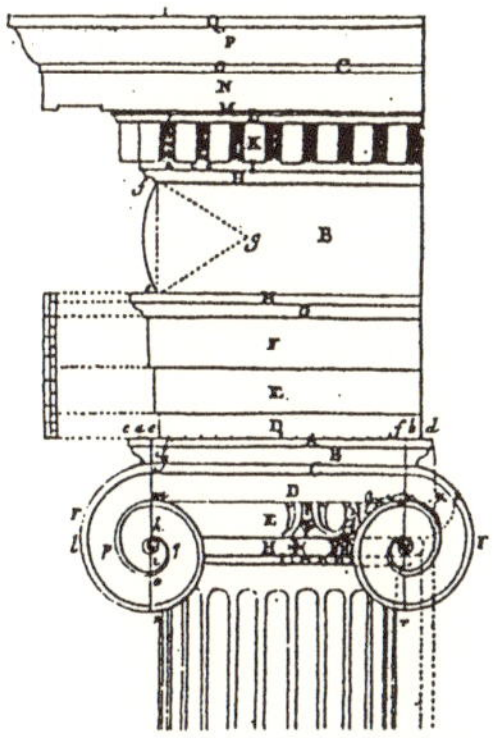

図 62　ブロンデル『建築教程』第一部第四書、73 頁。

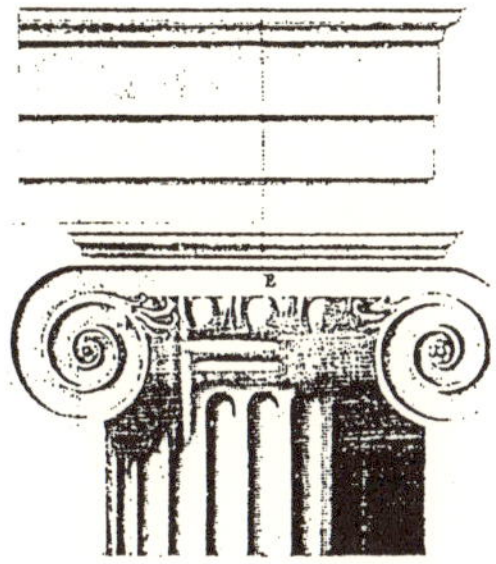

図 61　ペロー『オルドナンス』図 IV。

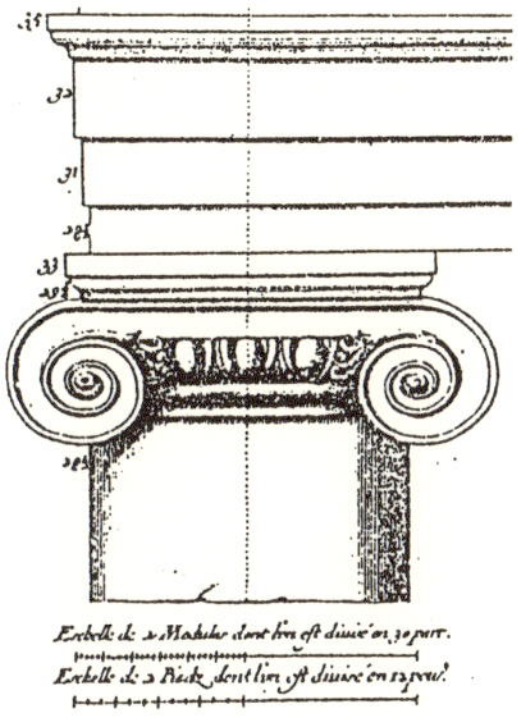

図 60　ボス『古代建築のオーダー作図法論』。

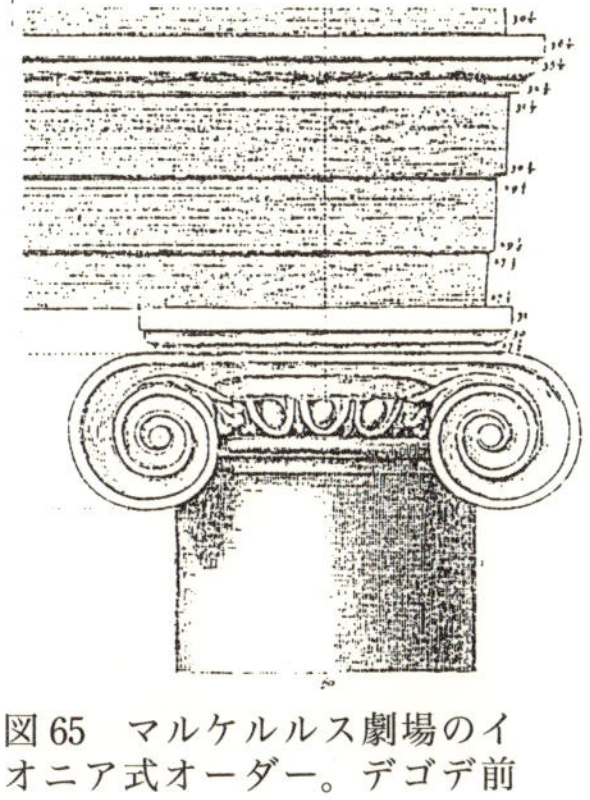

図 65　マルケルルス劇場のイオニア式オーダー。デゴデ前掲書 265 頁。

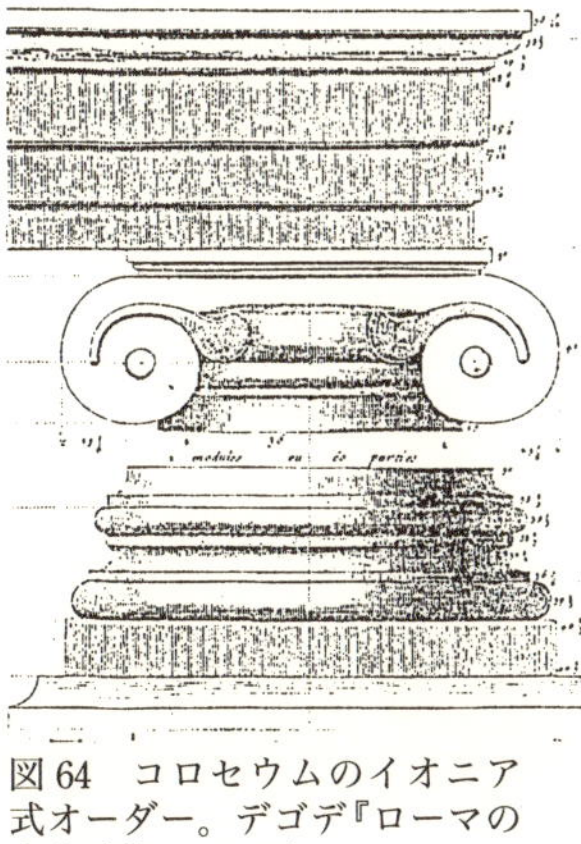

図 64　コロセウムのイオニア式オーダー。デゴデ『ローマの古代建築』265 頁。

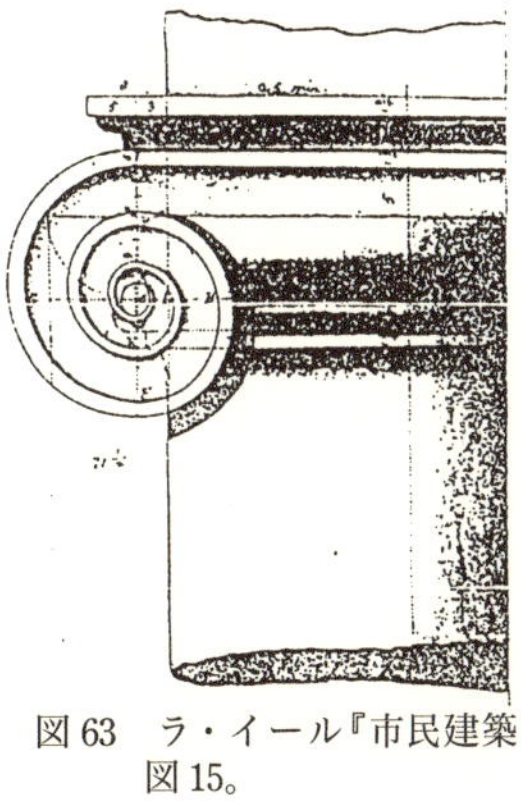

図 63　ラ・イール『市民建築』図 15。

てきている（図52）。フランスでは、例外的だが、アブラアム・ボス（図60）がこのヴィニョーラの方法を採用している。[22] さらにペローは、先に引用された『建築十書』の一節のなかの脚注で、ウィトルウィウスの記述からすると目とアストラガルは同一の高さになければならないが、ヴィニョーラらの建築家、そしてローマのフォルトゥナ・ウィリリス神殿の柱頭（図55）を設計した建築家は、渦巻きの目をむしろアストラガルより高くしていると指摘している。[23]

（二）アカデミーの態度

ヴィニョーラの方法にはすくなくとも当初は否定的であって、一六九三年三月一六日の会合では以下のように指摘している。

「ヴィニョーラやそのほかの（建築家）が違う方法を使おうとも、渦巻きの目をアストラガルと同じ位置にもってきているジャン・ビュランの方法が承認されるのである。[24]」

一七七〇年代と八〇年代では古代やイタリアの建築書が講読されたが、そこではウィトルウィウスが最高の権威とされた。だからパラディオやビュランの方法が尊重されたのは、それが古代建築家の記述に合致したためであろう。ところが九〇年代になってこの見解が修正された。まずラ・イールは講義録においてヴィニョーラの方法を採用した[25]（図63）。古代の作品にはヴィニョーラと同じ方法が採用されているという理由で、パラディオの渦巻きよりもヴィニョーラのそれを好んだ。[26] そしてすこしのち一七〇六年八月一七日の会合の議事録には、ヴィニョーラの方法により優位を与える決定が記録されている。

「イオニア式柱頭については、ジャン・ビュランは、パラディオのように渦巻きの目の中心をコラム上部のアストラガルの真中にもってきているが、古代人の大多数はこの目の中心をヴィニョーラ風にアストラガルの上端の高さにもってきているのであって、後者の方法がアカデミーによって承認された。[27]」

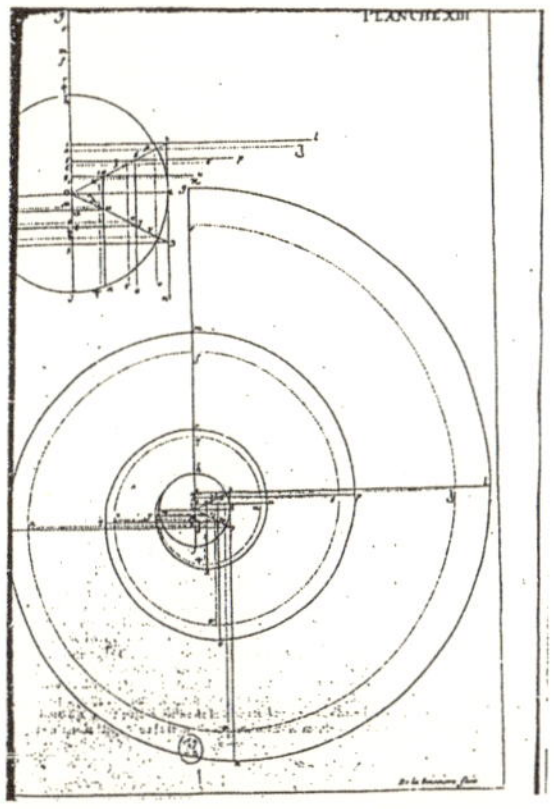

図 69　ブロンデル前掲書第一部第四書第二章、図 XIII、85 頁。

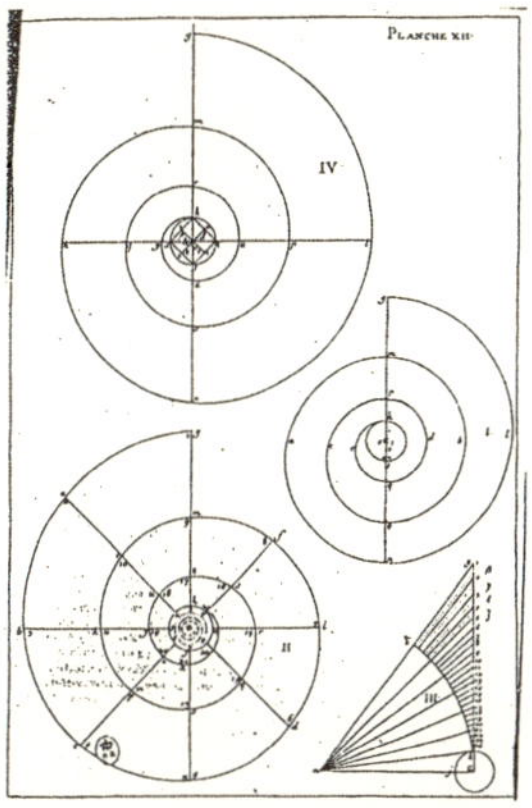

図 68　ブロンデル『建築教程』第一部第四書第二章、図 XII、79 頁。

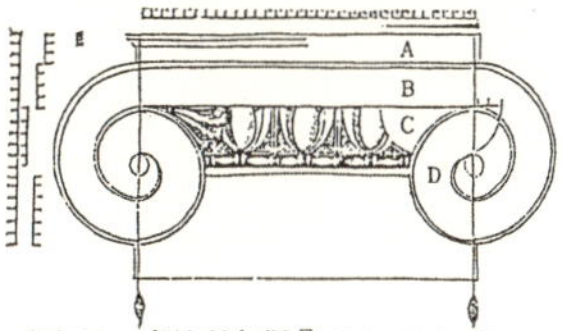

図 66　相川浩訳『アルベルティ建築論』第七書第八章、202 頁。

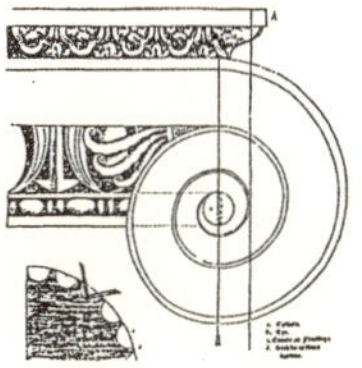

図 67　セルリオ第四書第八章、図 35（部分）。

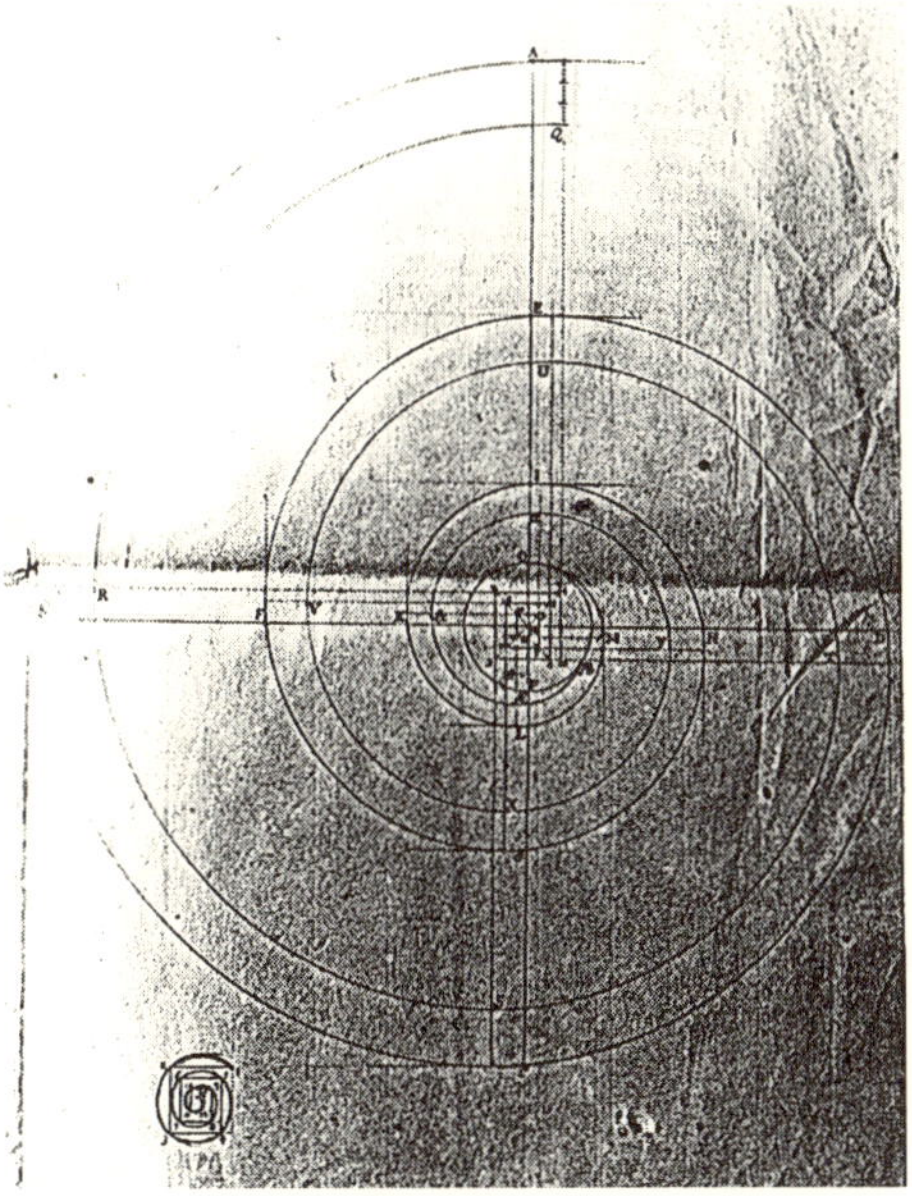

図 73　デゴデが 1701 年 7 月 11 日の会合に提出した報告書のなかの図版。

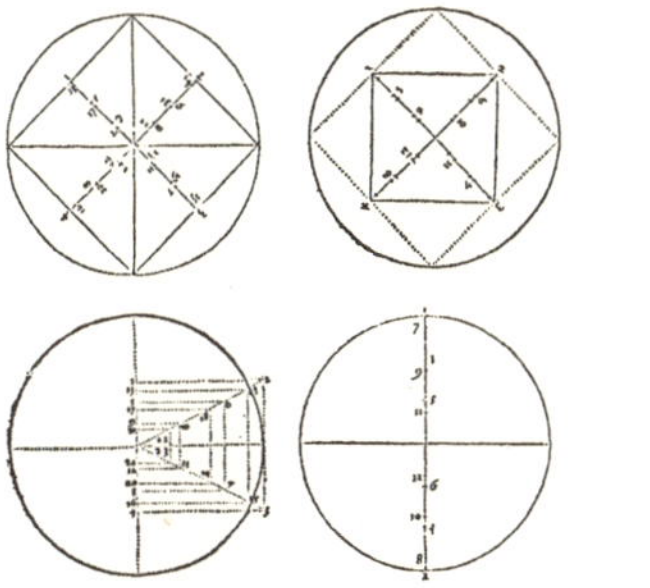

図 70　ペロー訳『ウィトルウィウス 建築十書』第三書第三章脚注 42-43（94 ～ 96 頁）のなかの図版。ドロルム、パラディオ、バルバロ（上段）、ゴールドマン（左下）、アルベルティとセルリオ（右下）の方法。

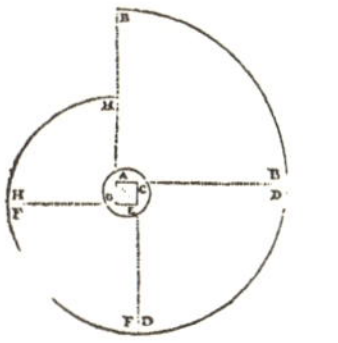

図 71　ペロー訳前掲書第三書第三章脚注 41（94 頁）のなかの図版。

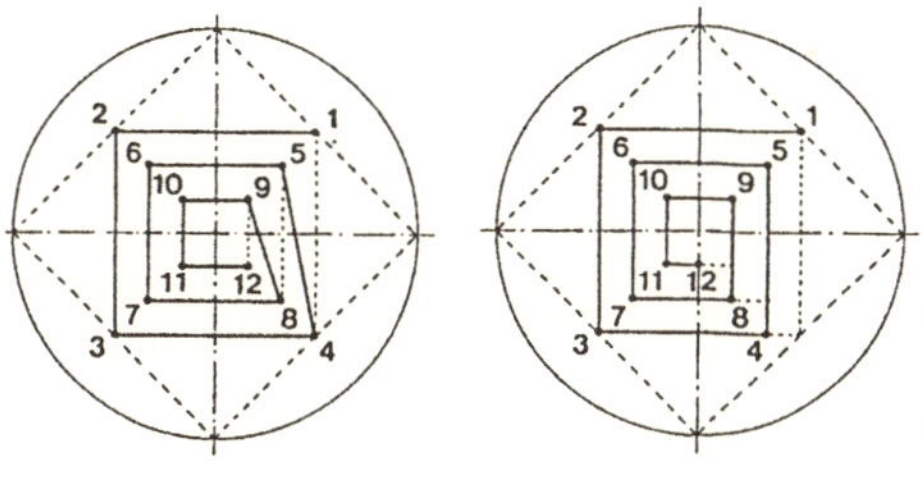

図 72　渦巻きの「目」の中の、12 の四半円の中心の位置。パラディオ、ヴィニョーラ、ドロルム（左）とデゴデ（右）の比較。

ここで注目されるのは、古代建築を基準にしてパラディオやヴィニョーラを判断している点である。実際、一六九〇年代、とくに一六九四年に前述のデゴデの実測図面集が講読されたのであって、そこで得られた古代建築にかんする正確な知識が、新しい判断に結びついたと推測される。[28] 事実、デゴデの図面集によれば、古代のイオニア式柱頭の作品においては渦巻きの目の中心はアストラガルの上端と同じ高さに位置していることが多い。たとえばフォルトゥナ・ウィリリス神殿（図55）はもちろん、コロセウム（図64）、マルケルルス劇場（図65）などがそうである。

またデゴデ自身の建築書においてもヴィニョーラの方法が採用されているが（図67）、これはアカデミーの判断に倣ったものであると考えられる。だからアストラガルと渦巻きの目の位置関係という点にかんしても、当初はウィトルウィウスの権威にもとづいてパラディオ流の方法が承認されていたが、一六九〇年代からはあらたに知られることになった古代建築の正しい文法に照して、それに合致するヴィニョーラの方法が承認されたと考えられる。

五　渦巻き曲線の作図法

(一) ウィトルウィウスの記述

本章の第二項目の引用から、渦巻きの曲線は四半円を組み合わせて作図することは容易に読みとれる。しかしウィトルウィウスはこの四半円を四個描くことを指摘するにとどまり、コンパスで描くより具体的な方法は「本書の最後の図版と文章で説明される」とあるが、実際の第三書にはそれ以上の説明はない。イタリア・ルネサンスの建築家たちはこの欠落を埋めようとしたのであり、アカデミーは彼らの提案した方法をより整合的にしようとした。

(二) アルベルティとセルリオの方法

アルベルティの『建築論』は全体としてかなりウィトルウィウスに依拠して書かれているが、イオニア式柱頭についてはそうではな

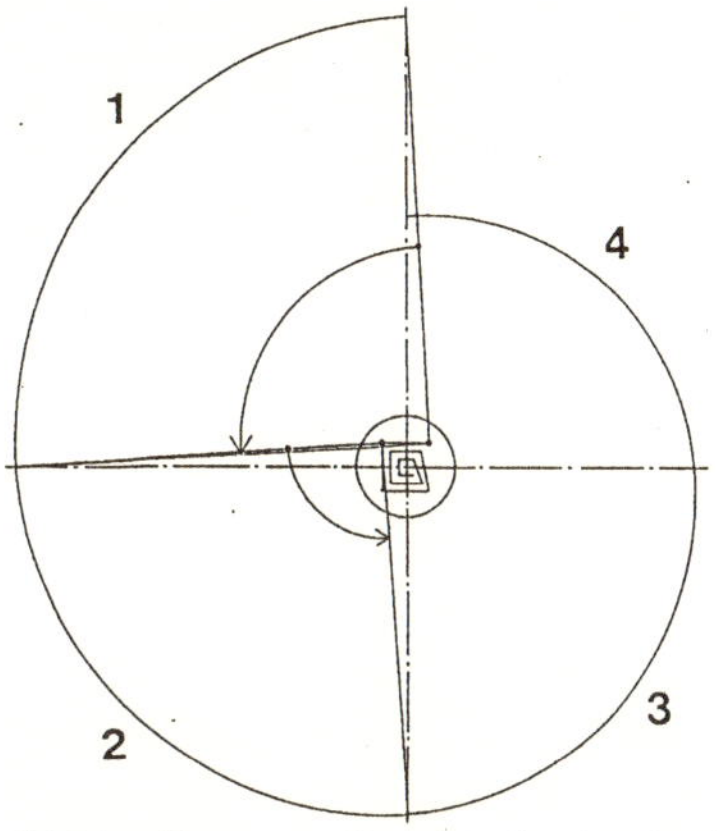

図 74　ヴィニョーラ、パラディオによる渦巻きの描き方。

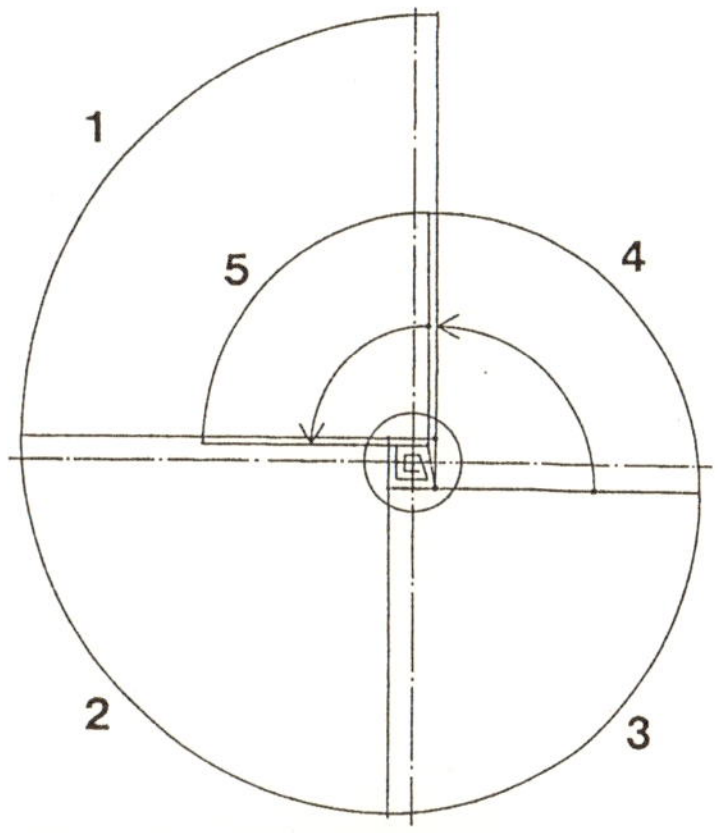

図 75　ラ・イールが 1701 年 7 月 4 日の会合で提案した渦巻き作図法の図解。

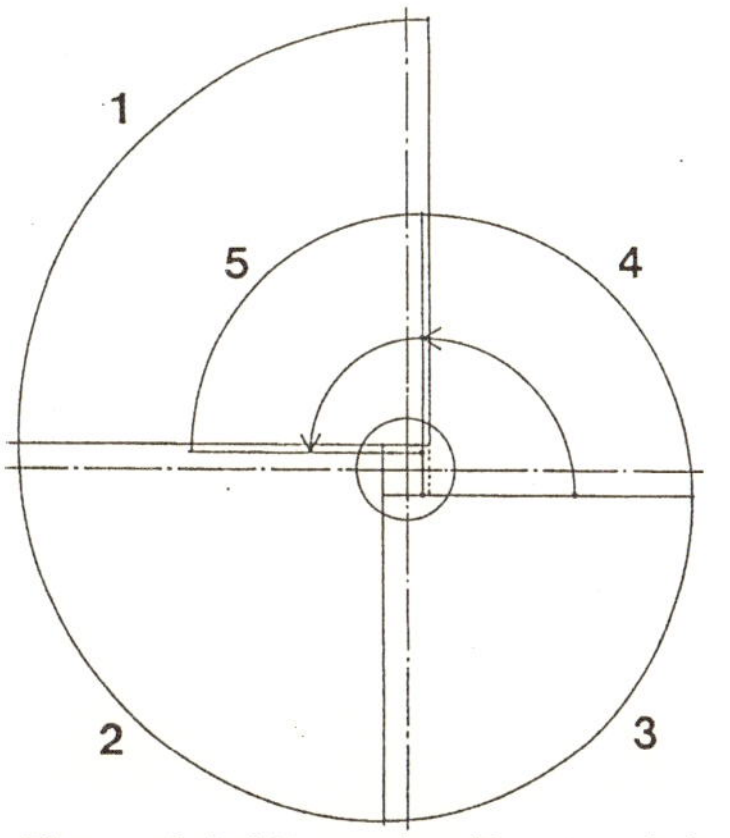

図 76　デゴデが 1701 年 7 月 11 日の会合に提出したレポート中の図版の図解。

図 77　デゴデ『建築オーダー書』第四章、図V。

く、四半円ではなく半円を四個組み合わせた渦巻き作図法を提案した[29]（図66）。またセルリオは半円を六個を使った[30]（図67）。これらの半円の中心は、両者の場合とも、カテトス上にある。

（三）ヴィニョーラとパラディオによる作図法

ヴィニョーラは『建築の五つのオーダー』（一五六二：長尾重武編、一九八四）の「図XX」とその説明のなかで、ふたつの方法を提案している（図52）。第一の方法は、四半円を組み合わせるというウィトルウィウスの方法を完成させたもので、彼は一二の四半円の中心の位置を、渦巻きの目の中心で直交する二本の斜線の上に、明確に決定した。これにより、外側の大きな四半円から書き進むにしたがって、中心が螺旋形を描いて移動する（図72、74）。第二の方法は八分の一円を二四個組み合わせる方法である。

パラディオも『建築四書』（一五七〇）第一書第一六章のなかでイオニア式柱頭についてふれている（図53）。それは文章においてはウィトルウィウスのそれに近く、作図法においてはヴィニョーラの第一の方法にきわめて類似したものである。渦巻きの作図法として四半円弧を一二個つなげているし、各円弧の中心が目の中を同じ形式で移動するのだから、ヴィニョーラの第一の方法とパラディオとの方法は同一のものとして扱ってよい。

またスカモッツィの方法（図54）も、ヴィニョーラとパラディオのそれに類似したものであり、各円弧の中心の位置の決め方はまったく同一である。このヴィニョーラ＝パラディオの方法において注意すべきことは、各円弧は滑らかには連続しておらず、厳密にいえば、それらを延長すれば、たがいに接するのではなく、ただちには認識できないほどではあるが、たがいに交差することである（図72、74）。各円弧の中心は「目」の中心からつねにすこしずれているし、また各円弧そのものはその「目」の中心を通る鉛直線（カテトス）と水平線上に始点と終点をもつ。だから四半円弧のかわりに四半円としての扇型を想像すれば、ある扇型とつぎに描かれる扇型はわずかに重なり合う（図74）。

これを改良するのがこの時期の主題となった。

（四）フランスの建築家たち

フランスの建築家たちはおおむねこのヴィニョーラ＝パラディオの方法に忠実であった。ボスやシャンブレなどの建築家がそうである。[31] しかし「目」の中に一二の円弧の中心を螺旋状に配置するというこの方法は、アカデミー内部では、通常はパラディオの方法として言及されることが多かったが、誰が真の考案者であるかという点では、時期によりまた建築家により意見はわかれた。

一六七七年三月八日、一六八三年四月二六日、一六九三年九月七日の会合では、ドロルムがローマのサンタ・マリア・イン・トラステヴェレ教会[32]にある、古代建築から転用されたと考えられるイオニア式柱頭の渦巻きの目の中に、最初の四つの中心を印したコンパスの痕跡がきわめて明確にあらわれていることを発見した（図58）のであり、パラディオはそれを模倣したにすぎない、という指摘がなされている。[33] ラ・イールは、会合に提出した一七一五年四月二九日付の報告書のなかで同じ指摘をしている。[34]

ブロンデルとペローはこの点については異なる見解を示した。ブロンデルはパラディオがそれを提案したとしている。[35] ペローも、ウィトルウィウス『建築十書』の翻訳のなかの脚注で、ドロルムはその考案者であると自称していることに言及したうえで、パラディオとバルバロが彼に先だってこの方法を採用していると指摘している。[36] アカデミー自身も、のちの一七一三年五月二日の会合では、いわゆる古代式の例としてパラディオのイオニア式柱頭に言及している。[37]

だが一六九六年八月一三日の会合[38]では、この方法がヴィニョーラによるものであることを前提として議論が進められた。

この事実関係を明らかにすることは本論の範囲外であるが、ただ一般的に、古代建築の実例をもってウィトルウィウスの記述を検証しようとしたアカデミーにとって重要であったのは、それがローマのサンタ・マリア・イン・トラステヴェレ教会で発見された古代の実例に依拠しているということであったと推測される。

ただし本論では便宜上「ヴィニョーラ＝パラディオの方法」と呼ぶ。

（五）ブロンデルによる諸方法の比較検討

ブロンデルは『建築教程』第一部（一六七五）の第四書第二章において、渦巻きを描くための異なる三種類の方法を比較している[39]（図68）。

第一の方法（図68中のI）としてあげたものは半円で構成するもので、セルリオの方法に相当する。しかし、この方法では半円はたがいに交差しないものの、渦巻きの幅が一定の比率で漸進的に小さくなることはないという欠陥があることを指摘した。

第二の方法（図68中のⅡとⅢ）はヴィニョーラの第二の方法であるが、ブロンデルはここで彼の方法を補足し、渦巻きの目の中に二四個の八分の一円の中心の位置を書きこんでいる。ブロンデルは、渦巻きはとても心地よいが「間違っている」、なぜなら四半円の曲線同士が「たがいに接するのではなく交差しており、滑らかにすべき変曲点あるいは屈曲点が生じているからであった」と指摘している。

第三の方法（図68中のⅣ）は本論でいうヴィニョーラ＝パラディオの方法だが、ブロンデルはパラディオが提案したものとして紹介している。彼はここでも同じ言葉を使っている。すなわち最も広く採用されたよい方法であることは認めながらも、つぎのように批判した。

「それ（パラディオの方法）は幾何学の厳密性に完全に一致するわけではなく、その曲線は接触点においてたがいに接触するのではなく交差しており、そこにおいて輪郭の統一性は、肘すなわち屈曲点によって中断されており、ここを平滑にならすべきである……。」(40)

すなわちブロンデルが最も注目したのは、渦巻きを構成しているそれぞれの曲線が、交差しないで滑らかに連続しているかとうかであった。

(六) ブロンデルによるゴールドマンの方法の紹介

ブロンデルはつづいてゴールドマン(41)の手法を「完全なる渦巻き」として承認した（図69）。ゴールドマンは渦巻きの目に挿入された正方形を外側に移動させ、その左辺がカテトスに重なるようにした。

ブロンデルにとって最も重要なのは、この柱頭において連続するふたつの円弧が「共通の直径において出会い」その結果、曲線は交差しないことであった。(42)これはつぎのふたつの理由から可能になったと考えられる。第一の理由は、連続するふたつの円弧の中心がつねに同じ水平線あるいは垂直線上にあることである。実際、ヴィニョーラ＝パラディオの方法であれば、第五番目の円弧の中心は第四番目のそれの真上にはないし、第九番目の中心はやはり第八番目のそれの真上にはない（図72左）。この欠点がゴールドマンの方法では矯正されている（図69上、70右下）。

第二の理由は、各四半円の描かれる範囲が、目の中心を通る垂直線と水平線で区切られる四つの象限ではなく、各円弧の中心そのものから引かれた垂直線と水平線で規定される範囲であることである（図69）。だからそれぞれの扇型の両端の半径はつねに垂直か水平であり、連続する扇形の半径はつねに同一直線上にあり、交差することはない。

（七）クロード・ペローによる比較

ところでペローは『オルドナンス』においては、たんにパラディオの手法を採用したと述べているが、[43] 彼が翻訳したウィトルウィウスの『建築十書』（一六八四）の第三書第三章につけた脚注のなかで、アルベルティ、セルリオ、ドロルム、ゴールドマンのそれぞれの方法を紹介して比較している[44]（図70）。後者の文献における注は、ブロンデルがおこなった比較にあらたにゴールドマンという項目を追加したものと思われる。

しかしこの翻訳でそれより注目すべきは、ペローが渦巻き曲線の作図法にかんするウィトルウィウスの曖昧な記述を補足すべく描いた図である（図71）。これは最初の四個の四半円のみについてのものだが、ここにおいても各四分の一円弧の起点と終点の位置という点について、ブロンデルが賞賛したゴールドマンの図式と同じであることは注目に値する。[45]

（八）アカデミーの態度

一六九六年八月一三日の会合では、ブロンデルの建築書の上記の部分が講読された。アカデミーはゴールドマンの方法を「ほかのどれよりも幾何学の法則に適合する方法」と評価し、その理由を述べている。

「ヴィニョーラの方法では各円弧は接するのではなく交差するが、ゴールドマンの方法においてはそれが避けられている。[46]」

だから最大の問題は、各カーブが滑らかにつながるかどうかであったことが判明する。しかしゴールドマンの方法に全面的に賛成であったわけではない。それ以前、一六九三年九月七日の会合においてすでに、ゴールドマンの方法は幾何学的で厳密ではあるが、できあがった渦巻きの見栄えはそれほどよくはないことがすでに指摘されている。[47] また前述の一六九六年八月一三日の会合でも、ゴールドマンの方法はヴィニョーラのそれより困難であることが指摘されている。[48] だからその憂慮はブロンデルのそれと同じであったが、しかしただちにゴールドマンの方法を採用することはできなかった。

(九) ラ・イールの方法

ブロンデルとアカデミーが議論してきた問題に具体的な解決案を与えたのが、ラ・イールとデゴデであった。ラ・イールもやはり、それぞれの円弧が滑らかにつながってゆくことに注意した。会合でこのような議論がなされているあいだ、彼はセルリオの流儀にしたがい、いくつかの半円を組み合せて渦巻きをデザインすることを考えた。一六八七年におこなった講義[49]の記録である『市民建築』において、セルリオの渦巻きを「きわめて単純でたいへん簡易である」そして「この渦巻きの記述にはふつう出会うどの欠陥もない」と指摘した。[50]

しかし彼は、一六九二年九月三〇日の会合において渦巻きにかんする報告書を提出し、そのなかで、やはりふたつの円弧から生じるかもしれない屈曲点への憂慮を表明したうえで、渦巻きを一二個の四半円で構成する点ではヴィニョーラ=パラディオの方法に倣っているが、各円弧の中心はカテトス上にあるという点ではアルベルティ=セルリオに準拠するという、折衷的な方法を提案した。[51]

つづいて一七〇一年七月四日、彼は『古代人の方法による、平刳型すなわち細帯も一緒に渦巻きを描く容易で確実な方法』と題された報告書を提出した[52]（図75）。そこではオーソドックスな見方にもどり、セルリオの渦巻きを「対角線方向にすこし膨らんでいる」とし、その帯は「あまりに細く、目に近寄っている」として批判し、一二個の四半円の中心を決定するために目の中に正方形を挿入するヴィニョーラ=パラディオの手法をこんどは承認した。

しかし同時に、それはヴィニョーラ=パラディオの方法のまったく新しい再解釈でもあった。なぜなら前述のとおり、彼らの描く渦巻きにおいては、すべての四半円の円弧は、目の中心を通る垂直線すなわちカテトスとそれに直交する水平線上で出会う。それにたいしてラ・イールが提案した渦巻きでは、渦巻きの目の中心ではなく、その各円弧自身の中心から引かれた垂直線と水平線が、円弧の限界となるのである。そこにはブロンデルが紹介したゴールドマンの方法と、ペロー版『ウィトルウィウス建築十書』の脚注の反響がみられる。

しかしラ・イールの渦巻きにはまだ問題点が残されている。つまり一二の四半円の中心の位置はヴィニョーラ＝パラディオの方法と同じ（図72左）であるので、第四円と第五円、第八円と第九円の間には僅かな隔たりが生じるのである（図75）。ラ・イールは前述の報告書のなかで、この隣接する円弧の間のこのギャップを短い共通接線で埋め、「この接線は最初の回転の半径の五四分の一しかないから、気づかれない」[53]と弁明している。

（一〇）デゴデの方法

そしてデゴデは、円弧の区画についてはラ・イールの方針を守りながら、この困難を解決した。一七〇一年七月一一日の会合で、前回の会合で提出されたラ・イールの論文をさらに発展させるように、『四半円によるイオニア式オーダーの柱頭の渦巻きの輪郭を幾何学的に引く簡潔な方法』[54]と題された報告書（図73）を提出し、そのなかで一二個の円弧の中心を順番になぞった場合に、つねに垂直か水平の方向に中心が移ってゆくように、一種の正方形螺旋を渦巻きの目の中に置き、それによって一二の中心を決定する方法を提案した（図72右、76）。かくして一二個の四半円すべてがたがいに滑らかに連続するようになった。

このデゴデの方法にたいする直接の反応は議事録のなかには読みとれない。しかしデゴデ案そのものが承認されたかどうかは不明だとしても、ヴィニョーラ＝パラディオの方法の改良案を探すというデゴデらの方向性そのものは認めていたと考えられる。なぜなら一七一三年五月二日の会合で、「パラディオが図によって示した渦巻きにより近いものを描くための方法を探すことが決定された」[55]と指摘されているからである。またデゴデはその一七二一年の『オーダー書』のなかに、先の報告書で示されたのと同じ図版（図77）を収録している。[56]デゴデのこの建築書はその講義録でもあり、一般的にアカデミーの決定には忠実であった彼があえてその意思に逆らって講義をおこなうとは考えにくい。だからデゴデが会合で提案したイオニア式柱頭を、学生に教えることを、アカデミーは否定しなかったと考えられる。

六　第一期のまとめ

アカデミーはイオニア式柱頭を決定するにあたって、それまでに書かれたイタリア・ルネサンスなどの建築書を批判的に読んでいた。古代式か近代式かという選択、アストラガルと渦巻きの目の位置関係については、当初重要視されていたウィトルウィウスの説明が、デゴデの『ローマの古代遺跡』に詳述された古代建築の実例を規範として修正された。ウィトルウィウスが不完全な説明しか残さなかった渦巻き曲線の作図法については、やはりローマの古代の例を基準にして、ヴィニョーラやパラディオの解釈がさらに推敲され、幾何学的な整合性がより高められた。この文脈ではデゴデの図面集があまり参照されていないが、それは彼が実測調査をおこなった一六七〇年代前半ではこうしたきわめて詳細な部分にかんする問題意識はまだ共有されていなかったからだと考えられる。

このようにイオニア式の柱頭については、一貫して古代建築の実例を根拠にしてウィトルウィウスやルネサンスの建築書を修正してゆくという立場をとり、渦巻きの作図法というきわめて詳細な部分は幾何学的な整合性を第一の基準とすることで、独自の柱頭の形態が考案されたのであった。

七　イオニア式柱頭にかんする第二期の議論

(一) 柱頭一般

第二期には、対のコラムとピラスターに由来する新たな展開があった。

前者の対のコラムは柱頭全体の幅に影響を与えた。対のコラムの場合、コラム心々距離はある定められた値しかとれないので、そ

		柱頭の高さ	アバクスと渦巻きの高さ	アバクスの幅	渦巻			目	
					全幅	高さ	片幅	間隔	位置 (アストラガルにたいして)
ペロー版ウィトルウィウス、95頁 1M = 18P		11/18 M	1M 1/18	2M 1/9 = (38P)	2M 19/27	0.888M = (16P)	0.777M = (14P)	1M 53/63	中央
ヴィニョーラ 第一九章 1M = 18P		2/3 M = (12P)	1M 1/18 = (19P)	2M 2/9 = (40P	2M 8/9	0.888M = (16P)	0.777M = (14P)	2M	上端
パラディオ 第一書第一六章 1M = 30P						0.888M = 26P 2/3	0.775M = 23P 1/4		中央
デゴデ 1M = 30P		23/30 M = (23P)	1M 4/24 = (36P)	2M 1/4 = (67P1/2)	3M	1.000M = (30P)	0.800M = (24P)	2M	上端
タヌヴォ 1M = 12P	Ms.1026, pl.50, 1739年4月7日	3/4 M = (9P)	—	2M 7/24 = 2M 3P1/2	—	1.063M = 12P3/4	0.958M = 11P 1/2	2M	中央
	B.12 1739年4月29日	3/4 M = (9P)	1M 5/24 = (14P1/2)	2M 5/16 = 2M 3P3/4	3M	1.042M = 12.5P	0.897M = 10.7P	2M	中央
	B.12	3/4 M = (9P)	1M 7/24 = (15P1/2)	2M 13/24 = 30P1/2	3M 1/8 = (3M1.5P)	1.083M = 13P	0.938M = 11P 1/4	2M1/6 = 26P	中央
	Ms.1026, pl.38	3/4 M = (9P)	1M 7/24 = (15P1/2)	2M 13/24 = 2M6.6P	3M 1/6 = (3M2P)	1.083M = 13P	0.958M = 11P 1/2	2M + α	中央
	Ms.1026, pl.54	3/4 M = (9P)	1M 7/24 = (15P1/2)	—	3M 1/12 = (3M1P)	1.083M = 13P	0.944M = 11P 1/3	1M 3/16	中央

表4　古代式イオニア式柱頭の比較。

		柱頭の高さ	アバクスと渦巻きの高さ	アバクスの幅	渦巻			目	
					全幅	高さ	片幅	間隔	位置 (アストラガルにたいして)
スカモッツィ、101頁 1M = 30min. = 9P		5/8 M	1M 5/72	2M 2/3	—	0.888M = 8/9 M	0.777M = 7/9 M	1M 3/5 = 48P	中央
Ms.1026, pl.44, 1739年5月4日 1M = 12P				34P		0.875M = 10P 1/2			中央
デゴデ 第五章、図IX 1M = 30P		3/4 M = 9P	1M 1/5 = 36P	2M 5/6 = 85P	—	1.000M = 30P	0.833M = 25P	—	上端
タヌヴォ	Ms.1026, pl.39	—	1M 1/4 = 15P	2M 5/6 = 34P	—	1.041M = 12P 1/2	—	—	中央
	B.12, 1739年6月1日	—	1M 1/4 = 15P	—	—	0.958M = 11P 1/2	—	—	中央
	B.12, 1739年6月8日	3/4 M = 9P	1M 5/25 = 14P1/2	33.73P	—	1.000M = 12P	—	—	中央
	B.12 (38)	3/4 M = 9P	1M 1/4 = 15P	2M 5/6 = 34P	—	1.041M = 12P 1/2	—	19P	中央

表5　近代式イオニア式柱頭の比較。

の幅はある一定限度の値を越えることはできない。ドリス式オーダーの場合、限度は三四パルティと二分の一［＝ 24 ＋ 2 × 5 ＋ ½，1M ＝ 12P］である。モディリオン間隔ふたつの場合のコリント式カップルド・コラムであるとすると、第五章で述べるように、その限度は三モデュールあるいは三六パルティであった。

後者のピラスターについては、イタリア・ルネサンスの建築家はそれほど考慮には入れなかったし、アカデミーも第一期には考慮しなかった。しかしそれは第二期には重要なテーマとなった。

理論的にはこう説明できる。コラムとは違いピラスターは、その幅が柱身の上部ほど逓減することはなく一定である。だからコラム上部の柱頭は、幅をそのまま保っていたのでは、ピラスターの柱頭としては不適切である。こうしてピラスター用の柱頭が考案された。つぎに独立コラムの背後の壁にはピラスターがあるのは、とくにこの時期のフランス建築にとっては常套的な手法であった。この場合、コラムの柱頭もピラスターのそれにあわせて幅を大きくしなければならないこともあった。そしてこの新しい比例がつぎには標準的なものになった。イオニア式とコリント式のオーダーの場合がそうであった。

ピラスター用の柱頭の比例を定めるために会員はフランス建築、とくにルーヴル宮の列柱廊を参照したが、ローマの古代遺跡やイタリアの建築書は参照しなかった。これは第二期の特色でもある。

(二) 古代式イオニア式柱頭

アカデミーは一七三九年にイオニア式柱頭を集中的に議論した。前述のようにこの柱頭にはふたつの範疇があって、ウィトルウィウスとヴィニョーラが記述した「古代式」とスカモッツィによる「近代式」である。

古代式については、当初からピラスターにも適合する新しい比例を確立しようと考えた。一七三九年三月九日の会合では、ウィトルウィウスでは柱頭のアバクスの幅は三八パルティ（1M ＝ 18P）であり、ヴィニョーラのそれは四〇パルティであること、これらふたりの建築家はピラスターの柱頭は議論していないことを確かめた。

「……彼らの柱頭のアバクスとくにウィトルウィウスのそれはコラムのそばにあるピラスターのためには短すぎるし、この理由か

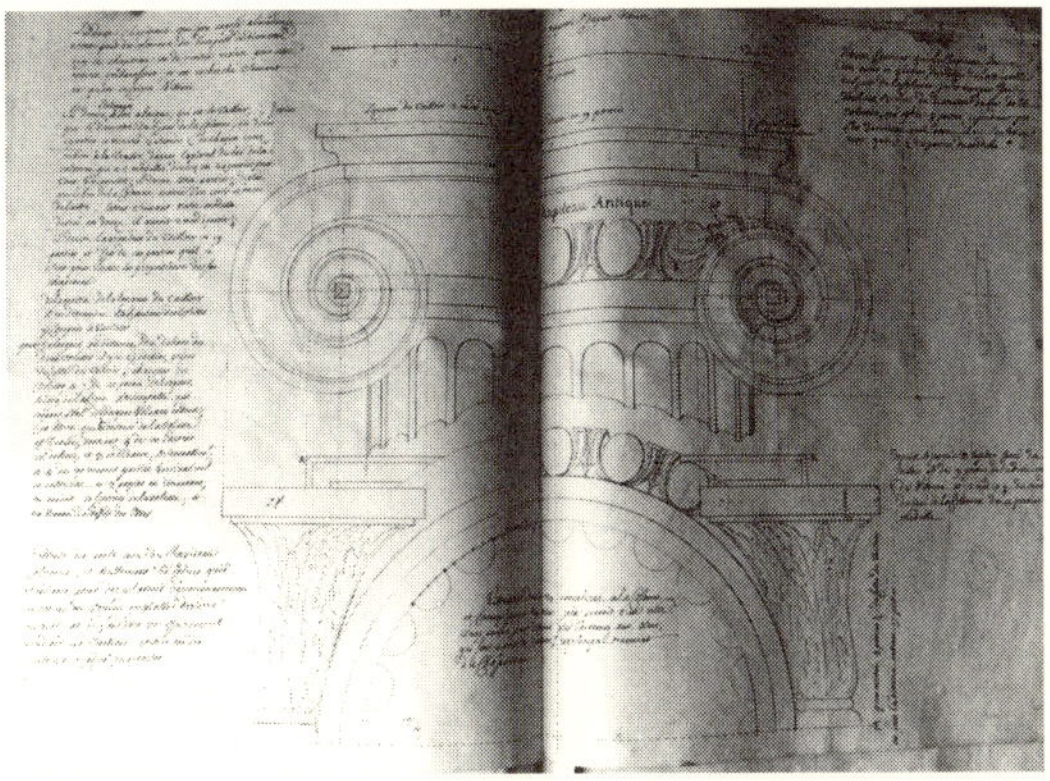

図 78　ウィトルウィウスにもとづくイオニア式柱頭。タヌヴォ作図。フランス学士院図書館、Ms.1026, pl.48.

図 79　「改良されたイオニア式柱頭」としてタヌヴォが作図したもの。1739 年 4 月 7 日の会合に提出。同、Ms.1026, pl.50.

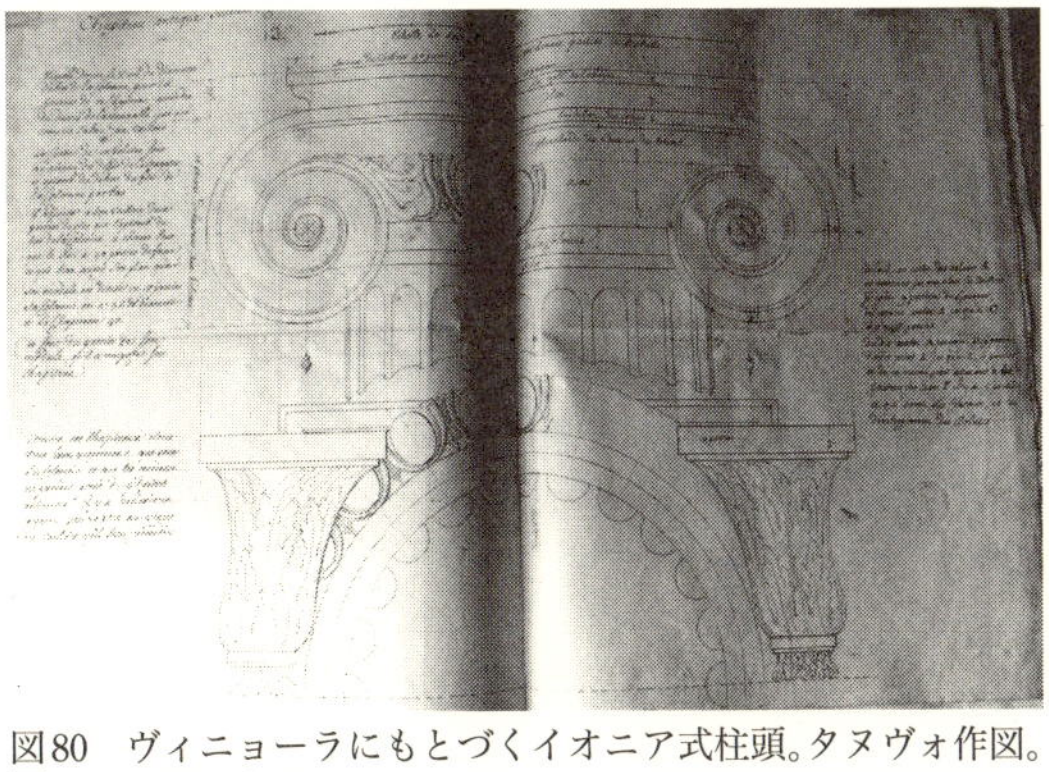

図 80　ヴィニョーラにもとづくイオニア式柱頭。タヌヴォ作図。同、Ms.1026, pl.52.

らアカデミーは、この柱頭とその部分に与えることができる最良の比例を発見するために、ピラスターを伴ったコラムのためのイオニア式柱頭を検討すべきだと信ずる。[57]」

理論的には、渦巻きの逓減が問題であろうとただちに想像でき、ピラスターのためにはこの柱頭を拡大しなければならなかった。デゴデはすでにこの問題に着手しており、ピラスターのための渦巻きをすこし大きくしていた。

しかしとくにタヌヴォがこの問題に体系的にとりくんだ。彼は一七三九年四月七日の会合で、ウィトルウィウス、ヴィニョーラそしてタヌヴォ自身による三つの柱頭の図面を提出した[58]（図78、79、80）。彼自身によるもの（図79）は、ウィトルウィウスとヴィニョーラのものを考慮にいれたものであり「アカデミーが彼らの柱頭において最良であると指摘した部分にもとづいて[59]」いた。その特徴はふたつある。

（一）渦巻きの目の中心はウィトルウィウスのそれのように中心上端のアストラガルの中央のレベルにある。

（二）ふたつの中心の距離はヴィニョーラのように二モデュールであり、ウィトルウィウスにおける一モデュールと六三分の五三よりも大きい。

これは渦巻き間の距離を大きくするためであると考えられる。さらにアバクスにはヴィニョーラより大きい幅を与えた。この図の欄外にはつぎのように記している。

「……この柱頭はコラムのためのものであるが、コラムとピラスターの構成の場合のピラスター用の柱頭として役立つような、あるいはそうでなければコラムのみでもあうように、アバクスの大きさになるよう注意が払われている。」

タヌヴォはつぎにアバクスと渦巻きの寸法を与えたが、それらはすべてウィトルウィウスやヴィニョーラのものより大きかった。アカデミーは彼による柱頭のデッサンを「追随するに値する古代式イオニア式柱頭のよいモデル」として称賛した[60]。

一七三九年四月二〇日の会合で、決定された古代式イオニア式柱頭の比例を変更してはならないと指摘している。この比例が具体的

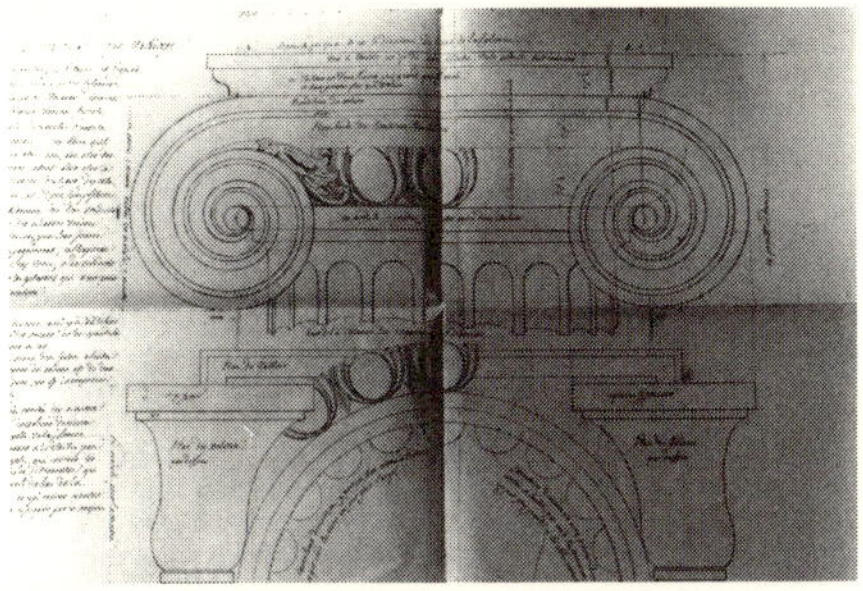

図 81　タヌヴォが 1739 年 4 月 27 日に提出した図面。フランス学士院古文書室、B.12.

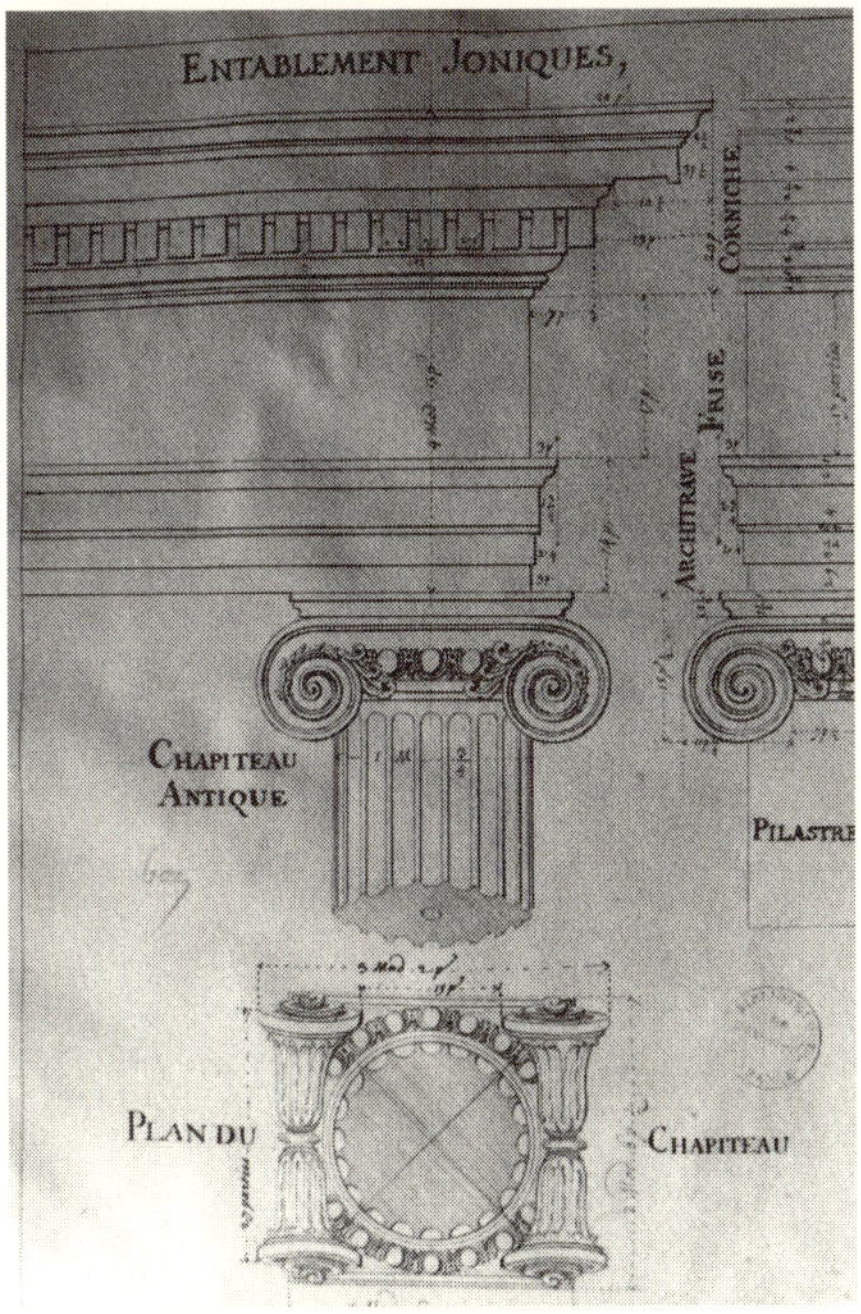

図 82　同図書館、Ms.1026, pl.38.

図 83　1739 年 6 月 8 日付の図版。同古文書室、B.12.

図 84　タヌヴォによるイオニア式柱頭。フランス学士院図書館、Ms.1026, pl.39.

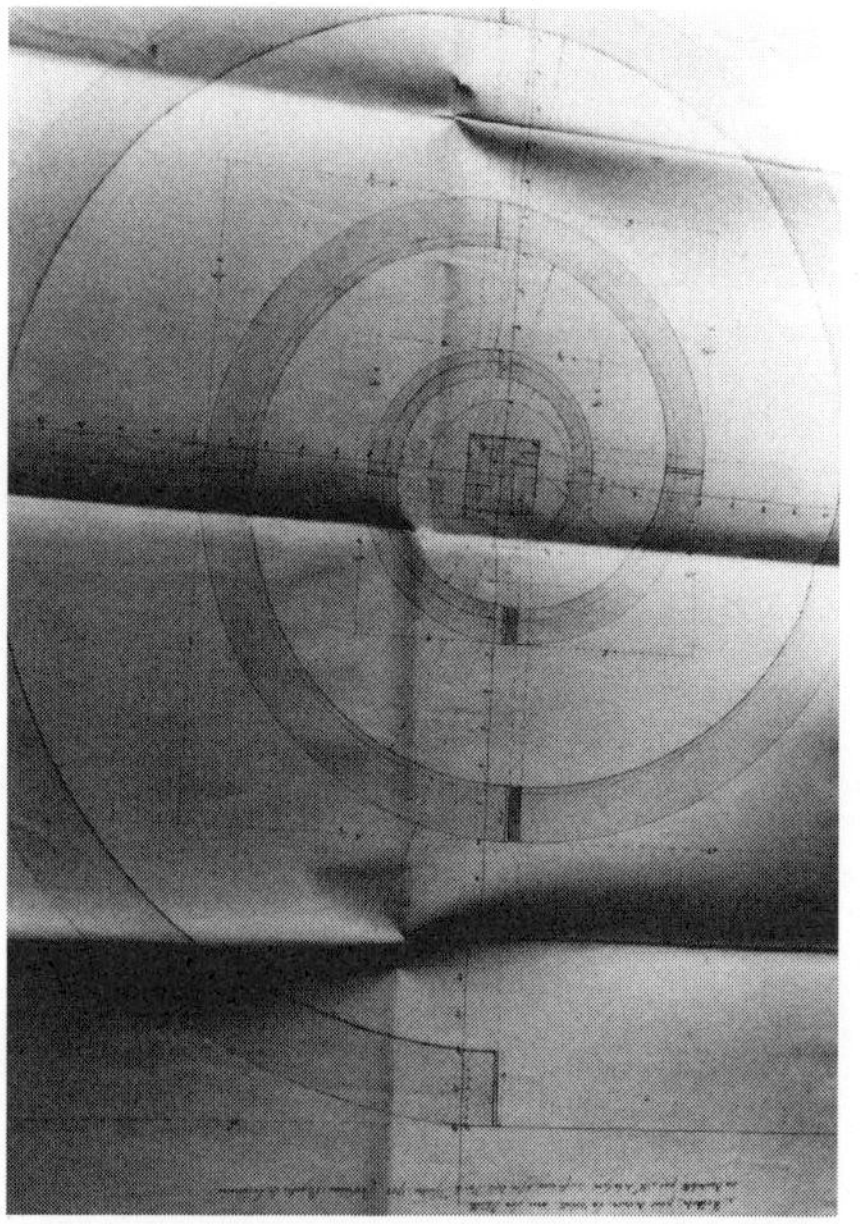

図 85　ラ・イールの手法にしたがったロリエ作図のイオニア式渦巻き。ボジール文書、同古文書室、B.13-8-1.

にいかなるものであったかは記録していないが、それは柱頭の高さ（四分の三モデュール）と渦巻き中心の距離（二モデュール）にかんするものであったはずである。この柱頭高さはウィトルウィウスやヴィニョーラのそれより大きく、そうすることで渦巻き間の距離を大きくできたわけである。最終的につぎのような指摘をした。

「……今日まで研究してきたコラムの柱頭は、ピラスターの柱頭にも適合するような渦巻きがある。[61]」

しかし四月七日の会合で承認した比例はまだ改善の余地があると考えた。タヌヴォは四月二七日にふたたび同種の図版（図81）を持参したが、それを「より適切でありより完全である」として承認した。[62] この新しい柱頭の各部の寸法は議事録に詳細に記録されている（表4、5）。その寸法から容易に判別できることは、四月七日の会合で提案された柱頭と比較して、渦巻きはごくわずかに小さくなったが、逆にアバクスはすこし大きくなったことである。

ところでタヌヴォは、不幸にして日付がついていない一連の図版のなかで、かならずしもアカデミーの決定にはそぐわない別のタイプの柱頭を残している。この柱頭は円周で閉ざされたような丸い「目」はなく、中心間距離は二モデュール以上である。その例は三例あり［B.12, Ms.1026, pl.38, 54］、タヌヴォは渦巻きの高さはつねに一三パルティとしたが、これによってより大きい渦巻きをつけることが可能となるが、彼は三例のそれぞれにおいて渦巻きの幅を変えている。あきらかにこれらのデッサンの目的はやはりコラムにもピラスターにも適合する柱頭の比例を確立することである。なぜなら図面［Ms. 1026, pl.38］（図82）においてはコラムはピラスターと並び、それらの頂部には同じ柱頭があるからである。だから、水平方向の規模を変化させたことは、彼が同じ柱頭の連作のなかでさまざまなヴェリエーションを作ろうと試みたことを示している。

（三）近代式イオニア式柱頭

アカデミーは古代式イオニア式柱頭の比例を決定したのち、一七三九年五月二五日の会合で近代式のイオニア式柱頭を問題とした。タヌヴォはこの会合にスカモッツィ風の柱頭と彼自身による柱頭の図版を提出した。前者の柱頭の渦巻きは「重すぎるし単純すぎる」としたが、後者については「よりえぐられている」とした。[63] だからスカモッツィのものより小さい渦巻きを承認したようであるが、この場合はそれがコラム用かピラスター用かは指摘していない。

理論的にはこうした種類の柱頭をピラスターに応用するのはきわめて困難である。なぜならピラスターの平面図の四隅は、渦巻きが四方に同じ角度で広がる場合は、十分な空間を提供しないからである。一七三九年六月二二日の会合で、この柱頭についてふたたび議論したが、なにも決定しなかった。

「一般的に、アバクスは高すぎること、コラム柱頭の渦巻きはピラスター柱頭のそれにはうまく一致しないことが指摘されたが、しかし、この一致をうまく決定するためにはアカデミーの考えにしたがって作成された図面にもとづく模型が必要であると思われた。[64]」

やはり理論的には、もし柱頭を正面のみから見るのであれば、近代式柱頭においてこの一致を検証することは容易ではなく、おそらくこうした理由から模型を要求したのであろう。

一七三九年七月六日の会合では、タヌヴォに、古代式の柱頭と「スカモッツィ風の」すなわち近代式の柱頭の模型を制作させるよう要請している。(65)

一七三九年一二月一四日の会合では、古代式柱頭の模型を検討した。しかし近代式柱頭は完成していなく、そのあいだ、この近代式柱頭の基準を作成した。「この近代式イオニア式柱頭は、スカモッツィの研究に負うところが大きいが、その背後に柱頭付きのピラスターを置いてみて、その比例と効果を検討しなければならない」(66)とあるが、議事録にはさらなる記述はない。

（四）渦巻き

アカデミーはこの主題について一七四八年のうち一〇回ほどの会合を割いているが、その考えを明確に把握できるほどの記述はない。この文脈でアカデミーが言及したのはゴールドマン、ヴィニョーラ、ラ・イール、トリアノンの例だけである。しかし一七四八年三月二七日の会合では、ロリオに、ラ・イールが一七〇一年七月四日の会合で提出した報告書にもとづくイオニア式渦巻きの図版（図85）を作成させた。ロリオは一七四八年六月一〇日、一七四八年七月一五日の会合でも図版を提出している。(67) ラ・イールの貢献はここにもあらわれている。

〔註〕

1　フランス語では cathète, 鉛直線を意味するギリシャ語の katheta に由来する。
2　Perrault, *Les Dix Livres de Vitruve*, liv.III, ch.III, pp.94-96.
3　長尾重武訳編『ヴィニョーラ　建築の五つのオーダー』、図XIX、図XXとその解説。
4　Palladio, *Les Quatre Livres de l'Architecture*, traduit par Chambray, 1650, 桐敷真次郎編著『パラーディオ「建築四書」注釈』八六〜八九頁。
5　Scamozzi, *Les Cinq Ordres d'Architecture*, traduit par D'Aviler, 1685.
6　たとえば一七一三年五月二日の会合。議事録、第四巻、二二頁参照。
7　議事録、第一巻、一三四〜一三五頁。

8 同、第二巻、一八一頁。
9 Scamozzi, *op.cit.*, p.85.
10 Blondel, *Cours d'Architeture*, Ière partie, liv. IV, ch.v; liv.VI, ch.iv.
11 議事録、第一巻、一三五頁。なおアカデミーは当時、サトゥルヌス神殿（Temple de Saturne）のことをコンコルド神殿（temple de la Concorde）と呼んでいた。
12 同、三一六頁。
13 議事録、第一巻、六頁。
14 Blondel, *op.cit.*, Ière partie, liv. I, ch.VIII, pp.38-39.
15 議事録、第二巻、二七〇頁。
16 同、第二巻、二八四頁。
17 同、第三巻、二四一～二四二頁。
18 同、第三巻、二四〇頁。
19 同、第二巻、三二二頁。これはコリント式についても同じ指摘がなされた。
20 同、第三巻、二四一～二四二頁。
21 Delorme, *Premier Tôme d'Architecture*, 1646, p.163; Bullant, *Reigle général d'architecture des cinq manières de colonnes*, 1647; Perrault, *Ordannce des cinq espèces de colonnes*, pp.58-60, pl. IV; Blondel, *Cours d'Architecture*, Ière partie, liv.IV, ch.i, pl.XI.
22 Bosse, *Traié des manières de dessiner les ordres de l'arcitecture antique..*, 1664, pl. XX, XXI.
23 Perrault, *op.cit.*, p.96, note 44.
24 議事録、第二巻、二五五頁。
25 La Hire, *l'Architecture Civile*, pl.14, 15; A.I., Papiers Beausires, B.9-3e-7.
26 La Hire, *op.cit.*, p.87.
27 議事録、第三巻、二五六頁。
28 同第二巻、二七七～二七二頁。あるいはアカデミー議事録第三巻の全般。
29 相川浩訳『アルベルティ建築論』第七書第八章。
30 Serlio, liv.IV, ch.vii.
31 Bosse, *op.cit.*; Chambray, *op.cit.*, p.57.

32　ローマのテヴェレ河右岸のいわゆるトラステヴェレ地区にある教会で、四世紀に教皇ユリウス一世（三三七〜三五二）が最初に初期キリスト教のバジリカ式教会を建設したが、一二世紀に再建されたもの。ドロルムが見たものはこの再建されたもの。

33　Delorme, *op.cit.*, liv.V, ch: XXVII, pp.162-164, 議事録、第一巻、一三三〜一三四頁。同第二巻、二七〜二八頁。同第二巻、二六六頁。ドロルムは、サンタ・マリア・イン・トラステヴェレ教会のイオニア式柱頭はそれぞれ異なっており、それらはさまざまな古代建築から転用されたのであろうと推測している。

34　A.I., *Papiers Beausires*, B.9-5e-56.

35　Blondel, *op.cit.*, Ière partie, liv.IV, ch.II, p.77.

36　Perrault, *Les Dix livres de Vitruve*, pp.94-96, note 42.

37　議事録、第四巻、一二一頁。

38　同、第二巻、三三三〜三三四頁。

39　Blondel, *op.cit.*, Ière partie, liv. IV, ch. II, pp.75-77.

40　*Op.cit.*, Ière partie, liv. IV, ch.II, p.77.

41　アンリ・ルモニエはアカデミー議事録の注で説明している。「ニコラ・ゴールドマン（Nicolas Goldman, 1623-1665）、建築家にして幾何学者。ブロツワフ（ポーランド）生まれ。晩年はレイデンの上級学校の建築教授。彼は『築城建築基礎：ソロモン神殿の建築と描写 *Elementa architectura militaris;–Dell'architettura e descripzione del tempio di Salomone*』を刊行した」。議事録、第二巻、二六六頁を参照。

42　Blondel, *op.cit.*, Ière partie, liv.IV, ch.II, p.81.

43　Perrault, *Ordonnance des cinq espèces de colonnes*, 1683, Ière partie, ch.III.

44　Perrault, *Les Dix Livres de Vitruve*, liv.III, ch.III, pp.96-97.

45　*Op.cit.*, pp.94-95

46　議事録、第二巻、三三三〜三三四頁。

47　同、二六六頁。

48　同、三三三〜三三四頁。

49　同、一三七頁。同、第九巻、一二一頁。

50　La Hire, *Architecture Civile*, p.88. たしかに半円で構成され、それらの半円の中心がつねにカテトス上にあれば、各円弧はたがいに接することは容易に理解される。

51　A.I., *Papiers Beausires*, B.9-3e-7. ラ・イールの説明では、まず渦巻きが垂直線と水平線となす一二交点の位置を決定し、一二の四半円弧の中心は、その両端を結んだ線分の垂直二等分線とカテトスとの交点をもってする。

52　A.L., *Papiers Beausires*,B.9-4e-16.　議事録を編集したアンリ・ルモニエは、この報告書は紛失したと述べている（議事録、第三巻、一三〇頁参照）が、フランス学士院の古文書室に所蔵されている。

53　実際、このギャップは、外側の正方形と内側の正方形のそれであるから、目の直径の一二分の一である。またウィトルウィウスやヴィニョーラらによれば、目の直径は九分の一モデュールである。だからギャップの大きさは、

$$1/9 \times 1/12 = 1/108\ M$$

ここで最初の四半円の半径は、ヴィニョーラらによればほぼ二分の一モデュールであるから、ギャップの大きさとこの半径との比は、

$$(1/108)/(1/2) = 1/54\ M$$ である。

54　A.L., *Papiers Beausires*, B.9-4e-15. アンリ・ルモニエは誤って、この覚書も現存しないと述べている。議事録、第三巻、一三一頁参照。

55　議事録、第四巻、二一二頁。

56　Desgodtes, *Traité des ordres de l'architecture*, 1721.

57　議事録、第五巻、二四九頁。

58　B.I., Ms.1026, pl.48, 50, 52.

59　議事録、第五巻、二五一頁。

60　同、二五一頁。

61　同、二五三頁。

62　同、二五二頁。

63　同、二五六頁。

64　同、二五八頁。

65　同、二五九頁。

66　同、二六五頁。

67　議事録、第六巻、一〇五頁、一〇七頁。

三―四　コリント式柱頭

一　はじめに

コリント式柱頭にかんする具体的な論点は、柱頭全体の高さと、垂直方向の比例、という二点であった。ここで垂直方向の比例とは、下部の二段の葉飾り、その上の渦巻きのある段、そして最上部のアバクス、の合計四段のそれぞれの高さの比である。なおここでは便宜上、アバクスはこの名称そのままとし、その下の三段を上段、中段、下段と呼ぶ。

結論を先取りすれば、第一期では、ウィトルウィウスの記述が疑問視され、ある側面ではイタリア・ルネサンスで確立されたパラディオらの定式が採用され、別の側面ではローマの古代建築の実例に依拠した比例が是認されたが、とくにローマのカストルとポッルクスの神殿(1)（以下、カストル神殿）のコリント式オーダーの柱頭と、パンテオンのそれが頻繁に言及された。第二期にはやはり一七世紀のフランス古典主義建築の実例にもとづく比例が是認された。またコリント式柱頭に固有の事情もあり、ピラスターの柱頭である場合は比例も異なるという問題が関連している。

二　コリント式柱頭全体の高さ

(一) ウィトルウィウスのテキストの検証

柱頭の全高についてアカデミーは、ウィトルウィウスの記述には同意せず、むしろパラディオらのイタリア・ルネサンスの建築家た

図 87　ブロンデル『建築教程』第一部第五書第一章、図 XVII。左半分は「ウィトルウィウスにもとづく柱頭」、右半分はそのほかの例。

図 86　ペロー訳『ウィトルウィウス 建築十書』107 頁。(左)「ウィトルウィウスのテキストにもとづく」柱頭。(右) パンテオンのポーティコの柱頭。アバクスをのぞく高さが 1 モデュール、下の 3 段の高さはほぼ等しい。

図 94　長尾重武編『ヴィニョーラ 建築の五つのオーダー』XXVI 章（部分）。単位パルティ。1P =1/18直径

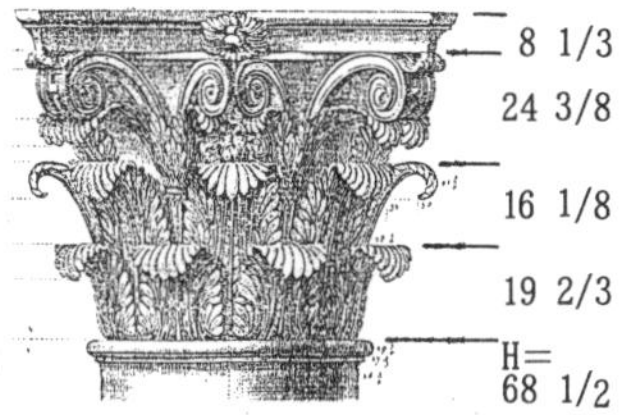

図 91　パンテオン内部のコラムの柱頭。デゴデ前掲書 43 頁、図 XIV（部分）。

図 88　ティボリのウェスタ神殿の柱頭。デゴデ『ローマの古代建築』91 頁、図 II（部分）。単位パルティ。1P =1/30 M

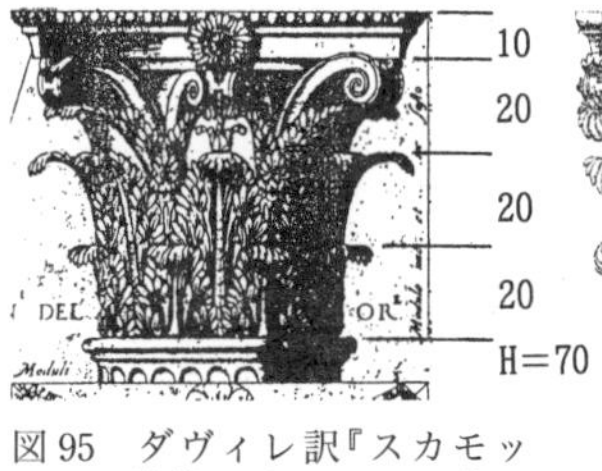

図 95　ダヴィレ訳『スカモッツィの建築の五つのオーダー』120 頁。単位ミニット。1m =1/60直径

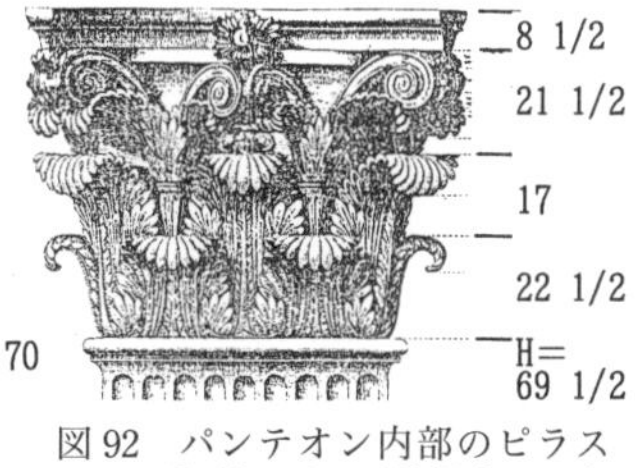

図 92　パンテオン内部のピラスターの柱頭。デゴデ前掲書 47 頁、図 XVI。部分、全高は原図では 68 1/2と記載されている。

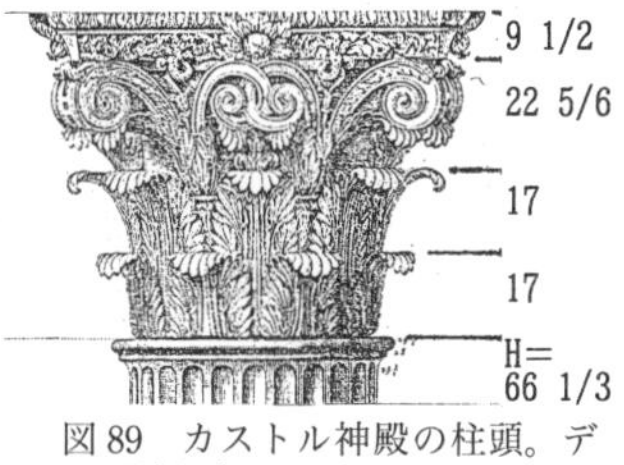

図 89　カストル神殿の柱頭。デゴデ前掲書 129 頁、図 II（部分）。

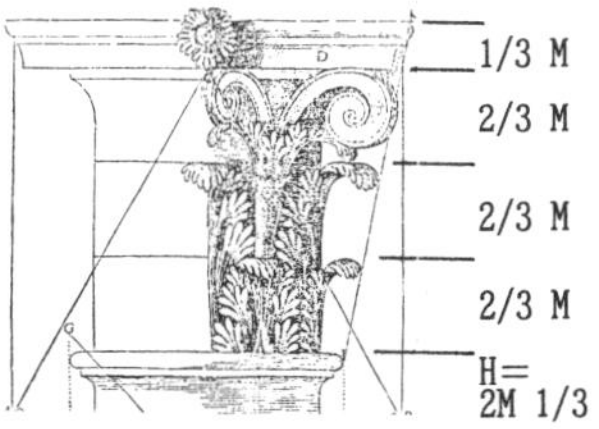

図 96　ドロルム『建築第一巻』第六章第三章、180 頁（部分）。

図 93　桐敷真次郎編著『パラーディオ「建築四書」注解』第一書第一七章、99 頁（部分）。単位ミニット。1m =1/60直径

図 90　パンテオンのポーティコの柱頭。デゴデ前掲書 30 頁、図 VIII（部分）。

ちが採用した値をより好んだ。ウィトルウィウスはその『建築十書』第四書第一章において「アバクスを含む柱頭は、柱の下部の太さと同じだけの高さをもたねばならない」と述べている。(2) つまり柱頭全体の高さは、柱の下部直径、すなわち二モデュールでなければならない（図86）。アルベルティもその『建築論』第七書第八章でやはり「コリント式の柱頭の高さはコラム下端半径の二倍とする」(3) と述べている。

しかし一六世紀以降になるとパラディオ、ヴィニョーラ、スカモッツィらはみな、アバクスの高さは三分の一モデュール、そのほかの部分が二モデュールで、合計二と三分の一という高さを与えている。これはウィトルウィウスにおける二モデュールという値よりも大きい（図93〜95）。

一六世紀フランスではドロルムが『建築第一巻』（一五六七）第六書第三章において（図96）、アバクスの高さが「直径の六分の一」であり、その下の部分の高さは「コラム下端直径と等しい」値でありかつ「三等分される」と述べている。(4) すなわち彼もやはり二モデュールと三分の一という値を与えた。

一七世紀ではシャンブレが『比較』のなかで、パンテオンのポーティコの柱頭が最も美しい例であり、その高さは七〇パルティ（＝二モデュールと三分の一）であるとしている。(5) またアブラアム・ボス(6) は『古代建築のオーダーを描く方法概論』（一六六四）のなかで、七一から七一と二分の一という、七〇パルティをわずかに上回る値を与えている。(7) ペローは、おそらくこうした相違を意識して、ウィトルウィウスの比例と、彼以降に考案された比例とを比較し検証した。彼はその翻訳『ウィトルウィウス建築十書』（初版一六七三）のための挿図において、ウィトルウィウスの記述にしたがって復元した柱頭と、ローマのパンテオンのポーティコのそれを比較して論じている（図86）。彼は、前者の柱頭は全体の高さが二モデュールであるが、後者のそれはアバクスを除いた高さが二モデュールである、と述べている。(8)

ただデゴデの『ローマの古代遺跡』（一六八二）の図Ⅷによれば、そのパンテオンのポーティコの柱頭は、アバクスの高さが八パルティ、そのほかは五九と四分の三であり、アバクス以外が正確に二モデュールというわけではない（図90）。また、後述するように、柱頭の四段の垂直方向の比例も異なっている。もっともデゴデが実測図面を携えてローマから戻ったのは一六七七年だから、当然、ペローが参照したのはむしろシャンブレらの文献である。しかしいずれにせよこの挿図とその解説においてペローは、是非は云々していないものの、ウィトルウィウスの記述と彼以降の古代の実例が異なっていることは指摘している。

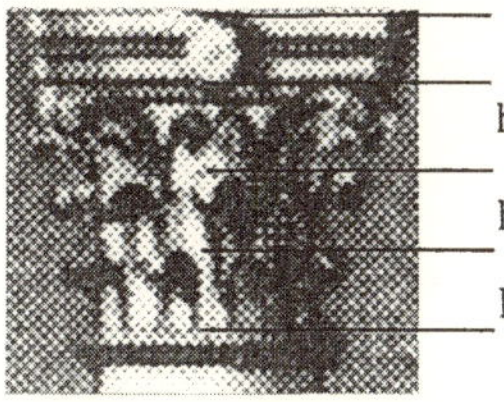

図 105　Laurent Lindet, 1737 年度ローマ大賞 2 等受賞作（部分）。J.-M. Pérouse de Monclos, *Les prix de Rome*, p.41.

図 101　ルーヴル宮東コロネードのコラム柱頭。タヌヴォ作図。フランス学士院図書館、Ms.1026, pl.72（部分）。

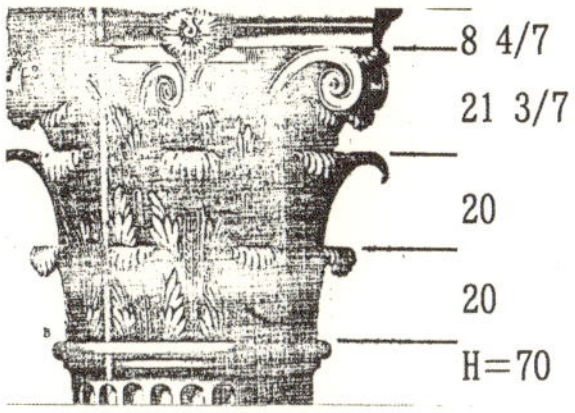

図 97　ペロー『オルドナンス』図 V（部分）。
単位パルティ。1P =1/30 M

図 106　Jean A. Raymond, 1766 年度大賞受賞作（部分）。J.-M.Pérouse de Monclos, *op.cit.*, p.87.

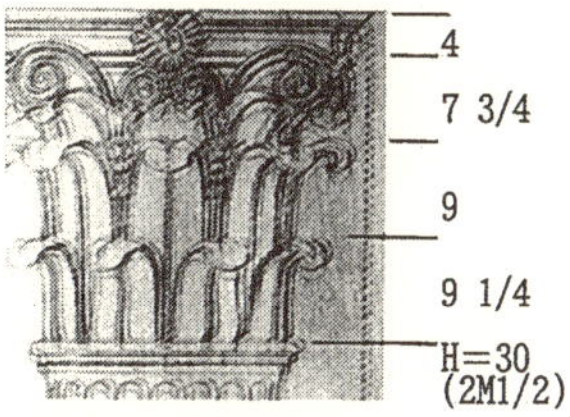

図 102　タヌヴォによるコリント式オーダー。同、Ms.1026, pl.61（部分）。
単位パルティ。1P =1/12 M

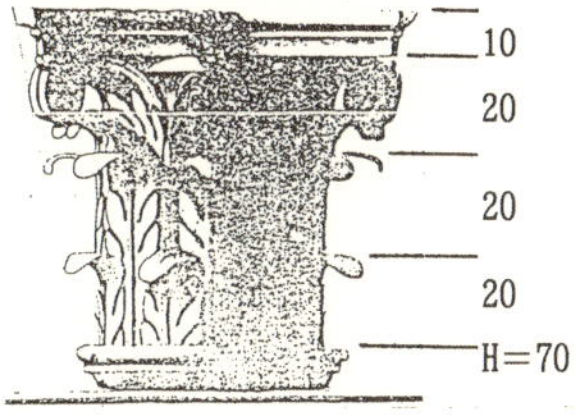

図 98　ラ・イール『市民建築』図 16（部分）。
単位パルティ。1P =1/30 M

図 107　A.-J.Gabriel、エコール・ミリテール礼拝堂（部分）。M. Gallet et Y. Boittineau. *Les Gabriel*, p.287.

図 103　同上。同、Ms.1026, pl.62（部分、コラム柱頭）。単位パルティ。1P =1/12 M

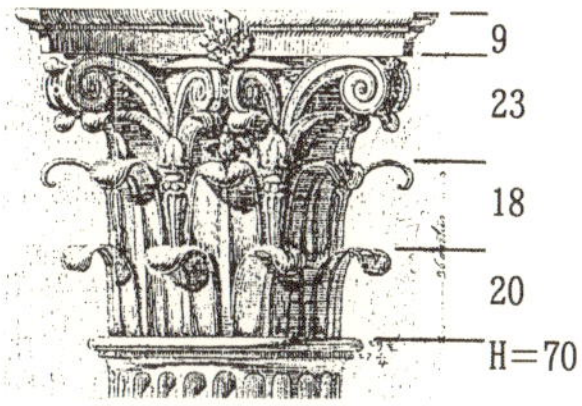

図 99　デゴデ『建築オーダー書』第六章、図 V（部分）。単位パルティ。1P =1/30 M

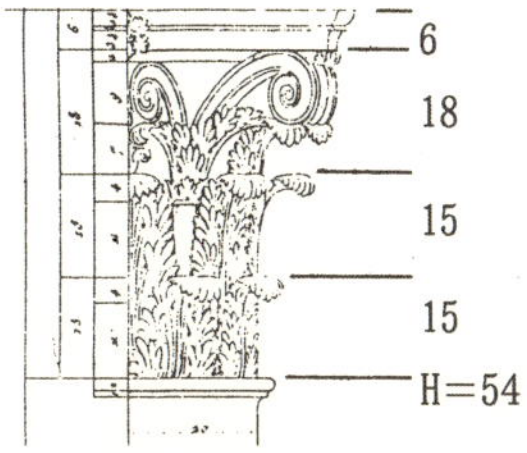

図 108　デュラン『エコール・ポリテクニクにおける講義概要』（1819）、図 7。

図 104　同上。同、Ms.1026, pl.62（部分、ピラスター柱頭）。単位パルティ。
1P =1/12 M

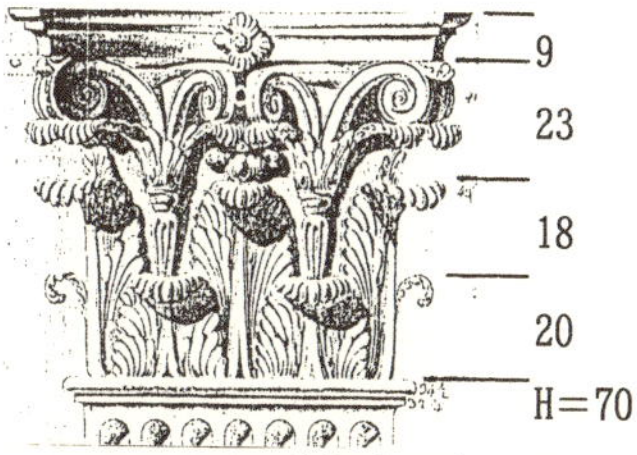

図 100　デゴデ前掲書五章、図 VII（部分）。単位パルティ。1P =1/30 M

一六七五年五月五日の会合では、ペロー訳『建築十書』のまさにその第四書の第一章が精読された。その結果、ウィトルウィウスの記述は間違っているとした近代の建築家もいるが、古代ローマの遺跡のなかには彼の記述に合致する例もあるから、彼の教義は古代ギリシア人のものであって、そのギリシア人の教義がのちに変更されたのであろう、と指摘された。(9) 実際、ティヴォリのウェスタ神殿の柱頭のように高さが二モデュール弱のものもある（図88）。ここではアカデミーはまだ、ウィトルウィウスと古代の実例との乖離は認めつつも、古代ギリシアの名においてウィトルウィウスを擁護する立場であった。

ブロンデルは『建築教程』第二部（一六八三）の第一書において類似の見解を示した。柱頭全体の高さを二モデュールとするウィトルウィウスの方法はギリシア人の慣用であったと信じるが、そうした例はまだ見たことがなく、その高さだと葉飾りなどのために十分なスペースをとることが不可能になるので、「こうした方法はけっして模倣されるべきでない」のであって、望ましい寸法はアバクスが三分の一、そのほかの部分が二、全体で二モデュールと三分の一であり、古代の実例にはそれに近い寸法が多いとし、例としてローマのカストル神殿、パンテオンのポーティコなどのコリント式柱頭を列挙した。(10) また同書の別の箇所で、ペローのように、全高が二モデュールしかない柱頭と、二と三分の一のそれを比較している(11)（図87）。

そのペローは『オルドナンス』において「コラム下端の直径全体の大きさにその六分の一を加えて」柱頭の高さとすると述べているが、この値はパラディオらが採用した二モデュールと三分の一と同じである。(12) 一六九三年二月三日よりアカデミーはジャン・ビュラン(13)の『建築の一般的規則』（一五六四）を講読したが、同年三月二日の会合では、そのビュランによるコリント式柱頭の図版が議論され、ビュランはウィトルウィウスにならい柱頭全体の高さを二モデュールとしている(14)ことが確認され、そのさい、ウィトルウィウスのテキストの解釈にかんする重要な指摘がなされた。

「しかしほかの人びとの解釈によれば、ウィトルウィウスのこの文章は改竄されたものであり、アバクスを含めずに、という風に読まなければならない。実際それは古代の作品や、近代の作品や、ヴィニョーラ、パラディオ、スカモッツィやそのほかの最も著名な作家の作品においてなされていることである。(15)」

すなわち高い柱頭が望ましいという観点は変らないが、問題の表現が変り、二モデュールという高さに頂上のアバクスを含めるかどうか、が議論の対象となった。

一六九六年一〇月二九日の会合では、ブロンデルの『建築教程』第二部第一書のうちの、まさにブロンデルがコリント式柱頭の高さを問題にしてウィトルウィウスを批判した箇所が講読された。ここでもアバクスを二モデュールという高さに含めるかどうかが検討され、決定された。

「……ウィトルウィウスのテキストを検討した結果、この著者はアバクスをその柱頭の高さに含めたのであるが、古代にはその顕著な実例はなく、それはけっして実行されてはならないと考えた。(16)」

一七〇六年五月一〇日の会合では、ビュランによる高さ六〇パルティの柱頭と、ドロルムによる高さ七〇パルティの柱頭を比較したシャンブレの『比較』（一六五〇）の第三五章(17)が検討され、ドロルムの比例のほうが「よき趣味にかなっている」とされた。(18)一七〇六年八月三〇日の会合でも、ウィトルウィウスやビュランの柱頭が検討されたが、アカデミーはやはりこの二モデュールという高さにはアバクスは含まれないこと、そのほうが「道理にかなって」おり、古代の建築にも類例が多いことを重ねて指摘している。(19)こうしてウィトルウィウスよりも古代の実例に準拠して、より高さの大きい柱頭を好んだことが判明する。

実際、その主張に呼応するように、ラ・イールもデゴデもその講義録においては柱頭の高さを七〇パルティすなわち二モデュールと三分の一にしている（図97〜99）。

一時期この問題は、ウィトルウィウスの定めた二モデュールという高さにアバクスが含まれるか含まれないかというふうに定式化された。議事録やどの講義録においてもこうした形で問題設定がなされた理由そのものにふれた箇所はない。おそらくこうした議論がなされたのは、ウィトルウィウスの記述の正当性をできるだけ傷つけないようにと、一時期、配慮されたからであると考えられる。(20)

（二）ピラスターの問題

同種のオーダーであっても、直径が逓減しないピラスターの場合は、上端直径が下端直径の通常は六分の五ていどであるコラムの場合とは、とくに水平方向の比例が異なってくるのは当然である。とくにコラムとピラスターが隣り合うときは、その差が視覚的に容易に感じられるわけであり、そこで特別の調整が必要とされる。

このピラスターの問題は、第一期にすでに言及されているが、第二期においてより重要となった。この時期、すくなくとも議事録やタヌヴォの図面にかんするかぎりは、コリント式柱頭の高さはピラスター、あるいはそれとコラムの併用という文脈でのみ議論されたからである。

垂直方向の比例に関係がない場合でも、それは重要な問題であった。たとえば一六九二年一一月一七日と二四日の会合では、パンテオンのピラスターの柱頭の細部とコラムのそれとが比較されている。(21)一七〇七年八月八日の会合では、コラムと隣り合わないピラスターについては「ピラスターの幅を若干緩和」してもよいことを確認している。(22)すなわちコラムとピラスターを隣り合わせるなら、ピラスターの上端直径と柱頭の横幅を、コラムのそれにあわせて小さくしなければならない、という命題が存在したことが暗に示されている。

つぎの一七〇七年八月一七日の会合ではこんどは高さが課題とされ、ピラスターの場合は幅が広いからそれだけ柱頭の高さを大きくしなければならないとして、明確な数値を与えた。

「……その結果、もしコラム上端の直径が通常そうされるように六分の一だけ細くなるなら、ピラスターの柱頭はコラムの柱頭よりも六分の一モデュールより高くなければならない。そしてその結果、コラムの柱頭の高さが一モデュールと六分の一であるなら、ピラスターのそれは一モデュールと三分の一である。(23)」

この場合あきらかに「一直径＝一モデュール」を前提として述べられており、通常の「一直径＝二モデュール」を前提とすれば、柱頭の高さはコラムの場合が二モデュールと三分の一といら通常の値、ピラスターの場合が二モデュールと三分の二という大きめの値に換算される。

つぎの一七〇七年八月二二日の会合では、デゴデが提出したルーヴル宮の中庭のコラムの柱頭と、その東側のコロネードのコラムと

図 111　タヌヴォによるコリント式柱頭。
同、Ms.1026, pl.61 etc.

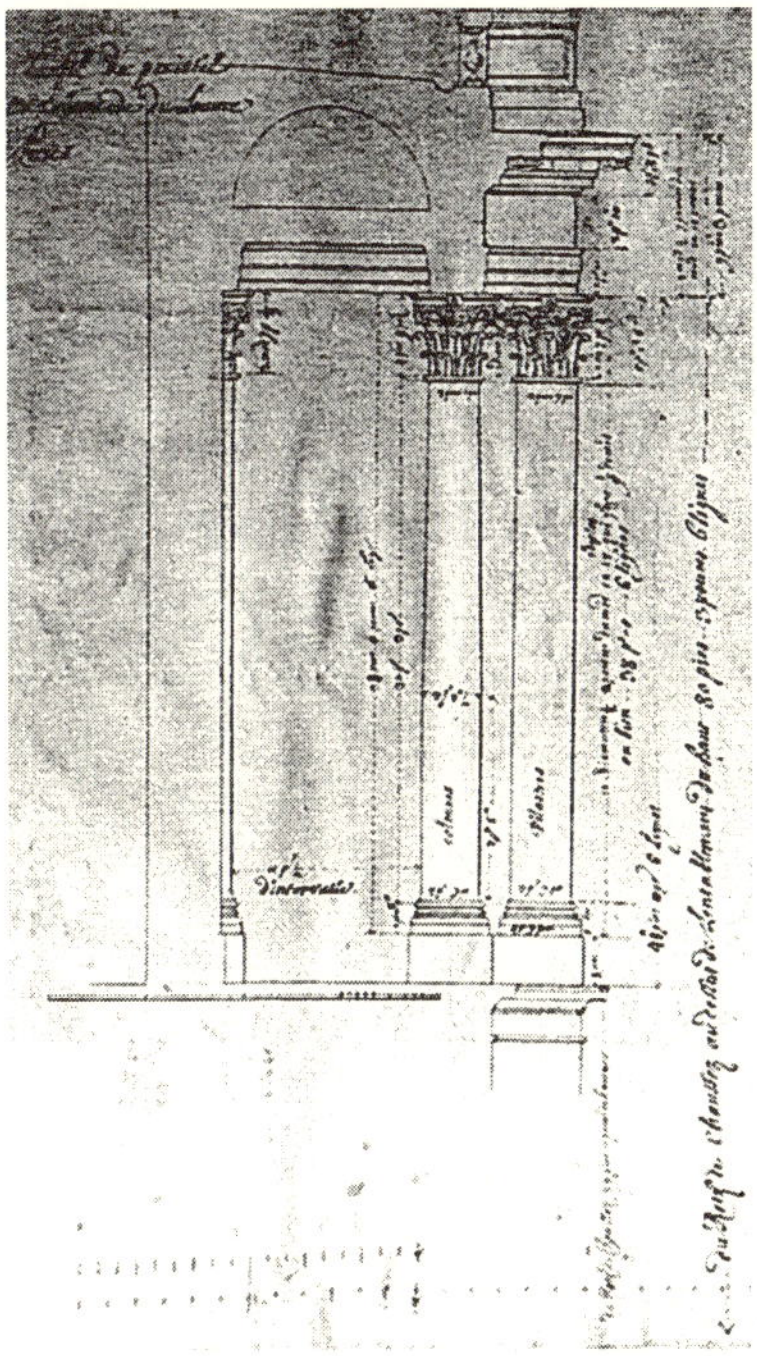

図 109　タヌヴォによるルーヴル宮東コロネード実測図。フランス学士院図書館、Ms.1026, pl.72

図 112　タヌヴォによるコンポジット式オーダー。同、Ms.1026, pl.78.

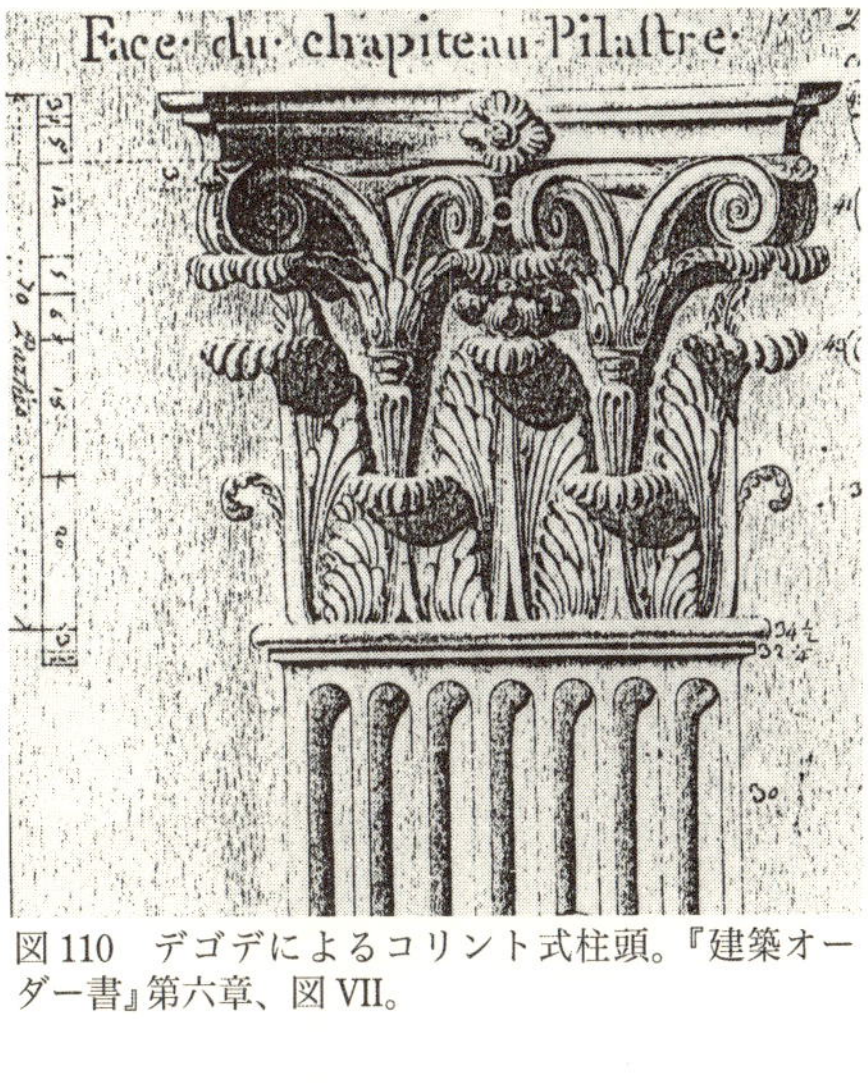

図 110　デゴデによるコリント式柱頭。『建築オーダー書』第六章、図 VII。

ピラスターの柱頭の図面にもとづいて、前回の議論の内容が検証された。二点、指摘された。まず東側コロネードの柱頭は先週の会合の決定に合致するのであって、コラムの柱頭の高さはピラスターのそれと同じ高さにするために、通常の値よりも大きくなっている。すなわちアカデミーは、この柱頭の高さは二モデュールと三分の二であると認識している。

つぎに、しかし、通常の柱頭の高さと前回の会合で決定されたピラスターの柱頭の高さの平均値をとることが提案され、「そうすることでコロネードのコラムの柱頭の高さにみられるような過剰を免れよう」と結論づけられた。(24) すなわちピラスターの場合は柱頭を高くすべきことを認めたうえで、ピラスターとコラムが隣り合う場合を考慮して、通常値と前回の会合で決定された値の平均値をとるべきだとされた。議事録には具体的な数値は与えられていないが、理論的にはつぎの値になる。

$$(2M\,\tfrac{1}{3} + 2M\,\tfrac{2}{3}) \times \tfrac{1}{2} = 2M\,\tfrac{1}{2}$$

しかしデゴデはその講義録『建築オーダー書』(25)のなかで、ピラスターの柱頭にはやはり二モデュールと三分の一（七〇パルティ）という通常値を与えている(26)（図100）。

第二期になるとタヌヴォがこの問題にふたたび着手した。彼は一七四〇年八月二九日の会合で「通常値では短すぎてしまうピラスターの柱頭」のための適正な値が与えられたコラム柱頭の図版を提出した。そこで与えられた高さは、二モデュールと二分の一であって(27)、これは一七〇七年八月二二日の会合の理論的帰結として考えられた値と一致する。

アカデミーは慎重な態度を示し、つぎの一七四〇年九月五日の会合では、決定は控えるとしたのち、タヌヴォにルーヴル宮東側のコロネードのコラムとピラスターの「すべての寸法をバカンスのあいだに」実測するように要請した。(28)

タヌヴォは翌一七四一年四月二四日の会合でその図版を提出した（図101、109）。その図版に書きこまれた寸法によれば、柱頭の高さは二モデュールと二分の一よりも大きく、むしろ二モデュールと三分の二に近い値であることが判明する。(29)

すなわち図109において、右側のコラム下端直径は「三ピエ七プース」、コラムの柱頭の高さは「四ピエ九プース」、また左側のピラスターの柱頭の高さは「二モデュールと七と三分の一」と書きこまれている（第二期では1M＝12P）(30)。

したがって、コラム直径

$$3\text{pi. }7\text{po.} = 43\text{po.}$$

ゆえに、

$$1\text{M} = \tfrac{43}{2}\text{po.} = 21.5\text{po.}$$

コラム柱頭の高さ（実長）　4 pi. 9 po.　＝　57 po.

ゆえに、コラム柱頭の柱頭高さ（単位M）　57／(21.5)　＝　2.6511…M

また、ピラスター柱頭の高さ　2M7 $\frac{1}{3}$　＝　2M＋(7P $\frac{1}{3}$)　＝　2M＋($\frac{22}{3}$) P　＝　2M＋($\frac{22}{3}$)／12M　＝　2.611…M

だからコラムとピラスターの場合いずれも二モデュールと二分の一［2.5M］よりは二モデュールと三分の二［2.666…M］に近い値である。

しかしアカデミーはこの時点では明確な結論は出していない。ただ議事録では、この会合までにタヌヴォが多くのコリント式オーダーの図版を提出しており、ルーヴル宮のコロネードがそれらとの比較のために「絶対的に必要」であるとした、いう記述がみられる(31)。これらの図版はフランス学士院の図書館に保管されている［Ms.1026］が、柱頭の高さはコラムであれ、ピラスターであれつねに二モデュールと二分の一である(32)。

そして一七四二年八月一三日の会合で、タヌヴォの図版よりもルーヴル宮の柱頭の比例を正当化する判断が下された。

「アカデミーは会合を開き、コリント式柱頭の最も適切な比例を検討したが、背後にピラスターのあるとき、その場合は、柱頭の高さに二モデュール二分の一にさらに二パルティを与えることが適切であるという合意に達した。なぜなら、もし高さがそれより小さければピラスターの柱頭は低すぎることとなるだろうから(33)。」

この「二モデュール二分の一にさらに二パルティ」という値は、一モデュールが一二パルティだとして換算すれば二モデュールと三分の二であり(34)、ルーヴル宮の柱頭の値にきわめて近い。

七年のちの一七四九年六月二三日の会合では、ルーヴル宮東側のコロネードの柱頭がふたたび検討された。議事録によれば、まずボフランが古今の建築家の大多数はコリント式柱頭の高さを二モデュールと三分の一としていると指摘したが、アカデミーは、ルーヴル宮コロネードのそれは二モデュールと三分の二であり、この比例は「上ほど直径が小さくなるわけではないピラスターの場合は優雅にみえる」(35)と指摘した。だからルーヴル宮の柱頭の高さを是認した先の一七四二年八月一三日の会合での決定が、ピラスターという文脈で考慮された柱頭の高さにかんする最終判断であったと考えられる(36)。

三　柱頭の四段の比例

(一) ウィトルウィウスの比例の検証

ウィトルウィウスは『建築十書』第四書の第一章において、コリント式柱頭の垂直方向の寸法を説明しており、まずアバクスは柱頭の高さの七分の一であると述べたのち、こう続けた。

「アバクスの高さがのぞかれたのち、残りは三分割され、ひとつは下の葉に、ほかのひとつは第二の葉に、そして同じ寸法が茎(caulicoles)[37]にあてられるが、この茎からは別の葉が延びてアバクスを支える。[38]」

この文章からは、アバクスより下の三段すべてに同じ高さが与えられるとは断言できない。

しかしイタリア・ルネサンスの建築家たちは、それら三段は同じ高さをもつと解釈したようである。まずアルベルティによれば、柱頭全体の高さが七モドゥルスに等分されたのち各段は二モドゥルスずつ与えられるとしているから、[39]各段の高さは等しい。なおこのとき、柱頭の四段の比例は一：二：二：二である。ヴィニョーラ、パラディオ、スカモッツィもやはり下部の三段のそれぞれに同じ高さを与えている(図93〜95)。

もっとも彼らは、前述のように柱頭全体の高さとしてはウィトルウィウスのそれよりも大きい値、すなわち二モデュールと三分の一(七〇パルティ)を与えたのであり、アバクスは三分の一モデュール(一〇パルティ)、下の三段はそれぞれ三分の二モデュール(二〇パルティ)である。おそらく一：二：二：二という単純な整数比とすると同時に、パルティを単位にしたときに、各値が単純な整数であらわせることが求められたということが推測される。おそらくこれが、彼らがウィトルウィウスの値を変更したことの理由のひとつであると思われる。

ドロルムは、前述のように、『建築第一巻』第六書第三章において、コリント式柱頭のアバクスより下の部分は三等分されると述べた（図96）。さらに彼は、第四章ではパンテオンの室内、第六章ではそのポーティコ、第八章では「三本コラム」の柱頭について論じているが、テキスト中における説明と挿図は一致しない。すなわち本文の説明では、後述するような「上段＞下段＞中段」というデゴデの実測結果と一致するが、挿図ではすべて「上段＝下段＝中段」となっている。(40)

シャンブレが前述の『比較』において示したパンテオンのポーティコの柱頭では、下部三段の高さはほぼ等しく、第三段がごくわずかに大きいのみである。(41)

ボスも下部三段には等しい高さを与えている。(42)ペローの挿図によれば「ウィトルウィウスにもとづく」ものとされる左半分は四段が一：二：二：二の比であるが、ローマのパンテオンのポーティコの柱頭によるとされる右半分は、上段がほかの二段よりもわずかに高い（図86）。前述のように、これはデゴデの実測調査ではなく、フレアール・ド・シャンブレの文献に依拠したものであると考えられる。

アカデミーはアバクスの高さが三分の一モデュール（一〇パルティ）であるべきという点には固執していたようで、時期は下がるが一六九三年九月二二日の会合では、その高さをコラム下部の直径の七分の一（八パルティと七分の四）にしたドロルムを承認せず、直径の六分の一（一〇パルティ）を与えるのが「一般的法則」であるとした。(43)

ブロンデルもウィトルウィウスによる柱頭を紹介しながらその高さを矯正する案を提出しているが、この基本比例には忠実である(44)（図87）。

(二) 古代の比例への言及

ペローが『オルドナンス』において示した柱頭はこうした比例とはやや異なっており、柱頭全体の高さは二モデュール三分の一であるが、アバクスは薄く、そのぶんだけ上段の高さが大きく、下段や中段よりも厚くなっている（図97）。後述するようにこの比例はカストル神殿（図89）のそれに近いが、ウィトルウィウス的とされた比例からは逸脱し、むしろ古代建築の実例に依拠したこの比例にたいして、アカデミーはなんの反応も示していない。

会合のなかでこの主題が議論されるのは一六八〇年代の終わりになってやっとであり、デゴデの『ローマの古代建築』（一六八二）が利用できるようになってからもかなり時間がたっている。ブロンデルが一：二：二：二というウィトルウィウスに由来するとされた単純な比例を好んでいたため、ほかの会員があえて異なる比例を提出することができなかったことも推測される。

この柱頭の細部に言及されはじめても、ウィトルウィウスやパラデイオらはほとんど参照されず、もっぱら古代建築の実例が参照され、各段に異なる高さが与えられた。

この文脈で古代の柱頭が最初に言及されたのは一六八八年四月一三日の会合である。このときラ・イールがコリント式柱頭における「茎」について言及し、アカデミーはとくにカストル神殿の柱頭にみられる茎を尊重した(45)（図89）。ただし比例についてはなにも記録されていない。

一六八九年八月の一九日と二六日の会合では、パンテオンの柱頭が議論されたが、カストル神殿のコリント式柱頭のほうが「その美しい比例ゆえに」好ましいという結論に達した(46)という言及がある。この会合はパンテオンかカストル神殿かという選択肢が与えられた最初の会合である点でも重要である。同時に、神殿の柱頭は三段がかならずしも同じ高さをとらず、とくに上段がほかの二段よりも大きいことを考えると、三段の高さがすべて等しいというウィトルウィウスやパラディオ的な比例に固執せず、より大胆に古代の実例が注目されるようになった最初の例として重要である。

また一六九二年一一月一七日と二四日の会合では、パンテオンの柱頭の葉飾りの曲線の作図法が議論される(47)など、古代建築が注目された。

ジャン・ビュランの文献が講読された前述の一六九三年三月二五日の会合では、この三段の比例にかんするきわめて具体的な言及がみられる。

「コリント式オーダーの柱頭の比例については、茎のある部分の高さはほかのふたつの部分より大きくなければならないこと、アストラガルに近い部分の葉は、そのアストラガルの張出しゆえ、真中の段の葉よりも高さが大きくなければならないという見解に達した。(48)」

	コラム		ピラスター
上部の直径	⅚D 減衰率５：６	＋⅙D	=1D
柱頭の高さ	したがって 1D⅙ (2M ⅓)	＋⅙D	=1D ⅓ (2M ⅔)

表７　コラムとピラスターのためのコリント式柱頭。

	高さ	４つの部分の比	対角線の幅	正面の幅
パンテオン ポーティコ	67 ¾	8：23：17：19 ⅔ 〔8.27：21.85：17.56：20.32〕	4M ⅚	
カンポ ヴァキノ	66 ⅓	9½：22.56：17：17 〔10：　24：18：18〕		
ヴィニョーラ パラディオ スカモッツィ	70 70 70	10：20：20：20 10：20：20：20 10：20：20：20		
ブロンデル ペロー ラ・イール デゴデ	70 70 70 70=2M ⅓	10：20：20：20 8 4/7 ：21 3/7：20：20 10：20：20：20 9：23：18：20	4M	3M1.2P
タヌヴォ Ms.1026	2M½	8 4/7 ：7 ¾：9：9¼ 〔10：19 ⅜：22½：23 ⅛〕		3M

(パルティ（＝直径×1/60))〔　〕は高さが70パルティと仮定して。

表６　コリント式柱頭の比較。

すなわち各段の高さは「上段＞下段＞中段」という順番でなければならず、とくに下段は下から見上げた場合アストラガルによってすこし隠されてしまうので、それを補正しなければならない、という明確な理由があるとされたのである。そしてこの比例はパンテオンの柱頭のそれに類似しており、下段と中段が同じ寸法であるカストル神殿の柱頭の比例とは異なっている。前述の一六八九年八月二六日の会合では、パンテオンの柱頭よりカストル神殿のそれの比例が好ましいと判断されていたわけであるから、アカデミーの見解は変化したわけである。もっともこれが最終的な判断であったわけではない。一六九九年二月二三日の会合で、ラ・イールは『市民建築』を読みあげて、「ロトンダ」すなわちパンテオンの柱頭と、「カンポ・ヴァキノの三本のコラム」すなわちカストル神殿のそれとの相違を報告した。[49] この報告の内容は議事録には記載されていない。しかし『市民建築』においては、彼は、カストル神殿の例が最良でありパンテオンの例はつぎに良いと判断している。[50]

また両者の具体的な比例については彼は記述している。

「パンテオンのポーティコと内部の（柱頭の）葉状装飾帯の高さであるが、最初の帯の葉は第二の帯よりも高く、茎は前二者の葉よりも高いが、しかし（カストル神殿の）三本のコラムにおいては葉の二段は同じ高さであるものの、茎はそれらの帯よりも三分の一ほど高い。[51]」

これはまさにデゴデの実測結果と正確に一致している（図89、90）。

もっともこの会合の議事録を読むかぎりでは、アカデミーがどちらか一方を好ましいとした、という記述はない。しかしすくなくともパンテオンとカストル神殿という選択肢があったことは容易に判明する。

そして最終的にはパンテオンの柱頭の比例、すなわち各段の高さが「上段∨下段∨中段」という順である比例を好んだと推測される。まず一七〇一年四月五日の会合では、デゴデが「アカデミーによって提案された比例にしたがった」コリント式柱頭の図面を提出している。[52] 一六九八年に会員になったばかりであった彼は、おもにアカデミーの指示にしたがって図面を作成して会合に提出するという役割を果たしており、彼の比例はその意思をかなり反映していると思われる。彼の講義録『建築オーダー書』に掲載された柱頭は、各段の高さの大小関係が「上段∨下段∨中段」という順であるという点で、パンテオンのポーティコの柱頭に類似した比例を示している。この後者の柱頭は高さが六七パルティと四分の三しかない。しかしそれを垂直方向に均等に若干引き延ばせば、その各段の比例はデゴデの柱頭のそれにたいへん似ている。唯一の相違点は、パンテオンにおいてはコラム上部直径は五二と三分の一だが、デゴデのコリント式では五〇パルティであることであり、その結果、デゴデの柱頭は左右の幅が小さいものになっている（図90、99、100）。

アカデミーがウィトルウィウスの比例を無視して注目したのは、ローマのカストル神殿とパンテオン神殿の柱頭の比例であって、かなり躊躇したのち、パンテオン神殿の例を選択した。もっとも上段が最も厚いという点では両者は共通している。

(三) 第二期における比例

この時期、三段の垂直方向の比例についてはほとんど議論していない。しかしタヌヴォは、それまで提案され議論された比例とはまったく異なるものを提案した。すなわち第一期においては上段が最も厚くされたが、タヌヴォは下段を最も厚くし、上段を最も薄くした。彼がなにを根拠にこの比例を思いついたかは関連資料をもってしては不明である（図102〜104）。

四　一八世紀の建築作品との比較

一八世紀中葉における大賞コンクールに提出された作品のなかにはアカデミーの議論を反映したと思われる作品が、いくつかみられる。古代の実例にしたがって上段の高さが最大にされている柱頭の例は、一七三七年度のローマ大賞に応募したランデ案である（図105）。タヌヴォが作図した柱頭のように、下段の寸法が一番大きい例もいくつかみられる。たとえば、一七六六年度の大賞を獲得したレモン案や、月例賞である「奨励賞」の同一七六六年五月の受賞案では下段があきらかにほかの二段よりも厚い[53]（図106）。主事でもあったアンジュ＝ジャック・ガブリエルのいくつかの作品の図版においても下段があきらかに厚い（図107）。しかし一九世紀になると、たとえばデュランは上段が最も厚いという第一期に承認された比例に戻っている（図108）。だからそれ特有の比例が影響力をもっていたのは一八世紀後半だけであったと考えられる。

五　まとめ

アカデミーがコリント式柱頭の比例を決定するために採用した根拠を検討してゆくと、このように、一般的には古代建築からフランス古典主義へ、という流れは認められる。しかし柱頭固有の問題もあり、一細部に注目すればこの枠組みに完全に合致しているわけではない。

柱頭全体の高さについては、ウイトルウィウスの与えた小さな値が疑問視され、つぎにルネサンスの建築書を根拠としたより大きい値が採用されたが、ピラスターの場合が考慮されはじめると、さらに大きい値が与えられた。この最後の場合、ルーヴル宮東コロネードの例が参照されたのは事実であるが、第一期の終わりにすでにその言及はみられる。だから古代建築からフランス古典主義という枠組みがあったとしても、それが第一期と第二期の時代区分に正確に対応しているわけではない。

もっともコラムとピラスターの混用は、ウィトルウィウスもイタリア・ルネサンスの建築家たちも、実作品において試みる場合はあっても、とくに理論的解決を与えなかった問題であった。はじめてこの問題に本格的にとりくんだことは指摘されてよいだろう。

アバクスの下部の三段の高さについては、ウィトルウィウスや彼に追随したパラディオらは「上段＝中段＝下段」という比例を守ったが、アカデミーはむしろ古代の実例に依拠し、第一期では「上段＞下段＞中段」という比例を是認した。

第二期においてタヌヴォは、第一期に提案された古代的な比例とはあきらかに異なる、「下段∨中段∨上段」などの、下段を最も厚くする比例を提案した。ただし彼はその理由を説明するテキストを残していないし、アカデミーも明確な判断を議事録には残していないので、この比例の起源はただちには判明しない。あきらかに古代的ではなく、ルネサンスの建築書にも類例がなく、それまでのフランスにおいては前例のない比例である。

この主題について残された僅かな資料からは、タヌヴォはフランス建築の前例に依拠しなかったとしても、少なくとも古代的でもルネサンス的でもない比例を求めたのではないかと推測されるのみである。ただすくなくともアカデミーが異を唱えた形跡はなく、また実際、タヌヴォの比例に合致する同時代の建築の例もいくつかはみられるので、当時はあるていどの有効性はあったものと考えられる。その意味では、結果的にはフランス的な造形となったことは指摘される。

〔註〕

1　紀元前四八四年完成。アカデミーやブロンデルらは通常それを、その場所の名にちなんで「カンポ・ヴァキノ（Campo Vaccino）の三本のコラム」と呼んでいた。

2　Perrault, *Les Dix Livres d'Architecture de Vitruve*, 1673, 2ème édition 1684, liv. IV, ch. I, p.108. 森田慶一版では第四書第一章第一一節に「アバクスをも含めた柱頭の高さは柱の下部の太さと同量である」とある。

3　相川浩訳『アルベルティ建築論』二〇四頁。

4　Delorme, *Le Premier Tôme de l'Architecture*, 1567, Liv.VI, ch. III.

5　Chambray, *Parallèle de l'architexture antique et de la moderne*, 1650, pp.61, 64-65.

6　Bosse, 1602-1676. 本書第一部一─二参照。

7　Bosse, *Traité des manières de dessiner les ordres de l'architecture antique*..., 1664. エンタブラチュアとコラムの高さ比が五分の一であるオーダーを表した［fig.XIV］では七一パルティと二分の一、四分の一であり、それが四分の一であるオーダーを表した［fig.F］では七一パルティである。

8　Perrault, *op.cit.*, p.106-107, pl.XXIII さらに同図版にかんするペローの注釈参照。

9　議事録、第一巻、九七頁。

10 Blondel, *Cours d'Architecture*, II^nde partie, 1683, liv.I, ch.viii, p.36.

11 *Op.cit.*, liv.V. ch.I, p.107, pl.XIX.

12 Perrault, *Ordonnance des cinq espèces de colonnes selon la méthode des Anciens...*, p.72. ペローは、一モデュール＝三分の一×直径、という独特の寸法体系を使っており、それによれば「三モデュールと二分の一」である。

13 Bullant 本書第一部一―二参照。

14 *Reigle générale d'architecture des cinq manières de colonnes, à sçavoir Tuscane, Dorique..., livre enrichi de plusieurs autres à l'exemple de l'antique*, 1654.

15 議事録、第二巻、二五四頁。

16 同、三三八～三三九頁。

17 シャンブレはその解説で、ドロルムのほうが好ましいが、それでも彼は「ゴシックの目で」古代ローマ建築を見ている、としている。cf. Chambray, *op.cit.*, pp.80-81

18 議事録、第三巻、二四七頁。

19 同、二五六～二五七頁。

20 アカデミーは建築オーダーの具体的な比例においてはウィトルウィウスの教義からはしだいに離れていったが、彼を名指しで直接的に非難した箇所は議事録にはない。そうしたことから、一般的傾向として、アカデミーは古代建築の実例との食い違いがあることは認めながらも、この古代の権威を尊重しようとしたことが推測される。

21 議事録、第二巻、二四八頁。

22 同第三巻、二七八頁。

23 同、二七八～二七九頁。

24 同、二七九頁。

25 本書第一部一―二参照。

26 Desgodets, *Traité des orders d'architecture*, ch.VI, VII. dessein.

27 議事録、第五巻、二七七～二七八頁。

28 同、二七八頁。

29 通常このコロネードの作者はクロード・ペローとされるが、彼は『オルドナンス』においては高さ二モデュール三分の一のコリント式柱頭を提案しているので、もし彼が作者であるなら、自説を曲げて設計したことになる。アントワーヌ・ピコンは、実施設計はフランソワ・ドルベ（François

d'Orbay）がおこなったと指摘している。Cf. Antoine Picon, Claude Perrault, 1988, p.171.

30　第二部第一章参照。

31　議事録、第五巻、二九三頁。

32　B.I., Ms.1026, pl. 61, 62, 78, etc.

33　議事録、第五巻、三二八～三二九頁。

34　1M = 12P であるから、$2P = \frac{2}{12}M = \frac{1}{6}M$　　$2M\frac{1}{2} + 2P = 2M + (\frac{1}{2} + \frac{1}{6})M = 2M\frac{2}{3}$

35　議事録、第六巻、一二二～一二三頁。

36　同、一二二～一二三頁。もっともこの会合では、ヴェルサイユ宮礼拝堂にみられるコリント式柱頭の高さ二モデュール二分の一という値も「美しい比例」であるとしている。この場合は、アカデミーはたんに王室建築にも敬意を表しただけであると考えられる。また、議事録という公文書に忠実に従えば、これはピラスターとコラム併用の場合にかんする判断と読める。しかしこの時期、柱頭の高さはもっぱらピラスターの文脈においてのみ議論されている。またタヌヴォの図版によれば、コラム単独の切合でも二モデュールと三分の一よりも大きい二モデュールと二分の一という値を与えていることもあり、実質的にはコリント式柱頭全般を対象とするものであったとも考えられる。

37　単数形は caulicole だが、通常は複数形で使われる。*Vocabulaire de l'architecture*（1972）によれば、アバクスを直接支える渦巻き飾りのすぐ下の葉状飾りを意味するとされる。ペロー訳『ウィトルウィウス建築十書』では「そこからほかの葉が延びている」（一〇九頁）とあるので「葉」ではなく「茎」を意味していることは明らかで、ペローは脚注において、「細い茎（tige）を意味する」とし、同時に、ウィトルウィウスはその下の葉状飾りなとを含めて〈caulicole〉としている、と説明している。パラディオにおけるこの言葉の意味としては、桐敷真次郎編著『パラーディオ「建築四書」注解』九五頁および、桐敷真次郎『コリント式柱頭のカウリクルスについて』日本建築学会関東支部研究報告集、一九八三、参照。

38　Perrault, *op.cit.*, p.109.　森田慶一版では、この部分は「アバクスの厚さを除いて、残りは三部分に分かたれ、そのうちの一部分がいちばん下の葉に与えられる。次の葉はまん中の高さを占める。茎も同じ高さをとり、この茎から葉が出っ張って生える—この葉が、茎から出て（アバクスの）稜の先までいっている渦巻きを受けるように」と訳されている。

39　相川浩、前掲書、二〇四頁。

40　Delorme, *op.cit.*, liv.VI, ch, IV, VI, VIII.

41　Chambray, *op.cit.*, p.65.

42　Bosse, *op.cit.*, pl.XXIV, fig.F: pl.XXIV では下部から21、21、21、9½、fig.F では20½、20½、20½、9½であり、とくに前者の図では、下部三段の「高さ全体は三等分されるべきである」とされている。

43　議事録、第二巻、二六七頁。Delorme, *op.cit.*, liv.VI, ch.I-II を講読したうえでの判断。

44 Blondel, *op.cit.*, Ière partie, liv.V, ch.I, pl.XVII.
45 議事録、第二巻、一五八頁。
46 同、一八二〜一八三頁。
47 同、二四八頁。
48 同、二五五頁。
49 議事録、第三巻、五九頁。
50 La Hire, *Architecture Civile*, p.91.
51 *Op.cit.*, p.93
52 議事録、第三巻、一二五頁。
53 Jean-Marie Pérouse de Montclos, *Les Prix de Rome – concours de l'Académie Royale d'Architecture au XVIIIème siècle*, 1984, pp.82, 86-87.

三―五　コンポジット式柱頭

一　はじめに

コンポジット式の柱頭については、おもにつぎのふたつの主題が存在した。

まず五つのオーダーという序列のなかでのコンポジット式オーダーの位置づけに関連する、すなわちコンポジット式がコリント式より上位か下位かという問題である。これを考えるにあたって、柱頭の造形の意味づけが重要となった。

つぎにその比例である。最初に柱頭全体の高さであり、つぎに、垂直方向の比例すなわち、下部の葉飾りのある二段、イオニア式のような渦巻きのある段、最上部のアバクス、の合計四段のそれぞれの高さの比である。コンポジット式の場合は渦巻きが大きく、アバクスに食いこんでいる場合もあるが、その場合はアバクスの下端が境界線となる。なおここでは便宜上、アバクスはこの名称のままとし、その下の三段を上段、中段、下段と呼ぶ。

二　オーダーの序列のなかでのコンポジット式の位置づけにかんする、アカデミー以前の議論

アルベルティは『建築論』のなかの二箇所で「イタリア式」に言及している。第七書の第六章では、この形式は古代ギリシアの三オーダー、すなわちドリス式、イオニア式、コリント式に匹敵し、かつイタリアで考案されたものであり、「コリント式の快活にイオニア

	高さ	4つの部分の比	突出部対角線
ティトゥスの凱旋門	74 ¼ 〔70〕	10：26 ¾：　16：21½ 〔9.5：25.2：15.1：20.33〕	
ヴィニョーラ パラディオ スカモッツィ	70 70 70	10：20：20：20 10：20：20：20 10：20：20：20	
ブロンデル ペロー ラ・イール デゴデ	70 70 70 70=2M ⅓	10：20：20：20 8 4⁄7 ：21 3⁄7：20：20 10：20：20：20 9：23：18：20	4M
タヌヴォ Ms.1026, pl.78	2M½	8 4⁄7 ：7 ¾：9：9¼ 〔10：19 ⅜：22½：23 ⅛〕	

表8　コンポジット式柱頭の比較。（パルティ（＝直径×1⁄60））
〔　〕は高さ70パルティとしたときの値

式の優美を加えた」ものであるとしている。(1) また第七書第八章では、この「イタリア式」の柱頭は「コリント式にみられたような芯、オペルクルム、葉飾り、花飾りの手法」と「イオーニア式の装飾」すなわち渦巻き装飾をつけ加えたものであるが、これら以外の要素をもちいた形式は「識者の賛同するところではない」と述べている。(2) すなわちイタリア起源であること、イオニア式とコリント式の混合であること、ほかの種類の混合形式からは区別されるべきことが述べられている。

セルリオはその『建築第四書』（初版一五三七）の第九章において、アルベルティがイタリア式と呼んだものを「コンポジット式」と呼び、説明を加えている。オナイアンズによれば、彼こそが最初にそれを「コンポジット式」と呼びかえたのであった。(3) セルリオはそこで「コンポジット式」は、これまでは「ラテン式」とか「イタリア式」と呼ばれてきたこと、その柱頭はコリント式柱頭にイオニア式柱頭の渦巻きを加えたものであることを指摘した。(4) こうした指摘はアルベルティの議論をそのまま継承している。アルベルティと異なるのは、具体的な建物に結びつけて語っていることである。このコンポジット式はとくに凱旋門に使われ、またローマのコロセウムの最上段にも使われている。もっともセルリオは、このコロセウムの第四段の柱頭はほとんどコリント式であり、コリント式と異なるのはむしろエンタブラチュアのフリーズにミューチュールがあることであると説明している。(5)

ヴィニョーラは『建築の五つのオーダー』（一五六二：長尾重武編、一九八四）において、コンポジット式という概念をたいへん広く理解している。すなわちその第三〇章において彼は、コンポジット式は基本的にはイオニア式とコリント式の合成ではあるが、「ローマの古代遺跡のなかからは、きわめて多様な柱頭がみいだされる。それらには固有の名称はないが、おしなべて、一般的にコンポジット式と名づけることができる」(6) としている。五つのオーダーの序列については、彼はコンポジット式を第五番目に紹介しているが、コリント式とコンポジット式のコラムの高さは同じであるなど、両オーダーの比例はほとんど同一であり、積極的にコンポジット式が上位のオーダーであると位置づけているとは考えにくい。

パラディオは『建築四書』(一五七〇)第一書の第一八章において、コンポジット式は古代ローマ人が発明したものだから「ラテン式」と呼ばれる、としている。(7) その柱頭の定義については、やはりイオニア式とコリント式の合成であるとしている。(8) しかし彼は、このコンポジット式こそが最上位のオーダーであると考えた。すなわち「コリント式はコンポジット式の下位であり」(第一三章)、コンポジット式は「最も規則正しく最も美しく」(第一八章)、また「コリント式よりも華やかである」(第一八章)からであった。(9) 同じような理由から、パラディオにおいてコンポジット式のコラムはコリント式のそれよりも高い。

スカモッツィは、ダヴィレ訳『スカモッツィの建築の五つのオーダー』(一六八五年、オリジナル版は一六一五)(10)の第二四章によれば、コンポジット式をつぎのような理由から「ローマ式」オーダーと呼んだ。

「大多数の建築家がこのオーダーに与えた混合式(composé)あるいはコンポジット式という名前は、このオーダーにとりたててふさわしいものではない。というのはその装飾は整然としており、その比例は最も完全であるからである。イタリア式あるいはラテン式という名前も適切ではない。なぜならそれが考案された都市の名前はあげられず、その地方の名前のみがあげられているからである。(中略)だからローマ式という名前が最も適切である。なぜなら、それが初めて制作されたのはローマにおいてであり、凱旋門の前面にそれが設置されたのはギリシアでもイタリアでもないから。(11)」

さらに、最初の注目すべき作品はティトゥス凱旋門であること、またこの凱旋門のローマ式柱頭は「柏 chêne」の葉であったが、コリント式柱頭は「オリーブ」の葉で飾られることを指摘している。(12) つまりローマで考案されたと指摘するとともに、コンポジット式は神殿ではなく凱旋門のオーダーであること、葉飾りの種類がコリント式とは異なっていると指摘している。また彼はこのローマ式オーダーを第四のオーダーとして位置づけているが、それは「コリント式よりもっと重々しく、装飾が濃厚ではない」からであった。(13) 実際、スカモッツィは、コンポジット式のコラムをコリント式のそれより低くしている。

図 116　セプティミウス・セウェルス凱旋門の柱頭。(部分)。コンポジット式。アーカンサスの葉飾り。デゴデ前掲書 207 頁。

図 113 「オリーブの葉飾りで飾られたコリント式柱頭」。ボス『古代建築のオーダー作図法論』図 XXIV（部分)。

図 117　コリント式ピラスターの柱頭。オリーブの葉飾り。デゴデ『建築オーダー書』第六章、図Ⅶ(部分)。

図 114 「アーカンサスの葉飾りで飾られた混合式(composé)柱頭」。ボス前掲書、図 XXVII（部分)。

図 118　コンポジット式。アーカンサスの葉飾り。デゴデ前掲書第七章、図Ⅴ(部分)。

図 115　パンテオンのポーティコの柱頭(部分)。コリント式。オリーブの葉飾り。デゴデ『ローマの古代建築』30 頁。

つまりイタリア・ルネサンスにおいては三つの見方があったと思われる。すなわちコリント式が上位のオーダーであるとする見方（スカモッツィ）、コンポジット式が上位であるとする見方（パラディオ）、両者は基本的には同じものだとする見方（ヴィニョーラ）である。

フランスでは、まずドロルムが『建築第一巻』（一五六七）において、コンポジット式は寸法においてはコリント式とまったく同等であると述べており、五つのオーダーの序列については、とくにこだわっていない。ただ後述するように、ローマのコロセウムの第四層のオーダーをコンポジット式とした点が、のちにアカデミーの批判の対象となった。またおもに凱旋門のために使用されるオーダーであること、またその最も顕著な例がティトゥス凱旋門である、[14]という認識は後述のようにアカデミーにも継承された。

シャンブレは『比較』（一六五〇）第六章で、コンポジット式オーダーを論じ、その柱頭はコリント式より「マッシブであって、それほど優雅ではない」というスカモッツィの判断を支持した。さらに「ゴシックより野蛮で面白みのない新しい北風」と揶揄し、建築家の自由な発想にもとづくさまざまなコンポジット式柱頭の形態は、北ヨーロッパの劣った芸術であることを示唆した。[15] しかしコンポジット式そのものを否定したのではなく、ティトゥス凱旋門に準拠した「ローマ式混合式 Composé Romain」は認められるとした。[16] すなわち、いわば北方マニエリスムとでも形容しうる気紛れにもとづき諸要素を混在させる造彩は批判するが、古代ローマに優れた例のある混合の形式なら容認するのである。またコンポジット式の葉飾りの種類についてはとくに明記していない。しかしコリント式については、ウィトルウィウスの記述は実際とは異なっていること、古代建築にはアーカンサスの葉が使われた例はほとんどないこと、聖書におけるソロモン神殿の記述から通常はオリーブの葉で飾られるべきであると指摘している。[17] 根拠は異なるものの、これはスカモッツィと同じ結論である。

アブラアム・ボスは『古代建築のオーダー作図法論』（一六六四）のなかで、図二四には「オリーブの葉飾りで飾られたコリント式オーダー」、図二七には「アーカンサスの葉飾りで飾られた混合式（composé）柱頭」という表題を与えることで、両者の葉を区別しているが（図113、114）、その理由は述べていない。[18]

しかしながら両者を葉飾りの種類によって明快に区別したのは彼が最初であり、後述するように、アカデミーの建築家たちはこの区別をそのまま踏襲しているのである。

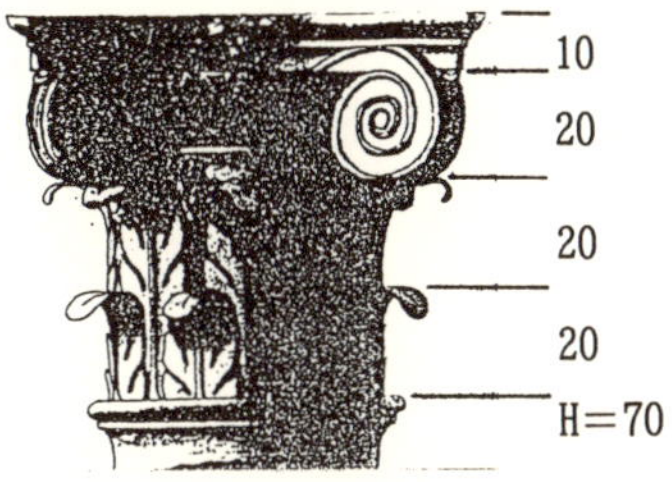

図 123　ラ・イール『市民建築』図 18（部分）。単位パルティ。1P ＝1/30 M

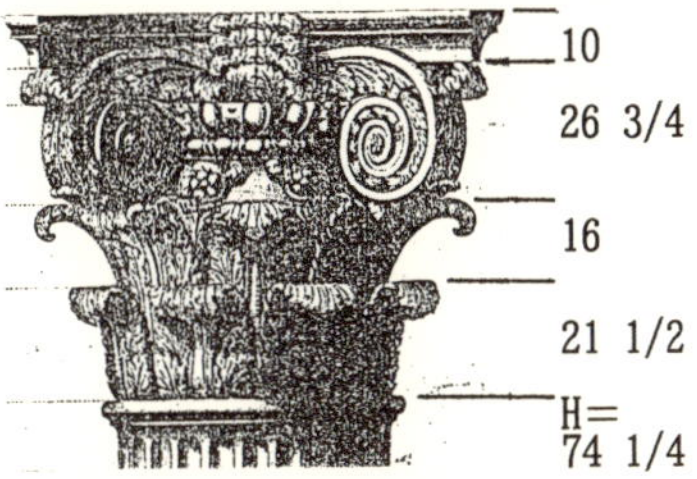

図 119　ティトゥス凱旋門。デゴデ『ローマの古代建築』185 頁（部分）。単位パルティ。1P ＝1/30 M

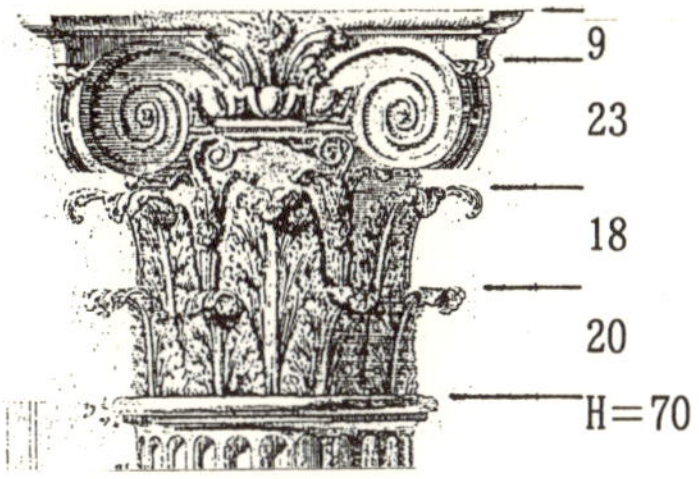

図 124　デゴデ『建築オーダー書』第七章、図 V（部分）。単位パルティ。1P ＝1/30 M

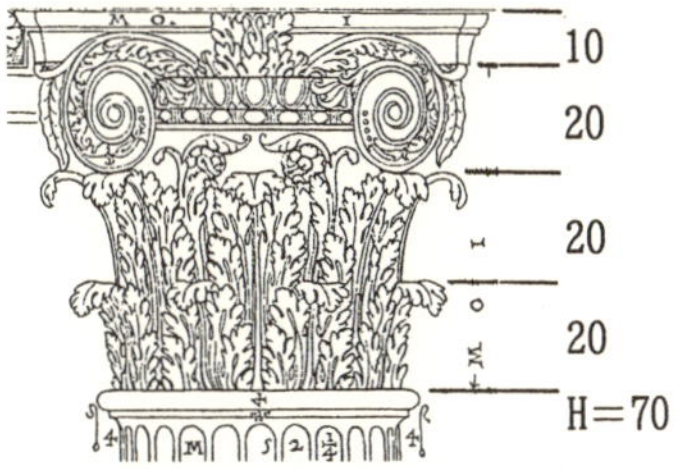

図 120　桐敷真次郎編著『パラーディオ「建築四書」注解』第一書第一八章、105 頁（部分）。単位ミニット。1m ＝1/60直径

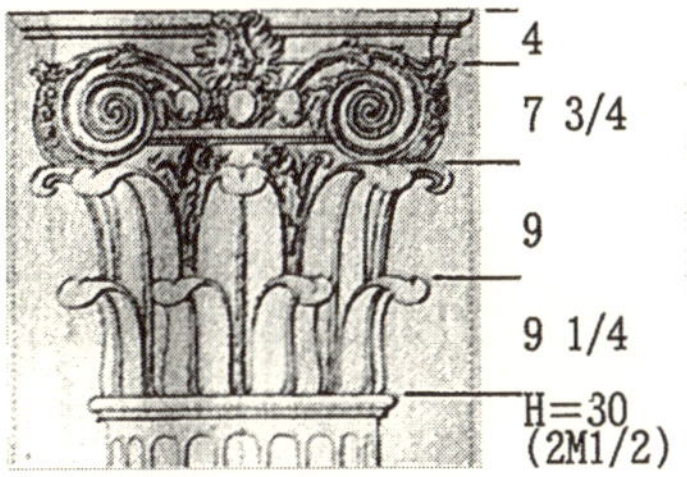

図 125　タヌヴォによるコンポジット式オーダー。フランス学士院図書館、Ms.1026, pl.78（部分）。単位パルティ。1P ＝1/12 M

図 121　長尾重武編『ヴィニョーラ 建築の五つのオーダー』第二六章（部分）。単位パルティ。1P ＝1/18直径

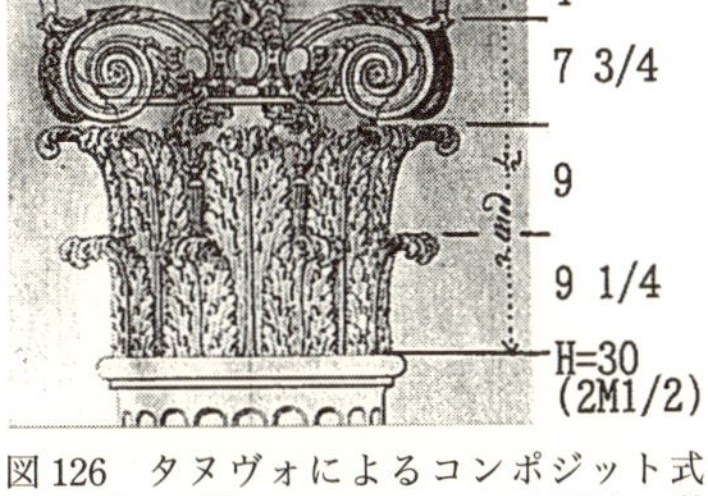

図 126　タヌヴォによるコンポジット式オーダー。同、Ms.1026, pl.82（部分）。単位パルティ。1P ＝1/12 M

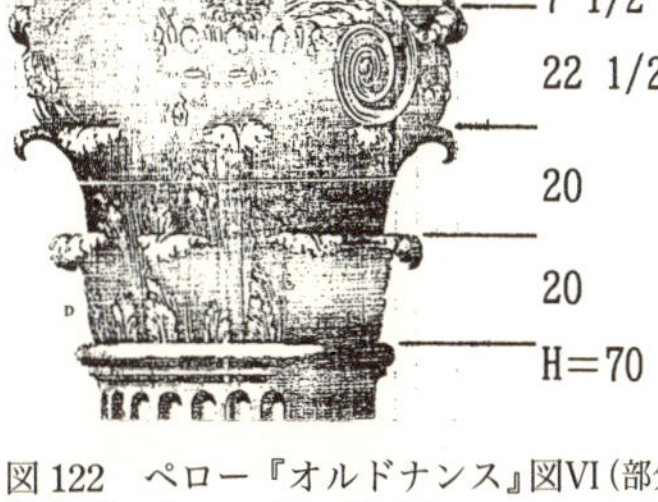

図 122　ペロー『オルドナンス』図VI（部分）。単位パルティ。1P ＝1/30 M

三　オーダーの序列のなかでのコンポジット式の位置づけにかんする議論

(一) 当初のアカデミーの態度

このヒエラルキーの問題は、そもそもこの最後に考案された形式をどう定義するかによった。単純な二者選択ではなく、「コンポジット式 composite」「混合式 composé」「イタリア式 italien」などの諸概念をどう定義し区別するかということでもあった。

まず、議事録から読みとれるのは、「コンポジット式」という概念に積極的に意味を与えようとする意思である。一六七三年四月一一日の会合では、パラディオの『建築四書』第一書第一二章が講読されたが、彼がその箇所で「コリント式はコンポジット式の下位であり[19]」と述べていることが、確認された。議事録によれば、オーダーの序列についてつぎのように認識していた。まず歴史的な経緯が再確認されたのち[20]、最後に考案された第五のオーダーは「コンポジット式すなわちイタリア式」と呼ばれるが、そのモデルは最も美しい柱頭であるローマのティトゥス凱旋門の柱頭であるが、コロセウムの最上段のオーダーは誤って「混合式 composé」と呼ばれているが実際はコリント式だ、とされた。ここで、混乱を恐れて用語を定式化している。

「コンポジット式すなわちイタリア式という名称のもとには、たとえばティトゥス凱旋門のそれのような、イオニア式とコリント式から柱頭をつくるこの手法だけが理解されるであろう。また混合式 (composé) の名称のもとには、なんらかの手法によってほかのものを混合したり、新しく発明することで作られる、ほかのすべてのオーダーが含まれるだろう。[21]」

すなわち「混合式」は範囲がたいへん広く、そのなかでとくに、ある明快な要素と類例をもつものが「コンポジット式」となるわけである。それからアカデミーは五つのオーダーの序列にかんするパラディオの説明に戻ったが、これはあくまで彼個人の意見であること、その説が成立するかどうかは、これから明らかにしなければならないと指摘しただけであった。[22]

一六七五年五月一三日の会合では、コンポジット式と混合式のこうした定義と区別が再確認されたうえで、「コンポジット式はローマ式あるいはイタリア式と呼ぶことができる」とされた(23)。

一六七七年五月二四日の会合では、ドロルムの『建築第一巻』第八書第一章(24)が講読された。この章でドロルムは、コロセウムの第四段のオーダーは、コリント式である第三段のオーダーの上にあるから「混合式」であると述べている。アカデミーは、このドロルムの意見は間違っており、それは別のコリント式であると指摘した(25)。このように純粋なコンポジット式と、そうではない混合式を区別し、またコンポジット式をローマあるいはイタリアに由来するものとすることで、コンポジット式にできるだけ高い地位を与えようとしたことがうかがわれる。

ブロンデルは『建築教程』第一部第四書において、アカデミーとはやや異なる枠組みを提出している。そこでは一般的には「コンポジット式」オーダーと呼ぶものが論じられているが、彼はこの用語を使わずにもっぱら「イタリア式すなわち混合式（composé）」と呼び、ヴィニョーラやパラディオやスカモッツィのコンポジット式をも「混合式」として紹介している(26)。またローマのコロセウムの最上層のオーダーは「柱頭の形態は純粋にコリント式であるとはいえドリス式、イオニア式そしてコリント式からの混合」であり、ティトゥス凱旋門では「その柱頭はイオニア式とコリント式とが混ぜられている」とした(27)。ブロンデルが「コンポジット式」という言葉を使わないのは、あきらかにそうした特権的な形式を認めていないからである。すでに確立されたオーダーの要素を混在させる方法はすべて「混合式」であり、こうした純粋でない混成的なオーダーが一個の独立したカテゴリーを形成するのを認めなかった。

『建築教程』第二部（一六八三）においても同様である。第一書第八章では柱頭一般が論じられているが、ここでも「コンポジット式」という用語は使わず、コリント式が「混合式 composé」より上位のオーダーであることの根拠をふたつあげている。第一の根拠は、古代人が、ウィトルウィウスの記述に反して、実際はコリント式をオリーブの葉で飾り、「混合式」柱頭をアーカンサスの葉で飾ったことである。しかもブロンデルによれば、アーカンサスの葉は「オリーブのそれ（葉）よりもずっと重く、はるかに繊細さに欠ける」のだから、コリント式が上位のオーダーであるはずである。第二の根拠は、スカモッツィもやはりさほど高貴ではないイオニア式の要素が混在している混合式を、コリント式の下位に位置づけたこと、である(28)。

こうしたブロンデルの議論は、スカモッツィとボスの議論を体系化したものである。

ペローは『建築十書』の翻訳の挿図の説明のなかで、ウィトルウィウスの記述どおりアーカンサスの葉で飾られたコリント式柱頭と「パンテオンのポーティコにみられるような」オリーブの葉で飾られたコリント式柱頭を区別している。[29]また『オルドナンス』においてもコリント式柱頭はオリーブの葉で、コンポジット式柱頭はアーカンサスの葉で飾られると述べている。[30]しかし彼は、五つのオーダーの序列は柱頭の細部という「性格」ではなく比例によって決定されるべきであると考え、コンポジット式をコリント式より上位に置いた。ブロンデルを意識してのことと思われる。

ラ・イールは、おそらくスカモッツィの影響を受け、「コンポジット式」とは古代のローマ人が凱旋門のために考案した「混合式 composé」のオーダーであり、ギリシアの三オーダーであるドリス式、イオニア式、コリント式は神々に捧げられた神殿のために、ローマ人が考案したトスカナ式やコンポジット式は俗人のための建築に使用されると指摘した。[31]またその柱頭には「コリント式との相違を明確にするために通常アーカンサスの葉飾りが使用される」と述べている。[32]だから彼は、意味づけにおいては、コンポジット式はコリント式よりも下位であると考えていた。

デゴデは『建築オーダー書』のなかで、いわゆる「混合式」は建築家の「気まぐれ」によって創造されたものという説を否定し、それは独特の性格と比例をもったカテゴリーとして確立されていると主張した。[33]しかしブロンデルと同じく「コンポジット式」ではなく、やはり「混合式」という言葉を使っている。この混合式は、コリント式と同じ比例が与えられるものの、イオニア式柱頭のような渦巻きがあり、コリント式よりは繊細でないので「イオニア式オーダーとコリント式オーダーの中間」に位置する。[34]またコリント式について述べた章では、それは「混合式オーダーのあとに位置づけられるべきである」、すなわちコリント式こそが第五番めのオーダーであることが明確に記されている。[35]

柱頭の葉飾りについてデゴデは、自分自身でおこなったローマでの実測調査の体験にもとづいて、より客観的な判断をしている。『ローマの古代建築』では、アーカンサスの葉飾とオリーブの葉飾りを区別して描いている（図115、116）。アーカンサスの葉のほうがよりヒダが細かく描かれている。図版の説明においても、ある柱頭の葉飾りがどちらの葉であるかを明記している場合が多い。ただしコリント式でもアーカンサスの葉飾りである場合もあり、この時点では、観察した事実を述べているだけであり、オーダーの種類と葉飾りのそれを対応させようとはしていない。しかし『建築オーダー書』では両者を葉飾りによって区別しようという意図がみられる。まずコリント式柱頭の章では、ティヴォリのウェスタ神殿の柱頭はアーカンサスで飾られているが、それ以外のほとんどの古代遺跡はオリーブの葉で飾られていると指摘している[36]（図117）。コンポジット式柱頭の章では、とくに明記されていないが、図版の描き方から判断すれば、そのコンポジット式柱頭はやはりアーカンサスの葉で飾られていると考えられる（図118）。

このように、教授としてブロンデルの後任であるデゴデやラ・イールは、前任者をおおむね踏襲してコリント式を最上位のオーダーと考えたようである。

（二）アカデミーの最終見解

さてコラムの高さを基準にした五つのオーダーの序列という観点に注目すると、イタリア・ルネサンスにおける対立の図式はそのままアカデミーに持ちこまれたようである。すなわちパラディオやペローは、コリント式よりコンポジット式に大きな値を与えており、後者こそが最上位の第五のオーダーであるとしている。スカモッツィや『建築教程』第二部でのブロンデルにおいては、コリント式のコラムがコンポジット式のそれより高く、コリント式が最上位のオーダーである。そしてヴィニョーラやラ・イールやデゴデにおいては、両者は同じ高さをもつ[37]。

しかしここで注目すべきことは、ラ・イールとデゴデというふたりの教授が、歴史的経緯や意味づけにおいてはブロンデルの教えを守り、コリント式こそ最上位のオーダーとしたものの、比例すなわちコラム高さにおいてはコンポジット式とコリント式とを同等としたことである。これは実質的にはコンポジット式をコリント式の一異体として解消することを意味する。

実際、一七〇一年三月二一日の会合においては、ドリス式、イオニア式、コリント式という三オーダーのみの高さを決定して最終判断としたのであり[38]、コリント式かコンポジット式かという問題を回避していることは明らかであった。またその判断に忠実であったデゴデも、コリント式とコンポジット式は同じ比例であるから、この両者を層オーダーとして上下に重ねてはならないことを主張している[39]。だからアカデミーは、両者の序列を積極的に定義しようとしたのではなく、あくまでコンポジット式をコリント式の範疇に入れることで、この選択を回避しようとしたと考えるべきである。

四　垂直方向の比例

コンポジット式とコリント式を「比例」において同一視するという傾向は、アバクスの下部の三段の垂直方向の比例において顕著にみられる。アルベルティ、パラディオ、ヴィニョーラ、スカモッツィらのイタリアの建築家たちはほとんどアバクスより下の三段の高さは等しくしている[40]（図120、121）。これは彼らがコリント式に与えた比例と同じである。

ボスは、コンポジット式柱頭の比例については、自身のコリント式柱頭と同じ比例を与え、下部三段の高さはすべて等しい値を与えた[41]。ペローは上段が下の二段より若干大きめの比例を提案した（図122）。しかしその比例は彼がコリント式柱頭に与えた比例とはすこし異なっている[42]。彼はあくまで比例において両者を区別しようとしている。

ペロー以外の建築家、あるいは会員たちは、コリント式柱頭の比例をそのまま応用した。すなわちブロンデルとラ・イールは各三段の高さを等しくしたが、とくにラ・イールは古代の実例には比例があまりにまちまちであるという理由をつけた[43]（図123）。彼らの比例は、実際は、ウィトルウィウスの記述にもとづいてパラディオらが定式化した比例である。

しかし一八世紀になると、アカデミーは古代の実例に準拠するべきだと主張するようになる。とくにティトゥス凱旋門のコンポジット式柱頭が最良の例であるとした（図119）。一七〇六年六月一四日の会合ではそれを確認している。

「……ティトゥス凱旋門がその最も美しい例のひとつである、ローマ式オーダーと呼ばれるコンポジット式オーダーのみを認めるべきである。このオーダーの構成はイオニア式柱頭とコリント式柱頭から形作られているまさにその柱頭と、ほかのオーダーとはいくぶん異なる構成をもつエンタブラチュアにある[44]。」

この指摘は五つのオーダーの序列よりも、アバクス、渦巻き、二段の葉飾りという四段の比例にとって重要であったと思われる。なぜならアカデミーの意図に忠実であったデゴデが、このティトゥス凱旋門の例に類似した比例を残しているからである。

デゴデがコンポジット式柱頭に与えた比例には、ふたつの特徴がある。まず、すでに述べたように、その比例がティトゥス凱旋門の柱頭からくる比例にかなり一致することである（図119、124）。デゴデにおいてアバクスは九パルティと低く、ティトゥス凱旋門においては一〇パルティであるが、柱頭全体が七四パルティと四分の一と標準より高めなので、相対的には薄いアバクスである。またアバクスの下部の三段の高さは「上段＞下段＞中段」の順番である点でも共通している。つぎにデゴデ自身がコリント式柱頭に与えた比例と同じであることである。すなわち彼は、古代建築に忠実であることと、コリント式と同じ比例であること、という二点を守ったと考えられる。コリント式柱頭の場合はパンテオンのポーティコの柱頭の比例がモデルとされたわけだが、そもそもパンテオンの柱頭とティトゥス凱旋門のそれはとても似た比例を示しており、その結果、デゴデの比例が可能になった。

第二期ではタヌヴォが、自身のコリント式と同じ比例を使い[45]、三段の高さが「下段＞中段＞上段」の順になるようにした（図125、126）。ただし議事録にはそのあいだの事情はまったく記載されていない。しかし彼においても、その比例はコリント式柱頭のそれに等しい。

伝統的にコンポジット式柱頭にはコリント式のそれと同じ比例を与えることが多かったとはいえ、ペローのように異なる比例を与えることで両者をあくまで区別しようとした建築家もいた。しかしアカデミーは、古代の実例に準拠しつつ、両者に同じ比例を与えた。

五　まとめ

アカデミーはおおむね、コンポジット式をコリント式の一種の異体として考えていた。それまでの一般的な定義によれば、コンポジット式はコリント式にイオニア式の渦巻きを付加したものとされた。しかし、さらに葉飾りの種類によってコンポジット式とコリント式を区別しようとした。すなわちアーカンサスの葉はむしろコンポジット式固有の葉飾りだという見解である。これはスカモッツィが最初に示唆し、デゴデがローマで確認するかたちとなった。ただし、ブロンデルは異体でしかないからコリント式より下位であると考えたのだが、デゴデやラ・イールは異体であることに積極的な意味を与えた。

もっともローマ大賞当選案のなかにはコンポジット式オーダーを使用したものはほぼ皆無であることから[46]、やはりコンポジット式オーダーは尊重されなかったか、あるいはそれを使用する特別の理由はなかったと推測される。

　垂直方向の比例については、デゴデやラ・イール、またタヌヴォもコリント式柱頭の比例をそのまま使った。コリント式柱頭の比例の模範となったのはパンテオンの柱頭であり、コンポジット式柱頭のそれはティトゥス凱旋門のそれであるが、そもそもパンテオンとティトゥス凱旋門のそれは比例において類似している。その結果として、コリント式の場合もコンポジット式の場合もともに古代建築の実例に依拠すると同時に、後者に前者と同じ比例を与えることができた。アカデミーはすくなくとも結果的には、コリント式とコンポジット式については、「比例」においては同じ値を与えることで両者を同一視しながら、イオニア式柱頭に由来する渦巻きや葉飾りの種類といった「細部」においては両者を差異化する、という方針を貫いた。その結果、どちらが上位のオーダーかという問題に決定的な解答を与えることは回避しながら、また同時に完全に両者を同一視することも避けながら、「五つのオーダー」という体系が存在するということは保証した、と考えられる。

〔註〕

1　相川浩訳『アルベルティ建築論』一九八頁。

2　前掲書二〇五頁。

3　John Onians, *Bearers of Meaning*, 1988, p.272.

4　Serlio, *The five books of architecture*, 1982, the fourth book, ch.9（一六一一年の英語版のリプリント）

5　同右。

6　長尾重武編『ヴィニョーラ　建築の五つのオーダー』第三〇章。

7　Palladio, *Les quatre livres de l'architecture*, traduit par Chambray, 1650, p.39.

8　*Op.cit.*, p.77　パラディオによれば、その柱頭は、コリント式のそれにイオニア式の渦巻き、オヴォロ（卵刳形）、アストラガルを加えたものである。

9　*Op.cit.*, pp.39, 76.　この最後の引用はフレアール・ド・シャンブレ版では il faut que cet ordre soit plus gai que le corinthien（p.76）とある。ここでは gai を「華やか」と訳した。桐敷真次郎訳では、同じ箇所が「コリント式よりも細くつくられる」とある。本論においては、どちらの訳がパラディオの考えに近いかではなく、アカデミーが参照した版に従うことにする。

10 Scamozzi, *L'Idea della architettura universale.*

11 *Les cinq orders d'architecture de Vicent Scamozzi*, traduit par D'Aviler, 1685, p.89.

12 *Op.cit.*, pp.103, 119.

13 *Op.cit.*, p.89.

14 Delorme, *Le Premier Tôme de l'architecture*, 1567, édition en facsimile 1981, liv.VII. Préface et ch.I.

15 Chambray, *Parallèle...*, 1650, p.98.

16 *Op.cit.*, p.99.

117 *Op.cit.*, p.61. 彼は、コリントの人びとはその柱頭を神自身が建築家となって建設したソロモン神殿から引用したというヴィラルパンドゥス（Villalpandus）の説を紹介した。また彼は、聖書や歴史家の教えるところでは、この神殿の柱頭はもともとヤシの葉で飾られていたが、この葉に最も形状が近いのがオリーブのそれであると主張している。

18 Brosse, *Traité des manières de dessiner les ordres de l'architecture antique...*, 1664, pl.XXXIV, XXVII.

19 Palladio, *op.cit.*, p.39.

20 アカデミーはつぎのような認識であった。すなわち、古代ギリシアにはドリス式、イオニア式、コリント式の三種類のオーダーしかなく、トスカナ式は古代からあったがイタリアでしか使われなかった。古代ローマ人は四種類しか認識しておらず、柱頭を混合して使う手法は、ほかから区別される独立した形式のオーダーであるとは考えられなかった。近代の（すなわちルネサンスの）建築家たちがはじめて第五のオーダーという考えをいだいて建築の法則を定式化した。議事録、第一巻、二八頁参照。

21 議事録、第一巻、二九頁。

22 同右。

23 議事録、第一巻、九九頁。

24 議事録には「第二章」と記されているが、内容から判断すれば、「第一章」の誤りであると思われる。

25 議事録、第一巻、一四二頁。

26 Blondel, *Cours d'architecture*, Ière partie, liv.VI, ch.i. pp.131-152.

27 *Op.cit.*, pp.131-132.

28 Blondel, *op.cit.*, II^{nde} partie, liv.1, ch.viii, p.36.

29 Perrault, *Les Dix Livres d'Architecture de Vitruve*, liv.IV, ch.I, pp.106-107.

30　Perrault, *Ordonnace des cinq espèces de colonnes selon la méthode des Anciens*, 1683, pp.83,86,92.

31　La Hire, *Architecture Civile*, p.66.

32　*Op.cit.*, p.97.

33　Desgodets, Traité ..., p.161.

34　*Op.cit.*, p.62.

35　*Op.cit.*, p.127.

36　*Op.cit.*, pp.127-128.

37　前章参照。

38　議事録、第三巻、一二四頁。

39　Desgodets, *op.cit.*, pp.162-163.

40　相川浩前掲書二〇五頁。桐敷真次郎前掲書九五頁、一〇三頁(九五頁ではコリント式柱頭はアバクスより下が三等分されると、一〇三頁ではコンポジット式柱頭はコリント式と同じ寸法であると、述べられている)。長尾重武前掲書XXVIII章「コンポジット式柱頭の作図法」の図より。

41　Bosse, *op.cit.*, pl.XXVII. fig.G.:pl.XXVII では下部から21、21、21、9½、fig.G では20½、20½、20½、9½であり、とくに前者の図では、下部三段の「高さ全体は三等分されるべきである」とされている。

42　ペローは、柱頭の下部三段とアバクスの比例については、コリント式には8 4/7、21 3/7、20、20という比例を、コンポジット式には7½、22½、20、20という比例を与えている。cf.Perrault, *Ordonnance...*, pl.V, VI.

43　La Hire, *op.cit.*, p.96.

44　議事録、第三巻、二五〇頁。

45　前節参照。

46　Cf. Jean-Marie Pérouse de Monclos, *Les Prix de Rome—Concours de l'Académie Royale d'Architecture au XVIIème siècle*, 1984.

第四章　柱身と柱基

四—一　柱身

一　用語とその定義について

ダヴィレは「直径逓減　diminution」を「コラムの下から上へかけて均整よく細くなること」と定義しつつ、広い意味で解釈し、柱身の輪郭線を描く方法としても把握した。[1] しかしここでは「直径逓減」を柱身の上下の直径の比較であると狭く定義する。コラムの上下直径の比と、輪郭線とを区別すると、アカデミーの動向を整理するのに好都合だからである。後者の輪郭線についてはギリシア語の「エンタシス　entasis」を使う。

またダヴィレは「膨らみ　renflement」という用語を、上下の「二端部にむかってすこしずつ細くなるコラムの柱身の三分の一の場所に与えられた小さな増分」と定義した。[2] この用語は、その中間の直径が上下端部の直径より大きい場合にこの用語を使うことにする。だから「膨らみ」があるコラムとないそれがある。

二　直径逓減（diminution）

たとえばコラム下端直径はつねに二モデュールだが、上端直径が一モデュールと三分の二であると、上端直径は下端直径よりも六分の一細くなっているので、この値が直径逓減の割合である。

こうした直径逓減については、ウィトルウィウスは「尺」で計測したコラムの絶対的高さを考慮し（図1）、アルベルティ、パラディオも同じ手法を採用した。この法則によれば、高いコラムほど視覚補正上の理由により「高いと距離があるからその効果として小さくみえるから」直径をあまり逓減させてはならない(3)（表1）。

アルベルティはほぼ完全にウィトルウィウスに倣い、パラディオは三〇ピエ以上の高さのコラムについてウィトルウィウスに追随した。アカデミーはそれについて、パラディオはウィトルウィウスを模倣するさいに誤りを犯したと指摘した(4)。しかしこれら三者はオーダーの種類は考慮しなかった。

ヴィニョーラはコラム高さは考慮に入れず、そのかわりオーダーの種類によって異なる直径逓減率を考えた最初の建築家である。彼はトスカナ式には二四分の五（＝1/4.8）、そのほかのオーダーには六分の一という逓減率を与えた。ヴィニョーラ以降の建築家にはオーダーの種類によって異なる逓減率を与えたり、同一のものを与えたりした。しかしウィトルウィウスのように視覚補正上の理由から変えようとはしなかった。

トスカナ式は特殊であり、ほかの四オーダーとは異なる逓減率を与えられる場合が多い。

アカデミーはこの主題については初期から検討をしていたが、一六七〇年代と八〇年代は決定をしなかった。この時期の議事録には僅かの記述しかない。

ところでペローとブロンデルは独自の比例を探っていた。ペローは、ウィトルウィウスのようにコラム高さによって比例を変化させるのには反対であったが(5)、トスカナ式については六分の一、そのほかの四オーダーには六〇分の八（七・五分の一）という比がローマ古代建築の平均であるとした(6)（表2）。

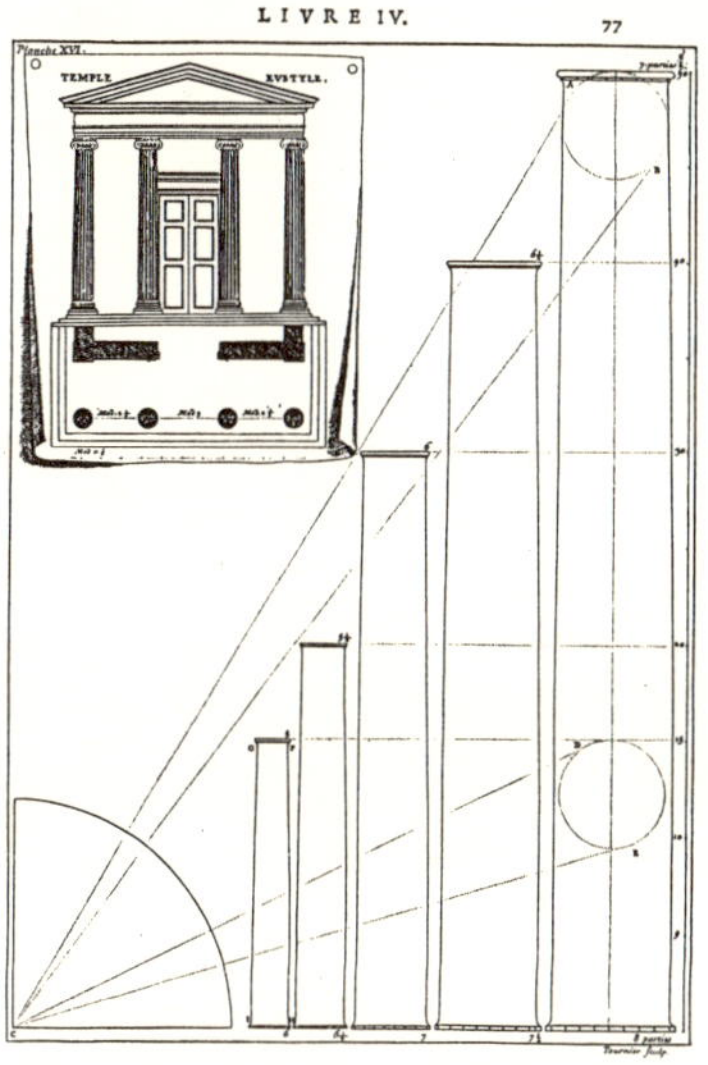

図1　コラムの高さにしたがって異なる直径の逓減。ペロー訳『ウィトルウィウス建築十書』第三書第二章、77頁、図XVI。

コラムの高さ (単位：尺あるいはピエ)	ウィトルウィウス 上端直径：下端直径	アルベルティ 上端直径：下端直径	パラディオ 上端直径：下端直径
15以下	5：6	5：6	5½：6½
15〜20	5½：6 ½	11：13	6½：7
20〜30	6：7	6：7	7：8
30〜40	6½：7½	13：15	6½：7½
40〜50	7：8	7：8	7：8

表1　ウィトルウィウス、アルベルティ、パラディオにおける上端と下端の直径の比の比較。

	トスカナ式	ドリス式	イオニア式	コリント式	コンポジット式
フィランデル	1：4	1：6	1：6	1：6	1：6
セルリオ	1：4	1：6	1：6	1：6？	1：6？
ヴィニョーラ	5：24	1：6	1：6	1：6	1：6
パラディオ	1：4　1：6	1：8	1：8	1：8	1：8
スカモッツィ	1：4	1：5	1：6	1：7	1：8
ペロー	1：6	8：60 ＝1：7 ½	8：60 ＝1：7 ½	8：60 ＝1：7 ½	8：60 ＝1：7 ½
ブロンデル	1：4	1：6	1：6	1：6	1：8
アカデミー (1699年10月5日) 1745年7月19日再確認	2：11	2：12 ＝1：6	2：13	2：14 ＝1：7	2：14 ＝1：7
ラ・イールとデゴデ	1：6	1：6	1：6	1：6	1：6
タヌヴォ	1：8	1：8	1：8	1：8	1：8

表2　逓減率の比較。パラディオ第一書第一四章、スカモッツィ第六書第二一章。

ブロンデルはスカモッツィの直径逓減は「そのほかのすべての（建築家）よりも正しくよい比例である」と指摘した。[7] スカモッツィの直径逓減は等差級数をなすが、ブロンデルはドリス式とコリント式以外はスカモッツィのこの方法を模倣した。さらに、彼はコラム高さによって直径逓減を変化させるウィトルウィウスの方法を受け入れた。彼はローマのパンテオンのポーティコのコリント式コラムを例にとり、その高さは四〇ピエであり直径逓減は一〇分の一でしかないことを指摘した。[8] しかし彼はまた、ウィトルウィウスの直径逓減はイオニア式オーダーだけについてであること、トスカナ式やドリス式などのより「重い」オーダーでは、上部直径をより大胆に細くすべきことを指摘した。[9]

しかしアカデミーは、ウィトルウィウス（とアルベルティ）にはつねに反対の立場をとってきた。一六九二年九月一五日の会合では、六分の一というアルベルティの直径逓減率を「じゅうぶんには大きくない」とし、「彼（アルベルティ）が異なるコラムの高さにしたがってこの直径逓減により与えた比例」に反対の立場をとった。[10] さらに一六九九年一〇月五日の会合では、ローマの古代建築のなかではウィトルウィウスの法則は追随されていないことを、実測値を示しながら証明したデゴデの報告書を講読し、承認した。[11]

「……古代人は、彼らの柱の直径逓減において、その（柱の）寸法をまったく考慮しなかったが、さまざまなオーダーの性質だけは考慮した。[12]」

ビュレもまた、一七〇六年一一月一五日の会合で提出した報告書のなかで、ウィトルウィウスの法則を理論的に否定した。[13] 具体的な比例については、一六九〇年代の議事録には、断片的な記録しかない。トスカナ式オーダーについては、スカモッツィによる四分の一という比例は「あまりに顕著で」[14] また「逓減しすぎ」[15] であった。アカデミーはヴィニョーラやブロンデルの逓減率を好んだのであって、「ウィトルウィウス、パラディオ、スカモッツィはそれ（トスカナ式コラム）を四分の一より細くしたが」、五分の一より大きい逓減率を認めなかった。[16] そして最後に、その見解は一六九六年一〇月一日の会合で示された指摘に要約される。

「……トスカナ式オーダーは、すべての会員の習慣によれば、ほかのオーダーに比べて逓減されすぎである。なぜならトスカナ式

トスカナ式	ドリス式	イオニア式	コリント式	コンポジット式
2：11 ＝1：5½	2：12 ＝1：6	2：13 ＝1：6½	2：14 ＝1：7	2：14 ＝1：7

表3　1699年10月5日の会合でアカデミーが決定した逓減率。

1番目　コリント式		2番目　コンポジット式		3番目　コリント式	
下端直径	上端直径	下端直径	上端直径	下端直径	上端直径
2pi.	21po.	21po.6*li*	18po.9*li*	20po.	17po.½
21/24＝7/8　→　1/8		(18po.9li.)／(21p.6li.) ＝0.8721＝7/8　→　1/8		(17 ½)/20＝7/8　→　1/8	

表4　ボジールによるルーヴル宮方形中庭のファサードの実測。
pi.＝pied（ピエ＝尺）　po.＝pouce（プース）＝1/12 pied　*li.*＝ligne（リーニュ）＝1/12 pouce

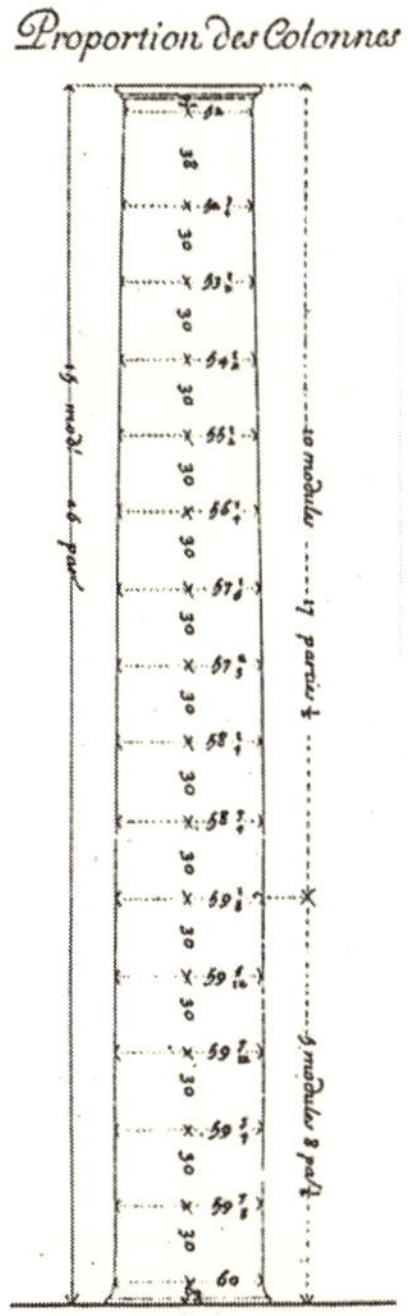

図3　デゴデ『ローマの古代建築』49頁、図XVII。

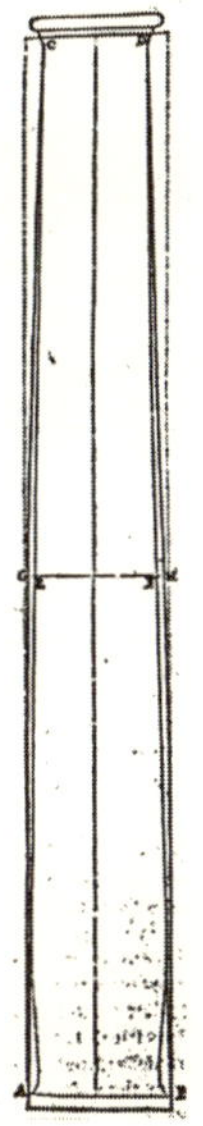

図2　ブロンデル『建築教程』第二部第一書第四章、19頁。

コラムは高さが七直径しかないから、もっと高いほかのオーダーよりも逓減は顕著になってしまうからである。[17]」

このオーダーの逓減は五分の一と六分の一あいだであるべきだと決定した。[18]ドリス式オーダーについては、スカモッツィの五分の一という比例は「あまりに顕著で」[19]また「強すぎる」とし、「せいぜい六分の一より細くしてはならない」と決定した。[20]コリント式オーダーについては、八分の一という逓減率は「いくつかの場合には実行されうる」[21]と指摘した。一六九九年一〇月五日にはスカモッツィのように等差数列をなす逓減率が決定された[22]（表3）。

アカデミーによれば、この法則は通常の状況にあるオーダーのためのものであり、コラムが近かった遠かったり、あるいは上の階にあったり、その状況によって比例は変化されうるものであったことは強調しなければならない。視覚補正が考慮されたといえる。[23]しかしそれは、コラム高さによって逓減率を変化させるウィトルウィウス的な視覚補正ではない。

ラ・イールはやはりウィトルウィウスの法則に反対し、その『市民建築』のなかですべてのオーダーについて一定の六の一という逓減率を提案した。デゴデも『建築書』のなかの図面には六分の一を使っている。[24]

ところでデゴデは、古代建築においては直径逓減率はまちまちであることを観察し、こんどはウィトルウィウスの法則にも理があることを認めた。しかし彼はアカデミーが要求した意味での比例の変化を認めた。デゴデにとって、上の階に置かれたコラムの直径逓減が重要であった。

「ウィトルウィウスの法則はきわめて適切であり、それらのオーダーにおいて一般的にそれに従う以外は知らないし、下のオーダーのコラムはほかのものより太いし、その高さに比例して、コラムがその下端直径との比率では同じくらい逓減していても、コラムは上のそれより逓減が大きく見えるであろう。[25]」

この時期にデゴデはおそらく層オーダーを検討しはじめていただろうし、この層オーダーにおける逓減率という問題は、そのことと関連があることはじゅうぶん想像できる。実際、層オーダーはこの時期のアカデミーにとっての重要な問題であった。

第二期になっても、アカデミーは直径逓減については同じ意見であった。まずピラスターを逓減することはつねに禁じていたし、[26]ビュレが一七〇六年一一月一五日の会合に提出した報告書にしたがって、視覚補正上の理由によるウィトルウィウス流の逓減を禁止した。とくに一七四五年七月一二日の会合においてである。[27]この会合では、古代人は「六分の一から八分の一までの」逓減率をもちいたことが指摘された。[28]一週間のち、一一分の二（＝1/5.5）から一四分の二（＝1/7）までの逓減率を使うべきだとした一六九九年一〇月五日の会合での決定を再確認した（表1）。

しかし実際には六分の一の逓減率が使われることはむしろ稀である。[29]会員たちはすべてのオーダーにむしろ八分の一の比例を使うことを好んだ。カルトーは、古代の建物では逓減率は通常七分の一から八分の一であることを指摘した。[30]その第一の理由はおそらく層オーダーである。タヌヴォとカルトーはこの逓減率を層オーダーのために使っている。[31]そして実際、ボジールが実測し一七四四年五月一八日の会合に提出したルーヴル宮中庭の図面によれば、逓減率は八分の一であった（表4）。第二の理由はコラムを伴ったピラスターである。すでに述べたように、アカデミーはコラムにもピラスターにも適合するような柱頭の比例を模索したが、理論的には、逓減率が小さいコラムほどこの場合には好都合であることはいうまでもない。おそらくこうした理由でタヌヴォは、その図版において逓減率をつねに八分の一にしていると考えられる。

三　柱身の膨らみ（renflement）

柱身の膨らみについて直面した問題は、つぎの二点に要約される。

（一）上下両端以外の箇所の直径が、下端直径を越えるか否か（最大直径は下端直径かそのほかの場所か）。

（二）最大直径が下端でないなら、その場所は下から三分の一か、二分の一の場所か。

これらはウィトルウィウスのつぎのテキストの曖昧さに由来する。

「ギリシア人によってエンタシス（と呼ばれる）柱中央に加えられた膨らみ（accroissement）については、それはゆるやかで気づかれないようでなければならないので、そうするための方法を理解していただくために、私は本書の末尾に図を一枚のせておいた。[32]」

ところがこの図版は失われたので、建築家たちはそれについて考察するようになった。

ペローは柱身の「膨らみ」には否定的であり、ウィトルウィウス『建築十書』の翻訳における l'accroissement の脚注[33]のなかで、コラムの形態は「腹部においてふくれている」人体というより、むしろ木の幹の形態から由来しており、こうした理由から、フィランデル、パラディオ、セルリオ、ドロルム、スカモッツィ、ウォットン（Wotton）は、柱身中央が下部より大きくなるような、下端へと細くなることは非難した。ローマの古代建築にはこうした膨らみをもつ建築はみられなく、多くの場合、下端から直径は逓減してゆく。スカモッツィによれば、こうした膨らみを使用したアルベルティは「古代建築を台無しにした最初の人のうちのひとり」である、と指摘した。「柱の中央」については、つぎの脚注[34]で、「中央」とはたんにふたつの端部の間のどこかであり、両端から正確に等距離の地点ではないこと、そして、古代建築にみられる常套的な方法は下三分の一のところに膨らみをつけることであると、指摘している。

こうしたペローの脚注もすでに曖昧である。なぜなら、最初の脚注では膨らみを否定しながら、つぎの脚注では下三分の一の箇所での膨らみ認めているからである。だから「膨らみ」には二重の意味があることが想像される。すなわちまず、二モデュールである下端直径よりも大きくなるという意味での「膨らみ」と、コラム柱身に「追加された」厚みという意味での「膨らみ」である。アカデミーは原則として、二モデュールを越える直径という意味での膨らみには反対であったが、単なる柱身に付加された厚みという意味でのそれにはかならずしも反対ではなかった。

ところでヴィニョーラは、アルベルティののちに二モデュールより大きな直径を使った最初の建築家であり、イオニア式、コリント式、コンポジット式でそれを使った[35]。ドロルムとブロンデルもそうである。とくにブロンデルは『建築教程』第二部のなかで、ウィトルウィウスのそのテキストを根拠として「紡錘型の」コラムを使うことを認めた[36]。

一六七〇年代は、むしろ下端直径を越える膨らみを与えることには好意的であった。一六七四年一二月三一日の会合では、ウィトルウィウスの記述した膨らみを、「ある意味で自然に反している」ものの、過度でなければ認められるとして非難しなかった。[37]ブロンデルは『建築教程』第一部において、下三分の一の箇所から上方と下方にむかって柱を細くする方法を示したが、これはもちろん二モデュールを越える膨らみを意味する。[38]

一六七五年一月七日の会合では、二モデュール一パルティ二分の一あるいは二モデュール二パルティという値さえ記している。アカデミーによれば、ウィトルウィウスは膨らみの寸法として、コラムに彫られたふたつのフルーティング間の「平縁」の幅を望んだ。そしてフィランデルの考察では、平縁は溝の幅の四分の一から三分の一である。最も称賛されるフルーティングの溝の数は二四であることから、四分の一の場合、平縁はコラム断面の円周の一二〇分の一となる。円周率は七分の二二であるから、平縁は直径の三分の一八であり、すなわち一パルティ二分の一であり、これが膨らみの寸法になる。[39]そして三分の一の場合は二パルティとなる。ブロンデルは『建築教程』第二部でも同じ推論をし、同じ数値を提案している[40]（図2）。

転換点は一六七八年一月三一日の会合であった。デゴデが実測したローマのコンコルド神殿（すなわちサトゥルヌス神殿）のポーティコの図面を検討し、柱身の最下部から細くなっていること、セプティミウス神殿のポーティコも同様であることを指摘した。[41]ペローもまさに同じ理由から膨らみに反対したのであって、[42]アカデミーは古代建築の実例とウィトルウィウスの文献の矛盾を発見した結果、前者を採用したと考えられる。

一六八〇年代にはウィトルウィウスの一節を「真に」解釈した結果、むしろ膨らみには否定的となった。一六八二年一一月二三日の会合では「ウィトルウィウスの真の意見」を説明している。

「……この言葉を厳格に解釈すれば、彼が述べたように、コラムの大きな直径からはみ出さねばならないことはなしに、コラム中央に厚みを付加することはできる。なぜなら、おそらく古代人は、木を模倣することでコラムを形作ろうと望んだが、木は上の部分より足の部分が太いのであり、彼らは最初は下の大直径の両端と上の小直径のそれを直線で結び、この手段によってコラムに切断された円錐形の形態を与えることで満足したが、つぎにこの輪郭はいくぶん粗野であることに気づき、彼らは足元から頂上までこの膨らみによってなだらかな線を引き、中央あたりを膨らましたのであって、ウィトルウィウスが記述を許したのはその膨らみであると想像されるからである。[43]」

ウィトルウィウスはこの厚みの追加をシリンダー状のコラムではなく、「コラムの直径逓減の曲線が、その大直径の外に出る必然性もなく」、円錐形につけ加えたとアカデミーは解釈したが、[44] それは当初は矛盾すると思われた古代建築とウィトルウィウスの理論を別の解釈によって和解させるものであった（図3）。

ブロンデルは『建築教程』第二部のなかでオズ（Auzout）氏なる人物を引用しながら同じ推論を繰り返し、この円錐形を再現した。彼はそこでは「職人の巧みさ」によって膨らみが生じたとしている。[45] オズは科学アカデミーの会員であり、その名は一六九六年と一七〇五年の二回議事録で引用されており、またラ・イールの『市民建築』にもやはり膨らみの問題について引用されている。[46] だから一六八二年一一月二二日の会合における見解は、オズの見解にもとづいていたはずである。

一六八二年一二月七日、一六八四年三月一〇日、一六九二年一月二三日、一六九五年一一月一日、一六九六年一〇月八日、一六九九年一〇月一二日、一七一五年二月一一日の会合で同じ指摘が繰り返されている。

一六九九年一〇月一二日の会合で、デゴデは膨らみにかんする報告書を提出し、自分自身で実測したコラムを示しながら、ローマの古代建築にはまったく膨らみはみられないことを証明した。[47] 彼は『建築書』においても同じ意見を繰り返している[48]（図3）。

ところでこうした議論にもかかわらず、この膨らみをどこにつけるかという問題がつねに議論されており、議事録を読む者を当惑させる。なぜなら「膨らみ」とは、これらの意味とは別に、ときには上への直径逓減が始まるが、そこから下はシリンダー状の円筒形である地点を意味するからである。こうした文脈ではここまで述べてきた「膨らみ」という言葉を使ってはならない。つまりヴィニョーラがイオニア式、コリント式、コンポジット式オーダーにおいて下三分の一の地点を最大直径とし、そこから上方と同時に下方にむかって直径逓減が始まるという意味での「膨らみ」である（表6）。

一六七八年八月一七日の会合では、古代人はそれをコラム中央でおこなう習慣があったというパラディオの説に反対した。[49] アカデミーによれば古代人は通常は下三分の一の箇所でそれをおこなった。[50] 一六八四年三月一〇日の会合ではふたたびこの議題がとりあげられた

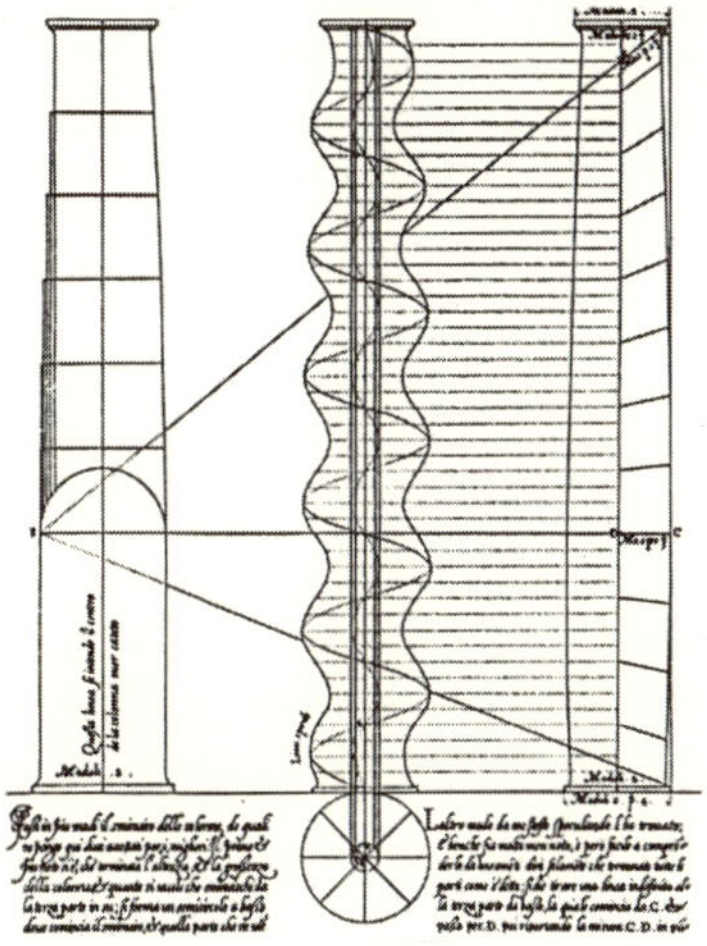

図4　ヴィニョーラのエンタシス。第三一章。

	下端直径 (D_1)	下端より柱身高さの三分の一の箇所の直径 (D_2)	下端直径からの増分 (パルティ) $D_2 - D_1$
タヌヴォによる図版			
トスカナ式	—	—	—
ドリス式　Ms.1026, pl.33	24 パルティ	25 パルティ	25 − 24 = 1
イオニア式　Ms.1026, pl.44	24 パルティ	24.8 パルティ	24.8 − 24 = 0.8
コリント式　Ms.1026, pl.62	24 パルティ	24.4 パルティ	24.4 − 24 = 0.4
ルーヴル宮の列柱 Ms.1026, pl.72（1742）	3pi.7po. (43po.)	3pi.8.5po. (44.5po.)	(1.5／4.3) × 24 = 0.837
ガブリエルによる測定値（1745）			($D_2 - D_1$)／D_1 × 24
ヴェルサイユ宮の礼拝堂	2pi.9po.3*li.* (399*li.*)	2pi.9po.6*li.* (414*li.*)	(1.5／399) × 24 = 0.90
シャトー・ド・メゾンの厩舎の入口	2pi.6po. (360*li.*)	2pi.9po.4li. (364*li.*)	(4／360) × 24 = 0.27
シャトー・ド・メゾンの円柱	2pi.0po.0*li.* (288li.)	2pi.0po.4*li.* (292*li.*)	(4／288) × 24 = 0.33
ヴェルサイユのオランジュリ	4pi.3po.10*li.* (622*li.*)	4pi.5po.4*li.* (640*li.*)	(18／622) × 24 = 0.69
クラニー城	2pi.3po.6*li.* (330*li.*)	2pi.4po. (336*li.*)	(6／330) × 24 = 0.44
トリアノン	2pi.9po.3*li.* (144*li.*)	2pi.0po.7*li.*½ (151.5*li.*)	(7.5／144) × 24 = 1.25

表5　膨らみの比較。pi. = pied, po. = pouce, *li.* = ligne

	トスカナ式	ドリス式	イオニア式	コリント式	コンポジット式
ヴィニョーラ	1/3	1/3	—	—	—
パラディオ	1/3	1/3	1/3	1/3	1/3
スカモッツィ	1/4	7/24	7/24	1/4	1/4
シャンブレ	1/3	1/3	1/3	1/3	1/3
ブロンデル	1/4	13/48	7/24	5/16	1/4
	12/48	13/48	14/48	15/48	16/48
ペロー	1/3	1/3	1/3	1/3	1/3

表6　直径逓減の始まる箇所の比較。
ヴィニョーラ第三一章、パラディオ第一書第一三章、スカモッツィ三〇頁、シャンブレ第三章、ブロンデル第二部第一書第五章、20頁、ペロー『オルドナンス』24頁。

が、すべての「膨らみ」はウィトルウィウスのテキストの誤解にもとづいてなされたことが指摘され、三分の一も二分の一も承認されなかった[51]。しかし一六九〇年五月二二日の会合ではたんに「三分の一の地点における膨らみに固執する」とだけ指摘されている[52]。

ペローは下端から直径の逓減が始まるのを好んだ[53]。それにたいしてスカモッツィを参照したブロンデルは、下部の一部分を円筒形のまま残した。この円筒形部分の高さについては、彼は五つのオーダーに等差数列による数値を与えている[54]。

一六九五年一一月一日の会合で、逓減が下四分の一の場所から始まるスカモッツィのトスカナ式コラムは「この逓減を三分の一からしか始めない今日の用法とは異なる」としたが、また「そして古代の建物では逓減はコラムの最下部から始まっている」ともつけ加えた[55]。こうした理由から、一六九六年七月二日の会合では、ヴィニョーラの方法に倣ったブロンデルの膨らみが承認された[56]。

アカデミーは、最大直径が二モデュールである最下部直径より大きくなることには反対していたが、それでもつぎの三種類の膨らみのあいだで迷っていた。

(一)ウィトルウィウスの矯正されたテキストにもとづく柱中央における膨らみ。

(二)下三分の一を円筒形のまま残すという近代の大部分の建築家の方法。

(三)ローマの古代建築にみられる下端から逓減をしてゆく方法。

デゴデは一六九二年八月一一日の会合で「ウィトルウィウスが述べたことを古代の建物に一致させるための」逓減の方法にかんする報告書を提出した。この報告書は残っていないが、そこでは逓減の始まる場所が主題であったのだろう[57]。彼は一六九九年一〇月一二日の会合で提出した報告書のなかでは、下端から逓減が始まっていることが証明されている。

一七一五年二月一一日の会合では、やや矛盾する三つの方法はいわば妥協点がみつかった。

「……アカデミーは、古代より残った最も美しい建物からデゴデ氏がもたらした正確な寸法によって現在ではより知識をつけたが、古代の建物では膨らみの例はまったくみられないこと、ウィトルウィウスの追加（adjection）という言葉を、科学アカデミーの故オズ氏がはじめて知らしめた、すなわち、コラム下部の直径から上部の直径まで直線が引かれるが、この線は円弧の弦であり、この円弧の中心はコラム下直径がのる水準の線の上にあるという意味でのみ解釈されること（を決定した）。

そしてこの方法によってコラムはカーブあるいは直線にたいして中央あたりで膨れるであろうが、これはウィトルウィウスのテキストとも、コラムが近代のなん人かの（建築家）がそう理解したように二分の一や三分の一の地点で膨れるのではなく、足元から逓減が始まるが三分の一の高さまではごく僅かかほとんど知覚できないくらいである、古代の最も美しい作品とも一致する。[58]」

ラ・イールは『市民建築』には「下三分の一までの部分はコラム軸とほぼ平行である」と指摘しており、[59]彼はアカデミーのこうした判断を促したひとりであると考えられる。最後にデゴデは『建築書』のなかで同じ指摘を繰り返し、その理論にもとづいて図面を残した[60]（図3）。

第二期になると、クールトンヌが一七三七年一二月一〇日と一七三八年五月五日の会合で、コラムの下三分の一までは垂直にコラムを立ち上げることを提案したが、アカデミーは躊躇した。[61]しかし六年のち、一七四四年六月一日の会合でこの手法は満場一致で承認された。[62]

ところでタヌヴォは、表6に示されているように、図版のなかでは下三分の一が膨れた柱身をつねに使っていた。彼は一七四一年八月二四日の会合で、ルーヴル宮の列柱廊のオーダーの図版を提出したが、そのなかで彼は下三分の一の箇所の直径を記しているが、それは下端直径より大きかった。だからフランス建築の例は、タヌヴォの膨らみを支持する結果となった。

しかし一七四五年六月一四日の会合で、一六九九年一〇月のデゴデの報告書を読んだのち、ふたたびコラム最下部の直径より太い膨らみを否定した。[63]しかし一週間のちの一七四五年六月二一日の会合で、ガブリエルはフランス建築の諸例を示したが、下から三分の一の場所での直径はつねに下端直径より大きかった（表5）。おそらく動揺したであろうが、古代にはこの種の膨らみはないとして、六月一日の決定をふたたび強調した。フランス建築にみられる膨らみについては、こう指摘されている。

「ウィトルウィウスが言及している付加を、下の直径を超過しそのコラム下部直径の垂線の外へ出るべきものとして解釈し、こうした逸脱を、ルーヴル宮の列柱廊、ヴェルサイユ宮の礼拝堂、オランジュリ、クラニー、アンヴァリッド、シャトー・ド・メゾン、トラノンの宮殿の作者と同じ丁寧さや同じ節度をもって使わない者たちをアカデミーは非難する……。[64]」

母国フランスの例は非難しなかったが、どのような丁寧さと節度が必要とされるかは明確にしていない。しかしそれは三分の一の場所で下部直径を越えることであったであろう。この直径は二モデュール一パルティ（1M = 12P）を越えないのであり、一パルティという超過、ガブリエルの報告した例のほとんどがこの値より小さかった。そしてそれが、アカデミーが許した「節度」であるなら、タヌヴォの「逸脱」も許されよう。どのみち、これは古代の教義にたいする造反が、母国の伝統の名において容認された例であり、第二期に特徴的なことであった。

四　コラムのエンタシス

コラム柱身の輪郭については、ウィトルウィウスは明確で具体的な記述は残していないし、アルベルティも言及されることはなかった。前者に倣ったパラディオとスカモッツィは定規をカーブさせてこの曲線を描くことを提案したが、アカデミーはそれをとくに否定したことはなかった[65]（図5）。

輪郭線のカーブを描く方法を最初に具体的に提案したのはヴィニョーラであった。彼はその著作の第三一章において、ふたつの方法を提出している。第一に、逓減が始まる場所に半円を内接させる方法。第二に、ヴィニョーラが発明したとみずから主張するが、実際はニコメデスが発明した「古代人の最初のコンコイド曲線」の方法に準拠した方法である。

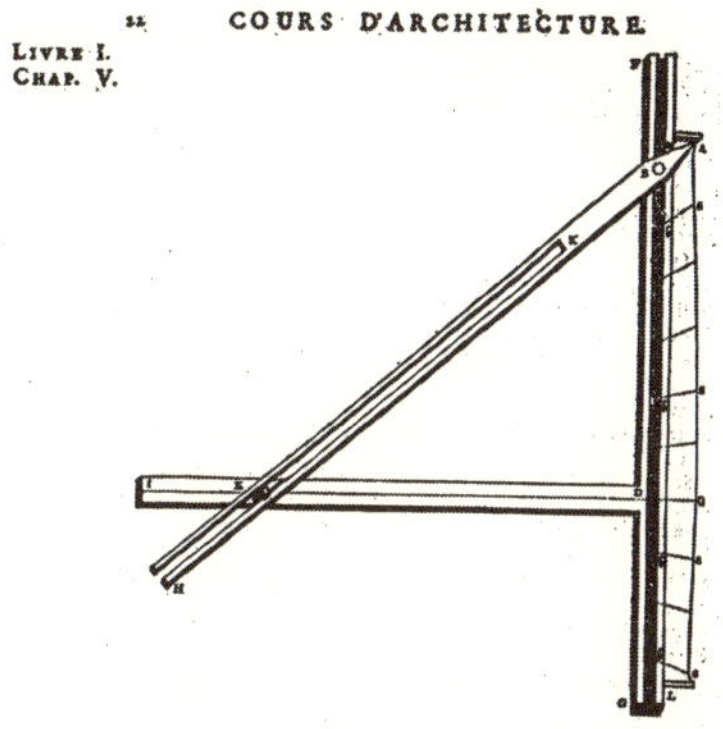

a

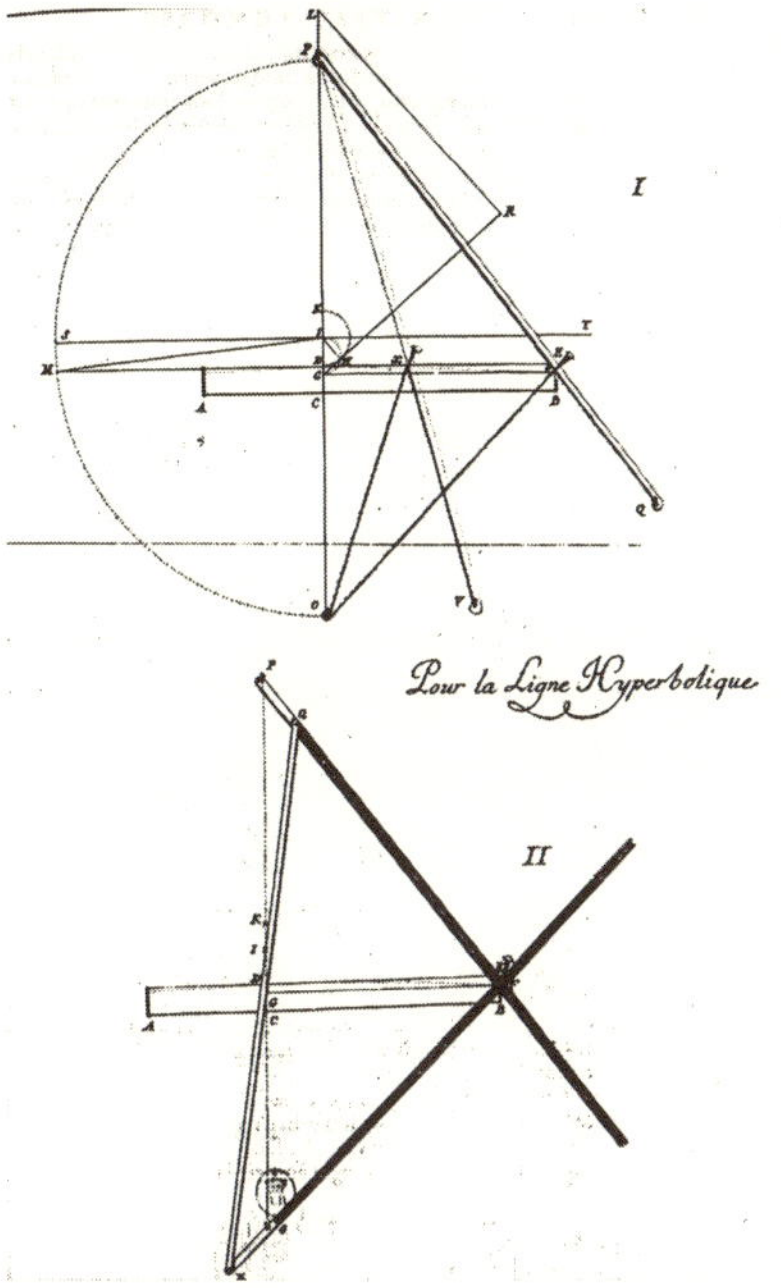

c

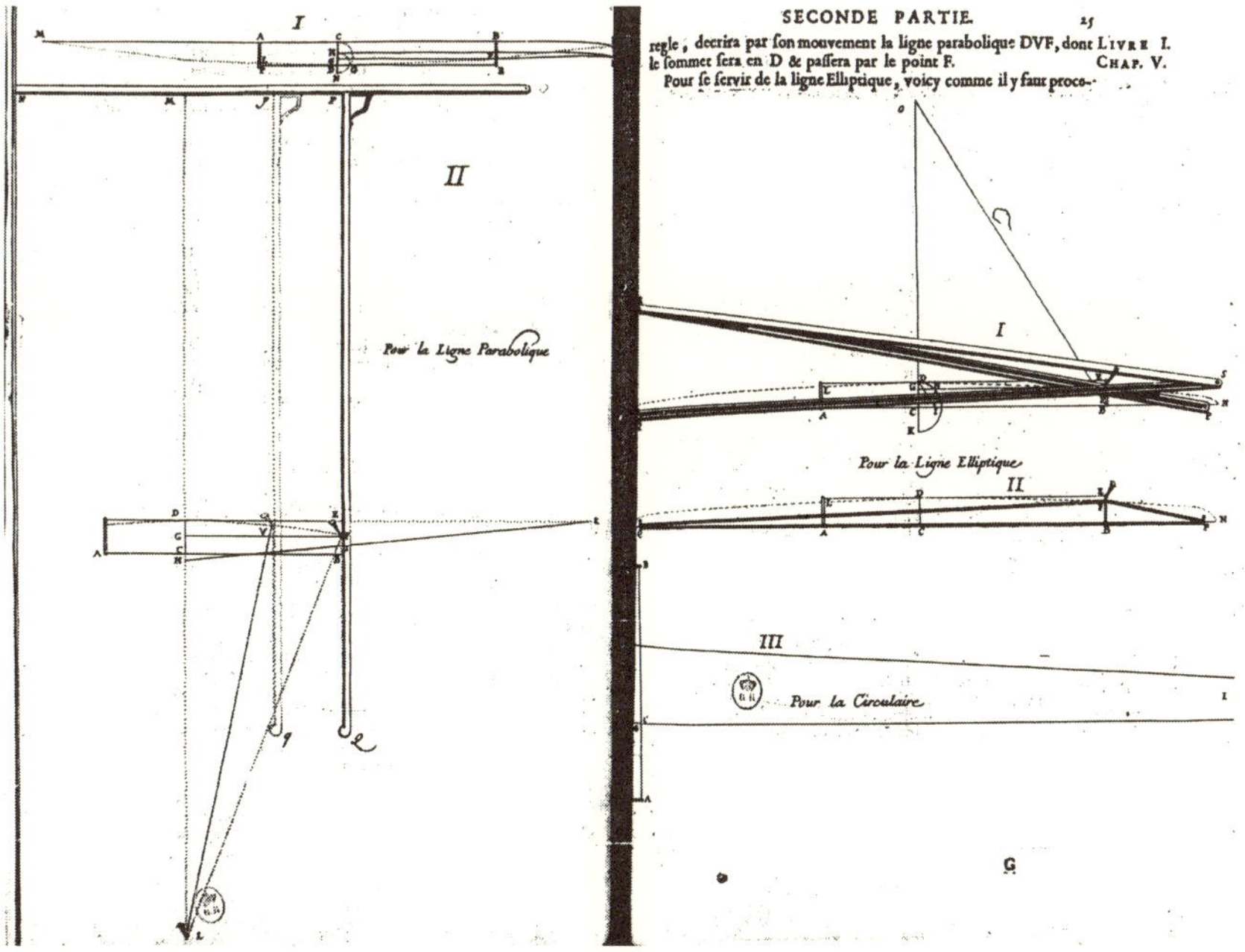

b

図5　エンタシスのさまざまな作図法。ブロンデル『建築教程』第二部第一書第五章。

ブロンデルは当時の偉大な数学者でもあったが、『建築の主要な四つの問題の解決』（一六七三）において、はやくからこの問題に着手していた。彼はヴィニョーラの二番目の方法、すなわちコンコイド曲線の起源を指摘し、さらに柱身の曲線として曲線を引くための装置を示しながら、ガリレイの影響にもとづいて円、楕円、放物線の曲線をつけ加えたものを提案した(66)。『建築教程』第一部ではヴィニョーラの二方法を紹介し、さらにヴィニョーラの最初の方法に下方向への逓減をつけ加えた（図5）。

ペローは、ウィトルウィウスの『建築十書』の翻訳の図版のなかで、ヴィニョーラによるコンコイド曲線とブロンデルによるその改案を示した。さらに彼は大きな円弧の一部をつけ加えた(67)。

アカデミーはヴィニョーラのコンコイド曲線には反対ではなかった。ラ・イールは一六八八年八月六日の会合で「コラム直径からはみ出さないコンコイド」の新しい作図法を提案した(68)。アカデミーは、ウィトルウィウスはその使用をイオニア式、コリント式、コンポジット式オーダーに限定したが、「あらゆる慎重さをもってすれば」この曲線はほかのオーダーにも使用できるとした(69)。

ラ・イールは一六九二年八月四日と一八日、一六九九年一〇月一二日、そして一七〇三年一月二日の会合で、同じ主題にかんする別の報告書を提出した。これらの報告書は現存しないが『市民建築』からあるていど推測できる。彼はそこで、三種類の方法を提案した。

（一）円錐形のコラムの中央に逓減の半分をもってきて、つぎにたわむことができる定規をこの中央と両端にあてがう方法。

（二）ヴィニョーラの方法に実質上は等しいが、ラ・イールはそれをはるかに容易にしたものであり、コンパスのみを使い、下方向への逓減はなくしたもの。

（三）たわませられる定規を使ったパラディオの方法であるが、ラ・イールはその曲線を「あまりに膨らんで」おり「コンコイド曲線ほどは心地好くない」としたもの。

ラ・イールは一六九九年一月一九日の会合で、「ヴィニョーラやそのほかの建築家たちは実行するのがはるかに困難な方法を考えたが、コラム自身の範囲からとび出すことのない」コンコイド曲線を提案した(70)。さらに一六九九年一〇月一二日の会合では、つぎのふたつの方法を提案した。

（一）円弧の一部。

（二）「コラムの半直径の空間から出ることのない」コンコイドの一種。

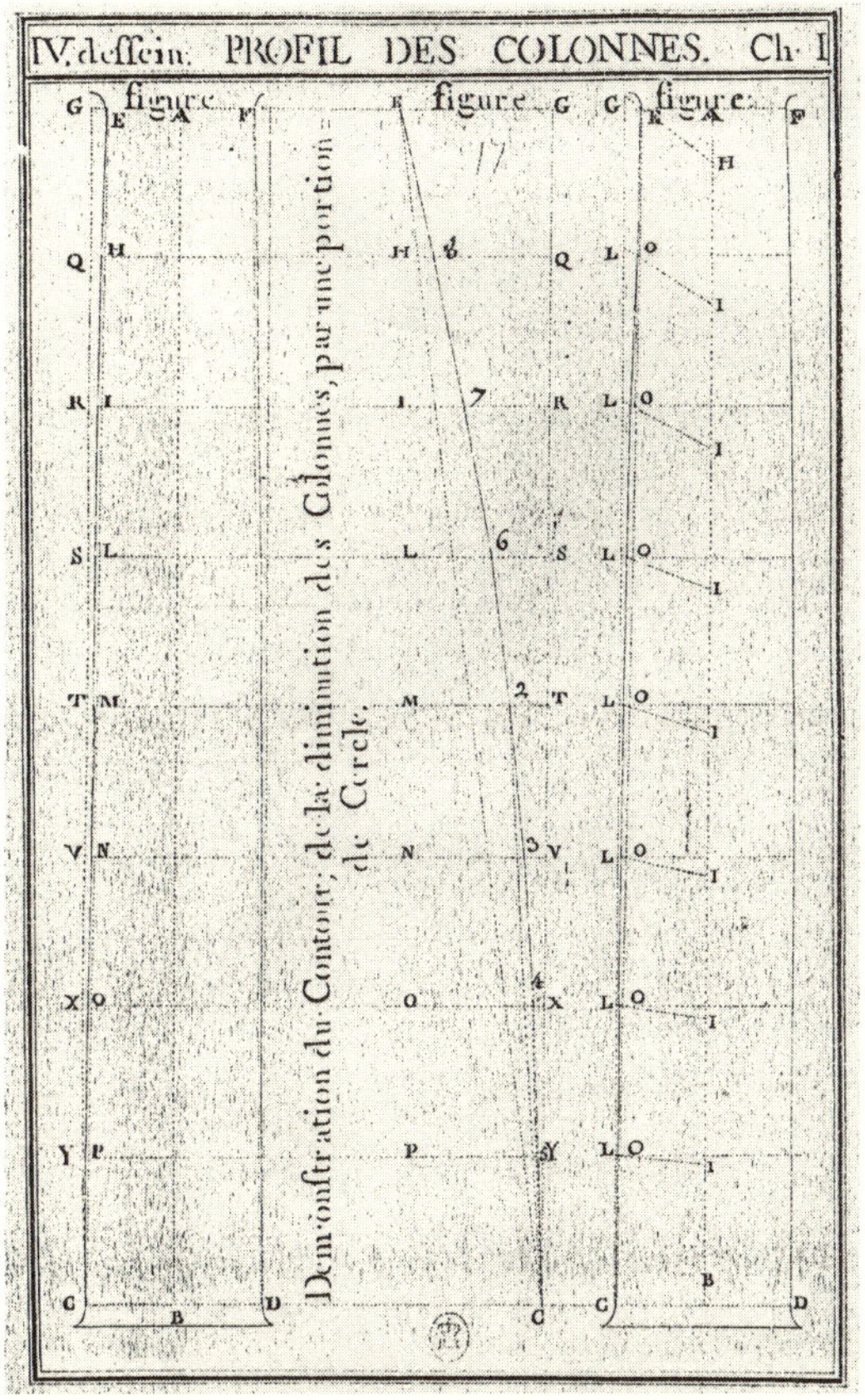

図６　デゴデによるエンタシス。『建築オーダー書』第一章、図IV。

アカデミーは「三分の一で膨らませたいときは」、コンコイドより円弧を好んだ。[71]

この会合ではデゴデもエンタシスにかんする報告書『コラムの膨らみと、その柱身がコラム下の水平線上にある円弧の一部としてこの膨らみを引く法則にかんする考察』[72]であるが、これは逓減により形成された角度を分割することで、中心の位置を求めないで大きな円弧の一部としてエンタシスを描く方法であった。

この主題についてさらに協議し、[73]一七一一年一月一九日の会合で結論を出した。

「……アカデミーは、コラムの輪郭を引くためにさまざまな建築家が使ったすべての曲線を検討したのち、コンコイドに近い方法よりも完全なものはないという結論に達した。しかしこの曲線はコラムの下端から始まらねばならず、三分の一ですこしの膨らみもあってはならない。[74]」

デゴデは『建築オーダー書』のなかで、それまでの建築家が作図しえなかったコンコイドを作成した（図6）。彼はヴィニョーラのコンコイドの上三分の二を引き延ばして、コラムの全高さに応用したのであって、その結果、彼がローマで実測した古代建築、とくにパンテオンの内部のコラムのように、その曲線は「最下部より」始まることになった。[75]しかし彼は自身によるもっと柔軟な方法も忘れずにつけ加えた。すなわち曲線は、一六九九年一〇月一二日の会合では四線分による近似であったが、ここでは八線分による近似である。

五　フルーティング

通常はフルーティングが施されないトスカナ式以外は、フルーティングには（一）溝の数、（二）溝の幅と平縁の幅の比、（三）溝をなす円の中心（溝の深さ）、という主要な三点がある。

a　　　b

図 7　ドリス式の 2 種類の溝。

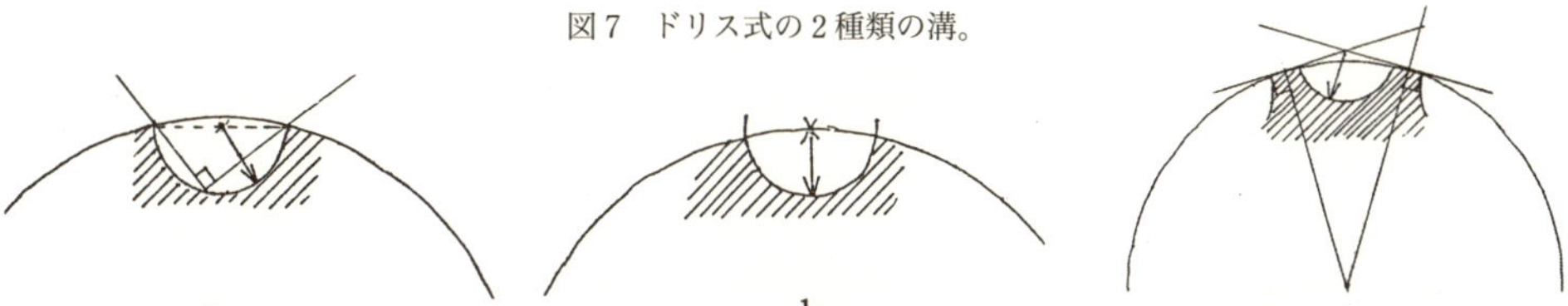

a　　　b　　　c

図 8　ウィトルウィウス (a) とアカデミー (b, c) によるイオニア式とコリント式の溝。

図 9　ローマのパンテオン内部のピラスター。
デゴデ『ローマの古代建築』47 頁。

		溝の数		平縁／溝の比	溝の中心	
		ドリス式	イオニア式 コリント式		ドリス式 (図 7 の a か b か)	イオニア式 コリント式
ウィトルウィウス		20	24	⅓から ¼	a	円弧の上
アルベルティ		20	24	⅓から ¼	a	円弧の上
ヴィニョーラ		20	24	—	a または b	—
パラディオ		24	24	⅓か ¼	—	円弧の上
ブロンデル		20	24	¼, ⅕ から⅓	a	
ペロー		20	24	—	a と b	
ラ・イール		20	24	2/7	a	
		—	24	—		
デゴデ	コラム	—	24	—	—	弦の上
	ピラスター	—	7	⅓		
タヌヴォ 1739 年	コラム	—	20	2/7		接線の交点
	ピラスター	—	—			
アカデミー 1747 年と 1748 年	コラム	24	24			
	ピラスター	7	7			

表 7　フルーティングの数、比、深さの比較。

(一) 溝の数

ウィトルウィウスは、溝の数としてドリス式には二〇、イオニア式には二四以上とし、溝が多いほど、光学上の理由によりコラムは太く見えると指摘している。(76) ウィトルウィウスを踏襲したアルベルティは、コラムがより太く見えるために溝の数を増やさなければならないと述べている。(77) スカモッツィも、フルーティングなしのコラムよりそれがあるもののほうが太く見えると述べている。(78)

しかしアカデミーはこうした考えには反対であった。フルーティングは柱を細く見せること、それは「なんどかの経験によって」確認されているとして、ウィトルウィウス、アルベルティ、ビュランをなんども非難した。(79)

溝の数については、ビュランのドリス式オーダーの二〇という数を非難し、二四を承認したが、(80) ブロンデルやラ・イールといった教授はつねにドリス式には二〇の溝を施した。イオニア式とコリント式については、ウィトルウィウスが定めた二四という数を認めた。(81)

(二) 溝の幅と平縁の幅の比

イオニア式、コリント式、コンポジット式で問題となる平縁と溝の幅の比については、三分の一と四分の一が、それから逸脱することは許されない両極端であった。一六八二年三月二三日の会合では、パラディオがコリント式オーダーに与えた三分の一という比例(82)が検討された結果、「四分の一かそれよりすこし(大きい比例を)与えればよいと信じる」アカデミーにとっては「強すぎる」と判断された。(83)

一六九二年九月二二日の会合で三分の一か、四分の一かのあいだで躊躇し、最終的には視覚補正上の理由で、下では四分の一、上では三分の一というように、溝の幅は上ほど細くなることが承認された。

「しかし著名な著作家たちはコラムの下には四分の一、上には三分の一(という比率)を与えたが、これはたいへん慎重になされたものと考えられる。なぜなら高い所にある小さな刳形は、目の近くにあるものより比較的小さく見えるからである。(84)」

ラ・イールは『市民建築』において三分の一と四分の一のあいだの比例を提案したが、(85) この比例は議事録では言及されていない。

しかし一八世紀初頭になると、アカデミーはすこし趣味を変え、むしろ広い平縁を好むようになったのであり、「その面にはその三

図 10　イオニア式の柱頭とフルーティング。タヌヴォ作図。
フランス学士院図書館、Ms.1026, pl.54.

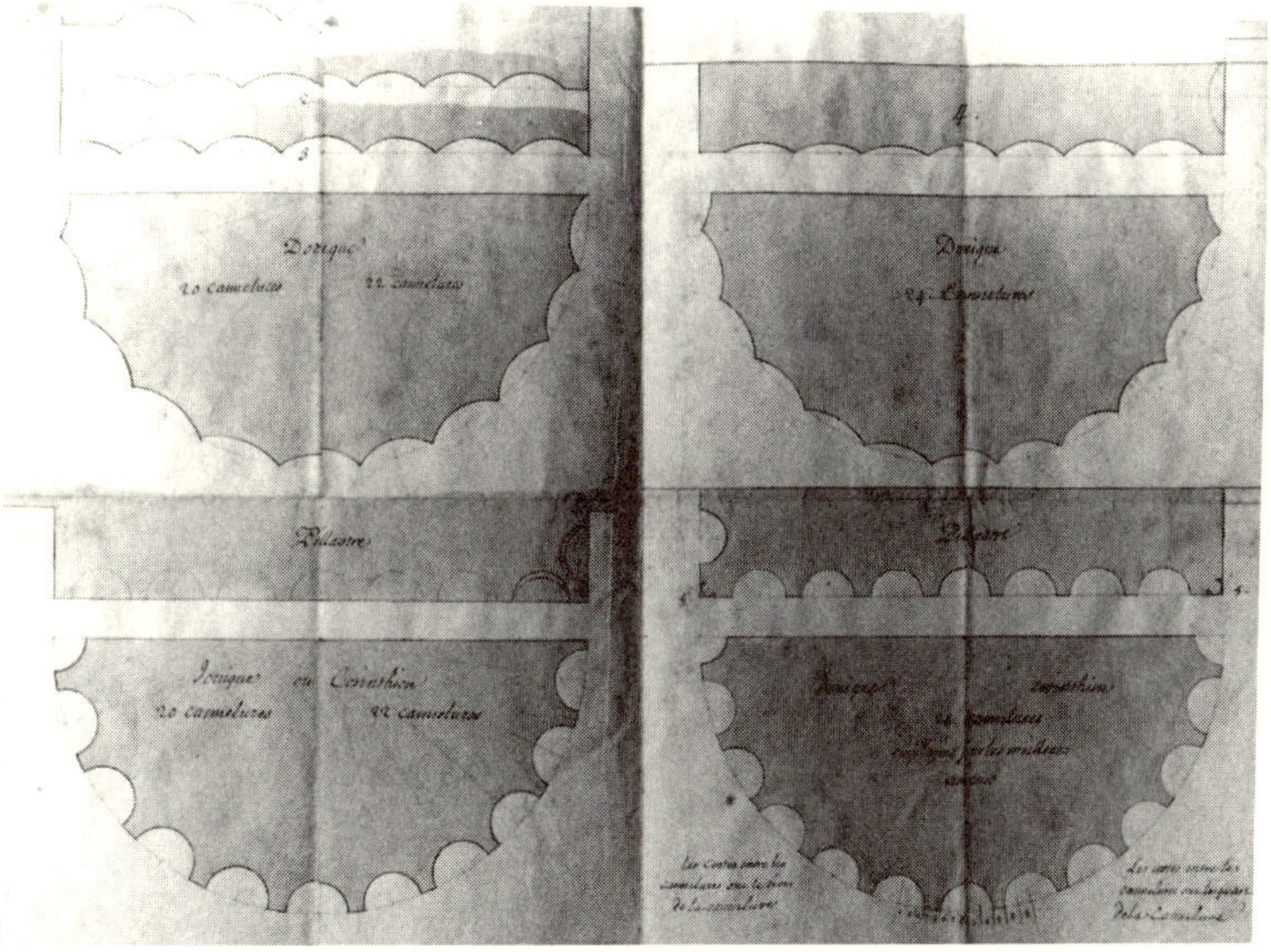

図解

		20 本と 22 本の溝		24 本の溝
ドリス式	左上	ピラスター　6, 7	右上	ピラスター　7
		円柱　20, 22		円柱　24
イオニア式 コリント式	左下	ピラスター　6, 7	右下	ピラスター　7
		円柱　20, 22		円柱　24

図 11　フランス学士院古文書室のボジール文書 (B.12) とその図解。

分の一がなければならないのに」、溝の四分の一の幅しか平縁に与えなかったビュランを非難し[86]、そしてウィトルウィウスの三分の一という比例に賛成した。デゴデも彼の図版のなかではこの比例を使っている[87]。

(三) 溝の深さ

ところで、溝の深さやその円の中心にかんする議論は僅かしかない。ドリス式オーダーについては二種類の方法がある。まず正方形を利用して円周の四分の一を使う方法と、三角形を利用して円周の六分の一を使う方法である(図7)。しかし議事録にはこれらの方法にかんする言及はない。

そのほかのオーダーについてはアカデミーはたいへん微妙なレベルで躊躇した。まず一六七三年五月三〇日の会合では、「フルーティングの深さはその幅の半分である」というウィトルウィウスの協議について考察した[88]。しかしその場合、円の中心はコラム断面の大円弧の上にあるか、弦の上にあるかで悩んだ。

ところでウィトルウィウスはイオニア式の場合について「……直角定規を溝に入れてそれを回すことで、定規が直角の二辺が溝のへりに接し、その頂点がフルーティングの溝の窪みを完全に描くようにして掘られたフルーティング[89]」と説明しているのであり、幾何学の法則から、この定規の先端は、その中心がコラム断面の大円弧上ではなく弦の中央にある円を描くことは明らかである(図8のa)。

四二年のち一七一五年九月二日の会合では、ふたたびこの問題をとりあげ、ウィトルウィウスのフルーティングは深く掘られすぎていることを指摘し、つぎのような道具を使って、大円弧上にフルーティング溝の中心をもってくることを提案した(図8のb)。

「ウィトルウィウスが教えるように直角定規を使うのではなく、角度が鈍角であるような定規をもちいてフルーティングの円弧をなぞり、同一のフルーティングが施されるすべての種類のコラムのフルーティングの上から下までもちいる[90]。」

(四) ピラスター

このようにますます浅いフルーティングを好んだことになるが、第二期にはその傾向はますますはっきりする。ピラスターのフルーティングについては、デゴデは一六九四年五月一七日の会合で、九本の溝があるローマのパンテオンの内部のオーダーに言及した。アカデミーは「とくにピラスターがコラムを伴っているときなら」この方法を承認した[91]。

しかし一六九七年四月二九日の会合では、ブロンデルの『建築教程』第二部第八書五章を講読した。この文献のなかでブロンデルは、ローマのパンテオンにおいてはコラムのフルーティングの溝は三二本、ピラスターは九本であることを指摘している。しかしデゴデの『古代遺跡』によれば、コラムには二四本しかなく、九本の溝のあるピラスターは二四本あるコラムには適切でないと指摘した。かくして、たとえコラムを伴っていなくともピラスターには七本の溝しか与えてはならないことが決定された[92]（図9）。

（五）第二期におけるフルーティングについての議論

アカデミーはイオニア式オーダーのそれを検討の対象とした。一七三九年四月一三日の会合で、タヌヴォはヴィニョーラとウィトルウィウスのフルーティングについて論じ、二四本は多すぎであり、平縁は「細くしすぎる」のであるし、溝も「小さくしすぎる」、また「規則性のために」各溝に対応すべき柱頭のオヴォロは「小さすぎ、密に並びすぎる」と指摘した。この困難を克服するために、イオニア式コラムには二〇のフルーティングを付け、平縁と溝の幅の比を二：七とすることを提案した[93]。実際、タヌヴォはイオニア式オーダーをきわめて精密に書いているが、そのなかでフルーティングは二〇本であり、それぞれは柱頭のオヴォロに対応している（表8）。

同時に「溝が半円ではまったくなく、平刳形の縁が直角であるような」溝を掘る新しい方法を提案した。すなわち円の中心が、コラム断面の円周上でも弦上でもなく、溝の両側の各平刳形の中点における円弧の接線の交点であるようにした（図8のc）。しかし八年ののちの一七四七年七月一七日の会合では意見を変え、コラムには二四本の、ピラスターには七本のフルーティングを承認した[94]。この会合では、どのオーダーのためのかは明言されていないが、つぎの年にはドリス式オーダーは二四本を与えることに固執しており、この場合はイオニア式オーダーのためであったと考えられる。

一七四八年一月二三日の会合では、カルトーがドリス式に二〇や二二本の溝をつけることの欠陥を指摘した。コラムとピラスターの並置や、層オーダーの場合にこの弊害はもたらされる。コラムとピラスターの並置の場合については、まずピラスターのフルーティングはコラムのそれと同じ幅でなければならない。かくして、ドリス式コラムには二〇本であれば、ピラスターは五本であるが、この場合両端の平縁が大きくなりすぎる。コラムで二二本の場合、ピラスターには六本である。そしてもしこの場合、ピラスター中央に溝を掘ると、両端には半分の溝を置かなくてはならなくなる（図11）。層オーダーの場合、上コラムと下コラムもフルーティングの数は「フルーティングが上下に（つながって）見えるよう」同じでなければならない(95)。だから上のイオニア式コラムには二四本あれば、下のドリス式コラムにも二四本なければならない。

一七四八年一月二三日付の報告書［A.I. B.12］はおそらくカルトーによって書かれたものであるが、同じような推論とともに、コラムに二四本、ピラスターに七本のフルーティングを正当化するための記述がある。そしてこの数字はアカデミーにとっては普遍的な法則となるものであった。

「アカデミーは……一七四七年七月一七日の会合で記録されたものにしたがって、すべてのコラムに二四本の、すべてのオーダーのピラスターに七本のフルーティングをつけるという意見である。(96)」

〔註〕

1　D'Aviler, *Dictionnaire d'architecture civile et hydrailique*, 1755, Paris, p.149.
2　*Op.cit.* p.320.
3　Palladio, liv.1er, ch.xiii, p.41; voir aussi Vitruve, liv.III, ch.ii, "parce que la grande hauteur trompe facilement l'oeil quand il regarde de bas en haut", Alberti liv.VII, ch.vi.
4　一六七三年四月一八日の会合。議事録、第一巻、二九〜三〇頁。
5　Perrault, *Ordonnance*..., p.98.
6　*Op.cit.*, p.20-23. ペローはウィトルウィウス以外のイタリアの建築家には言及していない。
7　Blondel, *Cours*..., II^{nde} partie, liv.I, ch.iii, p.16
8　*Op.cit.*, p.16.

9　Blondel, *op.cit...*, Ière partie, liv.I, ch.iv, p.13.
10　議事録、第二巻、二四四頁。
11　A.I., *Papier Beausires*, B.9-3e-14.
12　議事録、第三巻、七八頁。
13　同、二五七〜二五八頁。A.I., *Papier Beausires*, B.9-4e-31.
14　一六九五年一一月一日の会合。議事録、第二巻、三一五頁。
15　一六九六年一二月一九日の会合。議事録、第三巻、三一八頁。
16　一六九六年七月二日の会合。議事録、第二巻、三三〇頁。
17　議事録、第二巻、三三六〜三三七頁。
18　一六九九年一〇月一九日の会合。議事録、第三巻、八〇頁。
19　一六九五年一一月一日の会合。議事録、第二巻、三一五頁。
20　一六九六年一月三〇日の会合。議事録、第二巻、三二〇〜三二一頁。
21　一六九五年一一月一日の会合。議事録、第二巻、三一五頁。
22　議事録ではトスカナ式オーダーのために記された三：一一であるが、おそらく二：一一であるはずであり、なぜなら後者の比例は、一六九九年一〇月五日の決定を再確認した一七四五年七月一九日の会合で指摘されているからである。議事録、第三巻、七八〜七九頁。
23　「しかしこの法則は、目がその比例をまったく間違えない、目の届く範囲にあるコラムにおいてのみ正確に応用されるものであるから、より近いより遠い上の階に置かれたコラムにおいては、建築家は自分のすべての技能と判断を使って、それらをより便利に眺められる場所から見たときにまったく変化がないように見えるように、これらの比例を変えないようにしなければならない」。議事録、第三巻、七八〜七九頁。
24　La Hire, *Architecture Civile...*, p.76.
25　Desgodets, *Traité...*, ch.I.
26　一七三一年六月四日の会合（議事録、第五巻、七九頁）。一七三四年六月二二日の会合（議事録、第五巻、一四八頁）。
27　一七三八年四月二一日の会合（議事録、第五巻、二三〇〜二三一頁）。一七四五年七月一二日の会合（議事録、第六巻、三二一頁）。
28　議事録、第六巻、三二一頁。
29　一七四四年三月一八日の会合。ル・ボンとカルトーの図版について。議事録、第六巻、一〇頁。
30　一七四六年八月二二日の会合（議事録、第六巻、五四〜五五頁）。
31　一七四二年二月二六日の会合（議事録、第六巻、三一二〜三一三頁）。一七四二年七月二三日の会合（議事録、第六巻、三二六〜三二七頁）。

32 Vitruve, *Dix Livres d'architecture*, traduit par Perrault, liv.III, ch.ii, p.84.
33 *Op.cit.*, p.82, note.25.
34 *Op.cit.*, p.84, note.26.
35 Vignole, ch. XXXI.
36 Blondel, *Cours*..., II^{nde} partie, 1683, liv.I, ch.iv, pp.17-19.
37 議事録、第一巻、八七～八八頁。
38 Blondel, *Cours*..., Ière partie, 1675, liv.I, ch.iv, pp.13-14.
39 議事録、第一巻、八九～九〇頁。
40 Blondel, *Cours*..., II^{nde} partie, 1683, liv.I, ch.iv, pp.17-18.
41 議事録、第一巻、一五七～一五八頁。
42 Perrault, *Ordonnance*..., pp.23-24.
43 議事録、第二巻、一五頁。
44 同、四七～四八頁。
45 Blondel, *Cours*..., II^{nde} partie, 1683, liv.I, ch.iv, pp.18-19.
46 La Hire, *Architecture civile*..., p.78.
47 A.I., *Papiers Beausires*, B.9-3e-11 Cf. Desgodetz, *Edifices antiques de Rome*, planche XVII, proportion de la colonne intérieur du Panthéon de Rome.
48 Desgodets, *Traité*..., ch.I, VI dessin.
49 Palladio; liv.1er, ch.11.
50 議事録、第一巻、二〇五～二〇六頁。
51 同、第二巻、四七～四八頁。
52 同、一九六頁。
53 Perrault, *Ordonnance*..., pp.23-24.
54 表を参照。
55 議事録、第二巻、三一五頁。
56 同、三二九～三三〇頁。
57 同、二四二頁。

58 議事録、第四巻、六六〜六七頁。

59 La Hire, *op.cit.*, p.78.

60 Desgodets, *Traité...*, ch.I, IV dessin et son explication.

61 議事録、第五巻、二二〇頁と二三一頁。

62 同、第六巻、一一頁。

63 同、二七〜二八頁。

64 同、二九〜三〇頁。

65 一六七三年四月一八日の会合（議事録、第一巻、二九〜三〇頁）。一六八七年五月九日の会合（議事録、第二巻、一四二頁）。

66 Blondel, *Cours...*, Ière partie, 1675, liv.I, ch.iv, pp.13-17.

67 Vitruve, *op.cit.*, traduit par Perrault, liv.III, ch.ii, p.82 et Planche XVII.

68 議事録、第二巻、一六四頁。

69 一六九一年四月二三日の会合（議事録、第二巻、二一三頁）。

70 議事録、第三巻、五七頁。

71 同、七九頁。

72 Observation sur le renflement des colonnes et la règle pour tracer ce renflement par une portion de cercle dont le centre est sur la ligne de niveau au bas de la colonne, *A.I. Papier Beausire*, B.9-3e-11.

73 一七〇二年一二月二九日の会合。議事録、第三巻、一六五頁。

74 議事録、第三巻、三五一頁。

75 Desgodets, Edifices..., ch.I, IV dessin.

76 Vitruve, liv.IV, ch.iv.

77 Alberti, liv.VIII, ch.ix.

78 Scamozzi, *Les Ordres d'Architecture*, traduit par Ch. D'Aviler.

79 一六九二年一〇月一三日（議事録、第二巻、二四五〜二四六頁）、一六九三年三月二五日（議事録、第二巻、二五五〜二五六頁）、一七〇六年九月六日（議事録、第三巻、二五七頁）の会合。

80 一六九三年三月九日の会合（議事録、第二巻、二五四〜二五五頁）。

81 一七一五年五月二七日の会合（議事録、第四巻、七三頁）。

82　Palladio, ch.17.
83　議事録、第二巻、五〜六頁。アカデミーは一六七三年五月三〇日の会合（議事録、第一巻、三五〜三六頁）でも、パラディオは、本文では穿たれた部分の幅の三分の一を平刳形にあてているとしているが、図面では四分の一である、と指摘している。
84　議事録、第二巻、二四四〜二四五頁。
85　La Hire, *op.cit...*, p.83.
86　一七〇六年九月六日の会合（議事録、第三巻、二五七頁）。
87　一七一五年五月二七日の会合（議事録、第四巻、七三頁）。おなじ指摘がなされたのが一七一五年九月二日の会合（議事録、第四巻、八一〜八二頁）。
88　議事録、第一巻、三五頁。
89　Vitruve, *op.cit.*, traduit par Perrault, liv.III, ch.iii, p.102.
90　議事録、第四巻、八一〜八二頁。
91　同、第二巻、二八一〜二八二頁。
92　同、第三巻、七〜八頁。
93　同、第五巻、二五一〜二五三頁。
94　同、第六巻、八二頁。
95　同、九三頁。
96　同、九三頁。

四—二　三種類の柱基

一　柱基の分類について

柱基の類型はオーダーのそれに一致しないので、これは特殊なテーマである。たとえばトスカナ式でないあらゆるオーダーに「アッティカ式」柱基は使うことができる。しかし「イオニア式」柱基はイオニア式オーダーのために使わないわけにはいかない。だから「イオニア式柱基」とは「イオニア式オーダーの柱基」と完全には同義ではない。

ウィトルウィウスは、トスカナ式オーダーのための柱基、アッティカ式柱基、イオニア式柱基の三種類の柱基を記述した。柱基最下部の礎板（plinthe）と刳形を分割する役割のあるフィレット（filet）は別にすれば、トスカナ式柱基はトルス（tore）がひとつ、アッティカ式は二トルスと一スコティア（scotie）、イオニア式柱基は一トルスと二スコティアからなる。こうした用語による類型学は歴史をとおして使われてきた。しかしすでに言及した用語上の問題によって、本論ではスコティアの数によって分類したい。

「タイプ0」　スコティアのない柱基であり、事実上はウィトルウィウスのトスカナ式柱基に対応している。このタイプ0にアストラガルを加えたものを「タイプ0*」とするが、これはドリス式オーダーにしばしば使われる柱基である。

「タイプ1」　スコティアがひとつある柱基であり、その最も単純な形態はウィトルウィウスのアッティカ式である。アストラガルを加えることで異体タイプ1*ができる。

「タイプ2」　スコティアがふたつある類型であり、ウィトルウィウスが定義したイオニア式柱基に対応している。イオニア式柱基でさらにその下にトルスがあるタイプ2^{t}もある。たとえばパンテオンのコリント式オーダーなどのローマの古代建築にしばしばみられる（表8）。

こうしたスコティアの数のみに注目した上記の類型によってウィトルウィウスからデゴデまでの過程を分析すると、つぎの四点の特徴が発見される。

（一）トスカナ式についてはつねに「タイプ0」が使われ、その異体0*がときにドリス式オーダーに使われる。

（二）「タイプ1」は最も普遍的である。ヴィニョーラの指摘によれば、彼の同時代人たちはトスカナ式以外のすべてのオーダーにこれを使用した。しかしこの「アッティカ式」柱基はコンポジット式オーダーに最もふさわしいものであり、イオニア式オーダーには使われるべきではなかった。(1) パラディオはこのタイプかその異体をドリス式、イオニア式、コリント式のオーダーに使った。スカモッツィはトスカナ式オーダー以外のオーダーに、このタイプかその異体を使った。すなわちこの柱基に固有のオーダーは、とくになかった。

（三）実際上はイオニア式柱基である「タイプ2」はイオニア式オーダーにのみ使用された。「イオニア式柱基」は「イオニア式オーダーの柱基」よりも狭い意味を以ており、なぜならアッティカ式柱基もイオニア式オーダーに使われるからである。

（四）「タイプ2'」はつねにコリント式とコンポジット式オーダーに使われる。

そしてデゴデは、イオニア式オーダーにおいてアッティカ式柱基を採用しているが、それ以外ではヴィニョーラに忠実であり、アカデミーはおおむねヴィニョーラに準拠したと考えることができる。しかし細部については、理念の発展はそれほど簡単なプロセスを辿ったわけではない。

二　トスカナ式柱基

ウィトルウィウスや彼に追随したパラディオ、ドロルム、ジャン・ビュランといった建築家たちが、トスカナ式オーダーの柱基に丸い礎板を使ったことは批判された。アカデミーはこの批判をなんども繰り返した。(2) ブロンデルも『建築教程』において反対である旨を

	トスカナ式	ドリス式	イオニア式	コリント式	コンポジット式
ウィトルウィウス	0	—	1または2	—	—
ヴィニョーラ	0	0*	2	2^{t}	2^{t}
パラディオ	0	1	1*	1*	2^{t}
スカモッツィ	0	1	1*	1*	1*
ペロー	0	1	2	2^{t}	2^{t}
ブロンデル (1673)	0	0*と1	2	2^{t}	2^{t}
ラ・イール	0	0*と1	1と2	2^{t}	2^{t}
デゴデ	0	0*	1	2^{t}	2^{t}
タヌヴォ	0	0*	1	2^{t}	2^{t}

表8　建築家が採用した柱基の比較。

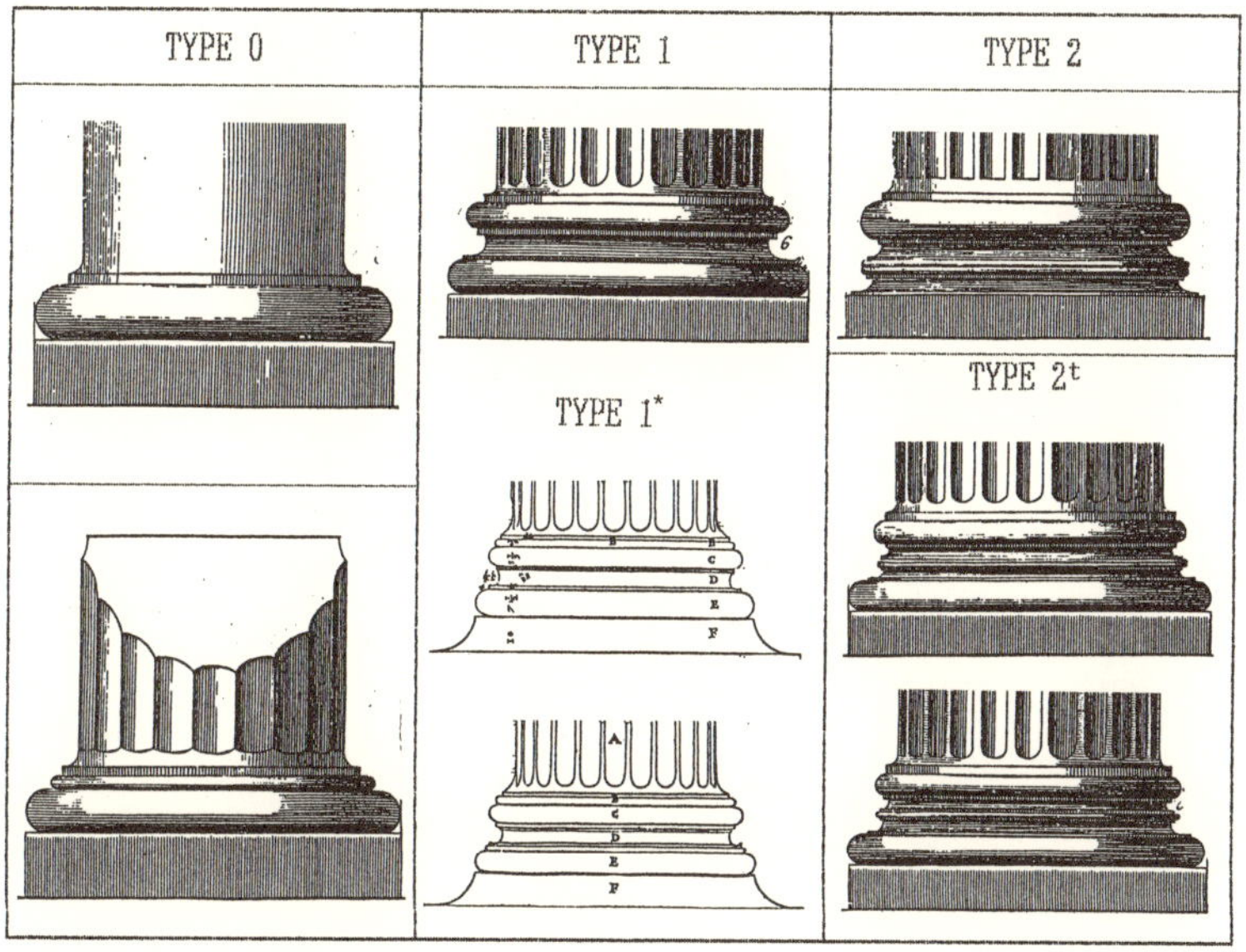

図12　スコティアの数による柱基の類型。

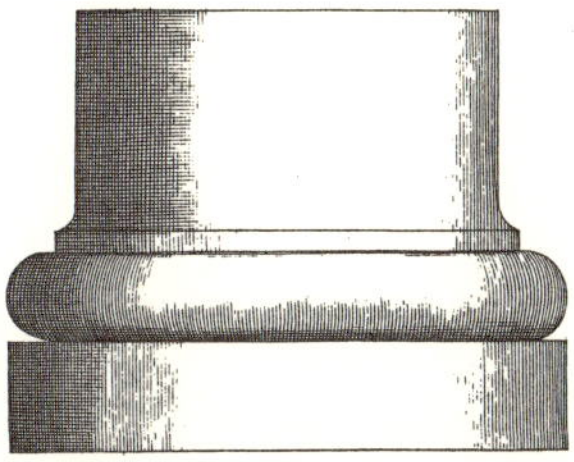

図13　ウィトルウィウスによる丸い礎板。

	フィレット	トルス	礎板	柱基
ウィトルウィウス (ペロー版)	3	12	15	フィレット有
ヴィニョーラ (1M＝12P)	1	5	6	フィレット有
パラディオ	2½	12½	15	フィレット有
スカモッツィ	2	12	18	フィレット無
ペロー	3	12	15	フィレット有
ブロンデル	3¾	11¼	15	フィレット有
ラ・イール	3	12	15	フィレット有
デゴデ	3	12	15	フィレット有

表9　トスカナ式柱基の垂直方向の比例の比較。単位パルティ。

述べ、[3] ペローも反対した。[4] ラ・イールは言及していないが、デゴデは『建築書』において、四角いものを使用している[5]（表9）。

垂直方向の比例についてはほとんど議論していないが、ラ・イールやデゴデはペロー訳ウィトルウィウスの比例に正確に倣っている。[6] ブロンデルは『建築教程』第二部（一六八五）で同じ指摘をしているが、[7] ラ・イールとデゴデは、トスカナ式オーダーの場合にはそれを柱基の一部として描いている。

三　ドリス式オーダーのための柱基

つぎに「ドリス式柱基」は二重の意味で存在しない。第一の理由は、ウィトルウィウスはドリス式オーダーには柱基を与えなかったからであり、[8] また実際ローマの古代建築のなかにはマルケルルス劇場やディオクレティアヌス帝の浴場のように柱基なしのドリス式の例があるからである。[9] 第二の理由は、それ以降の建築家たちはこのオーダー固有の柱基は考案せず、トスカナ式柱基やアッティカ式柱基をそのままで、あるいは変更を加えたうえで、使用しているからである。

柱基のないドリス式については、シャンブレは反対であったが、その意見はそれほど尊重されなかった。アカデミーは当初、それには寛容を示していた。ブロンデルは『建築教程』第一部（一六七三）において、それに言及しているが、肯定も否定もしていないし、[10] さらに彼はパラディオによる柱基なしドリス式オーダーがペデスタルの上にある図を掲載している。[11] ペローはそのウィトルウィウスの翻訳のなかに、柱基なしドリス式の図版（図14）をのせているが、[12] 自著『オルドナンス』においては否定も肯定もしていないが、近代の建築家はドリス式のためにアッティカ式柱基を採用しているという理由から、ドリス式にはそれを採用している。[13]

しかしブロンデルは『建築教程』第二部（一六八五）では意見を変えており、柱基のないドリス式には反対の立場をとった。

「……この（ドリス式）オーダーをより美しくできるのはアッティカ式柱基を伴う場合であり、さもなくばそのコラムは不具にみえるであろう。[14]」

	フィレット	アストラガル	フィレット	トルス	礎板	上フィレット
ヴィニョーラ　1M=12P	1	1	0	4	6	含まれる
(第一二章)　1M=30P	2½	2½	0	10	15	
ブロンデル（1673, 45頁）	—	5	0	10	15	含まれない
ラ・イール（図11）	2½	2½	0	10	15	含まれる
デゴデ（第四章）	—	5	1	10	14	含まれない
タヌヴォ　1M=12P	1	1½	0	4	5½	含まれる
Ms.1026, pl.23　1M=30P	2½	3¾	0	10	13¾	
1746年6月6日　1M=12P	¾	1¼	0	4	6	含まれる
A.I., B-12　1M=30P	1.875	3.125	0	10	15	

表10　ドリス式オーダーのための柱基の比較。

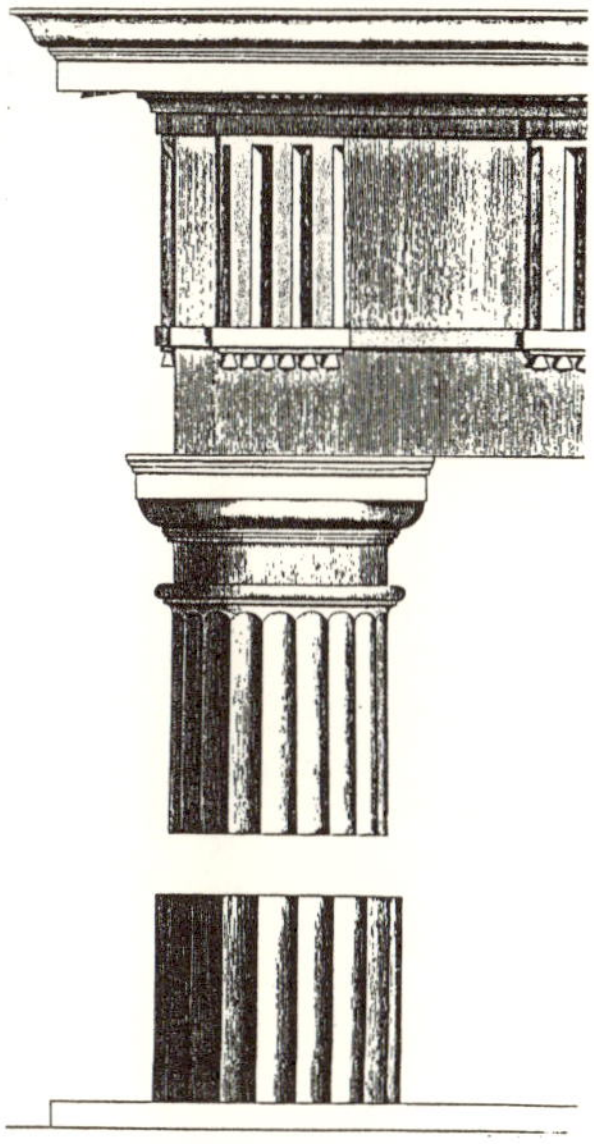

図14　柱基なしのドリス式オーダー。ペロー訳『ウィトルウィウス建築十書』117頁。

一六九六年七月二三日の会合で、はじめて問題をとりあげ、「それでも柱基を置くほうがより適切である」として、それに否定的な態度をとった(15)。一七〇一年五月二三日の会合でも、この見解は変わらなかったが、パラディオが作成した柱基なしドリス式オーダーにかんするシャンブレの指摘が議論の対象にされた(16)。一七〇六年二月一日の会合では、シャンブレの『比較』に収録されたディオクレティアヌス浴場とマルケルルス劇場の図面が検討された(17)。

しかし柱基なしドリス式そのものに否定的であったというより、まず、ブロンデルが『建築教程』第一部に図版をのせたような、それをペデスタルの上に置くことに反対した(18)。かくして一六九六年七月三〇日の会合で記している。

「……この最後の建築家（パラディオ）はけっして柱基なしドリス式コラムをペデスタル上にはのせなかったのに、ブロンデル氏は彼の図版のうちのひとつにおいてそれを示した。これは間違った用法であり、こうした柱基なしコラムを階段や連続した土台の上のみにしか置かなかった古代人の習慣にさえ反している(19)。」

だからアカデミーは、ギリシアのドリス式オーダーの美はまだ発見していなかったとはいえ、その用法は知っていたが、それでもローマのドリス式オーダーを選択した。

しかし議事録には固有の「ドリス式」柱基が模索された形跡はない。それ以外では、ブロンデルは前述の引用のとおりアッティカ式を好み、ラ・イールとデゴデは、トスカナ式柱基の上にアストラガルをひとつ加えたものであるヴィニョーラ風の柱基を提出した（表10）。細部の寸法を比較すればつぎのことが明らかになる。ラ・イールは完全にヴィニョーラの比例を模倣している。デゴデはおおむねブロンデルの比例に忠実だが、礎板を一パルティ低くし、アストラガルとトルスのあいだに小さなフィレットを加えた。ヴィニョーラとラ・イールの柱基には柱身下部のフィレットが含まれるが、アストラガルは比較的低い。それにたいしてブロンデルとデゴデの柱基には、規則によれば柱身に含まれるべきフィレットがなく、アストラガルは比較的高い。

四　アッティカ式柱基

それにたいして「アッティカ式」柱基（タイプ1）ははるかに尊重された。ヴィニョーラはそれをトスカナ式に使うことには反対したが、イタリア・ルネサンスにおいてすでに建築家はこの柱基をドリス式、イオニア式、コリント式、コンポジット式オーダーに使っている。そしてアカデミーはおおむねこうした用法を踏襲したが、この柱基にはどのオーダーがふさわしいかという点ではかならずしも意見は一致していない。ブロンデルは『建築教程』第一部のなかで、このアッティカ式柱基は「通常はドリス式コラムの下に置かれる」と指摘ている。[20]第二部（一六八五）では、アッティカ式柱基を称賛し、ふたたび「この（ドリス式）オーダーはアッティカ式柱基があればさらに美しくなる」と指摘している。[21]ペローは、この点においてブロンデルと意見が一致している（表13）。

しかしなんどもこの柱基がイオニア式オーダーのために推薦されている。まず一六八九年七月八日の会合である。

「アカデミーはイオニア式柱基について討論し、アッティカ式柱基がこのオーダーに使用しうる最も美しいものであるとして選ばれた。[22]」

この記録において「イオニア式柱基」とはウィトルウィウスが述べたような意味ではなく、「イオニア式オーダーに使われる柱基」という意味であることは明らかである。だからこの点でブロンデルとは異なる決定をしたことになる。

第二に、一六九九年一二月一日の会合ではパラディオのイオニア式とコリント式オーダーが検討された[23]。

「著者（パラディオ）はウィトルウィウスがイオニア式オーダーのものであるとした柱基を称賛せず、そのかわりに、彼が上のトルスの上につけ加えた小さなアストラガルを削除するだけで適切となるような柱基を使用したのは理にかなっている。[24]」

この引用において「ウィトルウィウスがイオニア式オーダーのものであるとした柱基」とは、スコティアがふたつある「イオニア式柱基を意味するはずであり、パラディオが正しくも使った柱基とは、アカデミーはそれほどは承認しなかった追加のアストラガル付きのアッティカ式柱基の一異体である。しかしいずれにせよイオニア式柱基よりアッティカ式を好んだ。

第三に一七〇六年三月一五日の会合では、パラディオとスカモッツィのイオニア式オーダーが比較されているシャンブレの『比較』第一七章が講読された。アカデミーはアッティカ式柱基をふたたび賞賛した。

「彼らはふたりともアッティカ式柱基を使用しているが、それ（その柱基）はウィトルウィウスのイオニア式柱基以上にイオニア式オーダーにふさわしい。[25]」

ラ・イールはヴィニョーラとパラディオのアッティカ式柱基を詳細に説明しているが、この柱基がどのオーダーにふさわしいかは明言していない。[26]

しかしデゴデはアカデミーの教義に忠実であった。

	上トルス	スコティア	下トルス	礎板	
ウィトルウィウス	5	5	7 ½	10	ペロー版
ヴィニョーラ　1M=18P	3 ½	3	4 ½	6	所与の値
1M=30P	5 ⅚	5	7 ½	10	換算値
パラディオ	4 ¼	4 ⅔	7 ½	10	ドリス式オーダー
スカモッツィ	5	3 ¾	7 ½	10	ドリス式オーダー
ブロンデル（1673）	5	5	7 ½	10	ドリス式オーダー
ペロー	5	5	7 ½	10	
ブロンデル（1685）	10	12	15	20	所与の値
	5	6	7 ½	10	換算値
デゴデ	5 ¾	4 ¾	7 ½	10	イオニア式オーダー
タヌヴォ　1M=12P	2	2	3 ¼	3 ¾	所与の値
Ms.1026, pl.23　1M=30P	5	5	8.125	9.375	換算値
A.I. B-12					

表11　アッティカ式柱基の比較。

「イオニア式オーダーにもっともよく似合うこのコラムの柱基は、アッティカ式と呼ばれるものである。(27)」

アッティカ式柱基がどのオーダーにふさわしいかのほかに、刳形とその比例の問題があった。

一六七五年二月一一日の会合では、とくにウィトルウィウスの「アッティカ式柱基の寸法と単純さ」が称賛されたが、パラディオとスカモッツィのそれは非難された。ふたりはアストラガルを追加したので、ほかの刳形は「矮小で不愉快(28)」となってしまった。一六九六年二月二〇日の会合でも、スカモッツィの第六書第二三章が検討の対象となり、同じ指摘がなされた(29)。本稿の用語でいえば、アカデミーは純粋な「タイプ1」にこだわり、その異体である「タイプ1*」を非難した。こうして会員たちはアストラガルを追加しないアッティカ式柱基のみを容認した。ゆえに本稿での分析にはこの異体は含めないこととする。

表11からつぎのことが容易に判明する。ブロンデルは『建築教程』第一部（一六七三）において、ペローは『オルドナンス』においてウィトルウィウスの比例に忠実であった。しかしブロンデルはその第二部（一六八五）ではその柱基をすこし変化させた。すなわちスコティアを高くしてルネ・ウヴラールが定義したような調和的比例（五：六、四：五）を実現した(30)。しかし上トルスよりスコティアが高いという比例はパラディオ以外にはみられないし、ブロンデル以降の建築家はだれもこの比例を使わなかった。それにたいし上トルスをスコティアより高くするというヴィニョーラの比例はデゴデによって繰り返された。

五　イオニア式柱基

ウィトルウィウス的意味での「イオニア式柱基」については、アカデミーは断固としてそれを承認しなかった。しかし興味ぶかい逸話がある。まずブロンデルは『建築教程』第一部の図版においてはイオニア式柱基をイオニア式オーダーに与えているし、テキストにおいてもこの柱基を否定はしていない(31)。しかし一六七五年二月一一日の会合では、ウィトルウィウスのイオニア式柱基(32)をつぎのふたつの理由から非難している。

「……その第一はトルスの並外れた厚さであり、それは下の部分を窒息させつぶしてしまうし、また下のスコティアを礎板の上で窪みをつけることであって、こうすると柱基は台無しになり、古代におけるそうした実例は今日では皆無であり、古代人はこの柱基の刳形を、上トルスを小さくし、礎板と下スコティアの間にそれをもうひとつ加えて、コリント式柱基としたのである(33)。」

この「コリント式柱基」は「タイプ2^{t}」を意味し、パンテオンのそれのような古代の例に正確に対応する。

ブロンデルは『建築教程』第二部で、下トルスを置かなかったウィトルウィウスの欠点を指摘したアカデミーの意見を繰り返した。

「しかしウィトルウィウスが記述した、ふたつのスコティアを支えるための下のトルスが完全にないイオニア式については、古代の作品にはその例はまったくないのだから、あまり称賛されないことは確かである。それ(この柱基)が近代人によっても実践されているとはいえ、それがまったく不完全であり台無しであることは指摘しなければならない。そしてほかの建築家たちがこの教義に気を留めることなく、礎板とスコティアの間にトルスを挿入することでこの柱基の欠点を矯正し、またこうすることで、最も繊細なオーダーのためにそれを使えるほど完全な第三の美をもたらしているのは、おおいに理にかなったことである(34)。」

上の引用において第一の種類の「完全な美」とはトスカナ式柱基であり、第二のそれはアッティカ式柱基であることは明らかである。そして第三の種類はコリント式とコンポジット式のオーダーのためのものであるから、それはアカデミーが言及した「コリント式柱基」と一致する。

こうしたことから三点を指摘することができる。

まずアカデミーはあきらかに「イオニア式柱基」を嫌悪していた。ラ・イールはヴィニョーラのイオニア式柱基を提出したが、彼は古代ローマ建築にはその類例は発見されないことは明確に指摘した[35]。そしてデゴデは『建築オーダー書』のなかの図版では採用していない。

第二に、ペロー、ブロンデル、ラ・イール、デゴデはそろってヴィニョーラのようにコリント式とコンポジット式オーダーには「コリント式」柱基を採用したのはこの理由であると考えられる。

最後に、ブロンデルは主事であり教授であったとはいえ、会合でなされた決定はブロンデルの個人的な考えより権威があった。その証拠に彼は「イオニア式」柱基にかんする意見を変えている。アカデミーはすぐれて集団的思考の場であり、ブロンデル、ラ・イール、デゴデらは部分的に貢献したにすぎない。

六　コリント式柱基

「コリント式柱基」について議論された会合は少ない。しかし一六七八年二月七日の会合ではいくつかの理念がうかがわれる。この会合ではコンコルド神殿のポーティコのコリント式柱基が検討され「ふたつのトルスの距離は狭すぎる」し、「ふたつのスコティアの間には通常はふたつのアストラガルとふたつのフィレットがあるものだが、ここではフィレットがひとつあるだけである[36]」と指摘された。後者は実際にそうである。

ところでブロンデルは『建築教程』第一部（一六七三）において「コリント式柱基」について言及しているが、それはイオニア式柱基

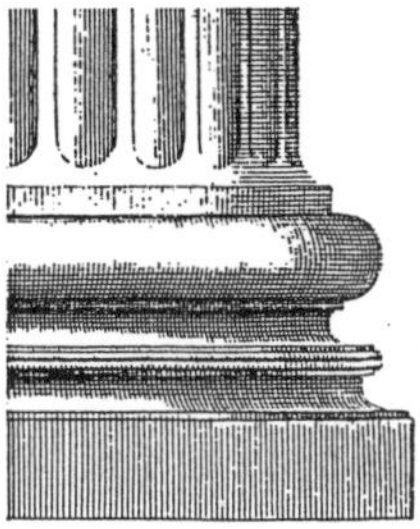

図 16　イオニア式柱基。
ペロー版ウィトルウィウス
『建築十書』117 頁。

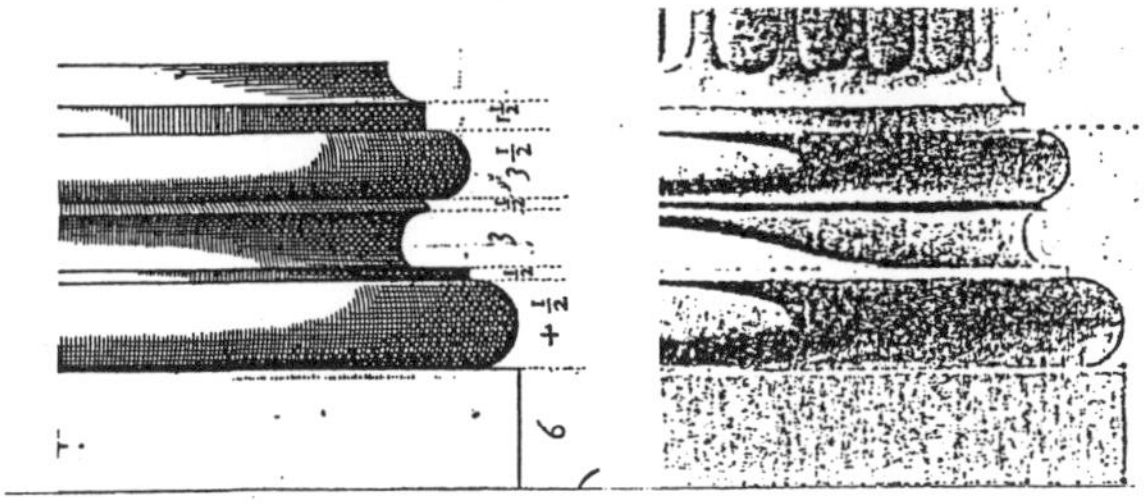

図 15　アッティカ式柱基。(左) ヴィニョーラ。(右) デゴデ。

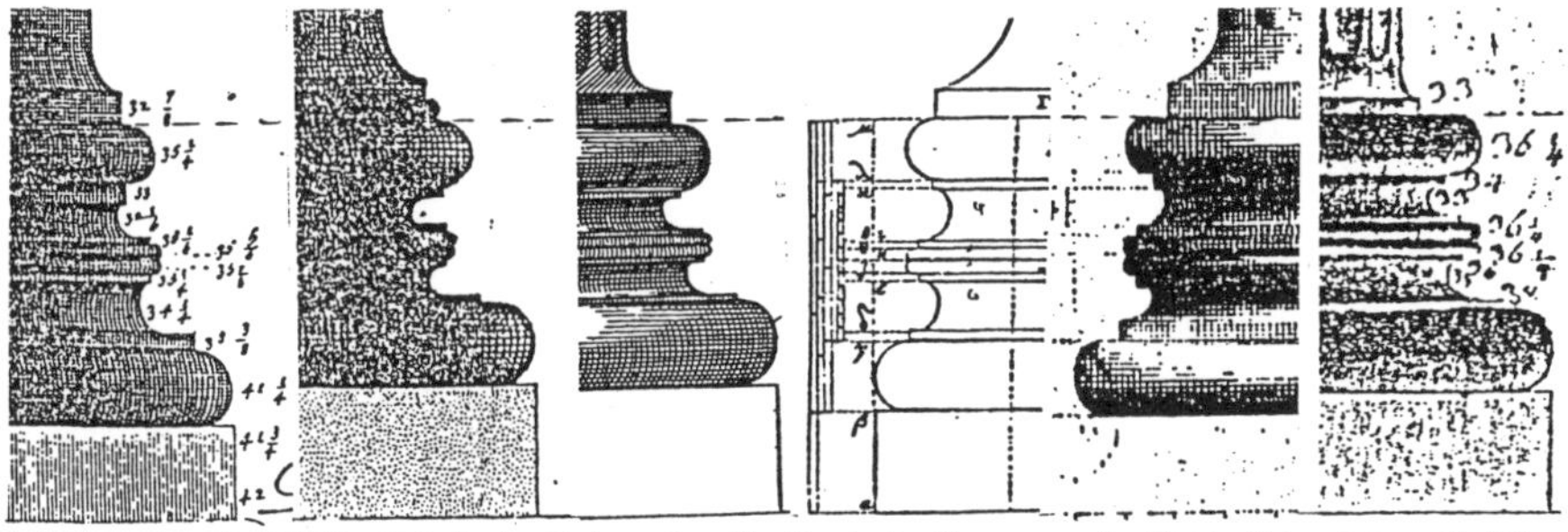

図 17　コリント式柱基。左からパンテオン、カンポ・ヴァキノ、ヴィニョーラ、ブロンデル、ペロー、デゴデ。

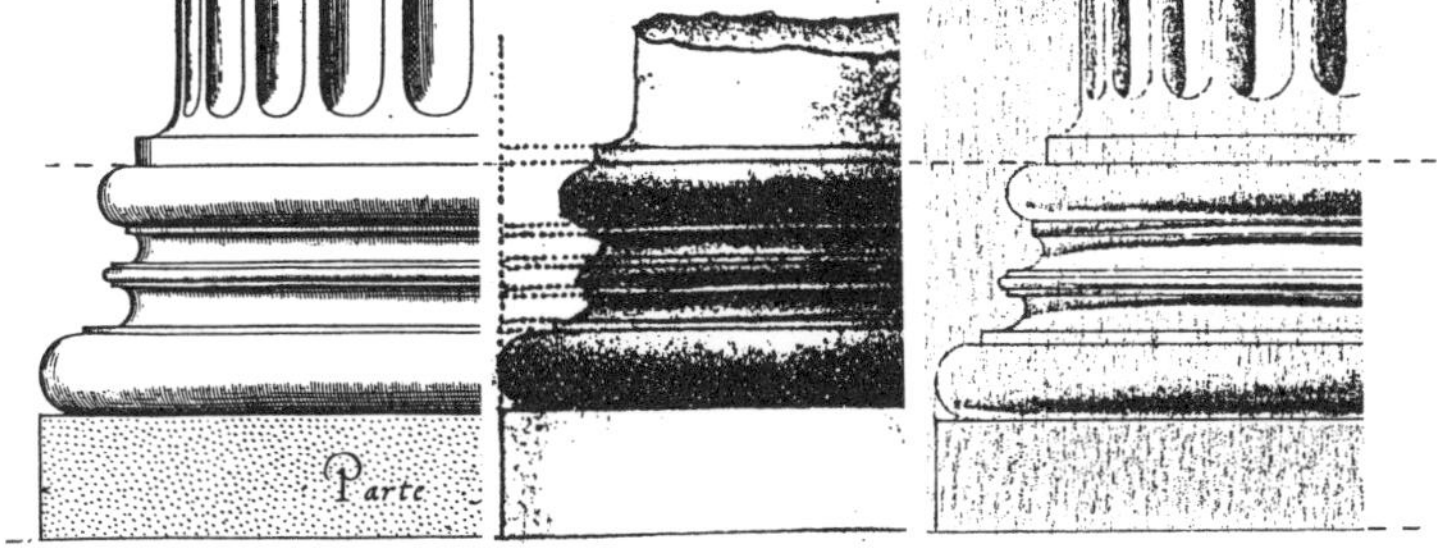

図 18　コンポジット式オーダーのための柱基の比較。(左) ヴィニョーラ。(中央) ラ・イール。(右) デゴデ。

	上トルス	上スコティア	アストラガル	下スコティア	下トルス	プリンス
パンテオン	4 13/24	2 1/3	1 5/6	3 1/2	5 7/8	7 1/4
カンポ・ヴァキノ	4 7/8	2 5/12	1 1/6	2 1/4	6 1/12	10
コンコルド神殿	4 1/12	1 1/5	—	2 1/6	6 1/12	10
ヴィニョーラ　1M=18P	3	1 1/2	1/2	1 1/2	4	6
1M=30P	5	2 1/2	5/6	2 1/2	6 2/3	10
ブロンデル（1673）	4 1/2	4	1	4	5 5/8	7 1/2
ペロー	4 7/32	—	—	—	5 5/8	7 1/2
デゴデ	4 1/2	2 3/4	1 1/8	3	6	9
タヌヴォ　1M=12P	1P10	0P10	1/2	0P10	2 1/2	3P10
Ms.1026, pl.82　1M=30p	4.5833	2.0833	1.25	2.0833	6.25	9.5833

表12 「コリント式柱基」の比較。

の下スコティアの下にトルスを置いてできるものであった。[37] この柱基の比例はパンテオンのそれに由来するものと思われる。なぜならふたつのトルスと礎板の数値はパンテオンのそれにきわめて類似しているからである。また、ペローのコリント式柱基もまたその意味でパンテオンのそれに似ている。

だから当初はパンテオンの柱基が好まれた。しかしこの趣味はすこしずつ変っていった。しかしラ・イールは『市民建築』において、前者（パンテオン）のほうを強調しているとはいえ、[38] パンテオンと「カンポ・ヴァキノの三本柱」すなわちカストル神殿のコリント式柱基を並置している。[39] さらに一七〇一年四月五日の会合で、彼らにとっての模範が決定された。

「この同じ（コリント式）オーダーの柱基のデッサンがなされるであろうが、その比例は、アカデミーが著作家たちがそれについて書いたすべてのことと古代にみられるものを検討したのちに、ヴィニョーラがカンポ・ヴァキノのコラムのそれによって作成した柱基に準拠して確立した。[40]」

アカデミーは理にかなっていた。実際、ヴィニョーラの柱基は「カンポ・ヴァキノ」の三本円柱のそれに、とくに礎板（プリンス）とパンテオンのそれより大きい二トルスにおいて、類似している。デゴデの柱基はやや特殊である。彼はある特定の建物に言及しつつ説明してはいないので、その比例の起源は特定できない。しかし礎板とふたつのトルスに与えた寸法はつねにパンテオンとカストル神殿の柱基のあいだであり、デゴデはペローにようにふたつのモデルの中間を選択したと考えられる。

七　コンポジット式オーダーのための柱基

ヴィニョーラはコンポジット式オーダーのための柱基を作るために、コリント式柱基のふたつのスコティア間にあるふたつのアストラガルのひとつを省略した。

ブロンデルは、理由は明らかにはしないままアストラガルをふたつつけた。(41)ペローはヴィニョーラの方法には反対であった。なぜならそれは「柱基のこの部分を薄くしすぎまた鋭くしすぎる」からであった。(42)ラ・イールはヴィニョーラのように、スカモッツィはコリント式オーダーのためのアッティカ式柱基からアストラガルをひとつ省略することで、コンポジット式オーダーの柱基を作成したと指摘した。(43)そして実際、彼の図面にはアストラガルはひとつしかない。(44)

そして一七〇一年八月一日の会合において、デゴデはコリント式柱基の図面を提出した。アカデミーは「最初の図面にはふたつのアストラガルがあるものの、そこにはふたつのスコティアのあいだにはアストラガルがひとつしかないが」この同じ図面からもうひとつの異体を作成するのが適当である、と判断した。(45)それがコリント式オーダーのためかコンポジット式オーダーのためかは議事録には説明がないが、おそらく後者のためであろう。なぜならデゴデはまさに『建築オーダー書』においてコンポジット式オーダーのためにアストラガルがひとつしかない柱基を作成しているからである。(46)

八　柱基の張出し

最後に、アカデミーがつねに非難していたパラディオの丸い礎板、称賛していた下フィレットには窪みがない楕円断面のスコティア(47)といった第二義的な問題とは別に、柱基のコラム柱身からの張出し寸法の問題があって、別の分析が必要である。

ウィトルウィウスはアッティカ式柱基の張出しを直径の四分の一すなわち二分の一モデュール（1M＝30Pなら一五パルティ）と、イオ

	トスカナ式	ドリス式	イオニア式	コリント式	コンポジット式
ヴィニョーラ	4½ (1M=12P)	5 (1M=12P)	7 (1M=18P)	7 (1M=18P)	7 (1M=18P)
1M=30P	11¼	12½	11 ⅔	11 ⅔	11 ⅔
パラディオ	10	10	11¼	12	12
スカモッツィ	10	11¼	11¾	11¼	12
ブロンデル	15 (½M)	15	11¼ (⅜ M)	11¼	11¼
ペロー	12	12	12	12	12
ラ・イール	11½	12	15, 11¼, 10	12, ⅙, 12	11 ⅔
デゴデ	10	12	12	12	12
タヌヴォ　1M=12P	4.5	4.75 から 5	5	5	5
1M=30P	10.8	11.875 から 12.5	12.5	12.5	12.5

表 13　柱基の張出しの比較。

ニア式柱基のそれは直径の一六分の三、すなわち八分の三モデュール（一一パルティと四分の一）と決めた。[48] だから彼は柱基のタイプ別に決めたのであって、オーダーの種類別ではなかった。

それにたいしてヴィニョーラはオーダーの種類ごとに決定した。

しかし一一パルティ四分の一や、一五パルティといったウィトルウィウスの寸法はしばしば尊重された。ブロンデルはトスカナ式とドリス式のオーダーには一五パルティを、そのほかの三種類のオーダーには一一パルティ四分の一を採用した。それにたいしてペローは、四パルティを「単位 unité」としながら一二パルティの張出しを五つのオーダーに与えた。

アカデミーは、アッティカ式なら「直径の五分の一から六分の一のあいだ」すなわち一〇から一二パルティのあいだであるべきこと、[49] ウィトルウィウスのアッティカ式柱基の張出し（一五パルティ）は大きすぎるからヴィニョーラのそれを踏襲すべきであることを決めた。[50] 実際ヴィニョーラのそれはアカデミーの教義に合致する。

そしてデゴデはトスカナ式では一〇、そのほかの四オーダーには一二パルティとしておおむねアカデミーの決定に倣った（表13）。

第二期においては、議事録には柱基の張出しにかんする議題はほとんど記載されていない。タヌヴォの図版のみが貴重な情報源である。

ドリス式カップルド・コラムの議論のなかで、柱基がたがいに接触しないために、張出しを五パルティ、すなわち直径の二四分の五（1M = 12P）にしたことは次章で述べる。

タヌヴォはこの数値をイオニア式、コリント式、コンポジット式オーダーにも適用した。しかし彼はドリス式にはヴィニョーラのように四パルティ二分の一を与え、ピラスターの場合とは異なって対のコラムのように対にすることの拘束がそれほど強くない場合では五パルティを使った。

さらに柱基の類型については、タヌヴォはデゴデに完全に追随しており、アッティカ式柱基のイオニア式オーダーのみに使っている。トスカナ式については、タヌヴォの図面においてはトスカナ式オーダーのどの柱基も寸法が記されていないが、コラム下のフィレットはコラム高さにつねに含まれていることだけがわかる。ドリス式オーダーについては、その図面を会合に提出したタヌヴォやそのほかの会員たちはつねに、トスカナ式柱基のトルス上にアストラガルをひとつ付加してドリス式オーダーの柱基とした。すでに述べたように、ヴィニョーラとラ・イールはこのアストラガルの高さを二パルティ二分の一としたが、ブロンデルとデゴデは五パルティ、タヌヴォやほかの会員はその平均値を与えた。

イオニア式オーダーの柱基については、議事録には、タヌヴォはしばしばイオニア式コラムの図版を提出したことが記録されているが、詳細は判明しない。しかしアカデミーはつねに「アッティカ式柱基はこの(イオニア式)オーダーにとっては最も美しく最もふさわしい」[51]という考え方であった。

実際の数値については、タヌヴォは、上トルスとスコティアの高さについてはウィトルウィウスとブロンデルに倣ったが、下トルスをより高くするために礎板を低くした。

コリント式柱基については、タヌヴォの比例はデゴデのものに近いが、資料は少ない。

〔註〕

1 Vignole, ch.XXX.

2 一六七三年五月二日、一六七六年一二月一四日、一六九三年二月二三日、一六九九年一一月四日の会合。

3 Blondel, *Cours*..., Ière partie, 1673, liv.II, ch.i, p.20; II^{nde} partie, 1685, liv.I, ch.vii, p.34.

4 Perrault, *Ordonnance*..., p.39.

5 たとえば ch.III, IV dessein.

6 Vitruve, *Les Dix Livres*.., traduit par Perrault, liv.IV, ch.vii, p.136-138 ; Perrault, *Ordonnance*..., p.40 et planche II.

7 Blondel, *Cours*.., II^{nde} partie 1685, liv.I, ch.vii, p.33.

8 Vitruve, *op.cit.*, liv.IV, ch.i.

9 Cf. Desgodets, *Les Edifices antiques de Rome.*

10 Blondel, *Cours*.., Ière partie 1673, liv.III, ch.i, p.32.

11 *Op.cit.*, IX planche.

12 *Op.cit.*, liv.IV, ch.i, planche XXV.

13 Perrault, *Ordonnance*..., p.45.

14 Blondel, *Cours*.., II^{nde} partie 1685, liv.I, ch.vii, p.35.

15 議事録、第二巻、三三一～三三二頁。

16 同、第三巻、一二八頁。

17 同、二三六～二三七頁。

18 Blondel, *Cours*.., Ière partie, 1673, liv.III, ch.iii, planche IX.

19 議事録、第二巻、三三二頁。一六九六年七月二三日の会合（議事録、第二巻、三三一～三三二頁）でも同じ意見が表明された。

20 Blondel, *Cours*.., Ière partie, 1673, liv.III, ch.i, p.40.

21 Blondel, *Cours*.., II^{nde} partie, 1685, liv.I, ch.vii, p.35.

22 議事録、第二巻、一八一頁。

23 Palladio, ch.16, 17.

24 議事録、第三巻、八三頁。

25 同、二四一頁。

26 La Hire, *Architecture Civile*..., p.73-75.

27 Desgodets, *Traité*... p.93.

28 議事録、第一巻、九二頁。

29 同、第二巻、三三一～三三二頁。

30 Blondel, *Cours*..., II^{nde} partie, 1685, liv.V, ch.xii, p.758-759.

31 Blondel, *Cours*..., Ière partie, 1673, liv.IV, ch.i, planche XI.

32 Vitruve, liv. III, ch.iii.

33 議事録、第一巻、九二頁。

34 Blondel, *Cours*..., II^{nde} partie, 1685, liv.I, ch.vii, p.35.

35 La Hire, *op.cit.*, p.75.
36 議事録、第一巻、一五八～一五九頁。
37 Blondel, *Cours...*, Ière partie, 1673, liv.V, ch.i, p.106.
38 La Hire, *op.cit.*, p.75 ラ・イールは、ヴィニョーラはパンテオンの柱基をモデルにしていると、誤って記している。
39 *Op.cit.*, pl.11.
40 議事録、第三巻、一二五頁。
41 Blondel, *Cours...*, Ière partie, 1673, liv.VI, ch.i, p.132-133.
42 Perrault, *Ordonnance...*, p.86.
43 Blondel, *op.cit.*, p.76.
44 Blondel, *op.cit.*, planche 11.
45 議事録、第三巻、一三二頁。
46 Desgodets, *Traité...*, ch.VII, IV dessein.
47 一六八八年六月一八日の会合（議事録、第二巻、一六一頁）。ラ・イールも同意見であった。cf. *Architecture civile..*, p.73.
48 Vitruve, liv.III, ch.v.
49 一六八八年六月一八日（議事録、第二巻、一六一頁）と一六九一年二月二六日（議事録、第二巻、二一一頁）の会合。
50 一六九六年七月二三日の会合（議事録、第二巻、三三一～三三二頁）。
51 一七三九年一月二六日の会合（議事録、第五巻、二四六頁）。

第五章　カップルド・コラムという難題

五―一　ドリス式カップルド・コラム

一　はじめに

第一期における研究活動は、優れたモデルからあるシステムを抽出する作業であり、ときにはあるモデルにたいして批判的であることもありうるが、基本的にはやや保守的な傾向をもつものであるとも考えられる。とくに「アカデミズム」という言葉がある規範を墨守するという態度に結びつけて考えられれば、あるシステムが確立されたことは、保守化の開始であると想像されやすい。

しかし実際にはその逆の現象がおこった。第二期において、第一期に制定した基本的比例を覆す比例が提案された。その直接の原因はカップルド・コラム（対のコラム）にかんする議論であった。細部に矛盾をもたらさないでいかにオーダーを対にするかを検討した結果、オーダー全体の基本的比例を変更せざるをえなかった。当時カップルド・コラムはフランス的なオーダーの用法であるという考え方があった。だから古代的なあるいはイタリア的な建築の比例とフランス的なモティーフの矛盾に苦しみ、最終的には後者を優先させたとも考えられる。

会合では第一期においては対のコラム一般の正当性が論じられた。ただし週例の会合での言及はすくなく、実質的にはブロンデルとペローの論争という形をとった。第二期においては、より具体的にその比例そのものをいかにするかが論じられた。そこではタヌヴォらが具体的な数値を提案し、それらが検討された。

一　フランス・ルネサンスにおけるカップルド・コラムの伝統

カップルド・コラムとは二本のコラムを対《つい》としてそれを並べる方法、あるいは柱割りを均等ではなく狭い柱割りと広い柱割りを交互に並べる方法と定義される。フランス建築におけるその代表的な例がルーヴル宮の東ファサードであり、これはレンのセント・ポール聖堂（ロンドン）にも影響を与えている。

ジャン・マリ・ペルーズ・ド・モンクロは論文『第六の建築オーダー、すなわち民族によるオーダーの使用法』(1)において、一六世紀と一七世紀のフランス建築にしばしばみられる対のコラム（colonnes accouplées）という手法が一種の「フランス式オーダー」であったことを示唆した。彼はさらに当時の建築家の論考を整理し、彼らが対のコラムはフランス的であると考えた三つの根拠を整理して示した。第一の根拠は技術的側面にかんするものである。コラムを対にすることで柱間を大きくできるが、逆にスパンの大きいアーキトレーヴを架けなければならない。しかしフランスでは石工技術が進歩しており、平アーチとしてそれを架けることが可能であった。つまりフランスの石造技術の技術的先進性を示すものとして。第二の根拠は実用的側面にかんするものである。すなわち南方に位置するイタリアに比較してフランスは北にあるから、採光のためにより大きな開口を必要とする。コラムを対にすることによって柱間を大きくすれば、それが可能となる。第三の理由は造形的伝統にかんするものである。すなわちゴシック様式はフランスで生れたが、その建築の特徴のひとつは束ね柱の使用である。ところで対のコラムは一種の束ね柱であり、中世ゴシック以来のフランスの伝統であると考えることができる。

彼は、定量的な比較はまだだから、フランスにはほかの国よりも類例が多くとも、だからそれはフランス的だとも断言できないと指摘する。(2)このテーマは第二期に集中的に検討されたが、この時期は同時に、古代建築の例がほとんど言及されずそれよりもフランス建築の例が引用された時期でもあった。だから対のコラムが絶対的にフランスに固有のモティーフであるかどうかは別にして、すくなくとも、当時の建築家の意識のなかで対のコラムはフランス建築と結びつけられて考えられていた。(3)

ところでド・モンクロはおもに文献資料から分析しているが、作品分析はおこなっていない。そこでここでは作品にもとづいてフランス建築においてあらわれた対のコラムを分析したい。

一六世紀から一七世紀のフランス建築おける例をみれば、それがファサードの大部分にわたって繰り返される列柱状のものより、ポーティコあるいは玄関飾りとして使われる例がはるかに多い。だからまず結論を述べれば、フランス建築における対のコラムの源泉は古代ローマの凱旋門のモティーフであろう。凱旋門は大小二種類のアーチが三個並ぶものと、ひとつのアーチのみからなるものの二種類があるが、後者のタイプのものの両側の柱間をさらに小さくすれば中央入口の両側にそれがついた形式になる。さらに凱旋門によくみられるアティク階のかわりにペディメントを配置すれば、両側に対のコラムのあるポーティコにもなる。

図1aにあるように、ドロルムのアネ城館の主屋入口部分（一五四七〜一五四九）はその初期の例であり、ここでは凱旋門のモティーフが三層に重ねられた表現がとられている。アンソニー・ブラントは、父アントニオ・ダ・サンガロによるサン・ビアジオ（一五一八〜一五三四、モンテプルチアーノ）の影響を示唆している。(4) しかしサンガロの教会（図1b）の場合は広い中央の柱間はエディクラであり、だから基本的にはそこが壁体であることが前提とされている。しかしこのアネ城館の場合は地上階が入口であり、二層目が窓であり、それらは開口部である。さらに三層目は彫刻を収めたニッチであるが、それは大きなアーチであり、形態としてはきわめて凱旋門的である。またアネ城館の前庭入口はドリス式の凱旋門としてデザインされており、そのさらに奥にあるこの主屋入口が凱旋門として意図されても不思議ではない。そのほかにもドロルムによる類例は多い。(5)

ピエール・レスコーによるルーヴル宮の正方形の中庭の再建部分（一五四六年起工）の中央と左右の張出した部分、ジャック・アンドルエ＝デュ＝セルソ父子によるいくつかの宮殿建築、(6) ジャン・ビュランによるエクーアン城（一五五五〜六〇）の主屋入口は凱旋門を上下に重ねたドロルム的な造形であるし、シャンティイ城のポーチも凱旋門として造形されている。ド・ブロスはレンヌ市高等法院館（一六一八）の中央ポーティコでドリス式カップルド・コラムを使い、クロミエ宮（一六一三）、ルクサンブール宮（一六一四〜）の外壁にほぼ全面的に対にしたピラスターを使ったが、主要入口の両側は、対の独立コラムで飾り、教皇グレゴリー五世のための版画（図1c）（一六二〇

図 1c　教皇グレゴリー五世のための版画。ド・ブロス。

図 1d　ブロワ城「オルレアンの翼部」の地上階ドリス式オーダー。フランソワ・マンサール。

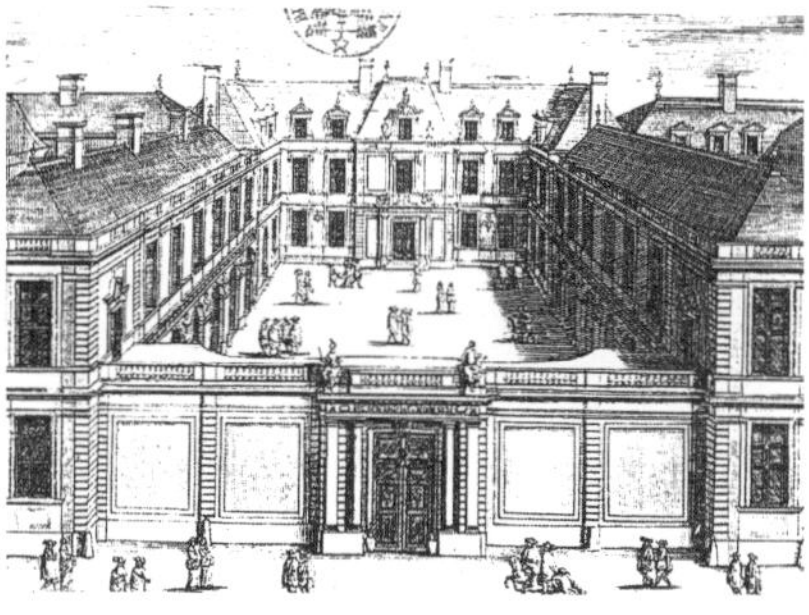
図 1e　ヴリィエール邸。フランソワ・マンサール。

図 1f サン=タントワーヌ門の凱旋門。Cl. ペロー。

図 1a　アネ城館主屋入口(現エコール・デ・ボザール校内)。フィリベール・ドロルム。

図 1b　サン・ビアジオ教会。サンガロ。

年代前半）[7]ではコリント式カップルド・コラムが両側にあるポーティコの下に教皇を描いた。フランソワ・マンサールはブロワ城のオルレアンの翼部（図1e）（一六三五〜三八）、メゾン城（一六四二）の主屋中央入口部分、ヴリィエール邸（一六四二、図1e）の道路側の入口をこの装飾で飾った。この邸宅のみならず、一般に一七世紀と一八世紀のパリのオテル建築には、道路に面した扉口の両側に対のコラムを配する例が多い。

さて、これらが単純な凱旋門のモティーフであるとすれば、ド・ブロスによるパリのサン＝ジェルヴェ教会（図1g）（一六一六）のような発展形式もある。すなわち三アーチ形式の凱旋門の各ベイを対のコラムで区切る方法である。この教会はすでにゴシック時代の教会堂本体が完成しており、ド・ブロスはその内部空間を尊重しながら正面を古典的形態で飾らなければならなかった。だから身廊端部の主要入口と、側廊端部の左右の小入口という構成を尊重せざるをえず、それを逆に凱旋門の形式として再解釈したのである。しかしこのファサードにおいても第一の形式が含まれている。すなわち中央のペディメントがあるドリス式ポーティコのみに注目すればこれは一アーチ形式の凱旋門の変形と考えることができる。だからこの形式は一アーチ形式と三アーチ形式がオーバーラップした凱旋門の形式であるといえる。この第二の形式の類例としては、フランソワ・マンサールのフイヤン会教会（一六二三）がある。また凱旋門として計画されたペローによるサン＝タントワーヌ門の凱旋門（図1f）（一六六九〜）もこの形式である。

さて凱旋門から出発したこれらの二形式は必然的にアーチに結びつけられており、古代ローマ的である。しかししだいに対のコラムはアーチからは切り離され、それ自体がひとつの要素として扱われるようになり、まったく新しい局面を迎えた。すなわち一七世紀後半からアーチのないコロネードに対のコラムが使われるようになるのである。前述のマンサールのブロワ城オルレアン翼部（一六三五〜三八）のポーティコの両側のカーブしたコロネードはその最初の例である。しかし最も有名な例がルーヴル宮東ファサード（一六七〇年代）である。

ところでイタリアでもルネサンス以降に対のコラムが使用された例が若干あるから、イタリアからフランスへの影響があったという仮説も可能である。このモチーフがどこまでフランス固有のものかという議論に関係があるので重要である。

まず一六世紀初頭にはイタリアに足を運んだフランス人建築家が多かった。父ジャック・アンドルエ・デュ・セルソは一五三〇年から一五三三年までイタリア各地を旅行し、一五三九年から一五四四年まではふたたびローマを訪れたし、ドロルムは一五三三年から

図 1g　サン=ジェルヴェ教会、ド・ブロス。正面(上)。地上階ドリス式オーダーの細部(左)。

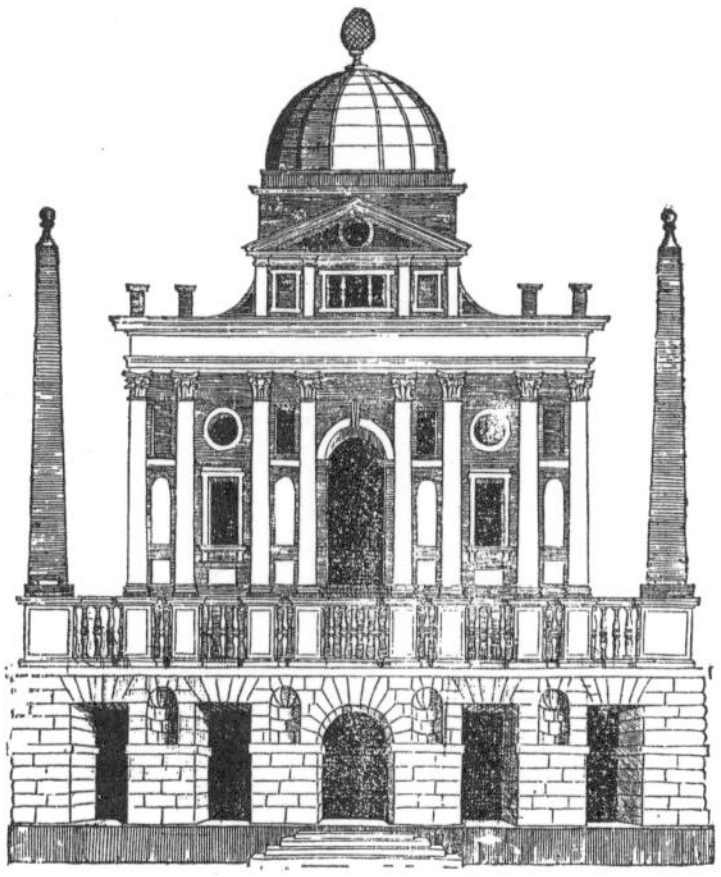

図 1j セルリオ第四書第 55 図。

図 1k パラッツォ・キエリカーティ。パラディオ。正面ファサードとその詳細。

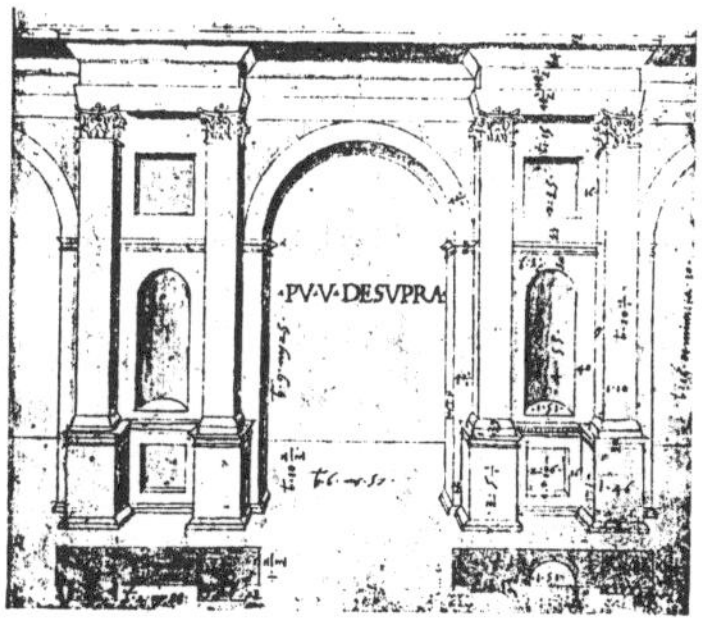

図 1h ヴァチカンのヴェルヴェデーレ宮。中庭のアーケード。ブラマンテ。

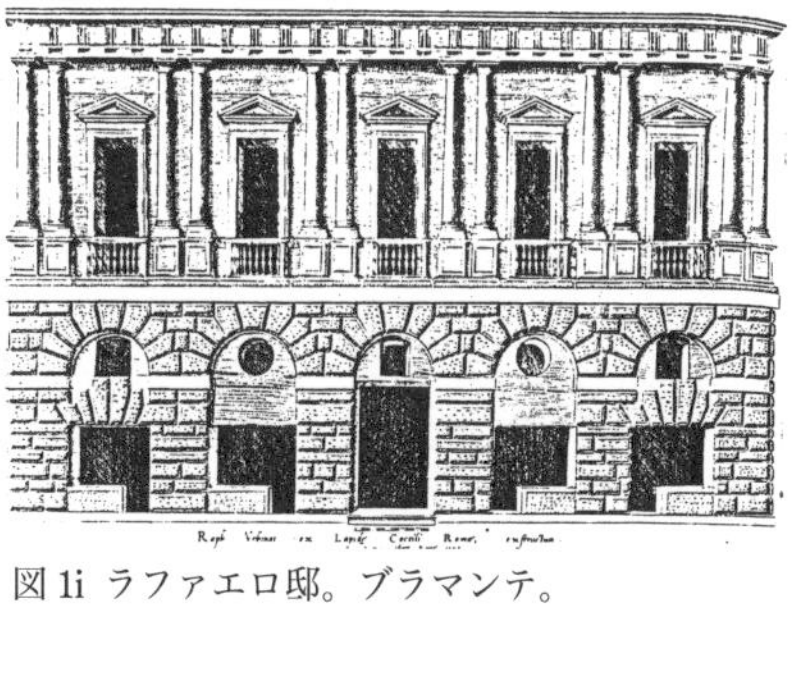

図 1i ラファエロ邸。ブラマンテ。

一五三六年までローマに滞在しセルリオやヴィニョーラらと接触したし、ジャン・ビュランはおそらく一五四〇年から一五四五年までやはりローマに滞在し、ピエール・レスコーは一五五六年に公用でローマに渡っている。(8)

そのころまでのイタリア建築でこのモチーフが使用された代表的な例である。ローマでは、ブラマンテによるヴァチカンのベルヴェデーレ宮中庭（一五〇五～）におけるアーケード（図1h）やラファエロ邸（図1i、一五一二）、ペルッツィによるパラッツォ・マッシーモ・アッレ・コロンネ（一五三二／三五年起工）がある。フィレンツェでは、ミケランジェロによるラウレンツィアーノ図書館（一五二四～）がある。ヴェネツィアでは、ヤコポ・サンソヴィーノがパラッツォ・コルネル・デッラ・カ・グランデ（一五三七～）などいくつかのパラッツォでそれを使用している。さらにヴェローナでは、ミケーレ・サンミケーリによるパラッツォ・カノッサ（一五三〇年代）はブラマンテのラファエロ邸にあきらかに影響を受けているし、また彼のポルタ・ヌオーヴァ（一五三三～四〇）は中央にアーチ、その両側に対になったオーダー（ただし内側はコラムで外側はピラスター）、それらの上にペディメントがのるという形式であり、フランスの例に酷似している。

これらの建築家のなかで、ミケランジェロは別として、ペルッツィ、サンソヴィーノ、サンミケーリはすべてブラマンテの弟子であり、ブラマンテこそがイタリアにおける対のコラムの考案者である公算は大きい。だからブラマンテとその弟子たちがこの新しいモティーフを使用しはじめたのち、フランス人建築家たちはイタリアを訪れたのであって、彼らがこの新しい流行にたいして特別な注意を払ったのかもしれない。

つぎに建築書をとおしての影響も考えられよう。セルリオの建築第四書五五図はドリス式カップルド・コラムが神殿に応用された例であり、ドロルムの『建築第一巻』（一五六七）に再録されている（図1j）。セルリオは、ブラマンテの弟子であったペルッツィの弟子であり、ここでもブラマンテが起源であることが想像される。また、パラディオの『建築四書』に図示されている彼のヴィツェンツァの「バシリカ」（一五四九～）やパラッツォ・キエリカーティ（一五五〇～八〇、図1k）でもそれが使用している。ただしパラディオの例は建物全体や前面に張出した部分の端部を強調するためであり、フランスの例とは異なる使い方である。

一般的に一六世紀以降ではフランスでもイタリアでもその例が多いことは興味ぶかいし、イタリアの先例がフランスに影響を及ぼしたことが考えられる。しかし同じこのモチーフであっても両国では異なる文脈で使用されており、影響はあったといっても、それは単純な模倣でもなく流行に盲目的に追随したものでもなかった。そして興味ぶかいのは、一七世紀後半では対のコラムはイタリア的ではなくフランス的であり、古代的ではなく近代的なものとみなされていたということである。

三　第一期におけるカップルド・コラム全般についての議論

(一) 背景

第一期には対のコラムという古代にはあまりみられない近代的なモティーフの正否をめぐる一般的な議論がなされた。ペローはそれを正当化し、ブロンデルは否定し、アカデミーはときに容認し、ときに反対した。

この論争の直接のきっかけはルーヴル宮東ファサードのコロネード（図2）であった。一六六七年、コルベールはそれまで決定案の出なかったこのデザインを決定するためにル・ヴォー、ル・ブラン、ペローの三者からなる委員会を召集した。その結果、コリント式カップルド・コラムのコロネードからなる現在のファサードが決定されたが、そこではペローが重要な役割を果した。(9) このファサードは一六六七年に工事が再開され、一六七〇年にはおおむね完成した。(10)

またこの時期に文学の領域で始まったいわゆる「新旧論争」が建築においてもなされた。古代派ブロンデルと近代派ペローの論争はきわめて広範なものとなり、古代の先例を守るか近代人の発明した新機軸を認めるか、音楽比例の超越性を認めるか、などが論じられた。対のコラムの問題はこうした文脈において登場し、ペローとブロンデルの論争における重大なテーマとなった。すなわちペローは近代人が古代人より優位であるという立場であり、このモチーフの正当性を強調し、ルーヴル宮東ファサードのコロネードを擁護した。それにたいしてブロンデルは古代人が確立した規範を守らねばならないということを主張してそれを否定し、ルーヴル宮のコロネードのデザインには否定的な立場をとった。アカデミーはときに反対の立場をとったが、とくに批判していない場合もあり、かならずしも一貫していない。

前述のようにド・モンクロは対のコラムがフランス的特性を備えているという認識が当時あったことを指摘しているが、それがこの熾烈な論争の一主題であったことには言及していないので、ここでクロノロジカルに述べる。

(二) ペローによるカップルド・コラム擁護――ペロー訳『ウィトルウィウス建築十書』(一六七三年版)の訳註

ウィトルウィウスはその『建築十書』第三書第二章 (森田慶一訳では第三書第三章にあたる) で柱割を論じているが、そのなかでヘルモゲネス[11]は密柱式から疎柱式の五種類の柱割りの比例を定めるとともに、さらに二重周柱式の神殿から内側の列柱をとり除いて「擬二重周柱式 Pseudodiptère」を発明したが、その利点は外周の密な柱割りはそのままだから外観が権威を保つとともに、翼部の内部空間がより広々とし通行がより自由になったことであると指摘している[12]。

ペローはこの「擬二重周柱式」にかんする訳註のなかで、列柱を斜から眺めると柱が密にみえるが、古代人はそうした光景を好んだのであり、実際、古代では隔柱式や正柱式のものより密柱式や集柱式などの密な柱割りの例がはるかに多いことを指摘している。しかし彼は、自分たちの世紀の人間の趣味は古代人のものとは異なっており、そこから対のコラムが発明されたと説いている。

「私たちの世紀、すくなくとも私たちの国の趣味は、古代人のそれとは異なっている。そしてその点ではゴシック的である。というのは私たちは通風、採光、そして通行性 (dégagement) を好むからである。こうしたことから私たちは第六の柱割の手法、すなわちコラムをふたつずつまとめて対にし、ふたつの柱間をひとつにすることを発明したのである。コラムAにより、柱間BCを増し、柱間EFとする。[13]」(図3)

すなわち対のコラムは近代的な手法である。ただペローは近代人の「発明」を正当化するために、古代においてすでにヘルモゲネス自身がおこなった「発明」に言及している。たとえばヘルモゲネスは正柱式において中央の柱間を左右のそれより大きくしたし[14]、「擬二重周柱式」では内側の柱の列を省略した。

だからこの「第六の柱割」はヘルモゲネスとは違うかたちではあるが彼にならって発明したものであり、柱の間隔が内法で二直径である周柱式の列柱において、一本ごとに柱を移動して三直径半の柱間と半直径の柱間が交互に並ぶようにしたものとして説明されている。こうした柱割りはヘルモゲネスの「擬二重周柱式」にならって「擬周柱式 Pseudosystyle」、あるいは広い柱間は疎柱式であるから「疎

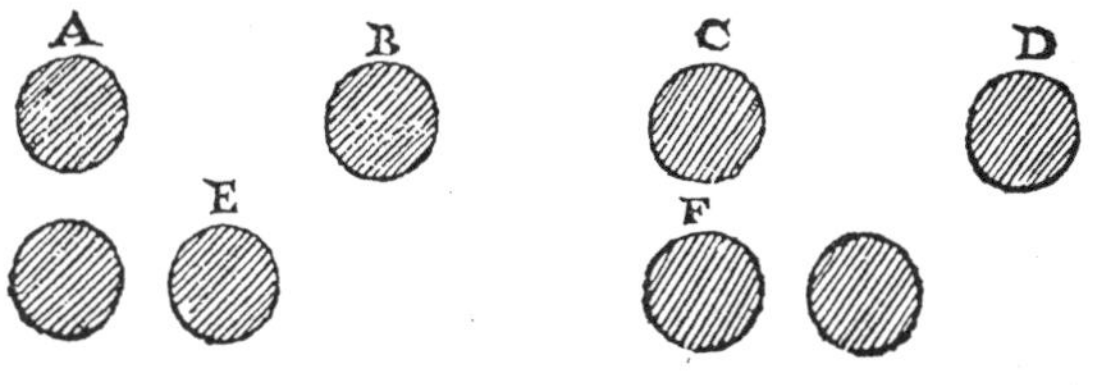

図3　ペロー訳『ウィトルウィウス建築十書』第三第二章の訳註中の挿図。

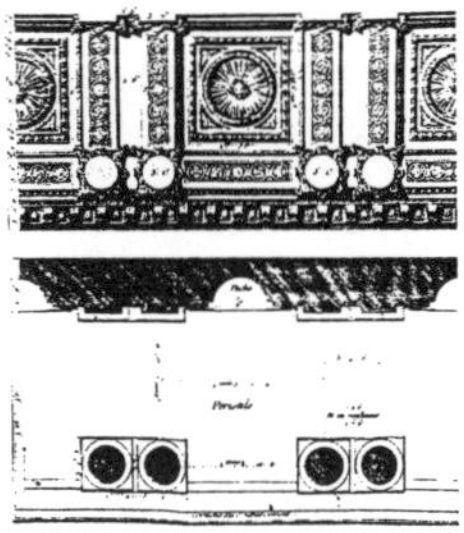

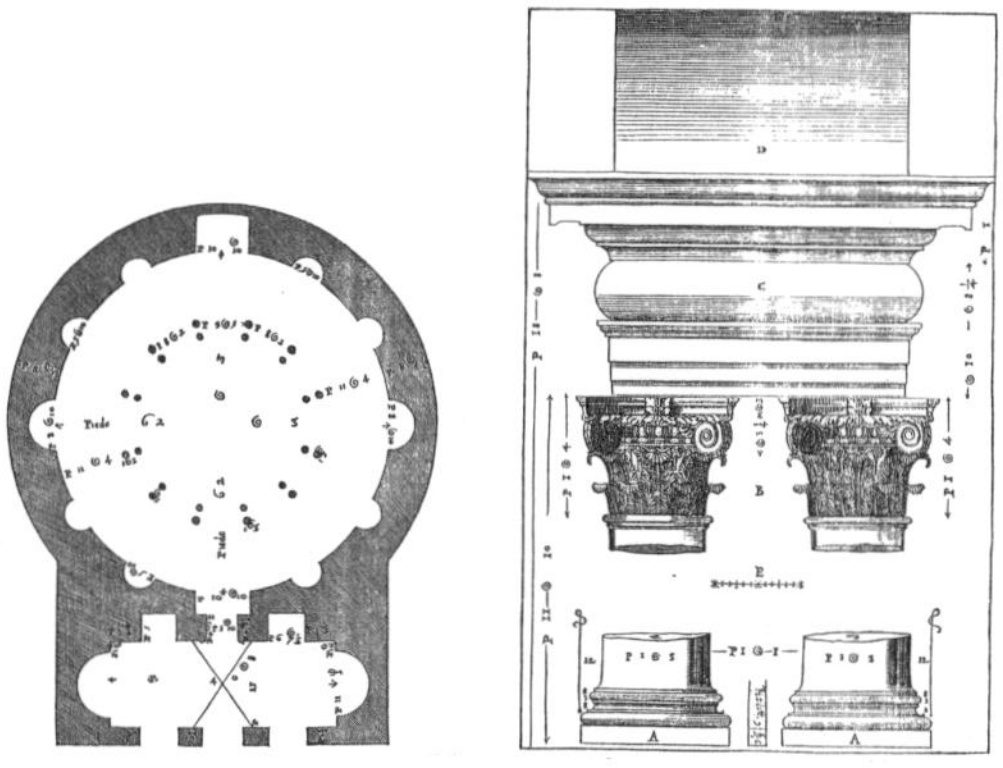

図4　サンタ=コンスターンツァ聖堂の平面図と内部コラムの詳細。パラディオ『建築四書』第四書第二一章。

図2　ルーヴル宮東側のコロネード。ピエール・パット。

周柱式 Aerosystyle」とも名づけられるとペローは指摘する。

さらにペローは、対のコラムは古代に先例がないという反論を想定しながら、この新しい手法は古代的な美と近代的な長所を組み合せたものであると説明する。すなわちそれは古代人がきわめて好んだ密な柱割りがもたらす美に加えて、近代人が求める通行性をもそなえているのである。

さらに堅牢性も損われていないとする。なぜなら古代的な一定の間隔の柱割りではコラムの軸線上でアーキトレーヴ同士が突き合されるためにその一端は柱の上端の平面の半分の面積にのるだけであるが、対のコラムの場合は水平材の端部は柱上端の全面積の上にのることができるからである。

最後にペローはこの例としてルーヴル宮ファサードの列柱[15]をあげた。そこでは対にした広い柱間は三直径二分の一以上の一一ピエであるが、それは建物のほかの部分では、ピラスターのみでしかも対になっていない場合でも、窓を収めるために柱間は一一ピエであり、同じ寸法を守るためであった。そして柱間がかくも大きいので、柱を対にして強化しなければならないのであった。

（三）一六七四年四月三〇日の会合

アカデミーはかならずしも反対であったわけではない。一六七四年四月三〇日の会合[16]において、パラディオの『建築四書』第四書第二一章に紹介されているローマ近郊の「バッカス神殿」（サンタ・コスターンツァ聖堂）について、コンポジット式オーダーの対のコラムがあるのを発見し、古代においてもこのモチーフは「すたれてはいない」し、古代人は「通行性」や「堅牢さ」のために柱を対にすることが必要な場合ならこの手法を使ったと考えられると判断した（図4）。あきらかに内陣と周歩廊のあいだの「通行性」を良好に保ちながら、強度を保つための手法として対のコラムを認めている。

（四）ブロンデルによるペローへの反論――『建築教程』（一六八三）

しかしブロンデルはこの手法には反対であり、『建築教程』第三部（一六八三）の第一書の第一〇章から第一二章において体系的に批判している。

まず第一〇章では歴史的な経緯にそって、それが流行したプロセスを説明しつつ批判している。古代においてはその例はきわめてすくなかった。しかしイタリア・ルネサンスにおいてブラマンテらの巨匠がこの手法を使いはじめ[17]、それより近代の多くの建築家がこの手法を採用するようになった。柱を束ねるのはゴシック的な手法であるから、対のコラムは古代の美しい用法とゴシック的な手法の中間に位置する。イタリアを旅したフランス人建築家はこうした手法がいたく気に入り、またたくまにその模倣が広がり[18]、パリではここ一世紀の作品で大流行し、コラムやピラスターが対になっていなければ建物は権威を保てないと一般に考えられるようになった[19]、という。

ブロンデルにとって、ローマなどを旅して古代建築の姿を知りつつ、対のコラムというパリの流行に追随する建築家がいることは驚くべきことであった。パラディオやスカモッツィのような「最も慎重な建築家」は、この手法を使ったとはいえ、建物の隅の部分を強化するためであった。また古代人はその隅の部分にすら対のコラムを使わなかったし[20]、隅の柱を太くするべきだと主張したウィトルウィ

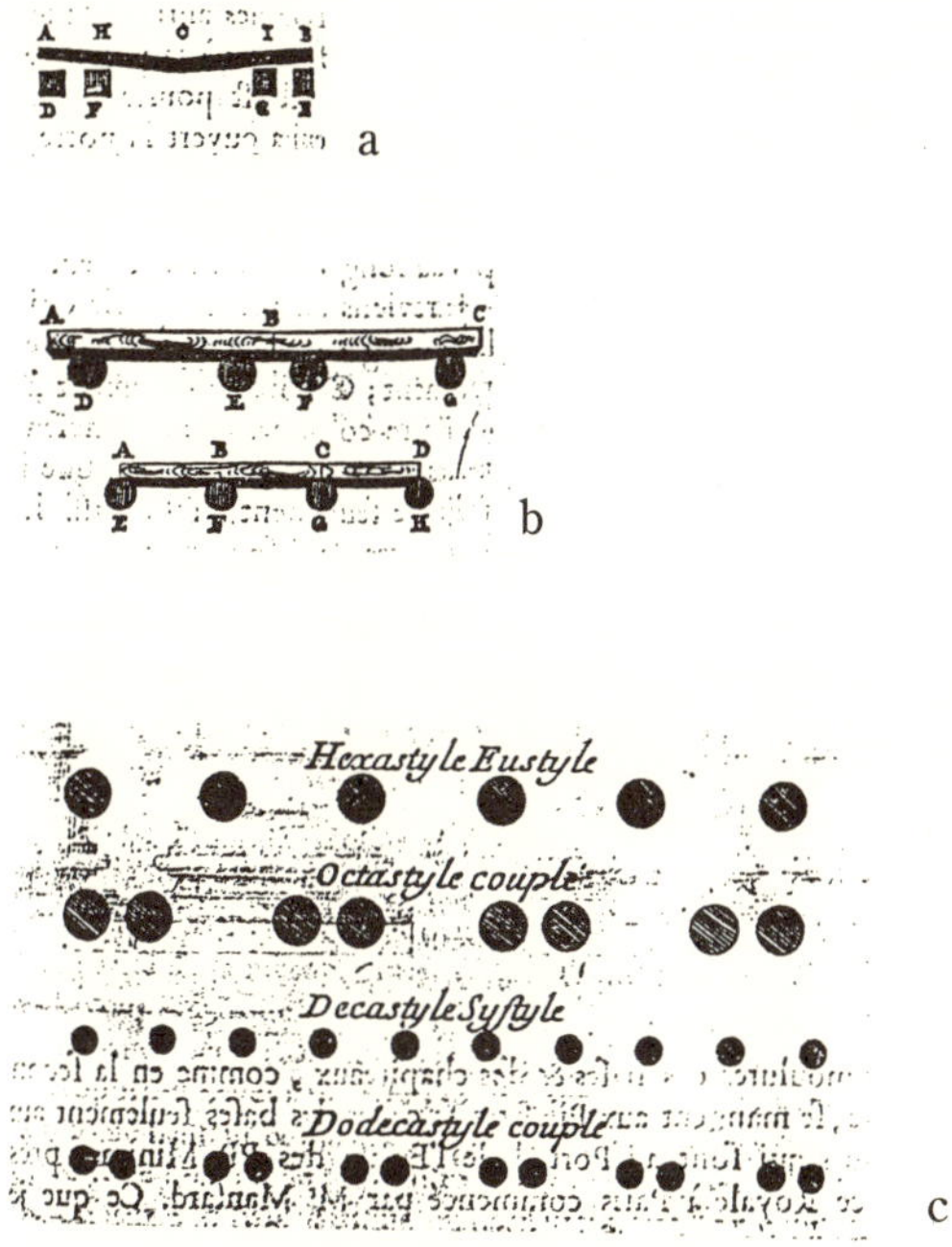

図5　ブロンデル『建築教程』第三部第一書第一一章、236～237頁。

ウスにとっても、隅部を強化するためではなく、ほかの部分と同等にみえるようにするためにであった(21)。

この古代の例という文脈で、彼はさらに、一六七四年四月三〇日の会合で言及された「バッカス神殿」にふれている。前述のように、この会合ではこの神殿を根拠として対のコラムをあるていど認める決定がなされた。これにたいしブロンデルは、この神殿では中央のドーム下の空間と周囲の周歩廊のあいだのアーチ壁がとても厚いので対のコラムにせざるをえなかっただけであり、しかもその並びは列柱全体の並びと平行ではないから、この例をもって柱廊における使用を正当化することはできないと主張している。すなわち「バッカス神殿」をもって対のコラムは是認されるとしたアカデミーの決定に反対するとともに、この神殿の例をもってはルーヴル宮のコロネードのそれは正当化されないと、暗に指摘している。

第一一章ではおもにペローがウィトルウィウス『建築十書』の脚注で展開した意見にたいして、大きく分類して三点から反論をしている。すなわちヘルモゲネスによる発明という観点、構造的強度、経済性の三点である。

まず第一の点についてブロンデルは、「擬二重周柱式」を発明したヘルモゲネスにならって対のコラムが考案されたというペローの説明を紹介したのち、それをつぎの四点から否定した。[22]（一）ヘルモゲネスの発明は二重の列柱のうちの一列を完全にとり除くことであるが、対のコラムの場合は位置を移動することであって、両者は本質的に異なる。（二）採光や開放性を好む国民性はまったくゴシック的であり、古代人の趣味からはほど遠い。（三）ヘルモゲネスにならって新しい法則を発明することは実際はさまざまな「気まぐれ」を生む原因になっている。（四）ペローは、この手法にさまざまな柱割りの長所が結合されているというが、実際はさまざまな柱割りの欠点が結合されている。すなわちウィトルウィウスが批判した密柱式や集柱式の密な柱割りにおける不便さ、ウィトルウィウスがやはり広すぎるとした疎柱式の欠点、である。

またブロンデルは構造的な強度についてもカップルド・コラムについて疑問を呈している。彼はもっぱらアーキトレーヴの強度に注目して論を進めているのが特徴的であるが、その論旨はつぎの五点に要約される。[23]（一）一本の長いアーキトレーヴを四本の柱で支えることを想定すると、その強度は最大スパンによって決定されるのであるから、柱が対であるかそうでないかは関係なく、また二本ごとに柱をまとめるより四本の柱を均等に並べるほうが有利である。（二）アーキトレーヴの中央にクラックがはいって崩壊が始まった場合、対のコラムの場合は内側のコラムの柱頭の内側上端部に長いアーキトレーヴの荷重が集中してそこが破損しやすい（図5a）。（三）対のコラムの梁は柱から張出したうえで下からの支えのない箇所で突き合されることになり、「良き建築の法則に反する」（図5b）。（四）ペローは梁が二重であるとスラブの強度も大きくなると主張するが、スラブの強度は柱間の大きさに依存する。（五）対のコラムによるコロネードは、壁付コラムなら十分な強度があるが、独立柱の場合は問題がある。その唯一の例がパリのルーヴル宮のコロネードであるが、そこで補強の鉄が大量に使われていることは、構造が不安視されているからである。

最後に経済性については、同じ幅のファサードを想定すると対のコラムの場合は通常の柱割りよりあきらかに柱を多くしなければならないから、経済性についても問題があると指摘している（図5c）。

第一二章の最後では批判の総括として、凱旋門におけるように壁面とごく僅かな距離を隔てて独立コラムが置かれる場合に、やはり壁面から張出すエンタブラチュアについて論じられている。ブロンデルは、その独立柱が古代の凱旋門によくみられるように単一のコラムならエンタブラチュアは壁から直角に張り出した梁の端部であると考えることができるが、対のコラムの場合はその上のエンタブラチュアは「切断されかつ不必要になった梁の一部」でしかないから同じ説明はできないと指摘している。

さらに彼はこの手法は「古代人の良き趣味」にまったく反するものとして結論づけている。

「……コラムを対にする方法は建物の美しき比例をまさに悪化させるのであって、アティクやそのほかの手法でいかに高くしようとも、対のコラムによって建物の幅は増し、建物は低くつぶされたようにみえる。(24)」

この最後の論考そのものはかならずしも論理的ではない。しかしブロンデルが念頭にしていたのはあきらかにペローが設計したトローン広場の凱旋門(25)であった（図1g）。この凱旋門は対のコラムとその上のエンタブラチュアが壁より張り出しているし、アティクや、王の騎馬像とその下部構造という「そのほかの手法で」高くされているが、全体としてはやはり横に間のびした印象は免れない。ブロンデルはルーヴル宮のコロネードだけでなく、この凱旋門をも非難してペロー批判の念を押したのである。

(五) ペローによるブロンデルへの反論——『オルドナンス』（一六八三）と『ウィトルウィウス建築十書』第二版（一六八四）

『オルドナンス』では、『建築十書』初版（一六七三）の脚注で展開された議論がほぼ同じかたちで繰り返されている。しかしそののちペローが発展させた概念を使い、カップルド・コラムは古代にはなかったが近代において発明され「習慣 accoutumance」や「慣用 usage」によって正当化された手法であること、密柱式と疎柱式という両極端のものの組合せであることを指摘している。(26)

ペローは『建築十書』第二版（一六八四）では、前述の第三書第二章の註一六にさらに書き足している。彼は、対のコラムに否定的な見解を述べた「ブロンデル氏」にたいする反論をこれから述べると明言したうえで、つぎの六点を指摘している。

（一）古代の法則は絶対守らねばならないものではなく、古代人のレベルに達するためにも、新しいものを発明することは必要である。（二）ブロンデルの指摘のどおり対のコラムは厳密にはヘルモゲネスの発明をそのまま繰り返すものではないが、それはたんに類似のことをおこなうという意味だし、コラムを移動させることは、完全に除去することに比べれば慎重なやり方である。（三）対にしたコラムの間隔は密柱式の柱間より小さいから開放性は十分でないという反論があるが、すべての柱間において開放性が求められているわけではないから、対にする場合は広いほうの柱間を考えればよい。（四）アーキトレーヴのスパンが大きくなれば構造的に弱くなるという指摘があるが、「擬集柱式」でも広いほうの柱間は最大三直径であるし、「擬密柱式」を想定すれば広いほうの柱間は二直径となる。（五）対になったコラムの中間でアーキトレーヴを繋ぐと構造的に不利だという指摘があるが、柱から張り出したアーキトレーヴの端部の荷重は、反対側でアーキトレーヴが折れるのを防ぐであろう。（六）ゴシック建築のすべてが否定されるべきではなく、採光や開放性という特質は、古代人もやがて求めた点である。（七）近代の巨匠たち[27]がこの手法の良さを認め使用しているから、その価値は認めなければならない。

（六）アカデミーの最終的な態度

ペローとブロンデルが著作においてそれぞれの自説を述べてしばらくして、アカデミーはふたたびこの主題に言及した。一六九七年にブロンデルの『建築教程』が講読されたが、同年七月一日と八日の会合[28]において、彼が対のコラムの是非について論じたその第三部第一書の第一〇章から第一一章にさしかかった。この会合でデゴデは、等間隔な柱割りによる柱廊と、ルーヴル宮のような対のコラムによる柱廊の、二種類のデッサンを提出した（図6）。アカデミーはそれらを比較検討したのち、対のコラムは「きわめて不適切」であり、きわめて大きな柱間をとらざるをえない場合のみに許されるという指摘がなされた。

この会合には当時の教授ラ・イール、ビュレ、デゴデ、ドルベ、フェリビアンが出席していた。そのうちドルベはヴェルサイユの仕事に忙殺されていたル・ヴォーにかわって、ルーヴル宮のコロネードの実質的なデザインの仕事に携わっていたと考えられている人物[29]であり、その彼が出席していた会合で対のコラムの正当性が認められないことは興味ぶかい。おそらくブロンデルは死後も権威を保っていたということであろう。

しかし一八世紀になるとこうした否定的な態度は薄れる。一七〇三年一月の二二日と二九日の会合において突出する左右両棟間の柱廊について議論し、やはり同じ意見を述べている。二二日の会合[30]では、とくに拘束のない場合は均等な柱割りを使用すべきであり、対のコラムは不可避な場合のみに使用できることが指摘された。また二九日の会合ではファサードの両端が張り出した翼部の場合の中央の窪んだ部分を飾るコロネードの二例を示す二枚のデッサンが検討されたが、そのいずれもが対のコラムを使ったものであった。だからこの時点では、それは全面的に否定されたわけではなく、状況によっては承認されるべきものであったと考えられる。

図6　一六九七年七月七日の会合で検討された図面の写し。『アカデミー議事録』第三巻、383〜384頁。

また一七一〇年七月七日の会合[31]では、対のコラムの上に人物像を設置する場合、二体にするか一体にするかという問題を論じており、やはりそれ自体は否定されていない。

一七一三年八月二八日の会合[32]では、かつて一六七四年四月三〇日の会合で論じられた「バッカス神殿」の内部の対のコラムは、対になった二本の柱は列柱の並びの方向に並んでいるわけではないから近代の建築家がよく利用するこの手法を正当化する根拠にはならないことを指摘している。しかし議論はそれよりは進展していないことから、それはたんにアカデミックな正確さを求めただけであり、それ自体の是非を論じたものではないようである。

（七）ブロンデル－ペロー論争の一八世紀後半における再検討

一七六四年と一七七一年にこの問題がふたたび論じられた。まず一七六四年七月二日と九日と一六日の三回の会合[33]では前述のブロンデルの『建築教程』第三部の当該箇所、ペロー訳『ウィトルウィウス建築十書』第三書第二章の註にみられるヘルモゲネスにかんする記述、および一六九七年七月一日と八日の会合と一七〇三年一月一五と二二日の会合の議事録がふたたび検討され、やはりこれらの会合での結論が尊重された。

また一七七一年五月六日と六月一七日の会合[34]ではやはりブロンデルの『建築教程』の同じ部分が講読されその是非が論じられたが、この手法はとくに「ルーヴルの柱廊」において成功を収めており、この手法によってきわめてよい効果が生れることが「近代のいくつかの例」で確認されるとしている。

(八) まとめ

このように、まず一七世紀末における対のコラムをめぐる議論は当時建設が進行中であったルーヴル宮の東面コロネードにおけるコリント式のそれを念頭においてなされた。近代派を代表するペローは賛成、古代派のブロンデルは反対であった。そこでは発明が許されるかどうか、構造的に有利かどうかが論点となった。アカデミーは第一期には明確な態度は示さず、どちらかといえば否定的であるにすぎなかったが、一八世紀後半には肯定的な態度をとった。

四　ドリス式カップルド・コラムの問題点とそれについて第一期になされた議論

こうした対のコラムにかんする論争では、特定の種類のオーダーが念頭にあるわけではないし、ルーヴル宮のコロネードやトローン広場の凱旋門がコリント式オーダーからなるとはいえ、コリント式自体は問題とはされなかった。しかしドリス式オーダーの場合の問題は、一般的な議論と平行してではあるが、それからあるていど独立して論じられた。

ドリス式コラムを対にすると理論的にはつぎの問題が発生する。このオーダーの場合、コラム軸線はトライグリフ軸線と一致しなければならないから、対にするには二本のコラムの軸線間に、左右にはトライグリフの半分とそれらに挟まれて中央には正方形のメトプがひとつある状態を想定しなければならない。すなわちコラムの心々間隔とトライグリフの心々間隔が一致しなければならない。しかしたとえば一般的な比例であるヴィニョーラのドリス式では、トライグリフ間隔は二モデュール六パルティ(ヴィニョーラにおいて1M=12P)であるが、コラムの柱頭や柱基は柱身円周よりも張り出しているので、コラム間隔は二モデュール一〇パルティより小さくできない。だから理論的あるいはシステム的にはドリス式のコラムを対にすることは不可能であり、もし無理にそうしようとすれば基本的な比例を変化せざるをえない。

図７　オテル・カルナヴァレの中庭のファサードにみられるドリス式オーダーの細部。ジャック・ブリュアン。（上）中庭西面。（左上）、（左下）中庭北面。

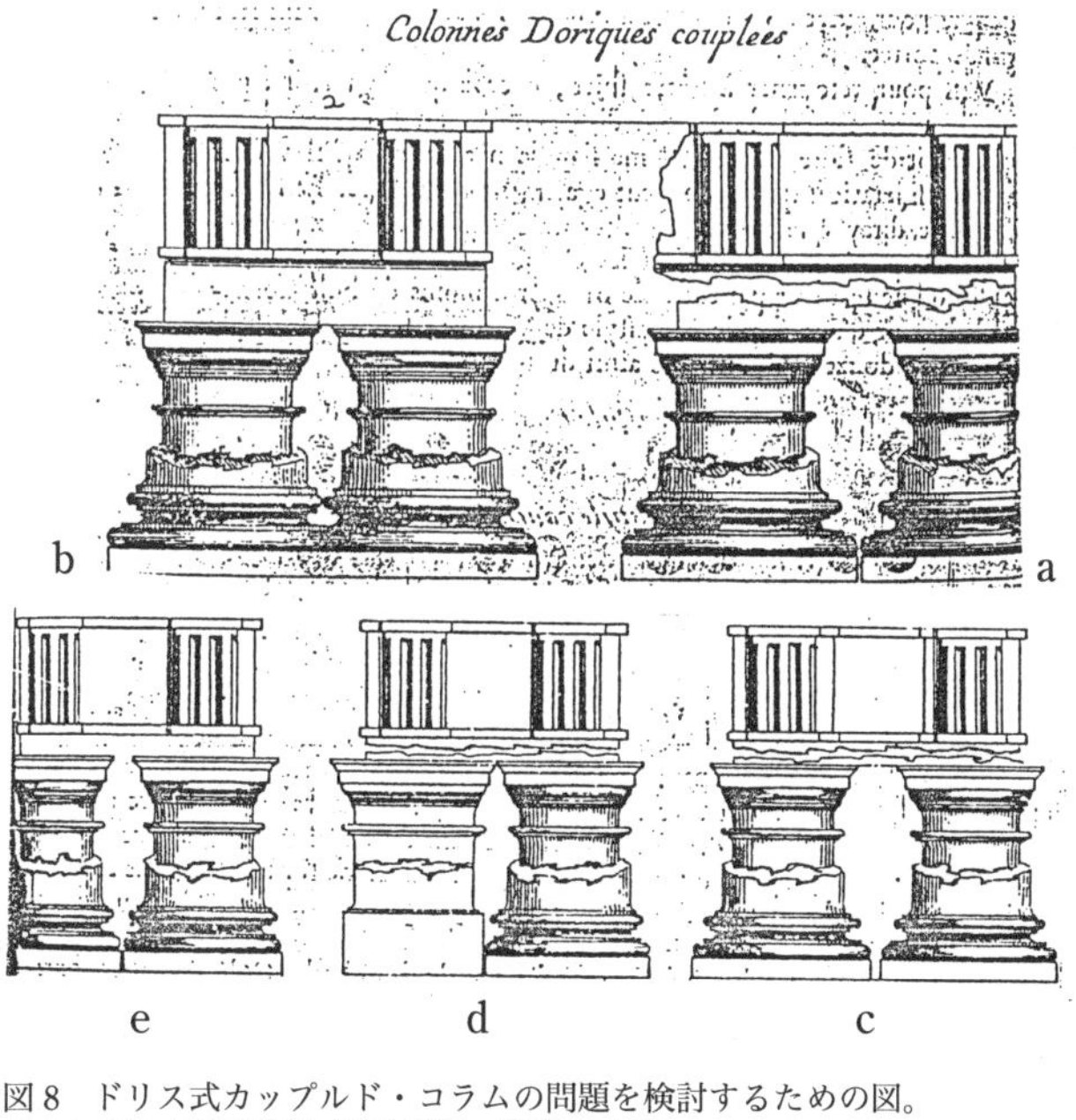

図８　ドリス式カップルド・コラムの問題を検討するための図。ブロンデル『建築教程』第三部第一書第一二章。

こうした比例の変化は、一七世紀フランス建築の実例では二種類あることが観察される。第一はメトプの幅を拡大して柱間をじゅうぶん大きくする方法で、ド・ブロスによるルクサンブール宮の中央入口の二層目部分、サン＝ジェルヴェ教会のファサードの一層目、レンヌ市裁判所の中央ポーティコ、またフランソワ・マンサールによるブロワ城のオルレアンの翼部、メゾン城などがある。しかしメトプは本来は正方形であるべきであり、これらの例は正当的な比例に反する。またこれらの例では横長になったメトプに装飾が加えられることが多い。第二にメトプは正方形を保つが柱頭や柱基を相互貫入させる方法であり、その例としてはジャック・ブリュアンによるオテル・カルナヴァレの中庭のファサード（図7）がある。

こうしたドリス式カップルド・コラムの矛盾ははやくから意識されていたようであり、この問題を論じるために引合いにだされる建物もサン＝ジェルヴェ教会、ブロワ城オルレアン翼部などと決まっていた。

（一）『建築教程』第三部におけるブロンデルの検証

ブロンデルは前述の『建築教程』第三部（一六八三）第一書第一二章でこの問題に言及している。ドリス式においてこの手法をしいて使用しようとすればさまざまな不都合が生じることを指摘したうえで、まずメトプが横長になる例として「ド・ブロス氏がパリに建設したサン＝ジェルヴェ教会のポーティコ」のドリス式をあらわす図（図8a）と、柱基が「たがいに食いこむ se manger」例として「マンサール氏が着工したパリのロワイアル広場近くのミニム会修道院[35]の教会」の図（図8b）をそれぞれ示した。これらの二例は上記の二種類に対応する。

彼はさらにフランスの著名な建築家がこうしたゴシック的造形に耽けるのを嘆きながら、考えられる別の三種類の解決案を提案し、さらにそれらを検証している。すなわち、これら二種類に加えて、第三の方法は、メトプの両端部を突出させて中央の窪んだ部分を正方形に保つ方法（図8c）であるが、これは「良識 bon sens」に反する。第四の方法はスカモッツィも採用したものであるが、コラムとピラスターを対にし、ピラスターの柱基は簡略化してコラムの柱基と重ならないようにする（図8d）。第五の方法は、柱基の幅そのものを小さくしかつトライグリフを高く、すなわちメトプの横幅が大きくなっただけ高さを増やして、メトプを正方形に保とうとするものである（図8e）。

ところでブロンデルはこの最後の方法を、具体的な数値を与えてさらに綿密に検証している。ウィトルウィウスの比例を前提とし、柱基や柱頭が接触しないためには柱間はすくなくとも心々で二モデュール二三パルティ（八三パルティ　彼は1M＝30Pで計算している）でなければならないとし、この寸法を、メトプ幅五〇、トライグリフ幅三三パルティに配分した。[36] 彼はさらに、これらの寸法はウィトルウィウスの定めた寸法、すなわちメトプ幅の一モデュール二分の一（四五パルティ）とトライグリフ幅の一モデュール（三〇パルティ）とは異なっていることから、「いかにしてもドリス式コラムを対にすればかならず欠陥が生じる」[37]と結論づけている。

（二）『オルドナンス』（一六八五）におけるペローの態度

ところでペローはこの問題全般についてブロンデルと激しく論争したが、ドリス式の場合についてはやや曖昧な態度を示している。『オルドナンス』第二部の「近代建築に導入されたいくつかの濫用（abus）について」と題されてた第八章では、習慣によって承認された濫用とまだ認められない濫用を区別した。パラディオの時代から導入された濫用は、それ以前のものよりは「それほど間違っているわけではない」[38]としていくつかの濫用の例[39]を示したが、それらのなかにドリス式カップルド・コラムにおいてメトプの幅を広げることも含まれていた。すなわちこうした方法の問題はあるていど認識しながら、あえてそれを承認しようとしている。

ペローはこの第八章においてドリス式コラムを対にするためには必然的にメトプを拡大しなければならないことを前提とし、歴史的に検証している。古代の建築家ピテウス、[40]タルケシウス、[41]ヘルモゲネスはきわめて慎重であり、けっしてメトプを拡大しなかった。[42]近代の建築家パラディオも「ヴァレリオ伯爵の邸宅」（すなわちヴィツェンツァのパラッツォ・キエリカーティ邸）では、入口のある中央の柱間を広げるためだけにメトプを拡大している。[43]ペローはさらにパラディオ以後の例として、サン＝ジェルヴェ教会とミニム会修道院に言及している。[44]

だからペローの議論は、それまでにブロンデルやアカデミーがおこなった議論を忠実になぞっている。しかしながらこの第八章は、厳密には規則性に欠けるものをあえて容認するという意図のもとに書かれており、その意味でそれまでに批判された建築があえてとりあげられたことは、やはりペローがブロンデルに間接的に反論していることを意味する。

(三) 一六八八年九月二四日の会合

一六八八年九月二四日の会合[45]でドリス式カップルド・コラムの場合に柱頭がたがいに接触するという問題を論じているが、明快な結論は議事録には記されていない。

(四) ダヴィレの『建築事典』

シャルル・ダヴィレはその『建築事典 *Dictionnaire d'Architecture*』（一七六〇年発行、実質的な部分は一六九〇年ごろ書かれた）のなかの「対のコラム」の項目で、対にするのが最も困難なのはドリス式であり、この問題があらわれた建物の例として、やはりマンサールのミニム会修道院、ド・ブロスのサン＝ジェルヴェ教会とルクサンブール宮、そしてルメルシエのパレ・ロワイヤルをあげている。[46]これらはブロンデルやペローが言及した例であり、同じ建物をとおして同じ問題意識が継続していたことを示している。

(五) ジェルマン・ブリスによる批判

著述家ブリス[47]はその『パリ市の新見聞 *Description Nouvelle de la Ville de Paris*』（一六九八）のなかで、パリのミニム会修道院のポーティコを例として、ドリス式カップルド・コラムを批判している。ブロンデルもやはりこの建物を例として批判しているから、これはアカデミーで権威を保っていたブロンデルの見解が、外部の一般の世界にも影響を与えた証拠であろう。

「なん人かの敬虔な人たちの意志によって、これらの神父たちは一五九〇年に当地に移住させられた。彼らの教会はたいへん清潔で明るく、その正面入口は、もし建設当初と同じ意図で完成されていたら、美しい建築の一断片であったろう。それは有名なフランソワ・マンサールの作品である。第一層のオーダーのコラムはドリス式であるが、この器用な建築家は幸運にもその対のコラムをヴリイェール邸[48]のみから引用したのではなかった。というのは彼はメトプを正方形に保とうとして、さらにより重大な不規則性に陥ったのであった。なぜならふたつの柱頭はたがいに近寄りすぎ、柱基にもやはり障害があらわれ、たがいに食いこんでおり、ふたつのコラムにとってはひとつの楕円にしかみえなくなり、これらのものを注意ぶかく観察する好奇心あふれる人びとを驚愕さ

図9　ミニム修道院。フランソワ・マンサール。

せるのである。[49]」（図1e、8b、9）

（六）まとめ

このように、ブロンデルやペローなどのアカデミー関係者や、またブリスといったそうでない人物にも、ドリス式コラムを対にする場合どのような困難に直面するかについては共通する認識があった。それはトライグリフを均等に配列するということと、コラムを対にするということが両立しないという根本的な欠陥であった。第二期ではドリス式の基本比例そのものを変更することでこの困難を克服したが、そのまえにアカデミーは寸法体系を変更するであろう。

五　第二期におけるドリス式カップルド・コラムにかんする議論

（一）背景

アカデミーがパリ市慣習法とトワゼ（一種の見積法）にかんする長い議論ののちにふたたび建築オーダーの問題をとりあげたとき、まずドリス式カップルド・コラムの適切な比例が検討された。前述のようにブロンデルはドリス式オーダーを対にする場合はオーソドックスな比例を変更しなければならないことを指摘している。それを前提としたうえでこの主題にとりくむことは、とうぜん第一期に定められた比例から逸脱してもよいという決意があったことが想定される。

この第二期になぜこの主題が肯定的な立場から研究されたかを直接示す文献資料はないが、状況証拠としてふたつの原因が想定される。

第一にガブリエル親子の存在である。彼らは実作品においてこのモチーフを多用し、かつこの主題についてアカデミーが集中的に議論した一七三〇年代の後半において、この組織のなかで重要な立場を占めていた。まず父であるジャック・ガブリエルは一六九九年に入会し、一七三五年に主事となり、一七四二年四月二三日に没した。(50) 彼は一七二八年に設計した新しいレンヌ市庁舎の一部となる時計塔の立面(51)や、また一七三八年の「会計検査院 Chambre des Comptes」のポーティコに使用した。(52) 一七三六年にはこのモチーフを主題とする会合が多かったが、彼はそれらに出席しており、そうした議論が主事であった彼のイニシアティヴのもとになされた公算が大きい。子アンジュ=ジャック・ガブリエルも一七二八年に入会し、一七四二年に父を継いで主席建築家かつ主事となった。彼も一七四一年以降のものとされるヴェルサイユのいわゆる「グラン・プロジェ」のなかで同じモティーフを使用しており、この問題をアカデミーに諮問する必要性があったと考えても不思議ではない。

第二に一八世紀前半にパリやそのほかの都市で建設された教会建築においてこのモティーフが流行していることである。パリのサン=シュルピス教会、サン=トゥスタシュ教会など多くの教会にこの手法がみられる。

（二）第一期における議論の帰結、すなわち柱間が三〇パルティであることの不都合

さてアカデミーの議論は、柱間をどのくらいにすればドリス式オーダーは対にできるかという問題に尽きる。前述のように第一期にブロンデルが八三パルティ（1M＝30P）が必要であると述べているが、この値を「1M＝12P」である第二期の寸法に換算すれば三三・二パルティとなる。[53]

またデゴデが『建築オーダー書』（一七二一）で定めたドリス式の一般的比例はアカデミーの意志を反映したものだと考えられる。[54] 彼は「1M＝30P」として比例を記述しているので、この正当的なオーダー比例において、柱頭および柱基の柱身からの張出し寸法を第二期の寸法体系に変換すると、つぎのようになる。ただし柱頭の張出しは、柱頭最大幅の半分（三八パルティ）から柱身上端半径（二五パルティ）をひいた値をとる。

	柱頭の張出し	柱基の張出し	トライグリフ間隔（軸間距離）	メトプの幅
一モデュール＝三〇パルティとして	一三	一二	七五	四五（単位＝パルティ）
一モデュール＝一二パルティとして	五・二	四・八	三〇	一八

これらの数値から、柱頭や柱基が接触しないための最小の柱間、すなわちトライグリフ間隔を求める。

コラムの柱頭	（一〇（上端半径）＋五・二）×二＝三〇・四	（単位＝パルティ）
ピラスターの柱頭	（一二（上端半径）＋五・二）×二＝三四・四	
柱基	（一二（下端半径）＋四・八）×二＝三三・六	

デゴデの標準的な比例では三〇パルティしかない。柱頭がたがいに接しないためには三〇・四パルティ以上、柱基の場合なら三三・六以上、ピラスターの場合の柱頭なら三四・四以上に、トライグリフ間隔を広げる必要がある。ブロンデルは第一期に三三・二パルティに

会合日付 図版制作者	コラム（C）あるいはピラスター（P）	コラム高さ	コラム心々距離	エンタブラチュア（高さ）全体	コーニス	フリーズ	アーキトレーヴ	メトプ幅	トライグリフ幅	柱頭 張出し	柱頭 距離	柱基 張出し	柱基 距離	上下直径比
デゴデ（1M = 12P）換算		16M	(30)	4M 0P	18	18	12	18	12	5.2	− 0.4	4.8	− 3.8	5 : 6
1683 年 (1M = 30P) ブロンデル (1M = 12P)			83 33.2	— —		50 20		50 20	33 13.2	— —	— —	— —	— —	— —
1738 年 1 月 27 日	C	—	33	—	—	—	—	—	—	—	—	—	—	—
1738 年 6 月 2 日 タヌヴォ	C, P	—	33	—	—	—	—	—	—	—	—	—	—	—
1738 年 6 月 30 日 タヌヴォ	C, P	—	33	—	—	—	—	—	—	—	—	—	—	—
1741 年 6 月 26 日	P	—	33	—	—	20	—	20	13	4.25	0.5	—	—	—
1741 年 7 月 3 日 タヌヴォ	C P	— —	33 33	— —	— —	20 20	— —	20 20	13 13	5 4.25	3.0 0.5	4.25 4.25	0.5 0.5	5 : 6
1741 年 7 月 17 日 タヌヴォ	P —	17M	34.5	4M 3.5P	18	21.5	12	21.5	13	5.0	0.5	5.0	0.5	—
1741 年 8 月 7 日 タヌヴォ	C —	17M	34	4M 3P	18	21	12	—	—	—	—	—	—	—
1741 年 8 月 14 日 タヌヴォ	C P	17M 17M	34.5 34.5	4M 3.5P 4M 3.5P	18 18	21.5 21.5	12 12	21.5 21.5	13 13	5.0 5.0	3.5 0.5	5.0 5.0	0.5 0.5	7 : 8 —
1741 年 11 月 27 日 タヌヴォ	C P	17M 17M	34.5 34.5	4M 2.5P 4M 2.5P	—	21.5 21.5	—	21.5 21.5	13 13					7 : 8 —
1742 年 3 月 12 日 タヌヴォ	C —	—	34.5											—
1742 年 8 月 10 日 B.I.F. BII	C	17M	34.5	4M 3.5P	18	21.5	12	21.5	13					
1746 年 5 月 2 日 カルトー	P	16M	—	—	—	19	12	19	—	—	0.0	—	0.0	11 : 12
1746 年 6 月 6 日 ルルー	P —	16M	32	4M 0P	18	19	11	19	13	4.75	0.5	3.75	0.5	11 : 12

表 1　アカデミー議事録に記されたカップルド・コラムあるいはカップルド・ピラスターの比例。
1M = 12P

拡大することを提案していたわけである。

（三）柱間が三三パルティの段階（表 1）

こうした理論値を満たしかつ複雑なオーダーの比例体系を調節する作業が一七三六年からの会合で集中的になされた。

一七三六年五月七日の会合[55]では、一七三〇年から教授であったクールトンヌによって書かれた『建築論』[56]のなかのドリス式オーダーにかんする記述が講読された。議事録によればこの文書では、ド・ブロスのサン・ジェルヴェ教会においては対のコラム上のメトプがほかの箇所のものより幅が広くなっていること、フランソワ・マンサールのミニム教会の入口においてはメトプを正方形にするために柱基も柱頭もたがいに貫入していることが指摘されている。さらにクールトンヌはこの会合で、コラム高さを一六モデュールから一七モデュールにまで大きくし、エンタブラチュアにコラム高さの四分の一すなわち四モデュール三パルティ（ゆえに 1M = 12P）の高さを与え、こうしてメトプを規則的にすることを提案した。アカデミーはクールトンヌの提案を図化して次回の会合で検討するのが適当と判断した。

クールトンヌの提案は二点において意義がある。第一にこのふたつの建物はブロンデル以来問題となっているものであるから、彼はこの第一期になされた議論を継承したが、解決の方法はブロンデルとは逆であり、対のコラム実現のためにほかの部分の比例を変更することに躊躇しなかった。第二の点は、彼の比例変更の方法がアカデミーが最終的に選択する方法を先取りしている点である。すなわち結局、つぎの順序で比例を変えることになった。コラムをより高くする。↓その四分の一であるエンタブラチュアを高くする。↓その増分をおもにフリーズに与える。↓メトプをより高くする。↓メトプ（正方形でなければならない）の幅を大きくする。↓トライグリフ間隔を大きくする。↓柱間を大きくする。

一週間のち の一七三六年五月一四日の会合(57)では、クールトンヌは図版は提出しなかった。そのかわりにタヌヴォが別の比例を提案した。それはコラム高さが一六モデュール、エンタブラチュア高さがその四分の一という通常の比例であったが、柱頭の突出に「五パルティ半ではなく五パルティ」を与えることで、柱頭のアバクスが相互貫入することを避けた。理論的にはこれは可能だが、柱頭間のスペースはゼロとなる。アカデミーはオーダー全体の図面を提出するようタヌヴォに依頼したが、その図面は結局は提出されなかった。

一七三六年七月一六日の会合(58)では基本的な方針が決定された。すなわちドリス式コラムを単独で使うか対で使うかのふたつの場合に分けて考え、前者の場合にはコラム高さが八直径というヴィニョーラの法則に従うべきであるとしたうえで、つぎのような結論が下された。

「前記の（ヴィニョーラの）比例を守ったままオーダーを対のコラムとして使うと、メトプとミューチュールを正方形に保つためには柱基と柱頭が食いこむ（se manger）ことは避けられないので、コラムとエンタブラチュアに別の比例を与えて、柱頭と柱基が離れるように、この新しい比例によってすべての部分を調整して規則的にしなければならない。(59)」

ドリス式については、第一期の比例はヴィニョーラのそれにきわめて近いから、ここでは対のコラム実現のために既定の比例とは別のものを定めることが認められたのである。

この会合からやや遅れて一七三六年一二月三日の会合[60]では、タヌヴォは対のコラムの二例を示す図版を提出したが、ひとつはヴィニョーラの比例にもとづくもので、もうひとつは別の建築家の比例によるものであった。また彼は、この図版にかんする報告書を読みあげた。翌一二月一〇日の会合[61]では同じ議題が討議されたが結論はもち越された。さらに翌一二月一七日の会合[62]では、タヌヴォが一二月三日に提出した図版が検討された。この会合では「ガブリエル氏」（おそらく一七三五年に主事となった父ジャック・ガブリエル）は、タヌヴォがやはり一二月三日に提出した報告書を読んでおり、おそらくこのガブリエルの指導のもとに、アカデミーはつぎのような結論を下した。

「（古代人の構成や寸法）をあまりに几帳面に正確に模写することは、常なる目的であろう建築の進歩と完成を妨げる可能性があった。しかしまた彼ら（古代人たち）の原理から遠ざかることなしに、アカデミーはすすんで（古代人にたいする）対抗意識を持ち、新しい研究に着手するであろう。そしてそこから構成においてはより優雅で高貴であり、部分においてはより秩序あふれ整っている発明がもたらされれば、アカデミーはそうした発明にたいして同意しなければならないと信じる。アカデミーの意見としては、タヌヴォ氏によるデッサンをとおしての提案は有用であり、容易に実現されうる[63]。」

第一期においては結局古代の権威から抜けられなかったが、ここでは「発明」された近代的なモティーフとしての対のコラムの価値が評価されていることがわかる。それを支持したペローはこの時点で最終的に勝利し、タヌヴォは具体的な比例を与えて図化した。タヌヴォがこれら会合で提出した図版は残っていない。ところでこの第二期では、ドリス式カップルド・コラムの規則性を保つために二種類の方法が提案された。第一の方法は、タヌヴォが提案したように柱基と柱頭の張出しを小さくすること。第二の方法は、クールトンヌが提案したようにメトプを大きくしてエンタブラチュア全体を高くするやり方である。そしてはさまざまな議論を繰り返したが、最初はこれら二種類の矛盾する選択を調和させようとしたが、最終的には第二の方法にもとづき、柱基と柱頭の張出しは通常のままでメトプを大きくし、同時にエンタブラチュア全体を高くする方法を選択したことが判明する。最初のころの議論ではコラム（トライグリフ）心々距離が三三パルティに設定されており、おそらくブロンデルの議論が心理的な拘束となっていたと考えられる。しかしやがてより大きな数値が採用されるようになった。

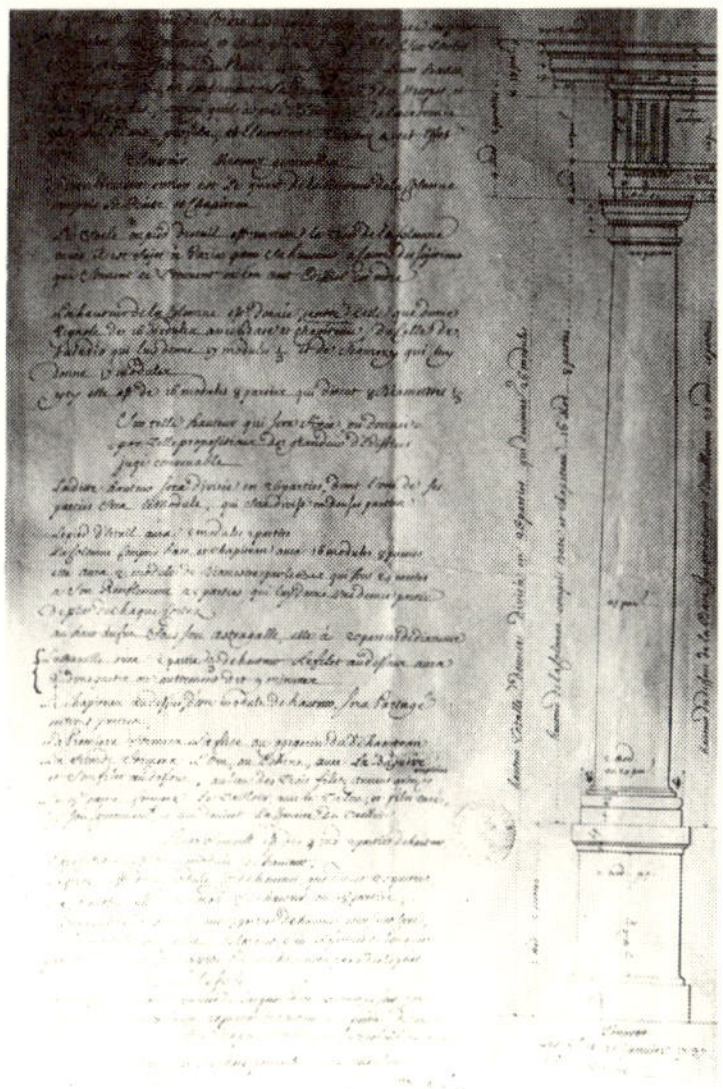

図10　タヌヴォによるドリス式オーダー。
フランス学士院図書館、Ms.1026, pl.33.

ところで一七三七年一月六、二一日の日付がついているタヌヴォのデッサン[64]は上記の二方法を折衷した方法を示している（図10）。この図にはドリス式といっても対のコラムは描かれていないが、欄外には「二本のコラム、二本のピラスターを一緒に対にできるように……」と記されている。議事録にはこのドリス式オーダーにかんする記述はないが、しかしこの図版によれば、コラム高さは通常の一六モデュールより高い一六モデュール八パルティであり、エンタブラチュア高さは通常の四モデュールより高い四モデュール二パルティであり、その結果、コラム心々距離は三三パルティ（通常は三〇）、メトプ幅は二〇パルティ（通常は一八）となっている。しかし柱基の張出しは、通常の四・八パルティにたいして四パルティ四分の一しかない。

一七三七年の会合でタヌヴォは、きわめて積極的にドリス式カップルド・コラムについて発表した。一月二一日の会合[65]では古代や近代の建築家が与えた比例を検証し、それらがこの手法のために適切かどうか検証した。アカデミーは、これら諸例のなかには柱基や柱頭を分離したままで対のコラムを成立させるために適切な比例をもつものはないこと、だから新しい比例を考案する必要があること、タヌヴォがこの仕事におおいに貢献していることを再確認し、そして「これらの図面すべてに署名しアカデミーの書庫に所蔵」した。

そしてタヌヴォは柱基や柱頭が接触しないための具体的方法を述

べはじめる。一七三七年一二月一六日の会合で[66]、彼は「そのエンタブラチュアに（コラム高さの）四分の一以上の量を与え、それによってメトプは正方形になった」。一七三八年一月二七日の会合[67]では、タヌヴォがドリス式カップルド・コラムのための新しい比例を報告し、エンタブラチュア全体の高さは二五等分され、アーキトレーヴ、フリーズ、コーニスの高さにそれぞれ六、一〇、九と配分することでコラムの柱間距離を三三パルティにできると指摘している。ところでこの比例によればフリーズ高さはエンタブラチュア全体の二五分の一〇（＝0.4）であり、ヴィニョーラやデゴデにおける八分の三（＝0.375）と比較して、フリーズ高さが相対的に大きくなっている。だからこの方法なら正方形であるメトプの横幅も大きくでき、柱間も大きくできる。

さて三三パルティという柱間心々距離にはふたつ意味がある。まずこの値は柱頭が接触しないための最小値である三〇・四パルティより大きいが、柱基が接触しないための最小値である三三・六パルティより小さい。だから三三という値は柱基をあるていど犠牲にしたうえで、柱頭には支障のないもののための寸法であると考えられる。第二に、コラムとは異なりエンタシスがなく柱身の幅は一定であるピラスターの場合は、この理論は当てはまらないことである。前述のようにピラスターを対にするときは、柱頭が接触しないためには最小三四・四パルティの柱間距離が必要である。また当然のことながら、ピラスターを対にできる寸法は、コラムをも満足させる。そして一七四一年になされた議論では、ピラスターを対にするために必要な比例が研究された。

一七四一年六月二六日の会合[68]では、そのための比例が提案されたが、そこでは柱間距離は三三パルティ、柱頭の張出しは四パルティ四分の一とされた。ただし柱基については記載がない。デゴデの比例によれば柱頭張出しは五・二パルティであるから、これはかなり小さい寸法である。アカデミーはこう指摘した。

「一般的にこの柱頭の張出しは小さすぎるようにみえるが、しかしこのオーダーの比例に準拠すれば、ほかの比例を変化させることなしに、この張出しをそれよりも大きくはできないことがわかる。[69]」

つぎの段階ではブロンデル的な三三パルティという数値がもはや拘束力をもたなくなり、柱頭や柱基に通常の幅を与えるために、コラム心々距離が、ということはトライグリフ心々距離がより大きくされるようになった。

一七四一年七月三日の会合[70]ではタヌヴォが、対の構成でピラスターのすぐ手前にコラムを配置する場合の比例を提案した。それによれば柱間はやはり三三パルティであるが、柱頭の張出しはコラムが五、ピラスターが四と四分の一となり、ピラスターの場合はやはり柱頭の幅を小さくせざるをえなくなっている。アカデミーはこの提案をいちおう承認した。さらに翌七月一〇日の会合[71]では、前記のタヌヴォの提案とドーム・デ・ザンヴァリッド正面のポーティコと似た例が比較検討された[72]。後者においては、背後にあるピラスターの柱身の幅を微細に調節することで、柱頭のすぐ下ではコラムの直径とほぼ同じ値とし、それゆえ柱頭の張出しはピラスターもコラムも同一となっていることが確認された。

（四）柱間が三四パルティ二分の一の段階（表2）

しかし結局タヌヴォはカップルド・ピラスターをむしろ基準として比例を定め、それを対のコラムにも応用するという方法をとった。それは柱間を三四パルティ二分の一という大きな値にすることになってあらわれた。彼は一七四一年七月一七日の会合[73]において、この手法のために柱間に三四と二分の一という大きな数値をはじめて提案した。この比例によって柱頭の張出しはじゅうぶん大きくできたが、ピラスターの高さは通常より高くせざるをえなかった。すなわちつぎの順序で連鎖反応的に比例は変更された。柱基と柱頭に十分な張出しを与える。↓柱間が拡大（三四パルティ〜三四と二分の一）。↓メトプ幅が拡大。↓メトプ高さが拡大（メトプは正方形でなければならないから）。↓フリーズ高さが拡大。↓エンタブラチュア高さ拡大。↓コラム高さを通常は一六モデュールであるものを一七モデュールに拡大（エンタブラチュア高さはつねにコラム高さの四分の一だから）。

彼は同年八月一四日[74]、一一月二七日[75]の会合においても対になったコラムやピラスターあるいは両者の組合せのために類似した比例を提案したが、それらはやはりピラスターの場合を基準にしたものであった[76]。これらおける共通点だが、まず柱基と柱頭の張出しは五パルティで、この数値はデゴデが示した柱頭の張出しの五・二、柱基の四・八というふたつの通常値の平均にあたる。つぎに柱間はおおむね三四パルティ二分の一であること。さらにコラム高さは一七モデュールであり通常（一六モデュール）よりかなり高めである。またフリーズもかなり高く、フリーズとエンタブラチュアの比は〇・四二一五（21.5P/4M3P）であり、タヌヴォが一七三八年に提案した〇・四よりもさらに大きい。こうした提案にたいしてアカデミーは「これらの研究に満足したようであり、こうした寸法より作成されたオーダー

図版番号	コラム（C）あるいはピラスター（P）	コラム高さ	コラム心々距離	エンタブラチュア 全体	コーニス	フリーズ	アーキトレーヴ	メトプ幅	トライグリフ幅	柱頭張出し	柱頭間距離	柱基張出し	柱基間距離	上下直径比
MS.1026 pl.16	C —	—	34.5	4M1.5P	16.5	21	12	21	13.5	5.0	3.5	—	—	7：8
MS.1026 pl.23	P —	—	34.5	—	—	—	—	—	—	—	—	5.0	0.5	—
MS.1026 pl.24	C —	—	34.5	4M3P	18	21	12	21	13.5	5.0	3.5	—	—	7：8
MS.1026 Pl.25	C P	16M6P 16M6P	34.5 34.5	4M3P 4M3P										7：8 —
MS.1026 Pl.27	C —	—	33	4M2P	18	20	12	20	13					7：8
MS.1026 Pl.31	C P	—	34.5 34.5			21 21		21 21	13.5 13.5	5 5	3.5 0.5	— —	— —	7：8 —
MS.1026 Pl.32	P —	17M	34	4M3P	18	21	12	21	13	4.75	0.5	4.75	0.5	—
MS.1026 Pl.33（a）	C	16M 8P	33	4M2P	18	20	12	21	13	5.0	3.5	4.25	0.5	5：6
MS.1027 Pl.5	P —		34.5	—	—	21	—	21	13.5	—	—	—	—	7：8
A.I.F. B.13-6-1-2	C	17M 4P	—	4M4P	18	21	12	22	—	—	—	—	—	—

表2　フランス学士院図書館所蔵のタヌヴォによるデッサンにおける、カップルド・コラムあるいはカップルド・ピラスターの比例。単位パルティ。1M ＝ 12P

はよき比例を保つであろうと信じる」[77]と好意的であった。

（五）タヌヴォの図面（表3）

ところでフランス学士院図書館にはタヌヴォが会合に提出した図面（Ms.1026, 1027）が残されており、これらの資料のなかにもドリス式カップルド・コラムにかんするものがいくつか含まれている。これらを議事録と比較するのは興味ぶかい。

これらのいわゆる『デッサン・タヌヴォ』のなかには日付のあるのは二例しかない。まず Ms.1026, pl.32（図11）には一七四一年七月一七日の日付がついており、タヌヴォ、ガブリエル、A・モレ、ジョスネ、オベール、ルルー、カミュ、ボジールのサインがある。だからこの図版はタヌヴォが同じ日にアカデミーに提出したものであると思われる。しかしこの図版中の数値は、議事録に記されたそれらとは異なっている。たとえば図版においては対のコラムの心々距離は三四パルティであるが議事録では三四と二分の一であり、柱基と柱頭の張出しも前者では四と四分の三、後者では五となっている。

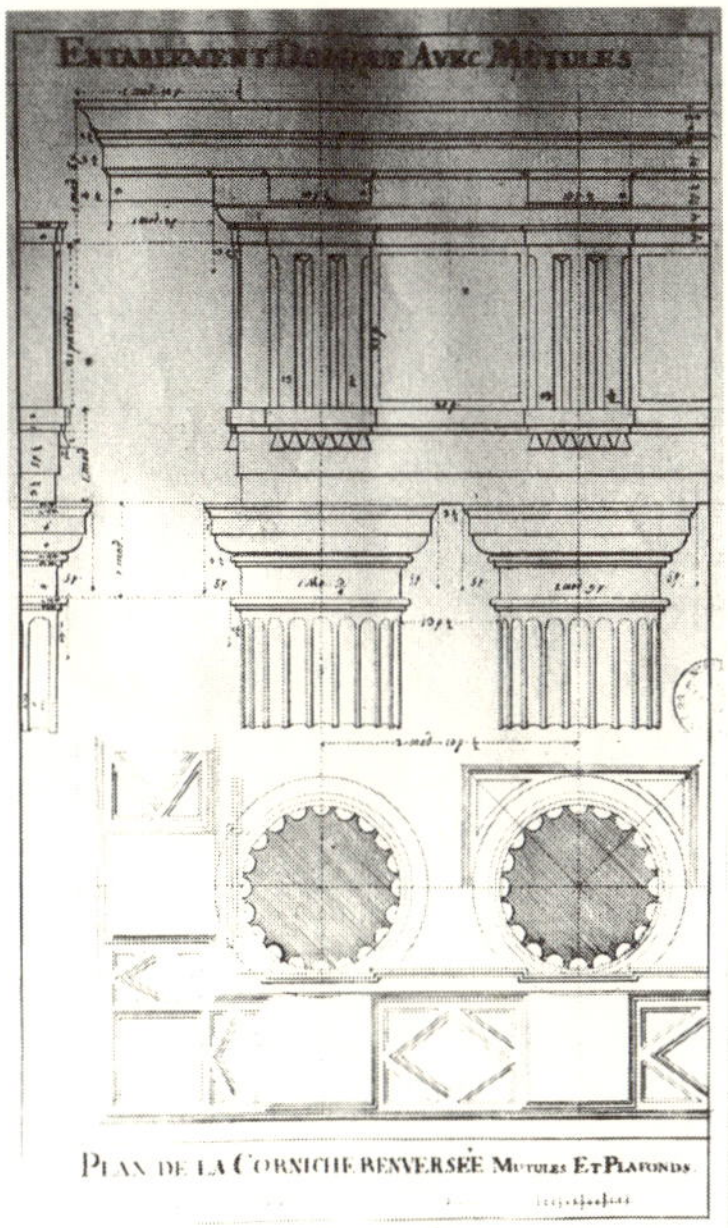

図12　タヌヴォによるドリス式カップルド・コラムの検証。同、Ms.1026, pl.24.

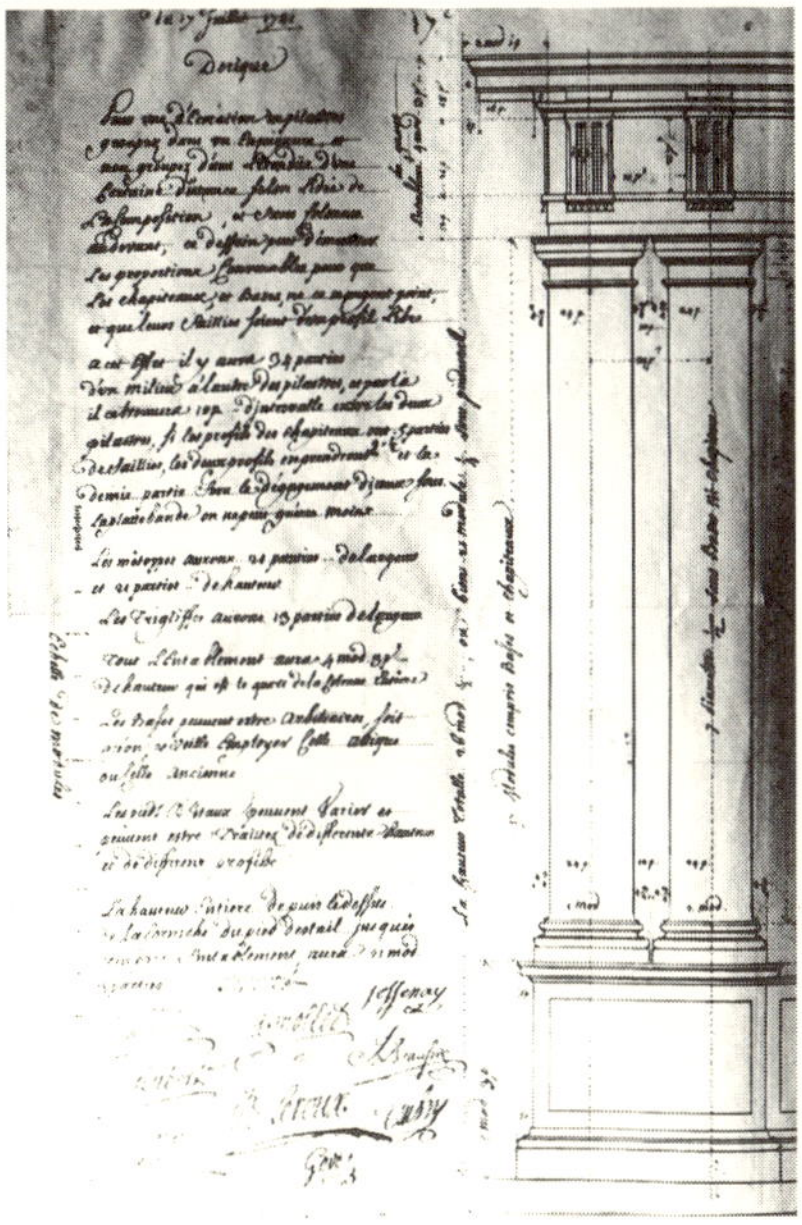

図11　タヌヴォによるドリス式カップルド・ピラスターの検証。フランス学士院図書館、Ms.1026, pl.32.

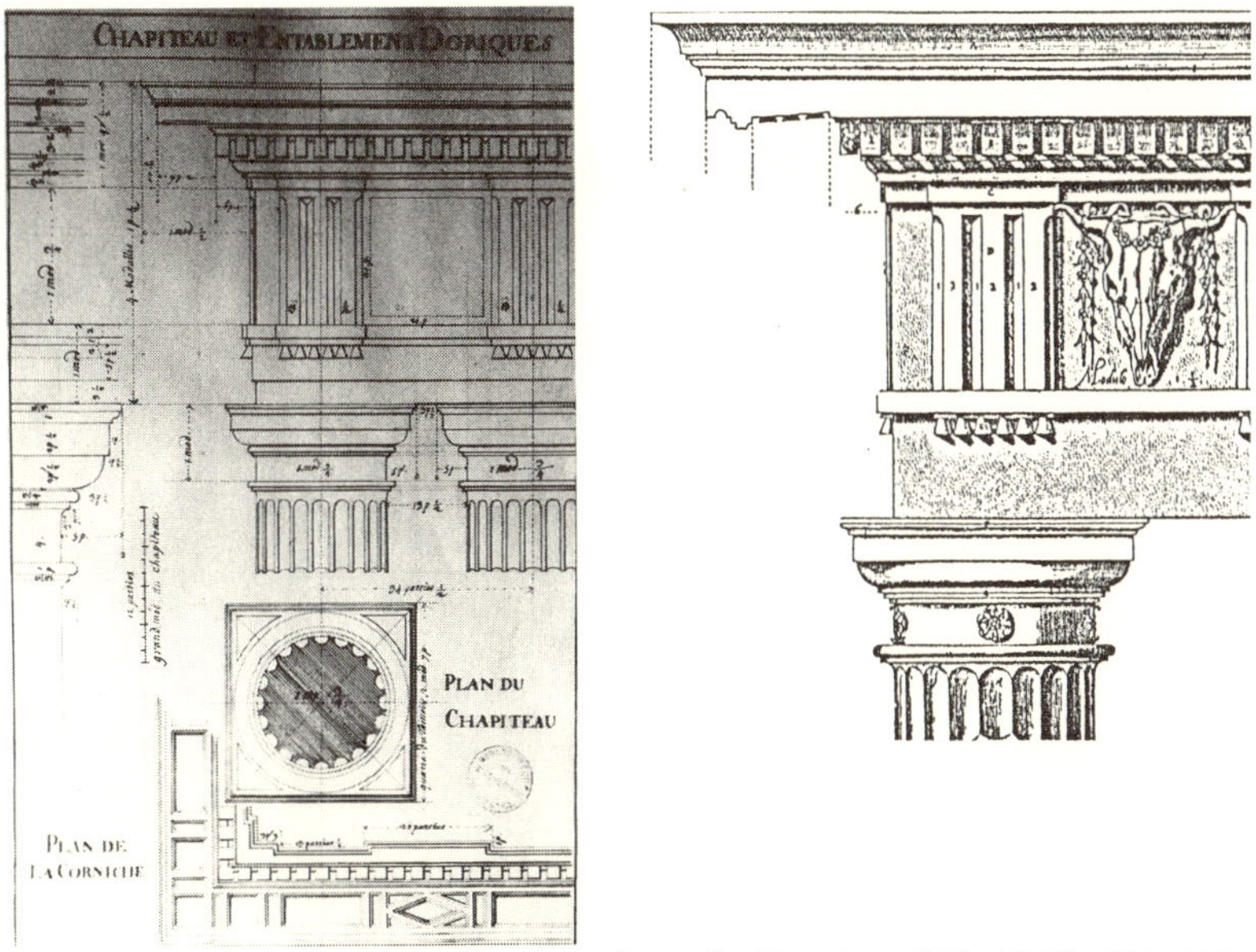

図13　(左) タヌヴォによる歯飾り付きドリス式カップルド・コラムの検証。同、Ms.1026, pl.16、(右) ヴィニョーラによる歯飾り付きドリス式カップルド・コラム。『建築の五つのオーダー』第一三章。

だから図版と議事録のテキストは矛盾しておりどちらかが間違っている。しかしそれを証明する証拠はなく、ここではある仮説を提出するにとどめる。前述のようにタヌヴォは対のコラムの間隔を三三パルティから三四・五までしだいに拡大した。だから三週間のちの一七四一年八月七日の会合では、彼は三四パルティの間隔のデッサンを提出しているから、同年七月一七日の会合では三四パルティの値を主張したと考えるのが自然である。だから図版のほうが信用できる。しかしもちろん、これは仮説にすぎない。

ほかの図面ついても問題がある。ほとんどの例ではコラム間隔は三四・五であり、議事録の記述と一致する。しかしメトプとトライグリフの幅はそれぞれ二一、一三・五であり、議事録における二一・五、一三という値とはわずかに異なっている。これは柱頭や柱基の張出しには影響はない。しかし議事録のテキストと完全に一致する図版も皆無なのである。考えられるのは、タヌヴォが会合ののちにそれらのデッサンを書きなおしたか修正したということである。

しかしいずれにせよアカデミーは対のコラムの比例を調節するためにコラム高さ一七モデュール（通常は一六）、エンタブラチュア高さ四モデュール三パルティ（通常四モデュール）、トライグリフ間隔三四パルティ二分の一（通常は三〇）、メトプとエンタブラチュアの比〇・四二二五（＝21.5p/4M3P：通常は〇・三八五）という通常とはかなり異なった数値を認めた。こうしてタヌヴォの試作によって第一期に定義された比例とかなり違ったものができあがった（図12）。

（六）歯飾り付きドリス式カップルド・コラムの問題（図13）

このようにメトプ幅といったような水平方向の比例への配慮から、垂直方向の比例を変更したことが、建築オーダーのある本質的側面を照らしているかもしれない。

おそらくこうした配慮から、タヌヴォは、ドリス式カップルド・コラムのコーニスに歯飾りを導入しその配置を決めるということまでおこなった。彼は、一七四三年三月一一日と一七日の会合[78]において、対になったドリス式オーダーの上に歯飾りをのせる新しい方法、すなわち、ピラスターの場合なら心々間に一〇の、隅のピラスターの向うには五の歯飾り間隔を置き、コラムの場合はならそれぞれの位置に一一と五の歯飾り間隔を置く方法を提案した。だから、新しい比例が与えられたオーダー上に歯飾りを置くために、タヌヴォはヴィニョーラが与えた数、すなわち両コラム間に一〇、隅のコラムのむこうに四という数を増加させたのである。

図14　ルルーが1746年6月6日の会合に提出したドリス式カップルド・ピラスターの細部の図面。フランス学士院古文書室、ボジール文書、B.12.

（七）ピラスターのエンタシスの問題

会員のなん人かはメトプに大きな寸法を与えることを望まず、対になったピラスターにおいては逆に、柱身にエンタシスを与えて上部直径を小さくしさえした。

一七四六年五月二日の会合[79]では、まずカルトーがドリス式カップルド・ピラスターの図版を提出した。この図版は現存しないが議事録の記載によれば、下部直径二四パルティにたいし上部直径は二一（だから上下直径比は七：八）であり、「最も賞賛されるドリス式オーダーの寸法からできるだけ遠ざからないために」メトプ幅は通常一八パルティにたいして一九であった。しかしこの日の会合と同月二三日の会合[80]では、両柱基間にも両柱頭間にも隙間はなく、ぴったりを接触していることが指摘されている。この一七四六年五月二三日の会合ではルルーが、柱基と柱頭の間には隙間は不可欠としてカルトーのデッサンを批判し、柱基の張出しを小さくして柱基間に隙間のある対になったピラスターの図面を提出し、アカデミーはこれを検討した。

一七四六年六月六日の会合[81]では、ルルーは同じテーマについての図面を提出し[82]、そこではカルトーのようにメトプ幅を一九パルティに保っているが、柱頭間や柱基間に二分の一パルティの隙間を開けることに成功している（図14）。さらに、アーキトレーヴ高さを一一パルティにしたことで、エンタブラチュア高さは通常の四モデュールである。

こうして、アカデミーの意見は流動的で不確定であり、とくに一七四〇年代中葉の一時期には正当的な比例にやや回帰しようとしたことがうかがわれる。二一あるいは二一・五パルティの高さのメトプは高すぎると考え、通常の比例に戻そうとしたと想像させる。それはかつて承認された比例への回帰であり、そのための代償として、自身が認めなかったピラスターにおける上部直径の縮小を認めたのであった。

（八）まとめ

このようにアカデミーではトライグリフの間隔を大きくする（三〇パルティという通常値を三四・五まで拡大）ことでドリス式カップルド・コラムを可能にすることが試みられ、一応の結論は得られたが、その結果エンタブラチュアの高さそしてコラム高さが通常の比例よりもかなり大きくなってしまい、最後にはそれを修正する案すら提出された。こうした議論がなされたのと同時期に、この手法を使った建築がいくつか建設されていることは興味ぶかい。ガブリエルに代表される会員によるいくつかの建築、パリの教会建築のいくつかの例がそれである。

六　同時代の作品の分析とまとめ

ここではすでに言及した作品を、会合での議論に照合して分析する。

（一）レンヌ市庁舎の時計塔（一七三〇年代前半、図15）

ジャック・ガブリエルはこの時計塔の原案を一七二八年に作成したが、そこではイオニア式カップルド・コラムが使われており、一七三〇年にドリス式による現在のかたちに変更され、地方長官に承認されたのち完成された。(83) この市庁舎のすぐ近くには一七世紀初

図 16　会計検査院の正面入口。ジャック・ガブリエル。

図 15　レンヌ市庁舎の時計塔。ジャック・ガブリエル。Michel Gallet et Yve Bottineau, *Les Gabriel*, p.64.

図 17　ヴェルサイユ宮のための「グラン・プロジェ（1741）」。アンジュ＝ジャック・ガブリエル。Michel Gallet et Yve Bottineau, *Les Gabriel*, p.182.

期にド・ブロスが立てた高等法院館（一六一八、現在は裁判所）があるが、そのファサードではドリス式が使われており、そのメトプはかなり横長になっている。ガブリエルが時計塔に同じ手法を使ったのはそれを継承したものと考えられるが、この時計塔の場合、あきらかにメトプは正方形に近く、対のオーダーとしての完成度は高い。興味ぶかいことだがコラム背後の壁面の石積みは一七段であり、建築家が整合性にこだわり、高さが一七モデュールのコラムにあわせて一七段としたのかもしれない。もしこの仮定が正しければ、ガブリエルはアカデミーの議論以前にすでにコラムを高くすることでドリス式カップルド・コラムが可能な比例を与えようと試みていたと解釈されるし、このテーマにかんする議論は主事であったこのガブリエルによって促された可能性もある。

（二）会計検査院計画（一七三八、図16）

旧会計検査院（Chambre des comptes）が一七三七年一〇月二七日に火災により焼失すると、即座にジャック・ガブリエルに再建が依託された。(84) 一七三八年三月一一日という日付がついている彼の図面に描かれたポーチのドリス式カップルド・コラムの比例を分析すると、おおむねつぎの値が明らかになるが、それらは同時代のアカデミーの議論をあるていど反映している。コラム高さは約一七・五モデュール、(85) エンタブラチュア高さは約四・五モデュール、柱間（＝トライグリフ心々距離）は約三三・三パルティ（1M＝12P）である。この数値は一七三六年から三七年に会合で提案された柱間三三パルティという数値に類似している。

しかしメトプは高さが約一六・五パルティ、幅が約一八・九パルティと横長であり、正方形ではない。ところでエンタブラチュアをみれば、コーニス高さはあきらかに大きく、それに比べてフリーズ高さはエンタブラチュア全体の高さの約八分の三（＝0.375）であり、デゴデのドリス式オーダーとほぼ同じである。あきらかにガブリエルはフリーズに十分な高さを与えていない。このデッサンが作成される約一カ月まえの一七三八年一月二七日の会合で、タヌヴォはフリーズの高さをエンタブラチュア全体の五分の二（＝0.4）にまで高くすべしと提案したが、それには従っていない。

（三）ヴェルサイユ宮のいわゆる「グラン・プロジェ」（一七四一、図17）

図 18　サン=シュルピス教会。ファサードとドリス式オーダーの詳細。

図 19　サントゥスターシュ教会。ファサードとドリス式オーダーの詳細。

図 20　オラトリオ教会(ルーヴル宮北)。ファサードとドリス式オーダーの詳細。

一七四一年のいくつかの会合では対のピラスターにも有効な比例を与えるために、柱間とそしてメトプをさらに大きくした。こうした新しい比例はアンジュ＝ジャック・ガブリエルによるヴェルサイユのいわゆる「グラン・プロジェ」（一七四一年とされている）[86]において顕著であると思われる。この図面は比例分析できるほどの精度はないにしても、エンタブラチュアにおいてフリーズはあきらかにコーニスよりも高いし、コラムにもピラスターにも同じ比例のエンタブラチュアがのっており、メトプはすべて正方形である。

彼が主事になったのは一七四二年であるが、それ以前から会員として出席していたはずであるし、一七四一年六月一七日の会合で会員たちが署名して承認した図面も父ジャック・ガブリエルをとおして知っていたはずである。

（四）一八世紀前半の教会建築

サン＝シュルピス教会（図18）、サントゥスタージュ教会（図19）、オラトリオ教会（図20）などのファサードでは、メトプは完全な正方形ではないが、一六世紀の教会よりは正方形に近い。そこにアカデミーにおける議論となんらかの関連性を認めてもよいのではないか。ただしこれらの教会の建設年代はこうした検討の時期を跨がっており、これらの教会のデザインがアカデミーの議論を促したのか、あるいはその逆なのかは個々の建物にかんする詳細な研究がなされてからはじめて判断できよう。

（五）まとめ

第一期の論争においてすでに対のコラムはフランス的なモティーフであるという認識があった。ブロンデルはそれが古代的な比例体系を崩壊させるがゆえにそれを否定し、ペローは新しい「発明」だとして容認した。第二期ではこの近代的なモティーフに具合的で整合性ある比例を与えることが追及された。しかしその結果、古代的な比例は変更を余儀なくされた。ブロンデルの危惧が現実となった。だから一七世紀後半になされた新旧論争は、対のコラムにかんしてだけは、第一期においてはルーヴル宮のコロネードという形で近代派は存在を示したがアカデミー内部では古代派が勝利を収めた。しかし第二期においては議論は近代派の路線で進められた。

とくにドリス式カップルド・コラムの場合はトライグリフとメトプの配置を調節するために古代的な比例を改良しなければならなかった。コラムやさらにピラスターを対にするためには、第一期に古代の諸例にもとづいてみずから決定した比例自体を変更しなければならなかった。だから古代か近代かという対立が最も鮮明にあらわれたのはこの主題においてであり、第二期ははっきりと近代的なものを擁護するようになった。

〔註〕

1　*Jean-Marie Pérouse de Montclos, Le Sixième Ordre d'Architecture, ou la Pratique des Ordres Suivant les Nations; Journal of the Society of Architectural Historian*, 1977, december, vol.XXXVI, no.4, pp.223-240.

2　*op.cit.*, p.238.

3　モンクロはつぎの例を紹介している。イタリア人建築家フランチェスコ・アルガロッティ（一七一二～一七六四）は一七五九年二月三日のテマンツァへの手紙のなかで「コラムをこういう風に配置するのは彼などの趣味であり彼らにまかせておこう……私たち［イタリア人］は対のコラムを使っても建物の角の部分にだけである」と述べた。cf. De Montclos, *op.cit.*, p238.

4　Anthony Blunt, *Philibert Delorme*, London, 1958, p.33.

5　トゥルネル邸の門の計画（一五五九）、サン＝ニコラ＝デ＝シャン教会の南門（一五七六～一五八六）では両側の対のコラム間にはニッチがあり古代の凱旋門の形式から発展したものであることがわかる。

6　父ジャック＝デュ＝セルソによるシャルルヴィル宮（一五七〇）とヴェルヌイユ宮（一五六八～）、子ジャック＝デュ＝セルソによるチュイルリー宮の「プチ・ギャルリー」ではこのモティーフがとても錯綜した形で使われている。Cf. Rosalys Coope, *Salomon De Brosse*, London, 1972, fig.29, 19, 35.

7　グレゴリー五世の在位は一六二一～二三年。cf. Rosalys Coope, *op.cit.*, p.187.

8　*Macmillan Encyclopedia of Architects*, N.Y., 1982, t.1. pp.329, 543, 603 t.2., pp.690-691.

9　ペローが果した役割はまだはっきりしていないが、最近の研究ではやはりペローが監修したことが指摘されている。cf. Antoine Picon, *Claude Perrault*, Paris, 1988, p.157-196; J.-M. Pérouse de Montclos, *Histoire de l'Architecture Française*, Paris, 1989, pp.249-269 ペローが対のコラムを最も積極的に支持し、ルーヴルのコロネードを擁護しているということは、ペローがこの作者であることを裏付ける一状況証拠である。

10　現在の状態になったのは第一帝政になってから。cf. Picon, *op.cit.*, p.196.

11　Hermogenes　紀元前二二〇年ごろから一九〇年ごろまで活躍したヘレニズムの建築家。みずから建設したテオスのディオニソス神殿とマグネシアのアルテミス神殿にかんする文献を書いたとされている。

12　森田慶一は原文の propter asperitatem intercolomniorum... を「柱が疎らなので（外観が権威を得……）」（第三書第三章九節）と訳している。すなわち asper を「疎ら」と訳している。この訳からは、古代人は密な柱割りより疎なもののほうに美を感じていたと受けとられる。ところがペローによるフランス語訳では par l'aspreté（=âpreté）des entrecolonnemens となっている。ラテン語の asper には「粗い、一様でない、辛辣な」などの意味があり、フランス語の aprete には「（起伏の）激しさ、険しさ」という意味があるから、それにしたがえば全体は「柱間の激しさ（粗さ）によって」と訳される。ところでペローは同じ註の別の場所で、la beauté de l'aspreté & du serrement de Colonnes que les Anciens aimoient tant すなわち「古代人がかくも好んだコラムの aspreté であることと密なことによる美」と述べているが、ここでは当然 aspreté と serrement（密なこと）は同義か似た意味であると考えられる。だから森田訳はペロー訳とは異なっているし、全体の文脈からいっても適切であるとは考えにくい。

13　*Les Dix Livres de Vitruve, traduit par Perrault*, note 16, pp.78-79.

14　左右で二直径四分の一、中央が三直径であるとペローは指摘している。

15　ペローは「コロネード colonnade」ではなく portique という言葉を使っている。この portique を今や日本語化したイタリア語の「ポルティコ」に近い言葉とうけとるとペディメントのある柱廊玄関を連想させるが、一七世紀フランスでは純粋な列柱を意味するようである。フランス語の portique という言葉には「ストア派」という意味もあることは重要である。

16　議事録、第一巻、七〇～七一頁。

17　ブロンデルがあげた例はつぎのとおり。ブラマンテによるラファエロ邸やバチカン宮の建物、ミケランジェロによるサン=ピエトロ寺院のドームのドラム、サンガロによるサン=ピエトロ聖堂の計画。

18　ブロンデルがあげたフランス人建築家による例はつぎのとおり。デュ・セルソのさまざまなデッサン、ドロルムが計画したルーヴル宮大ギャラリー計画、セルリオの多くのデッサン、ジャン・グジョンのイノサン泉、メテゾによるサン=ジェルマン=アン=レーのシャトー・ヌフとルーヴル宮の大ギャラリー、ド・ブロスによるルクサンブール宮とサン=ジェルヴェ教会のポーティコ。

19　Blondel, *Cours...*, IIIème partie, 1683, liv.I, ch.x, pp.228-232.

20　ブロンデルはその例としてパンテオンのポーティコ、フォルトゥナ・ウィリル神殿などのローマの神殿をあげている。

21　森田慶一訳『ウィトルウィウス建築十書』第三書三章。

22　Blondel, *op.cit.*, ch.xi, pp.234-236.

23　*Op.cit.*, ch.xi, pp.232-237.

24　*Op.cit.*, ch.xii, p.240.

25　一六六〇年のルイ一四世のパリ入市を記念するために計画された。着工されたが結局実現せず。

26 Perrault, *Ordonnance...*, pp.115-116. ペローはある建築の部分の比例を決定する場合、さまざまな実例にみられる両極端の値の中間を選ぶ方法をとった。彼の *Ordonnance...* は全編この方法論で貫かれている。

27 ペローはその例としてブラマンテ、ミケランジェロ、サンガロ、ラバコ(Labaco)、セルリオ、スカモッツィ、ドロルム、ジャン・グジョン、デュ・セルソ、メテゾ、ド・ブロス、ルメルシエ、マンサールの名をあげている。

28 議事録、第三巻、一二～一三頁。

29 Picon, *op.cit.*, Paris, 1990, p.171.

30 議事録、第三巻、一六七～一六八頁。

31 同、三四三頁。

32 議事録、第四巻、三〇頁。

33 同、第七巻、一七八～一八〇頁。

34 同、第八巻、九八～九九、一〇二頁。

35 ミニム修道会とは一四三五年にパオラの聖フランシスコが設立した托鉢修道会のひとつ。パリのこの建物は一六五七年にフランソワ・マンサールが建設した。

36 ウィトルウィウスのドリス式の場合、柱基の柱身からの張出しは八分の三モデュール(一一パルティ四分の一、1M = 12P)であり、ふたつの柱基のあいだには二分の一パルティの隙間があるとして、柱基同士が接触しないためには、つぎの心々柱間の距離が必要である。すなわち、三〇×二＋一一・二五×二＋〇・五＝八三パルティ。彼はこの数値の五分の三をメトプの幅、五分の二をトライグリフの幅とした。

37 Blondel, *Cours...*, II^{nde} partie, liv.I, ch.xii, p.240.

38 Perrault, *Ordonnance...*, Paris, 1685, p.113.

39 たとえばコラムとピラスターの相互貫入、コラムのエンタシス、対のコラム、大オーダーなど。

40 Pytheos (?-330B.C.) 古代ギリシアの建築家であり、ハリカルナソスの霊廟(前三五四年ごろ起工)、プリエネのアテナ神殿(前三三四年献堂)を建設したとされている。

41 Tarchesius 生没年など不詳。

42 ペローは、ヘルモゲネスはメトプを拡大することを避けるために「バッコス神殿」ではイオニア式を使ったと述べているが、『マクミラン建築家事典』では彼がバッコス神に捧げられた神殿を建設したという記録はない。また一六七四年四月三〇日の会合では対のコラムを論じるためにローマ近郊のバッコス神殿が検証されているが、この神殿のオーダーはイオニア式ではなくコンポジット式である。だから曖昧な記憶にもとづいてペローがヘルモゲネスに言及したことも考えられる。

43　確かに『建築四書』第二書第三章に掲載されたこのパラッツォの図では中央の柱間はほかより大きく、そこのメトプも横長になっている。桐敷真次郎『パラーディオ「建築四書」注解』一四八頁。

44　サン＝ジェルヴェ教会についてはメトプが拡大されていること、ミニム会修道院については、パラディオのパラッツォ・キエリカーティ邸のように入隅に半トライグリフが使用されるという「無秩序 licence」があらわれていると指摘している。Cf. Cl.Perrault, *op.cit.*, p.117.

45　議事録、第二巻、一六七頁。

46　Cf. D'Aviler, *Dictionnaire d'Architecture*, Paris, 1760, p.20-21. この文献は彼の『建築教程 *Cours d'Architecture*』（一六九一年、再版一七五〇）の用語集を補充したもの。対のコラムにかんする項目がいつ書かれたかは不明であるが、編者があとから書き加えたとしても、この問題が一般的に認識されていたことを証明する。

47　Germain Brice, 1653?-1727.

48　Hôtel de Vrillière（1642）やはりこの邸宅の道路に面した入口にはドリス式の対のコラムがある。

49　Germain Brice, *Description Nouvelle de la Ville de Paris*, Paris, 1798, p.333.

50　議事録、第五巻、三一八頁、注一。

51　Michel Gallet et Yves Bottineau, *Les Gabriel*, Paris, 1982, p.56.

52　*Op.cit.*, p.112-114.

53　ちなみに一モデュール＝一二パルティなら、五〇パルティであるメトプ幅は二〇パルティとなり、三三パルティであるトライグリフ幅は同じく一三・二パルティとなる。Cf. Blondel, *Cours...*, II^{nde} partie, liv.I, ch.xii, p.240.

54　本論「第二部　一―一　第一期における体系化」参照。

55　議事録、第五巻、一九一～一九二頁。

56　この書は残っていない。

57　議事録、第五巻、一九二頁。

58　同、一九四～一九五頁。

59　同、一九四～一九五頁。

60　同、一九九～二〇〇頁。

61　同、二〇〇頁。

62　同、二〇〇～二〇一頁。

63　同、二〇一頁。

64　B.I., Ms.1026, pl.33.

65 議事録、第五巻、二〇二～二〇二頁。この会合に続いて同じ主題で同年一月二八日、二月四日にも会合がもたれた。

66 同、二二〇頁。

67 議事録、第四巻、二二五頁。

68 同、第五巻、二〇〇頁。

69 同、二九六頁。

70 同、二九七頁。

71 同、二九八頁。

72 一六七九年完成。ジュール＝アルドゥアン・マンサール設計による。

73 議事録、第五巻、二九八頁。

74 同、三〇〇～三〇一頁。

75 同、三〇六～三〇七頁。

76 とくに八月一四日の会合ではタヌヴォは、対のコラムとそのすぐ背後の対にしたピラスターの組合せにを可能とするために、両者に同時に有効な比例を提案した。ここではコラム柱頭の幅とピラスターのそれとの差をできるだけ小さくするために、コラムの上下直径比に六分の五ではなく八分の七というより穏やかな値を与え、コラム柱身の先細りを小さく押えた。

77 議事録、第五巻、三〇一頁。

78 同、三四〇頁。

79 同、第六巻、四九頁。

80 同、四九頁。

81 同、四九～五〇頁。

82 A.I., B.12.

83 Michel Gallet et Yve Bottineau, *op.cit.*, p.64.

84 *Op.cit.*, pp.112-113.

85 図版からの分析は測定誤差があるし、図そのものにもかかならず作図誤差があり、この図においても左右の柱の直径は異なる。ここでは左右の直径の平均値を求めてその半分をモデュールとした。

86 Michel Gallet et Yves Boitineau, *op.cit.*, p.182.

五―二　イオニア式カップルド・コラム

一　はじめに

イオニア式カップルド・コラムは一七三七年と一七三八年に集中的に議論された。そこでは、四方向から渦巻きが見える、スカモッツィが考案したとされる、いわゆる「近代式」のイオニア式柱頭のみを前提として議論が進められた。ここでもコーニスのモディリオンと歯飾りを一定の間隔で配置するために、水平方向の比例が検討された。

イオニア式の理想的な比例は最終的には提案されれかった。しかしそれは単純な躊躇の結果ではない。さまざまな比例が検討された結果、第一期に承認したデゴデの比例（表3）を変更せざるをえないし、またそのうえ、対のコラムの使用のさまざまな場合に普遍的に妥当する比例は原理的に発見できないという「不可能性」が認識されたからであったと思われる。本稿では断片的な資料のなかにみられるアカデミーの議論を、時系列にそってそれぞれの小主題にそくして再構成し、むしろその不可能性を浮彫りにする。（なお本稿において、dはドリス式、iはイオニア式の略号。たとえばMiとはイオニア式オーダーのモデュールを意味する。）

二　アカデミーによる問題設定

一七三七年二月四日の会合において、古代の建築家がイオニア式オーダーに与えたさまざまな比例を検討するためにその図版を作成し提出するよう、タヌヴォに要請した。(1)それより彼はさまざまな主題にそくしてこの要請に応えていった。

	コラム高さ	エンタブラチュア				心々の柱間＝3a（ ）＝理想値	モディリオン間隔＝a	柱頭「内接正方形」	柱頭「外接正方形」＝b（＝柱頭幅）	柱頭間のすき間（＝3a－b）
		全高	コーニス	フリーズ	アーキトレーブ					
パラディオ	18M	43P⅕	18P	10P⅘	14P⅖	(39P)	13P	—	—	—
スカモッツィ	17M½	42P	16P⅘	11P⅕	14P	(39P)	14P	約29.2P	32P	(10P)
デゴデ	18M	48P	19P⅕	14P⅖	14P⅖	(39P)	13P	約31.2P	約34P	(5P)
Ms.1027, pl.2^{e}-2°（図21）	—	—	—	—	—	40P½	13P½	30P	約32.8P	約7.7P
Ms.1027, pl.18^{e}（図22）	—	—	—	—	—	正43P½ 側40P½	正14P½ 側13P½	c約27.2P p約30P	c約30P p約32.8P	約32.8P 約7.7P
Ms.1027, pl.2^{e}-1°（図23）	—	—	—	—	—	43P½	14P½	約30P	約32.8P	約10.7P
Ms.1027, pl.19^{e}（図24）	—	—	20P	—	—	45P	15P	30P	約32.8P	約12.2P
Ms.1027, pl.1er（図25）	18M8P	50P	20P	16P	14P	42P	14P	約30.2P	33P	約9P
Ms.1027, pl.44（図26）	18M6P	50P	20P	16P	14P	42P	14P	?	?	?
Ms.1027, pl.56（図27）	?	51P	20P	16P½	14P½	45P	15P	?	?	?
Ms.1027, pl.4（図28）	?	50P	20P	16P	14P	39P½	13P⅙	約30.2P	約33P	約6.5P

表3　イオニア式カップルド・コラムの比例の比較。すべて1M＝12Pとして計算。正＝正面。側＝側面。c＝コラム。p＝ピラスター。

パラディオ＝桐敷真次郎編著『パラーディオ「建築四書」注解』第一書第一六章。

スカモッツィ＝ダヴィレ訳『建築の五つのオーダー』(1685)、88頁。

デゴデ＝『建築オーダー書』(c.1717)、第五章、図XIII. IX.

一七三七年七月一日の会合では対にしたコラムの問題がとりあげられ、その二例が検討された。一方はモディリオンのあるもの、もう一方は歯飾りがあるものであった。とくに「対のコラムの柱間の距離について、いわゆるモディリオン間隔の位置」を議論した[2]。ここではモディリオン間隔が（心々の）柱間を決定するための重要な要素であった。

ところですでに述べたように、第一期ではコロネードやアーケードにおける柱割りの寸法を規定するために、「モディリオン間隔」（モディリオンの心々の距離）が基準として使われ、つぎのような規定があった。

(一)モディリオンは一定の間隔で配置される。
(二)コラムの中心軸上や、出隅にかならずモディリオンが一個くる。
(三)柱間の中央にはモディリオン間隔がくる。すなわち柱間には奇数個のモディリオン間隔が並ぶ。
(四)ふたつのモディリオン間の円花飾り(仏：rose, rosette)のある小間は正方形である。

こうした規定は第二期において対のコラムが考察されたときも、そのまま有効であった。

一七三七年七月一五日の会合では、この前提にたち、イオニア式エンタブラチュアのモディリオンと歯飾りの一般的な配置が議論されたのち、つぎの三点が整理された。

第一点はモディリオンについてである。

「アカデミーの考察によれば、モディリオン付きのエンタブラチュアの場合、モディリオンと円花飾りを規則正しく配置することで、コラム間隔が決定される。というのは、コラムが（建物の）出隅において対になっている場合、タヌヴォ氏が提出した図面にみられるように、柱間の中央には空隙すなわち円花飾りがあることが不可欠である。なぜなら、もし柱間の中央にモディリオンを配置すれば、柱頭のアバクスはたがいに接触するだけですむが、柱基はたがいに食いこんでしまうからである。すべての柱間の中央にはつねに空隙があるべきだというこの確立された法則が、建物のほかのすべての部分を規定する。(3)」

柱間の中央にモディリオンがくるということは、柱間が偶数個のモディリオン間隔に対応するということであり、柱間の中央に円花飾りがくるということは柱間が奇数個のそれに対応していることである。アカデミーは前者を否定し、後者を承認した。

理論的には一柱間に三モディリオン間隔を配置するしか選択の余地はない。たとえばデゴデのイオニア式柱頭において、柱頭幅は約三四パルティであり、モディリオン間隔は一三パルティである（表3）。だから二モディリオン間隔（＝26P）だと柱頭はたがいに接触し、四モディリオン間隔（＝52P）であればウィトルウィウスの定義した「密柱式」（心々で5M＝60P）に近づく。

第二点は歯飾りについてである。

「歯飾りについては、アカデミーは、角部には、多くの場所でなされているように小さな松毬飾りではなく、歯飾りの小ブロックを置くというタヌヴォ氏の提案を賞賛した。なぜならそのほうが輪郭がよく保たれるからであり、柱間の中央が充か空かとは無関係であるからだ。(4)」

これは実質的には第一期の決定の再確認である。

第三点はピラスターとコラムの併用についてである。

「アカデミーはさらに考察を進め、ピラスターとコラムで処理された建物の、モディリオン付きエンタブラチュアには問題がありうるとした。つまりピラスターの柱身の表面（nud）[5]の線上にくるエンタブラチュアは、コラム柱身の表面の線上にくるエンタブラチュアよりも、直径逓減のゆえに、張出しが大きい。[6]」

すなわち、通常アーキトレーヴの輪郭線は、コラムやピラスターの柱身上部の表面（コラムの場合は柱身最上部の断面をなす円周の接線）と一致する。しかしコラムの直径は上方にむかって小さくなり、ピラスターの直径は一定であるから、両者が併用されるなら、アーキトレーヴが一直線に両方の上に架けられると、いずれかの上でその表面からずれてしまう。

これら三点のなかで最初の二点、すなわちモディリオン間隔と、歯飾りの間隔は、比例を考察するための出発点となる与条件としてアプリオリに決定できる。しかし第三の点はあきらかに検討を要するのであり、アカデミーはまずこの点について議論を重ねた。

三　建物の出隅で、背後にピラスターがあり、コーニスがモディリオンで飾られる場合

（一）資料

一七三七年八月一日以降の会合では、対のコラムが建物の出隅の位置にあり、かつその背後にやはり対のピラスターがある場合のさまざまな問題をくわしく論じた。

ところで、議事録とは別に、フランス学士院図書館にはタヌヴォがアカデミーに提出した二分冊の図面（Ms.1026, Ms.1027）のうち、このテーマにかんする図版は四点ある（Ms.1027, pl.2^e-1, 1^e-1, 18^e, 19^e）。これらには日付はないが、つぎのように、内容からして一七三七年八月以降のこれらの会合で議論の対象となったものと考えられる。

(二) 一七三七年八月一日の会合で議論された三枚の図版

ここでタヌヴォは、建物の出隅で対のコラムの背後に対になったピラスターがあり、このピラスターは出隅の側面においても対になっているイオニア式エンタブラチュアの見上げ平面を三枚提出した(7)。

第一のものは議事録ではこう説明されている。

「彼(タヌヴォ)は、もしエンタブラチュアの表面を、前面も側面も、コラム上部の表面にそろえると、エンタブラチュアはピラスターの上部ではコラムの直径逓減のぶんだけ引きこんでしまい、その結果、円花飾りとモディリオンを一定にするためには、このエンタブラチュアは隅のピラスター上で、ピラスターがコラム上部の表面より張り出しているだけ突出し、雁行しなくてはならないことを示した(8)。」

Ms.1027, pl.2e-2°(図21)はこの第一の例の内容に完全に対応している。「エンタブラチュアの表面」すなわちアーキトレーヴのそれは、正面でも側面でも、コラム上部の表面に接している。このアーキトレーヴは側面のピラスターの位置では、やはりピラスターの表面に接しているので、「ピラスターがコラム上部の表面よりも張り出しているぶんだけ」すなわちピラスターとコラムの半径の差(二パルティ)だけ、突出していることになる。だからエンタブラチュアもこの位置で二パルティ張り出し、雁行する結果となっている。ただし円花飾りとモディリオンは厳密には一定の配置を保っていない。エンタブラチュアが雁行する最初のモディリオン間隔はほかの間隔よりも二パルティだけ大きい。

第二のものはエンタブラチュアのこの張出しを避けるためにある。

「第二のものにおいては、コラムとピラスターが同一平面にある場合、こうした雁行を避けるために、エンタブラチュアを、正面においては柱身上部と面をそろえ、側面においてはコラム柱頭のアバクス上ですこしそれよりも張り出し、ピラスター上では引き

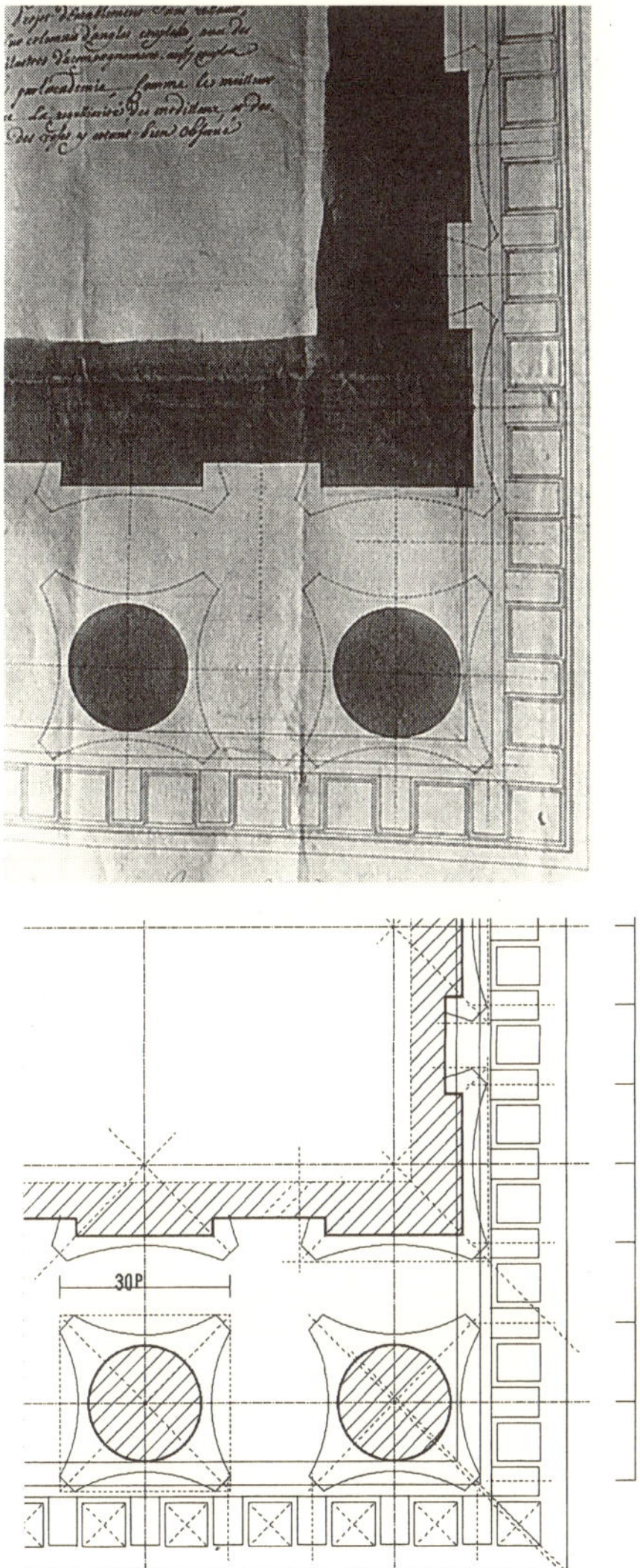

「やはり対になったピラスターをともなった、角部のカップルド・コラムの上の、屈曲のないエンタブラチュアの案。アカデミーにより、モディリオンと円花飾り小間の規則正しさがよくみられるとして、従うべき最良のものとして承認された。」

図22　同、Ms.1027, 18^{e}.（上から複写写真、図版清書・分析、説明文和訳）

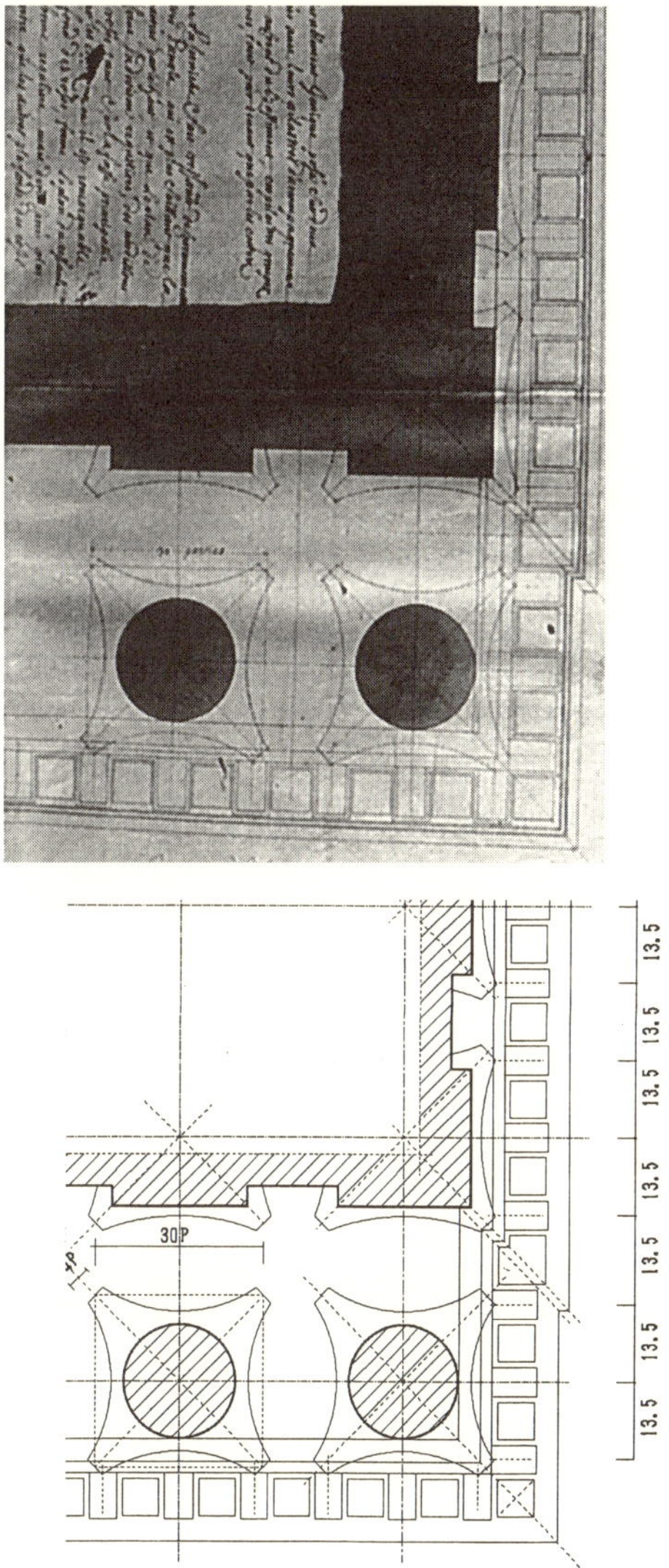

「建物の前面と後面において、背後にピラスターを伴った、対になった二本のコラムの上に置かれたイオニア式エンタブラチュアの位置。コラム同様、これらのピラスターは正面でも側面でも対になっている。コラムよりも二パルティより突出している角のピラスター上では、コーニスが張り出しており、コーニス平面図で、正面でも折り返しの側面でも、モディリオンと円花飾り小間が規則正しく配分されているが、ただある個所の円花飾りの天井だけは、ほかのものより大きく、ほかは規則正しい形態なのに、屈曲した平面を形成している。」

図21　フランス学士院図書館、Ms.1027, 2^{e}-2°.（上から複写写真、図版清書・分析、説明文和訳）

こませることで、すべてのモディリオンと円花飾りを規則正しくすることができる。[9]」

すなわち側面においては、アーキトレーヴはコラム上部表面とピラスターのそれの中間を通っている。しかしこの第二の例にも欠陥があった。

「……そうすると、エンタブラチュアの角は、コラム柱頭のアバクスの頂点とは、その中心において一致しない結果となる。[10]」

これに対応しているのはMs.1027, pl.18e（図22）だと考えられる。実際、側面のアーキトレーヴの線をみれば、コラム直径からは張り出し、ピラスター直径よりは引きこんでいる。またコーナー部分に鉛筆で四五度の線が書かれており、エンタブラチュアのコーナーとコラムのそれが一致しないことが確認されている。

ところでモディリオン間隔は、正面では一四パルティ二分の一、側面では一三パルティ二分の一と異なる値である。これはアーキトレーヴ輪郭線は、隅部のコラムにおいて、正面では接し、側面では一パルティ張り出すという違いを全体のシステムに吸収するためであると考えられる。

第三のものでは、第二の例の欠陥が矯正されていた。

「第三のものでは、コラムの直径が逓減する分量を二等分し、コラムのアバクス上においては両面（前面と側面）でエンタブラチュアをそれだけ張り出させ、コーナーの直径逓減のないピラスター上ではそれだけ引きこませる。この方法によればエンタブラチュアの張出しは両面で一定であり、すべてのモディリオンと円花飾りが規則正しく配置される。[11]」

この第三の例は、コラム上部におけるアーキトレーヴの張出しを前面においても側面においても同じ値を与え、かつアーキトレーヴの線がピラスター柱身表面とコラム柱身表面の中央を通ることでエンタブラチュアが雁行しないようにし、モディリオンと円花飾りを

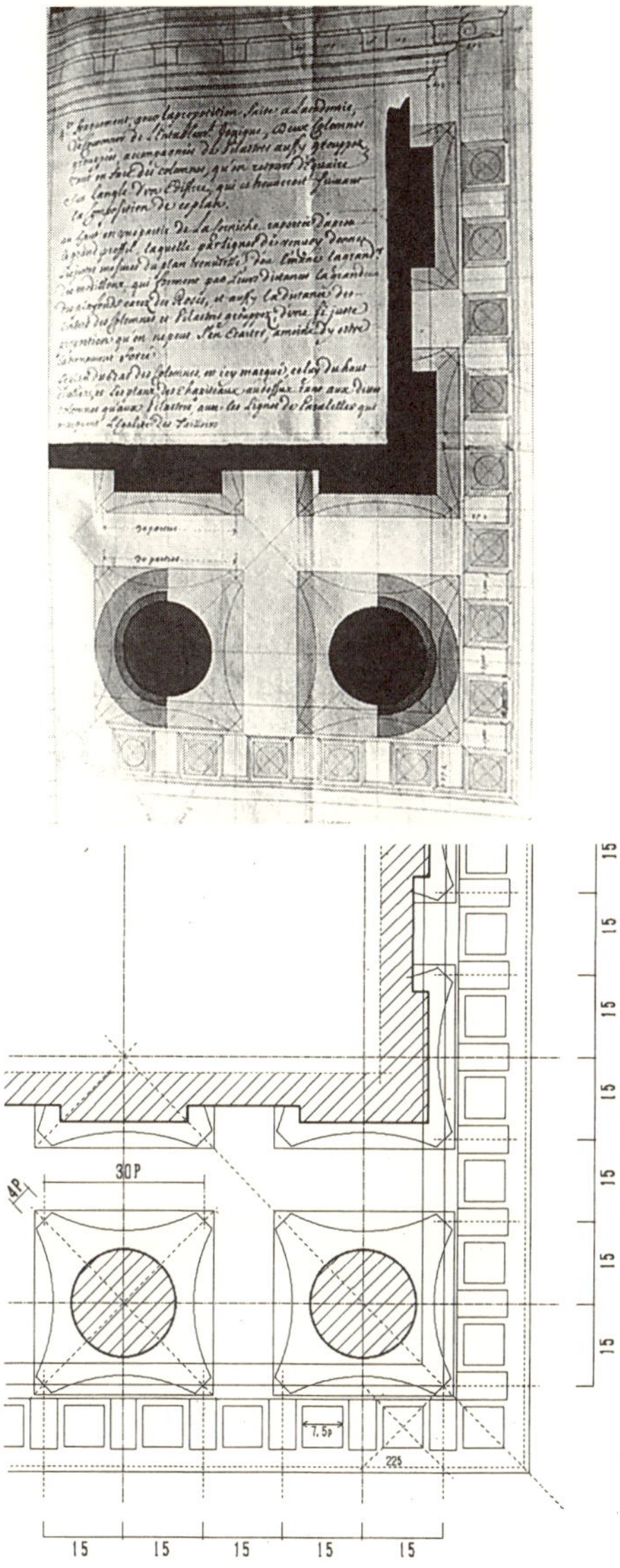

「平面図のように、ペアのコラムの背後にペアのピラスターがあり、建物の正面にも折返しの側面にもペアのピラスターがある場合の、イオニア式エンタブラチュアにかんしてアカデミーでなされた提案の、第四片。上にあるのは大きな平面にしたがって描かれたコーニスの一部だが、そのコーニスは、正確な寸法で記された見上げ平面図と破線で関連づけられており、それによりモディリオンの寸法、その距離によって決定される円花飾り小間の大きさ、ペアになったコラムとピラスターの心々距離が形成されるが、それはきわめて正確な比例において形成されるのであり、極端な事情がなければその比例から遠ざかることはできない。ここではコラム下部の平面も、その上部の平面も、そしてそのコラムとピラスターの上を飾る柱頭の平面図も描かれているが、平行線によってアバクスの大きさはつねに等しいことが示されている。」

図24　同、Ms.1027, 19°.（上から複写写真、図版清書・分析、説明文和訳）

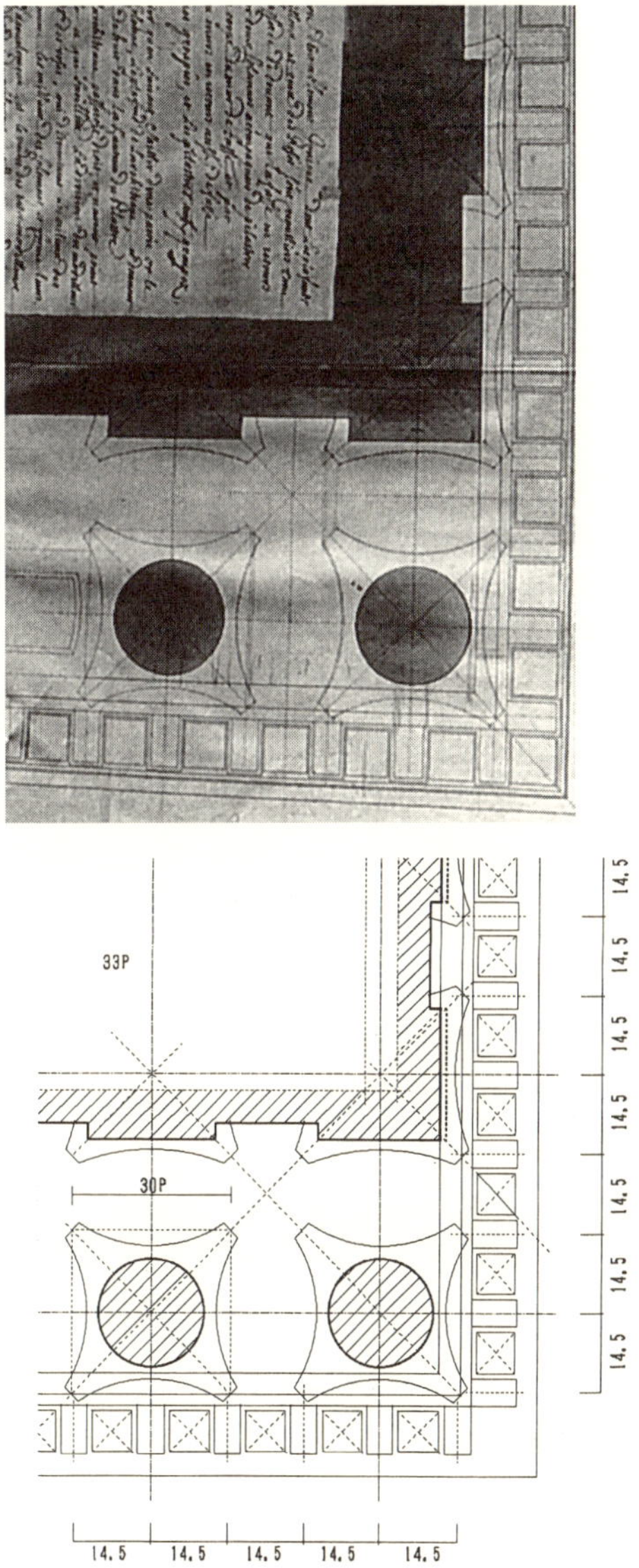

「モディリオンと円花飾り小間の見上げ平面が、正面でも折り返しの側面でも規則正しく、建物本体正面の二本コラムの背後に壁付柱がある場合の、折返し側面にも伸びているイオニア式エンタブラチュアの位置。ペアのコラムに、やはりペアのピラスター。アーキトレーヴの見上げ平面を、コラム柱身から一パルティ張出させ、ピラスターは上部において一パルティ引きこませることで、アーキトレーヴの輪郭（nud）はまっすぐにひかれ、屈曲はまったくなくなるが、その結果、モディリオンと円花飾り小間の配分は容易となり、それによってコラム中心軸と同じくピラスターの中心軸が決められ、ペアになったときの柱心々距離が決められ、モディリオンの間の空隙が、三本のコラム間の空隙、そしてペアになった三本のピラスターの間の空隙にぴったり重なる、すなわち空隙と空隙の重なりができる。」

図23　フランス学士院図書館、Ms.1027, 2^{e}-1°.（上から複写写真、図版清書・分析、説明文和訳）

規則正しく配列することであると解釈される。

この記述はMs.1027, pl.2^{e}-1。（図23）に対応していると考えられる。[12] 図版のトーンのつけ方をみれば、ピラスターのほうが幅を一パルティだけ削ることでエンタブラチュアと面を一致させているが、図版中に書かれている説明文を読めば、破線がピラスターの完全な断面の輪郭を示し、アカデミーはそれを認識したうえで議論していることが判明する。アカデミーは「この最後の方法を、最も実際に適しているとして承認した」[13]とした。

（三）一七三七年八月二六日の会合での最終案

そのつぎの一七三七年八月一〇日の会合では、この三枚の図面がさらに議論されたが、細部をより詳細に検討するために「柱頭と柱基が重ねられた平面図」を提出することがタヌヴォに求められた。[14] 翌八月一七日の会合で彼はその図版を提出したが、結論は次回に出されることが決定された。[15]

その八月二六日の会合では、これらのタヌヴォの図版にもとづき、判断を示した。

「アカデミーはやはり、その構造では（アーキトレーヴの）雁行が不可避だとしても、アーキトレーヴがコラム柱身の上部の表面にくる図面が最も規則正しいという意見である。[16]」

すなわち第一の例（図21）におけるコラム周囲の処理にみられる原則を固持しようとした。しかしさらにコーニス見上げの平面においてモディリオンやそのあいだの小間が規則正しく配置されることに執着している。

「またアカデミーはつぎのことにも同意する。雁行を避けたいなら、最良の方法は、コラム柱身の上部の表面よりもアーキトレーヴを、（コラムの）前面方向へも側面方向へも、張り出させることである。なぜなら、そのとき、第四片（4e fraguement）という番号がつけられた平面図によれば、円花飾りの小間もモディリオンも規則正しくなり、円花飾り小間の隙間と、コラムやピラスターの中

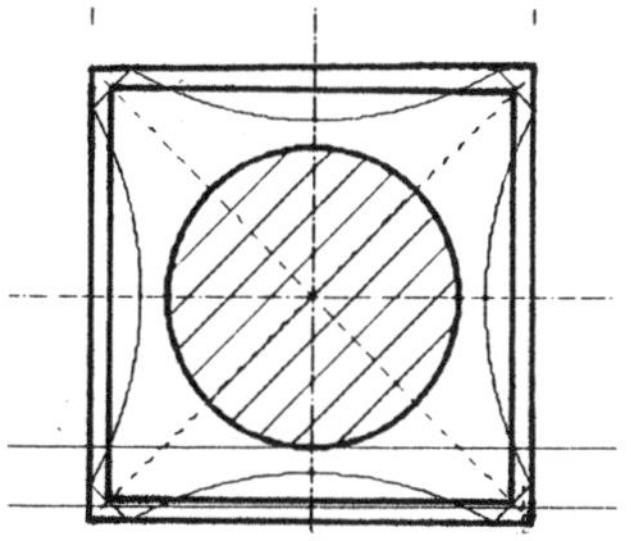

図 25　本書でいう「内接正方形」と「外接正方形」

間の隙間が対応するからである。しかしこの構造ではアーキトレーヴを、コラムから張り出しているぶんだけ、ピラスターから後退させなければならない[17]。」

この図版はMs.1027, pl.19^{e}（図24）であると考えられる。この図版にはまさに「第四片 4^{e} fraguement」と記されている。またこの図版のみコラムは三重の同心円として描かれているが、それらは内側から柱身最上部、同最下部、柱基の下トルスそれぞれの円周であり、また最も外側の正方形は柱頭のアバクスでありかつ柱基の礎板であることは明らかで、八月一〇日の会合において彼に課せられた「柱頭と柱基が重ねられた平面図」という課題の内容と一致するからである。

以降の会合では、この主題にかんする議論はないので、これが実質的な最終意見であると考えられる。しかし上記のように、あるひとつの法則のみを是として結論を出したのではなく、第一の例におけるアーキトレーヴがコラム柱身の上部円周と接するという原則を尊重しながらも、「第四片」にみられるようなエンタブラチュアの見上げ平面の規則性をも断念しきれなかった、という矛盾した態度のままであった。

（四）復元による分析

これら四点の図面中「第四片」には寸法があるていど記されており、モディリオン間隔は一五パルティである。ほかの三点の図面については、ピラスター幅は二四パルティでコラム上部直径は二〇であるから、原図を直接計測することで、すくなくとも基本的な寸法は判明する。それによればモディリオン間隔は一三パルティ二分の一から一四パルティ二分の一である。

ところで、図面を清書し分析すると、問題はつぎの二点に整理されて把握されていたことが推察される。

（一）まず、コラム中心もピラスター中心もモディリオンの軸線と一致しなければならないから、モディリオン中心線はグリッド平面となって、建物隅部の見上げ平面を規定している。実際これらの図版ではモディリオン中心線が破線で描かれている。

（二）柱頭はいわば「内接正方形」と「外接正方形」（＝柱頭幅）によって規定される（図25）。両者はコラムとピラスターで大きさが同じ場合も異なる場合もある。

これら二点に注目すれば、これらの例は表のように整理される。内接正方形は検討が進むにつれて大きくされてゆき、最後のMs.1027, pl.19e（図24）では三〇パルティである。同時にモディリオン間隔も、第一期に承認された値一三パルティに近い一三パルティ二分の一から、一四と二分の一、そして一五へとしだいに大きくされた。この最後の例では、内接正方形と二モディリオン間隔が等しくなる。ここにおいて見上げ平面をモディリオン間隔で規定されるグリッドで考える方法が貫徹されたと考えられる。

四　層オーダー（ドリス式柱間が三三パルティ）の場合

（一）理論的に想定される比例

前節にあるように、一七三七年末から一七三八年初頭にかけてドリス式カップルド・コラムが下段、モディリオンで飾られたイオニア式カップルド・コラムが上段にくる層オーダーが検討された。これは一七三六年から三八年に議論されたドリス式のそれという課題の、いわば派生問題でもあった。タヌヴォはドリス式のエンタブラチュアをより高く、フリーズをより高く、メトプ間隔をより大きくし、柱間を三三パルティにまで拡大することで、柱基や柱頭が食いこむことを阻止することを提案し、アカデミーもそれを承認していた。

ところで層オーダーの規定については、下層のオーダーのコラム高さは上層のそれより一モデュール大きく、上層コラムの下部直径は下層コラムの上端直径に等しくあるべきだという規定があった。

こうした与条件から計算すればイオニア式カップルド・コラムのモディリオン間隔は理論的には一三パルティ五分の一である。つまりドリス式コラム上端直径（20Pd）はイオニア式コラム下端直径（24Pi）に等しいから、

$20Pd = 24Pi \quad \therefore 1Pd = {}^{6}\!/_{5}\,Pi \quad 1Md = {}^{6}\!/_{5}\,Mi$　逆に $1Mi = /_{6}\,Md$

上下層の柱間は等しいから、上層のイオニア式の柱間寸法はこう求められる。

$33Pd = 33 \times {}^{24}\!/_{20}\,Pi = 39Pi\,{}^{3}\!/_{5}$

だからモディリオン間隔は、

$(39Pi\,{}^{3}\!/_{5}) \div 3 = 13Pi\,{}^{1}\!/_{5}$

この一三パルティ五分の一という値は、デゴデにおける値一三よりも若干大きいが、出隅でのピラスターとコラム併用における値一五よりはかなり小さい。だから層オーダーでも、コラムとピラスター併用でもどちらでも有効な比例は存在しないことになる。

さらに上下層のコラム高さも検討しなければならない。イオニア式コラム高さが一八モデュール（通常値）と仮定して、これを換算すると、

$18 \times {}^{5}\!/_{6}\,Md = 15Md$

すなわち下層のドリス式の高さが通常値一六モデュールなら、それより一モデュール小さいから、層オーダーの規定には合致する。

（二）タヌヴォの提案

一七三七年一二月一六日の会合でタヌヴォは、この主題にかんする二枚の図面を提出した。彼はこれらの例のなかで、上のコラムの下端直径と下のコラムの上端直径を等しくし、下にある対のドリス式オーダーでは、柱頭のアバクスや柱基がたがいに食いこまないためにそのエンタブラチュア高さにコラムの四分の一以上の値を与えた[18]。アカデミーがドリス式カップルド・コラムの柱間を三四・五パルティに拡大するのは一七四一年からだから、この会合の時点では三三パルティであったと考えられる。

しかしこのイオニア式オーダーのコーニスの部分に問題点を発見し、それを解決するためには、モディリオン間の円花飾りについて「破格 licence」をおこなわなければならない、とアカデミーは判断した。

「天井におけるこの破格というのは、コーニスに規則正しい十分な張出しを与えるように、モディリオンを長くすることであるが、

その結果、モディリオン間にある円花飾りの小間は、横幅よりも縦の長さが大きくなる。天井にこの軽い破格を与えることで、コーニスのそのほかの部分は規則正しくなる。(19)」

すなわちタヌヴォの図版中のコーニスが小さいと判断した。そこにはつぎのような経緯あったと考えられる。タヌヴォは、柱間寸法から演繹して前述の推定値一三パルティ五分の一を提案したが、これはデゴデの一三パルティよりも大きいものの、それはコーニスに満足できる高さを与えるものではなかった。なぜなら、コラム高さといった全般的な比例がすでに変化しており、エンタブラチュアをより高くすることが必要であった。

理論的にはモディリオン間隔と、コーニス高さ（その張出しに等しい）ひいてはコラム高さは連動している。コラムが高くなれば自動的にエンタブラチュア、コーニスも高くなり、その結果、コーニス張出しも大きくなり、モディリオンはより長くなるが、モディリオン間の円花飾り小間は正方形だから、モディリオン間隔も大きくなる。実際、表のなかのデゴデ Ms.1027,pl.1er，Ms.1026,pl.56 を比較すれば、コラム、エンタブラチュア、コーニスの垂直方向の寸法と、モディリオン間隔という水平方向の寸法は一般的に比例することがわかる。

議事録やタヌヴォの図面において柱間三三パルティであるドリス式カップルド・コラムの場合、コラム高さが特定されているのはMs.1026,pl.33 (a) においてのみであり、それは「一六モデュール八パルティ」である。層オーダーの場合もこれが適用されたと仮定すれば、上層のイオニア式コラム高さは一五モデュール八パルティでなければならない。しかも、上下層の柱身直径にかんする規定から「1Md ＝ $\frac{6}{5}$ Mi, 1Pd= $\frac{6}{5}$ Pi」という比を代入すれば、イオニア式コラム高さとエンタブラチュア高さはそれぞれつぎの値となる。

15Md8Pd ＝ 18Mi $\frac{48}{5}$ Pi ≒ 18Mi10Pi

(18Mi $\frac{48}{5}$ Pi) ×$\frac{2}{9}$ ＝ 4Mi $\frac{96}{45}$ Pi ≒ 4Mi2Pi ＝ 50Pi

である。こうした比例は表におけるMs.1027, pl.1er に近いから、この仮定では、モディリオン間隔は一四パルティであったことが想像される。

柱間から演繹される一三パルティ五分の一と、層オーダーの規定から導かれる一四パルティは一致しない。タヌヴォは前者の値を提案したが、アカデミーは後者の値をもたらすコーニスの張出しに固執したと考えられる。

一七三七年一二月二三日の会合ではこれらのオーダーの上にさらにコリント式がのった層オーダーが検討され、モディリオンの配置の規則性が検討され、タヌヴォがその比例を研究しその結果を発表するよう指示された。[20] 一七三八年一月一三日の会合ではタヌヴォが提出したドリス式、イオニア式、コリント式の対のコラムの層オーダーの図版におけるモディリオンの配置が議論された。

「最良の古代建築においてもモディリオンが柱中央の真上にあるとはかぎらず、モディリオン間の小間も正方形であるとはかぎらない。モディリオンとその間隔をより規則正しくすることが、モディリオンの規則性を若干犠牲にしてもコーニスの輪郭を心地よくすることより、優先されるべきかどうかは議論がある。

タヌヴォ氏が示した三層の層オーダーでは、モディリオンもその間隔も規則正しく配置されているが、もし円花飾り周囲の余白を等しくすればその小間は完全な正方形ではなくなり、逆に、左右の余白より前後の余白を大きくすれば、円花飾りのある窪んだ天井は正方形になるだろう。[21]」

前段はモディリオンの規則性に固執するタヌヴォと、コーニスの輪郭に固執するほかの会員の葛藤を示唆している。後段は理論的には完全に矛盾する記述だが、タヌヴォにたいして批判的で、円花飾り小間の比例を変化させてコーニス輪郭を調整することがあきらかに意識されており、「左右の余白より前後の余白を大きく」する、すなわちモディリオンをより縦長にして、コーニスの張出しを大きくすることが好ましいという意味で読むことができる。

いずれにせよ議事録の内容が曖昧であるのはアカデミーが最終的な結論を出せなかったからであり、層オーダー特有の困難があったからだと思われる。正方形であるべき円花飾り小間をあえて縦長にしようと考えたのは、柱間寸法から導かれたモディリオン間隔一三パルティ五分の一ではコーニスに十分な張出しを与えることができないと判断されたからだと推測できる。

五　制約のない場合のカップルド・コラム

出隅におけるピラスターとコラム併用、層オーダー、という制約の多い場合を論じたのち、アカデミーは制約のない場合を論じている。タヌヴォは、一七三八年三月一七日の会合でイオニア式オーダーの図版を提出するよう指示され[22]、つぎの三月二四日の会合で、ウィトルウィウス、パラディオ、スカモッツィ、ヴィニョーラとドロルムの五人の建築家によるイオニア式オーダーの比較図を提出した。[23]彼の図面Ms.1027, pl.1er（図26）には「一七三八年三月二四日」の日付が記され、またそこではオーダーの比較より、コーニス見上げが重要視されている。[24]

この図によればコラム高さは一八モデュール三分の二であり、第一期に定められた高さ（一八モデュール）より大きく、エンタブラチュア高さは四モデュール二パルティ（五〇パルティ）であり、同じく第二期の標準値（四モデュール＝四八パルティ）より大きい。しかしエンタブラチュアとコラム高さの比は八・九六分の二で、第一期に承認された値九分の二に近い。

ところでモディリオン間隔は一四パルティであり、デゴデの一三より大きく、スカモッツィのそれと同じ値である。タヌヴォのこの図版はそれに準拠したものと考えられる。

このようにとくに制約のない単純な場合を考察したのは、さまざまな条件がついた場合がたいへん困難であり、矛盾点を解決するのが難しいので、あらためて議論を原点に戻すためだったと推測される。

また、日付不明のMs.1026, pl.44（図27）におけるイオニア式カップルド・コラムはこれと同じ比例をもち、コラム高さは一八モデュール二分の一、モディリオン間隔は一四パルティ。しかしやはり日付不明のMs.1026, pl.56（図28）では、モディリオン間隔は一五パルティである。

議事録からはアカデミーが明確な決定をしたことはうかがえない。しかし一四パルティという値にはとくに問題点は述べられていない。

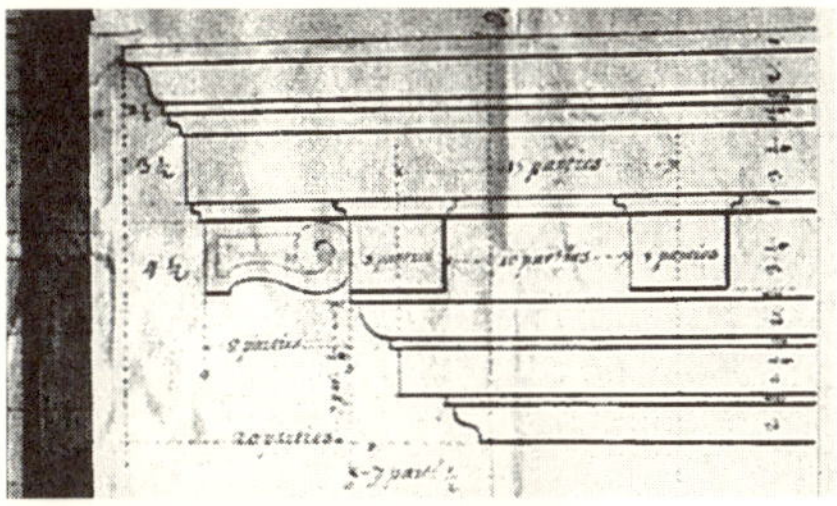

図28　同、Ms.1026, pl.56.（上）部分。（下）全体。

「ペアにされた二本のイオニア式ピラスターと、その上のエンタブラチュア全体を示す図で、アカデミーはこれにそって、輪郭にかんする一般的そして特殊な提案をするために研究したが、図中には歯飾りの正確な配列が示され、各ピラスターの中央の垂直線上に歯飾りがひとつあり、またそれらの正しい配列からピラスターの心々距離が三九パルティ二分の一となるが、このピラスターは、その下にあり心々距離がドリス式モデュールの三三パルティであるドリス式オーダーの二本のピラスターの垂線上に置かれうる。歯飾りの配列は、コーニスの輪郭の端部の角の部分に、松毬飾りではなく一個の歯飾りがくるよう、正しくその間隔を保っている。」

図29　同、Ms.1027, 4^{e}.（下は説明文和訳）

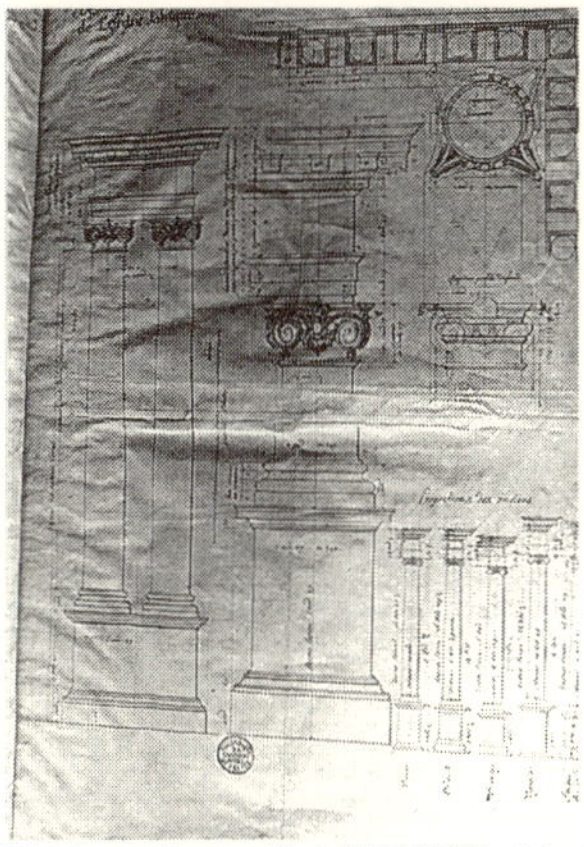

図26　フランス学士院図書館、Ms.1027, pl.1er.（上）部分。（下）全体。

「柱頭が古代式とスカモッツィという、二種類のイオニア式オーダーの建築だが、コラム高さは、柱頭と柱基を含めて一八モデュール二分の一である。コラムのアストラガルより上にある柱頭は高さ九パルティ。アストラガルとその下の正方形の小平縁を含んだコラムは一六モデュール九パルティ。柱基は高さ一モデュール。これら三部分全体で一八モデュール二分の一で、これがコラム全体。上のエンタブラチュアは四モデュール二パルティすなわち五〇パルティだが、これが二五等分され、七がアーキトレーヴの高さに、八がフリーズに、一〇がコーニスにあてられる。この一単位はモデュールの一パルティの二個分に相当する。」

図27　同、Ms.1026, pl.44.（下は説明文和訳）

六　層オーダーで、コーニスに歯飾りがある場合

さらに、ドリス式とイオニア式の層オーダーで、イオニア式コーニスにモディリオンではなく歯飾りがある場合がなんどか議論された。一七三八年六月二日の会合では、タヌヴォがその図版を提出したが、そこではドリス式カップルド・コラムの柱間隔は三三パルティ、イオニア式のそれは三九パルティ二分の一と設定されていた。(25) この場合、モディリオン間隔は、三九パルティ二分の一の三分の一、すなわち一三パルティ六分の一であり、すでに述べた理論値一三と五分の一に近似している。

ところで一七三八年六月三〇日の会合では、同じ設定でイオニア式の柱間が三九パルティとされている。(26) このときモディリオン間隔は三九パルティの三分の一、すなわち一三パルティであり、デゴデの値と等しくなる。この時期になっても第一期に承認された一三パルティという値へ回帰する願望があったと推測されるし、これは理論的には可能な数字である。(27)

こうした文脈で興味ぶかいのは、一七三八年七月二八日の会合でタヌヴォが提出した対のイオニア式ピラスターにかんする、アカデミーの注釈である。

「……彼（タヌヴォ）は、歯飾りの分割法は、同じオーダーのモディリオンのあるコーニスにおいて、モディリオン間隔に四つの歯飾りを置くことであることを指摘し、また彼は、つねにコーニスの角と各コラムの軸線上には歯飾りを一個置き、ピラスター間隔の中央には空隙をもってきている。(28)」

この図版はおそらくMs1027, pl.4e（図29）であると思われる。この図版の欄外に書かれた注釈によれば、これらのピラスターは、柱間隔が三三パルティのドリス式カップルド・コラムの上に置かれうる状態を前提として描かれたものであり、柱間は三九パルティ二分の一である。

この図では四歯飾り間隔がいわば「仮想モディリオン間隔」として設定され、その値は三九パルティ二分の一の三分の一、すなわち一三パルティ六分の一である。これも上記の理論値一三と五分の一にたいへん近い。

モディリオンだと円花飾り小間が正方形でなければならないという制約があるが、歯飾りの場合はその制約がない。だからこうした

理由から、最後に歯飾りの場合が議論された可能性がある。逆にこのことは、層オーダーでモディリオン付きの場合に整合的な比例を導きだすことは困難である、と認識されていたことを物語っている。

七　層オーダー（ドリス式柱間が三四パルティと二分の一）の場合

一七四一年以降、タヌヴォはドリス式のそれにおいて柱間を三四パルティ二分の一とし、コラム高さを一七モデュールとした。(29)
一七四二年三月一二日と四月九日の二回の会合でタヌヴォは、柱間が三四パルティ二分の一であるドリス式カップルド・コラムの上にイオニア式のものがのる図面をアカデミーに提出している。(30) ただし議事録にはその結論はないし、これらに相当する図面も残っていない。しかしイオニア式コラム高さは層オーダーの規定により一六モデュール（17Md-1Md）であるべきと仮定すると、つぎのように推論できる。

（一）直径の規定から出発する。

前述と同じく、　$1Pd = \frac{6}{5} Pi$, $1Mi = \frac{5}{6} Md$

柱間　$34Pd \frac{1}{2} = (34 \frac{1}{2}) \times \frac{6}{5} Pi = 41Pi \frac{2}{5}$

モディリオン間隔　$(41Pi \frac{2}{5}) \times \frac{1}{3} = 13Pi \frac{4}{5}$

しかしここでコラムが Ms.1027, pl.1er のように 18Mi8Pi（= 18Mi ⅔）としても、それはつぎの値に等しい。

$(18 \frac{2}{3}) \times \frac{5}{6} = 15Md \frac{5}{9}$

だから理想値一六モデュールからは遠く、また標準値一八モデュールからはかけ離れてしまう。

（二）コラム高さの規定から出発する。下層のドリス式コラム高さが一七モデュールなら、上層のイオニア式は一六（ドリス式の）モデュールである。

イオニア式コラムの高さ　16Md ＝ 18Mi $\frac{2}{3}$ ゆえに 1Md ＝ $\frac{7}{6}$ Mi　1Pd ＝ $\frac{7}{6}$ Pi

柱間　34P $\frac{1}{2}$ ＝（34 $\frac{1}{2}$）× $\frac{7}{6}$ Pi ＝ 40Pi $\frac{1}{4}$

モディリオン間隔　（40Pi $\frac{1}{4}$）× $\frac{1}{3}$ ＝ 13Pi $\frac{5}{12}$

コラム下端直径　24Pi ＝ 24 × $\frac{6}{7}$ Pd ＝ 2Md $\frac{4}{7}$

また標準値（18Mi）なら、同じ計算から、それぞれ 12Pi1 $\frac{5}{18}$ や 21Pd $\frac{1}{3}$が得られる。

いずれもモディリオン間隔は一四パルティより小さい。下部直径は二〇（ドリス式）パルティ以上で、層オーダーの規定から逸脱する。

（一）と（二）のいずれの仮定のモディリオン間隔も、条件のない場合の一四パルティや、コラムとピラスター併用の場合の一五パルティとはかなり差がある。

（三）逆にモディリオン間隔一五パルティを優先させる。

柱間　15Pi × 3 ＝ 45Pi ＝ 34Pd $\frac{1}{2}$　1Pi ＝ $\frac{23}{30}$　1Mi ＝ $\frac{23}{30}$ Md

コラム下端直径　24Pi ＝ 24 × $\frac{23}{30}$ ＝ 18.4Pd

この値は、ドリス式の上端直径（20Pd）よりかなり小さい。

コラム高さも（18Mi = 18 × $\frac{23}{30}$ Md = 13.8Md にせよ 19Mi = 14.56Md にせよ）一六モデュールに比べて低すぎる。

またモディリオン間隔一四パルティを優先させても同じ計算から、直径約一九・一パルティ、高さ約一四・七八パルティ、約一五・六一パルティが求まるが、それぞれ二〇パルティ、一六モデュールから隔たっている。

すなわち層オーダーの場合のカップルド・コラムにはそもそも内部矛盾があり、たとえ歯飾りであっても無理がある。またどの設定におけるモディリオン間隔も、コラムとピラスターを併用する場合とは一致しないことが判明する。

八　まとめ

イオニア式カップルド・コラムに適合するモディリオン配列という問題については、アカデミーは結論に達することはできなかったが、結果的には、その問題を解くことの不可能性をはからずも明らかにしたといえる。こう要約されよう。

まずフランス建築への回帰として解釈される。イオニア式のそれを検討するなかで、フランス建築における先例が言及されたことはないが、対にしたドリス式コラムとイオニア式コラムを上下に重ねたものの比例が研究されたことは、たとえばパリのサン＝ジェルヴェ教会のファサードのような例が意識されていると考えることができる。

そこではモディリオン間隔が指標とされた。第一期においてアーケードやコロネードの比例が議論されたさい、水平方向の比例を決定するため、モディリオン間隔が注目された。このモディリオン間隔はこの第二期においてイオニア式のものの比例を検討するさいにも基準となった。

理想的比例の決定不可能性が、会員たちが意識したかどうかはともかく、浮彫りにされている。層オーダーの場合は一三と五分の一などの理論値が得られ、コーニスにモディリオンではなく歯飾りがある場合は、仮想モディリオン間隔は一三と六分の一である。制約のない場合は一四という値が提案された。建物のコーナー部においてコラムとピラスターを併用する場合は一五であった（単位パルティ）。だからあらゆる使用法において成立する、唯一の普遍的比例というものは存在しない。

第一期に定められた比例からあえて逸脱しようとしている。第一期においてすでに五つのオーダーの基本比例を定めたにもかかわらず、対のコラムといった具体的な建築的表現のためにはあえてそれを破った。モディリオン間隔が大きくなると、結局エンタブラチュア全体が高くなり、最終的にはコラムもより高くする必要があった。タヌヴォはモディリオン間隔を一五パルティまで大きくしたが、そうすると、エンタブラチュア高さは通常の四モデュールではなく四モデュール三パルティ、コラム高さはは通常の一八モデュールではなく一八モデュール八パルティとなった。だからドリス式と同じくイオニア式の場合も、対のコラムの比例を追及することで第一期の比例が修正された。

これらのことは、ある普遍的な原理を追及したアカデミーの当初の理念そのものの挫折でもあった。

〔註〕

1　議事録、第五巻、二二一頁。
2　同右。
3　議事録、第五巻、二二二頁。
4　同右。
5　原資料では nud と記されているが、現代フランス語では nu が正しく、nu de mur といえば突出部分のない平な壁面を意味する。この引用の場合、エンタブラチュアの nud とはアーキトレーヴの平面図における輪郭線をあらわし、コラム上部の nud とはアーキトレーヴと平行なコラム平面の接線をあらわす。
6　議事録、第五巻、二二三頁。
7　同、二二四頁。
8　同右。
9　同右。
10　議事録、第五巻、二二五頁。
11　同、二二四頁。
12　もっともこの図版には一七五九年一〇月三日の日付がある。しかしこの年の九月三日の翌日から一一月一二日の前日までは会合は休暇のため開かれていない。そして一一月一九日の会合でタヌヴォは、それまでの一五年間に彼がアカデミーの要請におうじて提出したすべての図面を二冊の合本にして提出しており(議事録、第七巻、二五～二七頁参照)これが現存する Ms.1026 と Ms.1027 であると考えられる。だから一七五九年一〇月三日という日付は、図版の整理のそれだと考えられる。
13　議事録、第五巻、二二五頁。もっとも Ms.1027, pl.2^e-2（図2）のなかの注釈ではこれが最良とされている。しかし記述に具体性が欠けていることから、のちになってしかも誤ってなされた記述の可能性が大きい。
14　議事録、第五巻、二二五頁。

15 同右。

16 同右。

17 議事録、第五巻、二一五～二一六頁。

18 同、二二〇～二二一頁。

19 同、二二一頁。

20 同、二二一頁。

21 同、二二三～二二四頁。

22 同、二二八頁。

24 同、二二九～二三〇頁。

25 ただしその図面の右下にはドロルム以外の四人の建築家によるイオニア式オーダーと「提案されたイオニア式」の計五案が比較されており、ドロルム案は見当たらない。

26 議事録、第五巻、二三二頁。

27 同、二三四頁。

28 第四章第一節と同じ計算により、
$39\,\mathrm{Pi} = 33\mathrm{Pd}$　　$\therefore 1\mathrm{Pi} = {}^{33}\!/_{39}\,\mathrm{Pd}$　　$1\mathrm{Mi} = {}^{33}\!/_{39}\,\mathrm{Md}$
イオニア式コラム高さ　　$18\mathrm{Mi} = 18 \times {}^{33}\!/_{39}\,\mathrm{Md} = 15.23\mathrm{Md}$
ドリス式が16Mdとすると高さの差は0.77Mdと小さめだが、不可能な値ではない。またドリス式が17Mdとすれば、イオニア式は $16\mathrm{Md} = 16 \times {}^{39}\!/_{22}\,\mathrm{Mi} = 18.90\mathrm{Mi}$ となるが、この高さに近い第二期の類例はある。

29 議事録、第五巻、二三六頁。

30 同、三一五～三一六頁。

五—三　コリント式カップルド・コラム

コリント式にはふたつの場合があって、コラム間にモディリオン間隔がふたつの場合と、三つの場合である。最初の場合においてはコラム間の中央にはモディリオンが置かれ、二番目の場合は円花飾り（rose）がくる。

タヌヴォは一七三八年二月三日の会合において、第二の場合にかんするスタディを提出した。すなわち彼は「ふたつのコラムのあいだに円花飾り(rose)の小間を」[1]置いた。コラムの心々間隔は四四パルティである。だからモディリオン間隔は一モデュール九分の二(=1.22...M)であり、パラディオやデゴデのもの（コラムの五分の一の高さをもつエンタブラチュアで$1M\frac{1}{5}=1.20M$）に近く、ヴィニョーラのもの（同四分の一のエンタブラチュアで$1M\frac{1}{3}=1.33...M$）からは遠い。だからタヌヴォは、エンタブラチュアにデゴデのものと同じ高さを与えたものと考えられる。[2]

アカデミーはこの会合の最後に、第一の方法を検討することを提案した。

「つぎに、アカデミーは対になったコラムのアバクスがたがいに接触し、モディリオンがその中央にくるなら、いかにしてエンタブラチュアのコーニスを処理できるか、(あるいは)そこにモディリオンを置かなければならないなら、コラム間にいかに円花飾りを配置できるかを検討することを提案した。[3]」

この引用において重要なのは、コリント式カップルド・コラムの問題は同時にモディリオンの配置の問題であること、コラム間中央にモディリオンを置くこと、すなわちコラム間にモディリオン間隔をふたつ置くことの可能性を示唆している。

	エンタブラチュア／柱の高さ比	心々の柱間	モディリオン間隔	
			数	幅
Ms.1027, pl.32ᵉ	¼	3M	2	1M½
Ms.1027, pl.32a	⅕	3M	3	1M
1747年6月16日	¼			
1748年12月10日 ロリオ	—	4M?		
1749年1月13日 ロリオ	—			
1749年1月20日 ロリオ	¼と⅕の間 ⅕			
1749年1月27日 ロリオ	¼ ⅕			
1749年2月3日 ロリオ	¼と⅕の間 ⅕	2M15P ?		
1749年2月16日 ロリオ	¼			
1749年12月9日 ロリオ	¼ ¼と⅕の間 ⅕	3M 4M 3M⅔	2 3 3	1M½ 1M½ 1M2⁄9
1749年12月22日 カルトー	¼ ¼と⅕の間 ⅕			
1750年1月12日 カルトー B.11	¼（5M） ¼と⅕の間 （4M½） ⅕（4M）	3M 4M 3M⅔	2 3 3	1M½ 1M½ 1M2⁄9

表4　アカデミー会合に提出されたコリント式カップルド・コラムの比例の比較。

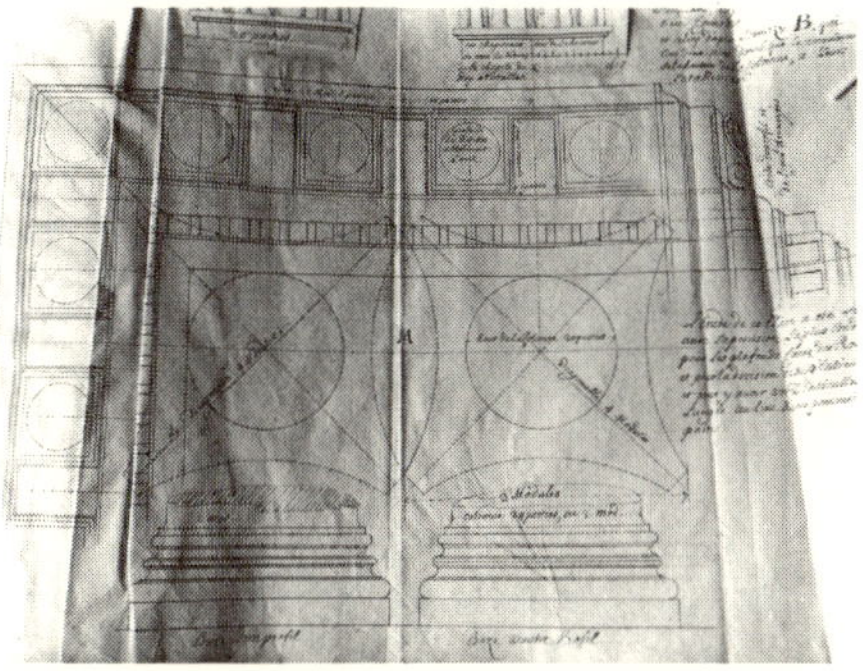

図30　ヴィーニが提出したと思われる図面。フランス学士院図書館、Ms.1027, pl. 32ᵉ.

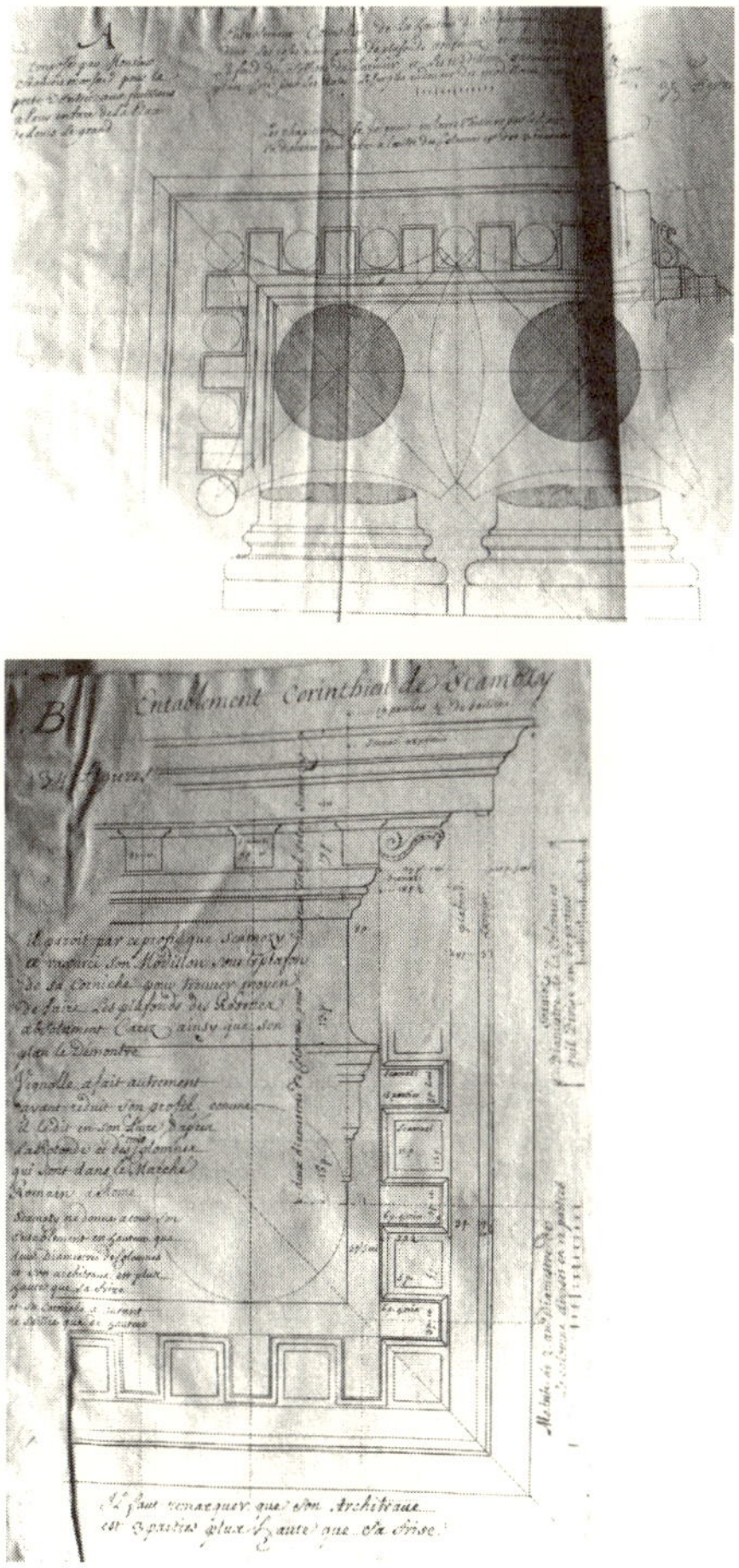

図31　（上）同、Ms.1027, pl. 33aと（下）33b。

議事録によれば、ヴィーニ（Vigni）なる人物が、この第二の方法をつぎの会合で具体的に示した。彼が提出した図面では「モディリオンはコラム間の中央にくる」[4]。だからコラム間にはモディリオン間隔がふたつあり、その結果、アバクスはたがいに接触し、エンタブラチュアの高さはコラムの四分の一になり、コーニスの高さは二モデュールとなっている。ヴィーニはモディリオンの配置のためにコーニスをより高くしなければならなかったのである。

ヴィーニが提出したデッサンは、おそらくMs.1027, pl.32e（図30）であろう。なぜなら欄外の注によれば、エンタブラチュアの高さは五モデュールであり、高さ二〇モデュールのコラムの四分の一となるからである。このpl.32eにおいては、柱頭の正面からみた幅は三モデュールであり、柱頭のアバクスの中央のモディリオンの下でたがいに接するから、モディリオン間隔は一八パルティすなわち一モデュール二分の一である。

一七三八年二月二五日の会合では、タヌヴォとヴィーニの図面にかんする判断が下された。ヴィーニのものについては、

「……モディリオンを規則的に配置し、円花飾りを正方形に保ち、コラム間の中央にモディリオンをもってこようとすると、必然的にエンタブラチュアの高さはコラムの四分の一になる[5]。」

モディリオンを両側の柱の中央に置くためには、モディリオン間隔を大きくし、その結果、エンタブラチュアを高くしなければならないのである。しかし三モディリオン間隔の場合は、アカデミーは柱頭のアバクスを接触させようと思ったので、容易ではなかった。

「……コラム間の中央のその上に円花飾りを置くときでも、同じコラムのアバクスを接触させ、かつエンタフラチュアの高さをコラムの五分の一に保つことはできる。しかしこの方法において円花飾りの天井を正方形に保とうとするなら、マンサール氏のように水切縁（larmier）の天井においてモディリオンを短縮しなければならない。スカモッツィは彼以前に同じことをおこなっている[6]。」

スカモッツィにおいては、柱頭アバクスの正面幅は実際三モデュールであり、モディリオン間隔は一モデュールである。だからこの

方法でコリント式コラムを配置することは可能である。「モディリオンを短縮し」はおそらく、スカモッツィのモディリオンはほかの建築家のそれよりも短いことを意味している。

さて、Ms.1026, pl.33a（図31上）には「フランソワ・マンサール氏によりパリのフイヤン会教会入口のために構成された」という注がつけられているが、おそらくこの図はこの会合に提出された図版である。この図面では、モディリオンはコーニスの張出しに比べてあまりに短いにもかかわらず、アバクスはたがいに接している。

同じく「スカモッツィのコリント式エンタブラチュア」と題されたpl.33b（図31下）はこの会合に提出されたもう一枚の図面である。これはコーニスの見上げ平面図であるが、コラムは対にはなっていない。しかしモディリオン間隔は一モデュールでしなかく、両コラムのあいだに三モディリオン間隔がある場合でも、コラム心々距離は三モデュールであるから、コラムを対にすることはまったく可能である。ここにおいても、さきの図面と同じくモディリオンと円花飾りはむしろ小さい。

アカデミーはこれらの方法を両方とも承認した。(7)こうしたことから、モディリオンの配置以外には、対になったコラムの柱頭のアバクス間に間隔がなく、それらが接することを望んだといえよう。

一七四七年より、ふたたびこの主題がとりあげられた。ロリオは多くの図面を提出するよう要請された。しかしエンタブラチュアの高さについては意見が定まらず、四分の一、五分の一、そしてそれらの中間の値すなわち九分の二と揺れ動いた。ロリオはこの三種類のエンタブラチュアの図版を提出したが、それらにおいてはモディリオン間隔も異なっていた。カルトーもまた、一七四九年一二月九日と翌年一月一二日の会合で同じ試みをおこなった。しかしロリオとカルトーが一七四九年一二月一五日の会合に提出した四分の一の比例のエンタブラチュアは、ヴィーニのそれとほとんど同一であって、したがってこの問題をさらに展開したというよりは、たんに反復しただけであった。

しかしながら、アカデミー史の観点からは、つぎの二点を強調しなければならない。まずヴィーニが提案した比例はルーヴル宮東ファサードのコリント式オーダーの比例にきわめて近いことである。どちらの場合でも、アバクスはたがいに接しているし、対になったコラムの間にはモディリオン間隔がふたつあるからである。またルーヴル宮のオーダーは、エンタブラチュアの高さがコラムのほぼ四分の一である。こうした現象は、当時のアカデミーはもはや古代建築にはまったく言及しなく、フランス建築がより参照されたという一般的傾向と一致している。

こうした議論のなかでは、モディリオン間隔が重視され、第一期においてアーケード、コロネードの寸法を決定するとき、水平方向の比例を決定するための単位として使用された。対のコラムの比例においても、それが守られている。さらに、第一期に定められた比例に固執していないことである。第一期においてすでに五つのオーダーの基本比例を定めたにもかかわらず、対のコラムといった具体的な建築的表現のためにはあえてそれを破ったことである。

〔註〕

1　議事録、第五巻、二二六頁。
2　同右。
3　同右。
4　同右。
5　議事録、第五巻、二二七頁。
6　同、二二六頁。
7　同右。

第六章　視覚補正理論

六―一　屋外における視覚補正理論

一　はじめに

古典主義建築における視覚補正の理論はヴォルフガング・ヘルマン著『クロード・ペロー』でくわしく述べられている。[1] 建物の部位で、高い位置にあり、下から見上げるときに仰角が大きいものは、寸法を割増しにするというのが視覚補正理論の骨子である。

しかしこの理論は、ある一定の距離から見るということが前提となっていると思われる。たとえば建物を二倍に拡大したとして、視距離も二倍にすれば、すべて同じ視角であるから、補正の必要はない。だから補正が必要であるからには、ある一定の距離から見ているという前提がなければならない。

こうした観点からの分析はいままであまりなかったので、ここでは、ウィトルウィウスの建築書で展開されている視覚補正理論が前提としているスケールを、計算によって割り出し、その理想的な視距離が現実の都市や建築のスケールに対応していることを指摘したうえで、フランスの建築アカデミーにおいてなされた議論を分析する。

二　ウィトルウィウスの視覚補正理論

(一) 理論の骨子

ウィトルウィウスは『建築十書』の数個所で視覚補正について述べている（以下にたとえば［一・二・三］は森田慶一訳の第一書第二章第三節のこと）。一般的に、視覚はしばしば間違った認識をするから「場所の性状や実際の必要」におうじて比例を加減するべきであり［六・二・一］［六・二・四］、たとえば柱どうしの間隔が大きいほど空気層によって「見掛けのうえで食」われるので柱を太くし［三・三・一一］、柱頭よりも上の部分は下から見上げるのであるから、それぞれの高さの一二分の一だけ手前に傾けるべきである［三・五・一三］。

こうした視覚の錯誤の原因は「映像の刺激あるいは自然学者が好んでいう眼からの放射線の放出によって見ている」［六・三・三］から、眼と対象物の両端がなす角度、すなわち「視角」が見かけのものの大きさを支配しているからであった。

ところで彼は二個所で、具体的な数値をあげて比例を論じている。

ひとつは「柱の頂の頸部の縮まり」［三・三・一二］すなわち上端直径と下端直径の比であり、柱が高いほど、上端の直径はあまり縮められなくなる。ウィトルウィウス自身「高さに差違があるので、眼の視線が昇るにしたがって太さに調節が加えられている」［三・三・一三］と述べている。

もうひとつはイオニア式オーダーにおけるアーキトレーヴ高さとコラム高さの比である［三・五・八］。高い部分を見上げるとき視線は「感覚に不確実なモドゥルス量を報告する」ので、建物が「それ自体が巨大である場合には、大きな割付がおこなわれるように肢体のシュムメトリアにつねに割付けの補正が加えられるべきである」［三・五・九］。すなわちコラムが高いほど、アーキトレーヴは相対的に大きな寸法が与えられている。

これら二個所で与えられた数値はじゅうぶんに詳細であり、オーダーの一般的な比例を前提とすれば、ある距離から眺める場合に、各部分の視角や、視角と視角の比を計算によって求め、視覚比のばらつきが最小になるような視距離を逆算することもできる。なお長

コラム高さ h_c（尺） 値域の中央値	(12)～15 [a] 13.5	15～20 17.5	20～30 22.5	30～40 35	40～50 45
ウィトルウィウス [3.3.12]	5／6 (10／12)	5.5／6.5 (11／13)	6／7 (12／14)	6.5／7.5 (13／15)	7／8 (14／18)
アルベルティ [7.6]	5／6 (10／12)	11／13 (11／13)	6／7 (12／14)	13／15 (13／15)	7／8 (14／16)
パラディオ [1.13.3]	5.5／6.5 (11／13)	6／7 [b] (12／14)	7／8 (14／16)	— [c] (15／17)	— [c] (16／18)

表1　さまざまな高さのコラムにおうじた上端直径／下端直径の比。
(a) 下限はあたえられていないが、アーキトレーヴ高さ／コラム高さの比の場合は 12 ～ 15 なので、それに倣った。(b) 桐敷真次郎編著『パラーディオ「建築四書」注解』第一書第一三章の注 3 における、原文では 6.5/7 であるが 6/7 が正しい、という指摘に従った。(c) パラディオは、ウィトルウィウスによる段階的に数値を増加させるやり方を踏襲するとした。

視点高さ h_e（尺）	視角比のばらつきの 最小値	そのときの 視距離（尺）	ばらつき 0.02 未満である 視距離の範囲（尺）
5	0.014596…	108.9	100.0 ～ 144.4
0	0.013378…	119.8	107.5 ～ 163.6
−10	0.01196…	138.8	120.5 ～ 195.1

表2　表1のウィトルウィウスにおける、視角比のばらつきと視距離の相関。

ウィトルウィウス [3.5.8]	コラム高さ h_c（尺） 値域の中央値	12～15 [a] 13.5	15～20 17.5	20～25 22.5	25～30 27.5
	$h_e／h_c$	1／18 [a]	1／13	1／12.5	1／12
アルベルティ [7.9]	コラム高さ h_c（尺） 値域の中央値	～20 15		20～25 22.5	25～30 27.5
	$h_e／h_c$	1／13		1／12	1／11
セルリオ [4.7]	コラム高さ h_c（尺） 値域の中央値	12～15 13.5	15～20 17.5	20～25 22.5	25～30 27.5
	$h_e／h_c$	1／16 [b]	1／13	1／12	1／11

表3　さまざまな高さのコラムにおうじたアーキトレーヴとコラムの高さの比。
h_a/h_c：アーキトレーヴ高さ / コラムの高さの比。(a)「柱の下部の太さの半分」と規定されているが、直径はコラム高さの/9⅙であるから [4.1.8]。(b) 直径の半分であり、直径はコラム高さの⅛であるから [4.7]。

視点高さ h_e（尺）	視角比のばらつきの 最小値	そのときの 視距離（尺）	ばらつき 0.001 未満である 視距離の範囲（尺）
5	0.000258…	56.4	51.6 ～ 62.4
0	0.000186…	60.2	54.7 ～ 67.0
−10	0.0000993…	66.1	59.1 ～ 74.2

表4　表3のウィトルウィウスにおける、視角比のばらつきと視距離の相関。

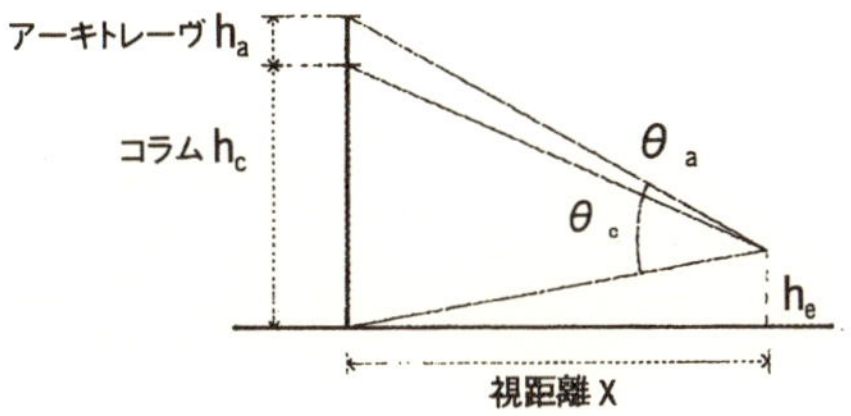

図2　アーキトレーヴとコラム高さの比の凡例。

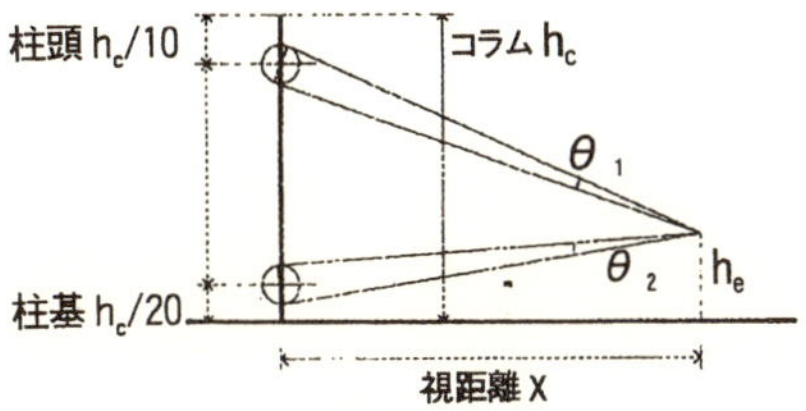

図1　コラムの上端直径と下端直径の比の凡例。

さの単位は古代ローマでは「ペース」（約二九・六センチ）、フランスでは「ピエ」（約三二・四センチ）だが、この項では「尺」で統一する。(2)

（二）コラムの上端直径と下端直径の比

1　計算のための仮定（表1）

ウィトルウィウスがその建築書で与えた数値を表1のように整理したうえで、下記のように仮定する（その理論を踏襲したアルベルティ、パラディオの比例も参考のためのに示す）。

(A)視点の高さにかんする仮定

ウィトルウィウスは、神殿にかんする記述のなかでスタイロベート［三・四・一－三］と基壇［三・四・五］に言及している。また古代においては柱基が直接床の上にのる場合もある。本稿では、人間の足の裏から目までの距離を五尺（約一五〇センチ）と仮定し、コラムの最下端から視点までの高さ（下記のようにh_eとする）の三種類の場合を想定する。実際はさまざまな場合があるが、これらをめやすとして考えることができる。

（一）h_e＝五尺。柱と人体がおなじ水平面上にたっている場合。

（二）h_e＝〇尺。スタイロベートの高さが五尺で、コラム下端と眼球がおなじ高さにある場合。

（三）h_e＝マイナス一〇尺。高さ一五尺の基壇のうえにある柱を、地面にたって眺める場合。

(B)オーダーの種類などにかんする仮定

直径の逓減比はとくにどれかのオーダーではなく一般的な理論として述べられている［三・三・一二］が、共和制末期から帝政初期にかけて一般的に公共建築で使用されたことの多いコリント式オーダーをここでは対象とし、その一般的な直径とコラム高さの比として一：一〇を前提とする。

また簡略化のため、コラムではあるが、厚みのないシルエットとして認識されると仮定する。以下に「直径」とは正確には「幅」であるが、やはり煩雑さをさけるためにそのままとする。

2　視角の比の計算と、視距離（図1、3、表2）

コラム高さをh_c、コラム最下部からの視点の高さをh_e、上端直径／下端直径の比をα、視距離をx、とすると、上端直径の視角θ_1と下端直径の視角θ_2の比はつぎの式であらわされる。(3)

$$\frac{\theta_1}{\theta_2} = \frac{\mathrm{ATAN}\left\{(\alpha h_c/20)/\sqrt{x^2+(9h_c/10-h_e)^2}\right\}}{\mathrm{ATAN}\left\{(h_c/20)/\sqrt{x^2+(h_c/20-h_e)^2}\right\}}$$

α、h_c、h_eはそれぞれの場合に与えられる定数なので、これは視距離xの関数である。本稿ではx＝〇・一尺から出発し、〇・一尺ごとに代入して、各高さのコラムにおける視角比θ_1／θ_2比、それぞれのコラム高さにおける視角比のばらつき（最大値と最小値の差）を求めた。するとこれらは図3のように描かれ、表2のように整理できる。

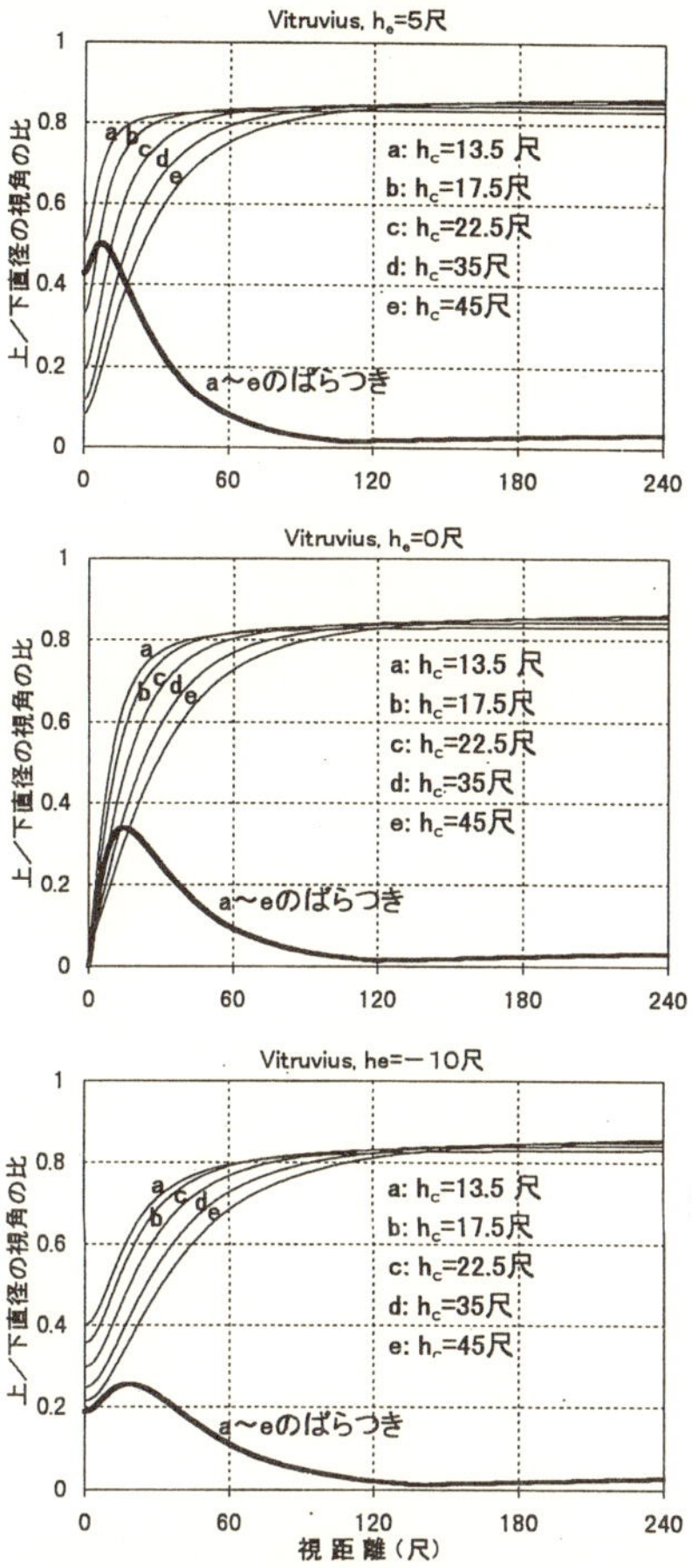

図3　ウィトルウィウスにおけるコラムの上端直径／下端直径の視角の比の分析。

ここでは視角比のばらつきをより小さくする視距離が、理想的な視距離であると考える。建築の視覚的な体験の諸条件はたいへん多様であるので、理想的な視距離を目安としてラウンドナンバーで想定すると、たとえば一二〇尺が考えられよう。また比較的ばらつきが小さい値域として一〇〇尺から一八〇尺が想定される。[4] またアルベルティ、パラディオの場合もほぼ同じ数値がえられた。[5]

(三) イオニア式オーダーのアーキトレーヴとコラムの高さの比

1　計算のための仮定（表3）

ウィトルウィウスは、アーキトレーヴとコラムの高さの比として比例を既定しているので、両者の視角の比を指標とするのが妥当である、と仮定する。彼が与えた数値を表3のように整理し（その理論を踏襲しているアルベルティとセルリオが提案した数値も示す）、コラムと視点の高さ関係についても二・二・一節(A)と同じ仮定をする。また値域一二尺から一五尺における比例は、ほかの値域のものといちじるしく異なっており、それは図4においても視覚的に一目瞭然であり、これを別個のものと扱う。[6]

2　視角の比の計算と、視距離（図2、3、表4）

コラムの高さをh_c、その視角をθ_c、アーキトレーヴの高さをh_a、その視角をθ_a、そして視距離をx、視点のコラム最下部からの高さをh_eとすれば視角比は、

$$\frac{\theta_a}{\theta_c} = \frac{\mathrm{ATAN}\{(h_a+h_c-h_e)/x\}-\mathrm{ATAN}\{(h_c-h_e)/x\}}{\mathrm{ATAN}\{(h_c-h_e)/x\}+\mathrm{ATAN}(h_e/x)}$$

この場合もやはりこのθ_a/θ_cはxの関数である。前節と同じ分析をすると、それぞれのコラム高さにおける視角比のばらつきを最小にする視距離としては、表4のように、目安として六〇尺というラウンドナンバーが考えられる。[7]

なおウィトルウィウスにおいてコラム高さが一二尺から一五尺の値域を考慮すると、ほかの三曲線と交わっているのはいずれも視距離が二四尺（約七メートル）以下の範囲であり、これは室内のスケールである。またこの距離から高さ二〇尺から三〇尺の柱を見上げる場合、仰角は四五度以上と大きすぎる。[8]

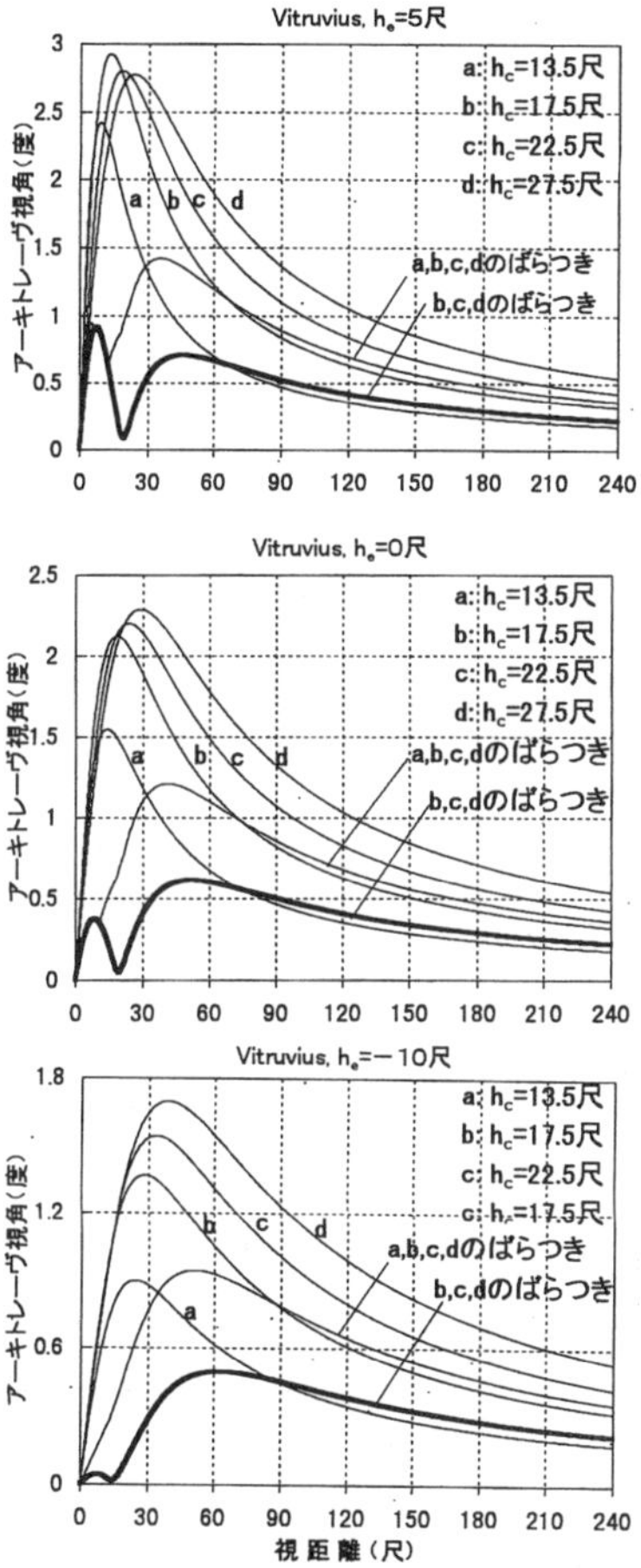

図５　ウィトルウィウスにおけるアーキトレーヴ視角の分析。

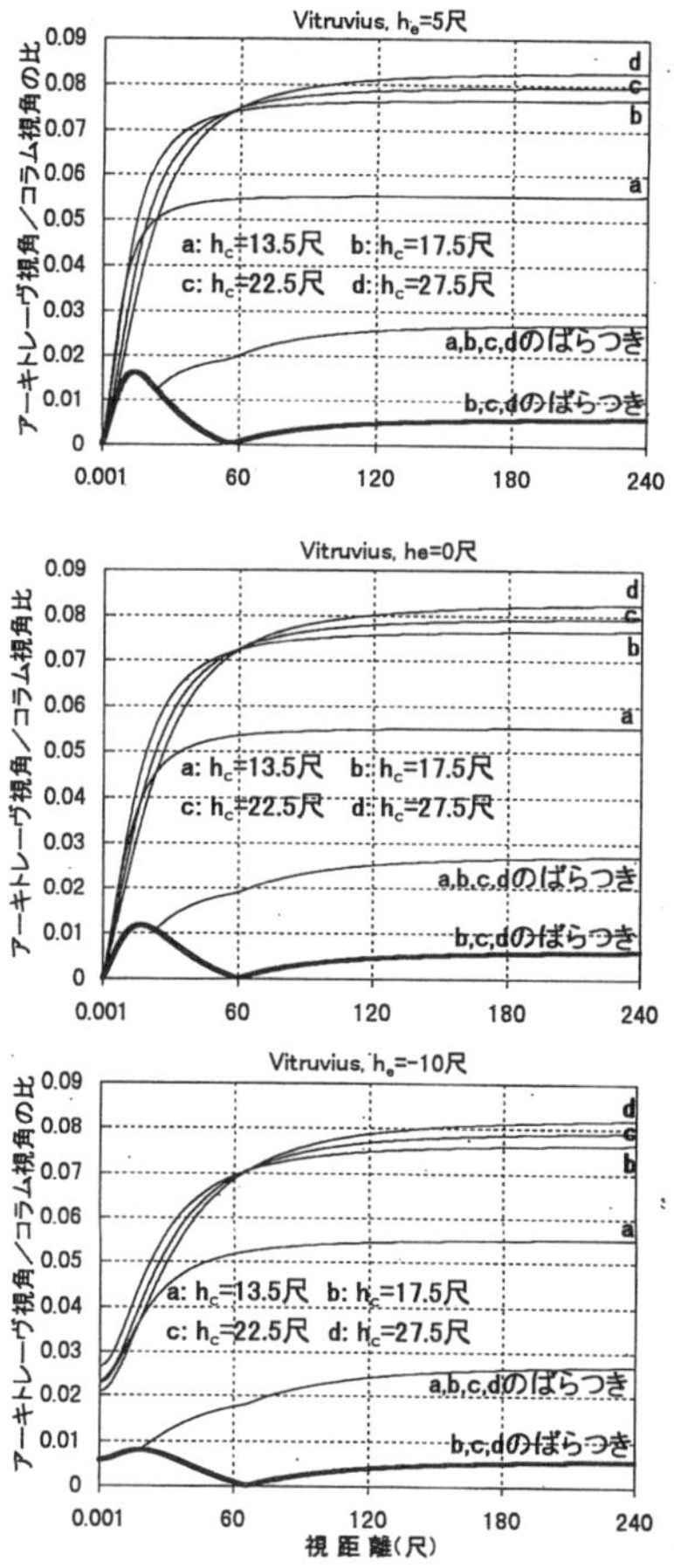

図４　ウィトルウィウスにおけるアーキトレーヴとコラムの高さの視角の比の分析。

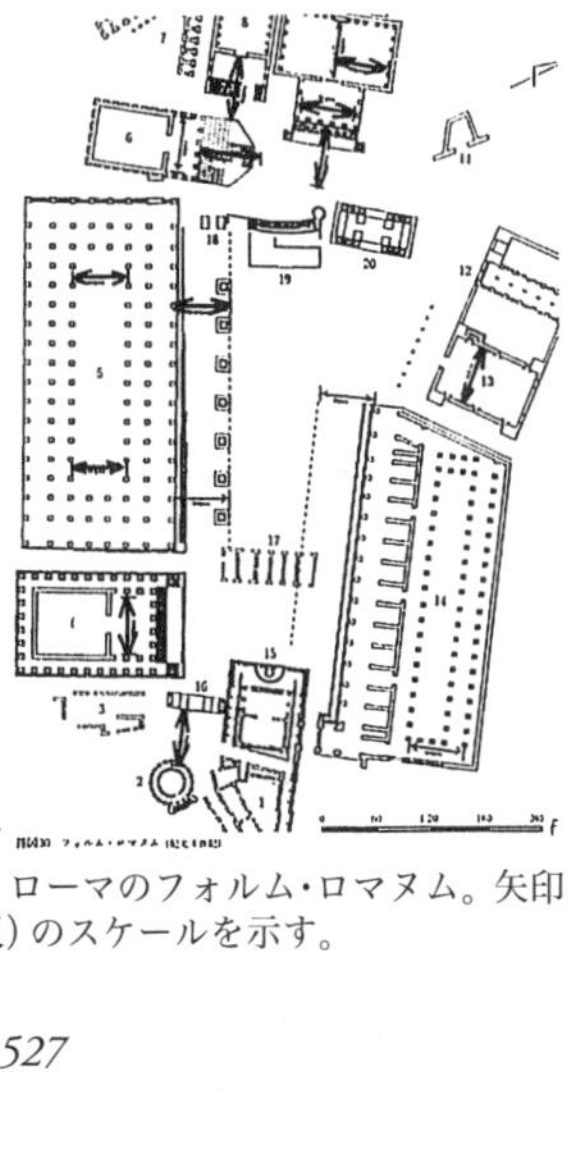

図７　ローマのフォルム・ロマヌム。矢印は六〇ペース（尺）のスケールを示す。

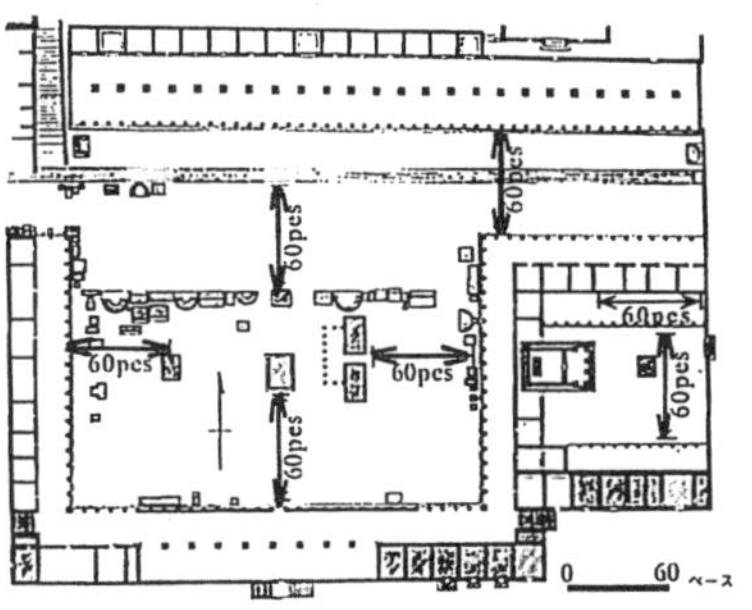

図６　プリエネのアゴラ周辺。矢印は六〇ペース（尺）のスケールを示す。

3　イオニア式オーダーのアーキトレーヴの視角（図5）

前項は、アーキトレーヴの視角とコラムのそれの比が問題とされているという仮定にもとづいているが、ウィトルウィウスのテキストを離れて実際の状況を考えれば、コラム高さに比べて視距離が比較的小さい場合、アーキトレーヴの視角の絶対値（θ_a）を指標にすることも可能である。この場合、図5に示されるように、コラム高さ一二尺から一五尺の値域はやはり除外すべきであり、また視角のばらつきが最小になるのは視距離一九・四尺（h_e＝五）、一九・一尺（h_e＝〇）、一四・二尺（h_e＝マイナス一〇）の地点である。ここでは二〇尺というスケールの空間を想定できる。

（四）仰角

ウィトルウィウスは視距離にも仰角にも言及していない。しかしコラム高さ五〇尺までが前提とされた場合は理想的な視距離の目安が一二〇尺、コラム高さ三〇尺までが考察された場合は六〇尺であるから、最大コラムを理想的視距離から眺めるとき、その仰角は二二・六二…度［＝ATAN（50/120）］から二六・五七…度［＝ATAN（30/60）］である。これらは上限であり、さらに低い角度が一般的であったと考えられる。

三　ウィトルウィウスによるバシリカと古代都市におけるスケール

ウィトルウィウスは、自身が設計したバシリカの寸法を、列柱で囲まれた広間が長さ一二〇尺、幅六〇尺、コラムの高さは五〇尺、回廊の幅は二〇尺と説明している［五・一・六］。これは視覚補正から導かれた理想的な視距離にきわめて類似する値である。

しかも六〇尺といったスケールは、ヘレニズムやローマの都市にしばしば登場している。ヘレニズム都市によくみられる列柱街路の幅員はまちまちであるが、アゴラなどではストア列柱から記念碑の基壇までが六〇尺であることがしばしばみられ（図6）、古代ローマ

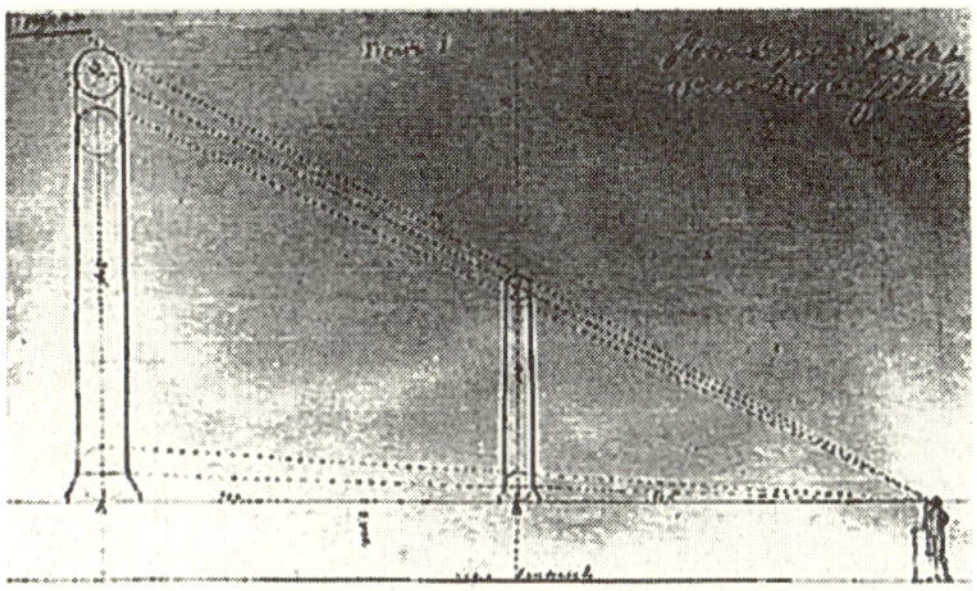

図８　ピエール・ビュレによる視角補正の図解。フランス学士院古文書室、ボジール文書、B.9-4ᵉ-31.

図９　ペローが復元したウィトルウィウス設計のバシリカ。ペロー訳『ウィトルウィウス建築十書』(1684) 図 XL。

都市におけるバシリカ建築ではやはり主要広間の幅はしばしば六〇尺前後である（図7）。前者はやはり視距離が意識された結果だと考えられる。後者は、木造大トラス構造の小屋組みの標準スパンということも考えられる。しかし六〇尺というスケールがさまざまな局面で登場するとき、それがある種の標準スケールのようなものであったと想定するしかない。

こうした六〇尺などのスケールが前提とされたと仮定しないとウィトルウィウスの理論が成立しないことはすでに指摘した。ところで、こうしたスケールは、彼が登場する以前のヘレニズム時代にすでにしばしば都市空間のなかに発見される。このことから判断して、彼の理論が現実の都市空間に適用されたというより、まず現実の都市や建築の空間がそもそもこうしたスケールによって構築されていたので、ウィトルウィウスは無意識的にそれを前提としてその視覚補正理論を提出したと考えるのが妥当である。

四　フランスの建築アカデミーにおける視覚補正理論の受容

こうしたウィトルウィウスの視覚補正理論を一七世紀から一八世紀の建築アカデミーは受容した。この受容過程はふたつのレベルに区分して考えなければならない。すなわちウィトルウィウスやその後継者たちがテキストのなかで明快に展開している理論そのものと、前述で指摘したような、テキストのなかでは明言していないが、しかし一定のスケールを前提としているという点である。

前者の言明された理論にたいしてブロンデルは肯定的であり、ペローは否定的であった。(9) デゴデは、古代ローマ建築においてはコラムの寸法と、上端直径と下端直径との比は相関性がみられないことを数字をあげて示し、アカデミーも直径の逓減はコラム高さではなくオーダーの種類によると指摘した。(10) またコラムが二倍の高さになっても、視距離を二倍にすれば比例を割り増す必要はないと論じている(11)（図8）。

すなわち後者の、一定の視距離が前提となるという言明されざる点は、アカデミーやその建築家たちはあきらかに注意していなかった。

五　建築アカデミーにおける教会堂内部空間にかんする議論

（一）ヴェルサイユ宮礼拝堂

一六八九年にアカデミーは当時計画され建設されたヴェルサイユ宮の礼拝堂について議論している。J－H・マンサールはその設計図を持参した。(12) ロビン・ミドルトンによれば、ペローはこの礼拝堂の建設に関与していた。(13) 実際その内部は、ペローによるとされるルーヴル宮東ファサードとの類似性が指摘されている。(14) またペローは、ウィトルウィウスが設計したバシリカを復元している（図9）が、それはヴェルサイユ宮礼拝堂(15)（図10）によく似ている。また自分自身が設計した天文台の大広間のヴォールト天井の幅は「ウィトルウィウスのバシリカよりもわずかに小さいにすぎない(16)」とも述べている。こうした点から、この礼拝堂について前述のバシリカが参考にされた可能性が大きい。

（二）教会堂のヴォールト天井の断面形状にかんする議論

この主題は一七〇三年と一七〇五年に集中的に議論された。ヴェルサイユ宮礼拝堂建設に触発されたものであると同時に、この議論で前提とされた内部空間のスケールは、ウィトルウィウスの視覚補正理論において暗に示されていたそれに符合する。

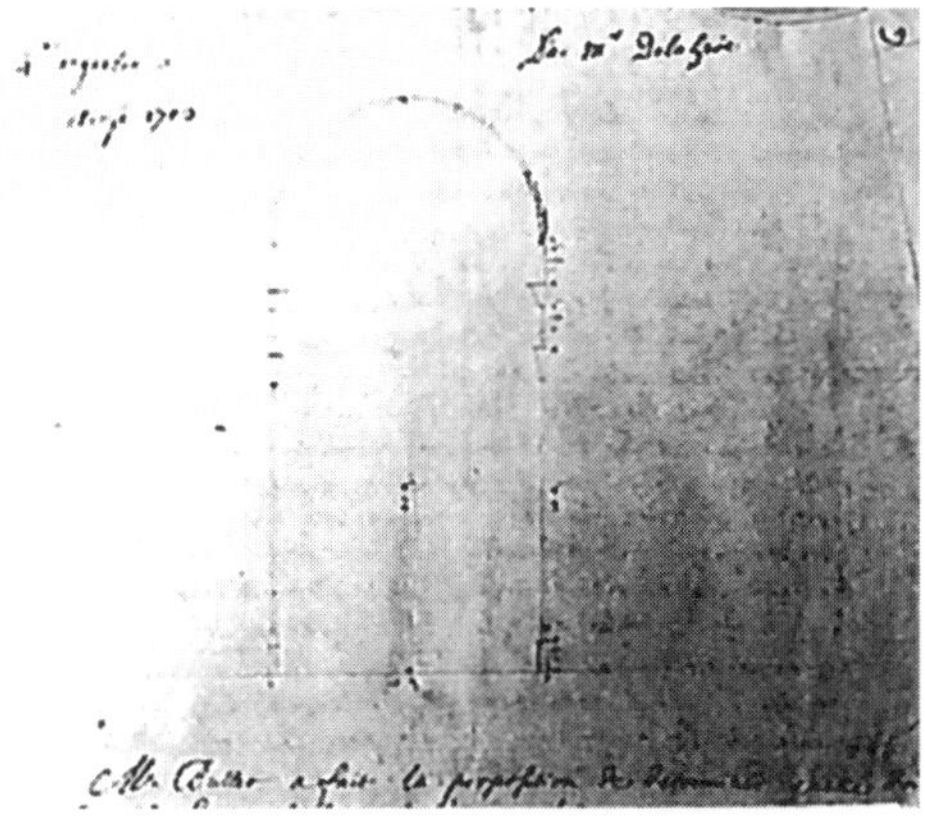

図11　ラ・イールによる教会堂断面のスタディ。フランス学士院古文書室、ボジール文書、B.9-4ᵉ-67.

図10　ヴェルサイユ宮礼拝堂。

1　一七〇三年九月三日の会合

一七〇三年九月三日の会合で、ピエール・ビュレ[17]は教会身廊において使われるべき大オーダーの高さを議論することを提案した。アカデミーは、身廊幅にたいするヴォールト天井の高さを議論することを決定したうえで、規模が変化すれば比例も変化するからまず幅を一〇トワーズ（一トワーズ toise ＝六尺）すなわち六〇尺、と仮定したうえで審議を進めることに決定した。[18]この会合において作成されたラ・イールの報告書は「教会の身廊の高さは幅に比してどのくらいであるべきかというビュレ氏の提案」に答えるものであり、身廊の幅一〇トワーズが想定されていた（図11）が、とはいえ内容そのものはヴォールト曲面が下から正確に見えるかどうかにかんするものであった。[19]別の会合で、ローマのサンピエトロ大聖堂の身廊幅一三トワーズは広すぎると述べているので、[20]一〇トワーズはたんなるラウンドナンバーではなく、好ましいスケールと認識されていたと思われる。

すなわち、ペローにおいてもアカデミーの議論においても、ウィトルウィウスがその建築空間に与えた六〇尺というスケールが踏襲された。しかしそれが視覚補正理論と連動するものとして理解されたことを示す資料はない。ウィトルウィウス自身がその関連に無自覚であったのだから、アカデミーもおそらくそうであったと思われるし、両者の関連を認識していたことを示す資料はない。

2　一七〇五年六月一五日の会合

ラ・イールはこの会合でレポートを提出し、見かけは半円であるが実際は楕円であるようなヴォールト断面を提案した。[21]このレポートはもっぱらヴォールトの形状にか

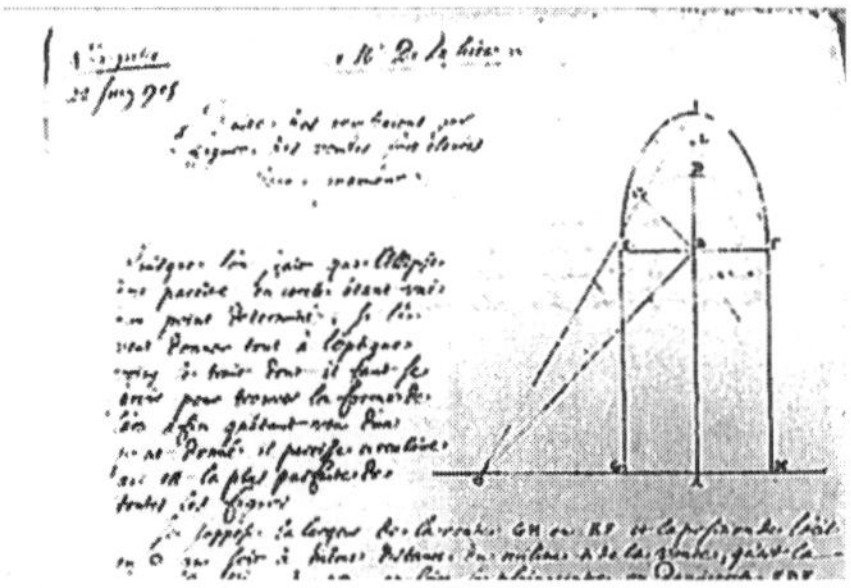

図12　ラ・イールによる教会身廊のスタディ。
フランス学士院古文書室、ボジール文書、B.9-4ᵉ-28.

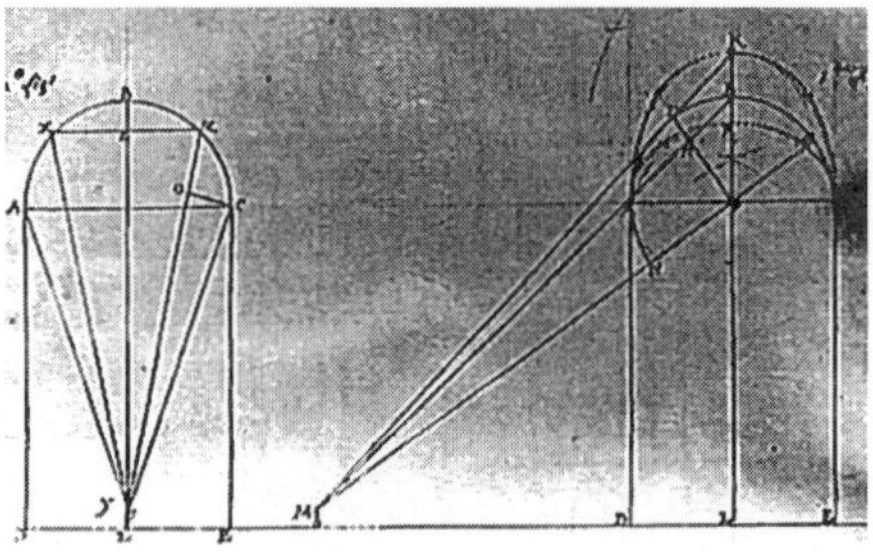

図13　ビュレによるヴォールト空間のスタディ。
同ボジール文書、B.9-4ᵉ-29.

んするもので、図版は添付されていない、またスケールについての言及は少ない。ただアカデミーは、このラ・イールの議論は有用であり「視覚補正理論にしたがって」考察すべきであり、ディオクレティアヌス帝の浴場の建築家は同じようなことを考えたので、ヴォールトの高さを幅よりも大きくしたようである、と指摘した[22]。なおアカデミーがしばしば準拠したデゴデの『ローマの古代建築』によれば、この浴場の中央ホールは、幅が、壁の内法で約七四・三尺、コラムの内法で六二・三尺、長さは約一八三尺であり、やはり六〇尺とその三倍の一八〇尺というスケールを含んでいた。

3　一七〇五年六月二二日の会合（半円錐の断面としての半楕円）

ビュレとラ・イールは、やはり教会堂の幅一〇トワーズの身廊空間を想定しながら、楕円断面のヴォールト天井を提案した[23]。彼らは眼球をその頂点とする半円錐の断面としての半楕円を提案した。

ラ・イールは、実際の形が楕円形であれば見かけの形状は「あらゆる形のなかで最も完全な円」となると前置きしたうえで、視点の位置は地面からヴォールトが始まる地点までの高さと等しい距離だけ壁から離れるべきだとして、視距離一五トワーズ（九〇尺）を（図12）想定した[24]。

ビュレは、ラ・イールの主張に同意しながら、楕円ヴォールトは古代でもディオクレティアヌス帝の浴場において使われているので是認されるべきだと述べたのち、視点の位置については、自然な視線の角度は「半直角すなわち四五度」であるから「妻壁から二〇トワーズ離れた」地点が理想的な視点であるとしたうえで、図に示されたような作図法によってアーチの高さと曲線を求めた[25]（図13）。ここで視距離二〇トワーズはすなわち一二〇尺である。

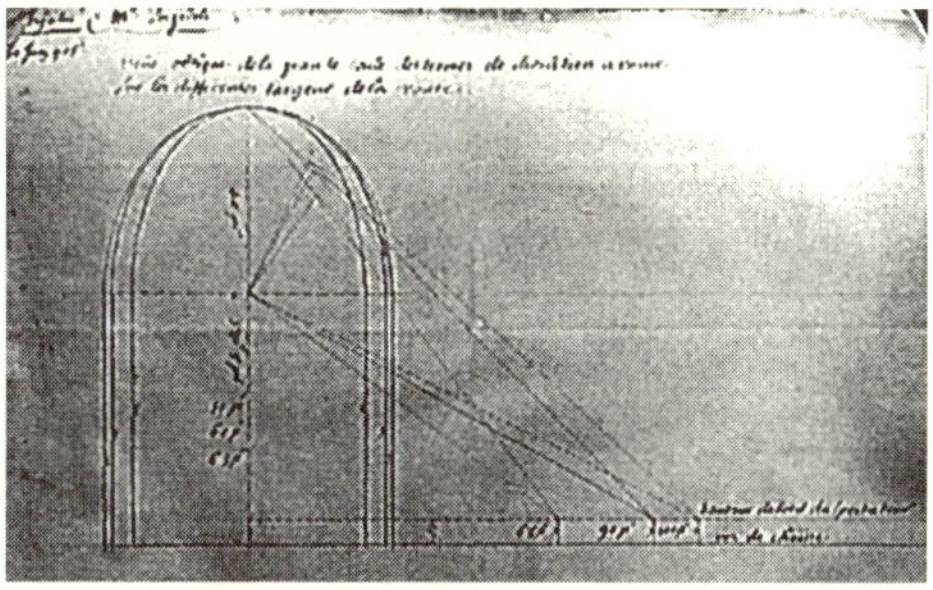

図14　デゴデによるディオクレティアヌス帝の浴場の大ヴォールトの分析。同ボジール文書、B.9-4e-30.

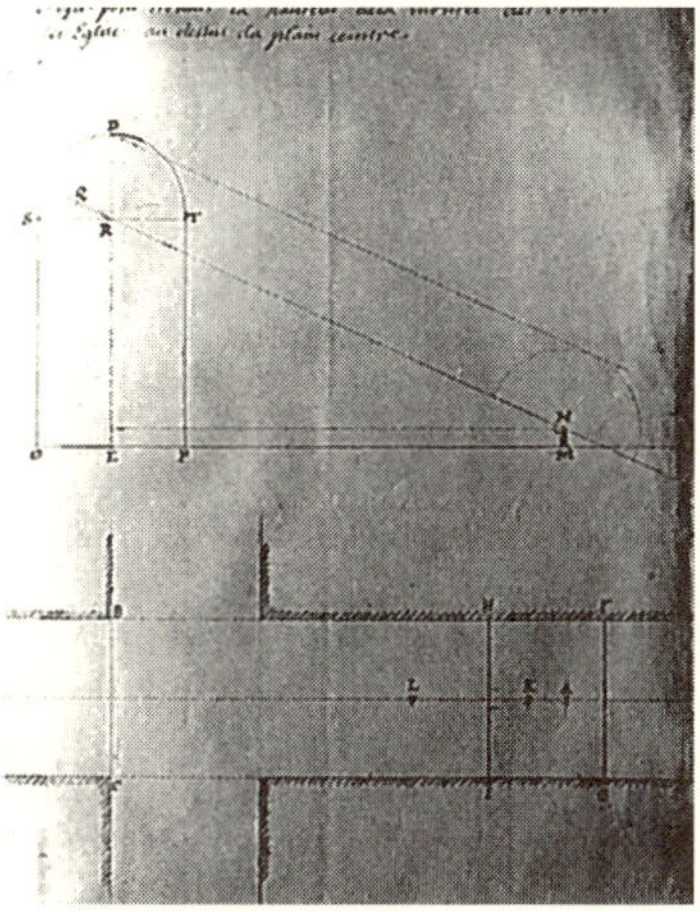

図15　デゴデによるディオクレティアヌス帝の浴場の大ヴォールトの分析。同ボジール文書、B.9-4e-30.

4　一七〇五年六月三〇日の会合（半円柱の断面としての半楕円）

この日の会合でラ・イールとデゴデがレポートを読みあげた。[26] ラ・イールは、ディオクレティアヌス帝の浴場の大ヴォールトはデゴデの実測結果から判断すれば楕円ではないと指摘。[27] ところでデゴデは、この浴場の大ヴォールトを視距離六〇、九〇、一一五尺から眺めた場合を検討（図14）したうえで、ラ・イールやビュレがいわば仮想の円錐を設定したのにたいして仮想の円筒を使い「まっすぐな円筒型の斜めの断面」から得られる楕円のカーブを求めたが、視点の位置をヴォールト高さの一・五倍、すなわち三〇トワーズ（一八〇尺）の距離にある点とした[28]（図15）。

こうした議論のなかにウィトルウィウスの一二〇尺から一八〇尺という理想的視距離が復活している。もっともこの視距離は、ウィトルウィウスの場合はオーダーの見かけの比例から、アカデミーの場合はヴォールトの断面形状から由来しているという相違はある。しかし六〇尺という基本寸法から出発したことが決定的であるのは明らかである。

六　広場の規模にかんするアカデミーの議論

一六七四年一月八日の会合では、パラディオの『建築四書』第三書第一六章が講読され、広場周囲の建物の高さ（以下「高さ」）は広場の幅（以下「幅」）の六分の一以下でも、三分の一以上でも不適当というパラディオの記述に、会員の意見はさまざまであった。[29] 翌一月一五日の会合では、「高さ」は建物の用途によってさまざまであり、広場の規模もまちまちであるから、それらの比例は一義的な値はないとした。[30]

ブロンデルは『建築教程』第五部第四書第六章で、セルリオ、アブラアム・ボス、デザルグらに依拠しながら見かけの大きさは視角によって決定されるという視覚補正理論を紹介したのち、建物全体を見るときは高さの二倍の距離から、細部を見るときは建物高さと同じ距離からであるべきであるとも指摘した。[31]

ところが一六八九年一二月二日の会合では「高さ」は「幅」の六分の一であるべきという記述があり、[32] 翌九日の会合では、その比は五分の一から六分の一が適切であると結論づけられた。[33] こうした広場の中央では対象の高さと視距離の比は二分の一から二分の一・五であり、ウィトルウィウスの理論と一致する。

さらに一七〇三年五月の一日、一四日、二一日の会合では、[34] 建物の全高を把握するためには視角は「二二・五度以下でなければならない」とされた。また例として建物高さ一〇トワーズ（六〇尺）、建物と視点の距離二五トワーズ（一五〇尺）が想定された。

このとき、仰角はATAN（10/25）＝21.8014…であり、二二・五度以下である。こうした値は前述のウィトルウィウスの理論の範囲内である。実際、当時建設されたヴィクトワール広場は半径二〇トワーズ（一二〇尺）、ヴァンドーム広場の計画図ではペデスタルの手前からむかいのファサードまでの距離は二七トワーズ（一六二尺）ほどである。だからアカデミーの議論は、現実の広場を念頭に置いたものと想像される。

七　まとめ

視覚補正理論はある空間的スケールを前提としていることは理論的にいえる。どの高さのコラムであれ比例が一定に見えるような理想的な視距離は、計算によれば六〇尺、あるいは一二〇尺から一八〇尺などである。こうしたスケールは明確には認識されないまま、しかし準拠された。アカデミーはたしかに、古代ローマ建築の実測調査から判断して、視覚補正が使われた可能性は低いと判断したが、それはオーダーの各部の比例についてであった。反対に、視覚補正理論が前提としているスケールには、いわば無自覚のままであったが、忠実であった。

視覚補正理論は、建築や都市の空間的スケールをきわめて能弁に反映していた。ウィトルウィウスが設計したバシリカ、古代のアゴラやフォルム、建築アカデミーが議論したヴォールト空間や広場、におけるスケールは視覚補正理論から演繹される数値を満たすものであった。

視覚補正理論は、建築に「適用」されたというより、現実に存在する建築や都市のスケールを前提としてそれを反映している。ウィトルウィウスの場合は、広場に置かれた記念碑と列柱の距離、バシリカの主要空間の幅など、公共空間にしばしばみられる寸法であった。彼はそうした空間的現実のなかで生きていたからこそ、経験的にあるいは無意識的にこのスケールを前提として、視覚補正を考えた。彼は六〇尺というスケールを満たすバシリカを設計したが、この建築が、アカデミーの教会建築にかんする議論の出発点となった。ただし視覚補正理論がある一定の視距離を前提としているという点は明確には意識されなかった。そして逆説的だが、無頓着でありつつ、現実にはその六〇尺というスケールを多用している。これもまた「反映」の一例である。

視覚補正理論は、見られる対象となる建築の部位や細部より、むしろ視点の位置、視距離に関わっており、この点で空間のスケールと関係が深い。この理論は、むしろ劇場の舞台装置の設計やさまざまな騙し絵など、本稿で論じたウィトルウィウス的な伝統以外の場所で、重要なものとして論じられてきた。しかしウィトルウィウスとその後継者の例にかんする分析が示すのは、やはり視覚の根底には、視点と対象の空間的関係があり、その最も本質的な側面が「スケール」である、という事実である。古典主義の建築は、ある側面では、こうした視覚における視点と対象の空間的関係を調節する理論であり装置でもある。建築は視覚的に調節されたり、その視覚的な関係性の対象となるだけではない。建築はまさに、この視覚的な関係性を指示しあるいは積極的に包みこむものである。こうした観点からは、むしろ視覚そのものが、そもそも空間的にして建築的に構築されているともいえる。

〔註〕

1　Wolfgang Herrmann, *The Theory of Claude Perrault*, London, 1973, pp.70-94.

2　ウィトルウィウスの建築書を翻訳したペローらは、尺をそのままピエにあてはめている。

3　下端直径＝$h_c/10$、したがって下端半径＝$h_c/20$
上端直径＝$\alpha\ h_c/10$、したがって上端半径＝$\alpha\ h_c/20$
柱頭高さ＝$h_c/10$、柱基高さ＝$h_c/20$
眼球から上端直径までの視線の長さ＝$\sqrt{x^2+(9h_c/10-h_e)^2}$
ゆえに$\theta_1/2$＝$\mathrm{ATAN}\{(\alpha\ h_c/20)/(\sqrt{x^2+(9h_c/10-h_e)^2})\}$
同じような視点から下端直径までの視線の長さ＝$\sqrt{x^2+(h_c/20-h_e)^2}$
$\theta_2/2=\ \mathrm{ATAN}\{(h_c/20)/(\sqrt{x^2+(h_c/20-h_e)^2}\}$

4　過度に厳密さをもとめても視覚そのものがその厳密さには耐えられない。たとえば一％の寸法の違いは、すぐ間近に並べてみるのでなければわからない。

5　アルベルティの場合は、ウィトルウィウスとまったく同じ。パラディオの場合、h_c＝五、〇、マイナス一〇においてそれぞれ一〇八・三尺、一一九・二尺、一三七・八尺が視角比のばらつきが最小となる視距離。

6　この値域における規定は、ある種の例外規定、たとえば住宅や宮殿の室内といった特殊条件を念頭においていると考えられる。アルベルティもそれゆえ二〇尺以下を一値域にまとめたとも推測できる。

7　アルベルティにおいては、h_c＝五、〇、マイナス一〇の場合において、視角比のばらつきを最小とする視距離は四〇・八尺、四三・一尺、四五・六尺であり、セルリオの場合はそれぞれ三六・七尺、三八・〇尺、三八・二尺であった。ルネサンスにおいては古代よりも小さな空間が前提となっていたことをうかがわせる。

8　すなわちこの場合、柱全体を一挙に視野のなかに収めることはできない。だからアーキトレーヴ視角の絶対値を指標とし、二〇尺から三〇尺の高いコラムを室外で見て、その記憶を保存したまま視距離の異なる室内で一二尺から一五尺ていどの柱を見る場合にのみ、ウィトルウィウスの視覚補正理論は実際的な意味がある。

9　Herrmann, *op.cit.*, pp.31-94, 130-145.

10　一六九九年一〇月五日の会合。議事録、第三巻、七八～七九頁。ただしアカデミーはそれでも建築家は視覚補正によって同じ比例に見えるようにするべきとした。デゴデが提出したレポートはA.I., Papiers Beausires, B.9-3e-14.

11　一七〇六年一一月一五日の会合。議事録、第三巻、二五七〜二五八頁。ビュレのレポート(A.I., Papiers Beausires, B.94^{e}-31)にもとづいて議論された。このレポートのなかでビュレは、コラムが二倍の高さになっても、視距離を二倍にすれば比例を割増しにする必要はないと論じている。

12　一六八九年一月二八日の会合。議事録、第二巻、一七四頁。アカデミーは「高さは幅の二倍よりも四尺高い」と指摘。この提出図面も現存しておらず、一六九九年着工の現在の礼拝堂とは無関係である。しかしヴォールトと天井の場合、高さは幅の二倍というのが基準となることをアカデミーが認識していたことは確かである。

13　Robin Middleton and David Watkin, *Neoclassical and 19th Century Architecture/1*, Milano, 1980, p.14. またペローは、サント=ジュヌヴィエーヴ教会計画(一六八〇年ごろ)や、ジャン・マロ作画のバールベック神殿復元図(一六八〇年ごろ)らをとおして教会堂のデザインをスタディしていた。

14　Jean-Marie Pérouse de Monclos, *Histoire de l'Architecture Française-De la Renaissance à la Révolution*, Paris, 1989, p.292.

15　もっとも寸法は異なっている。このチャペルの寸法は、ジャック=フランソワ・ブロンデルの『フランス建築』によれば、側廊をふくめて内法で長さ二二トワーズ一尺(一三三尺)、幅一一トワーズ四尺(七〇尺)、天井高さ一三トワーズである。またピガニオールによれば身廊幅は三一尺と一二分の五。議事録、第一巻、一七四頁参照。

16　Perrault, *Les Dix Livres d'Architecture de Vitruve corrigés et traduits nouvellement en Français, avec des Notes et des Figures*, Paris, 1684, réédition, Bruxelles, 1979, p.152, note.10. ペローはこの訳注でさらに、バシリカ中央部分はほかの異本にあるような平らな木造天上ではなく、円筒形のヴォールト天上であったはずだとして訂正している。

17　Pierre Bullet, 1639-1716; 建築アカデミー会員。

18　議事録、第三巻、一八二頁。

19　A.I., Papier Beausires, B.94e-67. 一七〇三年九月三日付のこの文書中の図版(図11)では、アーチの要石までの身廊高さが二〇トワーズ、身廊幅が一〇トワーズ、オーダーはコリント式で高さ一〇トワーズであり、エンタブラチュア上に高さ一トワーズ四分の三の垂直の台石(piedroit)がのり、さらにその上に半径五トワーズの半円ヴォールトがのるとされていた。その理由は「なぜならこうしないとアーチはつぶれてたように見えるだろうから」である。しかし「……曲線と直線が出会う屈曲点(jarret)があらわれざるをえない。こうしたわけでエンタブラチュアから上に四分の三トワーズいった点でアーチを開始し、円弧全体を半楕円で形作ることが適切であると考えられる。なぜならこの部分はコーニスの張出しによって隠されてしまうだろうから」と述べている。エンタブラチュア上の四分の三トワーズまでの壁面はコーニスによってほぼ隠されるから、屈曲点が見えなくなるというその主張の正当性も裏づけられる。

20　一七一〇年二月一〇日の会合。議事録、第二巻、一五一頁。

21　A.I., Papiers Beausires, B.94^{e}-18A. 一七〇三年六月一五日付。半円ヴォールトを下から見上げるとつぶれたように見えるので、通常は半円アーチの下に「台石 piedroit」をかましてアーチの出発点をエンタブラチュアの上端からすこし離すことがなされるが、この方法では「アーチの上の部分がひしゃげて見えるという重大な欠陥」を矯正できない、と指摘。つづいて彼は、断面が半円ではなく半楕円のヴォールトを使用すれば見かけ上は半円であること、この半楕円アーチは構造的には有利であること、しかし台石の形状がすべて異なってくるので石工の仕事をいちじるしく増やすという不利もあることを指摘している。また彼は半径の異なる円弧を繋げる簡便な楕円作図法は「屈曲点 jarret」（すなわち曲率の異なる曲線が出会う点）を生むことになり「すこしばかり繊細な目」の持主でもそれに気づいて不快な思いをすると述べている。

22　議事録、第三巻、二二〇頁。

23　同、二二〇～二二一頁。ビュレは『身廊ヴォールトの高さを半円よりも高くするというラ・イール氏の提案にかんする考察』と題された報告書を提出した。

24　A.I., Papiers Beausires, B.9.4°-28B.　一七〇五年六月二二日付。図12において点Aから一五トワーズ（九〇尺）離れた点が視点である。詳細については拙論『ヴォールトの断面形状の視覚補正についてフランスの王立アカデミーでなされた議論』日本建築学会中国・九州支部研究報告、第一〇号、一九九六年三月、七一七～七二〇頁参照。

25　A.I., Papiers Beausires, B.9.4°-19.　一七〇五年六月一一日付。ビュレはこの文書のなかで、半円アーチよりもどのくらい高さを大きくするか、具体的にどのようなカーブを与えるか、という二点に問題を定式化した。彼はアカデミーの指摘にしたがって幅一〇トワーズ、高さ二〇トワーズの身廊にそくして考えた。作図としては、まず視点Mと点Fを結び、点Gまで延長し、その線分上に半円ＮＩＧを描き、ＭＩの延長線とＬＢの延長線の交点をKとすれば、ＦＫが求める楕円の大きい半径である。曲線の作図法については、しかし、図版の痕跡などから、大小の円弧をくみあわせて楕円としている。特徴的なのは「線分ＭＦを軸とし観察者の目があると想定される点を頂点とする半円錐」を前提とし、この半円錐の断面ＮＩＧが見かけのアーチの形状で、これは半円形であり、これが壁面に投影されると半楕円ＮＫＧとなるが、これが実際のアーチの形状である、とした点である。古代以来「光学 optique」では視覚の三角形を想定することが一般的であるから、これはそれを立体的な問題に応用したこのであると考えられる。

26　議事録、第三巻、二二一頁。

27　A.I., Papiers Beausires, B.9.4°28C.　一七〇五年六月三〇日付。浴場のヴォールトの形状は、「デゴデ氏が持ちかえった正確な実測にしたがって」すなわちデゴデの『ローマの古代建築』の図版を資料として検討されている。前掲拙論参照。

28　A.I., Papiers Beausires, B.9.4°-30.　一七〇五年六月三〇日。この文書のなかで彼は「この手法によればヴォールトは、光学の法則にしたがって円錐から得られる楕円の場合よりも、見る者にはより背が低くもっと円らしく見えるのであり、なぜなら見る者は判断によって目に映るままの姿とは違った風に認識するからである」と指摘している。だから補正の幅は小さく、ラ・イールが一七〇三年九月三日に提出したと思われるヴォールト断面図に近いものとなっている。

29　議事録、第一巻、五六頁。

30 同、五七頁。
31 Blondel, *Cours d'Architecture*, 1683, Vème partie, liv.IV, ch.VI.
32 議事録、第二巻、一八七頁。
33 同、一八七頁。
34 議事録、第三巻、一七四〜一七五頁。

六―二　室内の視覚補正理論

一　はじめに

前項のようにウィトルウィウスの視角補正理論は、視角と視角の比を問うものであり、理想的な視距離として六〇尺（約一八メートル）が推測できた。ただこの視距離は、教会身廊など特殊な例をのぞけば、外部空間のスケールである。視角補正のために視角と視角の比という考え方は、十分な視距離を確保できる場合にのみ有効であろうことは、容易に推測できる。たとえば五メートル離れた場所から一〇メートルの高さのコラムを眺めるといった場合は、対象をいっきに視野に収めることは難しい。

アカデミーは一七一〇年の会合で「室内のコーニスの高さ」というテーマのもとに室内空間における視角補正理論を集中的に検討した。そこではウィトルウィウスのそれとは前提や組立てがやや異なる視角補正理論が提案されていること、しかしそれでも理想的な視距離や視角があるということが前提とされたこと、それらの空間スケールや角度がパリの一七世紀から一八世紀の邸宅建築の室内空間のスケールとかなり一致することを指摘する。

二　建築アカデミーにおける討論の流れ

（一）一七一〇年における集中討議

天井高（ピエ）	ボフラン報告書	ビュレ報告書	デゴデ報告書	ルーヴル宮
9	1/15	1/14	1/14	—
12	—	1/13	1/13	—
15	1/12	1/12	1/12	—
18	—	1/11	—	—
19	—	—	1/11	—
20	—	—	—	1/10
21	—	1/10	—	—
24	—	1/9	1/10	
30	1/9	—	1/9	
37	—	—	1/8	
45	—	—	1/7	

表5　コーニスの高さと天井高の比例。

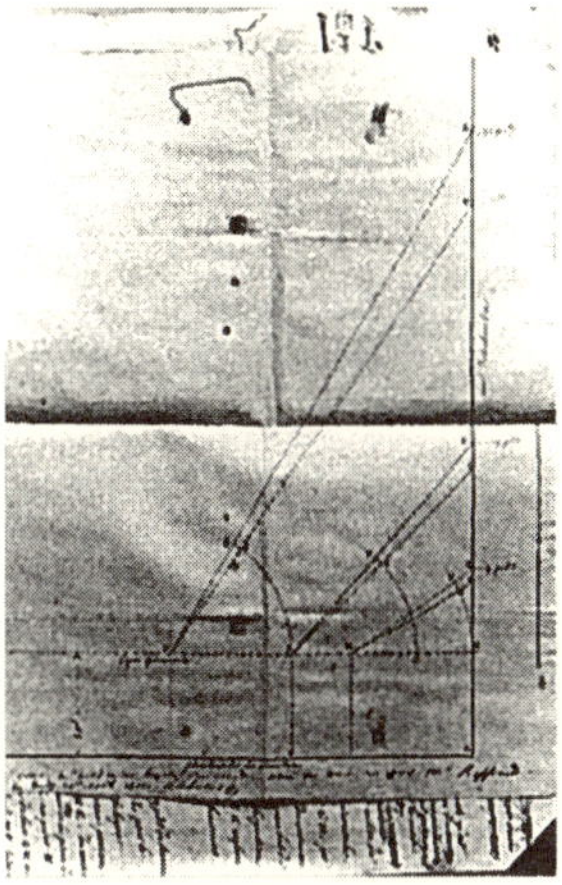

図16　ボフラン報告書の挿図。

三月二四日の会合では、意見が分かれたので会員各自がレポートを作成することが提案された(1)。四月七日の会合ではデゴデが提出したさまざまな図版にもとづいて室内のコーニスの比例が検討された。これらの図版は残されていないが、アカデミーは討論の結果、「高さ一五ピエの寝室では、アーキトレーヴ、フリーズ、コーニスをあわせた全体は、部屋の全体の高の一二分の一すなわち一五プースであるべきである」ということで意見が一致した(2)（一ピエ（pied）＝三二・四センチ、一プース（pouce）＝一二分の一ピエ）。

四月一四日の会合では、ジェルマン・ボフラン、ピエール・ビュレ、デゴデがそれぞれ室内のコーニスの比例にかんする報告書を提出した。通常の規則正しいオーダーを使わない、さまざまな規模の部屋の場合であった(3)。これら三報告書のうち、ボフランとビュレのものは現存する（前者はフランス学士院古文書室ボジール文書のB.94^{e}47であり、以下に「ボフラン報告書」と記す。後者は、同ボジール文書のなかのB.94^{e}46であり、以下に「ビュレ報告書」と記す）。

アカデミーはこれら三者の提案は同じ原理にもとづくものと判断し、さらにさまざまな場合に普遍的に妥当する法則を確立するために議論を続けることを決定した。翌々週の四月二八日の会合では、ビュレとデゴデが報告書を提出している。議事録によれば、両者とも「等差数列」からなる比例であった(4)。これら二論文のうちデゴデのもののみが現存している（ボジール文書B.94^{e}46B. 以下に「デゴデ報告書」と記す）。

（二）「ボフラン報告書」（一七一〇年四月一四日付）

彼はまず天井高一五ピエ、幅が一八ピエの寝室が、アパルトマンの諸室のなかで「最大規模のものと最小規模のほぼ中間値」であるとして、この場合に「コーニスは高さが一五プースのときにもっとも良い比例であるが、このときまさにそれは寝室壁面の一二分の一となる」と先験的に規定した。そして寝室、キャビネ（書斎）、サロンを想定して比例をつぎのように定めている。

「まず最初の天井高ＡＢが一五ピエであり幅が一八ピエであり、その結果その半分がＡＣと記された九ピエであるような寝室を想定し、さらに水平線ＤＥは床面から五ピエの高さに設定されたおり、幅の中点すなわち知覚の点はこの水平線上の点Ｆに設定される。…高さ一五プースのコーニス…。

第二に、高さが九ピエで幅が一二ピエのキャビネを想定するが、…コーニスの高さは七プースとなろうが、それは天井高九ピエの寝室の高さのほぼ一五分の一である。

三番目に天井高三〇ピエ幅三〇ピエのサロンを想定する。その中央一五ピエの地点に点を決め、…コーニスの高さは三・五ピエとなり、天井高のほぼ九分の一となる。」

すなわちコーニスは、大きな部屋ほど、比例的にそうなるよりも大きな寸法が与えられるのであり、仰角が大きくなることで見かけの大きさが小さくなってしまうことを補正しようというものである（表5）。

（三）視角と視角の比か、視角か

ボフランは、視距離と視点の高さについて明記している。すなわち「原則として、寝室のなかに立つ人間の目の位置が、コーニスの比例が知覚される高さであり、部屋の幅の中央の点が同じ知覚がなされる点である」のである。また視点の高さは五ピエと設定されている。それから部屋の幅の半分が視距離だから、部屋の幅が一八ピエとしたら視距離は九ピエである。

さらに注目すべきことに、ボフランは、この場合の視角を理想的な「視角」とし、その角度がほかの規模の部屋においても求められるように、コーニスの比例を決定するという手続きで議論を進めている（図16）。前述にように「コーニスは高さが一五プースのときにもっとも良い比例であるが、このときまさにそれは寝室壁面の一二分の一となる」とまず経験則的に規定したうえで、視点とコーニス両端で形成される鋭角が、視点を中心とする円から切りとる円弧を基準量として、計測する。そしてこの円弧が、広い部屋でも狭い部屋でも一定になるようにコーニスの高さを調節するという手順をふむ。すなわち彼は「視角」を一定にするように調節している。寸法の異なる部屋においては、まず円弧（視角）を一定に保つようなコーニスの高さが計算され、しかるのちに天井高との比例が計算されている。ウィトルウィウスらの視覚補正理論では、コラムの全高の視角と、アーキトレーヴの視角の「比」が調整の対象であった。しかしコーニスの視角そのものにもとづく視覚補正理論であるといえる。

素朴に考えても、ウィトルウィウスの場合では理想的な視距離六〇ピエから高さ一五ピエのコラム全体を眺めることは容易であるが、室内において視距離九ピエから高さ一五ピエの壁の全体をひとつの視野のもとに眺めることは困難である。

（四）「ビュレ報告書」（一七一〇年四月一四日付）

ビュレは一般的な上流階級の居住空間を念頭において、部屋の天井高ごとにコーニスの比例を定めている。しかし寝室、キャビネ、サロンという具体的な室名を念頭においたボフランとは異なり、ビュレは、天井高さとして公差三ピエの等差数列をなす天井高という、よりニュートラルな前提をたてている。

「アパルトマンの居間、寝室、キャビネそしてそのほかの部屋のさまざまな高さにおうじたコーニスの高さの比例にかんする法則。最初に水平な格天井でコーニスの種類は垂直でまっすぐなフリーズと、アーキトレーヴをともなった規則正しいものであり、部屋の高さは九ピエから二四ピエまでと想定しよう。なぜなら部屋の高さが異なると、光学的な理由からコーニスの高さの比例も変化するからである。どの人にとっても視点はいつも同じである。だから天井が最も低い部屋では、天井が最も高い部屋よりも、コーニスはもっと影響を受けやすくなる。視点が遠ざかると、それが目には小さく見えるからである。

この原則によればつぎのようになるだろう。さまざまな天井高の部屋において、コーニスの高さの比例を決定するためには、天井以下が九ピエの部屋では、全高を一四部分に分割し、その一をフリーズと一種のアーキトレーヴのあるコーニスの高さにあてる。

天井高が一二ピエの場合は高さを一三等分し、その一をコーニス、フリーズ、アーキトレーヴにあてる。

一五ピエの場合は高さを一二等分し、一をコーニス、フリーズ、アーキトレーヴにあてる。

一八ピエの場合は高さを一一等分し、一をコーニス、フリーズ、アーキトレーヴにあてる。

二一ピエの場合は高さを一〇等分し、一をコーニス、フリーズ、アーキトレーヴにあてる。

二四ピエの場合は高さを九等分し、一をコーニス、フリーズ、アーキトレーヴにあてる。

これらの高さ以上の、つぎの、それらのあいだのほかの高さにかんしては、上記の高さを比例配分して求められよう。」


すなわちここでも、天井の高い部屋ではコーニスと天井高の比そのものが大きくなる（表5）。

（五）「デゴデ報告書」（一七一〇年四月二八日付）

デゴデもやはり、具体的な室名ごとにではなく、天井高をある数列として設定する。ビュレが公差三の等差数列であったのにたいし、デゴデにおいては、部屋が大きくなるに比例して二項の差は、三、四、五、六……と大きくなる。

「喉型刳形やミューチュールや持送りによってフリーズが一体化しているコーニスの比例は、フリーズが一直線で垂直な場合のコーニスの比例とは異なる。なぜならコーニスと融合しているようなアーキトレーヴとフリーズは見かけの大きさを増し、ある種のほかとは異なるコーニスを形成する…。


最初の三区分は前述のようになろう、つまり床からコーニス上端までの高さは九ピエなら、それを一四等分し、そのうちの一をコーニスとフリーズとアーキトレーヴに与える。

天井高が一二ピエなら一三等分し、一をコーニスの高さに。

天井高が一五ピエなら一二等分し、一をコーニスの高さに。

天井高が一九ピエなら一一等分し、一をコーニスの高さに。

天井高が二四ピエなら一〇等分する。

天井高が三〇ピエなら九等分する。

天井高が三七ピエなら八等分する。

天井高が四五ピエなら七等分する。

そしてコーニス上端の高さが五四ピエなら六等分となり、その一をコーニス、フリーズ、アーキトレーヴの高さにあてる。

これらの高さのあいだの値については比例配分で求められる。たとえば五三ピエなら六と九分の一等分される。五二ピエなら六と九分の二等分される、云々。同じく、四四ピエなら七と八分の一等分となり、二三ピエなら六と五分の一等分されよう。」


デゴデは、比例そのものはビュレやボフランの比例とそれほど異ならないが、適応する範囲を壁高五四ピエまで拡大している（表5）。

（六）「室内のコーニス」の意味するもの

室内では、建築オーダーが完全なかたちで表現されるわけではなく、コラムやピラスターが省略される場合もあるし、エンタブラチュアもコーニス、フリーズ、アーキトレーヴの三部分が完全にそろうのは稀であり、むしろ壁面最上部の帯状装飾をもって「コーニス」と呼ばれていたことが報告書などでは明らかである。

ビュレ報告書では、壁面高さの何分の一かを「フリーズと一種のアーキトレーヴのあるコーニスの高さにあてる」としたうえで、壁が異なる高さの場合の、「コーニス」の比例を決める、というかたちで提案している。デゴデは天井高のなかの一定の割合、たとえば天井高さが四五ピエならその七分の一が「コーニス、フリーズ、アーキトレーヴの高さにあてられる」とする。ここでも、三部分からなるエンタブラチュアという概念はなく、室内のコーニスとは、一言でいえば水平な三部分すべてを含むことが前提とされている。ボフラン報告書では、フリーズやアーキトレーヴという言葉はいちども使われていないまま、「アパルトマンのコーニス」が論じられている。しかも「アパルトマンの内部ということでオーダーが使えないが、それでも室内をコーニスで飾らねばならないこともある」ということから、やはり壁面上部の帯状装飾の全般をさしてると考えられる。

（七）ルーヴル宮における比例

一七一〇年五月五日の会合では、ルーヴル宮のすべてのアパルトマンのコーニスを見学することが提案され、デゴデはその寸法を計ることが求められた。[5] 翌週の五月一二日の会合ではそのさまざまな部屋のコーニスの比例が検討された結果、「王の寝室のコーニスと王妃の前室のそれが、二〇ピエかあるいはそれに近い値の高さの一〇分の一であり、この比例はほかの諸室のものより良いように思われる」と結論づけた。[6] この数値はデゴデらの提案とそれほど異なってはいない。だからデゴデらの提案は具体的な例にもとづく検証のうえで、おおむね承認されたと考えることができる（表6）。

三　理想的な視距離と視角

三報告書とルーヴル宮の例における比例を一覧表にすると「表6」のようになる。

つぎにこうした比例においてコーニスの視角がいかなる値をとるかであるが、今「図17」のような図式で考えるとして、天井高をhピエ、視距離をxピエ、視点高さを五ピエ、コーニス高さは天井高の$1/a$であるとするとコーニス視角θ（度）は、

$$\theta = [\mathrm{ATAN}\{(h-5)/x\} - \mathrm{ATAN}\{(h-(h/a)-5)/x\}] \times 180/\pi$$

という数式から求められる。

ところでボフランの場合は、三種類の部屋の天井高hと、視距離xも規定したうえで、比例$1/a$を与えているので、コーニス視角は求められる。すなわち天井高九ピエ、一五ピエ、三〇ピエにおいて、それぞれ視距離は六ピエ、九ピエ、一五ピエ、視点高さはつねに五ピエなので、視角はそれぞれ約四・一五度、約三・八二度、約三・七三度である。彼が議論の出発点とした天井高一五ピエの部屋のコーニスが基準なのだから、理想的な視角は約三・八二度である、ということになる。天井高九ピエ、三〇ピエの部屋で視角が異なるのは、作図の曖昧さか、完数を求めた結果であろうと推測される。

天井高（ピエ）	ボフラン報告書	ビュレ報告書	デゴデ報告書	ルーヴル宮
9	6.8–7.3 (6)	7.7–8.2	7.7–8.2	—
12	—	8.5–9.9	8.5–9.9	—
15	7.4–11.8 (9)	7.4–11.8	7.4–11.8	—
18	—	9.4–15.8	—	—
19	—	—	11.2–15.4	—
20	—	—	—	9.0–10.3
21	—	10.8–11.8	—	—
24	—	10.1–11.1	11.2–23.4	—
30	14.9–17.2 (15)	—	14.9–17.2	—
37	—	—	15.9–17.5	—
45	—	—	16.3–17.6	—

表 6　コーニスの視角が 3.72 度以上 3.92 度以下を満足させる視距離の範囲。5 尺以上 30 尺以内の範囲。ボフランの項の ( ) は、ボフランがあらかじめ規定した視距離。

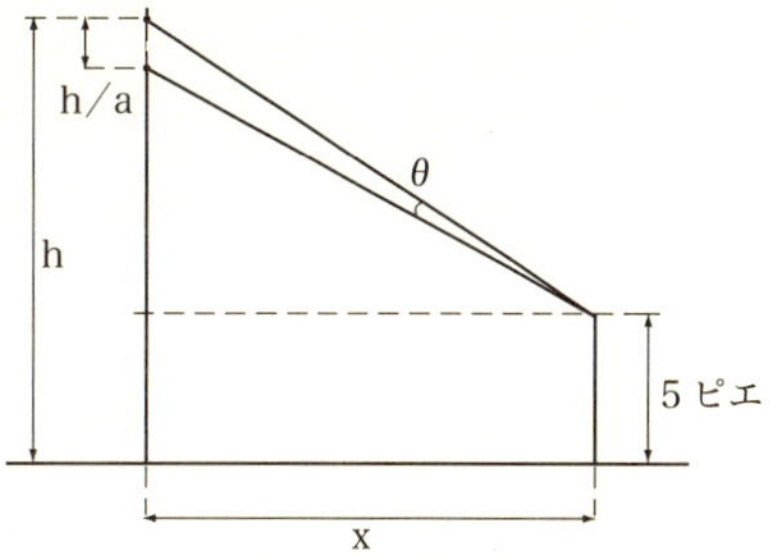

図 17　コーニス高さの視角矯正の図式。

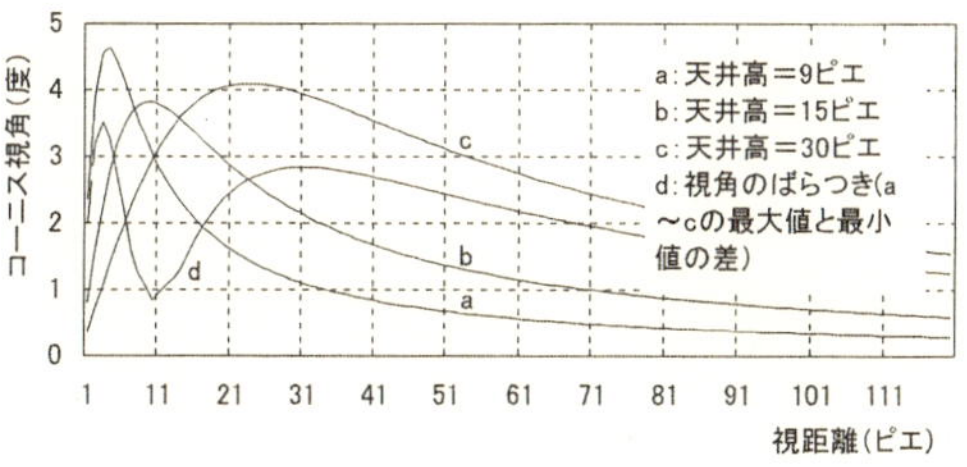

図 18　ボフランにおけるコーニス視角。

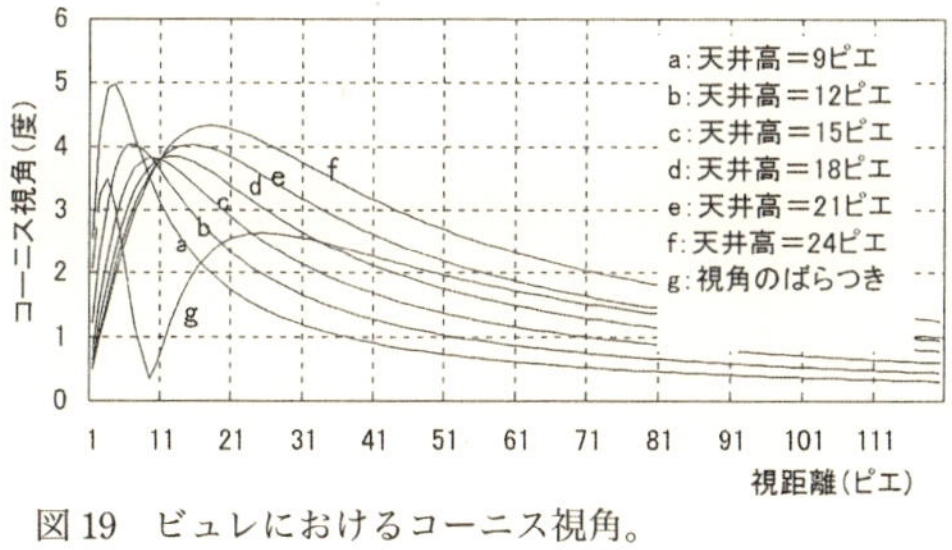

図 19　ビュレにおけるコーニス視角。

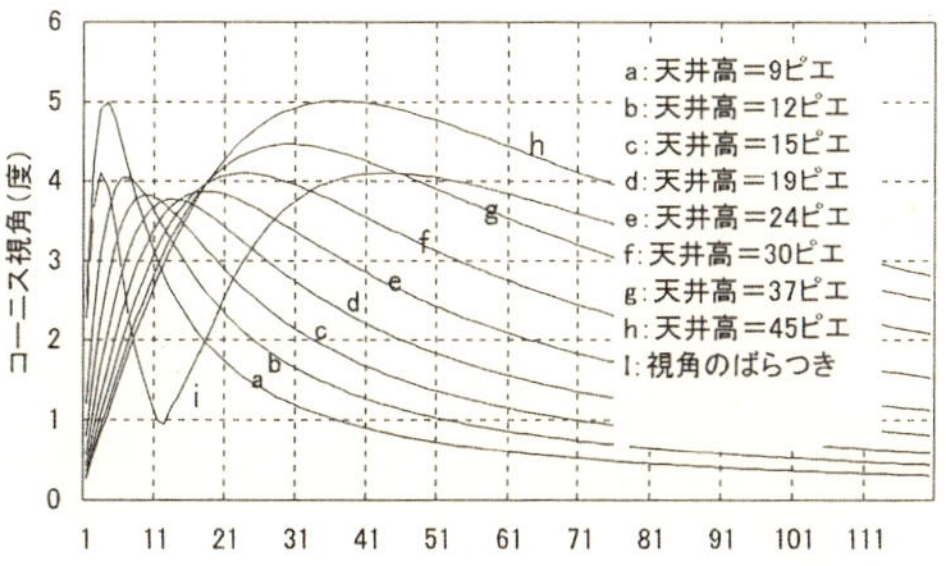

図 20　デゴデにおけるコーニス視角。

ビュレ報告書とデゴデ報告書では、視距離にかんする規定はなく、天井高はより多様な場合にわけられている。そこで視距離が提案されているボフランの場合もふくめ、三者の場合のそれぞれについて、それぞれの高さの部屋でのコーニスの視角が視距離によってどう変化するかをグラフ化し、そこから収斂してくる視角と視距離の値を推測した（図18、図19、図20）。

グラフからただちに観察されるのは、コーニス視角は三・八度あたりで、視距離は一〇ピエ前後で収斂していることである。ただビュレにおいては六曲線がほとんど一点に収斂しているようだが、デゴデにおいては点ではなくある幅に収束している。

ところで、ボフラン基準とした天井高一五ピエの部屋のコーニスを九ピエの視距離から見たときの視角は約三・八二度である。この値を中央値として、三・七二度から三・九二度までという幅のある視角を満たす視距離の幅を求めた（表6）。

これらからつぎのことがいえる。

（一）ボフランは前述のように、視距離をあらかじめ規定している。しかし同じ視角から逆算して得られた視距離は、とくに書斎の場合、それと差が大きい。

（二）ビュレにおいて、視距離は、比較的狭い範囲に収束している。すなわちおおよそ八ピエ以上一一ピエ以下であり、小さな部屋と大きな部屋での視距離の差が小さい。

（三）デゴデは、小さな部屋では視距離も小さく、大きな部屋は視距離も段階的に大きくなるように工夫している。すなわち、おおよそ八ピエから一八ピエほどである。

四　ウィトルウィウスとルネサンス

なお参考として、同じ分析をウィトルウィウス、アルベルティ、セルリオがイオニア式オーダーのアーキトレーヴについてなした分析について、試みてみる（図21、図22、図23、表7）。ウィトルウィウスらは理想的な視角そのものについては述べていないから、それぞれの視距離によって決まるアーキトレーヴの視角が、コラム高さごとの値の差が最小になるような視距離を求める。すなわち視角のば

	視角のばらつき	視距離	ばらつきが0.1度未満を満たす視距離の範囲
ウィトルウィウス	0.078247447...	19.4	18.7 ～ 19.9
アルベルティ	0.0600724...	16.7	16.0 ～ 17.3
セルリオ	0.058888989···	16.8	15.8 ～ 17.5

表7　ウィトルウィウスらにおけるアーキトレーブ視角。

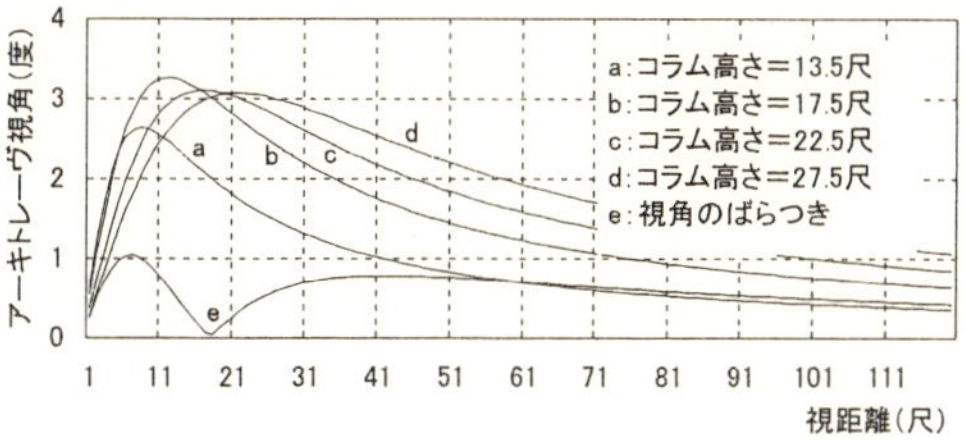

図21　ウィトルウィウスにおけるアーキトレーヴ視角。

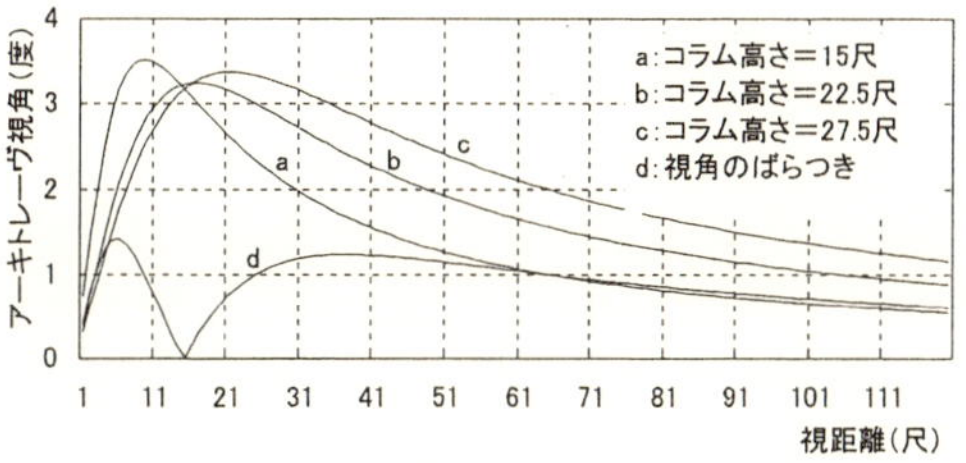

図22　アルベルティにおけるアーキトレーヴ視角。

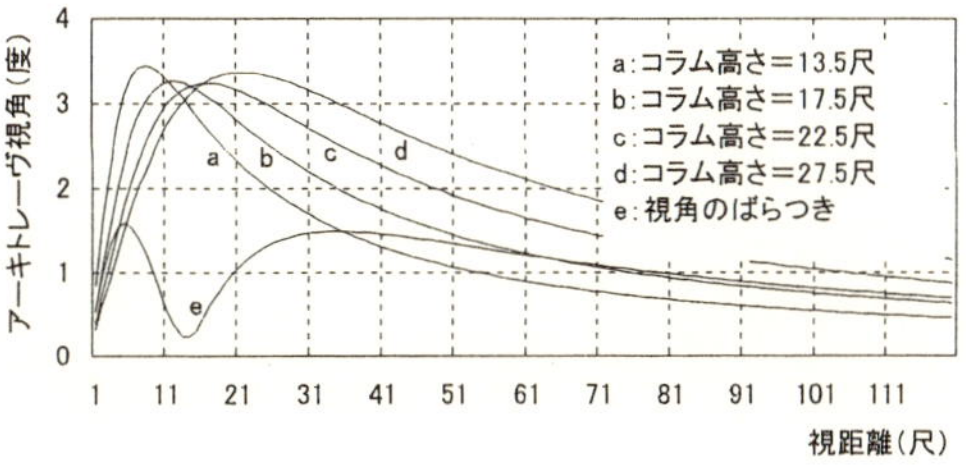

図23　セルリオにおけるアーキトレーヴ視角。

らつきが〇・二度以下になるような視距離の幅を求めると、ウィトルウィウスで一九尺、アルベルティで一六尺、セルリオで一六尺ほどであった（表7）。これらは屋外というより、むしろ室内空間のスケールである。またこのときの視角は、それぞれ約二・八度、約二・九度、二・九度である。すなわち外部空間での理想的な「視角」は、三度弱である。ボルランにおける理想的な「視角」約四度とは異なるが、外部空間と室内空間とにおける空間規模の違いから生じているものと考えられる。

五　一般的な室内スケール

前述のようにボフランは幅が一二ピエ、一八ピエ、三〇ピエの室内空間を想定した。

しかし通説では、伝統的なフランス建築の室内空間では約二二ピエというスケールが基準となるとされる。すなわち道に面するいわゆる短冊形の敷地において、戸境壁が平行するふたつ壁体となり、これらに木の大梁を架けるという構法が、一九世紀まで一般的な方法であった。すなわち間口寸法から壁厚を引いたものが、そのまま梁のスパンとなる構法である。このとき約二二ピエ（約七メートル）が経済スパンであったので、このスケールが標準的なものとなった。中世都市の短冊形の地割りでは、間口そのものがこうして経済スパンを念頭におかれ決められたことが容易に推測される。

フワーソワーズ・ディヴォルヌらは中世のフランス南西部の規則的な都市計画を論じた『バスティード』のなかで、モンパジエなどではスパンは四〜七メートルであると指摘している。(7) またG・グランシャンらは『クリュニーの都市とその町屋』のなかで、地割りの間口の平均値は六から七メートルほどであることを調べあげた。(8)

中世ののちも、こうした典型的な短冊形の敷地でない場合も、平行する壁に七メートルほどの大梁がかけられるという構法の伝統は続く。一七世紀の建築家ル・ミュエはその住宅雛形集『すべての人々のための良き建設法』のなかで、さまざまな規模の住宅を提案しているが、基本的には梁間二二ピエのスペースを単位とする構成である。(9) そしてフランスワ・ロワイエは『パリ一九世紀　建物と街路』のなかで、平行する壁と、六から七メートルの大梁の経済スパン、という理論を繰り返している。(10)

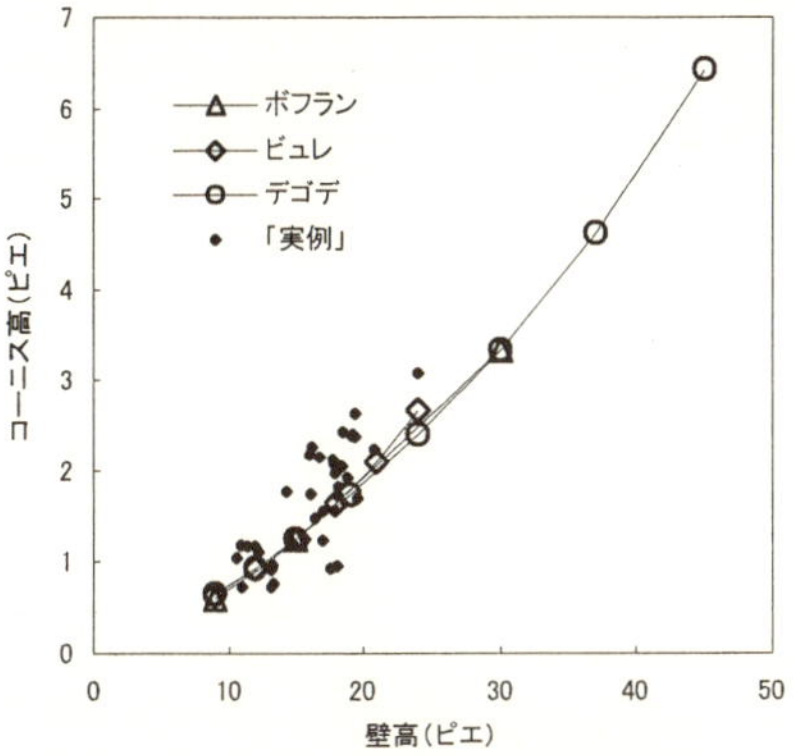

図 28　コーニスと壁の高さの比の相関。

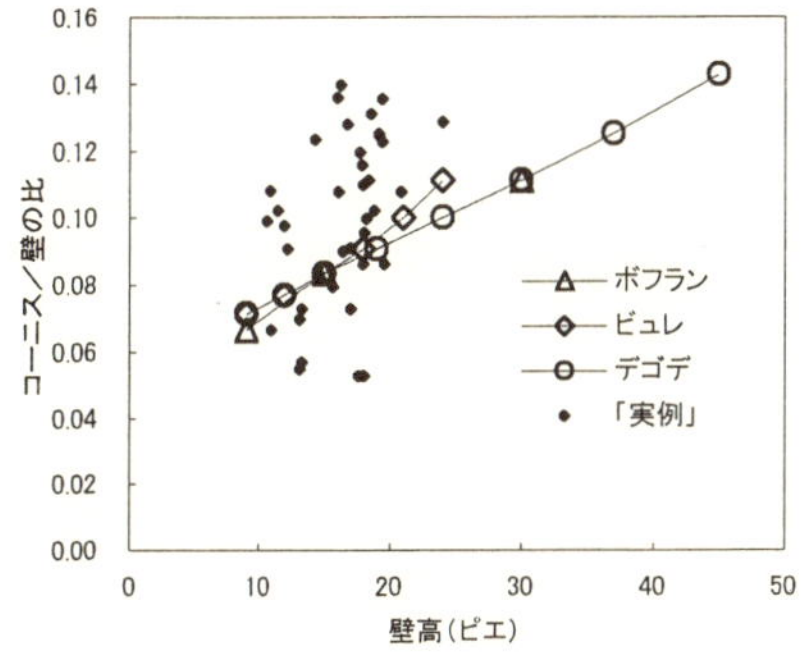

図 29　コーニスと壁の比と天井高の相関。

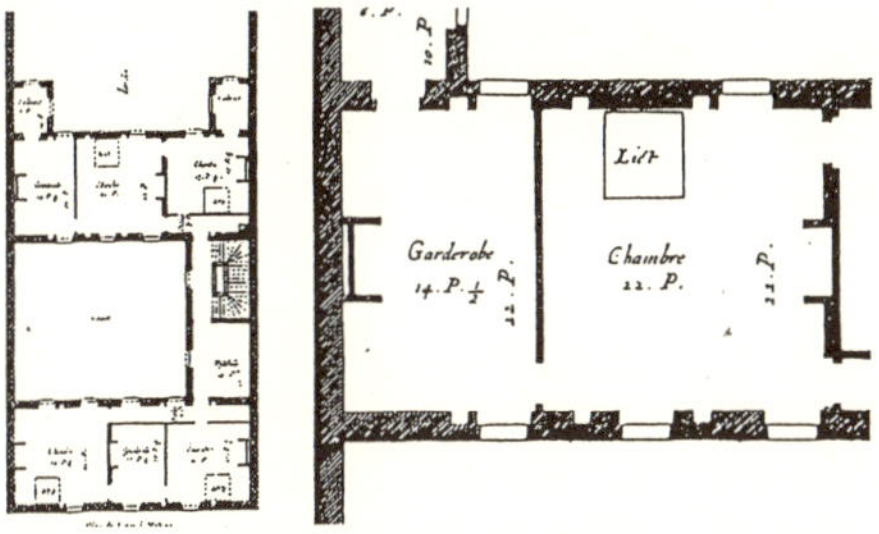

図 24　ル・ミュエ『すべての人びとのための良き建設法』。

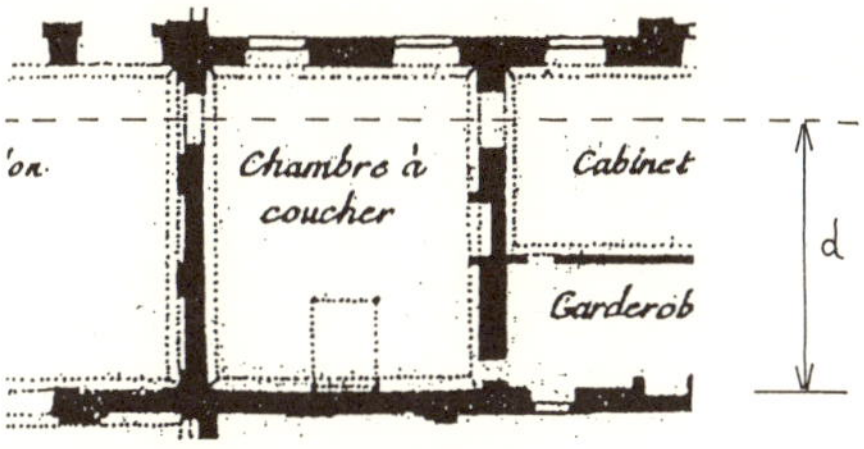

図 25　アンフィラードの一例。
d ＝本項でいうアンフィラード深さ。

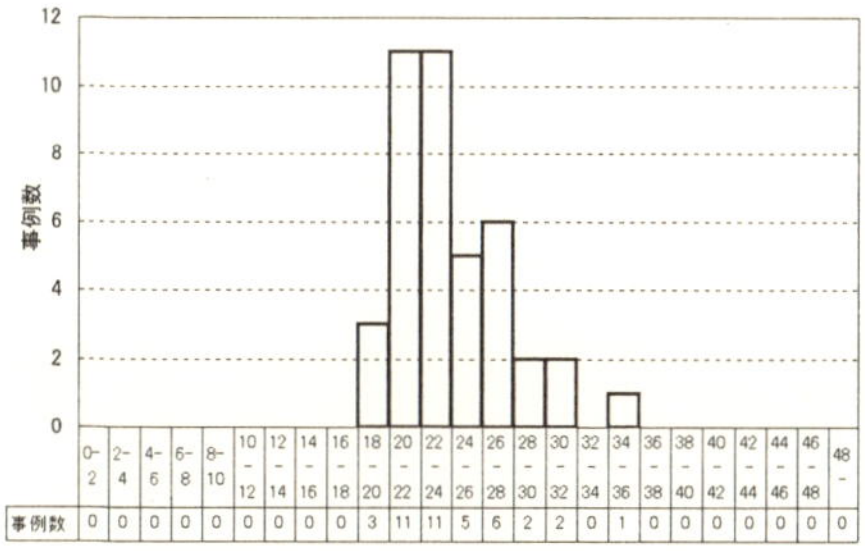

図 26　寝室の奥行きごとの事例数。

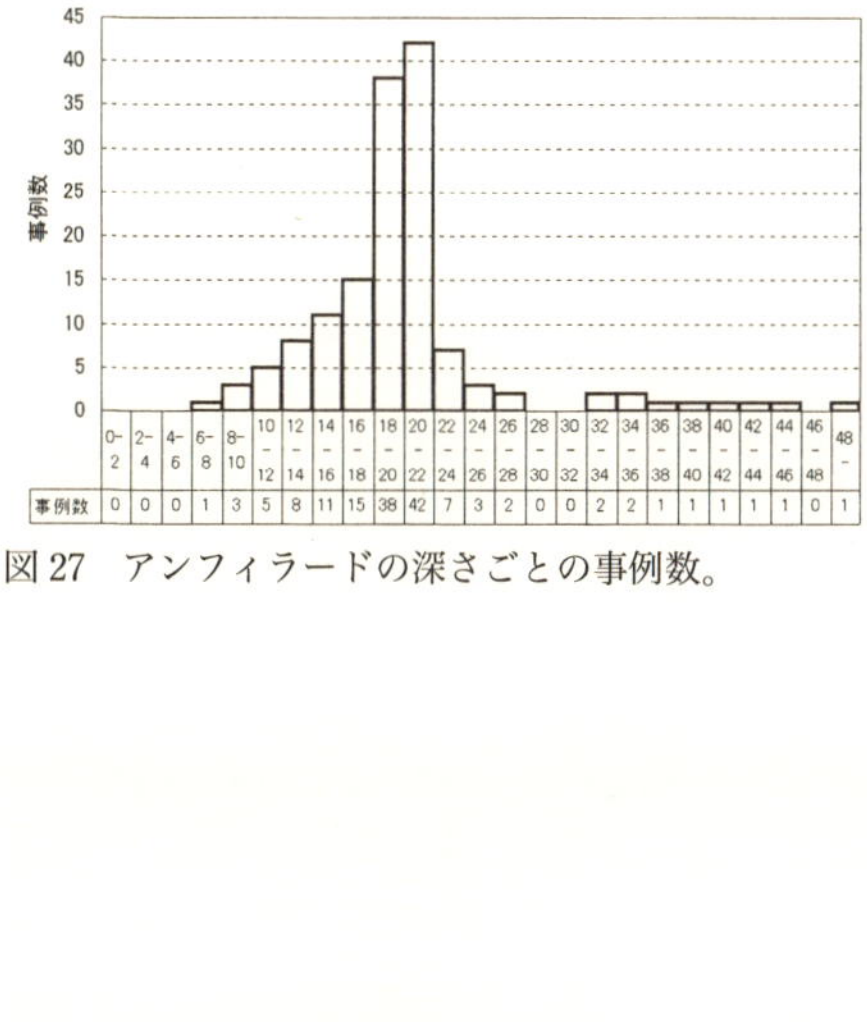

図 27　アンフィラードの深さごとの事例数。

ただ七メートルというスケールしか登場しないのではなく、これより小さい部屋をつくるのは技術的には容易であるし、大きい部屋も、壁体方向すなわち桁行き方向に延長することで建設可能となる。

つぎに図版が残された実例の寸法を調べる。フランスの一七世紀から一八世紀に建設されたオテル建築を悉皆的に調査するのは困難なので、次善の策として著名な図面集をさらに集成した『フランス建築ドローイング集成』(本の友の社)を資料として統計をとってみると、ほぼ二二から二四ピエが基準であることが裏づけられる。たとえば寝室の平均的寸法は幅が約二一ピエ、奥行が約二四ピエである(図26)。奥行にかんしては、いちばん奥にはベッドがおかれ、その手前に客が招かれる社交のエリアがあり、いちばん手前の窓側は通路空間でもある「アンフィラード」[11](図25)という三部構成となることから、ベッドの大きさが六ピエと小さめを仮定しても、奥行として最低一八ピエは必要であることが推測される。通路空間の中央からベッド背後の壁までの距離を「アンフィラード深さ」と呼ぶなら、この深さは統計的には一八ピエから二二ピエに集中しており(図27)、前述の理論値に近い。なおキャビネの平均寸法は幅が約一五ピエ、奥行が約一八ピエであって、これらもボフランが与えた数値にかなり近い。

六　理想的な視距離と、経済スパンの関係

だから、ここで仮に二二ピエ(約七メートル)を暫定的にもっとも一般的な室内空間のスケールと仮定する。

ビュレの場合は理想的視距離は七から一一ピエなのだから、上記の理想的室内か、それよりも狭い部屋のちょうど中央の位置に視点を確保できることになる。ボフランは六、九、一五ピエと視距離を定めており、デゴデは八から一八ピエとなる。これは部屋の中央という理想的視点を排除しないが、それからやや逸脱する値でもある。

これはオテル建築に特徴的なアンフィラードの存在を考えると、それに符合する値である。すなわち庭園側に面した諸室は、一列かつ一直線にならんだ扉で串刺しにされているが、これは部屋の中央ではなく、庭園に近い側を貫通しているのである。このアンフィラードが優先的な導線であると考え、そこから奥の壁までの距離を仮に「アンフィラード深さ」と呼べば、それは二二ピエより若干小さな

作品名	建築家	建築年	所在地	部屋タイプ	建築タイプ	幅（ピエ）	壁高（ピエ）	コーニス高（ピエ）	コーニス幅（ピエ）	コーニス／壁高	壁／コーニス
メゾン・シュール・セーヌ城			S	ギャラリー	城	25.8	19.58	1.69	1.03	0.086	11.59
ヴィドヴィル城			S	グロット	城	24.6	15.75	1.25	1.01	0.079	12.60
ヴェルサイユ宮殿	ル・ヴォー	17世紀後期	I	サロン	宮殿		23.97	3.08	1.38	0.128	7.78
ヴェルサイユ宮殿	ル・ヴォー	17世紀後期	I	サロン	宮殿	15.5	14.79	1.21	0.58	0.082	12.22
ヴェルサイユ宮殿	ル・ヴォー	17世紀後期	I	サロン	宮殿	14.3	14.60	1.22	0.67	0.084	11.97
ヴェルサイユ宮殿	ル・ヴォー	17世紀後期	I	サロン	宮殿		18.07	0.95	1.01	0.053	19.02
ヴェルサイユ宮殿	ル・ヴォー	17世紀後期	I	サロン	宮殿		17.62	0.93	1.01	0.053	18.95
ヴェルサイユ宮殿	ル・ヴォー	17世紀後期	I	寝室	宮殿		17.03	1.24	1.01	0.073	13.73
プチ・トリアノン			I	音楽堂	宮殿	21.2	16.14	1.74	0.92	0.108	9.28
イッシー城			O	サロン	城	39.2	16.27	2.27	1.51	0.140	7.17
イッシー城			O	サロン	城	23.2	16.82	2.15	1.42	0.128	7.82
ベルシー城				サロン	城		17.76	2.12	0.72	0.119	8.38
ベルシー城				サロン	城		17.89	2.07	0.73	0.116	8.64
郊外住宅				サロン	メゾン	29.6	18.23	1.82	1.20	0.100	10.02
郊外の小住宅				サロン	メゾン	16.1	13.33	0.97	0.85	0.073	13.74
郊外の小住宅				寝室	メゾン	14.6	11.00	0.73	0.85	0.066	15.07
ローアン館		1705	パリ	サロン	オテル	25	17.96	1.97	1.21	0.110	9.12
ドメーヌ館	R. de Cotte	1716-19	パリ		オテル	24.6	18.44	2.05	1.32	0.111	9.00
トゥールーズ館	R. de Cotte	1715-19	パリ	大階段	オテル	23.7	17.97	1.55	0.74	0.086	11.59
トゥールーズ館	R. de Cotte	1715-19	パリ	大階段	オテル	25.2	17.04	1.55	0.74	0.091	10.99
トゥールーズ館	R. de Cotte	1715-19	パリ	大階段	オテル	25.1	18.82	192	0.85	0.102	9.80
トゥールーズ館	R. de Cotte	1715-19	パリ	大階段	オテル	50.7	20.93	2.24	1.80	0.108	9.30
トゥールーズ館	R. de Cotte	1715-19	パリ	ギャラリー	オテル	18.9	19.21	2.40	0.88	0.125	8.00
トゥールーズ館	R. de Cotte	1715-19	パリ	ギャラリー	オテル	19.5	19.17	2.39	1.08	0.125	8.02
トゥールーズ館	R. de Cotte	1715-19	パリ	ギャラリー	オテル		19.43	2.38	1.17	0.122	8.16
ロクロール館		18世紀	パリ	玄関ホール	オテル	23.6	19.41	2.63	1.73	0.135	7.38
ロクロール館		18世紀	パリ	玄関ホール	オテル	20.4	18.54	2.43	1.73	0.131	7.63
ローザン館	ル・ヴォー	1657	パリ	大広間	オテル	17.5	16.07	2.18	0.71	0.136	7.37
ローザン館	ル・ヴォー	1657	パリ	寝室	オテル		13.19	0.72	0.28	0.055	18.32
ローザン館	ル・ヴォー	1657	パリ	寝室	オテル	13.1	13.19	0.92	0.31	0.070	14.34
ローザン館	ル・ヴォー	1657	パリ	寝室	オテル	11.5	13.36	0.76	0.26	0.057	17.58
ローザン館	ル・ヴォー	1657	パリ	小部屋	オテル	12.7	10.92	1.18	0.34	0.108	9.25
スービーズ館		1705-09	パリ	アルコーブ	オテル	13.2	14.37	1.77	1.74	0.123	8.12
スービーズ館		1705-09	パリ	大書斎	オテル	38.4	16.44	1.48	2.13	0.090	11.11
エヴルー館			パリ	大広間	オテル	20.7	18.08	1.73	0.59	0.096	10.45
ブフレール館			パリ	サロン	オテル		12.21	1.11	0.61	0.091	11.00
市庁舎広場の邸宅			ルーアン	大階段	オテル	8.22	11.45	1.17	1.26	0.102	9.79
市庁舎広場の邸宅			ルーアン	大階段	オテル	8.22	11.96	1.17	1.12	0.098	10.22
市庁舎広場の邸宅			ルーアン	大階段	オテル	8.22	10.60	1.05	1.17	0.099	10.10

表8 『フランス建築ドローイング集成』に掲載された宮殿やオテル建築などにおいて断面図などにより天井高とコーニス寸法が判明する例の一覧。

所在地において、S＝セーヌ・エ・オワーズ県、I＝イヴリーヌ県、O＝オ・ド・セーヌ県。

値であり、一八ピエという数字はそれに近いのである。

すなわちデゴデは八ピエから一八ピエという幅の広い視距離の範囲内で、理想的視角が保たれようとしたのであり、これはたとえば寝室の中央からアンフィラード深さまでをカバーすることに、すくなくとも結果的には、なっている。

七　実例との関連

さらに『フランス建築ドローイング集成』において、断面図が示され、部屋の縦横寸法と天井高やコーニス高さが判読できる三九例について、視距離による視角の変化、壁高とコーニス高の相関、壁高とコーニス高／壁高の相関を調べると、実例はかなり偏差があるものの、おおよそアカデミーの諸理論はそれらをなぞっていることが判明する（図28、図29）。すなわち実際の建築においてコーニスの視角にはかなりばらつきがあることを認識していたので、会員たちに提案させて、その標準値とさせようとしたとも考えられる。

八　まとめ

ウィトルウィウスやアルベルティやセルリオなどにおいては、エンタブラチュアとコラムの視角の比が検討の対象とされた。しかし一七一〇年前後に建築アカデミーにおいて室内の視覚補正理論が議論されたとき、それはコーニスの視角を問題としていた。これは理論的には室外と室内の違いを反映していると思われる。室外と違い、室内は距離をとって対象を見ることができないから、壁面高さ全体を視野にいれたうえで、その上部のコーニスの高さと壁面の比を認識することは、視覚の性質上難しいのである。

理想的な視角は四度弱の、幅をもった値である。理想的な視点がどこにあるかは、ふたつの可能性がある。すなわち部屋の中央か、あるいは、いわゆるアンフィラードを考えた窓よりの位置である。後者へのはっきりした言及はないが、提案された数値のなかにはそれを示唆するものものある。

ビュレらが比例の試案を提出したが、ルーヴル宮の諸室の比例がサーヴェイされたのは、たんにアカデミーがその一画を占めている宮殿であるという便宜上のことであろう。しかし重要なのは、会員たちが提案した数値は、たんに理念的あるいは理想的なのではなく、さまざまな実例を検討し、その比例と視覚的効果を吟味したうえで考案されたものであるらしい、という点である。アカデミーにおける建築比例の探求が、たんに過去の文献の整理にとどまらず、きわめて実践的なものであったことが、ここで示唆されている。

〔註〕

1　議事録、第三巻、三三六～三三七頁
2　同、三三七～三三八頁
3　同、三三八頁
4　同、三三八～三三九頁
5　同、三三九頁
6　同、三三九～三四〇頁
7　Françoise Divorne etc., *Les Bastides*, AAM Edition, 1985, pp.52-55.
8　Pierre Carrigou Grandchamp etc., *La Ville de Cluny et ses maisons*, Picard, 1997, pp.90-96.
9　Pierre Le Muet, *Manière de bien bastir pour toutes sortes de personnes*, Paris, 1623, réimprimé en 1981, Panorama Edition.
10　François Loyer, *Paris XIXᵉ siècle L'immeuble et la rue*, Hazan, 1987, pp.56-60.
11　部屋が一直線に並ぶばあい、窓に近い側に扉を一列にならべる手法。

あとがき——建築の不可能性について

本書は「学としての建築」の分析である。これは私が大学院修士課程の学生であったころからの問題意識であり、フランスの建築アカデミーという、おそらく最も保守的と思われている対象を意図して選び、その体制としての教義がいかにして成立しているかを探求したものである。本書の第一部は修士論文をほぼそのまま再録したものだが、その「まえがき」にはつぎのように記していた。

「本論では、フランスの建築アカデミーにおける、制度的改革と、建築理論、建築の学の内容の変遷が記述されている。こうした作業における著者の意図は、まず建築をひとつの学問体系としてとらえ、その内在的理解を基礎としつつも、むしろその外在的側面に注目することで、学としての建築を相対化し、それを評価し、そのあり方を問うことにある。しかし今回の試みでは、現象的記述においても、分析方法の確立ということにおいても、はなはだ不十分なものに終ってしまったことは明らかである。したがって本論においては、時代ごとの、建築の学と制度の、いわば性格づけがなされていること、著者が読者に保証できるのはここまでにすぎない。（以下略）」

成長していないともいえるが基本姿勢はそのままである。今回はその「現象的記述」を追加したということである。

修士論文を完了させたのち、フランスに留学し、指導をうけるとともに、国立図書館やフランス学士院にあるアカデミー関係の資料を閲覧し複写するなどした。帰国ののちに博士論文を書いたが、修論とはうってかわって、建築オーダーの比例体系が具体的にどう推敲されたかについてひたすら数値を追跡したものとなった。さらに補足しつつ学会誌に発表した原稿をまとめて今回出版させていただいた。

はるか以前、日本においてヨーロッパ建築を学ぶということは、文化と文明における模範を学習することを意味した。さらに、いかなる経緯からか、その視線はつねに当地における革新的なものに集中して注がれた。たとえばル・コルビュジエをとおしてヨーロッパなりフランスの建築を考察するのであって、その逆ではない。ヨーロッパの文化を研究するとき、革新的なものを座標軸として、そこから保守的なものを位置づけるという、逆転したパースペクティブが形成されるわけだが、それはむしろ日本という閉鎖系における自己植民地化の一形態であるし、あらゆる誤った認識の根源であるようにも思えた。そうではなく、むしろ保守的なもの、体制的なもの、コンベンショナルなものにこそ正面から対峙し、それを直視したうえで批判しなければならない。修士課程に在籍していたころ、漠然とではあるがそんなことを考えていた。

当初からこの「学としての建築」というキャッチコピーを使っていた。恩師の故稲垣榮三先生からは「集団としての建築を分析するということだね」という解釈をいただき目から鱗が落ちた。磯崎新さんからは「制度としての建築」と指摘され納得がいった。ただそのほかには折衷主義建築の実測研究ツール、日本建築の木割との相似、人文主義研究、人間中心主義志向、果ては西洋中心主義などとまったく的はずれな受けとめ方しかされなかった。

私の貧しい読書体験からいっても書物の運命というものは数奇なもので、すこし時間が経過しないと本当の価値は判明しないように思える。後世に万が一この粗末な論考に興味をいだく奇特な研究者があらわれたときのことを考えて、私はみずから本書の歴史的位置づけをしておきたい。ようするにこれは二〇世紀後半に支配的であった構造主義の発想のいくつかを、建築の立場から、建築史の研究に応用したものである。

なにしろ研究の動機となったのはレヴィ・ストロースの『構造人類学』、フッサールの『一般言語学講義』、ミシェル・フーコーの『知の考古学』、トマス・クーンの『科学革命の構造』、村上陽一郎の『科学史の哲学』などであって、たいへん申し訳ないことに建築史の文献はまったく眼中にはなかった。懺悔のつもりはないが、まさに若気の至りであり未熟さそのものであった。ただそれなりに私の事実であり、かつすでに時効であるはずなので、よりよく理解していただくために報告するばかりである。

そういえば『言葉と建築』や『建築と時間』といったほかの仕事も、結局のところパラダイム研究、エピステーメー探求の別の形態なのであって、豊かな文化と一体化したいという願望よりも、そのからくりをクールに解き明かすことに集中している。もっとも私には構造主義のために建築史を研究しているという意識は皆無である。私はそれを思想として受けとめるほど立派な人間ではなく、たんに方法論として活用しただけであったし、今の視点からみればそれは時代を象徴していたといったことにすぎない。あるいは、それは主義というよりスタンスであって、いいかえれば、文化を外部から観察する人間の視点、方法論的かつ徹底的に田舎者あるいは外国人からの視点をもちつづけたというていどのことであろうか。とはいえそれらをふくめて私はやはり建築史の人間なのであって、建築ほど私の興味を惹きつけるものはない。

だからもし本書の展開がありえても、アカデミーのパラダイムの地理的なあるいは都市的文脈への展開、具体的な建築家の実践活動における展開、そしてそもそも古典主義建築とはなにかという考察などであって、現代思想との関連などはまったく考慮されないであろう。

構造主義的な視点は私自身にとってもすでに過去のものなのだが、とりあえず成果を形にしないと先には進めない。だから本書もそうした意義くらいはあるであろう。ちなみに二〇数年まえの修士論文をほぼそのままのかたちで再録したのも、現代化するとかえってリアリティがなくなると考えたからである。過去は過去のままとし、そののちの成果と関係づけることで、そこに思索の空間ができるであろうと考えた。未熟なままの再録についてご容赦願いたい。

さて建築アカデミーにおけるエピステーメーの核心には「不可能性」があった、というのが本書の結論である。

アカデミーは透明で整合性のあるシステムが構築できるはずだと探求をかさねるが、そのたびに不可能性という壁に遭遇し、挫折する。第一期においてはウィトルウィウスという古代の権威を推敲すれば建築の一般的原理が確立されるはずであった。しかしデゴデがもたらした古代ローマ建築の実測調査の結果はそれを裏切ってしまう。それでもアカデミーは標準的な基本比例を決定する。

第二期になると、フランス古典主義の権威であるフワンソワ・マンサールなどの建築作品を考慮しつつ、層オーダーやカップルド・コラムにも適応しうる比例を定めようとする。しかしトライグリフやモディリオンといったそれまで単なるサブシステムにすぎないと思われていたものの規定から、第一期に定めたばかりの基本比例が覆される。さらに視覚補正理論と空間スケールとの相関で、比例は一義的には決められないことを彼ら自身が前提とするようになる。

制度的にはアカデミーはその権威によって標準を定めればよい。それこそペローが指摘したとおりである。しかし恣意的に定めるにせよ、すべての設計、場合、状況にも有効であるような比例は存在しない。この部分系を優先すればほかが歪められる。別の部分系を優先すれば、古代やルネサンスの権威が否定される。厳密化すればするほど、古代と一七世紀とのあいだの矛盾が顕在化してゆく。彼らが自分たちのパラダイムだと思っていた建築の五つのオーダーは、じつは不可能性の体系であった。

ただし議事録、講義録、報告書のどこをみても不可能なる言葉は登場しない。挫折や変節の記録そのものはない。パラダイムに正面から批判するアカデミシャンもいなかった。ただ私はそれらを研究することで、数値と数値の関係をひとつひとつ検証することで、彼らの資料の行間に、不可能性を発見したということを報告しているのである。

第三期になると理論的な考察はほとんどなされないので、本論ではふれていない。ローマ大賞コンクールへの応募作品をみても、第一期や第二期の比例は皆無であって、ギリシア・ドリス式などの古拙な様式がしばしば採用される。新古典主義である。

通説では、新古典主義はバロックやロココにおける放縦な造形への反動から、初源の単純性にもどったのだ、視覚的な効果ではなく理論的にしっかりした構築を優先させたという解釈が一般的である。そのとおりであろう。しかしそれを時代精神の変化、趣味の変化として説明しては、ようするに芸術意欲が変わったから異なる造形をしたという平板な構図になってしまう。さらに美術史的トリックで、その芸術意欲なるものも造形から帰納法的に推測されるのであるから、造形と意欲のトートロジーとなってしまうおそれがある。

エピステーメー的発想でいえば、古典主義のなかにはじつは不可能性があった。アカデミーは彼らにとって不本意なことにそれを暴いてしまった。新古典主義はこの矛盾を回避するために、構築的原理に回帰した。すなわち精緻化すればするほど、展開すればするほど混乱し、整合しないパラダイムなら、いちどすべてを初期化するしかない。そう考えれば、新古典主義がそれまでの古典主義を凌駕したのではない。新古典主義は、この意味でも建築の延命処置であった。

一八世紀の合理主義は、そうした観点からいえば体系の否定である。新古典主義は再構築であるという通説を私は信じない。彼らが確立しようとしたのは一貫したシステムではない。いや合理主義者たちはほんとうに、なにかを確立しようとしたのだろうか。むしろ彼らが既存の体系を否定しようとした、その否定の行為こそが意味をもつのではないか。だから私は新古典主義は近代性の端緒であるとする通説には賛同しない。当時の合理主義というのは目的と手段が未分化な、理論というよりほとんど発作的な初期化試行のようなものであったのではないか。

古典主義は、古代ローマ建築と建築書からなる「閉鎖系」として体系が成立するという仮説のうえに成立していた。この仮説がもはや作動しない。するとこんどは建築が徹底的に開放系として構想される。新古典主義とは始まりの相対化である。ウィトルウィウスという始祖が相対化され、テキスト以前の建築を想定することがはじまる。折衷主義とは、さまざまな様式の差異を追求することである。体系ということはもはや意味をなさず、つぎつぎと新しい差異を算出してゆく実践そのものが重要になる。さらにモダニズムは、非建築を建築に導入することで開放系を維持しようとした。

すこし論を進めるとすれば、そもそも不可能性とは古典主義に本質的に内在したものであろうか、という問いにたち戻ることもできよう。私の答えは「否」である。アカデミーがある方向性をもって探求したからこそ、その方向性との相関において不可能性は発生したのである。だからエピステーメーはけっしてスタティックな固定されたものではなく、つねに運動と変化をともなうが、まさにそこから不可能性がたちあらわれる。不可能性はむしろ運動があったことの証左ではないかとも思える。

おそらく古典主義建築にたいする最大の誤解は、それがスタティックな固定された体系であると思いこむことであろう。さらに重大なことに、この誤解をいだいたのが当の古典主義者たちのみならず、それを批判した新古典主義者たちや近代の前衛たちでもあったということであろう。アカデミーはそうした信条から比例体系をコード化しようとした。二〇世紀になってボザールを批判したル・コルビュジエにとってその古典主義教育の代名詞が「ヴィニョーラ」であった。ヴィニョーラこそウィトルウィウスにおける多様な比例体系をある固定値に還元しようとしたのだから、ル・コルビュジエの直感はその点では正しい。だが、まさにそのことにより、古典主義の誤解をそのまま継承することになる。この誤解のうえで古典主義者たちは古代建築を賞賛し、反古典主義者たちはヴィニョーラを非難したが、この理念そのものがパラダイムであった。スタティックな古典主義という理念は、まさに理念にすぎず、しかもすぐれて近代的な理念であった。それは古代建築にもともと内在していたものではなく、古代建築を遺産として継承しようとする人びとがそれを再構築あるいは復元するために選んだ人工的な枠組みであったのではないか。

ウィトルウィウスの『建築十書』などという文献があるので古代にはしっかりした体系があったと私たちは誤解しているのかもしれない。じつは古代人は、曖昧な方法論しかない状態でしっかりした体系がさもあるかにみえる造形を残すことができたのではないかと想像している。彼らの感性は、想像してもどうにも届かないくらい、一五世紀の人間からも、二一世紀の私たちからも遠ざかっていたのではないか。逆説的なことに、今とおなじく常なる運動と変化があったのではないか。そうした疑問を古代建築の専門家に尋ねてみたい気持ちにもなる。

初出一覧である。

第一部

第一～第三章　修士論文「建築におけるアカデミズム」東京大学、一章～三章、一九八一年三月。

第二部

第一章―一　「アカデミー第一期（一六七一～一七一五）における建築オーダーの基本比例の歴史的総決算―フランス王立建築アカデミー（一六七一～一七九三）におけるオーダー理論の発展過程に関する研究（一）」『建築史学』一六、一八～四六頁、一九九一年三月。

―二　博士論文 *Etude sur l'évolution de la théorie des cinq ordres d'architecture dans l'Académie Royale d'Architecture (1673-1793)*（フランス王立建築アカデミー（一六七一～一七九三）における建築オーダー理論の発展過程に関する研究）、東京大学、第二部第一章、および五～九章、一九九〇年三月。

第二章―一　「アカデミー第一期（一六七一～一七一五）になされたコロネードとアーケードの比例に関する議論―フランス王立建築アカデミー（一六七一～一七九三）におけるオーダー理論の発展過程に関する研究（二）」『建築史学』一七、四八～七三頁、一九九一年九月。

―二　「フランス建築の特性としての層オーダー―フランス王立建築アカデミー（1671-1793）に関する研究　その1」『日本建築学会計画系論文集』第四五八号、一二五～一三六頁、一九九四年四月。

第三章―一　「トスカナ式柱頭に関する議論―フランス王立建築アカデミー（1671-1793）に関する研究　その7」『日本建築学会計画系論文集』第五六九号、二三一～二三八頁、二〇〇三年七月。

―二　「ドリス式柱頭に関する議論―フランス王立建築アカデミー（1671-1793）に関する研究　その5」『日本建築学会計画系論文集』第四八七号、二二五～二三四頁、一九九六年九月。博士論文、第二部、一〇章二項。

―三　「アカデミー第1期（1671-1715）におけるイオニア式柱頭に関する議論―フランス王立建築アカデミー（1671-1793）に関する研究　その2」『日本建築学会計画系論文集』第四六三号、一九三～二〇二頁、一九九四年九月。博士論文、第二部、一〇章三項、四項。

―四　「コリント式柱頭に関する議論―フランス王立建築アカデミー（1671-1793）に関する研究　その3」『日本建築学会計画系論文集』第四七一号、一九三～二〇一頁、一九九五年五月。博士論文、第二部、一〇章五項。

―五　「コンポジット式柱頭に関する議論―フランス王立建築アカデミー（1671-1793）に関する研究　その4」『日本建築学会計画系論文集』第四七六号、二〇三～二一〇頁、一九九五年一〇月。博士論文、第二部、一〇章六項。

第四章―一　博士論文、第一部七章、第二部一一章。

―二　博士論文、第一部八章、第二部一二章。

第五章―一　「ドリス式ペア・コラムをめぐる諸問題―フランス王立建築アカデミー（一六七一～一七九三）におけるオーダー理論の発展過程に関する研究（三）」『建築史学』一九、五四～九〇頁、一九九二年九月。

―二　「イオニア式ペア・コラムに関する議論―フランス王立建築アカデミー（1671-1793）に関する研究　その6」『日本建築学会計画系論文集、第五〇五号、二一七～二二五頁、一九九八年三月。

―三　博士論文、第二部二章。

第六章―一　「古典主義建築における視覚補正理論と空間スケール」『日本建築学会計画系論文集』第五二三号、三〇七～三一三頁、一九九九年九月。

一二　「古典主義建築における視覚補正理論と室内空間スケール」『日本建築学会計画系論文集』第五八七号、二二九～二三四頁、二〇〇五年一月。

本書は私のライフワークのひとつであるから、建築をとおして出会ったすべての人びとからの恩恵と影響を受けており、日本や留学先のフランスにおけるあらゆる先生、先輩、友人、知人たちに心から謝意を捧げる。本書の出版をお勧めいただいた小菅勉さん、校正の労をとっていただいた南口千穂さん、手書きの修士論文をワープロ清書する作業を手伝っていただいた研究室の学生諸氏にも感謝したい。また建築を語りあえる伴侶である家人にも。

しかし故稲垣榮三先生の名をことさらにあげるアンバランスをご容赦願いたい。「集団としての建築」という視点をいただいたのはかれこれ二五年ほどまえにゼミで修論の構想を述べたときであったが、間違いでなければ「期待しています」という言葉もいただいた記憶がある。そうでなければ時間のかけらを縫い合わせつつ、始めては中断する、頓挫しては再起動する、そんな作業をここまで続けられなかっただろう。いつかは先生へのオマージュを書く、そのことだけに意地になっていたのかもしれない。

私としては遠い昔に着手したことがやっと円環をなしたということである。対象の大きさからすれば本書もしょせんは稚拙な中間報告にすぎないが、こうした個人的な感慨もあって、とりあえずひとつの書物として完結させることのお許しを学兄たちに請い願う次第である。

二〇〇五年一月二六日

美しが丘の庵にて　　土居　義岳

参考文献リスト

（きわめて選集的なものとした）

Leon Battista Alberti, *De re aedificatoria*（相川浩訳『（L・B・アルベルティ）建築論』中央公論美術出版、1982）

Jean-Pierre Babelon, Claude Mignot etc., François Mansart – *Le génie de l'architecture*, Paris, 1998

Roland Barthes, *Le Degré Zéro de L'écriture*, Paris, 1964（渡辺淳・沢村昂一『零度のエクリチュール』みすず書房、1971）

Luc Benoist, *Le Compagnonnage et les Métiers, Paris*, 1966（加藤節子訳『フランス巡歴の職人たち―同職組合の歴史』白水社、1979）

Robert W. Berger, *Antoine Le Pautre – A French Architect of the Era of Louis XIV*, New York, 1969

Robert W. Berger, *The Palace of the Sun – The Louvre of Louis XIV*, Pennsylvania, 1993

François Blondel, *Cours d'architecture*, Paris, 1675, 83

François Blondel etc., *Recueil de plusieurs Traité de mathématique de l'Académie Royale de l'Architecture*, Paris, 1676

Jaques-François Blondel, *Discours sur la nécessité de l'étude de l'architecture / De l'utilité de joindre à l'étude de l'architecture*, Paris et Bruxelles, 1754 / 71（前川道郎（監修）・白井秀和訳『（ジャック＝フランソワ・ブロンデル）建築序説』中央公論美術出版、1988）

Peter Jeffrey Booker, *A History of Engineering Drawing*, London, 1963（原正敏訳『製図の歴史』みすず書房、1967）

Anthony Blunt, *Philibert de l'Orme*, London, 1958

Anthony Blunt, *Art and Architecture in France 1500-1700*, Baltimore, 1953

Abraham Bosse, *Traité des manières de dessiner les ordres de l'architecture antique en toutes leurs parties*, Paris, 1664

Pierre Bourge, *Georges Cattaui, Jules Hardouin Mansart*, Paris, 1956

M.S. Briggs, The Architect in History, Oxford, 1927（田辺泰訳『建築工匠史』相模書房、1943）

Allan Braham, The Architecture of the French Enlightenment, London, 1980

Allan Braham, Peter Smith, *François Mansart*, London, 1973

H. Bush-Brown, *Beaux-Arts to Bauhaus and Beyond*, New York, 1976

Jean Bullant, *Reigle générale d'architecture des cina manières de colonnes à sçavoir Tuscan, Dorique, Ionique, Corinth et Composite*, Rouen, 1647

Le Camus de Mésieres, *Le Génie de l'architecture ou l'analogie de cet art avec nos sentiments*, Paris, 1780

Fréart de Chambray, *Paralléle de l'architecture antique et et de la moderne avec un recueil des dix principaux autheurs qui ont écrit des cinq Ordres*, Paris, 1650

Pierre du Colombier, *Jean Goujon*, Paris , 1949

Jean Louis de Cordemoy, *Nouveau traité de toute l'architecture ou l'art de bastir*, Paris, 1714

R. Coope, *Salomon de Brosse*, London, 1972

Auguste-Charles D'Aviler, *Dictionnaire d'Architecture civile et hydraulique*, Paris, 1755

Antoine Desgodets, *Traité des Ordres de l'Architecture*, Paris, 1721

Antoine Desgodets, *Les Edifices Antiques de Rome*, Paris, 1972

Philibert de l'Orme, *Le Premier Tôme de l'Architecture*, Rouen, 1648

E.R. De Zurko, *Origins of Functionalist Theory*, London, 1957（山本学治・稲葉武司訳『機能主義理論の系譜』鹿島出版会、1972）

Arther Drexler ed., *The Architecture of the Ecole des Beaux-Arts*, New York, 1977
J.N.L. Durand, *Précis des Leçons d'Architecture données à l'Ecole Royale Polytechnique*, Paris, 1819
Donard Drew Egbert, *The Beaux-Arts Tradition in French Architecture*, Princeton, 1980
André Félibien, *Des Principles de l'Architecture,de la Sculpture, de la Peinture, et des autres Arts...*, Paris, 1699
Françoise Fichet, *La Théorie architecturale à l'age classique*, Paris, 1979
François Fossier, *Les dessins du fonds Robert de Cotte de la Bibliothéque nationale de France*, Paris, 1997
Michel Foucault, *Surveiller et Punir – Naissance de la prison*, Paris, 1975（田村俶訳『監獄の誕生―監視と処罰』新潮社、1977）
Michel Foucault, *Archéologie du savoir*,（中村雄二郎訳『知の考古学』河出書房新社、1981）
Amédée Frézier, *Dissertation historique et critique sur les ordres d'architecture*, Paris, 1769
Michel Gallet, *Yves Bottineau, Les Gabriel*, Paris, 1982
G. Gromort, *Jacques-Ange Gabriel – sa vie, son œuvre*, Paris, 1933
Jean Guillaume etc., *L'emploi des ordres dans l'architeture de la renaissance*, Paris, 1992
Louis Hautecoeur, *Histoire de l'Architecture Classique en France*, Paris, 1953-
Wolfgang Herrmann, *The Theory of Claude Perrault*, London, 1973
Wolfgang Herrmann, *Laugier and 18th Century French Theory*, London, 1962
Philippe de La Hire, *Architecture civile*, ca.1720
Frank Jenkins, *Architect and Patron*, London, 1961（佐藤彰・五島利兵衛訳『建築家とパトロン』鹿島出版会、1977）
W.G. Kalnein and M. Levey, *Art and Architecture of the 18th Century in France*, London, 1972
Emil Kaufmann, *Architecture in the Age of Reason*, New York, 1955（白井秀和訳『理性の時代の建築』中央公論美術出版、1993、1997）
Emil Kaufmann, *The Revolutionary Architects, Boullée, Ledoux, and Lequeu*, Philadelphia, 1952（白井秀和訳『三人の革命的建築家（ブレ、ルドゥー、ルクー）』中央公論美術出版、1994）
Emil Kaufmann, *Von Ledoux bis Le Corbusier. Ursprung und Entwicklung der Autonomen Architektur*, Wien, Leipzig, 1933（白井秀和訳『ルドゥーからル・コルビュジエまで（―自律的建築の起源と展開―）』中央公論美術出版、1992）
Thomas S. Kuhn, The Structure of Scientific Revolutions, Chicago, 1962（中山茂訳『科学革命の構造』みすず書房、1971）
Albert Laprade, *François D'Orbay – Architecte de Louis XIV*, Paris, 1960
Marc-Antoine Laugier, *Essai & Observations sur l'architecture* (édition intégrale des deux volumes), Bruxelles, 1979（1755年のEssai第2版の邦訳は、三宅理一訳『建築試論』中央公論美術出版、1986）
Mac-Antoine Laugier, *Essai sur l'Architecture*, 1753, translated by W. and A. Herrmann, *An Essay on Architecture*, Los-Angeles, 1977
Henry Lemonnier, *Procés-Verbaux de l'Académie Royale d'Architecture 1971-1793,* (10 vols), Paris, 1911-.
Frédéric Lemerle, *Les Annotation de Guillaume Philandrier sur le De Architectura de Vitruve*, Paris, 2000
Cl.-N. *Ledoux, L'Architecture considerée sous le Rapport de l'Art, des Moeurs et de la Legislation*, Paris
Lindsay ed., *The History of Science, London*, 1951（菅井準一訳『近代科学の歩み』岩波書店、1956）
Antoine Léon, *Histoire de l'enseignement en France*, Paris, 1967（池端次郎訳『フランス教育史』白水社、1969）
Antoine Léon, *Histoire de l'éducation technique*, Paris, 1957（もののべ・ながおき訳『フランスの技術教育の歴史』白水社、1968）
Alfred et Jeanne Marie, V*ersailles son histoire tome II, Mansart à Versailles*, vol. 1 et 2, Paris, 1972

参考文献

Mauclaire, *Nicolas-François de Blondel – Ingénieur et Architecte du Roi*, 1920s?
H. Méthivier, *L'Ancien Régime*, Paris（井上尭裕訳『アンシァン・レジーム』白水社、1969）
Robin Middleton ed., *The Beaux-Arts and nineteenth-century French architecture*, Massachusetts, 1982
Jean-Marie Pérouse de Montclos, *Histoire de L'Architecture Français*, Paris, 1989
Jean-Marie Pérouse de Montclos, *Les Prix de Rome – Concours de l'Académie royale d'architecture au XVIIIe siècle*, Paris, 1984
Peter Murray, *Piranesi and the Grandeur of Ancient Rome*, London, 1971（長尾重武訳『ピラネージと古代ローマの壮麗』中央公論美術出版、1990）
John Onians, *Bearers of Meaning (The Classical Orders in Antiquity, Middle Ages, and the Renaissance)*, Princeton University Press, New Jersey, 1988
Andrea Palladio, *Les Quatre Livres de l'Architecture*, traduit par Fréart de Chambray, Paris, 1650
Andrea Palladio, *Quatro lobri dell'architettura*（桐敷真次郎編著『パラーディオ「建築四書」注解』中央公論美術出版、1986）
Erwin Panofsky, *Renaissance and Renascences in Western Art*, 1960（中森義宗・清水忠訳『ルネサンスの春』思索社、1973）
Erwin Panofsky, Die Perspektive als «symbolische Form»（木田元他訳『《象徴（シンボル）形式》としての遠近法』哲学書房、1993）
Nikolaus Pevsner, *An Outline of European Architecture*, London, 1943（小林文次訳『ヨーロッパ建築序説』彰国社、1954；小林文次・山口廣・竹本碧訳『新版ヨーロッパ建築序説』彰国社、1989）
Nikolaus Pevsner, *Studies in Art, Architecture and Design*, 2vols, London, 1968（鈴木博之・鈴木杜幾子訳『美術・建築・デザインの研究 I・II』鹿島出版会、1980）
Nikolaus Pevsner, *Academies of Art, past and present*, Cambridge, 1940（中森義宗・内藤秀雄訳『美術アカデミーの歴史』UL双書、中央大学出版部、1974）
Claude Perrault, *Ordonnance des cinq espèces de colonnes selon la méthode des anciens*, Paris, 1683
Claude Perrault, *A Treatise of the Five Orders in Architecture*, translated by Johon James, London, 1722
Antoine Picon, *Claude Perrault ou La Curiosité d'un Classique*, Paris, 1984
T. Reynolds, *The Academia del Disegno in Florence, its formation and early years*, 1974
Joseph Rykwert, *The First Moderns*, MIT Press, 1983
Ferdinand de Saussure, *Cours de Linguistique Générale*, Charles Bally et Albert Sechehaye, 1949（小林英夫訳『一般言語学講義』岩波書店、1940）
Louis Savot, *L'Architecture française des bastimens particuliers*, Paris, 1673
Vincent Scamozzi, *Les cinq ordres d'architecture...* , traduit par D'Aviler, 1685
John Summerson, *Heavenly Mansions*, London, 1949（鈴木博之訳『天上の館』鹿島出版会、1972）
John Summerson, *The Classical Language of Architecture*, London, 1963（鈴木博之訳『古典主義建築の系譜』中央公論美術出版、1976）
Claude Lévi-Strauss, *Anthropologie Structurale*, Paris, 1958（荒川幾男・生松敬三・川田順造・佐々木明・田島節夫訳『構造人類学』みすず書房、1972）
Werner Szambien, *Jean-Nicolas-Louis Durand 1760-1834*, Paris, 1984
Werner Szambien, *Symétrie Goût Caractère—Théorie et Terminologie de l'architecture a l'âge Classique 1550-1800*, Paris, 1986
Christopher Tadgell, *Ange-Jacques Gabriel*, London, 1978
P. V. Tieghem, *Petite Histoire des Grandes Doctorines Littéraires en France*, Paris, 1946（萩原・他訳『フランス文学理論史』紀伊国屋書店、1973）
Alexander Tzonis, *Towards a Non-Opperessive Environment*, Massachusetts, 1972（工藤・他訳『建築の知

の構造』彰国社)
Vitruvius, *De architectura libri decem*, 1st century B.C., (森田慶一訳註『ウィトルーウィウス建築書』東海大学出版会、1979)
L.Venturi, *Atria della Crittica d'Arte*, Roma, 1945 (辻茂訳『美術批評史』みすず書房、1971)
Anthony Vidler, *Claude-Nicolas Ledoux*, Cambridge, 1990
Giacomo Barozzio Vignola, *La regola delli cinque ordini d'architettura* (長尾重武編『建築の五つのオーダー』中央公論美術出版、1984)
Dora Wiebenson, *Sources of Greek Revival Architecture*, London, 1969
Rudolf Wittkower, *Architectural Principles in the Age of Humanism*, London, 1970 (中森義宗訳『ヒューマニズム建築の源流』彰国社、1971)
R. S. Westfall, *The Construction of Modern Science*, New York, 1971 (渡辺正雄・小川真理子訳『近代科学の形成』みすず書房、1980)
Francis A. Yates, *The French Academies of the Sixteenth Century, Routledge*, London & New York, 1988 (高田勇訳『十六世紀フランスのアカデミー』平凡社、1996)

石村善助『現代のプロフェッション』至誠堂、1969
ヴァザーリ研究会編訳『ヴァザーリの芸術論』平凡社、1980
黒田正巳『透視図』美術出版社、1965
小倉金之助『数学史研究』岩波書店、1971
白井秀和『カトルメール・ド・カンシーの建築論』ナカニシヤ書店、1992
廣川洋一『プラトンの学園アカデメイア』岩波書店、1980
廣川洋一他『ヨーロッパにおける学の生成』東海大学出版会、1977
村上陽一郎編『科学史の哲学』朝倉書店、1980
村上陽一郎『科学と日常性の文脈』鳴海社、1979
村上陽一郎『近代科学と聖俗革命』新曜社、1976
野田文夫『ルネサンスの思想家たち』岩波書店、1963
細谷俊夫『技術教育概論』東京大学出版会、1978
廣松渉『世界の共同主観的存在構造』勁草書房、1972
廣松渉『事的世界観への前哨』勁草書房、1975
廣松渉『存在と意味:事的世界観の定礎』岩波書店、1982
『現代思想』1979年1月特集「プラトンとプラトニズム」、青土社
『エピステーメー』1976年8月9月号特集「音・音楽」、朝日出版社
『エピステーメー』1976年11月特集「数学の美学」、朝日出版社
『エピステーメー』1979年1月号特集「ピタゴラス」、朝日出版社
『現代思想』1977年6月号特集「ルネサンスの闇と光」、青土社
『SD』1978年11月号特集「ボザール:その栄光と歴史の全貌」、鹿島出版会

〈略歴〉

土居 義岳（どい　よしたけ）

1956年　高知県生まれ
1979年　東京大学建築学科卒業
1983-87年　フランス政府給費留学生としてパリ・ラ・ヴィレット建築大学とソルボンヌ大学に留学
1988年　東京大学大学院建築学専攻・博士課程満期退学
1990年　東京大学工学部助手
1992年　九州芸術工科大学助教授
2002年　九州芸術工科大学教授
2003年　九州大学大学院 芸術工学研究院 教授
工学博士、フランス政府公認建築家
西洋建築史

著　書　『言葉と建築』（建築技術、1997）、『対論　時間と建築』（岩波書店、2001）
訳　書　ピエール・ラヴダン著『パリ都市計画の歴史』（中央公論美術出版、2002）、ジョン・オナイアンズ著『建築オーダーの意味』（共訳、中央公論美術出版、2004）など

アカデミーと建築オーダー ©

平成十七年四月一日印刷
平成十七年四月十日発行

著　者　土居義岳
発行者　小菅勉
編集版下製作　南風舎
印　刷　藤原印刷株式会社
製　本　山田大成堂
用　紙　王子製紙株式会社

中央公論美術出版
東京都中央区京橋二―八―七
電話〇三―三五六一―五九九三

製函　株式会社加藤製函所

ISBN4-8055-0486-2